东阳年鉴

DONGYANG YEARBOOK 2022

总第19卷

东阳市人民政府地方志编纂室
东阳市档案馆 编

方志出版社
Publishing House of Local Records

图书在版编目（CIP）数据

东阳年鉴. 2022 / 东阳市人民政府地方志编纂室，东阳市档案馆编. —北京 ：方志出版社，2022.12
ISBN 978-7-5144-5527-4

Ⅰ. ①东… Ⅱ. ①东… ②东… Ⅲ. ①东阳－2022－年鉴 Ⅳ. ①Z525.54

中国国家版本馆 CIP 数据核字(2023)第 143536 号

责任编辑：李　静
责任校对：刘玉霞
责任印制：梅中英
出 版 者：方志出版社
地　　址：北京市朝阳区潘家园东里 9 号（国家方志馆 4 层）
邮　　编：100021
网　　址：http://www.zgfzcb.cn
发　　行：方志出版社图书营销中心（010-67110500）
印　　刷：金华市曙光印务有限公司
开　　本：889 毫米×1194 毫米　1/16
印　　张：28.13
字　　数：1019 千字
版　　次：2022 年 12 月第 1 版
印　　次：2022 年 12 月第 1 次印刷
定　　价：280.00 元

东阳市地方志编纂委员会

顾　　问：楼琅坚

主　　任：黄胜可

副 主 任：潘国东　卢旭萍　范　锐　王庸华

成员单位：市纪委市监委机关　市委办　市人大办　市府办
市政协文史委　市人武部　市法院　市委组织部
市委宣传部　市委统战部　市委政法委
市委党史研究室　市发改局　市经信局　市教育局
市公安局　市民政局　市财政局　市人力社保局
市资规局　市住建局　市交通局　市农业农村局
市商务局　市文广旅体局　市卫健局　市市场监管局
市统计局　市融媒体中心　中国人民银行东阳市支行

《东阳年鉴（2022）》编辑部

主　　编：马　先

副 主 编：张　敬　包向阳

执行主编：张　勤

编　　辑：徐丽萍　严研虹　虞小英　楼宇鸿　吕为民

类目翻译：唐艳芳

编辑说明

一、《东阳年鉴》坚持以马克思列宁主义、毛泽东思想、邓小平理论、“三个代表”重要思想、科学发展观、习近平新时代中国特色社会主义思想为指导，坚持辩证唯物主义和历史唯物主义的立场、观点和方法，旨在全面、客观、真实、系统地记述东阳市的发展情况。

二、《东阳年鉴（2022）》是1997年出版以来的第19卷，记述时限为2021年1月1日至12月31日（作为背景资料，部分条目内容和数据酌情上溯或下延），记述全市人民在市委、市政府的领导下所取得的新成就、新经验以及遇到的新情况和新问题，着重反映各行各业年度大事、要事、新事、特事，着力体现年度特点和东阳特色。

三、本卷年鉴采用分类编辑法，分类目、分目、条目三个层次，部分分目下设次分目。本卷设特载、专文、大事记、东阳概览、中国共产党东阳市委员会、东阳市人民代表大会、东阳市人民政府、中国人民政治协商会议东阳市委员会、中国共产党东阳市纪律检查委员会 东阳市监察委员会、民主党派、群众团体、法治、军事、经济管理、农业、工业、木雕　红木家具、建筑业 房地产业、商贸、旅游、影视、金融、城乡建设与管理、生态环境、交通、邮政 通信、科学技术、教育、文化 传媒、卫生健康、体育、社会事务、街道镇乡、人物和荣誉、附录35个类目。

四、本卷年鉴正文中除“民主党派”类目外，“党”均指“中国共产党”，“市委”均指“中共东阳市委”，“党员”均指“中共党员”，“党建”均指“中国共产党建设”。年鉴中的“省”“市”分别指“浙江省”“东阳市”，其他省、市则冠以具体地名。

五、本卷年鉴的稿件均由各部门、各镇乡（街道）提供，并经各单位主要领导审定和档案、保密部门审核。所刊载的综合性数据均由市统计局提供，条目中酌情使用各单位提供的数据。文字、称谓、数字、计量、纪年、表格、图片、标点符号等的使用均按国家有关出版物书写规定。

地区生产总值

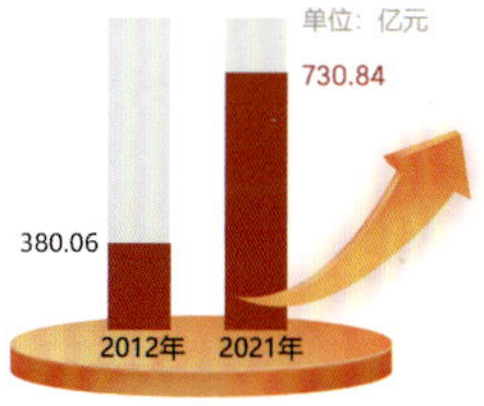

东阳地区生产总值从2012年的380.06亿元
增长到2021年的730.84亿元
按可比价计算，年均增速8.45%，增长稳

地区生产总值构成

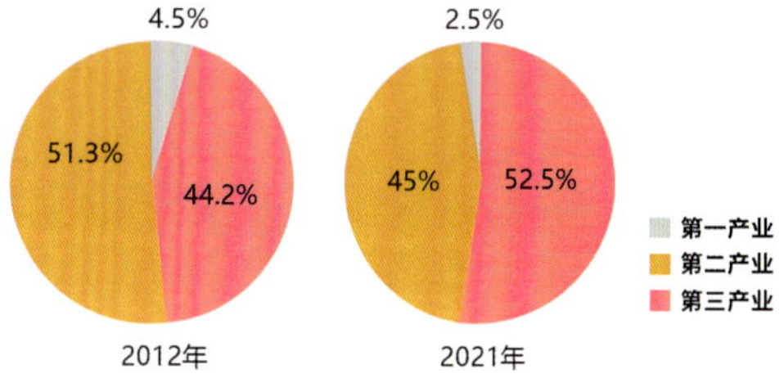

第三产业生产总值占比从2012年的44.2%提高到52.5%，结构优

社会消费品零售总额

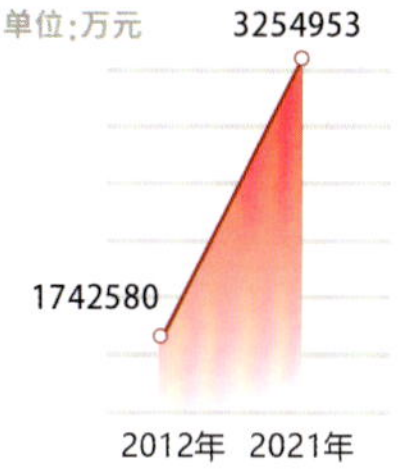

东阳社会消费品零售总额
由2012年1742580万元
提高至2021年的3254953万元
年均增速10.23%，消费活

常住人口和城镇化率

常住人口

2021年东阳常住人口108.8万人

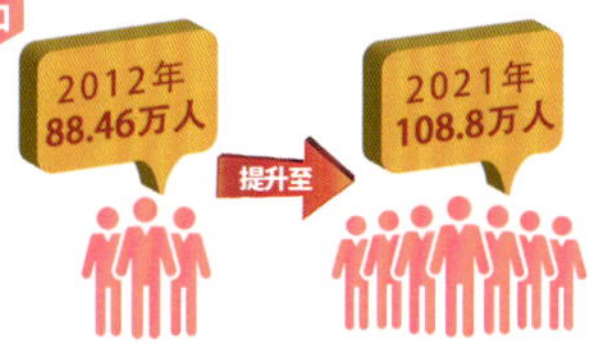

城镇化率

2012–2021年
东阳城镇化率由57.93%
提升至68.1%

科研投入

2012–2021年科研经费支出由6.29亿元
提升至17.71亿元

2012–2021年科研经费支出占地区生产
总值比例由1.69%提升至2.42%

居民收入

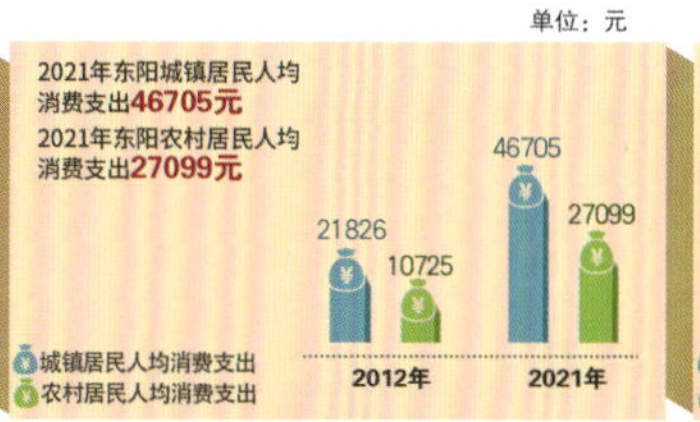

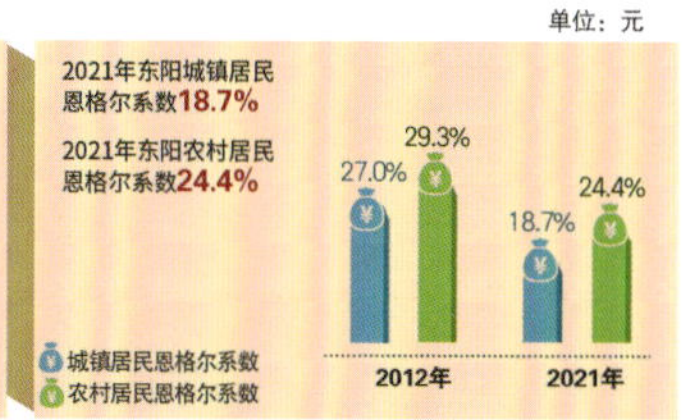

公路通车里程和民用汽车拥有量

2012–2021年公路里程由389千米增加至 1012千米　2012–2021年高速公路由82千米增加至95千米　2012–2021年东阳私人汽车拥有量由99394辆增加至328585辆

2021年1月30日至2月2日，中国人民政治协商会议第十四届东阳市委员会第五次会议召开　（包康轩/摄）

2021年1月30日，时任市委书记傅显明出席中国人民政治协商会议第十四届东阳市委员会第五次会议　（包康轩/摄）

2021年1月30日，委员在中国人民政治协商会议第十四届东阳市委员会第五次会议上发言　（包康轩/摄）

2021年1月31日至2月3日，东阳市第十五届人民代表大会第五次会议召开 （《今日东阳》提供）

2021年1月31日，时任市长楼琅坚在东阳市第十五届人民代表大会第五次会议上作政府工作报告 （包康轩/摄）

2021年2月1日，代表审议讨论《政府工作报告》 （《今日东阳》提供）

2021年9月19日，2021第三届世界东阳人发展大会中秋家宴现场

2021年9月20日，2021第三届世界东阳人发展大会十大东阳人回归项目签约现场　　（包康轩/摄）

（《今日东阳》提供）

2021年9月20日，2021第三届世界东阳人发展大会主旨大会召开 （包康轩/摄）

2021年9月20日，中国科学技术大学教授陆朝阳作为嘉宾代表，在2021第三届世界东阳人发展大会主旨大会上发言

（《今日东阳》提供）

2021年9月20日，2021第三届世界东阳人发展大会“揭榜挂帅”人才峰会召开　（《今日东阳》提供）

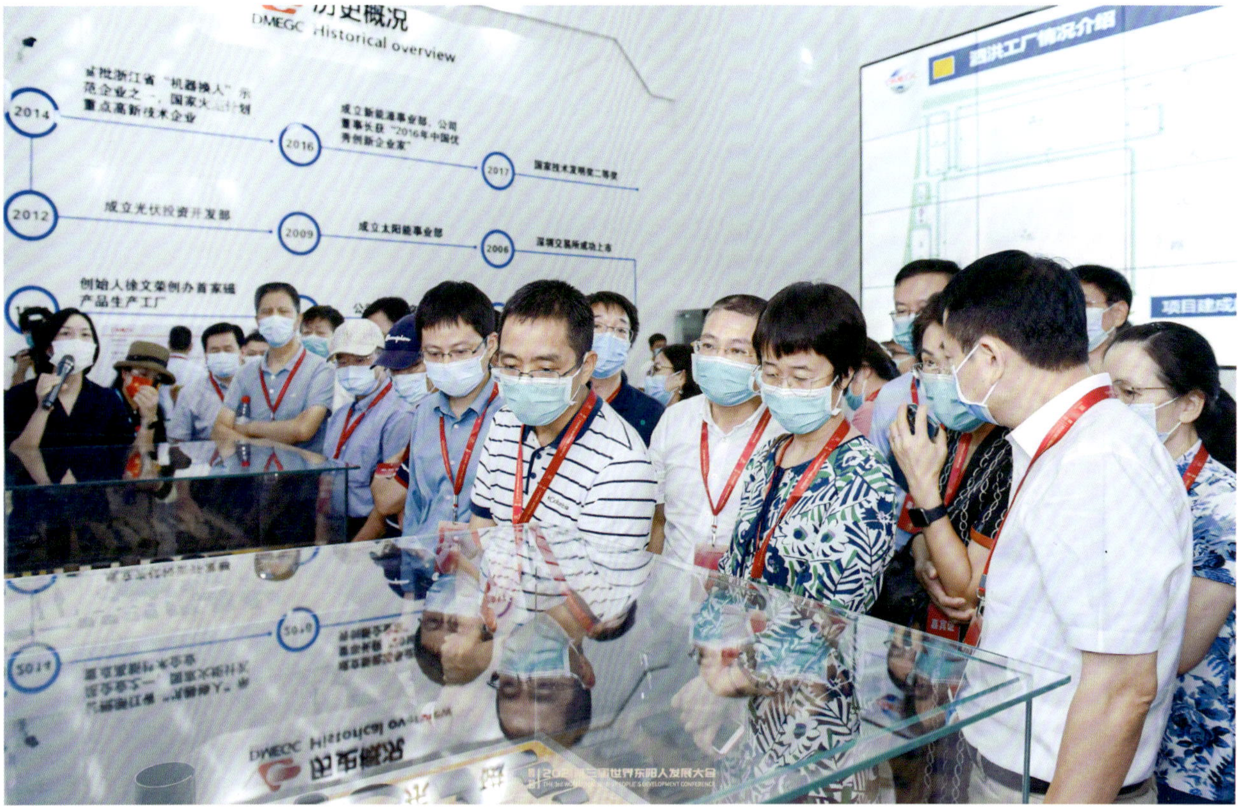

2021年9月19日，2021第三届世界东阳人发展大会“东阳人看东阳”考察活动举行　　（《今日东阳》提供）

2021年9月20日，2021第三届世界东阳人发展大会参会嘉宾走出会场　　（包康轩/摄）

2021年2月27日，东阳市干部大会暨“五大会战”“三项治理”部署会召开　　（《今日东阳》提供）

2021年4月9日，东阳市人民政府新闻办公室召开2021年首场例行新闻发布会　　（胡扬辉/摄）

2021年4月19日，东阳市产业发展大会召开　　（《今日东阳》提供）

2021年4月20日，共青团东阳市委员会联合市委组织部、市委宣传部、市融媒体中心、市科学技术协会在东阳剧院举行“百年大党·青年担当”庆祝中国共产党成立100周年主题团日活动暨新时代东阳市首届“十大杰出青年”颁奖典礼　（团市委提供）

2021年6月4—6日，第二十一届全国"村长"论坛在南马镇花园村召开，图为开幕式现场　（《媒体看东阳》提供）

2021年7月11日，2021中国（东阳）竹工艺产业发展大会召开　（黄　璇/摄）

2021年10月20—23日，2021中国（横店）影视文化产业发展大会系列活动在横店镇举行（横店集聚区提供）

2021年12月29—30日，中国共产党东阳市第十六次代表大会召开（包康轩/摄）

2021年3月16日，市民在东阳书城庆祝中国共产党成立100周年主题出版物专柜阅读《中国共产党简史》

（包康轩/摄）

2021年4月12日，东阳市党史学习教育系列活动启动仪式举行（包康轩/摄）

2021年4月27日，市融媒体中心党委组织党员到陈望道故居开展党史学习教育，重温“真理的味道” （包康轩/摄）

2021年6月23日，中国共产党东阳历史馆开馆仪式举行 （市委党史研究室提供）

2021年6月25日，东阳市红色地图发布暨“薪火传递”红色接力活动在节庆广场启动　　（包康轩/摄）

2021年7月2日，东阳市“两优一先”表彰大会暨“初心如磐”庆祝中国共产党成立100周年文艺演出在东阳剧院举行　　（包康轩/摄）

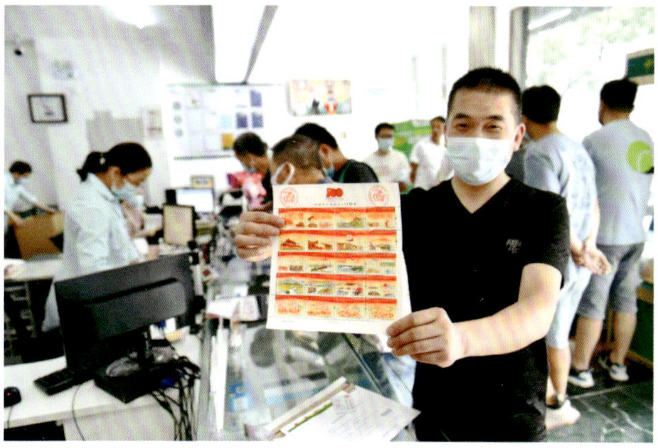

2021年7月4日，市民展示《中国共产党成立100周年》纪念邮票　　（包康轩/摄）

2021年11月22日，花园集团党员宣讲员进车间宣讲中共十九届六中全会精神　　（包康轩/摄）

2021年11月22日，江北第二小学的教师集中学习中共十九届六中全会精神　　（包康轩/摄）

2021年11月25日，画水镇陆宅村平原自然村网格员向村民宣讲中共十九届六中全会精神　　（包康轩/摄）

2021年11月29日，税务干部在横店梦外滩度假区向景区工作人员宣讲中共十九届六中全会精神　　（包康轩/摄）

2021年1月17日，217省道（原39省道）改建工程现场 （包康轩/摄）

2021年3月23日，台州市三门县至金华市婺城公路东阳市（南市至画水段）工程现场 （张　庭/摄）

2021年7月13日，义东高速公路东阳段湖田枢纽建设现场　　（张　庭/摄）

2021年7月18日，义东大桥通车　　（包康轩/摄）

2021年7月18日，东阳西站启用仪式举行 （包康轩/摄）

2021年9月1日，义东高速公路东阳段东阳西互通主线桥施工现场 （包康轩/摄）

2021年9月，金甬铁路东阳段施工现场　　（市铁路办提供）

2021年12月4日，市委书记楼琅坚（左四）、代市长黄胜可（左三）到马宅镇调研杭温高铁（东阳马宅段）工程建设情况

（包康轩/摄）

2021年2月28日，市妇联幼儿园举行开学活动 （包康轩/摄）

2021年3月31日，江北第二小学开展“学党史 跟党走 做理想信念传人”学习活动 （包康轩/摄）

2021年8月22日，白云实验小学项目建设现场
（包康轩/摄）

2021年9月1日，市外国语小学江北校区正式启用
（《今日东阳》提供）

2021年10月15日，市妇联幼儿园举行“世界粮食日”活动
（包康轩/摄）

2021年11月11日，防踩踏教育进幼儿园活动现场
（包康轩/摄）

2021年12月1日，吴宁一中举行冬季长跑活动
（包康轩/摄）

2021年4月1日，横店镇方舱接种点投入使用（市卫健局提供）

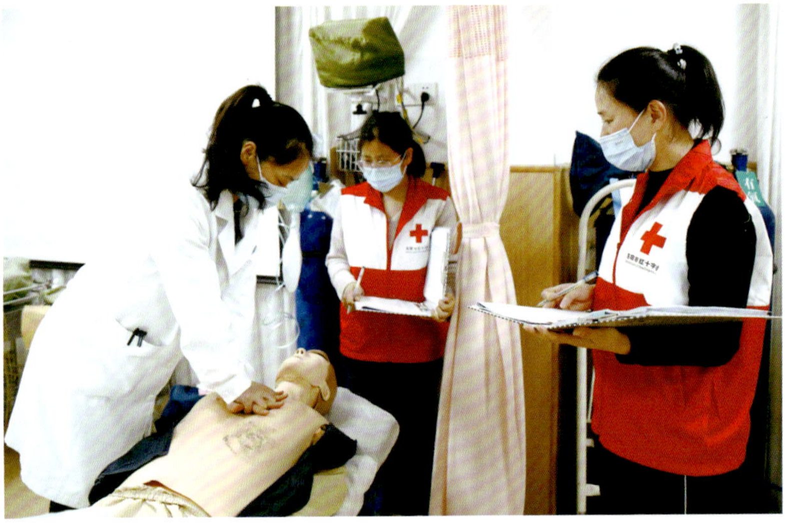

2021年4月12日，市红十字会医院举行急救培训（包康轩/摄）

2021年5月11日，市中医院开展中医药科普进校园活动（包康轩/摄）

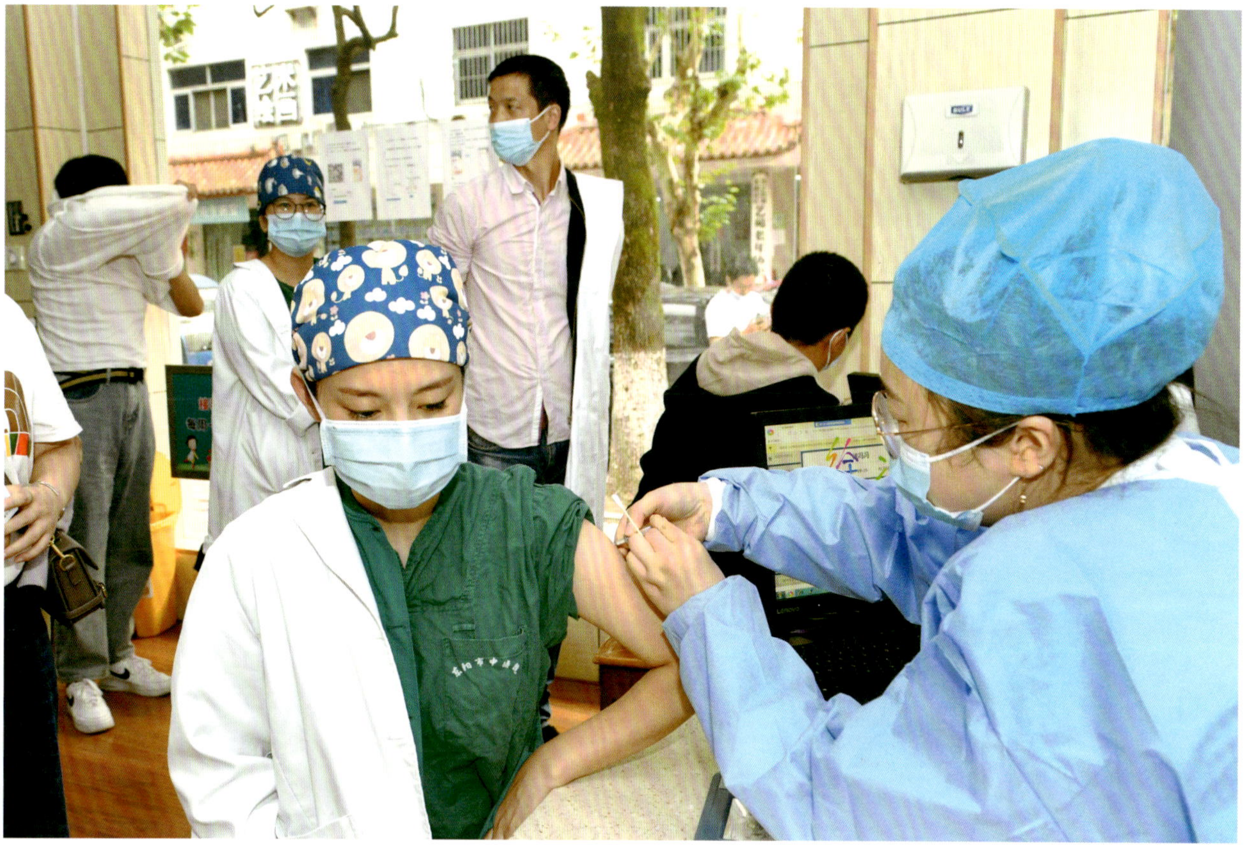

2021年10月18日,东阳市开展新冠病毒疫苗第三针接种工作　　（包康轩/摄）

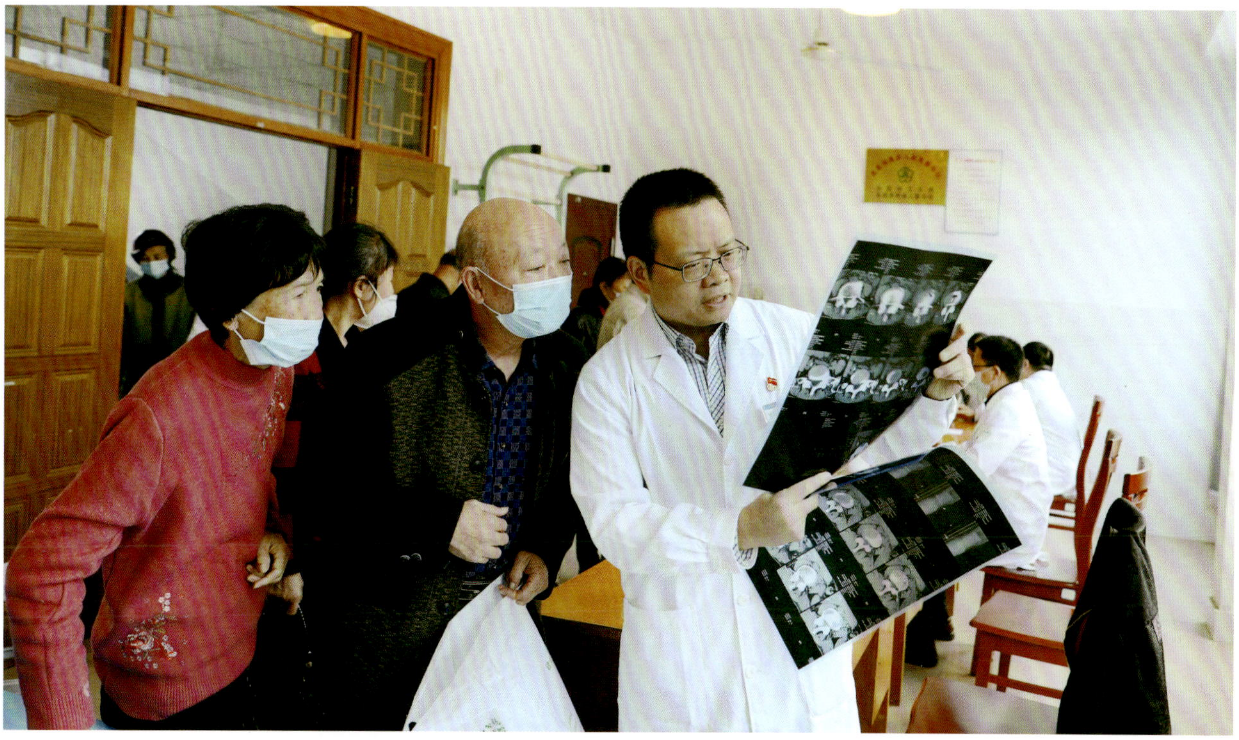

2021年10月24日,市中医院在虎鹿镇开展“中国疼痛周”义诊活动　　（包康轩/摄）

2021年10月21日,第二十一届全国院线国产影片推介会在横店镇开幕　（横店集聚区提供）

2021年10月21日,退役导弹护卫舰“金华舰”落户横店梦外滩度假区　（横店集聚区提供）

2021年10月21日，2021中国（横店）影视文化产业发展大会“光影耀百年 数智聚星辉”论坛在横店镇举行

（横店集聚区提供）

2021年10月22日，2021国防军事电影盛典在横店镇举行

（横店集聚区提供）

2021年10月22日，2021横店影视文化产业博览会上的绿幕体验现场　　（横店集聚区提供）

2021年10月23日，2021中国影视人才交流大会在横店镇举行　　（横店集聚区提供）

2021年10月23日，横店影视产业协会第三届理事会第一次会议在横店镇召开　　（横店集聚区提供）

2021年10月23日，第八届“文荣奖”颁奖典礼在横店镇举行　　（横店集聚区提供）

2021年7月13日，南江水库全貌 （陈　利/摄）

目　录

中国共产党东阳市委员会

东阳市人民代表大会

东阳市人民政府

中国人民政治协商会议东阳市委员会

中国共产党东阳市纪律检查委员会 东阳市监察委员会

民主党派

群众团体

法　治

军 事

经济管理

农 业

工　业

木雕　红木家具

建筑业　房地产业

商　贸

旅 游

影 视

金 融

城乡建设与管理

生态环境

交　通

邮政　通信

科学技术

教 育

文化　传媒

卫生健康

体 育

社会事务

街道镇乡

人物和荣誉

附　录

索 引

Contents

践行伟大思想 奋勇扛旗争先
为打造新时代强市名城建设
共同富裕先行市而努力奋斗

——在中国共产党东阳市第十六次代表大会上的报告(摘要)

中共东阳市委书记 楼琅坚

(2021年12月29日)

一、过去五年工作回顾

第十五次党代会以来的五年,是极不平凡、极为不易的五年。面对错综复杂的宏观环境,面对艰巨繁重的改革发展稳定任务,面对新冠肺炎疫情的严重冲击,在以习近平同志为核心的党中央坚强领导下,市委团结带领全市广大党员干部群众,全面贯彻落实上级党委各项决策部署,真抓实干、砥砺前行,较好地完成了第十五次党代会确定的目标任务,高水平全面建成小康社会。预计2021年地区生产总值突破700亿元,年均增长5.9%;财政总收入141.5亿元,年均增长8.8%,其中一般公共预算收入82亿元,年均增长8.8%;居民人均可支配收入53721元,年均增长8.0%;入选浙江高质量发展建设共同富裕示范区“打造精神文明高地领域”试点,获得国务院督查激励1项、省级督查激励8项,全国县域经济百强县排名提升13位,为高质量发展奠定了坚实的基础。

五年来,坚定不移悟思想、强信念,政治自觉得到新提升。始终把学深悟透习近平新时代中国特色社会主义思想作为最大政治任务,不断提高政治判断力、政治领悟力、政治执行力。及时通过市委常委会会议、市委理论学习中心组学习会等多种形式,认真学习中共十九大和十九届历次全会精神、习近平总书记系列重要讲话,特别是考察浙江重要讲话指示精神,进一步增强“四个意识”、坚定“四个自信”、做到“两个维护”。深入开展“两学一做”学习教育、“不忘初心、牢记使命”主题教育、党史学习教育,举办庆祝新中国成立70周年、中国共产党成立100周年等系列活动,全面落实意识形态工作责任制,广大党员干部的理想信念愈加坚定,争做“两个确立”忠诚拥护者、“两个维护”示范引领者。

五年来,坚定不移抓发展、促转型,综合实力迈上新台阶。工业发展提质增效。规上工业总产值突破650亿元。横店东磁成为首家百亿级工业企业、入选全省首批“未来工厂”,新增主板上市工业企业两家。“万亩千亿”新产业平台加快建设,磁性电子省级高新园区获批创建。项目招引量质齐升,签约项目70余个,签约总金额超760亿元,正威新材料产业园、千芝雅健康产业园、赛特斯5G产业园、东阳光电容器、博康光刻胶等重点产业项目落地开工。影视文旅产业承压前行。横店影视文化产业集聚区挂牌运行、全省唯一,入选国家级文化产业示范园区,创新举办国内首个全产业链影视文化产业博览会,横店影视产业园、梦外滩投用,《长津湖》《你好,李焕英》分列年度票房总榜第一、第二,《觉醒年代》《山海情》等唱响主旋律。文化基因解码工作经验全省推广,成功创建省级全域旅游示范县(市、区)。建筑业做优做强。规划建设建筑科技产业园,成立建筑科技研究院,“五个首创”①走在全国前列,综合实力保持全国第一,预计2021年完成总产值超1800亿元,实现税收超45亿元。木雕家居产业创新提升。中国木雕竹编工艺美术博览会、中国红木家具展览会升格为国家级展会,创新举办中华大师汇、中国(东阳)竹工艺产业发展大会，木雕小镇被命名为省级特色小镇，行业首个国家级质检中心验收落户。木雕与建筑、装修、邮轮等跨界融合实现破局。现代农业高效发展。农业“两区”建设扎实推进，生产机械化水平不断提升，粮食播种面积稳定在1.6万公顷以上，粮食年产量9.6万吨以上，打造“东白”农产品区域公用品牌，成功创建国家农产品质量安全县(市)。商贸业稳步发展。获评全国电子商务进农村综合示范县、省产业集群跨境电商试点，银泰城建成开业，全市社会消费品零售总额年均增长7.1%。

五年来，坚定不移推改革、扩开放，创新发展激发新活力。数字化改革有序推进。初步构建“152”体系[②]和“城市大脑”架构，基本实现省级重大应用贯通，打造了“智慧横店”“智慧公安”等一批特色化标志性应用，“影视文化产业大脑”入选全省第二批“最佳应用”。群众和企业全生命周期“一件事”集成改革、无证明城市改革等成效显著，高频民生类政务服务就近办100%。体制机制改革全面深化。顺利完成全市党政机构改革、纪检监察体制改革、群团组织改革、事业单位分类改革，整合组建“1+6+X”[③]国企框架布局，“大综合一体化”行政执法改革加快推进。开放格局加快构建。东阳国际物流园区列入浙江自贸区金义片区联动创新区，预计2021年实现外贸进出口310亿元。“东义同城”加力推进，355项政务服务事项同城通办，义东大桥建成通车，跨城公交开通运行。东磐山海协作全面推进。帮扶四川理县脱贫摘帽奔小康。

五年来，坚定不移抓保障、强治理，人民生活实现新改善。社会保障体系日益健全。基本养老保险、城乡居民基本医疗保险参保率分别达98.6%、99.9%，全面消除家庭人均年收入1万元以下农户，城镇登记失业率保持在3.5%以内，成功创建全省首批“无欠薪”县(市)，创成省级双拥模范城。社会事业蓬勃发展。新建投用中小学、幼儿园28所，新增学位2.1万余个，成功创建省教育基本现代化县(市)，浙江广厦建设职业技术学院升格为省内第一所本科层次职业技术大学。常态化抓好疫情防控，坚决筑牢“外防输入、内防反弹”的防线，全力以赴打赢疫情防控的人民战争总体战阻击战。医共体建设[④]经验在全省推广，市人民医院成为全省首家县级三级甲等综合医院。入选省级传统民居文化传承生态保护区创建名单，市体育馆建成投用，横店马拉松获评中国体育旅游精品赛事，群众体育工作获评全国先进。社会治理效能显著提升。矛盾纠纷化解“136”工作格局[⑤]基本形成，法治东阳、平安东阳建设不断深化，单良村获评全国民主法治村，扫黑除恶专项斗争、反诈人民战争成效明显，捧回“一星平安金鼎”。

五年来，坚定不移提品质、优生态，城乡面貌呈现新气象。生态环境不断优化。全面完成中央、省环保督察问题整改。南山国家森林公园、东阳江省级湿地公园、东江源省级自然保护区获批建设，空气优良率提升到98.9%，$PM_{2.5}$(细颗粒物)平均浓度下降到22微克/立方米。五水共治成效明显，市控以上地表水断面水质100%达标，夺得优秀市大禹鼎。城乡品质持续提升。成功创建国家森林城市、国家园林城市，顺利通过国家卫生城市复审，获评省“基本无违建县(市)”。小城镇环境综合整治工作全省优秀，横店城市风貌显著提升。大力推进农村危旧房改造，四个农房集聚区一期交房。省“千万工程”[⑥]展示馆落户东阳，创成省级以上美丽宜居示范村17个，8个共享田园基本建成，获评省新时代美丽乡村示范县。花园村省级乡村振兴综合改革试点圆满完成，成功承办第二十一届全国“村长”论坛。大交通格局加快构建。杭温高铁、金甬铁路、金义东市域轨道交通、义东高速、横店机场改扩建等项目全面开建，完成37、39、40省道改建，普通国省道路况水平位居全省前列，创成省级“四好农村路”示范县(市、区)。

五年来，坚定不移抓整改、聚合力，党的建设得到新加强。以高度的政治责任感高标准抓好中央、省委巡视整改，出台《关于全面涵养风清气正实干担当政治生态的意见》，匡正选人用人风气，政治生态向上向好。高质量完成乡镇换届、村社组织换届，新一届村“两委”班子“一肩挑”比例达97.9%，案卢村党委书记获评全国优秀党务工作者。先后召开三届世界东阳人发展大会，内外东阳人合力有效凝聚。出台人才新政20条，引进顶尖人才11人、领军人才38人。深入开展“以案促改”警示教育、“不作为、慢作为、乱作为”等专项治理，累计查办科级以上违纪违法领导干部83人，查处违反中央八项规定精神问题363起497人。人大、政协围绕中心、服务大局、履职尽责，统一战线、人民武装、群团组织、史志档案、慈善事业、老干部和关心下一代等各项工作取得新成效。

看似寻常最奇崛，成如容易却艰辛。过去的五年，是在习近平新时代中国特色社会主义思想指引下，忠实践行“八八战略”，全面小康圆满收官的五年；是在应对经济下行、新冠肺炎疫情等风险挑战中，负重前行、夯实基础，化危为机、起势成势，不断取得发展新成效的五年；是在国家、省市大事喜事接连不断的背景下，城市影响力、知名度、辨识度不断提升，发展更有信心、合力愈发凝聚的五年。这些成绩的取得，是习近平总书记和党中央擘画蓝图、定向领航的结果，是上级党委正确领导、科学部署的结果，是市委忠诚履职、四套班子和衷共济、干部群众凝心聚力、社会各界大力支持的结果。

五年实践，深深体会到：

一是必须坚持党的全面领导。坚持把党的建设融入各项工作、各个领域、各个方面，不断增强党的政治领导力、思想引领力、群众组织力、社会号召力，集中力量解决了一批长期想解决而没有解决的难题，办成了许多过去想办而没有办成的大事。实践证明，只要坚持党的全面领导，充分发挥党委总揽全局、协调各方的作用，就能凝聚东阳人心、形成东阳共识、迸发东阳力量。

二是必须坚持人民至上。始终把人民对美好生活的向往作为奋斗目标，推出了一批“富民利民”举措，办成了一批“惠民便民”实事，解决了一批“急难愁盼”问题。实践证明，只要始终“坚持以人民为中心的发展思想”，牢记初心使命，办好民生实事，就一定能赢得最广泛的拥护，汇聚东阳发展的磅礴力量。

*三是必须坚持发展为要。*紧抓发展不放松，持之以恒抓项目增后劲，持之以恒兴产业促转型，持之以恒强平台拓空间，持之以恒优服务育主体，综合实力稳中有进。实践证明，只要完整准确全面贯彻新发展理念，始终围绕高质量发展要求，持续保持发展战略定力，就一定能推动东阳经济发展行稳致远。

*四是必须坚持克难攻坚。*无论是疫情防控，还是抗灾救灾；无论是巡视问题整改，还是遗留问题化解，都众志成城、团结一心，迎难而上、夺取胜利。实践证明，只要增强斗争精神，敢于碰硬、敢于亮剑，就能扫除前进道路上的“绊脚石”，东阳发展的基础就会越来越实、势头就会越来越好。

*五是必须坚持涵养政治生态。*坚定扛起全面从严治党首要政治责任，始终坚持“严”的主基调，坚决查处腐败案件，大力整治顽瘴痼疾，政治生态得到系统重塑。实践证明，只要以永远在路上的自觉纵深推进全面从严治党，就一定能形成风清气正、实干担当的政治生态，全面构建亲清政商关系，东阳的明天一定会更加美好。

在总结成绩的同时，也清醒地看到，与高质量发展和共同富裕的要求相比，还存在一些问题和不足，主要体现在：科技创新不足，工业短板依然突出，特色产业亟待转型提升；公共服务供给不均衡不充分，城市品质不够高，生态环保欠账多，社会治理基础不扎实；部分党员干部“扛旗争先”意识不强、能力不足，基层党组织战斗堡垒作用还需加强，个别领域党风廉政建设仍存在薄弱环节。对于这些问题，必须高度重视，强化系统观念，用好系统方法，切实加以解决。

二、科学锚定今后五年的奋斗目标

当今世界百年未有之大变局正在加速演进，国际政治经济形势更趋复杂、更加严峻，全球疫情仍在持续演变，不稳定性不确定性明显增强。但和平与发展仍是时代主题，新一轮科技革命和产业变革方兴未艾，中国经济长期向好的基本面没有变，经济潜力足、韧性大、活力强、回旋空间大的基本特点没有变，中国实现高水平自立自强的进程不可改变，中华民族伟大复兴进入了不可逆转的历史进程。这些都表明时与势总体于东阳有利，东阳仍处于大有可为的战略机遇期。

在中国共产党成立一百周年的重要历史时刻，在“两个百年”奋斗目标交汇的重大历史关头，党中央召开十九届六中全会，全面总结党的百年奋斗重大成就和历史经验。特别是，党确立习近平同志党中央的核心、全党的核心地位，确立习近平新时代中国特色社会主义思想的指导地位。东阳发展的方向更加清晰、道路更加明确，奋进新征程的信心更足了，力量更强了。

东阳作为全省发展大局中的重要一分子，承担着建设“重要窗口”、打造共同富裕先行市的重大使命，面临着实施“一带一路”、长三角一体化发展、浙江自贸区区域拓展、金义都市区共建加速等重大机遇的交汇叠加，又具有三大“国家级”特色产业优势和“十百千万”人才优势的交融共促，还有影视文化产业集聚区、“万亩千亿”新产业平台、高铁新城等重点功能板块的赋能加力，以及一系列重大项目建成投产的强力支撑。这些都是东阳续写“婺之望县”辉煌的基础所在、底气所在。

面向未来，时已至，势已成。理应胸怀“两个大局”、牢记“国之大者”，传承红色根脉，拿出“见红旗就扛、见第一就争”的血性勇气，继续干在实处、走在前列、勇立潮头。

今后五年，全市工作的指导思想是：坚持以习近平新时代中国特色社会主义思想为指导，全面贯彻中共十九大和十九届历次全会精神，统筹推进“五位一体”总体布局，协调推进“四个全面”战略布局，把握新发展阶段，贯彻新发展理念，融入新发展格局，按照“忠实践行‘八八战略’、奋力打造‘重要窗口’”“扛旗争先、崛起浙中”要求，坚持“经济强市、文化名城、歌画东阳”发展定位不动摇，以高质量发展为主题，以数字化改革为牵引，以科技创新为动力，以满足人民日益增长的美好生活需要为根本目的，稳中求进、以进求变，纵深推进全面从严治党，奋力打造新时代强市名城、建设共同富裕先行市。

今后五年的奋斗目标是：实现“两确保、三突破、六更高”。

*两确保：*确保强市名城高质量发展交出高分答卷，经济总量跻身全省县(市)前12⑦；确保共同富裕先行市建设迈出坚实步伐，居民人均可支配收入超8万元。

*三突破：*工业短板拉长有新突破，规上工业总产值超1200亿元；城市品质提升有新突破，成功创建全国文明城市；营商环境优化有新突破，群众和企业获得感显著提升。

*六更高：*发展质量更高。工业强市战略全力实施，现代化产业体系加速形成，创新动能充分释放，高能级新产业平台基本建成，数字经济成为发展主引擎。城市能级更高。城市品质明显提升，城区横店一体化水平明显提升，新型城镇化建设质量明显提升，和美乡村颜值内涵明显提升，综合立体交通能力明显提升，对外开放水平明显提升。治理效能更高。习近平新时代中国特色社会主义思想深入人心，社会主义核心价值观融入社会发展各方面，法治东阳、平安东阳迭代升级，基层治理体系和治理能力现代化水平明显提升。生活品质更高。公共服务和社会保障体系更加完善，幼有善育、学有优教、劳有所得、病有良医、老有颐养、住有宜居、弱有众扶基本实现，美丽花园、幸福家园基本建成。地方美誉度更高。影视文化走向全球，建筑产业全国领先，木雕竹编历久弥新，东阳教育人人向往，人才优势加速转化，健康东阳走在前列。党建统领水平更高。干部队伍现代化能力素质全面提升，基层党组织战斗堡垒作用明显增强，唯实唯先、善作善成的团队文化蔚然成风，党建统领整体智治体系基本建

成,风清气正、实干担当的政治生态巩固提升。

三、推进新时代强市名城、共同富裕先行市建设

建设共同富裕先行市是中央、省委赋予东阳的重大使命,打造新时代强市名城是金华市委交给东阳的重要任务。东阳必须提高站位、坚定信心,以"功成不必在我、功成必定有我"的胸怀格局,以"抬头志在万里、低头绣花功夫"的干事状态,以"只争朝夕、苦干实干"的拼搏精神,奋力推进东阳实现整体性、系统性、本质上赶超争先。具体要做到"七个聚力":

1.聚力科技创新,激发共同富裕强大动能

一要强化企业创新主体地位。坚持科技首位战略,完善鼓励企业创新政策体系,健全科技型企业培育机制。全面实施"五倍增、五提升"⑧计划、科技型企业"双倍增"行动计划⑨,支持企业开展产业关键核心技术攻关,培育一批引领产业变革、具备先发优势的创新型领军企业和骨干龙头企业,带动中小企业创新,科研(R&D)经费支出占地区生产总值比重达3.65%,争创省"科技创新鼎"、省创新型县(市)。

二要打造高能级科创平台。深化产学研用结合,以浙江广厦建设职业技术大学、总部中心、建筑业总部、猴塘公园为核心,高水平规划建设东阳科技城。创设产业创新研究总院,发挥上海大学产业发展研究院、东南大学建筑科技研究院、东阳家具研究院作用,大力推进国内外高等院校、科研机构等在东阳设立新型研发机构,支持现有研发机构创建省级重点实验室、省部共建实验室。鼓励社会资本兴办孵化器,省级科技孵化器实现零的突破。

三要大力集聚创新人才。深挖东阳籍"十百千万"人才"富矿",加快实施"引才计划""双龙计划",办好世界东阳人发展大会,加力引进海内外高层次人才、领军型团队。加快建设横店电影学院,发挥浙江广厦建设职业技术大学、横店影视职业学院特色优势,深化校地协同发展,大力培养高层次技术应用型人才。实施更加积极、更加开放、更加精准的人才政策,加大"揭榜挂帅"⑩力度,加快建设"人才飞地",推动人才优势持续转化为发展优势。

2.聚力产业发展,夯实共同富裕物质基础

一要坚持工业强市战略不动摇。加快建设现代化产业体系。大力实施"1234"标志性产业链培育行动,重点发展新材料产业,做大做强磁性电子和医药健康两大主导产业,提升发展现代服装、机械制造、绿色塑胶三大优势产业,集聚发展缝配、箱包、金银丝、渔具四个特色块状产业;谋划发展量子测量、新能源、航空旅游等新兴产业。深化数字经济"一号工程"2.0版,加快建成一批未来园区、未来工厂、数字车间、智能生产线。加快打造高能级产业平台。实施招商引资、空间开发整合、企业梯队优化、创新能力提升、智慧园区建设五大工程,基本建成省级"万亩千亿"新产业平台。加快建设高铁新城,打造高质量发展引擎区。推进横店磁性电子、横店健康生物园区、六歌健康生物园区等省级专业园区建设,整转提升南马机械工业功能区、画水杨梅园区块等园区。加快培育富有竞争力的市场主体。完善政策、梯度培育,促进中小微企业稳定发展,大力发展规上企业,支持龙头企业做大做强,精准培育若干家产值超百亿元企业和一批专精特新、隐形冠军、单项冠军企业,规上工业企业超1000家。深入实施"凤凰行动2.0"计划。深化"亩均论英雄"改革⑪,加大低效工业用地整治力度,亩均税收超40万元。

二要放大特色产业新优势。加速影视文旅融合发展。加快横店影视文化产业集聚区建设,提升横店影视文化产业博览会能级,建成横店国际影视文化创新中心。深化"影视文化产业大脑+未来影视工厂"融合发展模式,建立健全影视全产业链工业化体系,加快发展游戏、动漫、音乐、体育等泛文化产业。深入实施文旅"双百"工程⑫,加快推进东白山保护开发,积极发展休闲康养产业,力争打造国内首个"文创型全域旅游城市"。影视文旅产业总收入超千亿元。加速建筑业转型发展。加快"一区一园一院"⑬产业平台建设,全域推进建筑行业改革创新试点,引导建筑企业拓展上下游产业链。省内建筑业和建筑工业产值超千亿元。加速木雕家居产业创新发展。实施木雕家居产业转型升级"六大工程"⑭,推进"数字红木"建设,持续办好中华大师汇、中国木雕竹编工艺美术博览会等节展活动,积极创建木雕小镇2.0版。全产业链产值超千亿元。加速现代服务业发展。积极引导现有市场特色发展,规划建设白云电商园区,大力发展电商经济、直播经济、跨境电商,加快培育夜间经济、会展经济等新业态。推进制造业与现代服务业融合发展,打造产业金融、科技服务、现代物流等生产性服务业,集聚现代商贸、旅游休闲、健康养老等生活性服务业,发展CBD经济⑮,争创国家级供应链试点城市。

三要打造有效投资新引擎。坚持把项目建设放在高质量发展的突出位置,每年开展重大项目攻坚大会战。狠抓重大项目谋划。坚持优化投资结构、扩大民间投资占比,紧扣共同富裕、产业发展、乡村振兴、生态环保、科技创新、城市品质提升等重点,五年内谋划储备重大建设项目300项以上、总投资3000亿元以上。突出重大项目招引。以新材料、磁性电子、医药健康三大产业为重点,着力引进一批具有战略性、引领性的重大产业项目,五年内新增总投资超20亿元产业类项目25个以上。推进重大项目攻坚。坚持市领导联系重点项目制度,实行项目全生命周期闭环管理,实施投资"赛马"机制,提升项目服务水平,强化重大项目用地、用能、资金等要素配套和政策处理保障,推动项目早开工、早建成、早达产。

3.聚力改革开放,释放共同富裕强劲活力

一要强化数字化倒逼改革。聚焦重大需求,找准改革突破口、制度重塑点,谋准抓实"三张清单"⑯,应用话语体系,着力打造更多"管用实用、群众满意"的最佳应用,加快打造具

有东阳辨识度和全省影响力的数字化改革“三大成果”[17]。全面推进一体化智能化公共数据平台建设，进一步加快“城市大脑”建设，积极推动城市数字孪生[18]，加快实现数据资源全量汇聚、数据资产全程管理、数据能力全面构建。深入推进五大综合应用高效运行，优化提升党政机关整体智治、数字政府、数字经济、数字社会和数字法治系统，全面贯通省、市重大应用，加快形成党政机关科学决策、高效执行、有力监督、精准评价的整体智治体系，全面建成“掌上办事、掌上办公、掌上治理”之城。同时，突出群众和企业高频需求，聚焦改革和发展痛点堵点，以深化“放管服”[19]、优化营商环境为重点，推动各领域各方面深化改革，持续释放改革红利，不断提升群众和企业的获得感。

二要扩大对外开放水平。积极融入“一带一路”、G60科创走廊建设，持续建设浙江自贸区金义片区东阳联动创新区，全力推动金甬铁路货运专用线项目落地，谋划建设横店空港文化旅游经济区，着力打造长三角物流新枢纽。持续稳外贸稳外资，积极融入“双循环”发展格局。全力推动影视文化、建筑、木雕家居等产业“走出去”发展。加速推进“东义同城化”“东磐一体化”“东永协同化”，提升区域联动融合发展水平。深入实施与四川省南江县新一轮东西部协作。

三要建成高水平交通强市。杭温高铁、金甬铁路、金义东市域轨道交通、横店机场改扩建建成投用，东阳迈入“高铁时代”“航空新时代”，实现弯道超车。加快推进义东高速、甬金衢上高速以及东横快速路建设，实现市域高速闭环，构建“田”字形“高快一体”交通网[20]。加快推进市域公路联通，全力打通“断头路”，加大城区、城乡公交改革力度，争创国家级“四好农村路”示范市，基本实现市民10分钟上高速、20分钟坐高铁，群众出行更顺畅、更便捷、更舒心。

4.聚力生态环保，擦亮共同富裕亮丽底色

一要抓好环境品质提升。大力开展生态环境综合治理，让天更蓝、山更绿、水更清、空气更清新、环境更优美。实施碧水提升行动，全面推进“污水零直排区”建设，分批推进农村生活污水治理设施更新，实施“千吨万人”饮用水源地治理[21]，确保两江全流域水质稳定在Ⅲ类水。实施蓝天保卫行动，深化扬尘污染综合管控，持续推进移动源污染防治，常态化开展VOCs[22]治理，确保城市空气优良率稳定在98%以上。实施净土清废攻坚行动，全域实施垃圾分类“两定四分”[23]，深化土壤污染源头精准防控，持续推进地下水污染防治，强化固体废物源头减量、分类收集、资源利用、末端处理，建成省级“无废城市”。

二要健全生态环境保护体系。加强生态环境空间管控，实施“三线一单”[24]管控体系，坚决守住自然生态安全边界。坚持最严格的耕地保护制度和最严格的节约用地制度，强化自然资源“一码管地”，遏制耕地“非农化”、严格管控“非粮化”，严格规范执行耕地占补平衡制度。全面推进全域土地综合整治与生态修复，提升土地节约集约利用水平。深化生态环境保护综合行政执法改革，完善环保督察问题整改长效机制，全面落实河长制、塘长制和林长制，全力推进生态环境损害赔偿工作，争创国家级生态文明建设示范县和国家级“绿水青山就是金山银山”实践创新基地。

三要推进绿色循环低碳发展。坚持“碳达峰、碳中和”[25]引领，以资源要素差别化配置为原则，以磁性电子、医药健康等产业为重点，推行绿色产品设计、绿色产业链、绿色供应链、产品全生命周期绿色管理，打造一批低碳循环的示范产业链、示范园区和示范企业，培育绿色企业集群，构建绿色发展经济体系。强化全民生态意识，营造全社会绿色低碳生活新风尚。

5.聚力城乡统筹，提升共同富裕功能品质

一要提高中心城区能级。坚持城市东扩、拥江发展战略，依托城市总体设计，聚焦“吴宁文旅中心、白云商贸主战场、江北科创新城”定位，有序推动城市重点板块开发，打造“五大城市样板区”[26]，建设新时代城市地标。实施“水润东城”项目、江北全域土地综合整治与生态修复工程，加快推进江滨景观带改造提升，高水平建设南山国家森林公园，构筑北山林线保护带，开展石马塘水库、堂鹤水库枢纽工程建设，抱山拥江、连溪活塘、融绿成网，形成“一江、十溪、六园、百景”[27]城市景观体系。高品质推进城市有机更新，实施老旧小区改造五年行动，加快建设未来社区、美丽小区。实施城市精细化管理，统筹地下管网、道路建设，深化海绵城市、智慧城市建设。

二要提升城镇发展水平。按照“城区横店一体、南乡北乡联动”的总体思路，促进资源集约、产业集聚、人口集中、产城融合。横店镇要加快建成“综合实力最强劲、城镇建设最美丽、社会治理最平安、群众生活最幸福”的现代化镇域“中国样板”。六石街道、巍山镇要抓住“万亩千亿”新产业平台建设契机，加快重大项目招引落地，努力成为全市工业经济重要增长极。城东街道、南市街道要合力推动高铁新城建设，打造城市新客厅。南马镇、歌山镇、画水镇要加快低效工业用地清理整治，全力推进产业转型提升。千祥镇、虎鹿镇要做大做强块状经济，湖溪镇、马宅镇要积极发展文旅产业，东阳江镇、佐村镇、三单乡要着力发展生态休闲康养产业。

三要推进乡村全面振兴。坚持农业农村优先发展，着力打造新时代乡村振兴样板。全面实施科技强农、机械强农“双强”行动，加快建设高产粮食示范区，培育一批数字农业工厂、数字牧场、数字渔场。实施“农业+”行动，开展两进两回“十百千万”工程[28]，发展休闲农业、乡村旅游、农村电子商务等新业态，建成省级特色精品村10个以上。全域推进美丽乡村建设，深化“三大革命”[29]，健全长效管理机制，全面提升农村人居环境品质。以完善产权制度和要素市场化配置为重点，深化农村改革，发展壮大新型农村集体经济，巩固提升“消薄”成果，促进农民持续增收。推进“三农”新基建工程，加快未来乡村、数字乡村建设，打造一批彰显东阳特色的共富乡村。

6.聚力民生改善,创造共同富裕美好生活

一要围绕"民富"拓宽增收渠道。深入实施富民增收行动,确保城乡居民收入增速高于地区生产总值增长水平。完善多渠道灵活就业保障制度,突出抓好高校毕业生、退役军人、农民工、就业困难人员等重点群体就业,力争每年城镇新增就业2万人以上,登记失业率控制在3.5%以内。加大创业带动就业力度,健全完善创业教育、创业培训、创业政策、创业载体等服务体系,打响"创富东阳"品牌。

二要围绕"民安"提升保障水平。大力推进社保扩面提标,确保城乡基本养老保险全覆盖,实现大病医疗保险选缴率达95%以上;加快保障性租赁住房和人才公寓建设;完善新时代社会救助体系,大力发展公益慈善事业,重视残疾人工作,让城市更加温暖、让百姓更有幸福感。

三要围绕"民享"优化公共服务。加快教育项目建设,推进集团化办学,谋划建设现代化学校50所以上、特色学校100所以上,成功创建全国学前教育普及普惠县(市、区)、全国义务教育优质均衡发展县(市、区),东阳中学成为全省一流名校。坚持产教融合,依托产业特色优势,加快建设现代化职业教育体系,发展特色鲜明的高等教育。深化医共体建设,提升基层医疗机构能力,加快家庭医生签约服务扩面提质,完善"一核两翼"[30]医疗资源布局,建成"15分钟医疗卫生服务圈"。积极应对老龄化加速趋势,优化完善居家养老服务体系,加大医养结合的高品质养老院建设。持续深化移风易俗行动,鼓励绿色生态殡葬改革。

四要围绕"民乐"丰富文体内涵。加快建设市民中心,优化公共文体设施布局,规划建设新博物馆、新图书馆、新美术馆、游泳馆和体育场等大型文体设施,整合提升镇村(社区)文化体育设施,推进"百分之一公共文化计划"[31],打造具有影响力的群众性文体活动品牌,建设"15分钟品质文化生活圈""10分钟健身圈"。挖掘东阳"三乡"文化和优秀非遗资源,编纂东阳文化系列丛书,建设新时代"书香东阳"。

7.聚力社会治理,筑牢共同富裕稳定基石

一要深化基层治理。坚持系统重塑,全面推进"县乡一体、条抓块统"[32]县域整体智治改革、基层治理"一件事"集成改革,加快推动"152"体系与"141"体系[33]衔接贯通,迭代升级基层治理"四平台"[34]。深化"基层党建+社会治理"模式,推动市镇村三级社会治理中心建设运行,常态化开展"大走访、大排查、大化解、大提升"活动,持续发挥调解员、网格员、民情民访代办员等基层治理队伍作用,打响"老娘舅""帮帮姐""平安义警"等调解服务品牌,提升基层治理体系和治理能力现代化水平。高度重视信访工作,争创省无信访积案县(市)和信访工作现代化示范县(市)。

二要深化平安东阳建设。树牢总体国家安全观,把维护国家政治安全放在首位,加强意识形态阵地建设和管理,强化国家安全宣传教育,健全完善国防动员体系。慎终如始做好疫情防控工作。常态化开展扫黑除恶斗争,加快完善立体化、法治化、专业化、智能化社会治安防控体系,打击治理电信网络新型违法犯罪活动。深入开展安全生产专项整治行动,加强食品药品安全监管,做好区域性金融风险防范化解,提升应急处突能力。确保社会和谐稳定和人民群众生命财产安全,成功夺取"二星平安金鼎"。

三要深化法治东阳建设。坚持依法治市,推进"八五"普法,切实营造全社会办事依法、遇事找法、解决问题用法、化解矛盾靠法的良好氛围。全面推进"大综合一体化"行政执法改革,加快构建全覆盖的政府监管体系和全闭环的行政执法体系,深入推进基层"一支队伍管执法"和跨部门跨领域综合执法。加快推进政法领域执法司法责任体系改革和建设,健全执法司法权运行制约监督体系,进一步提升执法司法质效和公信力。深化信用东阳建设,深入实施信用建设"531X"工程[35],推动全方位诚信、全数据入信、全社会用信。

四、着力推进新时代党的建设

奋斗新时代、奋进新征程,党的领导是根本,党的建设是关键。要弘扬伟大建党精神、红船精神,深入贯彻新时代党的建设总要求,扎实推进党的政治建设、思想建设、组织建设、作风建设、纪律建设,为打造新时代强市名城、建设共同富裕先行市提供坚强政治保证。

1.突出党的领导,发挥党委总揽全局、协调各方作用。坚持和完善党领导经济社会发展的体制机制,注重发挥党委议事协调机构职能作用,不断提高把方向、谋大事、定政策、促改革的能力。全力支持人大、政府、政协、监委、法院、检察院依法依章程履行职能、开展工作。巩固和发展新时期爱国统一战线,加强对民主党派、无党派人士、宗教界人士、新阶层人士、侨胞等的政治引领。健全和落实党管武装制度,深化双拥共建,加快军民深度融合发展,成功创建全国双拥模范城。加强"数智群团"系统建设,更好发挥群团组织作为党联系广大群众的桥梁纽带作用,最大限度地凝聚团结奋进的强大合力。

2.突出补钙铸魂,夯实绝对忠诚的思想根基。始终把学习贯彻习近平新时代中国特色社会主义思想作为首要政治任务,建立完善党委(党组)重大决策前专题学习制度、"第一议题"制度和学习督导评价机制,及时跟进学习党的创新理论,争做"两个确立"忠诚拥护者、"两个维护"示范引领者。高质量全面落实意识形态工作责任制,完善风险防控、阵地管理、检查督查、约谈问责等制度,推动党委(党组)增强维护意识形态安全的政治敏锐性,牢牢掌握意识形态工作领导权、主动权。注重理论宣讲,打造"广说习语""横有戏""青年说"等特色宣讲品牌,全面加强新时代文明实践中心建设,让党的创新理论"飞入寻常百姓家"。深入推进"好家风"建设,加大"道德模范""东阳好人""最美人物"等先进典型选树宣传力度,形成全社会崇尚先进、学习先进、争当先进的浓厚氛围。

3.突出固本强基,筑牢坚强有力的战斗堡垒。以"红色根脉强基工程”为抓手，强化基层党组织政治功能、组织功能，高水平打造新时代党建高地。聚焦组织体系优化，进一步理顺行政村、自然村两级党组织运行机制，优化农村党组织设置；推进社区体制机制的系统重塑，打造城市共治党建联盟，健全党组织领导下的居民自治、民主协商、党群带动、社会参与的城市治理机制。开展红色细胞培优，实施村社干部素质提升“十百千”工程[36]，深化发展党员“五统一分”市域统筹[37]，持续开展整治立规创优行动，全面加强“一肩挑”后村级权力监督，健全党员分类管理机制，全面提升基层党员干部综合素质。坚持党建引领，推广新时代“寀卢经验”，注重农村党组织创富能力培养，高质量打造一批农村共富党建联盟。实施“两新”党建创优行动，扩大非公企业党的组织覆盖和工作覆盖，推动“两新”党组织实质作用发挥。持续擦亮中小学校、公立医院等一批具有东阳辨识度的行业党建品牌。

4.突出系统重塑，锻造实干担当的干部队伍。实施立体察人识人工程，建立“135”察人识人体系[38]，严格落实新时代好干部标准，突出政治标准、一线导向，牢固树立正确选人用人导向，着力打造忠诚干净担当的高素质专业化干部队伍。实施队伍结构优配工程，选优配强“一把手”，着眼增强班子整体功能合理配备领导班子。用好各年龄段干部，统筹做好女干部、党外干部配备，形成“年轻干部到一线去，优秀干部从一线来”的培养路径。探索建立干部专业分类体系，健全专业干部教育培养和提拔交流机制，提升干部队伍专业化水平。实施干部精密智控工程，健全完善干部大监督机制，建立管思想、管工作、管作风、管纪律的从严管理体系。深入推进“不担当、不作为、不规矩、不适应”干部专项整治，着力破除“中梗阻”、选择性服务等问题。实施督查激励工程，深化完善容错纠错和澄清保护机制，加大对干部的关心关爱力度，形成层层负责、人人担当的生动局面。

5.突出正风肃纪，巩固风清气正的政治生态。全面扛起管党治党政治责任，深化细化“四责协同”[39]机制，突出加强“一把手”和领导班子监督，推动清廉东阳建设融入经济社会发展各方面全过程。严明政治纪律和政治规矩，开展“清风护航”系列行动，确保全市政令畅通、决策落地生根。健全完善以党内监督为主导的监督体系，深化纪检监察体制改革，织密巡视巡察上下联动“监督网”，促进各类监督系统集成、协同高效，最大限度压缩权力寻租空间。毫不松懈纠“四风”，坚持开展干部作风专项整治，对形式主义官僚主义精准施治，对享乐主义奢靡之风露头就打，以优良党风政风全面提振干事创业精气神。聚焦重点领域、重点人、重点事，全方位扎紧制度笼子，多层次、立体化开展警示教育，无禁区、全覆盖、零容忍查处腐败，一体推进“不敢腐、不能腐、不想腐”。深化清廉村居建设，强化制度执行力，推动“四全”工作模式[40]迭代升级，靶向纠治漠视侵害群众利益问题，让人民群众在全面从严治党中感受到公平正义。

名词解释

①“五个首创”：组建建筑产业联盟、成立建筑业“店小二”服务中心、搭建全产业链建材采购平台、设立建筑业专项转贷基金、开创建筑业公检法联动办案先河。

②“152”体系：“1”即一体化智能化公共数据平台；“5”即5个综合应用，分别是党政机关整体智治综合应用、数字政府综合应用、数字经济综合应用、数字社会综合应用和数字法治综合应用；“2”即数字化改革的理论体系和制度规范体系。

③“1+6+X”国企框架布局：“1”是市国有资产投资有限公司，“6”是城投、交投、水投、资发、产发、文旅六家集团有限公司，“X”代表市政府授权委托管理的国有公司。

④医共体建设：由政府指导，县级医院牵头，县乡村三级医疗卫生组织联动，推进基层首诊、双向转诊、急慢分治、上下联动的新型医疗形式，推进分级诊疗制度。

⑤矛盾纠纷化解“136”工作格局：即10%的矛盾纠纷化解在县级，30%的矛盾纠纷化解在乡镇，60%的矛盾纠纷化解在村社。

⑥“千万工程”：2003年6月，浙江省委全面启动实施“千村示范、万村整治”工程，开展以改善农村生态环境、提高农民生活质量为重点的村庄整治建设大行动。

⑦经济总量跻身全省县(市)前12：全省共有53个县(市)，不包含市辖区。2020年，东阳市经济总量列全省各县(市)第16位，宁海县、长兴县、嘉善县、永康市分列第12~15位。

⑧“五倍增、五提升”计划：“五倍增”就是研发经费支出、国家高新技术企业家数、金华市级以上研发机构数量、金华市级以上科技孵化器、技术交易额实现倍增；“五提升”就是研发经费支出占地区生产总值比重、省科技型中小企业、高新技术产业增加值占工业增加值比重、科技领军人才、财政科技支出实现大幅提升。

⑨科技型企业“双倍增”行动计划：科技型中小企业和高新技术企业规模实现倍增。

⑩“揭榜挂帅”：也被称为科技悬赏制，是一种以科研成果来兑现的科研经费投入体制，由政府组织面向全社会开放征集科技创新成果的一种非周期性科研资助安排。

⑪“亩均论英雄”改革：用“亩均效益”而非“唯GDP”对经济效果进行评价，建立企业综合评价指标体系，推动资源要素向优质高效的领域集中，实现经济健康可持续发展。

⑫文旅“双百”工程：“百个特色文化场馆展示工程”“百幢历史文化建筑活化工程”。

⑬“一区一园一院”：浙江省建筑业高质量发展综合实验区、浙江(东阳)建筑科技产业园、东阳市建筑科技研究院。

⑭木雕家居产业转型升级“六大工程”：产业提升、人才培养、技术攻关、品牌创建、文化创新、平台建设六大工程。

⑮CBD经济：CBD集中大量的金融、商贸、文化、服务以及大量的商务办公和酒店、公寓等设施，具有最完善的交通、通信等现代化的基础设施和良好环境，有大量的公司、

金融机构、企业在这里开展各种商务活动。

⑯“三张清单”:数字化改革重大需求清单、多跨场景清单、重大改革清单。

⑰数字化改革“三大成果”:数字化改革应用成果、理论成果、制度成果。

⑱数字孪生:充分利用物理模型、传感器更新、运行历史等数据,集成多学科、多物理量、多尺度、多概率的仿真过程,在虚拟空间中完成映射,从而反映相对应的实体装备的全生命周期过程。

⑲“放管服”:简政放权、放管结合、优化服务。

⑳“高快一体”交通网:高速、快速路连成一体,形成闭环。

㉑“千吨万人”饮用水源地治理:供水人口在10000人或日供水量1000吨以上的集中式饮用水水源保障达标项目建设。

㉒VOCs:挥发性有机物。

㉓垃圾分类“两定四分”:“两定”即定时、定点,“四分”即把生活垃圾分为餐厨(厨余)垃圾、可回收物、有害垃圾、其他垃圾。

㉔“三线一单”:生态保护红线、环境质量底线、资源利用上线和生态环境准入清单。

㉕“碳达峰、碳中和”:碳达峰,指某个地区或行业年度二氧化碳排放量达到历史最高值,然后经历平台期进入持续下降的过程,是二氧化碳排放量由增转降的历史拐点;碳中和,指一个地区在一定时间内直接或间接产生的温室气体排放总量,通过植树造林等形式抵消,实现二氧化碳“零排放”。

㉖“五大城市样板区”:文体中心样板、江北新区样板、卢宅历史文化街区样板、行政中心样板、白云商贸样板。

㉗“一江、十溪、六园、百景”:一江指东阳江,十溪指卢三小溪、周店溪、浪坑溪、渔溪、东溪、西溪、巧溪、十里头溪、甘井东溪、昆溪,六园指南岸艺术公园、儿童公园、西山公园、世纪公园、科创运动公园、白云文化城,百景指主城区内构筑的百余个景观空间。

㉘两进两回“十百千万”工程:两进两回指的分别是科技进乡村、资金进乡村,青年回农村、乡贤回农村。“十百千万”工程是吸引十亿资金投农村、百项技术进农村、千名乡贤回农村、万名青年做“三农”。

㉙“三大革命”:垃圾革命、污水革命、厕所革命。

㉚“一核两翼”:“一核”指城区医疗中心(人民医院、中医院、妇保院、红会医院),“两翼”分别指北部医疗副中心(人民医院巍山院区)、南部医疗副中心(横店医院、横店文荣医院)。

㉛“百分之一公共文化计划”:在项目建设投资总额中提取百分之一的资金用于公共文化设施建设,所建设的公共文化设施必须是能使公众享受或者参与的场所或项目,实施内容包括环境艺术设施和对公众免费开放的公共文化设施等。

㉜“县乡一体、条抓块统”:把县乡当作一个整体来考虑,从县域范围统筹县级部门和镇乡(街道)功能、职责、编制、人员力量,优化条块运行机制。

㉝“141”体系:“1”即市级社会治理中心,“4”即镇乡(街道)基层治理“四平台”,“1”即村社网格。

㉞基层治理“四平台”:指通过整合资源力量,在镇乡(街道)搭建综治工作、市场监管、综合执法、便民服务等四个基层治理功能性平台。

㉟信用建设“531X”工程:聚焦企业、自然人、社会组织、事业单位和政府机构五类主体,建立健全公共信用指标体系、信用综合监管责任体系、公共信用评价及信用联合奖惩体系三大体系,建设全省一体化公共信用信息平台,深化信用体系在若干重点领域创新应用。

㊱村社干部素质提升“十百千”工程:全市共选树10名省级治村兴社名师、储备100名以上的优秀村社后备干部、对村社红领青年实行动态调整并保持在1000人以上。

㊲发展党员“五统一分”市域统筹:统一掌握源头信息,统一开展资格联审,统一调配发展计划,统一组织培训考试,统一政审程序标准,分别组织发展。

㊳“135”察人识人体系:打造1个以“人”为单位的全息数据库;从切实做深日常考察、高质量开展专项考察、探索推行场景化考察3个方面掌握干部大数据;健全完善“五维分析”评价机制。

㊴“四责协同”:党委的主体责任,纪委的监督责任,党委书记的第一责任以及班子成员的一岗双责责任。

㊵“四全”工作模式:村务运行全规范,村级党务、村务、财务“三务”实时全公开,农村社区的资金、资产和资源“三资”管理改革全覆盖,基层监督全流程的“四全”工作模式。

政府工作报告

——在东阳市第十六届人民代表大会第一次会议上(摘要)

东阳市人民政府代市长 黄胜可

(2022年1月24日)

一、过去五年工作回顾及2021年主要工作

市十五届人大一次会议以来的五年,是极不平凡、极具挑战的五年。五年来,面对宏观形势的深刻复杂变化,特别是面对新冠肺炎疫情等多重考验,东阳深入学习贯彻习近平新时代中国特色社会主义思想,全面贯彻中共十九大和十九届历次全会精神,坚决落实上级党委、政府和市委决策部署,自觉接受市人大工作监督、法律监督和市政协民主监督,真抓实干、奋勇前行,高水平全面建成小康社会。地区生产总值从517.6亿元增加到730.8亿元,年均增长7.1%;财政总收入、一般公共预算收入分别从92.4亿元、56.3亿元增加到142.4亿元、83.4亿元,年均分别增长9%、8.2%;城乡居民人均可支配收入分别从44542元、24556元增加到64338元、37717元,年均分别增长7.6%、9%。获得国务院督查激励1项、省政府督查激励8项。

(一)致力高质量发展,产业转型有新成效

工业经济提质增效。规上工业总产值年均增长11.1%,预计规上工业亩均税收从11万元提高到16万元。新增"专精特新"小巨人企业4家、省"雄鹰行动"培育企业2家、隐形冠军企业2家,培育规上企业403家、主板上市企业3家,主板上市企业总数居金华第一。"两化"融合发展指数[①]居全省前列,规上数字经济核心产业制造业增加值达到59.9亿元,横店东磁单晶电池片工厂成为全省首批"未来工厂"[②]。新增"浙江制造"品牌63个、"品字标"企业38家,成功创建省商标品牌示范市。

特色产业转型提升。横店影视文化产业集聚区挂牌运行,入选国家级文化产业示范园区创建名单,创新举办国内首个全产业链影视文化产业博览会。梦外滩、广州街景区改造提升等项目建成开放,爱奇艺、腾讯视频等头部企业实体落地。新增入区企业650家,累计接待剧组超1700个,横店出品获得"五个一工程"奖等荣誉200余项。入选省文化和旅游消费试点城市,成功创建省全域旅游示范市,横店影视城入选省首批未来景区改革试点和大花园"耀眼明珠"榜单,横店马拉松入选中国体育旅游精品赛事。打造建筑业"五个首创",成立建筑科技研究院,成功举办首次在县级市召开的中国建筑企业高峰论坛,建筑业总产值、总税收、特级资质企业数、获鲁班奖数保持全国领先。家具研究院实体化运作,东博会、红博会升格为国家级展会,整合举办中华大师汇,木雕小镇创成省级特色小镇,木雕红木产业实现家数精减、主体升级、产业规范。

商贸服务业加快发展。银泰城、巍山新天地、花园商业中心等商贸综合体建成营业,横店百老汇、花园雷迪森等大型酒店投入使用,建成省级"五化市场"[③]8家,社会消费品零售总额达到325.5亿元、年均增长6.9%。建成一批省级电商产业基地、电商专业示范村,基本实现快递进村,获评全国电子商务进农村综合示范市,网络零售额达到137.1亿元、年均增长21.9%。

现代农业平稳发展。新增粮食生产功能区3个,粮食播种面积稳定在16333.33公顷以上、年产量保持在0.95亿千克以上,成功创建全国农产品质量安全市、全国主要农作物基本全程机械化生产示范市。华统生猪养殖项目建成投产。推出"东白"农产品区域公用品牌,东阳元胡成为国家农产品地理标志登记产品。林业总场获评省现代国有林场,供销总社获评全国百强县级社。

惠企助企精准有效。常态化开展"三服务"活动,帮助企业解决各类问题9500余个。落实降本减负各项政策,共减税降费108.5亿元。信贷支持力度不断加大,新增贷款649.9亿元、降息减费10.7亿元。"财政+金融"模式持续深化,提供融资担保贷款28.7亿元、转贷资金200亿元。企业帮扶纾困有力,不良贷款率保持低位。市场主体总量达12.8万户、年均增长19.4%。

(二)致力竞争力提升,改革创新有新突破

重点改革扎实推进。政府机构、事业单位、国有企业等改革任务全面完成。"最多跑一次"改革向数字化改革迭代升级,完成便民利企"一件事"集成改革56项,"无证明城市"改革覆盖民生各领域,行政村(社区)便民服务中心实现全覆盖,高频民生类政务服务100%就近可办,政务服务事项"掌上办""跑零次"比率分别达92.6%、91.8%。

创新驱动步伐加快。新增国家高新技术企业166家、省级科技型中小企业480家,创建省级以上院士专家工作站2家、企业研究院19家、企业技术研发中心51家,高新技术产业增加值占规上工业增加值比重从51.4%提高到74.6%,预计研发投入强度由1.82%提高到2.3%。磁性电子省级高新园区获批创建,上海大学

东阳产业发展研究院、西安交大和西北工大东阳协同创新中心等项目正式落地。新增东阳籍两院院士2名，引进顶尖、领军人才49人，获评省级党政领导人才工作述职评议考核优秀市。

开放合作不断深化。预计外贸出口达280亿元、年均增长11.6%，累计引进外资1.27亿美元，东阳国际物流园纳入浙江自贸区金华联动创新区。“东义同城”加快推进，义东大桥建成通车，跨城公交开通运行，355项高频政务服务事项实现“跨城通办”。东磐山海协作不断深化，四川理县扶贫协作任务圆满完成。成功举办三届世界东阳人发展大会，合力促发展的氛围更加浓厚。

平台项目支撑有力。“万亩千亿”新产业平台④启动实施，高铁新城建设加快推进，改造建设小微园20个。大力推进低效用地清理整治，完成批而未供土地消化、存量用地盘活、低效用地再开发近3333.33公顷，新增建设用地1933.33公顷，成功创建省国土资源节约集约模范市。招商引资成效显著，签约项目90余个、总投资达760亿元，80个项目落地开工，市县长工程项目落地率居金华前列。新增省重大产业项目11个，省特别重大产业项目实现“零”的突破，列入省重点项目60个，政府及国企投资重点项目年度计划完成率由87.5%提高到104%，固定资产投资达209.3亿元、年均增长11.1%。

(三)致力全域化美丽，城乡环境有新提升

城乡面貌不断改观。通过国家卫生城市复审，实现国家卫生乡镇全覆盖，成功创建国家森林城市、国家园林城市、省级“基本无违建市”。江滨夜景光影璀璨，卢宅故里、黉门广场焕然一新。完成19条城区主干道改造提升，打通18条城市“断头路”。小城镇环境综合整治工作全省优秀，六石、湖溪、花园村成为美丽城镇省级样板。横店城市风貌实现蝶变，连续两年获评小城市培育考核优秀。花园村省级乡村振兴综合改革试点圆满完成，成为全省首个村域小城市培育试点。农村危旧房治理改造全省领先，获评省级美丽乡村示范镇7个、示范村88个，建成共享田园9个、美丽乡村风景线5条，成功创建省新时代美丽乡村示范市。

生态环境明显改善。基本完成中央、省环保督察问题整改。全市污水处理能力从14.3万吨/日提升至35.3万吨/日，市控以上地表水断面水质100%达标，夺得五水共治“大禹鼎”。生活垃圾实现“零填埋”“零增长”。实施烟花爆竹全域禁燃，环境空气质量持续向好，获评省清新空气示范区和“蓝天之星”称号。生态廊道全线贯通，东阳江城区段、白溪江六石段、南江湖溪段获评省“美丽河湖”。南山国家森林公园、东阳江省级湿地公园、东江源省级自然保护区获批建设，完成全域土地综合整治与生态修复项目4个，成功创建国家节水型社会达标市和省级生态文明建设示范市。

基础设施加快完善。铁路梦和市域高速闭环即将实现，横店通用机场正式通航，37、39、40省道改建等项目相继建成通车，普通国、省道路况水平居全省前列，成功创建省级“四好农村路”示范市和美丽经济交通走廊达标市。完成中小河流治理55.4千米、水库山塘除险加固74座。城乡供水能力从34.6万吨/日提升至58.2万吨/日，农村饮用水达标人口覆盖率从80.7%提升至99%，基本实现城乡居民同质饮水。新投用35千伏及以上变电站11座，天然气管道东阳支线和东磐支线建成投用。5G网络实现城区镇区全覆盖。

(四)致力高品质生活，民生福祉有新改善

基本保障更加有力。新增就业10.2万人，城镇登记失业率控制在3.5%以内。城乡居民基本养老保险、医疗保险基本实现全覆盖，最低生活保障标准从698元/月提高到900元/月。示范型居家养老服务中心实现镇乡(街道)全覆盖，人均期望寿命从79.6岁提高到80.8岁。消薄任务全面完成，年家庭人均收入1万元以下农户实现清零。成功创建省级食品安全市、无欠薪市和双拥模范城。

公共服务更加优质。创成省教育基本现代化市、学习型城市，教育现代化发展水平监测评估全省领先、金华第一。新增中小学、幼儿园学位2.1万余个，公办幼儿园覆盖面从23.1%提升至52.5%，全面推行学校公民同招、集团化办学改革。广厦建设职业技术学院升格为职业本科大学。妇保院扩建等8个项目竣工投用，人民医院成为省内首家县级“三甲医院”，医共体改革经验全省推广，获评健康浙江建设首轮三年先进县市。全力抓好疫情防控，实现新冠病例“零死亡”以及第一波疫情后本土病例“零新增”。市体育馆建成启用，群众体育工作获评全国先进，“15分钟文体活动圈”基本形成。入选浙江高质量发展建设共同富裕示范区“打造精神文明高地领域”试点。

平安建设更加有效。“七五”普法顺利收官，单良村获评全国民主法治村。成功入选全国农村社区治理实验区，基层治理“一中心四平台一网格”作用持续发挥，矛盾纠纷化解“136”工作格局基本形成。成功应对“利奇马”“黑格比”“烟花”等台风袭击，生产安全事故数、死亡人数分别下降85.7%、78.9%，退出“交通事故死亡人数超百人县市”。扫黑除恶专项斗争取得阶段性胜利，社会治安形势持续向好，新中国成立70周年、中国共产党成立100周年等重大安保任务圆满完成，夺得“一星平安金鼎”。

(五)致力现代化政府，自身建设有新加强

扎实推进“不忘初心、牢记使命”主题教育、党史学习教育，政治定力不断增强。全力办好民生实事，民生支出占一般公共预算支出比重达75.8%。自觉把依法行政贯穿于政府治理全过程，法治政府建设走在金华前列。主动接受市人大、市政协监督，办理人大代表建议1638件、政协提案1539件，代表、委员满意度逐年提升。强化政府数字化转型，创新推出机关内部“最多一星期”和市政府常务会议无纸化“一件事”改革。不断完善市长现场办公和专班运作机制，政府执行力持续提升。坚持集中财力办大事，“三公”经费压减22.5%。

坚决贯彻全面从严治党各项要求，持续加强作风建设，政府形象不断改善。

五年来，各项事业协调发展，工青妇等群团工作呈现新气象，人民武装、民族宗教、外事、对台、统计、档案、气象等工作取得新成效，人防、侨务、残联、地方志、关心下一代、老龄、慈善、红十字、残疾人等事业迈上新台阶。

各位代表，2021年是本届政府收官之年，也是"十四五"开局之年。一年来，按照年初确定的目标任务，强化数字赋能，全力攻坚争先，实现"十四五"良好开局。地区生产总值增长10.5%，财政总收入、一般公共预算收入分别增长15.1%、14.8%，居民人均可支配收入增长11.5%。

数字化改革推进有力。"152"体系架构和"城市大脑"基础框架初步建成，数字东阳总门户和5大系统综合应用全部上线，"七张清单""浙里防疫"等57个省级重大应用实现贯通。"智慧横店""基层合法性审查"等23个本地应用上线运行，"人口信息智能采集""浙里花园未来乡村"等16个特色应用入选省级试点，"影视文化产业大脑"获评全省数字化改革"最佳应用"，数字经济系统建设综合考评全省第一。迭代升级"1+7+N"全面深化改革工作体系[⑤]，"打造一流营商环境"等11项"牵一发动全身"重大改革项目落地见效。

*五大会战战果丰硕。*平台建设大会战攻坚突破，"万亩千亿"平台总体规划落地实施，基本完成一期征迁，开工建设六石、巍山安置区，实施ABO片区开发[⑥]。综合交通大会战再创佳绩，三条铁路[⑦]超额完成年度建设任务，义东高速东阳段全线开工，南午岭互通二期主线等工程建成通车，新西站正式启用。城市品质提升大会战全面铺开，江滨景观带整体提升改造、人民广场人防工程、歌山大桥、博士大桥等项目开工建设，3个美丽小区启动建设，市民中心主体完工，东阳江大桥完成加固改造，城区涉安全隐患违法建筑专项整治基本完成。生态环境改善大会战成效初显，5个污水处理厂基本建成，生活垃圾焚烧项目点火启用，城区生活垃圾"两定四分"点位实现全覆盖；$PM_{2.5}$平均浓度降至22微克/立方米，空气优良率达98.9%；新增国土绿化406.67公顷。现代治理大会战精准发力，四级走访量大幅下降，燃气、建筑、交通等重点领域安全生产专项行动扎实推进，反诈人民战争成效明显，有望实现"平安县(市)"十六连创。

*四大千亿产业培育进展良好。*隆重召开全市产业发展大会，推出工业高质量发展新政22条和科技新政42条，完成规上工业总产值673亿元、规上工业增加值149.2亿元、高新技术产业增加值111亿元，分别增长31.1%、20.9%、24.5%，横店东磁成为首家百亿级工业企业。横店影视文化产业集聚区列入第一批国家级夜间文化和旅游消费集聚区，21个重点影视项目完成投资超20亿元，《长津湖》《你好，李焕英》包揽年度国内电影票房榜前两位，全年实现营收211.2亿元、上缴税收8.9亿元，分别增长36.7%、12.9%；预计实现旅游收入140亿元，增长12%。大力推动建筑业高质量发展，完成建筑业总产值1755.5亿元、省内产值427.6亿元，分别增长5%、11.3%，完成建筑业总税收46.5亿元、增长33.2%。木雕红木行业首个国家级质检中心落户东阳，成功举办百名中国工艺美术大师创新作品展、中国(东阳)竹工艺产业发展大会，木雕家居全产业链营收达680亿元、增长8%。

*三项重点工作持续发力。*教育事业提质发展，15所学校投入使用，10所学校创成省现代化学校，义务教育"双减"工作有序有效，义务教育段实现课后服务全覆盖。乡村振兴接续推进，打造"三强六无五美"[⑧]达标村100个，省"千万工程"展示馆一期建成开馆，第21届全国"村长"论坛成功举办，入选省新时代乡村集成改革试点市，获评省第一批综合性农业"机器换人"高质量发展先行市。招商引资量质齐升，在第三届世界东阳人发展大会上集中签约十大东阳人回归项目、十大校地合作项目、十大科技成果转化项目，赛特斯5G产业园、东阳光电容器等项目开工建设，正威长三角新材料产业园一期、千芝雅智能制造等项目投入生产。

*社会事业协同并进。*十大民生实事基本完成。四个农房集聚区一期顺利交房，市养老中心一期开工建设。南马水厂二期、三单水厂和10座单村供水站建成投运。中医院迁建工程基本完工，江北综合医院开工建设。东阳境内高速公路实现差异化免费通行，境内普通国省道收费站全部撤除，主城区新增停车位1.8万余个。启用江滨文化中心，中国计算机博物馆落户横店。平战结合抓好疫情防控，完成疫苗接种239万剂次。与四川省南江县结对开展新一轮东西部协作。

发展中的短板和问题，主要是：发展平台总体不强，工业短板依然突出，特色产业先发优势有所弱化；发展质量有待提高，科技创新投入普遍不足，单位能耗整体偏高，亩均效益总体偏低；城市品质提升不够快，乡村振兴内生动力不够强，基础设施欠账依然较多，生态环境质量仍有较大提升空间；统筹发展和安全不够，平安稳定的基础还不够扎实，公共服务供给与群众期望还有不小差距；部分干部理念观念、能力水平与高质量发展、数字化变革要求还不相适应，不担当不作为不规矩等问题仍不同程度存在。

二、今后五年的奋斗目标和主要任务

今后五年是东阳打造新时代强市名城、建设共同富裕先行市的关键时期。根据市第十六次党代会精神，今后五年政府工作的指导思想是：坚持以习近平新时代中国特色社会主义思想为指导，全面贯彻中共十九大和十九届历次全会精神，统筹推进"五位一体"总体布局，协调推进"四个全面"战略布局，把握新发展阶段，贯彻新发展理念，融入新发展格局，按照"忠实践行'八八战略'、奋力打造'重要窗口'""扛旗争先、崛起浙中"要求，坚持"经济强市、文化名城、歌画东阳"发展定位不动摇，以高质量发展为主题，以数字化改革为牵引，以科技创新为动力，以满足人民日益增长的美好生活需要为根本目的，稳中求进、以进求变，只争朝夕、苦干实干，奋力打造新时代强市名城、建设共同富裕先行市。

为实现市第十六次党代会提出的“两确保、三突破、六更高”⑨的奋斗目标，今后五年政府工作的主要目标是：地区生产总值年均增长7.5%以上，经济总量跻身全省县(市)前12；财政总收入、一般公共预算收入年均分别增长10%、7.5%以上；居民人均可支配收入超8万元、年均增长8%以上，城乡居民收入倍差降至1.7以下。

完成上述奋斗目标，必须做到“五个坚定不移”“五个着力提升”，推动东阳实现整体性、系统性、本质上赶超争先。

(一)坚定不移扬优势，着力提升东阳美誉度，打造共同富裕特色亮点

持续擦亮“三乡一城”金字招牌，赓续“婺之望县”美誉。更好发挥“教育之乡”人才优势，提质办好世界东阳人发展大会，深挖东阳籍人才“富矿”，加速人才优势向发展优势转化。大力推动横店影视文化产业集聚区建设，建立健全影视全产业链发展体系，加快泛文化产业发展，强化数字科技赋能，打造具有国际影响力的影视文化创新中心和数字文化产业集群；大力推动文旅体深度融合、全域发展，深入实施文旅“双百”工程，打造国内首个文创型全域旅游城市，影视文旅产业总收入超千亿元。大力推动建筑业“一区一园一院”建设，引导建筑企业向上下游延伸、各领域拓展、高精尖转型，打造全国建筑业高质量发展样板，省内建筑业及建筑工业产值超千亿元。大力推动木雕竹编工艺传承创新，深入实施木雕家居产业转型升级“六大工程”，打造全国工艺美术产业融合发展示范基地，木雕家居全产业链营收超千亿元。扎实推进省级共同富裕试点三年行动计划，确保高质量完成试点建设。探索开展共富单元创建，打造一批共富乡村、共富企业样板。

(二)坚定不移补短板，着力提升发展质量，夯实共同富裕物质基础

坚持人才强市、创新强市首位战略，健全完善促进企业创新、吸引人才集聚的政策体系，深入实施“五倍增、五提升”计划，着力构建多层次科创平台体系和人才体系，力争研发投入强度达3.65%以上，争夺省“科技创新鼎”，争创省创新型城市。坚持工业强市战略不动摇，大力实施“1234”标志性产业链培育行动，谋划发展新能源、通用航空等新兴产业，强化企业梯队培育，加快补齐工业短板，规上工业企业超1000家、总产值超1200亿元、亩均税收超40万元。大力实施数字经济“一号工程”2.0版，力争数字经济核心产业增加值占地区生产总值比重达16.7%以上。统筹推进各层次产业平台建设，基本建成省级“万亩千亿”平台，力争创建国家级经济开发区。实施投资新政，加快招大引强，增强发展动能，固定资产投资年均增长12%以上。实施消费新政，社会消费品零售总额年均增长7.5%以上。

(三)坚定不移增活力，着力提升城市能级，激发共同富裕强劲动能

深入推进数字化改革，打造更多“管用好用、群众满意”的东阳特色应用，更好赋能经济社会高质量发展。以数字化改革撬动各领域改革，深入推进“放管服”、要素市场化配置等重大改革，营商环境持续优化，企业和群众获得感显著提升。坚持城市东扩、拥江发展战略，深化城市规划建设管理体制改革，加快智慧城市建设，打好城市重点板块开发、有机更新、功能完善、景观提升、精细管理组合拳，城市品质明显提升，成功创建全国文明城市。按照“城区横店一体、南乡北乡联动”的总体思路，加快高铁新城建设，推动镇乡(街道)特色化差异化发展，实现美丽城镇全覆盖。主动参与“一带一路”、义甬舟大通道建设，加快浙江自贸区金义片区东阳联动创新区和横店空港文化旅游经济区建设，推动特色优势产业“走出去”发展。积极融入长三角一体化发展和金义都市区建设，加快东义同城化、东磐一体化和东永协同化发展，提高区域协调联动发展水平。加快构建内畅外联、陆空完备的综合立体交通体系及现代物流体系，实现高速闭环，形成“田”字形快速路网，迈入“高铁时代”“航空新时代”，争创国家级“四好农村路”示范市，建成高水平交通强市。

(四)坚定不移固根基，着力提升治理效能，筑牢共同富裕稳定基石

深入践行习近平法治思想，全面实施“八五”普法，强化府院、府检联动，创建法治浙江建设示范市。大力培育和践行社会主义核心价值观，秉持和弘扬东阳人文精神，夯实德治基础。创新组织发动群众工作机制，完善群众自治机制。全面推进“县乡一体、条抓块统”整体智治改革，组建运行市镇村三级社会治理中心，提升基层治理现代化水平。健全矛盾纠纷调处化解工作机制，加快构建良好信访生态，确保矛盾纠纷和信访问题就地化解率达到95%以上，争创省级无信访积案市和信访工作现代化市。完善风险闭环管控的大平安机制，全力防范化解金融风险，强化食品药品安全监管，持续提升安全生产和公共安全水平，夺取“二星平安金鼎”。

(五)坚定不移惠民生，着力提升生活品质，增强共同富裕实际感受

深入实施富民增收行动，持续做好“扩中”、“提低”、缩小收入差距文章，家庭可支配收入10万~50万元群体占比、20万~60万元群体占比分别达到81%、46%以上。进一步完善社会保障体系和养老服务体系，大力发展公益慈善事业，兜牢民生底线。深化双拥共建，争创全国双拥模范城。优化教育资源布局，深化教育教学改革，统筹推进各类教育发展，全面提升教育现代化水平，争创全国义务教育优质均衡发展市，打造人人向往的东阳教育。完善卫生应急和公共卫生服务体系，深化医共体建设，加快构建以“一核两翼”为中心、基层医疗机构托底的医疗布局，打造“15分钟医疗卫生服务圈”，高水平建设健康东阳。推进“百分之一公共文化计划”，实施文体设施建设提升工程，打造“15分钟品质文化生活圈”“10分钟健身圈”。深入实施乡村振兴战略，大力发展现代农业，全力保障粮食和重要农产品安全；深化“千万工程”，实现新时代美丽乡村达标创建全覆盖，争创全国农业农村现代化示范市。实施“三线一单”生态环境分区管控，深入打好污染防治攻坚战，全面落实碳达峰碳中和要求，争创国家级生态文明建设示范市和“绿水青山就是金山银山”实践创新基地。

三、2022年主要工作安排

2022年是党的二十大召开之年，也是新一届政府的开局之年，做好2022年的工作意义重大。2022年工作的总体要求是：坚持以习近平新时代中国特色社会主义思想为指导，全面贯彻落实上级党委、政府和市委决策部署，坚持稳中求进、奋进赶超工作基调，统筹疫情防控和经济社会发展，统筹发展和安全，扎实做好“六稳”“六保”工作，聚焦改革创新、项目平台、产业培育、美丽宜居、共建共享，扛旗争先、拼搏实干，推动新时代强市名城和共同富裕先行市建设取得新突破，以优异成绩迎接党的二十大胜利召开。

综合考虑各方面因素，建议2022年全市经济社会发展的主要预期目标为：地区生产总值增长7.5%以上；财政总收入、一般公共预算收入分别增长12.4%、8%以上；居民人均可支配收入增长8%以上；完成上级下达的能源和环境指标计划目标。

围绕上述目标要求，2022年重点抓好以下五个方面工作：

(一)以数字化改革为引领，强力推动改革创新

*聚焦聚力数字化改革。*开展数字化改革攻坚创优大行动，完善一体化智能化公共数据平台和五大综合应用，加快基层治理系统建设，推动“152”体系架构向“1512”体系[10]迭代升级；聚焦群众和企业所盼、改革和发展所需，动态调整“三张清单”，谋划推动“影视文化产业大脑(二期)”“数字红木”“数字建筑”等特色应用上线运行，打造一批标志性成果。以数字化改革牵引重点改革，加快“县乡一体、条抓块统”整体智治改革，实现“152”体系与“141”体系衔接贯通；深入推进“大综合一体化”行政执法改革，实现政府监管体系全覆盖和行政执法体系全闭环；深化国企改革，推动国企更好发展，力争国企资产达800亿元、增长20%，新增融资120亿元。

*持续深化创新驱动。*深入实施科技型企业“双倍增”行动计划，新增国家高新技术企业35家、省级科技型中小企业80家以上，力争研发投入强度达2.65%。大力开展“揭榜挂帅2.0”行动，推出“揭榜挂帅”项目30个、榜金3000万元以上，列入省“尖兵”“领雁”科技项目2项以上。加快上海大学东阳产业发展研究院等创新平台建设，启动建设东阳科技城，完成东阳市产业创新研究总院组建，力争省级科技孵化器实现“零”的突破。支持企业建设研发机构，新增省级以上企业研发中心10家。依托本地高等教育和职业教育资源，加大企业家队伍和经营管理人才、技能人才培养力度。实施“33310”人才科技攻坚行动[11]，力争引育高精尖缺人才3000人、大学生1.5万人以上。

*不断推进开放合作。*抢抓RCEP[12]实施、自贸区联动创新区建设等机遇，大力拓展外贸市场。加快省产业集群跨境电商发展试点建设，大力发展跨境电商新模式。实施外贸主体培育提升行动，新增出口实绩企业30家以上，外贸进出口增长8%以上。加快推进28个金义都市区共建项目，落实落细“东义同城化”19个领域协同合作内容。继续做好山海协作、东西部协作、对口支援和对口合作。

*切实做优营商环境。*开展营商环境整治提升大行动，全力打造全省一流营商环境。深化市场主体全生命周期改革，推行社会投资项目“用地清单制”改革和涉企事项“一照通办”，整治规范行政审批中介机构和政府购买第三方服务供应商。进一步健全政企沟通机制，全力消除各种折腾企业的行为，鼓励支持民营企业创业创新，构建亲清政商关系。落实降本减负各项政策，实行惠企政策“免申即享”、快速兑现，持续释放政策红利。深入实施小微企业信贷“增氧计划”和金融服务“滴灌工程”，加大政府性融资担保支持力度，新增贷款超260亿元。持续做好企业纾困帮扶，确保不发生区域性金融风险。

(二)以项目平台为支撑，持续扩大有效投资

*在平台建设上攻坚突破。*推进经济开发区整合提升，理顺管理体制，创新运营模式，形成产业结构优化、企业能级提升、产城融合发展的“一区两片”新格局。加快“万亩千亿”新产业平台建设，完成二期、三期核心区村庄征迁，加快六石、巍山安置区建设，积极完善园区路网框架，争取列入省级培育名单。加快高铁新城建设，全面启动杭温高铁站房和站前广场建设，建成槐堂未来社区体验馆。加快五一科创谷建设，推进横店健康生物园区、六歌健康生物园区和南马机械工业功能区、画水杨梅园区块整转提升。新建改建小微园5个，新增省认定小微园3个以上。

*在重大项目上攻坚突破。*围绕产业发展、基础设施和公共服务三大板块，谋深谋实发展急需、群众期盼、具有带动支撑作用的重大项目，谋划项目600个以上，动态储备项目投资额超2000亿元。围绕重点产业、重点平台，持续加大招商引资力度，持续激发本地企业投资热情，签约投资额超300亿元，新招引3亿元以上重大产业项目20个以上，其中20亿元以上项目5个、50亿元以上项目1个，市县长工程项目落地3个以上。围绕重大项目落地建设，建立健全项目推进“五个一”、“赛马”、晾晒等工作机制，实施政府及国企投资项目和工业用地全生命周期管理，全力破解审批报批、征地拆迁等难题，加快东阳光电容器、博康光刻胶等重大产业项目建设，东磁6吉瓦时锂电池、赛特斯5G产业园一期等重大产业项目建成投产，完成政府及国企投资220亿元、民间投资100亿元以上，固定资产投资增长15%以上，其中制造业投资增长18%以上、占固定资产投资比重达23%以上。

*在要素保障上攻坚突破。*紧盯上级政策导向，争取更多项目纳入上级重大项目清单，列入省重点项目10个以上，新增省重大产业项目2个、全要素精准直达最优项目2个以上。深化国土“三调”成果应用，做精做优土地储备项目，加快推进江北全域土

地综合整治项目,完成批而未供土地消化、存量用地盘活、低效用地再开发566.67公顷,垦造耕地、旱改水266.67公顷,土地报批533.33公顷以上。争取地方政府专项债超30亿元。科学有序落实能耗"双控",大力发展太阳能等可再生能源,保障优质项目用能需求。

(三)以四大千亿产业为重点,全力抓好产业培育

加快提升工业经济竞争力。打好产业升级大会战,深入开展新一轮制造业"腾笼换鸟、凤凰涅槃"攻坚行动,以集群理念做大做强"1234"标志性产业,规上工业总产值、规上工业增加值分别增长25%、15.5%以上,争取医药健康产业链产值突破百亿元大关;大力发展数字经济,协同推进数字产业化、产业数字化,实施轻量化智改项目、两化融合项目、技改项目超百项,打造数字化转型标杆示范项目4个以上,创建省级两化融合示范企业(项目)2个以上,规上数字经济核心产业制造业增加值增长16%以上;深化"亩均论英雄"改革,改造提升低效企业340家以上,整治低散乱"四无"企业1000家以上,规上工业亩均税收超20万元。深入实施企业育大育强行动,新增上市企业2家、"专精特新"小巨人企业2家、规上企业100家以上。坚持质量强企、标准强企、品牌强企,新增"浙江制造"标准6项,培育"品字标"企业7家以上。

加快打造影视文旅产业新优势。抓紧编制横店影视文化产业集聚区概念性规划。推动影视文化产业数字化转型,加快服化道、政企通等系统建设,打造"影视文化大脑+未来影视工厂"融合发展新格局。加快横店影视产业园、影视企业之家、演员村、爱奇艺、腾讯视频等重大项目建设,招引游戏、动漫等上下游企业和短视频、直播等新业态企业40家以上,影视企业营收超230亿元。积极引导企业围绕党的二十大等主题开展精品创作,高质量办好横店影视文化产业博览会、横店影视节等活动,持续打响"横店出品"品牌。加快推进省级文旅消费试点城市和未来景区试点建设,统筹抓好"三宅"[13]、东白山等文旅资源保护利用,旅游人次、旅游收入均增长10%以上。

加快激发建筑业转型新动能。争取省级建筑业高质量发展综合实验区尽快落地,在破解融资难等问题上先行先试。发挥建筑科技研究院作用,完成独立研发成果3项以上。加快建筑科技产业园建设,推动中天集团装配式钢结构生产基地落地建设。紧抓资质体系调整契机,引导建筑企业"专精特"发展、数字化转型。持续做好建筑业招商和营改增工作,建筑业总税收超45亿元。完成建筑业总产值1850亿元、省内产值450亿元以上。

加快推动木雕家居全产业链发展。全面完成家具行业环保整治再提升行动。启动建设央地共建中国新红木示范区,争创中国(东阳)木雕红木知识产权快速维权中心。筹建东阳雕塑学院,积极打造木雕小镇2.0版,建成木雕家具产业园,推动木雕家居产业融合创新发展。继续办好中华大师汇,举办全国家具职业技能竞赛、工艺品制作技能竞赛全国总决赛。木雕家居全产业链营收超760亿元。

加快提振商贸服务业信心。出台促消费政策,办好促消费活动,深挖汽车、文体等领域消费潜能,社会消费品零售总额增长8%以上。加快颐高新经济智慧城、江北之芯商业步行街等重点商贸项目建设,积极培育江滨夜游、卢宅景区、横店不夜城等夜间经济,持续推动消费升级。强化商贸主体培育,新增限上商贸企业25家以上。加快电商产业发展,新建电子商务园区2个、电子商务专业村2个,网络零售额增长15%以上。

(四)以美丽宜居为方向,统筹提升城乡风貌

全力提升城镇品质。持续打好城市品质大会战,推进116个城市功能性项目建设,完成年度投资53亿元以上。加快城市有机更新,高标准建设林业总场、猴塘等未来社区,完成陈塘等4个城中村拆迁和朝阳新村等11个老旧小区改造,创建美丽小区6个以上,有序推进留用地开发建设和"空心地"综合整治。加快推进"水润东城"、江滨景观带改造提升、南山国家森林公园等项目建设,完成人民广场改造提升,打造高品质城市景观。以更大力度抓好治堵保畅,完成中山北路等7条城市道路改造,打通艺海北路等4条"断头路",改造提升汽车东站,歌山大桥、博士大桥分别完成工程量的75%和30%以上。加强城市建设管理,着力解决管理不善、工期偏长、重复建设等问题。持续推进全国文明城市创建,争取入围"国考"名单。深化"智慧横店"建设,持续提升横店城市风貌。加快新时代美丽城镇建设,年内实施项目80个,培育省级样板镇3个,创成达标镇5个。实施城乡风貌整治提升行动,开展"两路两侧'三化一平'"专项整治,加快4个城市风貌样板区和1个县域风貌样板区建设,争创省级"无违建市"。

全力推进乡村振兴。全面实施农业高质量发展新政,推动科技强农、机械强农。压实"米袋子""菜篮子"责任,深化"两非"整治,建成高质高效粮食生产功能区千亩畈10个,建成皇野生猪养殖、现代化规模屠宰场及动物生态处理中心项目。因地制宜发展休闲农业、乡村旅游、飞地物业等业态,建成示范型共享田园6个以上;持续加大对生态型乡镇的扶持力度,增强村集体"造血"能力,村集体年经营性收入50万元以上村达到80%以上。总结推广"浙里花园"建设经验和"数字家卢"建设成果,打造未来乡村5个以上。建成省级美丽乡村示范乡镇1个、示范村23个,健全完善农村人居环境长效管护机制,争创省级新时代美丽乡村标杆市。启动"千万工程"展示馆二期建设,申办全省"千万工程"20周年纪念大会。

全力提升生态环境质量。持续打好生态环境大会战,深入实施碧水提升行动,启动巍山污水处理厂建设,完成千祥污水处理厂及8个配套总管建设,改造农村污水终端及管网200个,确保两江全流域水质保持Ⅲ类水以上;深入实施蓝天保卫行动,确保环境空气质量主要指标"两降一升"[14];深入实施净土清废行动,推动垃圾分类质效提升、固体废物闭环管理、存量危废动态清零，创建省级"无废城市"；深入实施"万亩国土绿化"行动，完成国土绿化300公顷以上，创建省级"一村万树"示范村5个、东阳市级森林村庄20个。

全力推进基础设施建设。持续打好综合交通大会战，确保金义东市域轨道交通东阳段开通运行，杭温高铁、金甬铁路基本完成土建工程，金甬铁路站前广场开工建设；完成横店通用机场改扩建项目飞行区主体工程；加快义东高速和527、351国道改建等工程建设，527国道改建工程东岘峰隧道、李宅至南上湖公路隧道、横店至千祥公路绕溪隧道开工建设，博士路隧道实现贯通，315省道南市至画水段、华夏大道环龙至花园大道段等项目建成通车；全力配合做好甬金衢上高速和甬金高速拓宽等项目前期。完成普通国省道养护大中修22.7千米、农村公路大中修120千米。谋划建设石马潭水库枢纽工程、堂鹤水库，全面实施"千塘百库"除险清零两年行动，完成水库山塘除险加固130座、中小河流治理18.9千米以上。建设山区水源6个，加快市自来水二厂至横店、高铁新城至花园供水管网联通工程建设。开工建设220千伏千祥变等变电站4个。推动5G网络覆盖扩面，新建站点520个。

（五）以共建共享为目标，加快打造美好生活

着力提高民生保障水平。开展"扩中""提低"共富大行动，推动"先发带一般、先富促后富、强镇帮弱镇、大村扶小村"，实施新一轮易地搬迁安居创富行动，稳步提高中等收入群体占比。强化重点人群就业创业帮扶，新增城镇就业2.95万人以上。常态化抓好欠薪隐患排查整治。稳步推进社保参保扩面，全面落实企业职工养老保险省级统筹、基本医保金华市级统筹。织密"1+8+X"社会救助体系[15]，城乡居民最低生活保障年标准提高到1.1万元以上。全面升级推广"老兵码"，创建"枫桥式"退役军人服务站30个以上。健全住房保障体系，筹建保障性租赁住房1万套以上；加快高铁新城一期、横店二期、巍山二期等农房集聚区和槐堂棚户区改造安置区建设，开工建设高铁新城二期和横店三期，上卢二期建成交房；促进房地产市场平稳健康发展。

着力优化公共服务供给。新建（改扩建）学校18所，新增学位3400个以上；争创全国学前教育普及普惠市，巩固提升义务教育"双减"工作成效，推动高中教育多元化特色发展，加快补齐职业教育、成人教育短板，教育质量核心指标保持全省前列。加快横店电影学院建设，推动广厦建设职业技术大学和横店影视职业学院特色化办学、高质量发展。加快江北综合医院、妇保院妇产中心、人民医院手术大楼、公共卫生中心等项目建设，全面实施城乡居民健康"三免三惠"行动[16]。建成市养老中心一期和一家康养联合体。完成新图书馆、新博物馆、新游泳馆和体育场项目前期。营造好亚运会氛围，承办好省运会赛事。支持工青妇等人民团体开展工作，支持人民武装、民族宗教、供销、外事、对台、档案、气象等工作，进一步做好人防、侨务、地方志、关心下一代、老龄、红十字、残疾人等工作。

着力营造平安稳定环境。持续打好现代治理大会战，全方位构建风险识别管控闭环。不断优化平战转换的疫情防控机制，切实筑牢"外防输入、内防反弹"防线。扎实做好地质灾害、台风洪涝等自然灾害防治。创建省级食品安全示范市。打好安全生产专项整治三年行动收官战，突出抓好建筑施工、燃气、消防、道路交通、危化等重点领域风险隐患排查整治，确保生产安全事故数、死亡人数"双下降"20%以上。加强社会治安防控体系建设，常态化推进扫黑除恶，持续打好反诈人民战争。常态化开展"四大"活动，实施信访工作"6+1"行动[17]，推动信访秩序持续好转。全力抓好党的二十大、亚运会等重大维稳安保工作，争取"平安县（市）"十七连创。

四、全面加强政府自身建设

坚持把绝对忠诚、人民至上作为首要准则。巩固拓展党史学习教育成果，深入学习贯彻中共十九届六中全会精神，深学笃行习近平新时代中国特色社会主义思想，争当"两个确立"的忠诚拥护者、"两个维护"的示范引领者。自觉把党的领导贯彻到政府工作方方面面，确保上级党委、政府和市委各项决策部署落地见效。自觉践行以人民为中心的发展思想，始终牢记政府前面"人民"二字，真正把群众急难愁盼的"问题清单"变成政府为民办事的"履职清单"，用心用情办实办好，努力赢得群众的好口碑。

坚持把扛旗争先、拼搏实干作为自觉追求。拿出"见红旗就扛、见第一就争"的勇气，保持"不进则退、慢进也是退"的清醒，大力开展扛旗争先大比拼活动，与强者比高低、与快者拼速度，干就干成一流、做就做到最佳。强化"实干实绩实效"的工作导向，完善清单化管理、项目化实施、专班化推进、现场办公、交办督办等抓落实机制，量化细化、闭环落地，绝不把说了当做了、把做了当做成了。带头少开会、开小会、开管用的会，腾出更多时间精力抓落实。

坚持把整体智治、高效协同作为内在要求。切实增强政府系统的数字化思维和能力，加快观念理念、制度流程、方式方法的变革重塑，建好用好数字政府系统，提升政府治理现代化水平。坚持系统观念，强化协同协作意识，提升政府整体效能。大力倡导"马上就办、办就办好"，做到"简单事立即办，复杂事限时办"。深化"四不"专项整治，坚决破除中梗阻现象，做到领导带头、激活中层、带动全员，上下联动讲担当、善作为、提效能。

坚持把依法行政、清正廉洁作为底线红线。加强法治政府建设，严格落实重大行政决策程序制度，确保政府各项工作都在法治的轨道上运行。依法接受人大监督，自觉接受政协民主监督，认真办好人大代表建议和政协提案，主动接受监察监督、群众监督、舆论监督，加强审计监督、司法监督、统计监督。大力压降行政运行成本，努力以"政府的紧日子"换取"群众和企业的好日子"。严格落实中央八项规定精神及其实施细则，持之以恒纠治“四风”。加强廉洁政府建设，切实解决选择性服务等问题，做到“能办的事不求人也办得了、不能办的事求人也办不了”，持续巩固向上向好的政治生态。

名词解释

①“两化”融合发展指数：即工业化和信息化融合发展水平指数。

②“未来工厂”：即广泛应用数字孪生、物联网、大数据、人工智能、工业互联网等技术，实现数字化设计、智能化生产、智慧化管理、协同化制造、绿色化制造、安全化管控和社会经济效益大幅提升的现代化工厂。

③省级“五化市场”：即符合“便利化、智慧化、人性化、特色化、规范化”要求的农贸市场和专业市场。

④“万亩千亿”新产业平台：即面向重量级未来产业、具有万亩空间左右、千亿产出以上的产业平台。

⑤“1+7+N”全面深化改革工作体系：“1”即数字化改革，“7”即经济体制改革、民主法治领域和社会治理体制改革、文化体制改革、社会事业领域改革、生态文明体制改革、党的建设制度改革、纪律检查体制改革等七大领域改革，“N”即“牵一发动全身”重大改革。

⑥ABO片区开发：指授权—建设—运营模式，即由政府授权单位履行业主职责，依约提供所需公共产品及服务，政府履行规则制定、绩效考核等职责，并支付授权运营费用的开发模式。

⑦三条铁路：即东阳市内在建的金义东市域轨道交通、金甬铁路、杭温高铁三条铁路。

⑧“三强六无五美”：“三强”即党建强、发展强、治理强，“六无”即无重大治安刑事案件、无造成重大不良影响诉讼案件、无异常上访、无邪教案事件、无赌毒违法犯罪活动、无亡人重大公共安全事故，“五美”即生态宜居环境美、乡土特色风貌美、设施配套服务美、业兴民富生活美、人文和谐风尚美。

⑨“两确保、三突破、六更高”：“两确保”即确保强市名城高质量发展交出高分答卷，确保共同富裕先行市建设迈出坚实步伐。“三突破”即工业短板拉长有新突破，城市品质提升有新突破，营商环境优化有新突破。“六更高”即发展质量更高，城市能级更高，治理效能更高，生活品质更高，地方美誉度更高，党建统领水平更高。

⑩“1512”体系：即在原有的“152”体系中增加基层治理系统。

⑪“33310”人才科技攻坚行动：第一个“3”即围绕重点领域、重点产业、重点项目建好人才库、高校院所库、专业机构库；第二个“3”即加大“引才计划”“万人计划”“双龙计划”重大人才工程实施力度；第三个“3”即抓好木雕红木、建筑、影视文化等三支特色人才队伍建设；“10”即系统推进上海大学东阳产业发展研究院等十大校地合作项目落地见效。

⑫RCEP：即《区域全面经济伙伴关系协定》，是由包括中国、日本、韩国、澳大利亚、新西兰和东盟十国共15方成员制定的协定，为目前全球最大、最具潜力的区域自贸协定，于2022年1月1日正式生效。

⑬“三宅”：即卢宅、李宅、蔡宅。

⑭环境空气质量主要指标“两降一升”：“两降”即$PM_{2.5}$浓度、空气质量综合指数下降，“一升”即空气质量优良率上升。

⑮“1+8+X”社会救助体系：“1”即按智慧救助的要求，建好用好省社会救助信息平台；“8”即低保、特困、受灾、医疗、教育、住房、就业、临时救助等基本救助；“X”即多元社会力量参与。

⑯城乡居民健康“三免三惠”行动：“三免”即参保城乡居民免费健康体检、重点人群免费接种流感疫苗、重点人群免费进行重点疾病筛查；“三惠”即惠享家庭医生贴心服务、惠享县域优质医疗服务、惠享数字化健康新服务。

⑰信访工作“6+1”行动：“6”即“领导干部大接访”行动，“信访源头化解”行动，“信访积案清零”行动，“民呼我为”工作体系打造行动，“无信访积案市”和“信访工作现代化示范市”创建行动，“抓党建强信访”行动；“1”即“基层矛盾突出问题”专项整治行动。

党史学习教育

2021年，东阳市开展党史学习教育，创作党史情景剧《光影百年》、打造革命主题拍摄基地、开展“四史”教育、为红色经典配音、运用虚拟技术重走红色历程等创新做法、特色机制，在中央电视台、《人民日报》、《浙江日报》等省级以上主流媒体刊发报道360余篇、“学习强国”学习平台发布90余篇，被中央简报采用2条、省简报采用6条。

东阳市深化周一夜学、主题党日、党委(党组)理论学习中心组等学习机制，全市2273个基层党组织、6.45万名党员，读原著、学原文。主体班次培训增加党史课程15门，占10%以上。创新举办影剧融合述党史、“薪火传递”红色接力等26项红色主题活动；组建红色学府、红色主播等142个党史宣讲团；挖掘红色资源，编印《东阳初心图谱》《东阳百年历程》《邵飘萍传》等党史读本；创作推出党史舞台剧《信仰》，启动党史情景剧《北伐名将金佛庄》进校园活动，开展中小学校“四史”学习教育活动，引导青少年传承革命精神，赓续红色血脉；组织“红色星火耀东阳——党校师生共忆党史”微视频拍摄活动。举办百名中国工艺美术大师创新作品巡展(杭州展)。举办“两优一先”表彰大会暨“初心如磐”庆祝中国共产党成立100周年文艺演出，回顾党的光辉历程，讴歌党的丰功伟绩，传承党的优良传统，表彰全市各行业、各领域涌现出的优秀共产党员、优秀党务工作者、先进基层党组织和“光荣在党50年”老党员。

2021年12月9日，市委书记楼琅坚(右二)到横店进剧组宣讲十九届六中全会精神

(包康轩/摄)

东阳市坚持市级领导以上率下带动学，运用市委理论学习中心组“1+1+2”领学研讨机制，学习研讨中国共产党的十九届六中全会精神、习近平重要讲话特别是“七一”重要讲话精神，累计交流研讨发言32人次，撰写学习体会文章98篇。开展“六讲六做 拼争抢创”大宣讲活动，通过领导带头讲、师生融合讲、文艺群演流动讲等方式，推进中国共产党的十九届六中全会精神宣讲全覆盖，累计开展主题党课7800余场、主题宣讲4300余场；开展“电影党课”3500余场，覆盖党员干部群众23万人次。

东阳市开展“三为”专题实践活动，把学党史、悟思想的成效转化为解难题、办实事的实效。建立专班推进机制，现场协调化解难题45个，累计解决问题260余个；深化驻企服务员、基层治理网格员、民情民访代办员“三大员”机制，建设百个标准化党员志愿服务“红色驿站”，开展暖心志愿服务1022次，为群众办实事14670件，为企业解难题2315件，为基层减负担484件。

(蒋　亮)

第三届世界东阳人发展大会

2021年9月19—20日，以“圆·园”(中秋团圆时 共商家园事)为主题的2021第三届世界东阳人发展大会在南马镇花园村举行。该届大会聚焦“经济+科技”，设置主旨大会、东阳家宴、“揭榜挂帅”人才峰会、产业发展高峰论坛、乡村振兴·共同富裕论坛和“东阳人看东阳”参观考察系列活动。大会邀请世界各地、各领域东阳籍乡贤384人参加，其中，“两院”院士3人，院士候选人3人，将军9人，全国人大代表和全国政协委员4人，国家级领军人才25人，海归25人，上市公司负责人44人(含国企、央企)，首次参加世界东阳人发展大会的乡贤近150人；大会还邀请一批青年优秀人才参加。

9月20日，主旨大会在南马镇花园会展中心举行，由新华网、中新网、浙江新闻、中国蓝新闻等15个网络平台同步直播。金华市委常委、宣传部部长吕伟强到会祝贺。东阳市委书记傅显明作主旨演讲。上海大学党委常委、副校长、俄罗斯科学院和俄罗斯工程院两院院士吴明红，中国科学技术大学教授陆朝阳，东南大学党委常委、副校长吴刚，杭州立昂微电子股份有限公司董事长、浙江仙鹤控股有限公司董事长王敏文，东海舰队原副政治委员、少将厉江潭，花园村党委书记兼村委会主任、花园集团董事长兼总裁邵钦祥，作为嘉宾代表发言。

主旨大会向与会嘉宾推介“万亩千亿”新产业平台和高铁新城平台，发布东阳市《2021营商环境白皮书》。主旨大会期间集中签约十大校地合作项目、十大科技成果转化项目、十大东阳人回归项目和共同富裕项目，其中十大东阳人回归项目投资额近300亿元。主旨大会后，分别举行“揭榜挂帅”人才峰会、产业发展高峰论坛和乡村振兴·共同富裕论坛，推动主旨大会成果转化，助力共同富裕先行市的建设。

中国工程院院士任其龙、周丰峻等30余名相关行业和领域的专家参加“揭榜挂帅”人才峰会。峰会发布20项关键核心技术需求榜单，榜金总额超2.73亿元，涉及磁性电子、生物医药、节能环保、人工智能、建筑科技、影视制作、木雕家具制造等多个领域；邀请两名专家现场发布技术成果，开展智企洽谈对接。峰会现场揭榜项目10个、兑付榜金4305万元，并举行项目签约仪式。

产业发展高峰论坛分设新材料(磁性电子)产业、医药健康产业、现代服装产业、建筑产业4个论坛，39名相关领域专家、81家东阳市相关行业重点企业负责人、3名浙江广厦建设职业技术大学学生代表参加。论坛期间，专家和企业负责人面对面交流，剖析产业发展中的不足与问题。企业根据自身在产品设计、制造、检测等生产环节遇到的情况提出问题，专家就企业的问题提出针对性的建议，并就打造行业生态、品牌培育、数智化转型、新材料应用、资源利用、产业发展等方面分享经验和建议。专家从专业角度分析行业未来的发展方向，帮助企业厘清发展思路，找准发展方向。

乡村振兴·共同富裕论坛邀请“三农”领域乡贤代表25人出席，东阳市各镇乡(街道)及相关部门负责人36人、村书记代表63人、乡村产业主体经营代表61人、浙江广厦建设职业技术大学代表5人参加。论坛设置主旨演讲、视频问题、现场提问等环节，专家学者互动交流、为东阳市解决制约乡村振兴、共同富裕发展的主要问题及困难出谋划策。

第三届世界东阳人发展大会组织“东阳人看东阳”参观考察系列活动，乡贤实地走访省“千万工程”展示馆、花园村党群服务中心、花园村天香湾、横店影视产业园、横店东磁单晶电池片未来工厂等地，了解家乡的产业发展情况、乡村振兴成效、数字化改革成果。

第三届世界东阳人发展大会期间，东阳市政府、上海大学校地战略合作座谈会暨上海大学东阳产业发展研究院项目签约仪式在南马镇花园村举行。东阳乡贤、上海大学党委常委、副校长吴明红和东阳产发集团负责人签订上海大学东阳产业发展研究院项目合作协议、东阳产业发展集团与上海大学战略合作框架协议；市委副书记、市长楼琅坚为上海大学东阳产业发展研究院(拟)授牌。

第三届世界东阳人发展大会推出《我回来了》《月是故乡明》《听 触 品 观》《圆·园东阳》等系列专题片、宣传片，制作《东阳 show young》《东阳，想和你做朋友》《乡贤与家乡菜》等新媒体作品。《东阳 show young》在市级媒体视频号总观看量超百万次；大会预热视频《东阳，想和你做朋友》在抖音等平台观看量超300万次，点赞量超10万人次，并在杭州市武林门城市大屏播放。新华社、中新社分别推出《县级市走出14位院士 浙江东阳因何“盛产”学者？》《浙江东阳中秋时节办盛会 百名校长、科学家等返乡话发展》等数篇报道聚焦东阳市人才培养、项目签约等大会成果。《金华日报》头版刊发《第三届世界东阳人发展大会集中签约300亿元回归项目》，点赞东阳市乡贤回归、投资家乡。

(金　珊)

大事记

1月

11日 南午岭互通工程（E匝道）、351国道东阳市211省道交叉口整治工程、横店镇柏塔村连接线工程通过竣工验收。

13日 东阳市消防安全大排查大整治工作总结会暨南马镇雍王府“12·26”火灾现场警示会在南马镇举行。

15日 市委十五届九次全体（扩大）会议暨市委经济工作会议在市行政中心召开，审议通过《中共东阳市委关于制定东阳市国民经济和社会发展第十四个五年规划和二〇三五年远景目标的建议》。

19日 东阳市首个投入运行的综合分拣中心——汇通环境科技（金华）有限公司东阳分公司白云综合分拣中心开始试运行。

20日 长三角（杭州）数字经济企业走进东阳暨东阳颐高新经济智慧城开工仪式举行。

是日 南午岭互通工程（E匝道）正式通车。

22日 39省道十里头至官清段开通仪式暨2020年综合交通大会战成果展示会召开。

是日 位于高铁新城核心地带，东线全长2208米、西线全长2356米的博士路隧道项目正式开工建设。

27日 省水利厅副厅长蒋如华到东阳市开展水利抗旱保供水主题服务活动。

1月30日至2月2日 政协第十四届东阳市委员会第五次会议召开。

1月31日至2月3日 东阳市第十五届人民代表大会第五次会议召开。

2月

1日 佐村镇斯光村、歌山镇뻬干村、六石街道石马村、画水镇明焕村、马宅镇雅坑村、东阳江镇学陶村6个村入选2020年浙江省“一村万树”示范村名单。

5日 东阳市人才科创云桌会召开。采取网络直播方式举行，通过央视频客户端、中国蓝新闻客户端等线上传播平台同步直播，近66万人次观看。

9日 东阳市“控疫情促消费暖民心”新闻发布会召开。

20日 东阳市邮政管理局挂牌成立。

23日 中天建设集团总承包的杭州奥体中心主体育场项目、浙江金立建设有限公司承建的金华科技文化广场工程获中国建设工程最高奖“鲁班奖”，并获中国安装工程质量最高奖“中国安装之星”。

25日 横店集团控股有限公司获“全国脱贫攻坚先进集体”称号。

26日 召开全市省A级景区村庄创建工作推进会，确定5个镇（街道）和53个村为年度培育对象。

27日 东阳市干部大会暨“五大会战”“三项治理”部署会召开。会议表彰纳税超亿元企业和功勋企业家、纳税超5000万元企业和经济建设杰出人物、市级先进镇乡街道和先进部门、“五大会战”先进集体和先进个人、市重点建设项目优胜奖和优质服务奖、全市担当作为好干部等各类先进。

28日 市委宣传部、市民政局、市关工委等11个部门联合发文，提出全面推进儿童之家建设，计划2021—2022年全市建成42家示范型儿童之家。

3月

1日 东阳市正式实施《东阳市ETC小客车差异化收费实施方案》。

5日 东阳市政法队伍教育整顿动员大会暨东阳市政法（信访）工作会议召开。2020年度全市政法系统“十佳政法单位”和“十佳政法干警”受到表彰。

10日 东阳籍科学家陆朝阳凭借包括研制光量子计算原型机在内的一系列研究成果，入选世界经济论坛公布最具潜力的全球青年领袖名单。

14日 水利部副部长陆桂华到东阳市调研，先后走访南市街道鳌溪段、画水镇景山水库、画水镇月峰村、白溪江六石段。

15日 东阳市党史学习教育动员部署会暨全国两会精神传达学习会召开。

18日 东阳市人民医院手术中心大楼开建。该项目总建筑面积约31243平方米，计划总投资约3.3亿元，其中工程总投资2.2亿元、医疗设备投资1.1亿元。

21日 澳门中联办副主任严植婵到东阳市调研横店影视产业发展情况。

25日 全国人民代表大会华侨委员会委员王辉忠到东阳市考察。王辉忠实地走访浙江同力服装有限公司、东阳市圣华工艺品有限公司，到横店镇考察文化建设、古建筑保护等工作。

是日 省"千万工程"展示馆展陈方案汇报会在市行政中心召开。省"千万工程"展示馆落户南马镇花园村。

29—30日 市委书记傅显明到陕西省西安市考察。傅显明到高校科研院所寻求科技项目合作，走访东阳建筑企业和东阳乡贤，共谋家乡发展。

30日 东阳市连续15年创"平安市"，获2020年度"一星平安金鼎"。

是日 市委、市政府正式发布《关于坚持农业农村优先发展全面推进乡村振兴的若干意见》，全面部署5个方面、20项任务，并确定2021年全市"三农"工作目标任务。

是日 农工党中央研究室党史研究处负责人带队到东阳市，走访农工党浙江省党史教育基地——农工党浙江东磐地区革命活动史料陈列馆。

4月

7日 东阳市党管武装暨国防动员工作会议召开。

8日 省委政法队伍教育整顿第六驻点指导组到东阳市调研走访社区矫正中心、市公安局巡特警大队横店中队。

12日 东阳市与四川体育职业学院达成战略合作框架协议。市教育局、东阳中学分别与四川省绵阳南山中学、冠博网球文化有限公司签署具体工作协议，确定网球基地落户东阳中学。

12—13日 安徽省蚌埠市固镇县党政代表团到东阳市调研。东阳市与安徽省固镇县缔结为友好城市。

13日 省委政法委副书记王中毅到东阳市调研基层治理工作，实地走访市矛调中心、南马镇南新村综治工作中心、南马镇花园村党群服务中心、便民服务中心。

14日 水利部太湖流域管理局复核组到东阳市复核县域节水型社会达标建设工作。

15日 东阳市政府和义乌市政府签订"推进同城化 共建都市区"战略合作框架协议，两地在19个领域进行协同合作。

19日 东阳市产业发展大会召开。会议对"四个千亿级"产业培育工作进行部署，表彰先进企业和先进个人。

是日 东阳义乌医保"服务通办 监管联动"合作签约暨启动仪式举行。两地在医疗保障方面的合作包括同城化全程网办、线下通办、代收代办、基金监管、建立同城化长效机制以及同城化开展经验交流六方面内容，实现基本医保参保、报销、转移等28项医保经办服务事项两地同城通办。

21日 527国道(原37省道归入)白峰岭收费站、217省道(原39省道)东永公路收费站礼村收费点拆除工作正式启动。

22日 市委全面深化改革委员会第七次会议暨全市数字化改革工作推进会召开。

5月

1日 东阳市获评第四批"四好农村路"省级示范县。

11日 东阳市与义乌市签订"东义通办"合作协议，实行社保卡启用、申领、挂失，住房公积金提取，婚姻状况变更，机动车注册登记等311项事项的"同城通办"。

是日 横店申报国家影视文化产业先行先试区专题论证会在杭州市举行。

是日 东阳籍人才、中科院微小卫星创新研究院(上海微小卫星工程中心)研究员蒋虎，入选"十四五"国家重点研发计划"地球观测与导航"重点专项专家库。

12日 全国节水用水办公室主任文海到东阳市考察节约用水工作。

16日 东阳"幸福安居"助残行动启动。

18日 中国记协第十九期港澳台"记者沙龙"在横店镇举行。20余名港澳台地区的记者走进横店镇，实地探寻影视文化发展的"中国样板"。

19日 省委常委、宣传部部长朱国贤到横店影视文化产业集聚区调研。

20日 东阳市国有企业深化改革动员大会召开。

21日 由浙江中信红木家具有限公司出资独家冠名的"中信红木"号高铁列车首发仪式在上海虹桥高铁站举行。首发专列G1355次，终点站为长沙南站。

是日 东阳市交通安全综合治理大会战推进会暨夏季专项整治工作部署会召开。东阳市交通事故死亡人数比上年下降近40%，退出"交通事故亡人超百人县市"名单。

23日 东阳市人民政府印发《东阳市国民经济和社会发展第十四个五年规划和二〇三五年远景目标纲要》。

24日 横店严济慈故居、严济慈纪念馆入选浙江省首批中国科协"科学家精神培育基地"。

28日 2021年全国科技工作者日东阳主场活动暨中国科协科学家精神培育基地揭牌仪式在严济慈陈列馆举行。

6月

4日 全国政协原副主席白立忱到中国木雕博物馆、横店圆明新园和梦外滩景区考察。

是日 副省长刘小涛带领省有关部门负责人到东阳市调研乡村振兴、粮食安全和防汛防台工作。

5日 主题为"百年辉煌 村满花园"的花园集团创业40周年庆典在南马镇花园村会展中心举行。

是日 第六届中国·花园红木文化节开幕式在花园红木家具城广场举行。

5—6日 第二十一届全国"村长"论坛在花园村举行。邵钦祥获中国村社发展促进会颁发的"中国农村共富特殊贡献奖”。论坛进行共富共享百村对接帮扶签约，成立浙江“共同富裕百村联盟”，发布《乡村振兴、共同富裕》大会宣言。

6日 2021打卡中国“一带一路·金枢纽”网络国际传播活动启动仪式在横店镇清明上河图宋韵文化馆举行。

6—8日 20余名央视国际传播大咖走进东阳市用多语种在海外社交平台直播，向海外受众介绍中国的传统文化及当代文化产业的发展情况。

7日 市政府印发《关于开展新时代“美丽城市小区”创建试点活动加快城市品质提升的实施方案（试行）》。

9日 国家卫生健康委妇幼健康司司长宋莉到东阳市调研，对东阳市妇幼保健院进一步创新发展“无中医不保健”的东阳模式给予肯定。

16日 市委办公室、市政府办公室印发《东阳市推进东义同城化工作实施方案》。

17日 长三角“三省一市”人大常委会监察司法委到中国木雕博物馆、花园村党群服务中心考察。

18日 市委书记傅显明率党政考察团到四川省南江县考察，对接东西部协作和交流合作工作。东阳市与四川省南江县正式签订合作框架协议，建立结对关系。

23日 中国共产党东阳历史馆开馆。

24日 杭温高铁东阳段站前2标大园岭隧道贯通。大园岭隧道是杭温高铁东阳段首条贯通的隧道。

28—29日 省人大常委会党组书记、副主任梁黎明带领检查组到东阳市开展粮食安全执法检查。

7月

6日 由省农业农村厅和省农科院联合主办的2021浙江鲜食玉米新品种现场观摩会在东阳市举行。

是日 金华市首个小微园区综合能源服务站——东阳巨和综合能源服务站揭牌成立。

9日 位于东阳市的国家木雕及红木制品质量监督检验检测中心（浙江）通过国家市场监管总局组织的专家考评组考评验收，成为木雕红木行业首个国家级质检中心。

11日 以“发扬原生态产业优势 促进竹工艺全面复兴”为主题的2021中国（东阳）竹工艺产业发展大会在海天大酒店举行。

14日 省委常委、常务副省长陈金彪到东阳市调研交通项目建设、影视文旅产业和先进制造业发展情况。

15日 中央媒体“浙江高质量发展建设共同富裕示范区”集中采访团到横店镇、南马镇花园村，探寻两地共同富裕“密码”。

18日 总投资2500万元的义东大桥正式通车。义东大桥原名何宅大桥，是连接东阳市白云街道和义乌市廿三里街道重要通道。

是日 位于世贸大道180号的东阳西站正式投入使用。新西站提升改造工程总投资1300余万元，总建筑面积2.93万平方米，有72条客运班线，覆盖6个省23个市。

23日 东阳市入选全省高质量发展建设共同富裕示范区首批试点名单。

29日 横店影视城列浙江省首批大花园耀眼明珠名单，获评高能级景区。

是月 东阳综合实力列“2021年全国县域旅游发展潜力百佳县”名单第14位。

8月

1日 东阳籍人士胡江平、胡海岚、何宏平入围中科院院士增选初步候选人名单。

4日 省政协副主席孙景淼到南马镇花园村、横店影视城“年代戏”基地，调研“推进数字法治”工作。

5—6日 市委书记傅显明率考察团到北京市考察正午阳光、爱奇艺、欢娱影视、欢瑞世纪、猫眼娱乐、腾讯视频6家影视企业，对接横店影视文化产业发展相关工作。

6日 东阳木雕大型落地屏风《同心共筑中国梦》捐赠仪式在中国共产党历史展览馆举行。该屏风由陆光正于2017年创作，长19.26米，宽3.05米，高3.24米。

9日 东阳市行政服务中心预约叫号系统正式上线，市民可通过手机网上预约。

10日 市委十五届十一次全体（扩大）会议暨市政府十五届九次全体会议召开。

11日 金甬铁路5标东阳段云溪村隧道正式贯通，是金甬铁路5标东阳段首条贯通的隧道。金甬铁路5标东阳段全长33千米，含隧道4座（云溪村隧道、尚武村隧道、仓前村隧道、西楼村隧道）。

是日 东阳市“平安家庭”建设工作推进会暨困境妇女儿童关爱服务体系建设工作部署会召开。东阳市“花木兰妇女儿童帮扶中心”成立。

12日 东阳市文物局挂牌成立。

16日 金华市首家“工会户外劳动者服务站点”——省财贸工会“工会户外劳动者服务站点”授牌仪式在建设银行东阳横店支行举行。

24日 市委、市政府印发《东阳高质量发展建设共同富裕先行市行动方案（2021—2025）》。

27日 东阳市举行义东高速公路南市至南马段、351国道安文至马宅后山隧道、歌山大桥建设项目集中开工仪式。

9月

5日 省重点建设项目——东阳市红十字会医院迁建项目开工奠基仪式在江北街道举行。

8日 横店镇列中国镇域高质量发展500强第19位。

13日 东阳籍青年科学家吴刚入选第三届“科学探索奖”获奖名单。

14—17日 以“探共富卓越成就，访共富领军人物”为主题的中国诗歌诵读艺术节横店行大型诗歌采风活动在横店镇启动。

15—16日 省党史学习教育第五巡回指导组到东阳市开展专项督导。

19日 四川省南江县党政代表团到东阳市考察交流，在横店镇举行招商引资推介签约会。

20日 第三届世界东阳人发展大会主旨大会在南马镇花园村会展中心召开。市委书记傅显明作题为《中秋团圆时 共商家园事》主旨演讲。大会向与会嘉宾推介"万亩千亿"新产业平台和高铁新城平台，发布《2021营商环境白皮书》。

24日 市委书记傅显明做客环球网《环球访谈》新闻直播间，向广大网友介绍东阳市经济社会整体发展情况。

10月

11日 东阳市爱心企业向四川省南江县捐赠学习用品、体育用品、床上用品、衣物等物资，总价值400余万元。

14日 东阳籍青年学者韦东奕获阿里巴巴达摩院第四届青橙奖。

15—19日 东阳市62家企业参展第130届中国进出口商品交易会(广交会)，其中14家企业线下参展。

19日 横店影视文化产业集聚区入选首批国家级夜间文化和旅游消费集聚区名单。

21日 第二十一届全国院线国产影片推介会在横店镇举行。

22日 东阳市与四川省南江县举行横店影视城南江外景拍摄基地签约仪式，南江县成为横店影视城的外景拍摄基地。

是日 2021中国(横店)影视文化产业发展大会在横店圆明新园夏苑举行。大会发布"横店倡议书"，发布2021年中国影视文化行业人才发展报告、横店影视文化产业指数、横店"影视文化产业大脑"系统。

是日 以"影·向未来 视·向远方"为主题的2021横店影视文化产业博览会在横店梦外滩度假区举行。博览会开设"看见横店""影视之光""科技之新"等七大主题展区，总面积1.5万平方米，共设展位770余个，吸引200余家国内外优质影视企业、影视基地参展。

23日 2021中国影视人才交流大会在横店镇举行。70余家影视企业提供1546个就业岗位。

31日 金义东市域轨道交通义东线首通段主体全线贯通。

是月 东阳籍运动员许宽田在全国第十一届残运会暨第八届特奥会上两破全国纪录并获得金牌。

11月

1日 人民路过街天桥项目开始施工。该项目在人民路与大明路交叉口、人民路与新安街交叉口各建设一座过街天桥，实行人车分流，为东阳市城市品质提升大会战重点基础设施项目之一。

2日 东阳市举行第七届东阳市道德模范颁奖典礼。评选出道德模范12人，道德模范提名奖10人。

3日 金华市委书记凌志峰到东阳市调研，先后到经济开发区正威长三角新材料产业园、横店影视产业园、"智慧横店"服务管理指挥中心考察。

4日 东阳木雕小镇获浙江省命名和创建特色小镇年度考核优秀，为金华市唯一省级优秀特色小镇。

16日 在浙江省深化"千万工程"建设新时代美丽乡村现场会上，东阳市被授予"2020年度浙江省新时代美丽乡村示范县"称号。

17日 金甬铁路东阳段首个一次性现浇连续梁——北后周特大桥跨长松路现浇连续梁正式启动浇筑。

18日 东阳籍科学家吴明红当选中国工程院院士。

22日 东阳·磐安"山海协作"乡村旅游技能培训班开班。

24日 《浙江省东阳经济开发区"十四五"发展规划》通过评审。

25日 城东街道寀卢村、南马镇花园村入选浙江省首批村庄规划编制和实施监督省级试点。

26日 市委、市政府印发《东阳市开发区(园区)整合提升实施方案》。

29日 横店影视三部影片获第34届中国电影金鸡奖十三项提名。

是月 南马镇华西村吕挺获评浙江省见义勇为道德模范和全国应急管理系统先进工作者。

12月

2日 市委社会建设委员会成立，与市发改局合署办公。

是日 "万亩千亿"新产业平台综合开发项目签约仪式在市行政中心举行。"万亩千亿"新产业平台综合开发项目静态总投资约为158.01亿元，分东、西两大片区，计12.25平方千米。

4日 2021村庄影响力CPPC指数研究成果发布，南马镇花园村排名全国第二。

14日 中天建设集团第六建设公司施工总承包、浙江中天智汇安装工程有限公司参建的武汉金银湖协和医院工程获中国建设工程"鲁班奖"。

17日 东阳市政府与中国计算机学会签订战略合作协议，计算机博物馆项目选址横店国防科技园。

20日 义东高速东阳江大桥完成双幅合龙。

22日 "影视文化产业大脑"入选浙江省数字化改革第二批"最佳应用"。

29—30日 中国共产党东阳市第十六次代表大会召开，市委书记楼琅坚作题为《践行伟大思想 奋勇扛旗争先 为打造新时代强市名城建设共同富裕先行市而努力奋斗》的报告。会议选举产生中国共产党东阳市第十六届委员会委员、常务委员会委员；选举产生书记、副书记。

31日 东阳"万亩千亿"新产业平台巍山安置区项目和六石安置区项目举行开工仪式。

是日 纵目科技东阳智能驾驶系统生产基地项目签约仪式在市行政中心举行。该项目总投资约20亿元，建设用地5.67公顷，选址高铁新城科创谷。

(东　鉴)

地 理

【区域位置】 东阳市位于北纬28°58′08″～29°29′55″，东经120°04′17″～120°44′03″。地处浙江省中部、金华市东部。东、东南与磐安县相邻，南、西南与永康市接壤，西、西北与义乌市相连，北与诸暨市毗邻，东北与嵊州市为邻。东阳市人民政府驻江北街道江滨北街18号，距金华市区62.16千米。辖区东西最大距离64.5千米，南北最大距离58.7千米，总面积1746.81平方千米。

【地貌地势】 东阳市境内以丘陵为主，占总面积的54.19%，平原占总面积的30.85%。会稽山、大盘山、仙霞岭延伸入境，形成三山夹两盆、两盆涵两江的地貌。地势东高西低，中部山峦自东向西，将境域分为南乡和北乡。境内最高峰东白山，主峰称太白峰，位于虎鹿镇北部边境会稽山脉，海拔1194.6米。全市最低点白云街道吴山村，海拔67米。

【河流水系】 东阳市的河流属钱塘江水系，境内主要河流有东阳江、南江，主流走向从东向西。东阳江，从东阳流经义乌、金华至马公滩入兰溪之水，统称东阳江，全长198千米，为钱塘江三大源流之一。东阳江发源于磐安县大盘山龙葱坞尖与岩坞尖之间的谷地（海拔929米），在磐安县境内长31千米。在东门乡新城村入境后称中江，东门至横锦段称锦溪。横锦至上陈，纳仙门溪称练溪。练溪流经歌山称歌溪；折而西行，经楼西宅、象溪滩、西宅到案卢，称定安溪。到东阳市城北称东阳江。于白云街道的前村出境入义乌。东阳江在境内俗称北江，长57千米，集雨面积1124平方千米，主要支流20余条。

南江，又称画溪，发源于磐安县大盘山西南仰槽尖附近山谷，境内长72千米，集雨面积952平方千米。主流在马宅镇长庚村入境后入南江水库；出水库经西堆、清潭，至湖溪镇名湖溪；经上田、夏溪滩、半傍山，纳屏岩山水至荆浦村，名荆溪；过横店经方家、夏源、后大路、马坊、下园畈，名延弯；纳柽溪经泉府、南马、安恬，纳磁窑溪始名画溪；经黄田畈、王坎头至南岸向西出境入义乌，在佛堂街道北汇入东阳江。

（东 鉴）

气候气象

【概况】 2021年，东阳市年平均气温偏高，年降水量偏多且分布不均，年降水日数偏多，年日照时数偏少，局部气象灾害明显。年内极端天气气候事件频发，干旱、连阴雨、强对流、暴雨、台风等灾害性天气对生产、生活造成一定的影响，气象灾害影响较严重。

2021年东阳市月平均气温、雨量、日照情况一览表

表1

要素	1月	2月	3月	4月	5月	6月	7月	8月	9月	10月	11月	12月	年平均/合计
平均温度（摄氏度）	7.0	12.3	14.0	18.4	24.0	26.4	29.7	29.0	28.2	21.0	13.8	9.1	19.4
降水总量（毫米）	12.6	68.9	142.0	72.4	289.7	280.2	205.5	235.4	70.5	83.2	83.4	21.2	1565.0
日照时数（小时）	172.1	101.8	86.8	102.7	123.5	88.3	151.6	141.1	206.4	119.4	114.1	174.6	1582.4

2021年7月，受台风“烟花”影响，白溪江水位持续上涨，局部堤岸出现垮塌（市融媒体中心提供）

【气温】 2021年，东阳市年平均气温19.4摄氏度，比常年偏高1.8摄氏度，连续25年气温偏高，且居历史第一位。年最高气温38.3摄氏度，出现在7月15日；年最低气温零下6.1摄氏度，出现在1月9日。年内出现气温大于或等于35摄氏度的高温天气45天，比常年(34.6天)偏多10.4天；气温小于或等于0摄氏度的低温天气13天，比常年(21.4天)偏少8.4天。

【降水】 2021年，东阳市面雨量1577.3毫米，单站最大累计雨量2695.7毫米(虎鹿镇东白山茶场)。东阳市城区年降水量1565.0毫米，比常年(1402.1毫米)偏多11.6%。年内降水日数169天，比常年偏多16.4天，其中50毫米以上暴雨日3天，与常年持平。汛期降水量1123.8毫米，比常年同期偏多27.4%，占全年降水量的71.8%。梅雨期(6月10日至7月5日)25天，比常年偏多3天，全市平均梅雨量247.2毫米，其中城区平均梅雨量249.8毫米，比常年(256.9毫米)略偏少。梅雨期经历4轮较强降雨天气过程，具有降水分布不均、强降雨落区重叠、致灾风险高等特点。年日照时数1582.4小时，比常年偏少10.7%。

【灾害天气】 2021年，东阳市极端天气气候事件偏多，极端性强、局地特征明显，干旱、强对流、台风等致灾风险性大。

1月1日至2月9日，城区累计降水量17.3毫米，比常年同期偏少81.7%，为历史同期第二低位。由于降水偏少，全市旱情持续发展，部分地区的农林作物出现不同程度的灾情。气象部门多次开展人工增雨作业，降低森林火险气象等级，助力水库蓄水，缓解旱情。

7月22—27日，第6号台风“烟花”破东阳市有气象记录以来台风影响时间最长纪录，对北部、东北部乡镇造成严重到特重影响。全市平均面雨量192.2毫米，大于200毫米的站点有16个(占比37.2%)，大于300毫米的站点有8个，大于500毫米的站点有2个，分别为虎鹿镇西垣站681.1毫米、虎鹿镇东白山茶场站627.8毫米，单站过程总雨量破东阳市有气象记录以来台风影响最大纪录。出现7级以上大风站点有12个，最大为虎鹿镇东白山茶场站24.1米/秒(9级)。台风“烟花”致使全市多个镇乡(街道)受灾，对基础设施、农业生产等产生极大破坏。公路沿线发生落石、塌方或滑坡300余处，累计冲毁道路29千米，中断通行道路5条；损坏河堤23处1266米；倒塌房屋13间，严重损坏房屋46间，一般损坏房屋43间。927.8公顷农作物受灾，其中粮食作物499.64公顷；48.66公顷农作物成灾，其中粮食作物20.93公顷。直接经济损失3397.71万元，其中农林牧渔业损失589万元，工矿企业损失85.7万元，房屋及家庭财产损失117.05万元，基础设施损失2555.96万元，公共服务设施损失50万元。

8月15日傍晚到夜里，受强降雨云团影响，东阳市中北部部分街道乡镇出现暴雨、局地大暴雨，其中最大过程雨量出现在城东街道斯村(154.3毫米)，最大小时雨强达60.3毫米。短时暴雨造成吴宁街道400余户居民家中进水，26.67公顷耕地受淹；城东街道22间农房倒塌，253.33公顷水稻、蔬菜受淹受损，8处水利设施损毁，1处渠堤决口；虎鹿镇塌方20余处，5.33公顷农田受淹，1000余米河道沟渠受损；南山森林公园山体滑坡1处，其他小流域小范围山体滑坡2处。全市直接损失1392万元。

(江聪杰　康佳琦)

历史文化

【市名由来】 东阳市位于浙江省中部，“东阳”作为县名由来已久。东阳建县于东汉兴平二年(195)，时称“吴宁县”，取“吴地安宁”之义，治所在水门村(也作大门村)。三国吴宝鼎元年(266)，分会稽郡西部置东阳郡，治所在长山县(今金华)。《方舆胜览·婺州》载：以郡“在金华山之阳，縠水之东，因名东阳”。东阳一名始此，隶扬州。吴宁县遂属东阳郡。唐武德四年(621)，罢郡置州，改会稽郡为越州，东阳郡为婺州。垂拱二年(686)，析义乌县东冲要地及废吴宁县故地置东阳县。唐《元和郡县志·婺州》有“取旧东阳郡名”之记载。县治即今吴宁街道。属婺州，隶江南道。1988年5月25日，经国务院批准，东阳撤县建市。

【市树市花】 1992年2月28日，东阳市九届人大常委会第十三次会议通过审议，命名樟树为市树，月季为市花。樟树又称香樟树，别名：香樟、芳樟、瑶人柴、栳樟、臭樟、乌樟，属樟科、常绿大乔木，高10～55米，直径可达3米，树冠广卵形；树冠广展，枝叶茂密，气势雄伟，四季常青，是南方城市绿化树、行道树及庭荫树。月季又称月月红，蔷薇科，常绿、半常绿低矮灌木，四季开花，一般为红色或粉色，偶有白色和黄色，可作为观赏植物，也可作为药用植物，亦称月季花。用于园艺栽培和切花。

【历史沿革】 东阳地域，春秋之时属越。战国，楚败越，又属楚。秦灭楚，于吴越故地置会稽郡。翌年推行郡县制，东阳属会稽郡诸暨、乌伤县之一部分。

汉高祖六年（前201）改会稽郡为荆国，十二年（前195）更名吴国，景帝四年（前153）复名会稽郡，新莽时改诸暨为疏虏，乌伤为乌孝，至东汉建武初（25）始复旧名，东阳先后分属之。东汉兴平二年（195），析诸暨置吴宁县，为东阳建县之始，属会稽郡。

三国吴宝鼎元年（266），分会稽郡西部置东阳郡，治所在长山县（今金华），以郡"在金华山之阳，縠水之东，因名东阳"。东阳之名始此。吴宁县遂属东阳郡。两晋不变。南朝宋、齐因之。梁、陈两朝，吴宁县未变，所隶之州、郡历有变更。

隋开皇九年（589），废金华郡置婺州，废吴宁县入诸暨，分五乡入乌伤。同年改长山县为吴宁县，开皇十二年（592）又改名东阳县，十八年（598）再改金华县，与现东阳市之"吴宁""东阳"先后异地同名。大业三年（607），改婺州为东阳郡。今东阳地属之。

唐武德四年（621），罢郡置州，改东阳郡为婺州。唐武德七年（624），改乌伤县为义乌县。垂拱二年，析义乌县东冲要地及废吴宁县故地置东阳县，取郡名为县名。县治在今吴宁街道，属婺州，隶江南道。天宝元年（742），改婺州为东阳郡，东阳县属东阳郡。乾元元年（758），再改东阳郡为婺州，东阳县属婺州。大历十二年（777），升东阳为望县。

五代，东阳县隶属吴越国，仍属婺州。吴越王钱镠与淮南杨氏交恶，以"淮寇未平，耻闻逆姓"为由，于后梁开平四年（910）奏改东阳县为东场县。后晋天福四年（939），于婺州置武胜军节度，东场县属之。

北宋太平兴国三年（978），吴越纳土归宋。淳化元年（990），改婺州武胜军为婺州保宁军节度。咸平二年（999），复东场县为东阳县，属婺州。此后，虽然所隶州郡之名有金华、婺州之异，及路、府、州之变，但东阳之名未变。

民国28年（1939）4月7日，置磐安县，安文、大盘等地划归磐安。1958年11月，磐安县撤销，全境并入东阳县。1983年7月，析置磐安县，原磐安县地及玉山入磐安。1988年5月25日，撤销东阳县改置东阳市（县级）。

（东　鉴）

行政区划

【概况】 2021年，东阳市有11个镇、1个乡、6个街道办事处。有345个行政村、43个社区，其中城市社区14个、农村社区29个。

2021年年末东阳市驻村分中心、行政村及社区统计表

表2　单位：个

名称	驻村分中心	行政村	社区
全　市	59	345	43
吴宁街道	—	—	11
白云街道	—	—	8
江北街道	2	3	10
六石街道	3	22	1
城东街道	3	18	1
南市街道	3	25	—
横店镇	6	17	10
南马镇	4	30	—
巍山镇	6	29	2
歌山镇	3	21	—
千祥镇	4	33	—
湖溪镇	3	28	—
画水镇	4	18	—
虎鹿镇	4	18	—
东阳江镇	3	27	—
马宅镇	3	17	—
佐村镇	5	25	—
三单乡	3	14	—

【商住区命名】 2021年,全市命名商住区16个。

1月4日,市民政局命名位于江北街道,东至东阳市海峡艺术学校站,南至东阳市家具市场,西至艺海北路,北至广福东街的商住区为风华佳苑。

3月17日,市民政局命名位于白云街道,东至云上名邸,西至荷瑞塘居民房,南至规划道路,北至东义路的商住区为东宸铭邸。

4月28日,市民政局命名位于巍山镇,长安路以西,金源大道以东,台盘小区自留地以北,巍山新天地以南的商住区为金源里。

4月28日,市民政局命名位于画水镇,东至吴宅自然村居民房,南、西至横黄线,北至兴达路的商住区为画水之芯家园。

5月20日,市民政局命名位于南马镇,长山路以东,南马实验小学以南,南马中心卫生院以西,南马村大观山集体土地以北的商住区为南强名苑。

6月23日,市民政局命名位于南马镇,东至方店中路,南至乐园路,西至康庄路,北至方店中湖的商住区为万固悦府。

7月2日,市民政局命名位于六石街道,东至金湖科技有限公司,南至广福东街,西至飞龙帽业有限公司,北至明凯街的商住区为湖畔云邸。

7月13日,横店镇政府命名位于横店镇,东邻自然山体,西邻九龙路,南邻休闲山庄,北邻迎宾大道的商住区为梧桐院子。

8月6日,横店镇政府命名位于横店镇,东至广州街景区、南至龙山凤小区、西至影视大道、北至新建姜广路的商住区为屏岩南苑。

8月13日,市民政局命名位于六石街道,东至石马溪,南至石马溪,西至中学北路,北至广福东街的商住区为溪语云邸。

8月16日,市民政局命名位于江北街道,迎宾大道以东,规划道路以西,生态绿化廊道以南,广福东街以北的商住区为锦溪苑。

9月23日,横店镇政府命名位于横店镇,东、南至上东小区村庄道路,西至拟建幼儿园项目,北至西郭线公路的商住区为兰亭东苑。

10月27日,市民政局命名位于江北街道,迎宾大道以西,学士北路以东,湖莲东街以北,社区规划道路以南的商住区为领峰名邸。

11月2日,横店镇政府命名位于横店镇,东至影视大道,西、南至花木山庄,北至杨店小区的商住区为秦宫明苑。

12月2日,横店镇政府命名位于横店镇,东至连塘下小区,南至姜山背小区,西至张山坞小区,北至上石潭小区的住宅区为青塘龙小区。

12月30日,市民政局命名位于白云街道,东至歌山路,南至东义路,西至规划道路,北至汉宁西路的商住区为上品家园。

(潘　婷)

人　口

【概况】 2021年,东阳市总户数353527户,比上年增长0.28%;总人口851108人,比上年下降0.05%,人口密度488人/平方千米。年内出生人口5736人,出生率6.74‰;死亡人口5629人,死亡率6.61‰;人口自然增加107人,人口自然增长率0.13‰,比上年减少1.72个千分点。

【人口构成】 2021年,东阳市人口性别比101.67(女为100),男性人口429075人,占50.41%;女性人口422033人,占49.59%。城镇人口401008人,乡村人口450100人,其中15个镇乡(街道)人口负增长。60周岁以上老龄人口200912人,占总人口的23.61%,比上年增加0.29个百分点。

2021年年末东阳市人口构成一览表

表3

项目	单位	2020年年末	2021年年末	比上年增长(%)
总户数	户	352545	353527	0.28
总人口	人	851512	851108	-0.05
男	人	429550	429075	-0.11
女	人	421962	422033	0.02
城镇人口	人	398707	401008	0.58
乡村人口	人	452805	450100	-0.60
0～17周岁	人	145448	143741	-1.17
18～34周岁	人	165637	162031	-2.18
35～59周岁	人	341847	344424	0.75

续表3

项目	单位	2020年年末	2021年年末	比上年增长(%)
60周岁以上	人	198580	200912	1.17
老龄人口率	%	23.32	23.61	0.29

2021年年末东阳市各镇乡(街道)人口情况一览表

表4

名称	总户数(户)	比上年增长(%)	总人口(人)	比上年增长(%)	男(人)	女(人)	性别比(女为100)	60周岁以上人口(人)	老龄人口率(%)
全　市	353527	0.29	851108	−0.05	429075	422033	101.67	200912	23.61
吴宁街道	32115	0.02	84694	−0.27	41005	43689	93.86	17093	20.18
江北街道	28679	1.34	67328	1.48	33528	33800	99.20	13758	20.43
白云街道	18886	3.80	48121	3.88	23142	24979	92.65	8379	17.41
南市街道	19880	−0.70	44474	−0.22	22734	21740	104.57	10155	22.83
城东街道	17933	−0.09	42237	−0.30	21298	20939	101.71	9699	22.96
六石街道	18042	0.28	40615	−0.24	20340	20275	100.32	10036	24.71
横店镇	38334	0.47	94503	0.50	46841	47662	98.28	20787	22.00
巍山镇	29176	0.10	69869	−0.68	35331	34538	102.30	18681	26.74
歌山镇	17538	−0.43	41351	−0.85	20993	20358	103.12	11078	26.79
虎鹿镇	12704	−0.45	30072	−0.88	15394	14678	104.88	8071	26.84
佐村镇	10181	0.30	24880	−0.91	13027	11853	109.90	6456	25.95
画水镇	23349	−0.08	55064	−0.58	28487	26577	107.19	12985	23.58
湖溪镇	17435	−0.27	41339	−0.84	20902	20437	102.28	11633	28.14
东阳江镇	8384	0.10	21827	−1.29	11273	10554	106.81	6033	27.64
南马镇	26364	−0.13	63357	−0.33	32811	30546	107.42	15028	23.72
千祥镇	19816	−0.45	44809	−0.79	23153	21656	106.91	12030	26.85
马宅镇	10334	0.54	25194	−0.71	12896	12298	104.86	6423	25.49
三单乡	4377	1.04	11374	−0.66	5920	5454	108.54	2587	22.74

（李君瑶）

矿产资源

【概况】 2021年,东阳市境内有矿产资源20余种,矿床、矿(化)点90余处。查明资源储量的主要矿产有萤石、金银矿、铅锌矿、饰面用花岗岩、钾长石、饰面用辉绿岩、建筑用石料(凝灰岩)、砖瓦用(泥)页岩、矿泉水等10余种。其中萤石、饰面用辉绿岩、建筑用石料(凝灰岩)、砖瓦用(泥)页岩等资源较丰富,产地较集中;金银矿产查明的矿床规模较小。

【金属矿产】 2021年,东阳市主要有金银矿、多金属矿、铜矿、钴土矿等金属矿产。

【非金属矿产】 2021年,东阳市主要有萤石、饰面用辉绿岩、建筑用石料(凝灰岩)、砖瓦用(泥)页岩、建筑用砂等非金属矿产。其次,还有珍珠岩、花岗岩和钾长石、石墨、云母、石英、高岭土、石灰岩、方解石、沸石、煤矿等。截至年末,全市查明萤石资源储量矿石量3914.56千吨、矿物量2245.74千吨,保有资源储量矿石量978.93千吨、矿物量568.21千吨。饰面用辉绿岩(青石)分布于佐村镇、三单乡一带,多产于围绕盆地周边分布的火山碎屑岩中。建筑用石料(凝灰岩)多产于围绕盆地周边分布的火山碎屑岩中,主要分布在吴宁街道、横店镇、马宅镇、画水镇、南市街道等地。砖瓦用(泥)页岩广布于东阳江和南江两盆地中,白垩纪红层中的泥岩、粉砂质泥岩,经风化形成砖瓦用黏土。建筑用砂主要分布在东阳江和南江及其主要支流。

花岗岩主要分布在巍山镇的大爽村、胡村村、麻家村,大爽村探明饰面用花岗岩资源储量72万立方米,胡村村、麻家村初查斑状花岗岩远景资源储量30万立方米。钾长石主要分布于巍山镇大爽村、胡村村一带,赋存于盆地边缘构造成矿带中。大爽村查明钾长石保有资源储量矿石量7680千吨,潜在资源量矿石量1亿吨以上,属大型矿床,是浙江省唯一探明储量的产地。胡村村钾长石矿初查远景储量5000万吨。珍珠岩见于马宅镇昌街村,矿体赋存于上侏罗系凝灰角砾岩、凝灰岩中,估算储量180万吨。沸石分布于马宅镇,矿体赋存于磨石山组地层中。石墨分布于江北街道瓦窑岗村,歌山镇竹园村、里胡村,画水镇南岸村等地,贮于陈蔡群地层中的石墨片岩或石墨石英片岩中。云母分布于歌山镇竹园村等地,赋存于陈蔡群地层中,储量不详。石英矿位于画水镇南方村。高岭土是以高岭石族矿物为主组成的黏土或岩石的总称,属层状铝硅酸盐矿物,分布于歌山镇上宅村、上周村、王村光村、象塘村,巍山镇三千塘村、罗山村、王宅村等地。石灰岩主要分布于虎鹿镇下殿村、佐村镇上陈村,储量不详。方解石分布于横店镇后岑山村,储量不详。东阳的煤矿因储量不多、质差,无开采价值。

【其他矿产】 2021年,东阳市其他矿产主要有矿泉、地热。矿泉位于佐村镇赵楼村九峰山,主要赋存于上侏罗统高坞组精屑玻屑熔结凝灰岩的构造裂隙中,以泉形式出露地表。地热位于横店镇忠信堂村附近,属壶镇—回山新华夏系构造带北东向压性断裂带中,主要在一条北东向裂隙内涌出。

(徐超群)

发展综述

【概况】 2021年,东阳市辖6个街道、11个镇、1个乡,总面积1746.81平方千米。全市有户籍人口85.11万人,人口自然增长率0.13‰。

实现生产总值730.84亿元,按可比价计算,比上年增长10.5%。其中,第一产业增加值18.75亿元,比上年增长1.8%;第二产业增加值328.73亿元,比上年增长11.1%;第三产业增加值383.35亿元,比上年增长10.5%。三次产业比重由2020年的2.9∶42.8∶54.3调整为2.6∶45.0∶52.5。按户籍人口计算,全市人均生产总值85849元(按年平均汇率折合13307美元),比上年增长10.5%。按常住人口计算,全市人均生产总值67120元,比上年增长9.4%。财政总收入142.41亿元,比上年增长15.1%;其中一般公共预算收入83.38亿元,比上年增长14.8%。一般公共预算支出110.77亿元,比上年增长11.1%。全市固定资产投资比上年增长19.7%。社会消费品零售总额325.50亿元,比上年增长14.8%。进出口总额317.58亿元,比上年增长23.4%,其中出口额288.05亿元,比上年增长20.0%。全市与181个国家和地区建立贸易关系,其中出口超10亿美元的国家和地区有7个,美国为第一大贸易国。全市批准设立外商投资企业10家;合同利用外资3384万美元;实际利用外资4001万美元(2020年实际利用外资20万美元),比上年增长19905%;全市有商品交易市场32个,商品交易市场成交额477.06亿元,其中年成交额超亿元的市场有17个,年成交额473.85亿元。金融机构本外币存款余额1693.21亿元,比上年增长11.1%,其中人民币存款余额1664.91亿元,比上年增长11.0%。金融机构本外币贷款余额1375.24亿元,比上年增长21.0%,其中人民币贷款余额1374.23亿元,比上年增长21.0%。全市保险机构保费收入31.67亿元(数据由《东阳金融运行参考月报》提供),比上年下降2.9%,其中财产险保费收入10.80亿元,比上年下降5.8%;人身险保费收入20.86亿元,比上年下降1.4%。全市居民人均可支配收入54431元,比上年增长11.5%。分城乡来看,城镇常住居民人均可支配收入64338元,比上年增长10.6%;农村常住居民人均可支配收入37717元,比上年增长12.0%。

【农业】 2021年,东阳市农林牧渔业增加值19.98亿元,按可比价计算,比上年增长2.0%。粮食作物播种面积1.67万公顷,比上年增长1.2%;粮食产量9.73万吨,比上年增长1.8%。累计建成粮食生产功能区219个,总面积1.07万公顷。有农民专业合作社266家,家庭农场979家,农业龙头企业69家。

【工业和建筑业】 2021年,东阳市547家规模以上工业企业增加值

149.2亿元，完成规模以上工业产值673亿元。横店集团东磁股份有限公司成为金华市首家超百亿元工业企业、入选工信部智能光伏试点示范项目(企业)，横店集团得邦照明股份有限公司入选全省新一代信息技术与制造业融合发展试点示范企业，浙江联宜电机有限公司、浙江微度医疗器械有限公司、东阳富仕特磁业有限公司入选国家第三批“小巨人”企业。

全年240家资质以上建筑企业(不含劳务分包企业)完成总产值1755.5亿元，比上年增长5.0%。其中，外省产值1327.9亿元，比上年增长3.1%，占建筑企业总产值的75.6%。外省产值中，产值超50亿元的有广东省、天津市、江苏省、河南省、广西壮族自治区、湖北省、河北省、山东省、山西省、四川省，合计产值占全部省外产值的64.8%。建筑业企业竣工产值1180.4亿元，比上年增长41.0%。建筑企业房屋施工面积32689万平方米，比上年下降1.0%，其中新开工面积5898万平方米，比上年下降19.5%；房屋建筑竣工面积6036.0万平方米，比上年增长26.6%。

【交通运输】 2021年，东阳市交通建设完成投资74.88亿元，其中高速公路完成投资22.01亿元，国道、省道、县道建设项目完成投资9.05亿元，农村联网公路完成投资0.04亿元。全市境内公路总里程2480.66千米，其中高速公路总里程95.19千米。全年公路客运量211万人，旅客周转量30867万人千米，公路货运量1979万吨，货物周转量179743万吨千米。

【邮政和通信】 2021年，东阳市邮电业务收入15.30亿元，比上年增长18.7%。其中，邮政业务收入3.35亿元，比上年增长15.3%；电信业务收入11.95亿元，比上年增长19.7%。

【旅游业】 2021年，东阳市接待国内外游客1068万人次，比上年下降58%；实现旅游收入181亿元，比上年下降25%。其中，接待国内游客1068万人次，比上年下降58%，实现国内旅游收入181亿元，比上年下降25%；接待入境游客230人次，比上年下降39%，国际旅游外汇收入71万美元，比上年增长373%。

【教育】 2021年，东阳市有普通高等院校两所。全市有普通高中13所，全年招生5232人，在校学生16099人；职业中学5所，全年招生2875人，在校学生8037人。初中毕业升高中段学校比例为99.1%。全市有初中38所，全年招生10770人，在校学生31546人。初中入学率、巩固率100%。全市有小学74所，全年招生13816人，在校学生76778人。小学学龄人口入学率、巩固率100%，小学毕业升初中比例100%，义务教育学龄人口入学率100%。全市有幼儿园147所，全年招生10166人，在园幼儿40618人；有省等级幼儿园146所，省等级幼儿园招生覆盖面98.63%。全市有特殊教育学校1所，全年招生数27人，在校学生124人。

【科学技术】 2021年，东阳市列入地市级以上科技项目138项，其中省级93项、地市级45项。到位上级科技资金1751万元，其中省级1621万元。全市立项市级科技项目64项，均为公益类项目。有地市级及地市级以上独立的研究开发机构134家、省级高新技术企业研发中心51家、国家级企业技术中心1家；首次认定国家级高新技术企业49家，全市有国家级高新技术企业197家。全市获科技进步奖3项。通过鉴定科技成果53项。专利申请授权4119件，包括发明专利459件；两件发明专利获第22届中国专利奖优秀奖。增加省级知识产权规范化市场1家。

【文化】 2021年，东阳市有文化馆1个，组织文艺活动365次，举办各类培训68期；公共图书馆1个，藏书60.28万册；文化艺术表演团体1个，演出场次125场；剧院、电影院11个。建成农村文化礼堂15家，全市文化礼堂总数375家。实施文化惠民工程，完成送图书下乡111460册，送戏下乡210场，送电影下乡7813场，送讲座下乡195场，送展览下乡60场。打造“百姓文化艺术节”“特色广场文化”“百姓文化茶坊”“非遗讲堂”“周末惠民剧场”“文化节目进景区”等一批特色文化惠民服务品牌。全年举办各类文化活动1029场、县市间“文化走亲”活动51场、各类培训及展览357场，组织周末惠民剧场演出34场。

【体育】 2021年，东阳市参加地市级以上运动会获金牌76枚、银牌42枚、铜牌50枚，其中省级以上比赛获金牌14枚、银牌8枚、铜牌18枚。全市有二级运动员33人，向上级输送体育人才3人。全市销售体育彩票23603万元，比上年增长31%，创收体彩公益金957万元。

【卫生健康】 2021年，东阳市有医疗卫生机构591家，其中市级医疗卫生单位17家，社区卫生服务中心(卫生院)16家，卫生服务站113家，一体化村卫生室165家，门诊部16家，个体诊所、卫生所、医务室264家。全市有床位4889张，其中医院、卫生院床位4579张，妇幼保健院床位310张。全市有卫生技术人员7498人，有执业医师2847人、执业助理医师376人、注册护士2995人。

【环境保护】 2021年，东阳市完成造林更新面积360公顷，其中，人工造林282.67公顷，无林地和疏林地封育56公顷，迹地更新21.33公顷。森林抚育面积93.67公顷，种植珍贵树木12万株，重点建设珍贵彩色森林72.67公顷。全市森林面积108625.4公顷，森林覆盖率62.19%，森林蓄积量617.58万立方米。全年平均气温19.4摄氏度，比常年偏高1.8摄氏度。年总降水量1565.0毫米，比常年偏多11.6%。年降水日数169天，比常年偏多16.4天。年日照时数1582.4小时，比常年偏少10.7%。全市霾平均日数13天，比上年减少27天。全市有县级规范化合格饮用水水源保护区1个，水质达标率100%；乡镇级8个，水质达标率100%。全市3个出境断面水质达标率100%，19个镇、乡交接断面水质达标率94.74%,7个市控以上地表水达标率100%。$PM_{2.5}$平均浓度为22微克/立方米,比上年下降8.3%;空气质量优良率98.9%。规模以上工业企业能源消费比上年增长14.5%,规模以上工业单位增加值能耗下降5.3%。

【社会保障】 2021年,全市城镇职工基本养老保险参保人数38.36万人,城镇职工基本医疗保险参保人数25.08万人。失业保险参保人数17.06万人,工伤保险参保人数27.32万人(含建筑工伤)。生育保险参保人数17.24万人。全市城乡居民基本养老保险参保人数21.33万人。被征地农民养老保险参保人数2.47万人。全市享受城乡居民基本养老保险金待遇人员10.85万人,发放率100%,发放金额47022.43万元。城乡居民基本医疗保险参保人数60.57万人,年内增加参保人数0.81万人。城乡居民基本医疗保险享受待遇人数49.36万人次。被征地农民基本养老保障参保人数2.47万人,年内增加参保人数1459人,享受待遇人数5519人,发放金额5434.07万元。

全市有各类社会福利单位26个,床位7295张,收养各类人员1653人。城镇"三无"(无家可归、无依无靠、无生活来源)对象集中供养率为100%。年内审批城乡低保对象613人,全市有低保对象6766人,发放低保救助金4416万元。全市有特困对象231人,发放特困供养金345.9万元。全年筹集医疗救助资金3017.43万元,资助参保人数22207人次,医疗救助人数33529人次,发放救助金864.75万元。全市有抚恤优待对象8791人,发放抚恤金8432.46万元、义务兵优待金2073.04万元、困难补助经费15万元。退役义务兵自主就业率达98.34%,发放自主就业一次性经济补助金803.70万元。

(王　群)

综　述

【概况】 2021年，市委组织开展庆祝中国共产党成立100周年活动、推进全面改革、推动科技创新、构建新发展格局、开展"招大引强"工程、推进文化事业繁荣发展、扩大民生福祉、完善大平安机制、优化生态环境、加强党的建设。

东阳市入选浙江省高质量发展建设共同富裕示范区"打造精神文明高地领域"试点、省新时代乡村集成改革试点，入选全国电子商务进农村综合示范县名单；数字经济系统建设综合考评全省第一；"影视文化产业大脑"获评全省数字化改革"最佳应用"，是金华市唯一一个入选的应用。编制和实施《东阳市国民经济和社会发展第十四个五年规划和二〇三五年远景目标纲要》，编制《东阳高质量发展建设共同富裕先行市行动方案（2021—2025年）》。

【政治自觉提升】 2021年，市委学习中共十九大和十九届历次全会精神、习近平总书记系列重要讲话及考察浙江重要讲话指示精神，落实意识形态工作责任制，组织开展党史学习教育，举办庆祝中国共产党成立100周年等系列活动。召开市委理论学习中心组学习会14次，市委常委会会议46次。市委配合金华市委抓好中央巡视反馈问题整改，制定整改措施86项，完成牵头任务23项，完成省委巡视反馈问题整改销号。巡察镇乡（街道）、部门单位党组织22个，回访机关单位90个，创新巡察方式方法，"提级+联动""常规+专项""回头看+延伸"协同发力。指导销号疑难问题182个，督促建立长效制度155个。

【抗击新冠肺炎疫情】 2021年，市委开展常态化疫情防控，完善平急一体化应急指挥体系，提升核酸检测能力，落实监测预警工作机制，强化医疗救治能力，规范隔离场所设置，加强流调溯源队伍建设，强化重点人员管理。保障物资储备和供应，加快建立免疫屏障。支援帮助兄弟县市疫情防控工作，转运隔离人员的接收管控任务。

【推进改革开放】 2021年，市委推进数字化改革，初步建成"152"体系和"城市大脑"架构，数字东阳总门户和五大系统综合应用全部上线。"打造一流营商环境"等11项重大改革项目落地，高频民生类政务服务实现"就近办"100%。以画水镇为试点，推行驻村干部组团式专职化管理。推进南马镇花园村乡村振兴综合改革试点建设，完成浙江省"千万工程"展示馆一期建设，启用手绘地图导航和"云游花园"应用。推进学校国有民办体制建设，整合组建"1+6+X"国企框架。与义乌市推进金义都市区共建项目43个，义东大桥通车，跨城公交开通运行，医保领域、高频民生服务事项实现两地"通办"。

【年度重点】 2021年，市委致力提高综合实力，改善人民生活。推出工业高质量发展新政策22条和科技新政策42条，促进工业经济提质增效。制定《东阳市促进商贸流通业高质量发展的若干政策意见》，构建现代商贸流通体系；加快推进电商产业发展，建成省级电商专业镇7个、省级电商专业村18个。发展社会事业，健全社会保障体系，城乡居民基本养老保险、基本医疗保险参保率分别达98.6%、99.9%，15所新建（改扩建）学校投入使用，市民中心主体建筑完工。提升影视、建筑、木雕家居三大特色产业，木雕红木行业首个国家级质检中心落户东阳市，横店影视文化产业集聚区实现旅游收入140亿元，入选第一批国家级夜间文化和旅游消费集聚区。推进共享田园建设，建成"三强六无五美"达标村100个。

东阳市开展平台建设大会战，实施"万亩千亿"新产业平台总体规划，制定《关于加快推进"万亩千亿"新产业平台建设的实施意见》，完成巍山镇高大村、六石街道后金村和殿口村的征迁工作，莘桥头村征迁取得突破，六石街道、巍山镇安置区开工建设。开展综合交通大会战，构建大交通格局，金甬铁路东阳段、杭温高铁东阳段、金义东市域轨道交通东阳段三条铁路超额完成年度建设任务，南午岭互通工程（二期主线）等道路工程建成通车，义东高速公路东阳段工程全线开工，新西站正式启用。开展城市品质提升大会战，改善城市基础建设，东阳江大桥完成加固改造，江滨景观带整体提升改造、人民广场人防工程、歌山大桥、博士大桥等项目开工建设,城区涉安全隐患违法建筑专项整治基本完成。开展生态环境改善大会战,基本建成5个污水处理厂,城区生活垃圾“两定四分”点位实现全覆盖,增加农村生活污水处理设施标准化运行维护50个,$PM_{2.5}$浓度22微克/立方米,空气质量优良率98.9%,市控以上地表水断面水质Ⅲ类水达标率100%。

【加强党的建设】 2021年,市委深化法治东阳、平安东阳建设,矛盾纠纷化解“136”工作格局基本形成,获2018—2020年度“一星平安金鼎”。抓好换届风气监督,严明“十个严禁”纪律要求,把好人选政治关、品行关、作风关、廉洁关,回复党风廉政意见1449人次。开展优化营商环境、村干部守纪立规、干部“不作为、慢作为、乱作为”作风问题三项专项治理,查处问题117起168人,党纪政务处分556人。全市政治生态呈现“三无两少五好”▲局面。

▲“三无两少五好”:企业“干政”现象基本没有,“烟票”(由烟草零售店自行印制、销售,并作为有价票证在一定范围内流通使用)现象基本没有,拉帮结派、团团伙伙现象没有;选择性服务、干部乱作为的现象减少,选人用人说情打招呼的现象减少;干事创业的氛围好,选人用人的风气正,党员干部的精气神足,群众办事更方便,政商关系更清爽。

(郭厚良)

重大决策和活动

【《中共东阳市委关于制定东阳市国民经济和社会发展第十四个五年规划和二〇三五年远景目标的建议》】 2021年1月15日,市委第十五届九次全体(扩大)会议暨市委经济工作会议在市行政中心召开,会议审议通过《中共东阳市委关于制定东阳市国民经济和社会发展第十四个五年规划和二〇三五年远景目标的建议》(简称《建议》)。《建议》总结东阳市“十三五”时期发展成就、“十四五”期间经济社会发展面临的新机遇、新挑战,提出2035年远景目标和“十四五”期间经济社会发展的总体要求、主要目标、主要任务和重点举措,并从整体提升科技创新水平、持续推进产业转型升级、努力打造改革开放高地、持续推动乡村全面振兴、深度推进区域协调发展、积极推进文化繁荣兴盛、加快打造生态宜居城市、全面建设幸福美好家园、创新构建现代治理格局9个方面进行总体部署。

【制定《进一步推进国有企业整合重组和深化改革方案》】 2021年3月12日,市委、市政府印发《进一步推进国有企业整合重组和深化改革方案》(简称《方案》)。《方案》确立“1+6+X”国企基本框架,明晰各集团的定位和主业,明确理顺国有企业监管体制、强化国有企业党建工作、创新干部人事用工体制、健全绩效考核薪酬体系、完善重大事项决策机制、探索国企混改推进国企上市、建立公共项目统筹及补偿机制7项改革主要内容。

【制定《东阳高质量发展建设共同富裕先行市行动方案(2021—2025)》】 2021年8月10日,市委第十五届十一次全体(扩大)会议暨市政府十五届九次全体会议在市行政中心召开,会议审议通过《东阳高质量发展建设共同富裕先行市行动方案(2021—2025)》(简称《行动方案》)。《行动方案》明确“十四五”时期建设“经济强市、文化名城、歌画东阳”的总体目标和“九个方面走在前列”的具体要求。

2021年4月19日,东阳市产业发展大会在东阳剧院召开 (包康轩/摄)

【编制《深化生态文明示范创建 高水平建设新时代美丽东阳规划纲要(2020—2035)》】 2021年,市委常委会审议通过《深化生态文明示范创建 高水平建设新时代美丽东阳规划纲要(2020—2035)》(简称《规划纲要》)。《规划纲要》中包含新时代美丽东阳建设的现实基础、总体要求、保障措施和指标体系等方面内容,明确构建优化空间格局、推动绿色发展、改善生态环境、打造宜居城乡、弘扬绿色生态文化和建立健全制度体系6项重点任务。

【东阳市干部大会暨“五大会战”“三项治理”部署会】 于2021年2月27日召开。会议表彰纳税超亿元企业和功勋企业家、纳税超5000万元企业和经济建设杰出人物、市级先进镇乡(街道)和先进部门、“五大会战”先进集体和先进个人、市重点建设项目优胜奖和优质服务奖、全市担当作为好干部等各类先进。会议部署优化营商环境、村干部守纪立规、干部队伍作风问题三项专项治理工作,总结部署“五大会战”和全年重点工作。

【东阳市产业发展大会】 于2021年4月19日以电视现场直播形式召开。会议对工业、建筑业、木雕家具产业、影视文旅产业“四个千亿级”产业培育工作进行部署;表彰省部级荣誉企业、市长质量奖、中小企业市长科技创新奖、工业强市年度贡献奖、工业强市亩均英雄奖、工业强市年度晋星奖、市行业新锐奖等工业科技类奖项获得者，市建企航母奖、建筑业发展功臣奖、建筑业特殊贡献人员奖、建筑业龙头企业奖、建筑业招商回归贡献企业奖等建筑产业类奖项获得者。市经信局、横店影视文化产业集聚区、市住建局、市市场监管局、工业企业代表普洛药业股份有限公司、影视文旅企业代表横店集团控股有限公司、建筑企业代表中天建设集团有限公司、木雕家具企业代表浙江中信红木家具有限公司的相关负责人作表态发言。各镇乡(街道)党政正职，市机关部门单位和市属企事业单位的主要领导，工业、建筑业、影视文旅产业、木雕家具产业等领域企业负责人在东阳剧院主会场参加会议；相关部门、各镇乡(街道)设分会场。

(郭厚良)

市委重要会议

【市委第十五届九次全体(扩大)会议暨市委经济工作会议】 于2021年1月15日在市行政中心召开。市委书记傅显明作《市委十五届九次全会报告》，市委副书记、市长楼琅坚部署2021年经济工作。会议听取和讨论市委常委会工作报告，审议通过《中共东阳市委关于制定东阳市国民经济和社会发展第十四个五年规划和二〇三五年远景目标的建议》。

【市委第十五届十一次全体(扩大)会议暨市政府第十五届九次全体会议】 于2021年8月10日在市行政中心召开。市委书记傅显明作题为《弘扬伟大建党精神 坚定扛起使命担当 奋力推动高质量发展建设共同富裕先行市》的报告。市委副书记、市长楼琅坚作题为《拼搏实干 攻坚争先 高标准完成全年目标任务 为共同富裕先行市建设开好局》的报告。会议听取和讨论两个报告，审议通过《东阳高质量发展建设共同富裕先行市行动方案(2021—2025)》，系统研究部署东阳高质量发展建设共同富裕先行市工作。会议指出，要实施党建统领行动，为高质量发展建设共同富裕先行市提供坚强保证。

【市委第十五届十二次全体会议】 于2021年10月14日在市行政中心召开。会议表决通过《关于召开中共东阳市第十六次代表大会的决议(草案)》。会议研究并作出关于召开中国共产党东阳市第十六次代表大会的决议。

【市委第十五届十三次全体会议】 于2021年12月22日在市行政中心召开。会议审议通过十五届市委工作报告、市纪律检查委员会工作报告，推选产生东阳市出席中共金华市第八次代表大会代表候选人预备人选。会议决定，中国共产党东阳市第十六次代表大会于12月28—30日召开。

【中国共产党东阳市第十六次代表大会】 于2021年12月28—30日在东阳剧院召开。大会的主要任务是以习近平新时代中国特色社会主义思想为指导，学习贯彻中共十九届六中全会和省委、金华市委全会精神，总结市第十五次党代会以来的工作，部署今后五年的发展目标与主要任务，动员全市上下从中国共产党百年奋斗历程中汲取智慧和力量，勇于担当、扛旗争先，为加快打造新时代强市名城、建设共同富裕先行市而努力奋斗。市委书记楼琅坚代表中国共产党东阳市第十五届委员会向大会作题为《践行伟大思想 奋勇扛旗争先 为打造新时代强市名城建设共同富裕先行市而努力奋斗》的报告。大会在选举产生新一届中共东阳市委员会和中共东阳市纪律检查委员会，通过关于十五届市委工作报告的决议、关于十五届市纪委工作报告的决议后闭幕。

【中国共产党东阳市委第十六届一次全体会议】 于2021年12月30日在海天大酒店召开。会议选举产生中共东阳市第十六届委员会常务委员会委员、书记、副书记。楼琅坚、黄胜可、潘国东、盛锋、柳尊科、卢旭萍、陈洪、何浩亮、郭锦明、张伟钢、陈国荣和甘庆富12人当选为新一届市委常委。楼琅坚当选书记，黄胜可、潘国东当选副书记。会议审议通过中共东阳市第十六届纪律检查委员会第一次全体会议选举结果；审议通过《中国共产党东阳市委员会工作规则》；遴选中共二十大代表和中共浙江省第十五次代表大会代表候选人推荐人选。

(郭厚良)

全面深化改革

【概况】 2021年，东阳市迭代升级“1+7+N”全面深化改革工作体系，打造一流营商环境、深化人才科创体制改革、推进双循环发展综合改革、深化“放管服”改革、构建市场化法治化国际化营商环境体系、构建高水平推进共同富裕的体制机制、深化横店影视文化产业集聚区建设、推进新时代乡村集成改革、创新“绿水青山就是金山银山”转化机制、创新构建现代治理体系、构建依法治网体系11项重大改革项目落地。增加省厅级及以上改革试点30项，其中两项为部级试点，相关改革创新亮点做法在全国、全省会议作典型发言13次。南马镇花园村负责人在金华市委全面深化改革委员会第九次会议上作交流发言，介绍乡村振兴综合改革试点成果；横店镇负责人在省委全面深化改革委员会第十四次会议上就高质量发展建设共同富裕示范区作交流发言；东阳市相关负责人在全省市、县(市、区)数字化改革座谈会上围绕打造行业特色应用，构建以数字经济为核心的现代经济体系作交流发言；东阳市相关负责人在全省数字化改革推进会上作“影视管理和服务应用”典型发言。东阳市入选全省高质量发展建设共同富裕示范区“打造精神文明高地领域”首批试点名单；“影视文化产业大脑”获评全省数字化改革“最佳应用”；国家影视文化产业改革先行示范区建设探索项目获省级改革突破奖；东阳市全面深化改革工作综合考评居全省优秀行列，市委改革办被省委、省政府授予“全省改革创新成绩突出集体”称号。

2021年4月22日，市委全面深化改革委员会第七次会议暨全市数字化改革工作推进会在市行政中心召开　　（市委改革办提供）

【机构调整】 2021年7月1日，市委编办批复同意市委改革办增加行政编制2名、中层领导职数1名。调整后，市委改革办下设综合调研科、改革一科、改革二科，市人民对外友好协会秘书处（市《今日东阳》编辑部）增挂“东阳市改革研究和促进中心”牌子。

【推进全面深化改革工作】 2021年4月22日，市委全面深化改革委员会第七次会议暨全市数字化改革工作推进会在市行政中心召开，中共东阳市委全面深化改革委员会办公室（简称市委改革办）汇报2021年度东阳市全面深化改革工作要点、深化“放管服”改革优化营商环境重点任务责任分工方案的起草情况。7月28日，市委全面深化改革委员会第八次会议暨全市数字化改革工作推进会在市行政中心召开，市委改革办和“1+5”系统（平台）▲牵头部门负责人汇报数字化改革进展情况，信息化项目全生命周期管理服务制度、学校食品安全与营养健康应用、人口流动精密智控系统、自然资源“一码管地”全生命周期管理平台代表进行演示汇报。12月7日，市委全面深化改革委员会第九次会议在市行政中心召开，审议通过《关于推进驻村干部组团式专职化管理的实施意见》《东阳市镇乡街道“属地管理”事项协同机制》《东阳市关于加快推进生态环境治理体系和治理能力现代化的意见》3个文件，部署“县乡一体、条抓块统”改革。

▲“1+5”系统平台：“1”即一体化智能化公共数据平台，“5”即党政机关整体智治系统、数字政府系统、数字经济系统、数字社会系统、数字法治系统。

【数字化改革工作体系】 2021年，东阳市构建“1234”工作体系▲，推进数字化改革工作。成立由市委书记任组长的全市数字化改革领导小组，迭代升级党政“一把手”抓改革机制，印发《关于深入推进党政主要负责人体验数字化改革工作的通知》。全年全市各部门单位“一把手”体验数字化改革事项100余项，发现问题267个，提出整改措施391条，落实整改373项。形成重大应用贯通清单和特色应用建设清单“两张清单”，明确各系统（平台）牵头部门、场景应用牵头部门的职责，推动数字化改革任务清单化、项目化、责任化。建立“1+6+N”工作架构，设立市级数字化改革工作专班、一平台五系统工作专班和重点场景应用攻坚专班“三级专班”，实行一名领导、一个团队、一套机制、一张清单“四个一”攻坚机制，以专班化集中攻坚，加快推进数字化改革项目落实落地。构建分级分类教育培训机制、宣传推介机制、“日动态、周报告、月推进、季督查”督查推进机制，以“四项机制”抓数字化改革项目落实。

▲“1234”工作体系：“1”即“一把手”抓改革，“2”即“两张清单”抓统筹，“3”即“三级专班”抓推进，“4”即“四项机制”抓落实。

【数字化改革制度成果】 2021年4月29日，市委改革办印发《数字化改革领导小组例会制度》等3个制度性文件，推动构建数字化改革工作机制。5月12日，印发《东阳市数字化改革实施方案》，明确数字化改革基本原则、主要目标、核心指标等，加快推进东阳市数字化改革。5月13日，印发《数字化行政服务中心建设实施方案》，加快东阳市政务服务数字化改革进程。东阳市制定《东阳市流动人口信息智能采集工作暂行规定》《智慧横店服务管理指挥多跨应用制度体系》《东阳市政府信息化项目管理实施细则（试行）》等涉及20个场景应用的61项制度、规范。

【数字化改革理论成果】 2021年，市委改革办开展数字化改革主题调研活动和理论研究成果征集活动，建立理论成果固化推广机制，形成《民生实事项目代表参与“全过程”实现路径研究》《数字化改革驱动未来乡村建设的花园探索与建议》《业务协同开展 数字并联运行——编外聘用人员“一件事”管理平台实现五大功能》《建设东阳市城市综合管理平台，打造我市城市管理新篇章》《东阳市提升流动人口数字化管理水平》《东阳市聚力创新数字驱动打造高效流动人口服务管理新模式》6项理论成果。

【数字化改革应用成果】 2021年，东阳市初步建成“152”体系架构和“城市大脑”基础框架，数字东阳总门户上线运行，党政机关整体智治、数字政府、数字经济、数字社会、数字法治五大系统综合应用全部上线。“七张清单”“浙里防疫”等127个省级重大应用实现贯通，12项核心指标任务超额完成。根据数字化改革重大需求清单、多跨场景清单、重大改革清单“三张清单”谋划30个特色应用，其中“校园食品安全与营养健康”等23个本地应用上线运行，“信息化项目

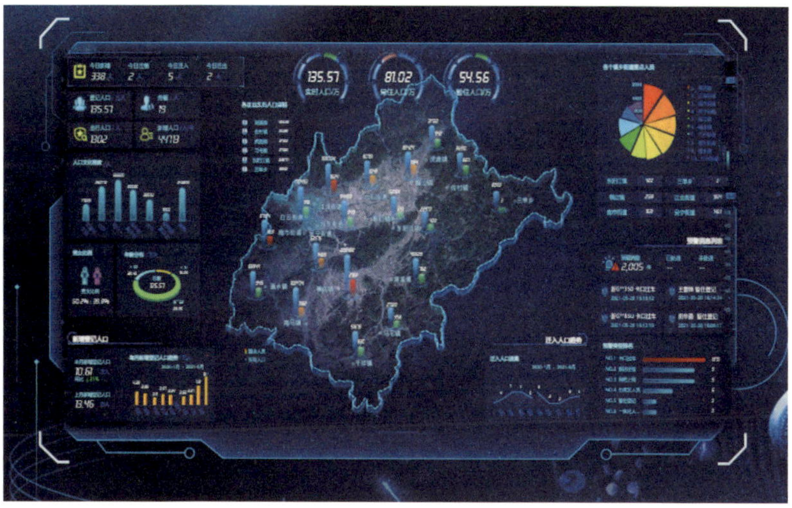

2021年7月30日，流动人口信息智能采集系统上线运行（市委改革办提供）

一链通”“智慧矫正”等17个特色应用场景上线，“人口信息智能采集”“浙里花园未来乡村”等16个特色应用入选省级试点，“基层合法性审查”等应用在全省推广，“影视文化产业大脑”获评全省数字化改革“最佳应用”。

东阳市建设未来工厂、磁性材料行业工业互联网平台、“影视文化产业大脑”、木雕红木家居（竹编）行业应用、数字建筑等重点场景应用，实现数字经济与实体经济深度融合。建设防疫通、人员信息智能采集多跨场景应用、应急事故快速救援保障应用、基层合法性审查系统、“浙里花园”未来乡村应用等项目，推动完善基层治理体系，提升社会治理现代化水平。

“影视文化产业大脑”使影视作品的剧本创作、剧组筹备、影视拍摄、后期制作、宣传发行、版权交易、衍生品开发及交易等实现全产业链信息化、数字化、工业化，推动产业治理由经验判断向数据智能决策转变。“横影通”和“云勘景”上线启用，为剧组节省制作时间、制作成本，减少参演流程，剧组前期筹备时间缩短30%，接待剧组量增长24.47%，群演工资收入比上年增长21.7%。年内到横店取景拍摄的剧组398个，比上年增长8.43%；横店影视文化产业集聚区入区企业实现营业收入211.24亿元，比上年增长36.72%。

东阳市承接省公安厅人员流动JMZK系统的应用试点工作，打造“流动人口信息智能采集”“重点人员精密智控”“数字应用深化服务”三大场景应用，首创无感不扰民采集新方式。自4月试运行起，智能采集流动人口信息65万余人次，采集登记率从数字化改革前不足80%上升至93.47%，智能采集率从0上升至91.5%，案前列管率从数字化改革前的5.1%上升至68.2%，传统侵财类警情比上年下降37.3%，为民警（辅警）、村居网格员减负，是国内首创的数字化改革实践。借助相关多跨场景应用，有效治安警情、有效刑事警情、命案发案分别比上年下降25.4%、12.9%、75%；高频民生类政务服务“就近办”实现100%，社保待遇资格无感认证率达98%。

东阳市在省内率先谋划建设“学校食品安全与营养健康应用”，一期“数字食堂”智能阳光厨房覆盖50个学校，通过智能物联设备采集实时动态数据，建设采购验收监管、供应商管理等10个子场景，实现市教育局、市市场监管局、市卫健局等部门在线监管、预警发布、应急响应、实时联动，社会人员可通过“浙里办”实时了解当日菜谱、采购信息、加工现场等信息，实现校园食品安全“一屏可视”。

【重点领域改革】 2021年5月6日，东阳市印发《东阳市2021年度全面深化改革工作要点》，明确年度全面深化改革工作任务。截至年末，东阳市推进7个领域、28个方面、100余项具体改革项目，均完成年度目标任务。市委改革办牵头起草《关于支持横店政企合力共建共同富裕先行示范镇的若干意见》，助推横店共同富裕先行示范镇建设；牵头起草《浙江广厦建设职业技术大学高质量发展的若干意见》，推进学校国有民办体制建设。东阳市印发《推进驻村干部组团式专职化管理的实施意见》，深化“县乡一体、条抓块统”改革，以画水镇为试点，推行驻村干部组团式专职化管理。推进南马镇花园村乡村振兴综合改革试点建设，完成浙江省“千万工程”展示馆一期建设，启用手绘地图导航和“云游花园”应用，开通智慧旅游公交。12月11日，印发《东阳市镇乡街道“属地管理”事项协同机制》，明确93项镇乡（街道）属地管理事项协同机制。

【“放管服”改革】 2021年，市委改革办根据《东阳市深化“放管服”改革优化营商环境重点任务责任分工方案》要求，推进“放管服”改革，推进营商环境专项治理，落实强化减税降费和金融普惠政策，深化商事登记制度改革，推进信用+监管、包容审慎监管和“标准+”执法模式，推动“掌上办事”、政务服务“异地通办”、政务服务集成改革。市委改革办、市自然资源和规划局等6个部门联合印发《关于推进金融信贷+不动产抵押登记“一件事”网上办的通知》，明确网上办理“金融信贷+不动产抵押登记”的相关事项。10月21日，市委改革办印发《2021年度“政务服务2.0”满意度评估方案》，调查评估群众和企业对部门政务服务工作的满意度，推进政务服务标准化、制度化和规范化。

【便民利企“一件事”改革】 2021年，东阳市完成年度3个便民利企“一件事”改革任务。其中，1252人通过人才创业创新“一件事”（“智汇东阳”人才奖补申报系统）申请人才大礼包并获人才培育奖励等补贴1837.21万元；增加建设用地项目管理“一件事”（“一码管地”综合服务平台）上线试运行；政府投资项目管理“一件事”（政府投资项目智控平台）受理426个项目，完成审批76个。

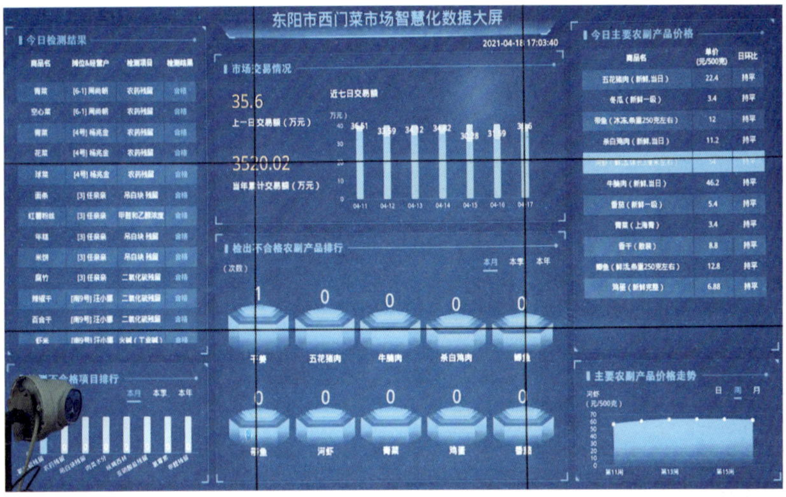

2021年4月18日,东阳市西门菜市场智慧化数据大屏页面

(市委改革办提供)

【金义都市区共建】 2021年4月15日,东阳市政府与义乌市政府签订“推进同城化、共建都市区”战略合作框架协议,推进建设43个共建项目。完成都市区高质量医保一体化、打造浙江中西部医学中心、金义都市区国家森林城市群建设、市域绿道网贯通工程、共建都市区标志性产业链等28个金义都市区共建项目。义东大桥通车;东阳市下昆溪(紫荆庄园)至义乌市国际商贸城的公交定制班线正式通车,两地市民享受同等优惠政策。高频民生服务事项实现两地“通办”,355项政务服务事项实现“同城通办”。完成金义东公路两市连接入城口段绿化提升工作;实现两地森林防灭火信息共享;建立“东阳义乌市场联动合作”定期会面互访机制。8月,第一批6名干部到义乌市相关单位进行交流。东阳市文化和广电旅游体育局联合义乌市文化和广电旅游体育局,在山东省青岛市、烟台市等地合作开展浙江·东阳·义乌影视木雕购物美食游推介会。

【公共场所服务示范点建设】 2021年,东阳市印发《关于2021年持续推进公共场所服务大提升示范点建设的通知》,按便利化、智慧化、人性化、特色化、规范化“五化”要求,确定交通设施、旅游景区、文化场馆、商圈、市场、公共体育场馆、医疗场所、车辆检测站、城乡公共厕所9个领域58个公共场所服务大提升示范点拟建项目。截至年末,增加50个公共服务示范点,其中西门菜市场、湖溪镇农贸市场获评省级“五化市场”,东阳市博物馆获评公共场所服务大提升示范点建设标志型项目,城东街道寀卢村“寀卢经验”主题馆、“智慧寀卢”项目获省级媒体点赞。

(胡宇琪)

市委办综合服务

【概况】 2021年,市委办公室对接拟定各种会议活动方案120个,参与接待宾客50批,配合拟定接待方案108个;接收办理上级文件209个、下级请示报告111个;印发市委和市委办公室文件80个、会议纪要39个。

【调研工作】 2021年,市委办公室协助省委政研室、金华市委办、金华市委政研室等上级部门完成相关资料的收集上报。完成《浙江概览》《浙江年鉴》有关资料的整理和上报。配合完成市委主要领导交办的重要调研任务,完成政治生态建设、专职消防队建设、共同富裕、“扩中”和“提低”等多个课题调研,形成《关于东阳市近年来“扩中”“提低”的调查与研究》等多个调研报告。开展全市优秀调研文章评选工作,征集调研文章120余篇,评选出数字化改革主题调研文章一等奖5篇、二等奖10篇、三等奖15篇;选取2019—2020年全市优秀调研文章60篇汇编成《调查与研究》一书;编发《东阳政研》(除“改革专刊”外)12期、《今日东阳》11期。召开全市信息调研工作会议,选取18个重点调研课题,并发布任务书;建立调研员联系机制,组建相关联络群,加强与全市各单位关于调研工作的联系。

【督考工作】 2021年,市委办公室牵头对市委常委会、专题会议等重要会议决策部署落实情况进行督查检查,对全市重点工作及重要文件落实情况开展督办。组织开展“五大会战”等工作的专项督查,对《今日聚焦》媒体报道问题的整改情况进行定期跟进、督办销号,交办、督办市委主要领导批示件385件、交办事项172项、群众来信批示件356件。制定镇乡(街道)、机关部门(单位)年度目标责任制考核意见和考核细则,完成年度目标责任制考核和专项考核工作。

【信息工作】 2021年,市委办公室加强建议类、问题类信息的收集和报送,其中建议类信息收集、报送160条,问题类信息收集、报送105条。组织收集各类信息2200余条,采编820余条,编发《一周要讯》18期、《信息专报》16期;向上级党委办公室(厅)上报信息700余条,获采用116条。

【保密工作】 2021年,市委办公室组织召开密码及保密业务培训会,80余名保密干部及涉密人员参加。组织全市机关干部开展“4·15”中国共产党成立100周年保密知识竞赛活动。指导各单位开展保密自查自评,组织71个单位开展保密交叉检查。

【综合协调工作】 2021年,市委办公室起草市委第十五届九次全会报告、市委第十五届十次全会报告、市委第十六次党代会报告、市委务虚会讲话、“大学新生第一课”讲话、第三届世界东阳人发展大会主旨演讲、中国(横店)影视文化产业发展大会主旨演讲等文稿400余篇,相关演示文稿100余个。《弘扬建党精神 奋进崭新征程 推动高质量发展建设共同富裕先行市》《聚焦“四个千亿”打造经济强市为高质量发展建设共同富裕先行市夯实物质基础》等报告在《金华日报》《金华通讯》等刊发。

（郭厚良）

组织工作

【概况】 2021年，东阳市有基层党组织2794个，其中党委115个、党总支213个、党支部2466个；另有部门党委45个、各类党组40个、市委派出工委9个。党员65410人，其中女性18785人，少数民族81人，45岁及以下24711人，大专及以上学历26032人。全年发展党员925人，其中女性407人，35周岁以下648人。全市有离休干部63人，其中享受县处级待遇27人、科局级待遇36人，年龄最大的101岁、最小的87岁，离世10人。县处级以上退休干部44人，其中正处级7人、副处级37人，年龄最大的92岁、最小的59岁。

市委组织部开展换届纪律教育，推进县乡集中换届。深化专业干部团队建设，推行驻村干部组团式专职化工作模式。建立组织工作联络员制度，落实重大事项请示报告制度，强化监督管理。建立年轻干部“五个一”▲培养机制，开展新录用公务员体验式实践锻炼。总结推广新时代“寀卢经验”，推行“12345”制度▲，加强基层党组织建设。开展村干部守纪立规专项治理行动，深化发展党员县域统筹做法。开展“城市党建规范提升年”活动。开展党委（党组）书记“领办党建项目”活动，推进“清廉机关、模范机关”建设。建立健全“1+3+X”▲党建工作体系，推进新业态新就业群体党建工作。实施人才科技攻坚行动，开拓招才引智新路径。打造“揭榜挂帅2.0”升级版，开展“智汇东阳·回报家乡”系列活动。搭建高校院所平台，创建人才科创飞地，系统推进人才科技平台建设。实施人才住房保障安居工程，推进人才服务数字化改革，迭代升级人才科技发展生态。

▲“五个一”：一次理论学习、一次军事训练、一次党性锻炼、一次课题调研、一次实践锻炼。

2021年7月2日，东阳市“两优一先”表彰大会举行　　（市委组织部提供）

▲“12345”制度：“1”，即一套学习教育机制，村干部、党员、村民代表都要定期组织集中学习教育；“2”，即两张议事决策清单，每个行政村都要梳理“预审报备事项清单”“授权自然村决策事项清单”两个清单，规范权力运行；“3”，即三级网格体系，构建“行政村—自然村—小组”的农村三级网格体系，着力健全以党员联系群众、村民代表联系推选户为单元的小组网格；“4”，即四个农村党员干部管理办法，即《村社党组织书记市级备案管理办法》《村干部底线管理办法》《党员积分制管理办法》《村务监督委员会工作规则》；“5”，即“五议两公开”民主议事决策制度，村里涉及群众利益、集体利益的大事，都要按党员群众建议、村党组织提议、村务联席会议商议、党员大会审议、村民代表会议决议的程序进行决策，并做到表决结果公开、实施情况公开。

▲“1+3+X”：“1”即“社区、小区、网格”一核多元组织体系，“3”即“街道、社区、小区”三级联动治理机制，“X”即“商圈、生活圈、党群服务圈”多维融合服务生态。

【思想政治建设】 2021年，市委组织部举办市管领导干部党史轮训班，分两批组织全市650余名领导干部开展党史专题教育。围绕全市中心重点工作，举办主体班次7个、部门班次61个。打造提升中共东阳历史馆、城东街道寀卢村等9个红色场景体验点，成立“红色学府”党史宣讲团，开发党史学习教育类课程25节，开展“送学上门”活动200余次。策划拍摄“五四运动与东阳”等12个党史主题教育系列视频，通过“东阳组工”微信公众号进行宣传。印发《关于结合党史学习教育进一步强化“周一夜学”制度的通知》，定期开展学习情况督查并在全市范围内进行通报。对照“六有”（有组织、有场地、有师资、有计划、有制度、有经费）建设标准，完成18个镇乡（街道）党校的规范化建设，每月组织全市村社党员干部进行集中培训。全年开展培训12期，3.8万人次参加培训。相关经验做法被《浙江日报》《浙江共产党员》等媒体报道。

【庆祝中国共产党成立100周年活动】 2021年，市委组织部开展“百年辉煌·东阳记忆”大型主题展、“红心向党庆百年”系列文艺演出、“建党百年·东阳十景”等富有东阳特色的系列活动。牵头完成9个红色教育示范基地和两个红色美丽村庄的建设，为全市庆祝中国共产党成立100周年、开展党史学习教育提供载体和平台。组织全市25个评选单位（系统）对市“两优一先”拟表彰对象进行推荐，于7月2日举办全市“两优一先”表彰大会，对100名东阳市优秀共产党员、100名东阳市优秀党务工作者和100个东阳市先进基层党组织进行表彰。

【县乡集中换届】 2021年，市委组织部在换届前开展集中走访调研和"市、县两级研判"活动，逐镇开展"班子体检"，全面摸清底数，算清乡镇班子配备"空间账、结构账、功能账"。推进"五维分析"▲换届考察，突出政治素质考察、实绩考察、"两圈"考察，抽调90余名组织人事干部组建12个考察组，在谈话考察基础上，走访35名市领导、45个(条、线)机关部门和工作专班、200个重点工程项目部、干部家属邻里等了解干部实绩表现和日常生活情况，共计走访村社小区、企业单位457家，谈话3300余人次。树立"讲政治、凭实绩、重基层"选人用人导向，注重在大战大考中发现使用一贯表现好、综合研判优、认可度高的干部，动员不胜任、不适应、表现平庸的干部主动退出领导岗位，面向事业干部、优秀村书记和优秀年轻干部择优比选副科级领导干部，完成集中人事调整。开展县乡两级代表委员推选工作，首创"资格联审云平台"，对3792名人选开展线上资格审查，实现代表委员素质结构优化。组织选举会议，建立上下联动的协调研判机制，分阶段开展业务培训和实地指导，召开市党代会、市两会和乡镇党代会、人代会。印发《关于在县乡换届中严格落实"十严禁"纪律的通知》，召开严肃换届纪律专题学习会、发放换届纪律提醒卡、观看警示教育片《警钟长鸣》、在全市村社公开张贴换届纪律海报、在市内主流微信公众号置顶公布换届纪律规定及举报电话。全面推行换届纪律承诺制，镇乡(街道)班子成员、考察对象、考察组成员100%作出严守换届纪律书面承诺。组建7个督导组，常态化对各镇乡(街道)开展督促指导，建立违反换届纪律规定问题线索快查处置机制。

▲"五维分析"：通过定期走访、日常考察、"听听心里话"等形式，全方位、多层次听取各方意见，从干部的政治表现、担当作为、执行落实、服务群众、廉洁自律五个维度，分析评价干部现实表现情况，全面立体透视考察干部，为干部立体画像。

【干部队伍建设】 2021年，市委组织部以部门条线为单位，分领域组建专业干部团队，构建协同联动的专业干部培养体系。根据干部专业能力，按导师型、骨干型、成长型进行分类管理、分类培养，系统提升干部专业能力。成立"资规智库""精密智统""商务优服"等6支专业干部团队，吸纳136名专业型干部人才入库，开展各类专业培训17期。推进驻村干部组团式专职化管理试点工作(画水镇)，通过"赋权限责"，明确驻村干部工作职责，推行驻村干部专项考核，加强待遇倾斜，确保驻村干部"沉"到村里开展工作。构建"驻村干部+村级服务团队"的"基础团"、以驻村工作组为单位的"互助团""条线工作人员+驻村干部"的"攻坚团"三类团队，提升基层治理的协同力。

【干部队伍管理】 2021年，市委组织部完善干部调动交流机制，以专业性为基础，加大优秀干部跨区域、跨层级交流力度，兼顾关爱性交流、夫妻回避交流，畅通干部交流渠道。开展源头队伍培养工作，定期研判干部队伍整体情况，制定紧缺专业需求目录，有针对性制订公务员和事业干部招录计划。着眼梯队建设，提高研究生、全日制大学以上学历干部招录比例。

【干部监督管理】 2021年，市委组织部完善干部日常考察研判机制，建立组织工作联络员制度，定期开展"五维评价""一线考察""跟班考察"，动态掌握全市干部工作状态和履职实绩，作为选人用人的重要依据。结合市委巡察开展选人用人专项检查，对巡察的10家单位逐一形成专项检查报告，按照"三单两责一提升"▲要求督促问题整改落实。结合"数字组工"建设，健全完善干部大监督管理体系，完善各项预警机制。落实重大事项请示报告制度，继续按照20%的比例进行市管领导干部个人有关事项报告核查比对，并对存在填报情况与比对核实情况不一致的领导干部进行责任追究。深化"四不"专项整治，规范因私出国(境)管理，开展巡视巡察专项大检查、问题整改"回头看"专项大复查、干部人事档案专项大审查、历年信访问题专项大清查及违规兼职问题专项大督查"五查"专项行动。

▲"三单两责一提升"："三单"即问题整改、人员问责、建章立制三张清单，"两责"即党委(党组)主体责任和组织部门监督责任，"一提升"即选人用人规范化水平一体提升。

【"浙里好干部"应用系统贯通】 2021年，市委组织部聚焦干部工作全周期、全链条、全要素，按照干部立体画像、干部立体监督两个多跨场景构

2021年7月8日，画水镇驻村干部组团式专职化管理试点工作动员会召开
(市委组织部提供)

建要求，协同归集金华市、东阳市市管干部关键数据，逐步形成干部信息全量全要素数据仓，完成“浙里好干部”应用系统贯通工作，推进干部工作全方位、系统性、制度性重塑提升，推动选人用人工作高质量发展。

【年轻干部培养】 2021年，市委组织部建立年轻干部“五个一”培养机制，分层级举办年轻干部培训班、中青年干部培训班、年轻干部培养“青蓝工程”等多个主体班次，选派100余名年轻干部到城市品质提升、“东义同城化”等市委中心工作中接受锻炼，提升年轻干部学用结合解决实际问题的能力。推进年轻干部训用结合，对年轻干部培训班次实行全程跟班考察，考准考实年轻干部培训表现情况。落实选调生基层锻炼政策，通过落实工作责任、开展培训帮扶、建立考核评价等方式，帮助选调生增强本领、锤炼作风。

【公务员制度体系健全完善】 2021年，市委组织部推进职级晋升工作，晋升职级354人次。推进警员、法官、检察官单独序列改革、晋升工作，晋升四高以上职级61人，一级警长以下职级302人，员额法官、检察官19人，法警31人。开展行政执法类公务员分类改革和参公单位重新认定工作。完成2021年度公务员考录工作和2022年度公务员考录笔试准备工作。探索新录用公务员源头培养工作，持续开展新录用公务员体验式实践锻炼，推行新录用公务员成长导师制，为111名新录用公务员配备成长导师。

【老干部工作】 2021年，市江滨文化中心暨东阳老年大学（老干部活动中心）项目完成建设，于6月28日正式启用。9月8日，东阳市召开全市经济社会发展情况通报会，向老干部通报2020年和2021年上半年的“成绩单”，介绍未来三到五年的发展谋划。市委组织部组织老干部开展两次“学党史”专题活动庆祝中国共产党成立100周年，举办“百年辉煌·携手共庆”文艺演出、“筑梦新时代·翰墨颂

2021年6月28日，“东阳市江滨文化中心”暨“东阳老年大学”启用仪式举行（市委组织部提供）

党恩”老干部书画展及“我看建党百年新成就”等学习座谈活动；组织离退休党员干部参观中共东阳历史馆，观看《习近平在浙江》采访实录和党史情景剧《观影百年》；开展“学党史·担使命”等红色体验系列活动，1180人次参与。成功推荐、选树金华市“最美”系列个人5人、组织1个。开展“离退休干部党建共享基地”“老干部品牌工作室”“家门口老年大学”“银尚达人工作室”建设工作。市委组织部牵头举办跨越“数字鸿沟”培训两期。组织志愿者骨干进社区开展服务活动，惠及4800余名老年人。

（王　伟）

党建工作

【概况】 2021年，市委组织部印发《关于学习推广新时代“寀卢经验”加快乡村振兴的通知》，完成“寀卢经验”绿色发展主题馆、赛特斯5G数字农业展示馆建设，总结提炼“党建引领，技术赋能，共创共富”十二字新时代“寀卢经验”，召开学习推广现场会在全市进行推广。相关做法被《新华社内参》《农民日报》《浙江日报》等十余家媒体报道。结合“五星三强”基层党组织建设，开展第二轮“三强六无五美”村创建。持续开展“百个支部联百村 千名党员入万户”活动，61家机关部门单位的机关党支部与联系村社党组织开展结对共建，创建东阳市级“十美村”18个。

【村级组织建设】 2021年，东阳市在全市388个村社推行“12345”制度，对村级组织从党员学习教育、民主议事决策、网格体系建设、村务监督管理、干部底线管理五个方面进行全方位规范；实行分类议事决策和重大事项预审报备制，推动村级组织规范运行。向388个村社全覆盖选派“第一书记”“金融顾问”“法律顾问”。通过开展一次村干部“履职体检”、组织一次基层党建工作调研检查、开展一轮村干部专题培训“三个一”活动，对村级组织规范运行情况进行考评，对排名末位和被评定为“不称职”的村社干部采取限期整改、停职免职辞职等分类处置措施。

市委组织部开展村干部守纪立规专项治理行动，组织全市3万余名农村党员和村干部签署“九不三远离”▲承诺书并公示，编印守纪立规宣传手册5万余册，分发至每一个基层党组织。对上级通报的191名顶风违纪违法党员（含19名村社干部），按照“三个一律”从严处理，并在全市进行通报。深化发展党员县域统筹严把“入口关”，按照“五统一分”▲的做法，累计培训1057人，发展党员925人，消除3年以上未发展党员的基层党组织68个。

▲“九不三远离”：“九不”即不长

期外出忙私活、不得过且过混日子、不违章建房乱作为、不情趣低俗涉黄赌、不阻挠工作拖后腿、不参与信访添纠纷、不无知妄议乱民心、不优亲厚友谋私利、不封建迷信损形象，“三远离”即远离高消费场所、远离非法集资、远离“小圈子”。

▲“五统一分”：统一掌握源头信息、统一进行资格联审、统一调配发展计划、统一培训发展对象、统一政治审查标准、分别组织发展。

【“城市党建规范提升年”活动】 2021年，市委组织部开展“城市党建规范提升年”活动，对照金华市城市基层党建十二项标准，推动社区与驻区企事业单位、“两新”组织等互联互动。在吴宁街道东街社区、白云街道中山社区、江北街道茗田社区3个城市社区开展“社区购买社会服务”模式探索，推进开放式老旧小区、“村改居”社区党建工作，总结提炼三级楼道长做法，创建金华市级示范型城市社区党建综合体2个、东阳市级示范型城市社区党建综合体4个。加强社区专职工作者队伍建设，落实“县招街管街用”机制，招录专职社工51人。

【“清廉机关、模范机关”建设】 2021年，市委组织部继续开展机关部门单位党委(党组)书记“领办党建项目”活动，围绕“四有”要求，各机关部门累计申报“书记领办”项目59个，增加具有东阳辨识度的“红色财政”“红心商务”等机关党建特色品牌5个，创建金华市级清廉机关2家、东阳市级清廉机关10家。加强专职机关党务工作者队伍建设，在省委党校举办全市机关党务干部“红心筑梦”专题研修班，常态化组织机关党委专职副书记进行业务培训和交流，定期对全市61家机关部门单位开展“推磨式”交叉检查并通报。

【“两新”组织党建工作】 2021年，市委组织部完成“两新”党组织中央巡视反馈问题整改，“一企一策”整改“‘瘫痪’党组织”“覆盖规模过大联合党组织”等问题75个，整改率100%；制定《东阳市“两新”党建工作15条

2021年6月24日，东阳市快递物流业党建“六大行动”启动暨“暖心地图”发布仪式在白云街道银泰城举行 (市委组织部提供)

标准》，建立长效机制。持续深化“四整一全”▲建设，推进横溧党群服务中心、建筑产业党建联盟中心等10个“五星三强”示范点创建。推进新业态、新就业群体党建工作，建立健全“1+3+X”党建工作体系，组建三大行业(快递、物流、外卖)党委和6个流动党员支部，实施“六大行动”，发布“暖心地图”，打造100个“红色驿站”。持续开展“支部定议题、党员找问题、党群破难题”主题党日活动，解决问题230个，帮助企业增收4000余万元。开展“三师助力R&D提升”主题服务活动，对全市537家规模以上工业企业开展组团式服务，研发费用归集面达到81.5%。继续实施“百舸行动”战略培养计划，举办新生代企业家培训班1期、政企恳谈会6期，选派16名新生代企业家到经济部门挂职锻炼。推进“两新”党组织“头雁领航”计划，举办全市“两新”组织党组织书记培训班1期。成立振兴路地摊经济联合党支部，落实“党建带工建”的同时实现“工建促党建”，优化夜市生态，强化基层社会治理。依托电商产业党建联盟，成立东阳市白云电商学院，与义乌工商学院开展合作办学，首批60名学员毕业后获全日制大专学历。

▲“四整一全”：整园建强、整楼推进、整线突破、整带示范、全面提升。

(王　伟)

人才工作

【概况】 2021年，东阳市实施《东阳市人才发展“十四五”规划》，成立人才科技攻坚行动专班，引育领军人才18人。东阳市开展“智汇东阳·回报家乡”系列活动，组织工业发展高峰论坛、“乡村振兴·共同富裕”主题论坛、沪杭东阳籍医卫专家回乡义诊活动、上海市重点高校招生宣讲等专题活动9场，服务企业和个人5000余家(人)次。

【人才科技攻坚】 2021年，东阳市召开市委人才工作领导小组会议，实施《东阳市人才发展“十四五”规划》，制定《2021年全市人才工作要点》和《2021年全市人才(招才引智)工作考核细则》，明确任务分工、细化考核指标。成立人才科技攻坚行动专班，由市委常委、组织部部长任组长，23个职能部门主要负责人作为专班成员，下设“一办四组”▲，建立人才科技攻坚行动专班季度例会制度，实现专人统筹、日常督导、季度比拼、量化考核的全过程工作把控。实施人才科技攻坚行动计划，按照“项目化实施+清单化管理”工作落实机制，明确39项人才科技攻坚指标，根据专班各成员单位职责逐项确定路线图和责任人，推进第三届世界东阳人发展大会、

"揭榜挂帅"人才峰会、人才科技发展大会、"智汇东阳·回报家乡"等五大活动，开展八大生态工程(抓好人才新政落地见效、制定科技新政策、设立政府科技创新奖、组建科技创新引导基金、构建人才指数评价体系、创建人才创新创业服务综合体、建设人才公寓、打造影视人才小镇)，打造十大创新平台(东阳科技城、东阳产业创新研究总院、建筑科技工程师协同创新中心、横店影视文化产业创新服务综合体、东阳市家具研究省级重点实验室、东阳深圳人才科创飞地、温州医科大学东阳校区、上海大学东阳产业研究院和技术转移中心、东阳光研究院长三角分院、五一科创谷)。

▲"一办四组"：综合协调办公室、人才联络服务组、科技提升组、创业创新组、项目落地组。

【人才科技招引】 2021年，东阳市引育领军人才18人，其中全职引育领军人才13人，入选国家"引才计划"2人、省"万人计划"3人，获省科技奖4项。加强高技能人才培养，实施新时代"百工之乡八婺金匠"培育工程，举办技能大竞赛13场，获"全国技术能手"称号2人，培育高技能人才2944人，增加技能人才10210人。实施企业技能人才等级认定制度，确定职业技能等级认定试点企业57家。加大高校大学生招引力度，依托市场招才、政策引才，开通"线上+线下"大学生招聘直通车，推出"赴外引才专线"41条，举办大学生招引活动121场，开展优秀东阳籍学子家乡行活动，与中国药科大学等6所高校建立人才智力合作关系，在浙江大学等7所高校设立引才联络站。引进大学生15604人，其中硕士622人、博士73人。

【人才科技引领作用】 2021年，东阳市举办第三届世界东阳人发展大会，签订十大校地合作项目、十大科技成果转化项目、十大东阳人回归项目，加快推动重大人才、产业项目回归，总投资额超300亿元。打造"揭榜挂帅2.0"升级版，召开"揭榜挂帅"座谈会，举办"揭榜挂帅"人才峰会等智企对接专题活动12场，发布企业技术难题282个，揭榜项目74个，兑付榜金1.13亿元，攻克关键技术难题58个，推动重要科研成果转化运用。

2021年2月5日，东阳市人才科创云桌会举行 (市委组织部提供)

【人才科技平台建设】 2021年，市委组织部搭建高校院所平台，分别与浙江省食品药品检验研究院合作共建东阳市食品药品检验研究院，与浙江农林大学合作共建东阳市浙农林大产业研究院，与上海大学合作共建上海大学东阳产业发展研究院。木雕红木行业首个国家级质检中心和中国计算机学会计算机博物馆落户东阳市。东阳市创建人才科创飞地，融入长三角一体化发展，接轨粤港澳大湾区建设，投资5.76亿元在杭州钱江世纪城建设2.1万余平方米的东阳(杭州)人才大厦，投资2亿元在深圳华强北商业区"世纪汇广场"建设4000余平方米的东阳(深圳)人才科创飞地，加快推进"科研开发在杭深，成果转化在东阳"。创建省级博士后科研工作站1家、金华市级院士专家工作站4家、金华市级企业研发中心33家，入选国家专精特新"小巨人"企业3家、省创新型领军企业1家、省创新型领军培育企业3家，增加国家高新技术企业46家，企业技术交易总额10.78亿元。

【人才科技发展生态升级】 2021年，市委组织部释放扩大人才科技政策红利，举办人才科创云桌会，修定《东阳市重点人才目录》，制定科技新政策42条，设立政府科技创新奖，开通"人才科创最强音"视频号。东阳市投入人才科技资金3.22亿元、比上年增长18.5%，系统性重构科技创新政策体系和人才科创发展生态。实施人才住房保障安居工程，按照"政府主导、部门牵头、政策扶持、市场运作"原则，推进人才公寓建设，启动实施首批新联小区高层可用房人才公寓建设。推进人才服务数字化改革，创建人才创新创业服务综合体，推广应用"人才码"，上线"智汇东阳"智配直享一站式人才奖补系统，通过数据交互、资源共享、材料简化、流程重塑等实现人才政策申办服务"零次跑""掌上办"，发放各类人才奖补资金3700余万元。

(王　伟)

宣传工作

【概况】 2021年，市委宣传部开展党史学习教育，举办红色主题活动26项，开展主题宣讲4300余场，创作的党史情景剧《光影百年》被《人民日报》《浙江日报》等省级以上媒体报道点赞。"电影党课"观看人数30万人次。常态化推进理论学习中心组常委领学、巡听旁听机制。建立县级例行新闻发布会制度，承办中宣部组织的中央媒体"浙江高质量发展建设共同富裕示范区"集中采访活动、中央广播电视总台国际传播等外宣活动。举办文化大讲堂突发事件舆情处置、数字化改革、党史学习教育、安全生产专题报告会4场；编印《东阳宣传》4期。农村文化礼堂和"扫黄打非"基层站点实现全覆盖，建设省级"扫黄打非"基层示范点1个。11月，组织年度"十佳新闻工作者"和"飘萍新闻奖”评选活动。12月,市委宣传部获评年度浙江省“扫黄打非”先进集体。

2021年6月8日,中央电视台国际传播团队到东阳木雕小镇开展联合采风活动
(王 晨/摄)

【农村文化礼堂建设】 2021年,市委宣传部推进农村文化礼堂建设,创建农村文化礼堂16家,文化礼堂总数达375家。健全建管用育长效机制,制定《东阳市新时代文明实践中心和农村文化礼堂建设专项资金管理办法》,推进农村文化礼堂和新时代文明实践站建设工作的整合,健全完善机制,修改完善《新时代文明实践所、站(农村文化礼堂)建设或提升验收考评标准》《新时代文明实践站(农村文化礼堂)管理运行考评标准》《新时代文明实践所、实践站(农村文化礼堂)专职管理员工作职责》。组织开展案卢村文化礼堂提升行动,打造新时代文明实践站示范点。对全市199家农村文化礼堂和14个城市社区,实施新时代文明实践站标准化建设工程。

【新闻宣传工作】 2021年,市委宣传部推出“奋斗百年路 启航新征程”主题报道百余篇、《百年东阳风云人物》等党史专栏30余期。举办“寻访红色足迹”“寻访飘萍足迹”系列采访活动,持续营造“听党史故事、学党史知识、颂党史人物”的氛围。围绕市委中心特色工作,就共享田园、横店影视文化产业、数字化改革等工作开展宣传报道。

市委宣传部接待中央媒体“浙江高质量发展建设共同富裕示范区”集中采访活动,对外宣传介绍东阳市在促进共同富裕上的经验做法。承办2021 Daka China打卡中国“一带一路·金枢纽”网络国际传播活动和联合采风活动,在国内外网络平台累计阅读量5700万次。开展中央电视台国际主播团队“走进东阳”联合采风活动。

市委宣传部在金华市级以上主流媒体刊发稿件2000余篇(条),其中《人民日报》13篇,对外宣传工作居金华市前列。《农民日报》头版刊发的《“共享田园”:浙江东阳新探索》获省委宣传部部长朱国贤和副省长刘小涛的批示肯定。建立县级例行新闻发布会制度,每场发布会原创稿超百篇。

【飘萍新闻奖】 2021年11月,市委宣传部组织“飘萍新闻奖”“优秀新闻工作者”和“外宣工作贡献奖”评选活动,评选出《沿着红色足迹栏目》《全力支持横店打造“中国样板”系列评论》等“飘萍新闻奖”一等奖7个、《全国先进横店集团的精准帮扶样本》《“东义同城化”迈出突破性一步》等“飘萍新闻奖”二等奖12个、《“金华舰”落户横店》《奕宸一家的善举感动全国》等“飘萍新闻奖”三等奖19个,楚克南、董莹、郭璐、胡晨、胡嘉腾、吕晶晶、骆意、任旦雯、张庆、张永欣10人获“优秀新闻工作者”称号,李磊、胡扬辉、夏建华、陈启宇、蒋健励、吕勇勇6人获“外宣工作贡献奖”称号。

【互联网空间治理】 2021年,市委宣传部完善网信工作领导机制,加强内设科室和网络安全应急指挥中心建设。明确网络安全等级保护和应急

2021年东阳市“飘萍新闻奖”获奖作品一览表

表5

奖别	作品标题	单位	作者(编辑)
一等奖	沿着红色足迹栏目	市融媒体中心	集体
	全力支持横店打造“中国样板”系列评论	市融媒体中心	朱榕贵 陈一点 黄永强 胡 鼎
	院士智囊团成东阳企业创新“发动机”	金华日报社东阳分社	叶永永
	王冠民:热血洒海岛 英名万古存	市融媒体中心	王凌峰 吴婷婷 苗 蔓

续表5

奖别	作品标题	单位	作者(编辑)
一等奖	《奔向共同富裕 我们向往的生活》系列报道	市融媒体中心	吕勇勇 檀 薇
	H5丨打卡东阳"红色地图",我为建党100周年送祝福	市融媒体中心	刘海杰 郭 璐 董之震
	直击!白溪江3处堤岸缺口封堵现场:1000多名干部群众众志成城抢险救灾!	市融媒体中心	蒋昊非 胡扬辉 许琳琳
二等奖	全国先进横店集团的精准帮扶样本	市融媒体中心	吕晶晶 史 莹 杜思远
	"东义同城化"迈出突破性一步	市融媒体中心	胡剑文 陈一点 杜思远
	圆园东阳	市融媒体中心	吴旭华 斯向阳 郭跃平
	"飞地"抱团为共同富裕"造血"	市融媒体中心	蒋昊非 斯向阳 杜思远
	这座5G智能化工厂很"聪明"	金华日报社东阳分社	陈启宇
	《乡贤与家乡菜》系列报道	市融媒体中心	陈 姣 胡 勇 王凌峰 李 忭
	每日聚焦:《晴天怕扬尘 雨天怕大坑 市民抱怨:城区这些道路咋就这么难开》及反馈	市融媒体中心	胡 勇
	共饮一江水 共架一座桥 义东大桥今日通车	市融媒体中心	夏建华 赵鼎宇 蔡晓莉
	红色情景剧让"党史学习教育"活起来	市融媒体中心	吕勇勇
	第三届世界东阳人发展大会9位将军齐聚家乡	市融媒体中心	陈 姣 王凌峰 胡 勇 吴婷婷 潘亮福
	再见了!老西站!	市融媒体中心	胡 晨
	这一单,送的是善良	市融媒体中心	徐 航
三等奖	"金华舰"落户横店	市融媒体中心	蒋哲炫 胡扬辉 斯向阳 郭跃平
	奕宸一家的善举感动全国	市融媒体中心	蒋 雯 史 莹 朱凯迪
	追忆红色革命情 百岁党员姐妹花再"相见"	市融媒体中心	胡 媛 杜 倩 董之震 史 莹 吴旭华
	新时代"冢卢经验"	市融媒体中心	杜思远 史 莹
	爆红网络的数学天才韦东奕是咱老乡	市融媒体中心	吕晶晶 陈一点 郭跃平
	首批11只克隆金华"两头乌"在东阳诞生	市融媒体中心	吕晶晶 蒋健励 史 莹 郭跃平
	"孔雀"缘何东阳飞?	金华日报社东阳分社	陈启宇
	铝灰从"烫手山芋"变成"香饽饽"	金华日报社东阳分社	董超毅
	《东阳红色记忆》系列报道	市融媒体中心	王凌峰 吴婷婷 李 忭 张弘剑 杜哲英 胡 勇 吕安冉 吴慧佳 周 璐
	我市19岁大学生意外离世 捐献器官将帮助6人重获健康	市融媒体中心	马安琪 蒋健励 夏建华 蔡晓莉

续表5

奖别	作品标题	单位	作者(编辑)
三等奖	应急抢险 防汛有我 2000余名干部群众决战白溪江堤	市融媒体中心	骆 意 夏建华 申居鹏 黄战涛 蔡晓莉
	学榜样践初心 卢阳春:打造共享田园 带领村民致富	市融媒体中心	蒋健励 黄战涛 夏建华 蔡晓莉
	喜报!东阳中学马应恺入选全国生物学竞赛省一队	市融媒体中心	李 俏 吕勇勇
	以读书的名义 相约"4·23"读书日	市融媒体中心	王静静
	乡贤与家乡菜:最解乡愁 梅干菜肉	市融媒体中心	陈 姣
	百年峥嵘岁月 谱写歌画东阳	市融媒体中心	王中华 蒋 智 吴美琳 张 力
	《老吴讲故事》的老吴昨晚走了!他留下了6000多个精彩的方言故事	市融媒体中心	李 俏
	磐安高山西瓜滞销,东阳市民爱心助农系列报道	金华日报社东阳分社	冯俊江 黄娇丽
	坐在轮椅上的浙江姑娘嫁给了她的王子"零费用"的婚礼也很感人	市融媒体中心	徐 航 黄保平

处置等具体工作职责,夯实全市网信工作基础。强化互联网行业党建引领,设立东阳市"影视E站",将横漂网红纳入组织管理,"影视E站"获评浙江省"文润同心"网络文化家园,相关工作负责人就该做法在全省网络人士统战工作会议上作典型交流。

【新时代文明实践中心建设】 2021年,东阳市建成1个实践中心、18个实践所、377个实践站、300个实践点,基本达到实践所、站全覆盖;建设6个示范实践所、15个示范实践站、4个示范实践点,设立16个文明实践品牌项目。设立新时代文明实践基金,建好文明实践工作"蓄水池"。建立市级七大志愿服务联盟,开展全民志愿服务,"幸福蜗居"助残安居公益项目和红十字救援队获评全国志愿服务"五个100"先进典型,虞向红入选"第七批全国岗位学雷锋标兵"名单。

【公民思想道德建设】 2021年,市委宣传部制订《东阳市婚礼等喜庆事宜操办指导性标准》,打造"一套婚庆指导标准、十个文明简约示范基地、百个农村文明喜宴中心",建立红白喜事事前申报提醒、事中监督、事后评价机制,推行农村婚宴"十碗菜"。

【文化精品创作】 2021年,市委宣传部申报各级文化精品(人才)奖励和文化项目扶持,全市获中宣部"五个一工程"奖作品3部、省"五个一工程"奖作品4部、"飞天奖"作品4部、"金鹰奖"作品4部,获奖数量居全省前列。《长津湖》系列电影成为中国影史票房榜第一,《大江大河》获"2020中国版权金奖",戏剧《雕刻时光》获浙江省第三十二届群众戏剧小品大赛金奖,竹根雕《丰收》获浙江民间文艺映山红奖。全市83家规模以上文化企业营业收入121.16亿元,比上年增长32%,占金华市规模以上文化企业营业收入总额的29.12%。

(蒋 亮)

统一战线

【概况】 2021年,市委统战部开展庆祝中国共产党成立100周年、党史学习教育、学习贯彻十九届六中全会精神等系列主题活动82次、参与人数超3000人次。以市委理论学习中心组、全市统一战线专题学习报告会等各种形式,学习贯彻《中国共产党统一战线工作条例》精神。全市6个民主党派通过实地参观学习、知识竞赛等形式,开展党史学习教育;市横漂会(横漂演艺人员联谊会)会员单位以老电影赋能新党建为题材制作情景剧《光影百年》。东阳市统战工作列金华市年度综合考评第3位,市委统战部获金华市"八婺石榴红·最美集体"称号,6人获金华市级以上荣誉表彰。

【党派团体规范化建设】 2021年,市委统战部协助市委开展政协东阳市第十五届委员会委员人选推荐工作,指导广东东阳商会等完成换届。市委统战部召开两部联席会议、党派主委季度工作例会,落实民主党派发展"三个纪要"。举办党外干部骨干培训班、民主党派新成员和党外年轻干部培训班、无党派人士培训班,开展党派成员政审、无党派人士认定和"双走访"活动,政审拟加入党派成员25人,认定无党派人士47人。举行特约检察员聘任仪式暨党外人士座谈会,6名民主党派特约检察员、特约调解员代表受邀被聘为特约监督员。

【民主党派和党外人士参政议政】 2021年，各民主党派、党外代表人士在东阳市两会上提交建议提案107件，占总数的40%，获市主要领导批示3件，6个民主党派、知联会均获大会发言一等奖。各民主党派提交“直通车”建议12件，全部获市委书记、市长批示。

【民族宗教事务】 2021年，市委统战部在巍山第一小学教育集团巍山小学白溪江校区举办“喜迎元旦”书画比赛、“民族团结手牵手，童心向党迎百年”首届民族体育节，录制“中华民族一家亲·礼赞建党百年庆”红领巾思政微党课等活动；举办“圆梦中国·与爱童行”东阳统一战线“小候鸟”夏令营活动，300余人参加。市委统战部在全市宗教界开展“庆百年 学四史▲ 跟党走”系列活动。开展镇村(社区)干部宗教政策法规线上授课，3000余人参加。市基督教三自爱国运动委员会完成换届，市佛教协会增补1名副会长、2名常务理事。玉佛禅院获评省级宗教法治宣传教育基地，天宝禅寺获评浙江省宗教活动场所消防安全标准化管理“百优争创”活动优秀单位。巍山第一小学教育集团巍山小学获评第四批省级民族团结进步创建重点培育单位。

▲四史：党史、新中国史、改革开放史和社会主义发展史。

【同心实践基地全覆盖】 2021年5月，严济慈故居和严济慈陈列馆“科学家精神培育基地”挂牌。农工党浙江东磐地区革命活动史料陈列馆于9月、12月分别挂牌成为农工党中央党史教育基地、浙江省多党合作传统教育基地。画水镇、虎鹿镇知联会分会镇级同心实践基地揭牌，实现18个镇乡(街道)基地全覆盖。

【乡贤工作】 2021年，市委统战部开展新春乡贤大走访活动。走访乡贤497人，召开乡贤座谈会15次，成立教育发展基金两个，征集产业发展、交通教育事业、美丽乡村建设等方面意见和建议82条，乡贤捐资超1.03亿元。完善并运用乡贤数据库，对第三届世界东阳人发展大会参会嘉宾信息进行更新补充；分类整理乡贤信息，做好部门、企业的乡贤信息资源双向流动，推动各类数据共享，让乡贤数据为东阳高质量发展赋能。围绕经济发展“一号工程”，实施人才、项目、资金、存款回归工程，招引亿元回归项目10个以上，招引投资金额超300亿元。在外东阳人存款回归流量132.90亿元，存量23.35亿元。《东阳人》杂志出版6期，《东阳乡贤》栏目播出99期。

市委统战部持续开展在外东阳乡贤的联络服务工作，深化乡贤父母就医“绿色通道”、解决乡贤老家住房修建、乡贤特色化金融服务等服务举措，解决7名乡贤的建房需求，提供“红色代跑”服务6915次、关怀服务5213次。

(金　珊)

机构编制

【概况】 2021年，中共东阳市委机构编制委员会办公室(简称市委编办)对30个部门单位要求增设机构和调整编制的情况提交市委编委会研究。其中，设立事业单位7个、增加编制的事业单位10个、撤销事业单位5个、调整内设机构的部门15个、调整编制数的部门8个。开展党史学习教育，深化“不作为、乱作为、慢作为”作风问题专项治理行动。市委编办获评年度浙江省事业单位改革成效突出集体。

【编外聘用人员管理】 2021年，市委编办推出编外聘用人员数字化多跨场景应用。针对编外聘用人员基数大、审批程序烦琐，用工招录、离职退出、经费列支、薪酬待遇等不规范问题，自主开发运行编外聘用人员数字化管理平台，市委编办、市财政局等7个部门12个科室数据贯通，用编、招录、薪酬确定、离职退出等各环节网上一键审批，实现“全场景贯通、全时段感知、全闭环智控、全体系重塑、全流程协同”。该应用获金华市委书记陈龙、副书记蔡永波和东阳市委、市政府主要领导批示肯定，被中国机构编制网、浙江在线等20余家媒体宣传报道；被省委编办评为全省编办系统数字化改革最佳应用之一。

市委编办制定《东阳市机关事业单位编外聘用人员管理办法》及相关配套制度，召开全市动员部署会，按照“清理一批、规范一批”改革路径，推进实施编外用工清理规范工作。全市70家部门单位完成编外聘用人员清理清退430人，规范购买服务和转化为企业用工4000余人，原计划两年完成的清理清退任务提前至一年内完成。改革后，用工管理各个环节实现全链条管理体制机制重构重塑，在总量控制、岗位设置、经费支出、适岗培训等重点关键环节形成一

2021年4月8日，编外聘用人员管理平台业务培训暨清理规范工作部署会举行
(市委编办提供)

套完整的闭环管理措施,所有编外人员全部实行全市统一公开招聘,薪酬支出一个科目列支,全部纳入实名制动态管理。编外聘用人员平均年龄比上年降低11岁;大专及以上文化程度占比提升38%。

【机构编制绩效评估试点工作】 2021年,东阳市作为金华市机构编制绩效评估试点县市之一,印发《东阳市机构编制执行情况和使用效益评估实施细则》,明晰评估目标,重点细化评估指标体系(7项一级指标、39项二级指标、85项三级指标),探索形成评估工作的程序、步骤和量化考评办法等制度成果。年内,完成市商务局、市应急管理局等3家单位的综合评估,市教育局、市文化局等4家单位的专项评估。通过评估,对评估对象运行情况有较为全面的掌握,加强编制资源的精准投放、实现编制有增有减;书面反馈评估结果,针对性地向评估对象提出机构编制优化运行意见和建议,促进部门单位的优化运转。

【行政执法改革】 2021年,市委编办组建工作专班推进"大综合一体化"行政执法改革。开展多轮次调研,摸清执法底数,锁定执法编制,完成"1+8"(1支综合行政执法队伍+8支专业执法队伍)队伍设置、行政执法监管事项动态更新,拟订部门执法事项划转清单、赋权乡镇执法事项清单,完成执法事项职责边界征求意见,如期完成市能源监察大队等14家执法机构的撤并整合、编制调配以及人员转隶,完成综合行政执法指导办公室的设立和职能配置,完成人行道违章停车等历史遗留问题处置划转方案。指导南马镇开展"一支队伍管执法"试点工作,针对县、乡两级执法事权交叉问题,拟定《南马镇综合行政执法事项职责边界》。

【重点领域机制体制改革】 2021年,东阳市完成开发区(园区)管理机构整合规范工作,修订经济开发区及下属事业单位"三定"规定。协同推进高新产业园和健康生物园区的建设,明确管理主体,理顺管理体制,加强相关人员编制配备。加快影视特色产业发展,完成影视文化产业集聚区管理体制调整和机构设置。助推城市品质提升大会战,整合相关机构及人员编制,统筹设立市房屋征收服务中心、项目前期办公室等机构。围绕排水治污管理体制,拟定《关于调整优化排水和污水管理体制机制的建议方案》,提交市委、市政府决策及实施。协同推进国有企业改革,完善国有企业机构设置、人员编配。调研东江源省级自然保护区、南山国家森林公园、东白山省级旅游度假区、浙江广厦建设职业技术大学等管理机构、管理体制,提出建议方案。

【机关内部"最多跑一次"改革】 2021年,市委编办组织机关部门深化事项梳理,建立健全办事流程体系,增加办理事项13项,网上可办事项总量390项。以流程的标准化、精细化,组织落实省级"一件事"改革的基层延伸工作,增加本地化"一件事"3项,全部实现"一窗受理""一网通办"。迭代升级机关内部"最多跑一次"数字化协同应用系统,会同技术开发公司多方论证,完成机关内部"最多跑一次"平台二期改造方案。围绕打造"两优一高"政务环境,加强督查督办,牵头开展机关部门协同争先行动和机关内部"中梗阻"专项督查15次,组织开展机关内部"最多跑一次"督查通报7次,整改超期件72件。机关内部"最多跑一次"平台办件量4359件,平均办件时间2.95天,98%以上事项实现"最多跑一次",77%事项实现"跑零次"。

【权责清单动态调整工作】 2021年,市委编办推动部门依单履职,规范权力运行,指导部门梳理认领监管事项,编制全市监管事项目录,梳理行政处罚5216项、行政检查4027项、行政强制163项、其他事项199项,实现监管事项认领100%;督促部门履行检查职责,实现行政检查覆盖100%。根据法律法规立改废、职能调整等情况,组织机关部门实时调整政务服务事项目录,全市在用政务服务事项3062项。着眼于推进"属地管理"事项责任清单落地见效,制定《东阳市镇乡街道属地管理事项协同机制》,厘清部门职责边界、规范事项工作流程,构建"一清单、一流程、一机制、一纪要、一案例"的"五个一"工作体系。

【编制统筹调配和中心工作保障】 2021年,市委编办完成市委社会建设委员会的机构设置和编制配备,落实16家萎缩化单位编制缩减措施,加强市委改革办、市应急管理局、市水务局、金华市生态环境局东阳分局、市国资办、市医保局、市红十字会、市邮政管理局编制配备,优先保障政府部门满编使用。贯彻加强党对教育工作的领导,推进教育督导委员会建

2021年5月11日,机关内部"最多跑一次"专项督查组走访市发改局行政审批科 (市委编办提供)

设，优化教育“双减”机构编制，完成省政府对东阳市履行教育职责督导评估工作；加强中小学教职工编制保障，补足全市义务教育段教师事业编制162名，规范核定中小学校领导职数，开展义务教育段教师雇员制改革；增加幼儿园专任教师编制12名。协调落实浙江广厦建设职业技术大学、横店影视职业技术学院高层次人才引进工作。增加市疾控中心事业编制13名，核增市中医院备案制编制105名；对乡镇卫生院领导职数重新进行核定。完成217省道（原39省道）东阳市征费所、水利水电建筑公司等历史遗留问题处理工作。

【机构编制监督检查】 2021年，市委编办会同市委组织部等部门对全市机关部门单位机构编制管理工作开展全覆盖式专项核查，抽取131家单位进行实地核查，梳理问题，拟订整改方案，督促整改落实，做好上下沟通衔接。加强党委对机构编制工作的集中统一领导，落实机构编制报告制度。参加市委第十一轮巡察，并派员参加金华市委对5家市直单位的巡察。在市委党校为全市中青班学员、市管领导干部班学员举办《中国共产党机构编制工作条例》专题培训。更新完善实名制管理系统台账，核查校正446家机关事业单位人员数据13389条。

【事业单位登记管理】 2021年，市委编办理顺事业单位管理体制，推行事业单位章程管理，完成全市277家事业单位章程制定和核准备案工作；完成2020年度348家事业单位年报公示工作；完成10家事业单位“双随机”抽查工作，对检查中发现的问题立查立改。设立登记事业单位8家，变更事业单位法人登记288家，注销事业单位法人登记17家，换领证书102家。

（许杭威）

台湾事务

【概况】 2021年，东阳市有台资企业10家，其中年内注册成立台资企业2家，分别是东阳市台鑫坊商贸有限公司、鸿柏货物运输代理（东阳）有限公司。台资企业主要从事工艺品制作、箱包制造、餐饮服务、物流运输、服装制造、进出口贸易等行业。市台联界政协委员提交提案15件，其中，界别团体提案1件、委员个人提案14件。内容涉及城乡交通、医疗卫生、环境整治、食品安全、规范行车、美丽乡村建设、小微企业帮扶、闲置工业用地整治等方面。

9月18日，中共东阳市委台湾工作办公室（简称市台办）、东阳市台胞台属联谊会（简称市台联会）共同举办“两岸同胞话团圆 乐享盛世度中秋”主题茶话会，100余名台属和14名在东阳市的台胞参加。

【服务工作】 2021年，市台办组织10批次68名在东阳市的台胞台商免费接种新冠疫苗。对接市人力资源和社会保障局、市医疗保障局、市教育局等部门，为在东阳的台胞落实养老、医保、农保、教育等便民事项，安排台胞子女入学5人次。协调解决台企招工、承租、安全生产等矛盾纠纷8起。12月28—30日，组织机关党员干部到台资企业开展打击电信诈骗、安全生产宣传志愿活动，累计发放防诈安全手册200余份。

【交流合作】 2021年8月3—6日，市台办组织在东阳市的台胞、台商一行19人，到嘉兴市、湖州市、杭州市等地开展为期4天的“寻访红色印迹 游历大美浙江”活动。10月13—15日，《云游金台》摄制组一行5人对影视、木雕、新农村建设、共享田园等具有东阳特色的产业、景区进行拍摄报道，并以生态旅游专题节目的形式在台湾省展播，加深台胞对东阳市影视、木雕、人文、经济社会等全方位的了解，推动两地融合发展。10月16日，由省台办主办的“媒眼看浙中 聚焦新发展格局”两岸媒体采风活动在东阳市举行。两岸媒体考察团一行20人，考察横店影视城清明上河图、圆明新园夏苑和横店影视文化产业展示馆，专题采访在横店影视城拍戏的台湾导演萧碧村、台湾演员李志希，分享台胞工作、生活方面的经历和感想。10月28—29日，市台办组织开展“2021年在东台胞看东阳”活动，邀请台北东阳同乡会理事长卢建强参加，以“新农村建设”为主题，探访横锦水库，东阳江镇白泉村、天山村，湖溪镇八里湾共享田园等。

11月26日，以“守正·传承·创新”为主题的东阳·台湾两地木雕文化线上交流活动在浙江广厦建设职业技术大学文体中心木雕艺术馆举行，中国工艺美术大师陆光正、黄小明，浙江省工艺美术大师陈国华、王向东、陈一中、胡先民参加活动，分会场设在台湾省苗栗县三义乡木雕博物馆。会场通过视频连线两岸，两地

2021年11月26日，东阳·台湾两地木雕文化线上交流活动举行

（市台办提供）

专家、学者共同探讨地方木雕文化产业的发展现状与趋势,交流两岸当代木雕艺术创作与设计思想,分享高校培养木雕传承人才的经验,为传承与发扬两岸木雕文化艺术献力献策。

【考察学习】 2021年5月13—15日,市台办、市台联会一行20人,到台州市椒江区考察学习对台工作和基层台联组织建设。考察团参观椒江区台联之家、台资企业——台州巨泰汽配有限公司,台属企业——台州市新新橡胶塑料厂等,实地考察国家级海峡两岸交流基地——大陈岛、大陈岛垦荒纪念馆、大陈岛台胞文史馆等。两地台办、台联会举行座谈会,就如何发挥台联会优势,推动对台工作进行探讨。

【首个东台木雕文化交流点揭牌】 2021年9月23日,东阳市首个东台木雕文化交流点在东阳木雕小镇陈一中创作室揭牌成立。张鑫阳、陈一中分别代表市台办与陈一中创作室签署合作协议。

【业务培训】 2021年6月23日,全市对台工作业务培训班在市委党校举行,市委对台工作领导小组成员单位分管领导、台办系统干部等30余人参加培训班。培训为期三天,培训内容主要为对台业务培训、实地考察两个部分。金华市台办副主任张伟欣作题为《台海形势与对台工作》的报告;省台办经济处副处长奚烧圣结合工作实例,分别就对台经济、交流、联络工作等作业务培训;市台办主任张鑫阳作题为《以史为鉴 坚定祖国和平统一信心》的报告。组织学员到宁波市奉化区溪口海峡两岸弥勒文化研究交流中心和天台济公故里两个国家级海峡两岸交流基地学习。

【基层台联组织建设】 2021年4月16日,市台联会巍山分会第三次代表大会在巍山镇政府召开,大会分预备会议、开幕式、选举大会、巍山分会第三届理事会一次会议、闭幕式五个阶段。预备会议就市台联会巍山分会第三次代表大会筹备情况进行说

2021年9月23日,东阳市首个东台木雕文化交流点在木雕小镇陈一中创作室揭牌成立　　(市台办提供)

明,表决通过《东阳市台联会巍山分会章程》修改草案、大会议程、大会主席团成员和秘书长名单。大会听取市台联会巍山分会第二届理事会工作报告和财务工作报告,并选举产生市台联会巍山分会第三届理事会成员27人,马朝阳当选市台联会巍山分会第三届理事会会长。会议表彰2020年度市台联会巍山分会对台工作先进个人。

(施良苗)

党校教育

【概况】 2021年,中共东阳市委党校与市行政学校、市社会主义学校实行“三块牌子、一套班子”的办学体制。市委党校获2021年金华各县(市)委党校考核创新奖;机关党支部被金华市委组织部评为五星基层党组织;获2020年度东阳市“书记领办党建项目”展示评比三等奖。

【干部培训】 2021年,市委党校承办12个主体班次30期,其中年轻干部培训班1期、市管领导干部进修班1期、镇乡街道党校“每月一讲”培训12期、政法干警政治轮训班2期、年轻干部培养“青蓝工程”培训班6期、市管领导党史轮训班2期、国企专题研讨班1期、数字化改革培训班1期、工业经济高质量发展专题研讨班1期、习近平生态文明思想专题培训班1期、中青年干部培训班1期、科创驱动发展专题研讨班1期。市委领导进党校讲党课19人次,部门领导进党校讲党课21人次。市委党校承办市内机关单位委托的培训班次46期,其中学制2天以上的培训班次9期,分别是市委统战部2期、市退役军人事务管理局1期、市国资办1期、市经信局2期、市纪委1期、市委宣传部1期、市委组织部1期。承接市外培训班次7期,共培训学员308人次,包括金华市委党校4期、省委党校1期、四川省南江县委组织部2期。

【确定“红色印记”资源名单】 2021年,市委党校、市委组织部和市委宣传部联合发文,确定9家现场教学基地为东阳市“红色印记”资源,作为全市党员干部接受理想信念和政治理论教育的重要场所,分别是横店影视文化产业现场教学基地、南马镇花园村现场教学基地、城东街道寀卢村“寀卢经验”现场教学基地、横店·红军长征博览城(国防科技园)现场教学基地、金佛庄烈士陵园现场教学基地、市党史馆现场教学基地、市革命烈士陵园现场教学基地、邵飘萍纪念馆现场教学基地和木雕博物馆家训馆现场教学基地。

【科研咨政】 2021年,市委党校多措并举推进“教研咨”一体化建设,实施“提质增量”行动。获省委党校课题

2021年4月12—16日，市管领导干部党史学习教育轮训班在市委党校举行
（市委党校提供）

立项3项、结题3项（其中优秀结题2项）、理论研讨会三等奖2项。获金华市党校系统课题结题10项、理论研讨会三等奖1项。获金华市社科联课题结题5项、理论征文优秀奖3篇。刊发《党校资政内参》6期，获市领导肯定性批示6次。在《东阳通讯》发表专报文章1篇，获市领导肯定性批示。完成市委重大课题《新时代"案卢经验"总结提升》1项。在各类报纸杂志公开发表文章20篇。

【基层宣讲】 2021年，市委党校成立由校领导牵头的党课宣讲活动领导小组，统筹制定党课宣讲活动实施方案。校领导带头讲党课，以集体备课、组团讲课、双向联系的方式落实宣讲行动。成立市委党校"红色学府"党史宣讲团。该宣讲团由12名教师组成，其中2人被推荐为全省党校系统党史学会会员，10人进入金华市党校系统"红色印记"讲师团，6人入选市党史学习教育专家宣讲团，3人成为中共十九届六中全会精神市级宣讲员。开展"六讲六做 拼争抢创"活动，组织骨干教师到基层，送党课进机关、进企业、进农村、进校园、进社区、进军营、进网络。全年到基层宣讲109场，听课人数14500余人次。

【镇乡（街道）党校规范化建设】 2021年，18家镇乡（街道）党校规范化建设按"六有"（有场所、有设施、有标志、有党旗、有书报、有制度）标准推进。党校选派14名教师兼任镇乡（街道）党校副校长，配合镇乡（街道）在基层党校建设和党员干部教育培训中开展好学习教育。制定《关于进一步规范镇乡街道党校建设的实施意见》《关于村居党员干部"大学习、大培训、大提升""每月一讲"集中培训的建议方案》《关于印发〈镇乡街道党校规范化建设要素〉的函》《关于实施"镇乡街道党校指导团"制度的函》等多项制度。通过大数据、"互联网+"等技术手段，实行市、镇联动、"线上+线下"相结合，使镇乡（街道）党校成为培训村社党员干部的主渠道、文明实践的主阵地、晒拼创的主平台。完成"每月一讲"12次。东阳市的镇乡（街道）党校规范化建设有关做法被《浙江日报》《共产党员》等媒体刊发报道。

2021年11月9日，市委党校常务副校长徐文学以"坚守如磐初心 勇担如山使命"为题，为横店影视职业学院师生上党课 （市委党校提供）

【校园建设】 2021年，市委党校优化校园环境，建设"红色学府、绿色校园"。对校史馆展陈资料进行替换增加，建设具有东阳特色的校园红色教育基地，形成党建宣传"红色磁场"。对校内绿植进行修剪、补种。改造基础设施，对电梯、报警系统、报告厅屋面、学员楼污水管网进行维修改造，对门窗进行维修更换，对报告厅音响系统等进行升级更新，设计、制作、购买镇乡（街道）党校徽标、钛金牌和钉钉考勤机，全年支出维修改造费用93.32万元。协调东阳市城市建设投资集团有限公司，对报告厅北边停车场路面进行"白改黑"改造和绿化修复等。

（徐摇萍）

史志和档案

【概况】 2021年，市委党史研究室组织开展东阳史料编研；完成中共东阳历史馆建设；编纂《东阳市志》，形成总纂志稿，进入出版环节；编纂出版《东阳年鉴（2021）》；在《东阳日报》刊载《史志纵横》专栏8期。开展档案业务指导，档案接收、查阅、开发利用和电子档案管理工作，推进"村档镇管"工作。《东阳年鉴（2020）》入选浙江省精品年鉴。3月19日，市委常委会专题听取东阳党史工作开展情况汇报。

【党史主题系列活动】 2021年，市委党史研究室建立党史专家库，组建“志在东阳”地方党史宣讲小分队，开展重大党史事件和重要党史人物主题宣讲；录制“党史故事我来说”宣讲小视频，通过微信公众号“东阳发布”等渠道发布。与市融媒体中心合作，在《东阳日报》开设《百年东阳风云人物》专栏，“东阳发布”同步推送，全年刊发17期。与东阳市广播电视台合作推出《东阳红色记忆》《党史故事我来说》《百岁姐妹花》等栏目；与“东阳发布”微信公众号合作开展党史知识竞赛；与《东阳日报》联合推出“七一”特刊。与市委组织部合作，开展“薪火传递”红色接力活动；参与《百年百瞬》党史人物视频拍摄。参与市委宣传部“初心如磐”庆祝中国共产党成立100周年文艺演出党史舞台剧素材提供与创作审核。联合市教育局开展“四史进校园”系列宣传活动；编印剧本《北伐名将金佛庄》《初心如磐》。联合市政协文史委举办“见证红色岁月”票证主题展览。联合市委党校完成《青蓝党员讲党史》10集党史宣传片拍摄。联合浙江广厦建设职业技术大学开设《党史晨读》栏目。指导东阳供电公司“烽火岁月”红歌传唱系列视频创作。完成金华“百年风云·红色八婺”故事会之《无中生有的横店奇迹》的创作。

【中共东阳历史馆建设】 2021年6月23日，中共东阳历史馆建成开馆。该馆全面系统地展示中国共产党带领东阳人民进行革命、建设、改革、复兴的百年历程，收录东阳地方党史事件、党史人物等史料80余万字，征集录入党史档案图片3000余张，制作相关视频资料28条。全年接待参观人数超1万人次，提供讲解服务100余场。该馆于2020年12月完成项目立项和项目概算批复。2021年2月，组织公开招标；3月3日，发布征集公告，面向社会公开征集党史资料；6月，完成展馆建设。展馆占地面积600平方米，分设序厅、正厅和宣誓厅，其中正厅展示图片600余幅，设置多媒体8处。

2021年7月13日，市文广旅体局党员干部到中共东阳历史馆参观学习
（市委党史研究室提供）

【史料编研】 2021年，市委党史研究室编印《东阳初心图谱》《东阳红色记忆》《东阳百年历程》《东阳纪事2021》《档案开发利用》《东阳史志》等书籍。《东阳初心图谱》梳理重要历史事件和重要机构旧址、党史人物和民主人士的故居或纪念设施等。《东阳红色记忆》收录东阳重要党史人物、革命烈士及进步民主人士34人，以人物传记形式展示百年风华中的优秀东阳儿女。开展中共十八大以来东阳市脱贫攻坚口述资料征编工作，征集整理脱贫攻坚口述史料20余篇。联合虎鹿镇党委编印《红色虎鹿》；联合六石街道党工委编印《红色六石》。

【《东阳市志》编纂】 2021年，市志编辑部对志书纲目进行调整，确定各分册分纂纲目；开展补充收集资料，做好志稿的修改、补充和完善；落实专题专记和入志图片的收集和梳理工作。开展相关卷（编）分纂稿的评审工作。12月，形成800万字《东阳市志》总纂稿，完成出版社的招投标工作，由中华书局出版。

【《东阳年鉴（2021）》编纂】 2021年3月，市委办公室、市政府办公室印发《关于做好〈东阳年鉴（2021）〉编纂工作的通知》，文件明确《东阳年鉴（2021）》编纂工作计划、框架设计、编纂原则、编纂要求、编纂步骤和各承编单位的编纂任务。年鉴稿件经组稿、改稿、统稿、校对等阶段，于10月完成初稿，11月送方志出版社进行审稿；年末完成出版。

【档案接收利用】 2021年，市档案馆对档案移交单位加强档案业务指导，完成20余家单位的文书档案接收和质检。完成新冠肺炎疫情防控档案和脱贫攻坚档案的收集、整理及数字化工作，建立专题数据库。征集各类文书、实物档案100余件。推广应用“浙里办”APP掌上查档服务平台，做好“机关查档直通车”，扩大“异地查档、跨馆服务”惠民服务覆盖面。

【电子档案管理】 2021年，市档案馆指导立档单位开展年度电子档案登记备份工作，有68家单位进行电子档案登记备份。开展OA系统电子公文归档试点单位业务指导工作。优化电子公文归档流程，完善OA系统归档模块功能。

【规范化数字档案室创建】 2021年，市档案馆对尚未完成规范化数字档案室创建的单位进行摸底，确定创建规范化数字档案室的单位，根据创建单位的档案实体整理、数字化扫描、档案管理系统软硬件建设、库房建设等情况分别给予指导。12月末，完成规范化数字档案室审核确认工作。5家单位完成省级规范化数字档案室创建。

【电子发票电子化报销入账归档试点工作】 2021年3月，浙江省孚诺医药股份有限公司入选国家级电子发票电子化报销、入账、归档试点单位。市档案局、市档案馆对浙江省孚诺医药股份有限公司的试点工作全程进行指导。11月5日，市档案局、市档案馆联合市财政局、市税务局对试点工作进行预验收。11月19日，试点工作通过验收。

【档案业务培训】 2021年5月13日，全市档案工作暨业务培训会议召开，154名档案员参加。11月23—24日，市档案馆组织开展"'十四五'全国档案事业发展规划公益大讲堂"培训，各部门、单位档案工作负责人和档案员参加。培训以"四个体系"建设为主线，解读"十四五"时期档案馆工作、机关档案工作。

（许慧扬）

东阳市人民代表大会

Dongyang Municipal People's Congress

综　述

【概况】 2021年，市人大常委会召开常委会会议8次、主任会议17次，听取和审议“一府两院”▲专项工作报告26个，作出决议、决定15项。开展代表视察19次、调研7次、执法检查2次，审查报备规范性文件21件，交办代表建议258件，任免国家机关工作人员134人次，完成市十五届人大五次会议确定的各项任务。

2021年，东阳市有省第十三届人大代表5人、金华市第七届人大代表64人，较上年无变化。东阳市第十五届人民代表大会实有代表283人，至换届前无变动。9—12月，开展市、镇(乡)两级人民代表大会同步换届选举，至12月26日，全市162个选区共选出市第十六届人大代表313人。

▲“一府两院”：“一府”即人民政府，“两院”即人民法院、人民检察院。

【共同富裕先行市建设推动】 2021年8月，市人大常委会会议审议通过《东阳市人大常委会关于促进和保障高质量发展建设共同富裕先行市的决定》，推动工业经济高质量发展、农业产业化发展，重点关注优化营商环境工作，加大民生实事督办力度、提升代表意见办理实效，优化社情民意反映渠道、破解群众关注的难点堵点问题，推动政府及职能部门履行法定职责。

【优化营商环境跟踪监督】 2021年，市人大常委会开展优化营商环境监督，围绕“最多跑一次”改革、政务事项“网上办”“掌上办”、行政司法自由裁量权、政策服务“一网通办”等堵点痛点问题，开展调研20余次，提出各类意见建议200余条。推动市政府印发《关于对标先进聚焦群众关切进一步优化营商环境的通知》，跟踪监督“一府一委两院”▲落实举措，推动提高政务服务“网办”“掌办”率，建成运行统一执法司法公示平台；实现高频民生类事项100%就近可办、534个惠企利民政策颗粒化项目上线运行。

▲“一府一委两院”：“一府”即人民政府，“一委”即监察委员会，“两院”即人民法院、人民检察院。

【“三服务”主题活动】 2021年，市人大常委会组织各级人大代表和市、镇(乡)两级人大干部开展“大走访、大调研、深化‘三服务’”主题活动。全市各级人大代表，市人大常委会组成人员，市、镇(乡)两级人大干部走访基层群众，联系企业，围绕民生实事、换届选举等主题开展调研活动，收集各类意见建议155条，征集调研课题25个，通过现场解决、协调解决、交办解决等途径处置各类困难问题62个。

【民生实事人大代表“全过程”参与机制】 2021年，市人大常委会全面实行民生实事人大代表参与“全过程”机制，对票决制工作各环节流程进行再优化，形成代表参与项目征集、筛选、票决、监督、评价和反馈工作闭环；推动市政府将民生实事纳入重点工作内容，建立由市长负总责、分管副市长具体负责、相关部门主要领导为第一责任人的工作机制；设计开发“民生实事全过程监督”数字化应用场景，实现制度重塑、流程再造、多跨协同。相关做法获省人大常委会肯定，《浙江人大》刊发《立体式监督 全过程参与——东阳擦亮民生实事项目代表票决制工作金名片》专题报道。

【部门单位重点工作评议】 2021年，市人大常委会对市人民法院、市交通局、市农业农村局、市科技局、市经信局5个单位牵头的民事审判、城乡公交体系融合发展、农业产业化、科技创新、规模以上工业发展5项重点工作开展评议，逐项制定监督实施方案、召开动员部署会，组织开展调研视察、征求社会意见建议等活动，人大常委会提出重点工作评议意见。责任部门落实办理并在两个月内反馈整改情况，整改不到位的继续进行跟踪监督。

【人大数字化改革工作】 2021年年初，市人大常委会成立数字化改革领导小组和工作专班，制订数字化改革实施方案和应用场景建设任务清单，明确改革重点和进度时序。6月，“人大代表履职服务”和“民生实事全过程监督”两个应用场景在“浙政钉”平台上线运行，实现代表履职考核量化积分管理、完善代表议案建议办理系统，实现民生实事项目征集、筛选、票决、监督和评价工作闭环。

【市、镇(乡)两级人大换届选举】 2021年,市、镇(乡)两级人大换届选举工作从9月开始部署、至12月下旬结束,通过"代表资格联审云平台"审查代表资格,应用选民登记信息系统对全市80.19万名选民进行网上登记联审,组织7个换届风气巡回督查组对全市22个选举单位开展8轮督查。全市约79万名选民参加投票,162个选区选举产生市十六届人大代表313人、镇(乡)级人大代表922人。选民参选率98.52%,正式候选人得票率90.44%,参选率、得票率均创历史新高;妇女代表、非党员代表比例高于上届。

(蔡旦卡)

人大重要会议

【东阳市第十五届人民代表大会第五次会议】 于2021年1月31日至2月3日召开。会议听取和审查市人民政府市长楼琅坚关于东阳市人民政府工作报告;审查、批准东阳市国民经济和社会发展第十四个五年规划和二〇三五年远景目标纲要;审查市发展和改革局关于东阳市2020年国民经济和社会发展计划执行情况及2021年国民经济和社会发展计划的报告,审查、批准东阳市2020年国民经济和社会发展计划执行情况的报告及2021年国民经济和社会发展计划;审查市财政局关于东阳市2020年全市和市级预算执行情况及2021年全市和市级预算的报告,审查、批准东阳市2020年市级预算执行情况的报告及2021年市级预算;听取和审查市人大常委会主任朱志杰关于东阳市人民代表大会常务委员会工作报告;听取和审查市人民法院院长贺利平关于东阳市人民法院工作报告;听取和审查市人民检察院检察长胡宇翔关于东阳市人民检察院工作报告;补选东阳市第十五届人民代表大会常务委员会副主任、委员;表决确定2021年政府十大民生实事项目;通过各项报告决议、决定。

2021年1月31日,东阳市第十五届人民代表大会第五次会议在东阳剧院开幕 (市人大办提供)

【市人大常委会会议】 2021年,市十五届人大常委会召开8次常委会会议。

市十五届人大常委会第三十次会议于1月14日召开。会议主要审议通过有关人事任免事项。

市十五届人大常委会第三十一次会议于1月22日召开。会议听取和初审市人民政府工作报告、市人大常委会工作报告、市人民法院工作报告、市人民检察院工作报告等征求意见稿,听取和初审市国民经济和社会发展第十四个五年规划和二〇三五年远景目标纲要草案报告、2021年政府民生实事候选项目情况报告;听取和初审2020年国民经济和社会发展计划执行情况及2021年国民经济和社会发展计划草案报告、2020年全市和市级财政预算执行情况及2021年全市和市级财政预算草案报告、2020年全市环境状况和环境保护目标完成情况报告等征求意见稿;审议提出市十五届人大五次会议议程、日程草案;审议提出市十五届人大五次会议主席团和秘书长、主席团常务主席、执行主席分组、议案审查委员会、副秘书长等名单草案;审议通过市十五届人大五次会议各代表团召集人、各代表团正副团长、列席人员、主席台就座人员等名单;审议通过市第十五届人大常委会代表资格审查委员会关于部分代表的代表资格的报告。会议审议通过关于接受市十五届人大常委会副主任蒋银生因退休辞去职务的议案;审议通过人事任免事项。

市十五届人大常委会第三十二次会议于3月25日召开。会议听取和审议城市规划建设管理体制改革实施方案的报告;审议通过《市人大常委会2021年工作要点》;审议通过《东阳市人民代表大会常务委员会议事规则》。会议听取各人大街道工委关于上一年度工作情况和本年度工作计划的报告,审议通过《关于东阳市人大常委会各街道工作委员会2020年工作情况和2021年工作计划的决议》和《市人大常委会交办各人大街道工委"工作清单"》。会议审议表决市公安局关于提请许可对犯罪嫌疑人、市人大代表马某某采取强制措施的议案;审议通过人事任免事项。

市十五届人大常委会第三十三次会议于6月28日召开。会议听取和审议市政府关于法治政府建设情况的报告、关于打击治理电信网络诈骗犯罪工作的报告、关于2020年度国有资产管理情况的综合报告、关于"十佳村"创建标准制定情况的报告、关于劳动纠纷化解工作情况的报告;审议通过《东阳市人大常委会关于司法机关重要工作情况报告备案的规定》,审议通过人事任免事项。会议听取部分金华市七届人大代表东阳中心组代表的述职报告。

市十五届人大常委会第三十四次会议于8月26日召开。会议听取和审议市人民法院关于民事审判工作情况(2018年1月至2021年6月)的报告、市交通运输局关于城乡公交体系融合发展推进工作的报告、市农业农村局关于农业产业化工作推进情况的报告,并对这三项重点工作进行评议,分别作出“较好”“较好”“一般”的评议意见。会议听取和审议市政府关于《浙江省粮食安全保障条例》执行情况的报告、关于东阳历史文化名城保护规划(2020—2035)编制情况的报告、关于市十五届人大五次会议代表建议意见办理情况的报告,表决通过市人大常委会同意历史文化名城保护规划的决议;听取和审议市政府关于2021年上半年国民经济和社会发展计划执行情况的报告、关于2021年上半年财政预算执行情况的报告、关于2020年财政总决算和市本级财政决算的报告、关于2020年市本级预算执行和其他收支情况审计工作的报告,审查批准2020年市级财政决算;表决通过市公安局关于提请许可对犯罪嫌疑人、市人大代表楼某某采取强制措施的议案,审议通过《东阳市人民代表大会代表建议、批评和意见办理的规定》;审议通过有关人事任免事项。

市十五届人大常委会第三十五次会议于10月21日召开。会议学习贯彻习近平在中央人大工作会议上的重要讲话精神;听取和审议市科技局关于聚焦科技创新、增强发展竞争力(重点是江北人才科创中心建设)工作的报告、市经信局关于全市规模以上工业企业发展情况的报告,并对这两项重点工作进行工作评议,分别作出“较好”“一般”的评议意见。会议听取和审议市政府关于2021年年中政府投资重大项目增补情况的报告,表决通过7项年中政府投资重大项目;听取和审议市政府关于2021年度财政预算调整方案和新增地方政府债务限额的报告,表决通过同意这个报告的决定。会议听取和审议市政府关于2021年度政府民生实事项目完成情况的报告。会议审议通过《东阳市人大常委会关于市、镇(乡)两级人民代表大会换届选举有关事项的决定》《东阳市人大常委会关于成立东阳市选举委员会的决定》《东阳市人大常委会关于成立各镇(乡)选举委员会、街道和市机关选举办事处的决定》《东阳市人大常委会关于市第十六届人民代表大会代表名额分配的决定》《东阳市人大常委会关于新一届镇(乡)人民代表大会代表名额的决定》等有关市、镇(乡)两级人大换届选举的相关文件。会议审议表决市公安局关于提请许可对犯罪嫌疑人、市人大代表卢某某采取强制措施的议案;审议通过人事任免事项。

市十五届人大常委会第三十六次会议于11月25日召开。会议学习贯彻中国共产党的十九届六中全会精神,听取和审议市政府关于“七五”普法工作情况和“八五”普法规划制订情况的汇报,审议通过“八五”普法决议;审议通过人事任免事项。

市十五届人大常委会第三十七次会议于12月27日召开。会议听取和审议市政府关于城市品质提升大会战开展情况的报告、关于审计查出问题整改落实情况的报告、关于部分2021年新增地方政府债务限额和新增地方政府债券预算调整的报告;听取和审议“一府两院”关于办理落实2021年度市人大常委会意见和建议情况的报告;审议通过《市人大常委会关于召开东阳市第十六届人民代表大会第一次会议的决定》《市十五届人大常委会代表资格审查委员会关于市十六届人大代表资格审查的报告》;审议通过人事任免事项。

【市人大常委会主任会议】 2021年,市十五届人大常委会召开17次常委会主任会议。

市十五届人大常委会第五十二次主任会议于6月17日召开。会议听取市商务局财政整体支出绩效评价报告、东阳市社会救助政策落实情况专项审计的汇报、2020年度开放型经济专项资金绩效评价汇报、2020年度东阳市计划生育家庭奖扶特扶经费绩效评价汇报;会议听取市政府关于交通大会战工作情况的汇报。

市十五届人大常委会第五十三次主任会议于7月27日召开。会议听取市政府关于打造“四个千亿产业”(“千亿级规上工业”“千亿级建筑产业”“千亿级影视文旅产业”“千亿级木雕家居产业”)培育发展情况的汇报,听取市政府关于东阳市工业经济高质量发展“十四五”规划情况的汇报;会议听取市人民检察院关于民事检察工作情况的汇报。

市十五届人大常委会第五十四次主任会议于8月18日召开。会议听取市政府关于“万亩千亿”平台建设工作情况的汇报。

市十五届人大常委会第五十五次主任会议于9月28日召开。会议听取市政府关于村级组织民主决策、民主管理、民主监督工作情况的汇报;听取市政府关于现代治理大会战、生态环境改善大会战工作情况的汇报以及关于打响“人人向往”教育品牌工作推进情况的汇报。

市十五届人大常委会第五十六次主任会议于10月15日召开。会议听取市政府关于深入推进农房“安居工程”、提升城乡宜居水平情况的汇报。

市十五届人大常委会第五十八次主任会议于11月25日召开。会议听取市政府关于招商工作情况的汇报。

【法治政府建设专题询问会】 于2021年5月21日在市行政中心召开。会议采取一问一答形式,人大代表围绕法治政府建设情况进行询问,市经信局、市公安局、市司法局等应询部门单位负责人作出回答。市人大常委会主任朱志杰要求市政府进一步强化法治思维,做到依法行政、规范自由裁量权、推进综合行政执法改革,推进法治政府建设。市政府领导在会上作表态发言。

【人大政府工作联席会议】 于2021年5月31日在市行政中心召开。市政府各副市长汇报市十五届人大五次会议12件代表重点建议办理落实情况;市人大常委会各副主任对12件代表重点建议办理情况和十大民生实事项目推进工作提出意见，并结合自身工作对下半年政府工作提出建议。市人大常委会主任朱志杰就加快“万亩千亿”新产业平台建设、养老中心建设、城市品质提升大会战、卢宅文旅核心区打造、优化营商环境等方面对政府工作提出建议。市政府表示要在思想上更加重视、行动上加快跟进，全力落实民生实事项目推进落实工作，确保如期完成任务。

【政情通报会】 于2021年8月20日在市行政中心召开。市长楼琅坚代表市政府向与会人员通报上半年东阳市经济社会发展情况、2021年度东阳十大民生实事项目进展和12件代表重点建议办理情况。市人大常委会主任朱志杰肯定市政府在民生实事推进和重点建议办理工作上取得的成绩，对政府进一步优化营商环境、推动“万亩千亿”新产业平台建设等工作提出意见，要求全市人大代表围绕东阳高质量发展建设共同富裕先行市部署带好头、履好职，广泛听取民情民意、认真开展调查研究，提出高质量的意见建议。全市各级人大代表集中视察民生实事项目进展情况，并开展代表小组讨论。

（蔡旦卡）

人大监督

【法治政府建设监督】 2021年，市人大常委会对东阳市法治政府建设情况开展专项监督。针对法治政府建设中群众对部门执法的权威性认同度不够高、综合行政执法体制机制有待完善、普法有效性有待提升等问题，建议市政府要注重法治思维养成、依法行政，规范自由裁量权、推进综合行政执法改革，建立激励与考评相结合的机制。市政府加大“谁执法谁普法”力度，组织各执法部门对综合执法事项执行情况进行自查；在市政府门户网站建立司法、行政执法信息公示平台，发挥行政复议、行政诉讼纠错监督功能，实现全市行政争议发案量、行政机关败诉率“双下降”。

【电信网络诈骗打击工作监督】 2021年，市人大常委会对东阳市依法打击电信网络诈骗工作开展专项监督。对部分镇乡（街道）部门单位反诈工作合力、精准劝阻能力、反诈宣传效果等方面，建议市政府要提升群防群治新合力、提高科技反诈能力、提升宣传针对性和有效性。市公安局开展反诈宣传“走村入户”和“扫街扫楼”行动，落实重点镇乡（街道）完善内部反诈联动工作机制、建立健全反诈阵地，细化“派出所、社区警务室、街道网格化”的预警劝阻模式，会同三大电信运营商和银行等部门开展预警、封堵、反制及止损工作。全年管控账户7000余户，断网、断卡2944户次，成功堵截电信网络诈骗47起，减少经济损失572万元；破获电信网络诈骗案件265起，打掉电信网络诈骗团伙50个，抓捕犯罪嫌疑人328人。

【民事审判工作监督】 2021年，市人大常委会对市人民法院民事审判工作情况开展专项监督，在开展多方走访、征求意见、旁听法院庭审的基础上，审议意见指出法院民事审判工作社会效果有待提高、监督有待加强、环境有待营造、处理部分涉众案件力度有待加大、法官队伍建设有待加强等问题，建议市人民法院加强民事审判工作监督，优化民事审判工作环境，加大部分涉众纠纷案件化解力度，加强民事审判队伍建设。市人民法院有针对性地采取规范提升民事审判自由裁量权、优化破产案件处置措施、开展裁判文书评选活动、成立案件质量管理委员会、开辟案卷借阅绿色通道、调配审判队伍结构等16项举措，并逐项落实到位。

【民事检察工作监督】 2021年，市人大常委会对市人民检察院民事检察工作开展专项监督。建议市人民检察院提高群众知晓度，多办有影响力、有指导意义的精品案件；加强部门合作，建立健全检察机关与其他部门的沟通协调衔接机制；加强队伍建设，充实力量配备，加大人才引进力度，提高队伍专业化水平。市人民检察院围绕民事检察核心工作开展各项业务，生效裁判案件监督31件、审判程序违法案件监督91件、执行案件监督106件；在微信公众号推出《小明与民法典》专栏，常态化开展“送法进企”活动；加强防范惩处虚假诉讼工作，深化数字化改革，引进专业人才、加强素质提升，提升民事检察工作规范化水平。

【现代治理大会战监督】 2021年，市人大常委会对东阳市现代治理大会战推进情况开展专项监督，审议意见指出矛盾纠纷和信访化解力度不够大、平安创建进位压力大、数字赋能有待加快、基层治理能力有待提高等问题，建议市政府科学设置目标、划分阶段，争取阶段性成果；做实特色项目，抓好4个省级试点项目推进和经验推广；补齐短板弱项，促进矛盾、信访化解，加大省暗访发现问题和重点安全领域问题整改力度；强化数字赋能、及时预测预警，发挥“基层治理四平台”作用，厘清人员工作内容和职责边界。市政府开展专题分析研究，采取举措逐项落实整改，通过科学设置目标、做实特色项目、补齐短板弱项、强化数字赋能等举措，实现“平安县（市）”十五连创、平安考核全省排名靠前的工作目标。

【普法工作监督】 2021年，市人大常委会对东阳市“七五”普法工作情况和“八五”普法规划工作开展专题监督。对普法宣传针对性、“谁执法谁普法”责任制落实、群众“遇事找法”渠道、基层普法力量等方面，建议市政府持续提升公民法治素养，提高普法针对性和有效性，提升社会治理法治化水平，确保“八五”普法规划有效实施。市政府邀请专家评审论证市人大常委会审议意见，在“八五”普法规划中予以吸纳。

【国有资产管理工作监督】 2021年，市人大常委会对东阳市2020年度国有资产管理情况开展专项监督。针对国企改革发展的任务艰巨繁重，国企盈利能力差，影响力和带动力不强以及部分行政事业单位闲置资产的后续处理力度不够等问题,建议市政府做好国有资产管理情况报告工作;在深化国有企业改革中开创新局面;加强资产清查、优化经营管理,全力破解相关历史遗留问题,推动国有资产保值增值;摸清底数,提高国有自然资源资产管理水平。市政府对照审议意见逐条进行整改,重点围绕市属集团企业重组、国有房产清查,以及“人、财、物”统筹体制机制、国有自然资源保护等方面抓好落实,完善部门间横向协作、纵向联动工作机制、明确职责体系。

【国民经济和社会发展计划执行监督】 2021年,针对上半年东阳市国民经济和社会发展中凸显出来的经济高位运行不可持续、特色产业发展不确定因素多、民生问题需进一步重视等问题,市人大常委会对上半年国民经济和社会发展计划执行情况开展专题监督,建议市政府要确保全年目标任务圆满完成;加快“四个千亿产业”培育,促进高质量发展提质增效;推进城市品质提升大会战、乡村振兴和民生事业,激发共同富裕的发展活力。市政府对照市人大常委会提出的审议意见逐条细化梳理,将任务分解至各个部门;重点加强产业培育、数字赋能发展,抓好工业投资,优化企业服务,推进项目招引落地;强化要素保障,加快民生建设,增强民生福祉;招商引资与招才引智“双轮驱动”,省、市专项重点项目建设提前完成年度目标,固定资产投资增速连续四个月排名金华市第一。

【财政预算执行监督】 2021年,针对上半年东阳市财政预算执行中财政资金统筹平衡功能需进一步加强、财政风险管控能力需进一步提升等问题和不足,市人大常委会开展上半年财政预算执行情况专题监督,建议市政府优化收支结构,持续提升财政谋划能力;增强债务监督管理,聚焦防范债务风险;强化审计监督职能,加强审计查出问题的整改落实。针对市人大常委会提出的审议意见,市政府加强预算编制水平,提升预算执行刚性;培育和涵养优质税源,财政政策向工业企业倾斜;加强财政资金、奖补政策的绩效评价,促进财政资源配置效率和使用效益“双提升”;研究解决建筑业税收奖励政策,优化收支结构、提升财政统筹谋划能力,抓好有效投入和重大项目建设;健全政府举债、国企融资的一系列制度、政策、体系,加强风险监管,确保债务有序可控。

【“万亩千亿”平台建设监督】 2021年,市人大常委会对东阳市“万亩千亿”平台建设工作情况开展专项监督。针对“万亩千亿”平台建设中存在的征迁工作突破不多、安置房建设工作进展缓慢、平台建设资金保障不够充分、平台产业规划不够科学可行、平台创建申报工作与平台建设推进工作契合度不够等问题,建议市政府进一步完善平台产业发展规划,全力做好征迁工作,招引高端产业集聚落地,合力共创平台入围全省名录条件。针对市人大常委会提出的审议意见,市政府不断完善相关规划,推进片区开发合作,推进安置区建设,做大做强项目招引,保障项目资金。年内完成省级“万亩千亿”新产业平台建设申报工作,征迁范围内一期村庄拆迁完成率超过75%,累计支付“万亩千亿”新产业平台资金逾3.4亿元。

【“四个千亿产业”培育工作监督】 2021年,市人大常委会对东阳市工业、建筑、影视文旅、木雕家居“四个千亿产业”培育工作开展专项监督。针对“四个千亿产业”发展中存在的诸多问题,建议市政府营造良好氛围、强化政策配套支撑,培育打造千亿级规模以上工业;深入调研建筑企业管理模式转型问题,规范东阳建筑市场准入条件,加大建筑业招商和扶持力度,加快建筑科技产业园建设培育,打造千亿级建筑产业;健全体制机制,增强产业发展信心,加大政策扶持力度,培育打造千亿级影视文旅产业;加快产业转型升级,加强产业平台建设,提升从业人员能力水平,提升东阳木雕家居产业品牌,培育打造千亿级木雕家居产业。市政府制定完善规模以上工业制度政策、加强低效用地整治;实施影视文化人才“十百千万”培育工程,加快横店“影视文化产业大脑”建设;延伸木材交易、木雕家具加工制造、家具市场销售、红木整装等行业产业链,谋划建设“木雕家居(竹编)行业大脑”;打造2.0版建筑业“店小二”服务中心,加强产业招商、加快人才培育,推动建筑企业向数字化、信息化管理模式转型。

【规模以上工业企业培育工作监督】 2021年,市人大常委会对东阳市“十三五”以来规模以上工业培育情况开展专项监督。针对规模以上工业合力兴工、持之以恒抓工业氛围不浓,企业主普遍存在“小富即安”心理以及部分行业经营形势不乐观等问题,建议市政府坚持工业经济主导地位不动摇,进一步研究和明确规模以上工业企业培育方向,实施人才战略,形成推动工业经济提质增效的合力;配齐配强各镇乡(街道)工业服务力量,明确镇乡(街道)“一把手抓工业”机制;突出工业考核。市政府推进产业基础高级化、产业链现代化,加快平台打造、老旧园区改造提升,推动产业数字化;提质增效,推进“腾笼换鸟、凤凰涅槃”攻坚行动,深化“亩均论英雄”改革,推动在外“人才、项目、智力”回归。全市规模以上工业总产值比上年增长11.1%,培育规模以上企业403家、主板上市企业3家,主板上市企业总数居金华市第一位。

【招商工作监督】 2021年,市人大常委会对东阳市招商工作情况开展专项监督。针对招商项目成功率、落地率,签约项目总投资大、年度投资小,招引强链补链项目较难等方面,建议市政府将推进项目落地作为招商引资工作的首要任务,开展招商项目签约后续工作;推进重点产业链招商,持续实施“东阳人回归”工程;以科学的招商机制提升招商引资工作质量,以更好的服务环境推动招商合力的形成;要借力数字化改革,集聚数字化招商平台信息、资源,推动“招商信息库”向“招商大脑”转变。针对市人大常委会提出的审议意见,市政府推动招商引资工作实现“量质齐升”，在第三届世界东阳人发展大会上集中签约东阳人回归项目、校地合作项目、科技成果转化项目；赛特斯5G产业园、东阳光电容器等项目开工建设，正威长三角新材料产业园一期、千芝雅智能制造等项目投入生产。

【教育品牌建设工作监督】 2021年，市人大常委会对东阳市“人人向往”教育品牌工作开展专项监督。针对教育工作中区域竞争压力、学校布局、部分项目进度缓慢、“双减”工作等方面，建议市政府研究确定“人人向往”教育品牌的内涵；编制“十四五”教育发展规划，推动教育资源优质均衡发展，补齐中职教育短板；加快教育项目施工进度，新建幼儿园、学校配齐配足配优师资力量和配套设备；强化职责、落实“双减”，解决有偿带生补课等突出问题。针对市人大常委会提出的审议意见，市政府编制《东阳市教育发展“十四五”规划》，要求教育等部门有针对性地整改落实；启动职教中心高质量发展行动，实施教育项目建设“5+N”作战体系；每月至少开展4次“双减”联合执法，杜绝违法违规办学行为。在全省县（市、区）教育现代化发展水平监测中获“优秀”等级，总得分高于上一年度。

【科技创新工作监督】 2021年，市人大常委会对东阳市聚焦科技创新、增强发展竞争力工作情况开展专项监督。针对科创高地建设进展不快、产业引领带动作用不强、科技创新研发投入不足、人才优势发挥作用不强等问题，建议市政府坚持政府主导、加大政府投入，聚焦重点，采取有力措施，把江北人才科创中心打造好、建设好；发挥好东阳籍在外科技人才优势，促进东阳籍人才科技成果转化和智力回归；结合东阳市优势产业，在提高优势产业效率上做文章。市政府加快科技创新驱动步伐，全年引进顶尖、领军人才49人，增加国家高新技术企业166家、省级科技型中小企业480家，高新技术产业增加值占规模以上工业增加值比重从51.4%提高到74.6%。

【城乡公交体系融合发展推进工作监督】 2021年，市人大常委会对东阳市城乡公交体系融合发展推进工作开展专项监督。针对相关部门“公交为民”理念、城乡公交体系融合发展、部门镇乡间形成合力等方面，建议市政府提高优先发展公共交通的重要性认识，统筹规划、增加投入、完善基础设施，打造城区干线30分钟交通圈；补齐城乡公交发展短板，完善基础设施，提升城乡公交一体化保障服务水平。市政府开展“公共交通数字化暨农村客运数智服务与监管”项目谋划，实现城乡公交一体化；优化完善城乡公交运行线路，完成人民路、环城北路公交专用道方案设计评审，实现实时公交线路查询和出行线路规划功能。年内增加20条公交定制城区干线，完成8条城区干线的“30分钟公交圈”提升。

【城市规划建设管理体制改革监督】 2021年，市人大常委会对东阳市城市规划建设管理体制改革情况开展专项监督，建议市政府以全国文明城市创建为抓手，着力破解城市规划缺乏刚性、城市建设品质不高、城市管理体制职责不清等问题，统一开展中心城区规划编制和总体设计工作，形成“统一领导、统一规划、统一谋划、统一建设、统一管理”的城市规划建设格局；规划设计成果要经法定程序予以固化，强化规划执行刚性；规划部门和城市建设管理委员会要发挥统一领导职能，确保体制改革有序推进。市政府研究制订《东阳市城市规划建设管理体制改革实施方案》，全年谋划城市基础设施建设项目110个，打通城区“断头路”30条、改造提升主要道路10条，创建美丽城市小区13个、改造提升老旧小区16个。

【交通工作监督】 2021年，市人大常委会对东阳市交通大会战工作开展专项监督。针对交通大会战推进中的土地等要素制约、拆迁征地量大面广难度大、项目施工时序和周边交通组织优化、交通工程质量等方面，建议市政府编制“十四五”交通规划，秉持“为城市产业服务”理念谋划交通项目，避免重复建设，资源浪费；全力破解征迁、土地、工程质量三大要素制约瓶颈，超前谋划交通新线路，加快城市东扩步伐；加大城乡公共交通建设力度，节省交通建设成本。市政府实施“三铁一机一高”等综合交通重大项目，推进重点交通工程“四个一批”计划，年内完成315省道台州市三门县至婺城公路东阳市南市至画水段工程改建工程等12个交通项目建设，续建金甬铁路东阳段工程等6个交通项目，义东高速公路东阳（南市至南马）段工程等9个交通项目开工建设，储备金台铁路工程等5个交通项目。

【生态环境改善工作监督】 2021年，市人大常委会对东阳市生态环境改善大会战工作开展专项监督。针对监督中发现的改善生态环境工作尚未形成全社会共同参与的自觉行动、重点工作和民生问题没能优先加快攻坚突破、项目建设监管与运维需加强等问题，建议市政府精准施策、破解难点重点，推进81项重点工作（项目），确保成功创建省级“无废城市”；重视工程质量，发挥“两代表一委员”和媒体监督作用，规范运行维护管理。市政府开展省级“无废城市”创建，推进绿色转型、生态修复、碧水提升、蓝天保卫、净土清废和督察整改“六大行动”，集中实施生态环境静脉产业园、污水处理能力提升、“污水零直排区”全覆盖、垃圾综合分拣加工中心建设、建筑垃圾资源化利用中心和渣土周转消纳利用中心、家具行业小微园、垃圾分类“两定四分”全域推进、生猪定点屠宰中心和病死猪无害化处理中心、美丽田园创建和省级“国土绿化”创建“十大工程”。

【农房“安居工程”监督】 2021年，市人大常委会对东阳市农房“安居工程”、提升城乡宜居水平工作开展专项监督，针对全市一定数量危旧房尚未妥善改造安置、后续危旧房改造政策没有制订等问题，建议市政府抓紧制订完善集聚安置政策，鼓励整户、连片、整村向镇区集聚；运用多种安置方式，学习借鉴先进地区“农村存量宅基地盘活利用”的经验,做到“项目成熟一个实施一个”,推进全市危旧房治理、宅基地安置工作。市政府加快农房集聚区建设和已发凭证集聚户的选房、交房工作。截至年末,农房集聚区一期项目完成交房4763套,二期项目除横店外完成主体结构结顶,三期项目(横店)选房工作完成总数的70.5%;指导各行政村优化规划、盘活存量建设用地,鼓励有条件的中心村、集镇所在村利用存量建设用地实施立改套项目。

【城市品质提升大会战监督】 2021年,市人大常委会对东阳市城市品质提升大会战工作开展专项监督。针对城市品质提升规划指引不够及时到位、市政公用及社区建设配套设施存在短板、精细化管理不够到位、工程质量和施工时序安排不尽如人意等问题,建议市政府围绕战略目标加强系统谋划,找准城市建设症结性问题之后“谋定而动”,对谋划项目有序实施、注重质量,重点突出便民利民。市政府落实市人大常委会提出的审议意见,年内完成22个城市交通项目建设,老汽车西站完成司法拍卖,新汽车西站启用,全市增加停车泊位16798个;完成小区整治110个、验收100个,城区整治涉安全隐患违法建筑12918宗、78.57万平方米,城区16个老旧小区管线整治完成施工。

【《浙江省粮食安全保障条例》执法检查】 2021年,市人大常委会开展省、市、县三级联动的《浙江省粮食安全保障条例》贯彻执行情况检查。在市商务局、市农业农村局、市自然资源和规划局等部门自查的基础上,会同省人大常委会、金华市人大常委会到歌山镇、城东街道等地开展粮食安全执法检查。针对群众粮食安全意识不足、农民种粮积极性不高、农业新型主体培育障碍性因素较多、耕地保护管控不够严格、扶持政策不够精准等问题,强调市政府要严格落实粮食安全行政首长责任制,严守耕地红线,持续推进“非农化”“非粮化”整治;完善粮食储备体制机制,扩大整体储备规模;健全粮食应急预案体系,想方设法调动农民种粮积极性。市政府重视省、市、县三级人大执法检查意见,制定《东阳市粮食生产功能区“非粮化”整治优化工作方案》,因地制宜分类开展优化整治、推进粮食生产功能区管护建设,通过强化政策扶持提高农民种粮积极性;根据人口规模增加全市粮食储备1.575万吨,从2021年起分五年实施,预计2025年全市粮食储备将达5.995万吨。

2021年6月29—30日,省、市、县三级人大常委会联动,在东阳市开展《浙江省粮食安全保障条例》贯彻执行情况检查 (市人大办提供)

【“十佳村”创建工作监督】 2021年6月,市人大常委会对东阳市“十佳村”创建工作开展专项监督。组织人大代表实地督查、开展座谈,针对部分行政村在美丽乡村建设中负债创建、建设同质化现象严重、“重建设轻管理”现象普遍、资金筹措渠道单一等问题,建议市政府遵循乡村发展规律、因地制宜弘扬东阳乡土风味,鼓励社会力量参与美丽乡村建设;修订“十佳村”创建标准,通过定期暗访、典型带动、负面曝光、村班子创业承诺等方式开展考核评比动态管理,建立健全“美丽乡村”长效管理机制。市政府调整完善《美丽乡村建设“十要十不要”指导意见》,根据村庄自然条件和创建村意愿实行示范村和达标村分类创建、分类考核,建立动态管理机制,开展“十佳村”创建“回头看”。

【劳动纠纷化解工作监督】 2021年,市人大常委会对东阳市劳动纠纷化解工作开展专项监督。实地走访江北街道、白云街道、横店镇等镇乡(街道)和市公安局、市人力社保局、市住建局、市财政局等部门单位,针对政府职能部门劳动纠纷化解工作协调配合不足、镇乡(街道)监管能力不强、企业经营不善、职工群体素质不高以及建设领域劳动纠纷多发等问题,建议市政府加强法律法规宣传教育,执行执法检查、考核奖惩等制度,强化劳动行政部门牵头抓总,其他职能部门依职依责多方参与的一主多元机制,加强建设领域顽疾治理、基层劳动纠纷化解能力建设和新业态从业人员劳动纠纷化解。市政府召集市委政法委、市司法局、市信访局等10个部门成立劳动争议联合调解中心,开辟欠薪投诉便捷通道,实现全市18个镇乡(街道)全覆盖;将9.7万名农民工纳入工资专户管理,发放农民工工资9.5亿元,实现在建工程项目工资保证金缴存率100%。

【村级组织民主决策、民主管理、民主监督工作监督】 2021年,市人大常委会对东阳市村级组织民主决策、民主管理、民主监督工作开展专项监督。针对部分镇乡(街道)制度执行刚性不够、部分村干部不能适应新形势、村干部基本报酬发放不平衡、村干部涉土地涉建房信访较多等问题，建议市政府破解工程招投标、建房、“三资”（农村集体资金、资产、资源）管理等问题，推进《村干部底线管理办法》《村级事务分类议事决策制度》等基础性制度的刚性落实，加强村级班子队伍建设，深化改革创新，借鉴江北街道东丰小区、湖溪镇镇西村等村居做法和经验，探索乡村数字治理新模式。市政府部署开展“城市基层党建规范提升年”、农村集体“三资”管理不规范问题集中整治、侵占农村集体资产资源问题专项治理、全市村社换届“回头看”、党员干部整治立规等专题活动和专项行动，推行农村干部干事创业承诺制度，探索“党建+村域智治”数字化治理模式。

（蔡旦卡）

人大人事任免

【概况】 2021年，市十五届人大五次会议第三次全体会议依法选举产生市人大常委会副主任、委员3人。市人大常委会任免国家机关工作人员134人次，对64名拟任职务人员进行任前法律知识考试。37名国家机关工作人员在常委会会议上进行宪法宣誓。

【人代会人事任免】 2021年，东阳市第十五届人民代表大会第五次会议第三次全体会议依法选举产生东阳市第十五届人民代表大会常务委员会副主任、委员。

东阳市第十五届人大常委会副主任：俞益钟；委员（按姓氏笔画为序）：徐向阳、葛德中。

【人大常委会人事任免】 2021年1月14日，市十五届人大常委会第三十次会议召开。会议决定任命：陈其宪为东阳市经济和信息化局局长；陈南征为东阳市科学技术局局长；韦健为东阳市住房和城乡建设局局长；马刚为东阳市水务局局长；虞富强为东阳市退役军人事务局局长；韦向东为东阳市人民政府国有资产监督管理办公室主任；蒋国威为东阳市统计局局长。决定免去：葛一军的东阳市发展和改革局局长职务；胡易安的东阳市经济和信息化局局长职务；徐生银的东阳市科学技术局局长职务；葛德中的东阳市住房和城乡建设局局长职务；滕恩良的东阳市水务局局长职务；单玲琳的东阳市退役军人事务局局长职务；马宗强的东阳市人民政府国有资产监督管理办公室主任职务；郭炜的东阳市统计局局长职务。任命：孙俊杰为东阳市监察委员会副主任；免去：俞益钟的东阳市监察委员会副主任职务；胡利群的东阳市监察委员会副主任职务；杜晓钢的东阳市监察委员会委员职务。任命：王红斌为东阳市人民法院副院长、审判委员会委员、审判员。免去：黄顺晓的东阳市人民法院副院长、审判委员会委员、审判员职务；张文韬的东阳市人民法院横店人民法庭庭长、审判员职务；何倩的东阳市人民法院综合审判庭（建筑业巡回法庭）副庭长、审判员职务。任命：黄顺晓为东阳市人民检察院副检察长、检察委员会委员、检察员。免去：王红斌的东阳市人民检察院副检察长、检察委员会委员、检察员职务；黄旭的东阳市人民检察院副检察长、检察委员会委员职务；杜跃荣、张艳、张旭展、陆保民、徐旭红等的东阳市人民检察院检察员职务。

1月22日，市十五届人大常委会第三十一次会议召开。会议决定任命：徐向阳为东阳市人大监察和法制司法委员会副主任委员；葛德中为东阳市人大常委会财政经济工作委员会主任、东阳市人大财政经济委员会副主任委员；单俨彬为东阳市人大社会建设委员会副主任委员。免去：陆彩霞的东阳市人大常委会财政经济工作委员会主任职务。

3月25日，市十五届人大常委会第三十二次会议召开。会议决定任命：韦朝阳为东阳市发展和改革局局长；吴滨为东阳市审计局局长。会议决定免去：韦朝阳的东阳市审计局局长职务。任命：杜聪聪为东阳市人民法院审判员。任命：张清峰为东阳市人民检察院检察委员会委员。

6月28日，市十五届人大常委会第三十三次会议召开。会议决定免去：黄海威的东阳市监察委员会委员职务。

8月26日，市十五届人大常委会第三十四次会议召开。会议决定任命：徐文龙、蒋旭华为东阳市人民法院审判委员会委员；楼聪为东阳市人民法院立案庭庭长；赖黎霞为东阳市人民法院民事审判一庭庭长；顾悦婷为东阳市人民法院民事审判二庭庭长；胡伟东为东阳市人民法院民事审判三庭庭长；范洁为东阳市人民法院民事审判四庭庭长；吕丹萍为东阳市人民法院行政审判庭庭长；陈剑英、徐洋为东阳市人民法院巍山人民法庭副庭长；胡静、葛怀君为东阳市人民法院横店人民法庭副庭长；杜潇洒、李凌锋为东阳市人民法院南马人民法庭副庭长；应望黎、姜乐为东阳市人民法院六石人民法庭副庭长；杜聪聪为东阳市人民法院立案庭副庭长；王伟侃、陆承焕为东阳市人民法院刑事审判庭副庭长；周力钢、厉晶晶为东阳市人民法院民事审判一庭副庭长；蒋倩、蒋翠容为东阳市人民法院民事审判二庭副庭长；吕璎为东阳市人民法院民事审判三庭副庭长；张丽萍为东阳市人民法院民事审判四庭副庭长；刘燕燕为东阳市人民法院行政审判庭副庭长；胡航晓为东阳市人民法院综合审判庭（建筑业巡回法庭）副庭长。免去：冯青海的东阳市人民法院巍山人民法庭庭长职务；马祝敏的东阳市人民法院南马人民法庭庭长职务；许兴荣的东阳市人民法院立案庭庭长职务；卢燕萍的东阳市人民法院民事审判一庭庭长职务；吴霞林的东阳市人民法院民事审判二庭庭长职务；吕美丽的东阳市人民法院民事审判三庭庭长职务；赖黎霞的东阳市人民法院民事审判四庭庭长职务；吕小松的东阳市人民法院行政审判庭庭长职务；楼聪、吕璎的东阳市人民法院巍山人民法庭副庭长职务；许嘉伟、胡航晓的东阳市人民法院横店人民法庭副庭长职务；郭智杰、杨志强的东阳市人民法院南马人民法庭副庭长职务；孙玉肖的东阳市人民法院立案庭副庭长职务；马欣阳、胡伟东的东阳市人民法院刑事审判庭副庭长职务；何秧的东阳市人民法院民事审判一庭副庭长职务；杜潇洒、顾悦婷的东阳市人民法院民事审判二庭副庭长职务；周力钢、应赛帅的东阳市人民法院民事审判三庭副庭长职务；蒋倩、吕益波的东阳市人民法院民事审判四庭副庭长职务；吕丹萍的东阳市人民法院综合审判庭(建筑业巡回法庭)副庭长职务。

10月21日，市十五届人大常委会第三十五次会议召开。会议决定任命：范锐为东阳市人民政府副市长。任命：金王平为东阳市人大常委会社会建设工作委员会副主任；郭门明为东阳市人大常委会吴宁街道工作委员会主任；尹伟宏为东阳市人大常委会吴宁街道工作委员会副主任；张梁俊为东阳市人大常委会白云街道工作委员会主任；卢竹山为东阳市人大常委会白云街道工作委员会副主任；卜如阳为东阳市人大常委会江北街道工作委员会主任；张兴法为东阳市人大常委会江北街道工作委员会副主任；张国阳为东阳市人大常委会六石街道工作委员会主任；杜永生为东阳市人大常委会六石街道工作委员会副主任；蒋烈新为东阳市人大常委会城东街道工作委员会副主任；陈朝霞为东阳市人大常委会南市街道工作委员会主任；林玉勤为东阳市人大常委会南市街道工作委员会副主任。免去：张永炜的东阳市人大常委会城乡建设与环境资源保护工作委员会副主任职务；陈煌的东阳市人大常委会代表与选举任免工作委员会副主任职务；赵镇洋的东阳市人大常委会吴宁街道工作委员会主任职务；楼赵龙的东阳市人大常委会吴宁街道工作委员会副主任职务；楼炬华的东阳市人大常委会白云街道工作委员会副主任职务；斯宏晓的东阳市人大常委会江北街道工作委员会副主任职务；包日进的东阳市人大常委会六石街道工作委员会主任职务；何生龙的东阳市人大常委会六石街道工作委员会副主任职务；杜志明的东阳市人大常委会城东街道工作委员会副主任职务；杜运才的东阳市人大常委会南市街道工作委员会主任职务；陈永红的东阳市人大常委会南市街道工作委员会副主任职务。

2021年8月12日，市人大常委会组织代表开展“健康东阳”建设专题视察
（市人大办提供）

11月25日，市十五届人大常委会第三十六次会议召开。会议决定任命：黄胜可为东阳市人民政府副市长。任命：郑晓鸣为东阳市人民检察院副检察长、检察委员会委员、检察员；张妲妲、孙淑娟为东阳市人民检察院检察员。任命：陆晴、吴金翔为东阳市人民法院审判员。免去：黄叶飞的东阳市人民法院审判委员会委员职务；朱炜的东阳市人民法院审判员职务。会议决定：副市长黄胜可代理东阳市人民政府市长职务，副检察长郑晓鸣代理东阳市人民检察院检察长职务，报金华市人民检察院和金华市人民代表大会常务委员会备案；接受楼琅坚辞去东阳市人民政府市长职务的请求，并报东阳市第十五届人民代表大会备案；接受胡宇翔辞去东阳市人民检察院检察长、检察委员会委员、检察员职务，报东阳市第十五届人民代表大会备案，并报金华市人民检察院检察长提请金华市人民代表大会常务委员会批准。

12月27日，市十五届人大常委会第三十七次会议召开。会议决定任命：徐健为东阳市人民政府副市长。决定免去：陈德良的东阳市人民政府副市长职务；吕良勇的东阳市人民政府副市长职务。任命：甘庆富为东阳市监察委员会副主任；应黎斌、胡卫为东阳市监察委员会委员；免去：吕兴东的东阳市监察委员会委员职务。会议决定接受叶文卫辞去东阳市监察委员会主任职务的请求，并报东阳市第十五届人民代表大会备案；决定甘庆富代理东阳市监察委员会主任职务。

（蔡旦卡）

人大视察与调研

【概况】 2021年，市人大常委会组织开展城区涉安全隐患违法建筑专项整治工作视察、新时代“枫桥式”退役军人服务中心(站)创建工作视察、“健康东阳”建设视察、“推进垃圾分类”民生实事落实情况视察、中小河流治理工作视察等。开展全市债务问题调研、全市“医养结合”养老服务工作调研、全市基层人大队伍建设调研、2021年政府投资重大项目执行及2022年政府投资重大项目计划安排情况调研、农业产业化工作调研。上下联动开展推进落实“十四五”规划科技创新发展部署、加快建设高水平创新型省份情况调研。开展《浙江省动物防疫条例》执行情况调研，开展《金华市物业管理条例》《金华市轨道交通管理条例》《金华市城市绿化条例》立法调研等。

【城区涉安全隐患违法建筑专项整治工作视察】 2021年5月10日，市人大常委会组织开展城区涉安全隐患违法建筑专项整治工作视察，实地察看江北街道革成小区、白云街道老应山小区、吴宁街道红椿巷小区和麻车埠小区等拆违现场，并召开座谈会。视察意见提出，市政府要在监管上形成闭环机制，确保违建不反弹。市政府违建整治工作组定期召开专班成员会议，各街道实行上墙公示、挂图作战，做到整治工作日通报、周研判；加大“违建整治进行时”专题报道；全面排查并向有违建情况的党员干部家庭送达《党员干部消除安全隐患通知书》，督促自拆，并选取有难度的小区进行集中攻坚。截至10月末，全部小区基本完成一轮整治，其中部分小区因整治标准过低、拆后利用篷布遮盖变相反弹等问题得以处置。

【新时代“枫桥式”退役军人服务中心（站）创建工作视察】 2021年8月4日，市人大常委会组织开展新时代“枫桥式”退役军人服务中心（站）创建工作专题视察，实地察看东阳市退役军人服务中心，吴宁街道退役军人服务站、江北街道湖沧社区退役军人服务站等场所，并召开座谈会。视察意见提出，市政府要营造“尊崇军人”的氛围，畅通退役军人诉求表达渠道，落实各项优待政策，开展就业创业培训，齐抓共管，合力推动新时代“枫桥式”退役军人服务中心（站）创建工作。市政府推动军营开放日、军地联席会议等常态化，加强“双拥”共建活动，促进军地融合；开展金华市“最美退役军人”评选；依托镇、村服务站和网格员队伍，开展“15分钟代办服务圈”退役军人服务工作。截至年末，全市522家爱心商家加入崇军商家联盟，军转干部和符合政府安排工作条件退役士兵实现100%安置，3000余名退役军人加入市、镇、村三级志愿者服务队。

【“健康东阳”建设视察】 2021年8月12日，市人大常委会组织开展“健康东阳”建设专题视察，实地视察江北街道东丰小区运动场地、江北综合医院项目现场、市妇幼保健院健康科普馆等地，并召开座谈会。视察意见提出，市政府要突出“大健康”发展理念，健全环境与健康监测、调查和风险评估机制，完善政策支持体系，加强医疗卫生服务体系建设，推动相关政策配套衔接，在重大项目安排、工作推进、经费投入等方面形成政策合力，确保东阳市主要健康指标增幅高于全省平均水平。市政府印发《2021年健康东阳建设工作要点》和《2021年健康东阳建设目标责任制考核细则》，采用现场活动、大众媒介推广等方式加强宣传，在机关、企业、社区等场所设立102座“健康小屋”；投入近900万元对84所中小学校教室照明设备进行改造；完成儿童、青少年近视普查3次，建立儿童、青少年屈光发育档案34万份；创建金华市近视防控示范学校3所。

【“推进垃圾分类”民生实事工作专题视察】 2021年9月2日，市人大常委会组织开展“推进垃圾分类”民生实事工作专题视察，实地察看汇豪名邸垃圾分类运行点、东阳生活垃圾生态处理中心、白云综合分拣中心等地，并召开专题座谈会。视察意见提出，市政府要通过制度落实“撤桶并点”“两定四分”要求，推动居民养成垃圾分类投放、定点定时投放的习惯；要通过强化执法保障、科技赋能管理，撬动社会力量、社会资源共同参与；要科学合理设置分类设施和卫生防护设施，加大教育引导、动员发动，抓牢源头减量。市政府重视垃圾分类工作，印发《东阳市主城区全面实施生活垃圾“两定四分”模式的行动方案》，全年建成投放点722个、运行点位470个，全方位开展宣传报道和氛围营造工作，完善垃圾分类清运体系建设和焚烧厂、综合分拣中心等终端处置体系建设，提升全市资源化利用率和分类处理率；深入实施主城区居民小区生活垃圾分类工作考核办法，从严查处垃圾分类违法行为。

【中小河流治理工作视察】 2021年9月17日，市人大常委会组织开展中小河流治理工作专题视察，实地察看东阳江白云段、南江南马段、柽溪江千祥段等治理工程，听取市政府有关工作情况汇报。视察意见提出，市政府要突出生态理念，高水平推进“十四五”中小河流治理工程；要提升治理水平，切实增强防洪能力；要强化协同配合，妥善解决历史遗留问题。市政府重视市人大常委会视察意见，重启柽溪江南马段综合治理工程，制定二期建设方案，将该项目列入下一年中央投资计划；开展水文化遗产调查工作，在中小河流治理过程中融入“一河一品牌，一段一特色”水文化，在水文景点规划设计中融入堰坝、河堤、河岸跑道等建筑物，在中小河流沿岸打造景观长廊、滨水公园。

2021年9月2日，市人大常委会组织代表开展“推进垃圾分类”民生实事工作专题视察

（市人大办提供）

【全市债务问题调研】 2021年，针对东阳市推进“十四五”规划建设和“五大会战”资金需求，市人大常委会开展全市债务问题专题调研，出具调研报告。该报告认为，省内部分先进县(市)抓住窗口期举债、加快当地建设的经验值得东阳市借鉴；东阳市举债工作整体上相对落后、缺乏对举债和建设关系的研究和统筹，融资规模跟不上建设需求。该报告建议，市政府要“稳”字当头、适度举债，把政策调控当成追赶发展的契机，统筹处理好建设、举债、偿还之间的关系，提升国企盈利能力，促进东阳市经济社会高质量发展。针对市人大常委会的调研报告，市委主要领导批示要求市财政局、市国资委等部门进行专题研究并提出具体措施。

【农业产业化工作调研】 2021年，针对农业产业化工作中龙头企业引领作用不强、扶持政策力度弱化、要素保障不充分、农产品品牌影响力不够和部分优势产业萎缩等问题，市人大常委会对东阳市农业产业化工作进行专题调研，到多个镇乡(街道)农业产业基地，走访村干部、人大代表、农业大户等，结合考察先进县(市)、召开座谈会等调研方式，出具调研报告。该报告建议，市政府要学习借鉴先进地区经验做法，加大财政、金融、服务机制和要素保障等农业政策扶持力度，强化产业发展规划和科技创新，深化农产品品牌建设，培育农业龙头企业，延伸产业链、促进农业产业发展和成果共享。市政府围绕粮食、蔬菜、水果、茶叶、中药材、香榧、畜牧七大主导产业制定针对性扶持政策，向农业主体征集关于主体培育、机械强农、科技创新、农业品牌等方面的建议36条。

【“医养结合”工作调研】 2021年，针对东阳市“医养结合”工作中存在的老年医疗服务能力不强，政策集成融合不足，医养结合队伍薄弱以及失能老人家庭负担重等问题，市人大常委会对东阳市“医养结合”工作进行专题调研，走访市人民医院、市中医院、市福利院、南市街道养老中心、市喜

2021年1月7日，东阳市人民代表大会代表联络总站揭牌（市人大办提供）

洋洋康乐中心、白云街道接官亭社区卫生服务站、千祥镇卫生院等场所，结合专题座谈会等调研方式，出具调研报告。该报告建议，市政府要提升基层医疗卫生机构服务能力、养老机构“医养结合”能力和“医养结合”信息化支撑能力，强化医疗卫生和养老服务衔接；优化完善医保支持政策，并将各项政策全面落实到位；加强“医养结合”服务队伍建设，建立“医养结合”服务队伍激励机制。市委、市政府重视市人大常委会的调研报告，将提升医疗卫生服务水平和实施养老助残服务提升工程列入2022年市政府十大民生实事候选项目。

（蔡旦卡）

人大代表工作

【人大代表联络站建设】 2021年1月7日，东阳市人大代表联络总站举行揭牌仪式。全年，全市增加村居(社区)级人大代表联络点5个、“矛调站”联络岗24个，东阳市“人大代表联络总站—镇乡(街道)代表联络站—村居社区代表联络点—代表联络岗”四级网络体系进一步完善。各联络站、点形成接待、处理、反馈工作闭环管理。5月，投入资金18.6万元，为各镇乡(街道)人大联络站配置触摸大屏显示器21个。横店镇、歌山镇、六石街道3个代表联络站获评金华市镇乡(街道)示范性“四好”代表

2021年3月24日，市人大常委会组织部分地方国家机关负责人走进吴宁人大代表联络站，与代表现场沟通面商，收集代表群众意见和建议（市人大办提供）

2021年东阳市十五届人大五次会议优秀代表建议一览表

表6

序号	领衔代表	建议内容
1	俞　蘠	关于进一步提升群众办事便利度的建议
2	许钢红	关于大力度建设改造公办养老机构和城市社区养老体系建设的建议
3	任建平	关于加强江北新城建设和老城区改造提升的建议
4	王继新	关于举全市之力支持“万亩千亿”平台建设的建议
5	骆泽伟	关于加强公共卫生应急体系,打造健康东阳的建议
6	卢杨成	关于进一步形成重视工业经济氛围的建议
7	张寅初	关于发挥东阳教育之乡人才优势,优化人才政策环境,构建县级科创高地的建议
8	李晓强	关于调整东阳“三强六无五美村”评选考核标准的建议
9	陈尚进	关于加强我市职业教育的建议
10	卢　兵	关于加快打造卢宅文旅核心区的建议
11	黄泳钧	关于推进完善农房集聚区工作的建议
12	程瑞东	关于加强东阳城市交通治理的建议

联络站,横店镇官桥村人大代表联络点获评金华市示范性“四好”代表联络点。

【人大代表建议办理工作】 2021年3月、5月,市人大常委会组织60余名政府工作部门和有关单位主要负责人分两批次到人大代表联络总站、各镇乡(街道)代表联络站,围绕市十五届人大五次会议12件重点建议和各代表小组上报的56件代表重点建议,与代表现场沟通、面商办理,听取代表群众对部门工作的意见建议。两次活动共200余名人大代表、50余名群众参加,代表反映各类问题37个、当场回复解决24个,其余作为代表闭会建议交由相关部门研究处理、予以答复。

3月,市人大常委会联合市政府召开代表建议交办会,推动市十五届人大五次会议258件代表建议办理,将12件重点建议交由人大常委会分管副主任牵头督办。各承办单位通过上门走访、电话联系、邀请代表现场视察、座谈面商等方式,与代表主动沟通,提高代表建议办理工作实效。7—8月,市人大常委会开展代表建议办理工作“回头看”。9月,通过政情通报会向全体代表通报代表建议办理情况。12月,再次开展代表建议办理工作“回头看”。全年代表建议解决率(含基本解决)和代表满意率分别达96.5%和99.6%,再创历史新高。

【镇乡(街道)人大工作】 2021年年初,市人大常委会在镇乡(街道)人大工作例会上听取各镇乡人大主席团关于2020年工作情况和2021年工作计划的汇报。在市第十五届人大常委会第三十二次会议听取和审议各人大街道工委关于2020年工作情况和2021年工作计划的报告,同意各人大街道工委提出的年度工作目标任务、批准相关报告;审议通过2021年度市人大常委会交办各人大街道工委的“工作清单”。各镇乡人大主席团、人大街道工委开展常规监督和特色监督,落实年度工作计划。其中,人大六石街道工委、人大城东街道工委,南马镇人大主席团、巍山镇人大主席团、湖溪镇人大主席团、画水镇人大主席团、东阳江镇人大主席团获评2021年度东阳人大工作先进集体。

【人大代表履职培训考评】 2021年,市人大常委会组织代表到省委党校开展履职能力提升集中培训活动,通过各种载体和途径开展“数字化改革场景应用”等专业化知识培训。执行《东阳市人大代表年度履职考评实施办法》制度,以积分量化考核的形式促使全市各级代表履好职。全市各级代表围绕全市工作大局履行职责,韦红良、傅国政、潘红成、吕航、钱国潮、王世明、王淑婷、吴子祥、赵劲松、卢杨成、单南平、乔冠男、陈天德、陈军民、陈晓华、金征海、方君明、张永进、张德明、吕小华、朱益群、吴永旦、王利杨、胡耀良、史德刚、杜金明、张立明、许基平、俞灿煌、斯庆平、杜文辉、金正楷、单万荣33名代表获评2021年度东阳市人大代表履职先进个人。

（蔡旦卡）

东阳市人民政府

Dongyang Municipal People's Government

综 述

【概况】 2021年,东阳市实现生产总值730.84亿元,按可比价计算,比上年增长10.5%。按户籍人口计算,全市人均生产总值85849元(按年平均汇率折合13307美元),比上年增长10.5%。财政总收入142.41亿元,比上年增长15.1%;其中一般公共预算收入83.38亿元,比上年增长14.8%。一般公共预算支出110.77亿元,比上年增长11.1%。全市固定资产投资总额209.33亿元,比上年增长19.7%。社会消费品零售总额325.50亿元,比上年增长14.8%。进出口总额49.12亿美元,比上年增长23.4%。金融机构本外币存款余额1693.21亿元,比上年增长11.1%。全市居民人均可支配收入54431元,比上年增长11.5%。城镇常住居民人均可支配收入64338元,比上年增长10.6%;农村常住居民人均可支配收入37717元,比上年增长12.0%。

【"五大会战"工作】 2021年,东阳市调整优化产业结构,实施平台建设大会战、综合交通大会战、城市品质提升大会战、生态环境改善大会战、现代治理大会战"五大会战"。"万亩千亿"新产业平台总体规划落地实施,全面完成巍山镇高大村,六石街道后金村、殿口村征迁工作,巍山镇莘桥头村征迁取得突破,六石、巍山安置区开工建设。三条铁路超额完成年度建设任务,义东高速公路东阳段全线开工,新西站正式启用。东阳江大桥完成加固改造,江滨景观带整体提升改造、歌山大桥项目建设等一批工程全面推进,城区涉及安全隐患违法建筑专项整治基本完成。5个污水处理厂基本建成,城区生活垃圾"两定四分"点位实现全覆盖;$PM_{2.5}$平均浓度22微克/立方米,空气优良率达98.9%。国家级重复信访件、省级重复信访件、省级积案化解率分别为75.7%、73.9%、71.4%,超额完成省定目标;开展反诈人民战争工作,实现"平安县(市)"十五连创。

【"四大千亿产业"培育】 2021年,"四大千亿产业"培育在市委十五届九次全体(扩大)会议上正式提出。"四大千亿产业"培育写入市委"十四五"规划建议和全市"十四五"规划纲要。在"十四五"时期,聚焦工业、影视文旅、建筑、木雕家居四大产业,力争实现"四个千亿"目标,即到2025年,力争规模以上工业总产值、影视文旅产业总收入、省内建筑业及建筑工业产值、木雕家具全产业链营业收入均突破千亿元大关。2021年4月19日,全市产业发展大会召开,部署推进工业经济与科技创新、影视文旅产业、建筑业、木雕家居产业"四大千亿产业"的重点工作。

【三项重点工作】 2021年,东阳市推进"人人向往"教育品牌建设、乡村振兴、招商引资三项重点工作。教育事业提质发展,15所学校投入使用,10所学校成功创建省级现代化学校。东阳市打造"三强六无五美"达标村100个,举办第21届全国"村长"论坛,入选省新时代乡村集成改革试点市。省"千万工程"展示馆一期建成开馆。召开2021第三届世界东阳人发展大会,集中签约十大东阳人回归项目、十大校地合作项目、十大科技成果转化项目,赛特斯5G产业园、东阳光电容器等项目开工建设,正威长三角新材料产业园一期、千芝雅智能制造等项目投入生产。

【社会事业】 2021年,十大民生实事基本完成。四个农房集聚区一期交房,市养老中心一期开工建设。南马水厂二期、三单水厂和10座单村供水站建成投运。市中医院迁建工程基本完工,江北综合医院开工建设。东阳境内高速公路实现差异化免费通行,境内普通国、省道收费站全部撤除,主城区增加停车位1.8万个。启用江滨文化中心,中国计算机博物馆落户横店镇。开展新冠肺炎疫情防控工作,完成疫苗接种239万剂次。与四川省南江县结对,开展新一轮东西部协作。

(王 群)

重要政事

【综合交通大会战成果展示】 2021年,东阳市综合交通完成投资74.9亿元。1月22日,217省道(原39省道)十里头至官清段开通仪式暨2020年东阳市综合交通大会战成果展示会举行。白峰岭收费站、东永公路收费站礼村收费点停止收费,拆除东阳市

2021年东阳市政府十大民生实事项目一览表

表7

项目内容	责任单位	完成情况
实施交通畅通工程，构建高效便捷交通体系	市公安局、市财政局、市交通局、东阳城投集团、吴宁街道、白云街道、江北街道	江滨南街东延、教授路（兴平路以北）、西一路、革成路、湖莲东街（人民路以东路段）、甘溪路（歌山路—八华路）、南环路7条“断头路”均已通车。增加主城区机动车位18571个。东阳市境内高速公路于3月1日起正式实施差异化收费，东永线礼村等东阳旧市境内普通国、省道收费站全部拆除
改善中小学、幼儿园办学条件，提升教育教学环境	市教育局	新建、改扩建横店高中、吴宁第二小学等18所学校，投入使用吴宁第二小学、白云实验小学等十余所学校，增加中小学和幼儿园学位9630个。中小学厕所改造项目、学校变压器扩容项目全面完成年度目标。更换中小学“可调节课桌椅”13180套，增加“空调进教室（寝室）”2054间
加强食品安全和放心消费工作，营造“安心食、放心购”环境	市市场监管局	实现学校智能“阳光厨房”和农村家宴“阳光厨房”全覆盖，其中学校智能“阳光厨房”277家，农村家宴“阳光厨房”42家；组织开展农村家宴厨师培训，培训130人。培育“放心消费”单位7141家，含无理由退货承诺单位1680家、“放心工厂”1423家
提升养老助残服务水平，增进老年人残疾人福祉	市民政局、市人力社保局、市残联	建成涵盖机构养老、居家养老、社区日间照料等智慧养老平台。东阳市养老中心一期开工建设，二期完成社会风险评估报告评审、合法性审查等程序；横店镇养老中心（敬老院）完成筹建工作，选址张山坞地块，确定一期用地1.17公顷；南马镇养老中心（敬老院）改扩建完成谋划工作，确定建设方案。建成江北街道、巍山镇等8家镇乡（街道）示范型居家养老服务中心，完成660人次的养老护理员（家庭照护员）培训。完成382户困难家庭适老化改造。养老资格透明认证系统上线使用，社保待遇资格认证率达99.6%，全市近23万余名社保待遇领取人员资格认证实现“零次跑”。横店“残疾人之家”、江北街道喜洋洋“残疾人之家”提升建设三星级及以上“残疾人之家”
推进农房安居工程，提升城乡宜居水平	市住建局	城区、横店、南马、巍山4个农房集聚区一期项目交付使用，共计交房4390户。高铁新城一期农房集聚区一期1号地块、城区农房集聚区二期完成主体结构结顶；巍山农房集聚区二期和横店农房集聚区二期分别完成主体结构的90%和80%。横店农房集聚区三期项目完成土地报批等前期相关手续；高铁新城二期完成招标，完成土石方开挖的80%。完成C、D级农村危房安全隐患整治
提升医疗卫生服务水平，增强群众健康获得感	市卫健局、市市场监管局	建成24小时“网订店送”药房10家。全市户籍65周岁以上老年人累计免费接种流感疫苗79800剂次，接种率56.94%。2000台在线血压仪和2000台在线血糖仪设备均到位，逐步用于治疗和管理新发现的高血压、糖尿病患者。全市规范化村卫生室建成200家（全市村卫生室总数278家），规范化率71.9%
实施城乡公交提升，改善群众出行条件	市交通局	通过公交线网优化提升，打造城区干线“30分钟”公交圈（6条线：21路、70路、71路、72路、1路、28路），完善全市城区公交智能调度系统。新建农村港湾式停靠站15个。实现城乡公交移动支付全覆盖。建成公交车充电桩23个，升级公交车车载视频监控系统。更新投放纯电动公交车20辆

续表7

项目内容	责任单位	完成情况
开展"美丽乡村"建设，打造"歌山画水"和美乡村	市水务局、市农业农村局	南江湖溪段开展省级美丽河湖创建工作，通过省级验收。增加农村生活污水处理标准化运维设施50个。围绕全面实施乡村人居环境整治行动方案开展"六乱"整治工作。开展"十佳村""十差村"考核，建成达标村100个，示范村30个。共享田园项目在6个建设任务的基础上，谋划18个任务，其中横店盛树头共享田园二期完成建设
完善垃圾分类体系，提升城乡人居环境	市垃圾革命工作领导小组办公室	完成东方小区、九龙公馆、碧水名府等9个小区省级高标准生活垃圾分类示范小区创建。建成城区源头分类"两定四分"集中投放点718个，实现全覆盖。白云、江北、歌山、横店4家综合分拣中心投入运行，南马综合分拣中心因临时用地审批问题导致项目相对进展较慢。歌山、横店两家建筑垃圾资源化利用中心均完成建设并正式运行。垃圾焚烧厂1号、2号、3号炉均点火运行，全市垃圾处理能力1650吨/日。餐厨垃圾生态处理中心项目建成投用
实施全民防诈防骗工程，用心守护群众"钱袋子"	市公安局	全市全年电信网络诈骗损失金额7654.52万元，比上年下降33.1%。健全市、镇(街)、村(社区)三级反诈体系，创建"无骗"村(小区)334个，"无骗"企业(规上)98.8%。群众对电信网络诈骗犯罪防范知识知晓率98.87%，对主要诈骗类型情景模拟辨识率89.18%。实施全民防诈防骗工程，全市在6月末迎来连续11年发案增长后首次出现向下拐点

（吴　婧）

境内普通国、省道所有收费站。3月1日起，东阳市境内高速公路实施ETC差异化收费。江滨南街东延工程开工。351国道兴平路"平改立"工程建成通车。

【东阳市入选全省高质量发展建设共同富裕示范区首批试点】 2021年，省高质量发展建设共同富裕示范区领导小组办公室印发《关于公布高质量发展建设共同富裕示范区首批试点名单的通知》，确定缩小地区差距、缩小城乡差距、缩小收入差距、公共服务优质共享、打造精神文明高地、建设共同富裕现代化基本单元等六大领域28个试点地区。东阳市入选打造精神文明高地领域首批试点名单。

【东阳市3项工作获省政府督查激励】 2021年5月7日，省政府办公厅印发通报，对在2020年落实有关重大政策措施中，真抓实干、取得明显成效的73个地方予以督查激励。东阳市实施全域土地综合整治与生态修复工程、节约集约利用土地、批而未供土地消化利用、闲置土地处置工作，推动建筑业和房地产业平稳健康发展，传承发展浙江优秀传统文化工作获省政府督查激励。

【《东阳市国民经济和社会发展第十四个五年规划和二〇三五年远景目标纲要》制定】 2021年5月23日，东阳市人民政府印发《东阳市国民经济和社会发展第十四个五年规划和二〇三五年远景目标纲要》(简称《纲要》)。《纲要》分三部分：第一部分主要对"十三五"规划实施情况进行总结评估，在分析"十四五"规划的现实基础、发展环境的基础上，明确"十四五"发展的指导思想、发展定位和发展目标；第二部分主要提出科技创新、产业转型、城乡统筹、生态文明、文化建设、公共服务、开放协作、基础设施网络、社会治理九个方面重点任务；第三部分主要阐明规划实施的保障机制。《纲要》是引领未来五年东阳经济社会发展的统领性文件，是谋篇布局现代化建设新征程的宏伟蓝图，主要阐明全市经济社会发展的战略意图，明确政府工作重点，引导规范市场主体行为，是政府履行经济调节、市场监管、社会管理、公共服务、生态环境保护职能的重要依据。在发展定位上，创新性提出"经济强市、文化名城、歌画东阳"发展定位；在发展目标上，提出努力打造"两市三地两园"，争创社会主义现代化先行市；在发展指标上，在衔接省市指标体系基础上，根据东阳特色，提出影视文化产业收入、建筑业总产值、对外工程承包额等个性化指标。

【木雕红木行业首个国家级质检中心落户东阳市】 2021年7月9日，位于东阳市的国家木雕及红木制品质量监督检验检测中心(浙江)通过国家市场监管总局组织的专家考评组考评验收，成为木雕红木行业首个国家级质检中心。

国家木雕及红木制品质量监督检验检测中心(浙江)于2015年获原

2021年6月5日，第二十一届全国“村长”论坛在东阳市南马镇花园村开幕（包康轩/摄）

国家质检总局批准筹建，经过6年建设，中心面积扩大至6000平方米。该中心取得实验室认可证书、国家级检验检测机构资质认定证书及授权证书，检测项目覆盖率88.2%；建立一支拥有正高级工程师、高级工程师及多名硕士研究生的技术团队；承担、参与各类科研项目12项，参与各级标准制、修订13项，出版专业著作6部，发表研究论文9篇，获专利17项。

国家木雕及红木制品质量监督检验检测中心（浙江）拥有木材鉴别、家具外观、漆膜理化、力学性能、石材放射性元素、纺织品、皮革安全检测等多个检验室；配备顶级国际知名品牌仪器设备60余台套，价值1200万元。检测范围涵盖各类木雕及红木制品的产品性能评价检验及相关原辅材料评价分析，具备红木家具、木雕制品及原辅料全项目检验能力。

【第二十一届全国“村长”论坛】 于2021年6月4—6日在东阳市南马镇花园村举行，由中国村社发展促进会、省农业农村厅、金华市委、金华市政府主办，全国各地的农村基层代表、少数民族大学生“村官”代表以及“三农”学者专家等参加。论坛以“建设现代化美丽乡村 实现高质量共同富裕”为主题，与会专家围绕基层党建、共同富裕、智慧乡村、投资合作等重点领域进行交流研讨。论坛开幕式上，10个村庄签署共富共享帮扶协议；100个经济强村和100个经济发展薄弱村启动对接帮扶行动，在资金、项目、技术、人才等方面进行深入合作；花园联合党委书记、花园村党委书记兼村委会主任邵钦祥获“中国农村共富特殊贡献奖”，并作为代表发起浙江“共同富裕百村联盟”倡议。该届论坛设主论坛与“党建引领与乡村振兴”“建党百年与共同富裕”“数字中国与智慧乡村”“村庄投资与合作发展”四场分论坛。在论坛闭幕式上发布《乡村振兴、共同富裕》宣言，表彰四川省崇州市白头镇五星村等5个获评2021“中国特色村”的村庄。

【2021中国（横店）影视文化产业博览会及发展大会】 2021年10月22日，影视文化产业博览会在梦外滩景区开幕。博览会以“影·向未来 视·向远方”为主题，开设“看见横店”“影视之光”“科技之新”等七大主题展区，总面积1.5万平方米，设展位770余个，200余家国内外优质影视企业、影视基地参展。10月22日，影视文化产业发展大会在横店圆明新园夏苑举行。大会表彰文明剧组、成长型影视企业、金牌影视企业、功勋影视企业，颁发精品成就奖。大会发布2021年中国影视文化产业人才发展报告、横店影视文化产业指数、横店“影视文化产业大脑”系统。

【计算机博物馆项目落户横店镇】 2021年12月17日，计算机博物馆项目签约仪式在深圳国际会展中心举行。东阳市政府与中国计算机学会签订战略合作协议，标志东阳市将新建一家国家级计算机博物馆。计算机博物馆项目选址横店国防科技园，由主区和副区组成。主区包括历史展示区、现状展示区、未来展示区和科普区。副区包括贡献/捐献区、访客接待服务区、展品设计制作和材料库区、办公区和停车区。计算机博物馆建筑面积约6万平方米，博物馆建

2021年12月，横店影视文化产业大脑数字驾驶舱页面（横店集聚区提供）

筑按照统一规划、分两期建设的方式进行，总体投资约6亿元。该博物馆将成为中国计算机学会唯一授权的计算机博物馆。

【东阳“影视文化产业大脑”入选浙江省数字化改革第二批“最佳应用”】 东阳市以数字化推动产业转型提升，通过开发建设“影视文化产业大脑”应用，为企业提供集公平有序、高效便捷、精准服务、科学决策、风险防控等优势和功能于一体的应用平台。2021年12月22日，浙江省数字化改革第二批“最佳应用”公布，东阳市“影视文化产业大脑”入选。横店影视文化产业集聚区是国内首个文化类产业集聚区，集聚影视从业人员10余万以及影视企业1500余家。

【东阳市人民广场改造提升工程】 2021年，东阳市人民广场人防工程及其周边交通与景观提升工程项目进入施工准备阶段。作为东阳市城市品质提升大会战重点实施项目之一，该项目将促进人民广场城市路网结构的优化，完善城市框架，给居民出行带来便利。人民广场地下一层规划建设1710个停车位的停车场。

（杜　欣）

重要会议

【市政府全体会议】 2021年，东阳市召开市政府全体会议1次。

8月10日，召开市十五届政府第九次全体会议。会议坚持以习近平新时代中国特色社会主义思想为指导，深刻领会习近平总书记关于浙江工作的重要指示批示和“七一”重要讲话精神，全面贯彻《中共中央 国务院关于支持浙江高质量发展建设共同富裕示范区的意见》，全面落实省委十四届九次全会、金华市委七届九次全会部署要求，听取和讨论两个报告，审议通过《东阳高质量发展建设共同富裕先行市行动方案(2021—2025)》，系统研究部署东阳高质量发展建设共同富裕先行市，动员全市上下弘扬伟大建党精神，坚定扛起使命担当，以史为鉴、开创未来，向着第二个百年奋斗目标阔步前行。

【市政府常务会议】 2021年，东阳市召开市政府常务会议18次。

1月16日，召开市十五届政府第八十五次常务会议。会议审议并原则同意《东阳市农村乱占耕地建房问题专项整治三年行动方案》、《关于进一步加强流动人口、出租房屋服务管理工作的通知》、《东阳经济开发区总体规划(2020—2035年)》、提交的14个项目为“2021年政府十大民生实事”候选项目、《关于2020年全市环境状况、环境保护目标完成情况和水环境保护工作情况的报告》、《关于2020年全市和市级财政预算执行情况及2021年全市和市级财政预算(草案)的报告》、《政府工作报告》、江北高新产业园区管委会提出的优惠政策建议及相关支持条款。

2月26日，召开市十五届政府第八十六次常务会议。会议审议并原则同意《东阳市进一步加强塑料污染治理实施办法》、《关于坚持农业农村优先发展推动农业农村现代化的若干意见》、市评审办提出的2020年度东阳市市长质量奖名单和市长质量奖提名奖名单、《东阳横店通用航空机场改扩建项目建设横店区块房屋征收与补偿安置方案》、《东阳市ETC小客车差异化收费实施方案》、浙江省“千万工程”展示馆建设方案、画水镇提出的关于画水威龙教玩产业园项目有关意见建议、市国资办提出的浙江猫咖影视项目基金投资方案、《横店影视产业人才基金实施办法》、《东阳市雇员制教师招用管理实施办法》、《“十四五”期间高质量推进横店教育现代化发展实施方案》。

3月11日，召开市十五届政府第八十七次常务会议。会议审议并原则同意《东阳市人民政府关于南马镇人民政府相对集中行使行政处罚权公告》和对“万亩千亿”新产业平台涉及的六石街道后金自然村和巍山镇高大自然村实施征迁。

4月8日，召开市十五届政府第八十八次常务会议。会议传达学习《浙江省数字经济促进条例》，要求各部门单位要深化思想自觉、强化行动自觉，切实抓好条例的宣传贯彻；要找准切入点和发力点，顺势而为、乘势而上，全力推动东阳市数字经济发展迈上新台阶。会议传达学习《中共金华市委办公室 金华市人民政府办公室关于印发〈深化清廉村居建设五年行动方案〉的通知》。会议听取市统计局关于国家统计督察有关情况的汇报，要求各有关单位要严格执行统计法律法规，坚持实事求是、应统尽统，不断提高统计数据质量；要加强统计员队伍建设，切实提升基层统计能力；要坚持问题导向，全力补齐统计工作中的短板弱项。会议审议并原则同意《东阳市推进制造业高质量发展加快工业强市建设的若干政策意见》、《东阳市政府科技创新奖评审管理办法(试行)》、《关于高质量推动科技创新高水平建设科创高地的政策意见》、市科技局提出的2020年东阳市中小企业市长科技创新奖拟获奖企业名单、《东阳市环境卫生体制改革实施方案》、《东阳市人民政府2021年度重大行政决策事项目录》、采用单一来源采购方式购买东阳市横店镇污水处理厂污水处理服务、对原《东阳市补充耕地项目管理办法(试行)》进行修正、市住建局提出的2020年度建筑业先进单位和先进个人拟表彰名单、《搭建技术支撑平台推动东阳医药高质量发展合作协议》。

5月14日，召开市十五届政府第八十九次常务会议。会议传达学习《中共浙江省委关于纵深推进清廉浙江建设的意见》。会议审议并原则同意《全市文物安全提升专项行动方案》、《东阳横店通用航空机场改扩建项目建设南马镇区块房屋征收与补偿安置方案》、《义东高速公路东阳(南市至南马)段工程项目房屋征收与补偿安置方案》、《白云、江北等综合分拣中心运营管理实施办法(试行)》、《东阳市既有住宅加装电梯工作实施意见(试行)》、《关于开展新时代“美丽城市小区”创建评选活动加快城市品质提升的实施方案(试行)》、《东阳市建筑工地文明施工管理规定》、横店镇北各用电大户供电项目资金筹措方案及相应工作建议、东阳文旅集团按照其委托第三方评估机构得出的评估价格对花园村中国农村博物馆大楼进行收购、市发改局提出的与浙江农林大学市校合作、课题研究合作意见建议、《关于对标先进聚焦群众关切进一步优化营商环境的通知》、给予市交通警察大队等3个单位记集体三等功奖励，给予楼正南等3人记个人三等功奖励，给予蒋宣国等4人嘉奖奖励，给予何泽冲和杜江峰2人记个人三等功奖励、市退役军人事务局提出的调整自主就业退役士兵一次性经济补助金标准意见建议。

6月3日，召开市十五届政府第九十次常务会议。会议传达学习《中华人民共和国统计法》及防范和惩治统计造假系列文件，要求各有关部门单位要高度重视统计工作，做到真学、真懂、真用，切实把好统计数据质量关，为经济社会高质量发展提供坚实的统计制度保障。会议审议并原则同意《深化生态文明示范创建 高水平建设新时代美丽东阳规划纲要(2020—2035)》、《2021年东阳市消费券发放方案》、市国资办提交会议讨论的浙江华铁应急设备科技股份有限公司投资合作项目系列协议及相关建议、《2021年东阳市银行业金融机构支持地方经济发展考核办法》、《关于进一步加强镇乡(街道)财政管理的意见》、市十五届人大五次会议重点建议答复意见。

6月24日，召开市十五届政府第九十一次常务会议。会议传达学习《中华人民共和国档案法》。会议传达学习《中共金华市纪委关于2起强对流天气防御工作形式主义官僚主义问题的通报》，要求各部门单位要从中吸取深刻教训，对照检查，举一反三、引以为戒，切实提高政治站位，强化宗旨意识，勇于担当作为，抓好工作落实，以实际行动维护广大人民群众生命财产安全、平安护航中国共产党成立100周年。会议听取关于东阳市档案工作有关情况的汇报。会议审议并原则同意《东阳经济开发区(东区)总体规划(2020—2035年)》、佐村镇提交会议讨论的《梅庄康养社区项目投资管理协议书》及相关建议、市经信局提交会议审议的《2020年度金华市民营经济强市建设先进集体和个人推选建议名单》，对东阳市2020年落实有关重大政策措施真抓实干、取得明显成效的市自然资源和规划局、住建局、文广旅体局等三个集体给予嘉奖。

7月9日，召开市十五届政府第九十二次常务会议。会议传达学习《中共金华市纪委办公室印发〈关于锲而不舍落实中央八项规定精神、治"四风"树新风的工作方案〉的通知》。会议审议并原则同意《东阳市村级集体经济巩固提升三年行动计划实施方案》、《关于全面推广市场采购贸易方式的若干意见》。

8月6日，召开市十五届政府第九十三次常务会议。会议传达学习习近平近年来关于统计工作重要讲话指示批示精神，要求各有关部门单位要高度重视统计工作，坚持依法统计、依法治统，不断提高统计数据质量，为经济社会高质量发展提供坚实的统计制度保障。会议审议并原则同意《东阳市南江流域综合治理规划修编(横店段)》、《东阳市贯彻落实第二轮中央生态环境保护督察报告反馈问题整改方案》、《东阳市工业企业亩产效益综合评价办法(2021年修订)》、《东阳市工业高质量发展"十四五"规划》、市低效整治办提交的第六批5宗低效工业资产收购方案、《关于改善金融服务支持实体经济高质量发展的若干意见》、《东阳市产业发展集团有限公司组建方案》和《东阳市文旅投资集团有限公司组建方案》、《东阳市市属国有企业负责人经营业绩考核与薪酬核定暂行办法》、《东阳市市属国有企业重大事项决策及报告制度(试行)》、歌山镇提出的东阳诚艺服饰有限公司新建年产4800万米高档服饰面料和5000吨服装洗染项目意见建议、提交讨论的《乐之翼新型产销研一体化游乐产业项目投资协议书》、提交讨论的《欢娱影视艺术中心项目合作协议书》、《东阳市"快递进村"工作方案》、调整卢帅宇等754人义务兵家庭优待金和陈红侃等327人大学生入伍一次性奖励金标准建议、市交通局提出的顺风交通集团历史遗留问题一揽子解决建议方案。

8月13日，召开市十五届政府第九十四次常务会议。会议审议并原则同意《关于纵深推进根治欠薪工作的实施意见》，单独设立市人民医院巍山分院及提交讨论的《实施方案》、《东阳市科技型企业政策性信贷担保服务的实施意见》、《东阳市家庭农场高质量发展计划(2021—2025)》、市文广旅体局提出的浙江省第十七届运动会备战情况意见建议、《东阳市集团公司负责人薪酬管理实施方案》、提交讨论的《腾讯视频文创中心项目合作协议书》、经济开发区提出的浙江思科制冷股份有限公司风机盘管生产线项目意见建议、经济开发区管委会提出的《征迁决定》及相关事项。

9月3日，召开市十五届政府第九十五次常务会议。会议传达学习《2021年1—7月全市各纪检监察组组织查处违反中央八项规定精神问题情况分析》。会议审议并原则同意《东阳市人才发展"十四五"规划》，《东阳市科技创新发展"十四五"规划》，《东阳市建筑行业"十四五"发展规划》，《东阳市商贸流通和商业网点发展"十四五"规划》，《东阳市生态环境保护"十四五"规划》，《东阳市减轻义务教育阶段学生作业负担和校外培训负担实施方案》，江滨景观带整体提升改造(一期)、市人民广场人防及周边交通与景观提升、博士大桥、东阳江大桥提升改造4个项目总承包(EPC)模式，《2021年全市政府投资、国企投资年中增补项目计划》，经济开发区提出的浙江喔刷数字科技产业园暨年产450万台支付终端POS设备生产线新建项目意见建议，马宅镇提出的收回浙江省东阳市黄龙农业开发有限公司两宗土地使用权意见建议，市科技局提出的设立西安交通大学国家技术转移中心东阳协同创新中心、西北工业大学国家大学科技园东阳协同创新中心和与西安航天动力研究所建立战略合作关系意见建议，提交讨论的东阳市产业发展集团有限公司与上海大学《合作协议》,市国资办提出的赛特斯投资项目意见建议,提交讨论的《关于对城区违停车辆予以拖移的通告》,北京中医药大学项目方提出的引进条件及相关支持条款。

9月13日,召开市十五届政府第九十六次常务会议。会议审议并原则同意《东阳市"万亩千亿"新产业平台综合开发项目实施方案》、马宅镇提出的出让原浙江黄龙农业开发有限公司两宗土地意见建议、横店镇提出的横店城市综合体项目意见建议、市商务局提出的东阳光铝电解电容器项目意见建议、市商务局提出的野风集团有限公司投资项目框架协议、市商务局提出的东阳博康生产基地项目优惠政策及相关支持条款、东阳金投集团提出的出资份额及保障国有资金安全的措施、东阳金投集团与复星国风文化产业有限公司开展战略合作协议、市财政局提出的上海道铭投资控股有限公司投资项目框架协议、《东阳市能源"双控"错峰生产实施方案》、市住建局提出的中天控股集团有限公司投资项目框架协议、市教育局提出的浙江施强集团有限公司投资项目框架协议、市教育局提出的东阳中学与北京大学信息技术高等研究院开展战略合作的框架协议、生活垃圾综合利用项目指挥部提出的调整飞灰处理方式及相关意见建议、《东阳市民政事业发展"十四五"规划》,会议原则同意废止《东阳市涉行政审批中介机构信用等级评价管理办法》《东阳市企业信用联合奖惩实施办法(试行)》《东阳市特色文化展示馆扶持奖励办法(试行)》。

10月15日,召开市十五届政府第九十七次常务会议。会议传达学习《浙江省防汛防台抗旱条例》《中共浙江省纪委关于8起违反中央八项规定精神问题的通报》。会议审议并原则同意《东阳市农业农村现代化"十四五"规划》、《东阳市中心城区城市建设"十四五"规划(2021—2025年)》、《浙江省东阳市矿产资源规划(2021—2025年)》,要求根据会议提出的意见建议修改完善后按规定程序报批。会议原则同意《东阳市地质灾害防治"十四五"规划(2021—2025年)》、《东阳市工程建设项目涉及矿产品处置工作管理意见(试行)》、市污水终端改造工程总承包(EPC)模式、市商务局提出的正威长三角新材料产业园项目投资再补充协议意见建议、市商务局提出的东阳市人民政府与华民股权投资基金管理(深圳)有限公司开展投资合作框架协议、市商务局提出的投资意发功率半导体项目框架协议、《关于进一步促进开放型经济发展的若干意见》、市司法局提交的"七五"普法规划实施情况报告和"八五"普法规划。

10月25日,召开市十五届政府第九十八次常务会议。会议审议并原则同意《东阳市林长制实施方案》、《浙江东阳南山国家森林公园总体规划(2021—2030年)》、美丽城市小区创建试点项目总承包(EPC)模式、《2021年度东阳市江北街道盘溪等18个共享田园建设方案》、《东阳市文化旅游发展"十四五"规划(202—2025)》、《东阳市2021年东西部协作工作考核评价办法》、《东阳市人民政府质量奖评审管理办法》、《东阳市木雕红木家居产业"十四五"发展规划》、《东阳市军人随军家属就业安置工作实施细则》、横店镇提出的建设计算机博物馆框架协议及相关建议。

11月12日,召开市十五届政府第九十九次常务会议。会议传达学习《浙江省乡村振兴促进条例》、《中共浙江省纪委办公厅关于开展党员干部、公职人员酒驾醉驾及其背后"四风"问题专项治理的通知》。会议听取市应急管理局关于前三季度全市安全生产形势有关情况的汇报,要求严格落实安全生产责任,抓紧抓实抓细安全生产各项工作,坚决有效遏制各类事故发生,确保事故起数和死亡人数"双下降",推动全市安全生产形势持续向好。会议审议并原则同意《关于加快农业高质量发展的若干政策意见》、《东阳市卫生健康事业发展"十四五"规划》、《东阳市教育发展"十四五"规划》、《中国(浙江)自由贸易试验区东阳联动创新区实施方案》、《东阳市公共视频监控建设一体化改革工作实施方案》、2021年东阳市农村公路大中修工程(二期)"代理+监理"建设管理模式、市低效整治办提出的第七批低效工业资产收购方案及相关建议、《关于〈横店影视产业人才基金实施办法〉的补充意见》。

12月9日,召开市十五届政府第一百次常务会议。会议传达学习《浙江省土地管理条例》,要求深入学习、深刻领会、全面贯彻落实,依法依规开展土地征收等各项土地管理工作,为推进高质量发展、建设美丽东阳提供坚强要素保障。会议传达学习《粮食流通管理条例》,要求严格落实粮食流通管理监督检查有关责任,不断提升依法治粮能力水平,维护粮食流通良好秩序,同时要进一步提升粮食安全保障能力,发挥好粮食"压舱石"的作用。会议审议并原则同意《东阳市促进商贸流通业高质量发展的若干政策意见》、《东阳市城乡风貌整治提升行动方案》、《东阳市农村公路管理养护办法》、东阳国投集团提出的华懋科技及百度移信产业项目合作意见建议、东阳国投集团提出的成立浙江中森资源供应链有限公司以及注册资本金规模有关事宜。

12月20日,召开市十五届政府第一百零一次常务会议。会议传达学习新《中华人民共和国安全生产法》,听取市应急管理局、市住建局关于东阳市安全生产基本情况和建筑施工领域安全生产工作情况的汇报。会议听取市司法局关于2021年度法治政府建设工作有关情况的汇报。会议审议并原则同意《东阳市推进"大综合一体化"行政执法改革方案》、《东阳市人民政府关于新增综合行政执法事项的通告》、《东阳市养老服务发展"十四五"规划》、吴宁街道孙村地块规划建设市养老中心、《东阳市实施品牌强市和标准化战略奖励办法》,东阳水投集团提出的合资成立浙江中水巨龙管业有限公司及东阳水投集团出资方案意见建议。

12月27日,召开市十五届政府第一百零二次常务会议。会议审议并原则同意《东阳市加快千塘百库除险清零实施方案》,市商务局提出的重大工业招商项目土地供应价格调整方案、市商务局提出的纵目科技东阳智能驾驶系统生产基地项目奖励政策及相关支持条款、东阳国投公司提出的《纵目科技(上海)股份有限公司投资协议》、《股份转让协议》以及投资方案。

【市政府市长办公会议】 2021年,东阳市召开市政府市长办公会议13次。

1月16日,召开市十五届政府第七十五次市长办公会议。会议审议并原则同意市住建局提出的利越集团大楼和飞耀国际大厦处置建议、东阳市计划实施ETC小客车差异化收费方案。

2月26日,召开市十五届政府第七十六次市长办公会议。会议审议并原则同意《东阳市国有投资房屋建筑和市政建设工程项目招标评标办法》、《东阳市建筑市场主体信用评价管理办法》、东阳资发集团提出的位于东阳市吴宁街道人民路199号房地产收购方案。

3月11日,召开市十五届政府第七十七次市长办公会议。会议审议并原则同意《东阳市家具行业环保整治再提升专项资金管理办法》、市金融办提出的花园集团纾困帮扶资金展期方案、在217省道东阳市南午岭互通工程总承包(EPC)模式和“代建+监理”建设管理模式。

3月22日,召开市十五届政府第七十八次市长办公会议。会议审议并原则同意市经信局提出的工业经济相关奖项拟获奖企业名单、工业经济考核优胜单位名单。

5月14日,召开市十五届政府第七十九次市长办公会议。会议审议并原则同意《东阳市城区工程运输及工程作业特种车辆管理实施意见》、市住建局提出的城市品质提升大会战征收项目征收政策意见建议、市自然资源和规划局提出的全市工程建设项目涉及矿产资源处置意见建议、歌山大桥项目总承包(EPC)模式。

6月3日,召开市十五届政府第八十次市长办公会议。会议听取市金融办(帮扶办)关于广厦上市公司风险化解有关情况的汇报。

6月24日,召开市十五届政府第八十一次市长办公会议。会议审议并原则同意市退役军人事务局提出的两名随军家属安置方案、市低效整治办提出的低效工业资产收购价格评估体系更新方案、白云街道提出的紫荆小区和海德项目遗留办证问题工作建议。

7月9日,召开市十五届政府第八十二次市长办公会议。会议审议并原则同意市自然资源和规划局按程序将《东阳市集体建设用地基准地价、农用地基准地价评估和城镇标定地价体系建设成果方案》提请金华市自然资源和规划局验收,会议审议并原则同意《东阳市病死动物无害化处理中心建设运行方案》、磐安安文至东阳马宅公路工程(后山隧道)“代建+监理”管理模式、白峰岭至李宅公路工程(白峰隧道)总承包(EPC)模式”和“代建+监理”建设管理模式。

8月6日,召开市十五届政府第八十三次市长办公会议。会议审议并原则同意东阳产发集团提出的东磐山海合作项目土地指标等级调整意见建议、市金融办(帮扶办)提出的浙江欧亚电商采购服务有限公司帮扶建议。

8月13日,召开市十五届政府第八十四次市长办公会议。会议审议并原则同意市自然资源和规划局提出的工业用地出让方案调整建议。

9月3日,召开市十五届政府第八十五次市长办公会议。会议审议并原则同意提交讨论的对浙江省东阳市旦旦洗染有限公司等三家印染企业纾困帮扶方案、提交讨论的对亲乐园公寓纾困帮扶方案、提交讨论的对浙江瑞邦科技有限公司纾困帮扶方案、提交讨论的对东阳市旭鹏线带有限公司帮扶方案、市国资办提出的调整花园集团纾困帮扶资金委托贷款担保措施意见建议、市国资办提出的东阳(杭州)人才大厦购置建议。

10月15日,召开市十五届政府第八十六次市长办公会议。会议审议并原则同意市金融办(帮扶办)提出的对浙江广裕物流有限公司帮扶方案、市自然资源和规划局提出的自然资源部退回补充耕地项目整改经费建议。

12月20日,召开市十五届政府第八十七次市长办公会议。会议审议并原则同意《数字工业经济高质量发展智力服务外包协议》并以市政府名义与浙江省智能制造专家委员会秘书处(浙江省智观信息技术咨询研究中心)签订协议,会议审议并原则同意市金融办(帮扶办)提出的对东阳市景域文旅开展纾困帮扶的方案、市金融办(帮扶办)提出的对浙江东阳国际大酒店开展纾困帮扶的方案、市金融办(帮扶办)提出的对东阳市黛妃日化开展纾困帮扶的方案、市金融办(帮扶办)提出的由东阳金投集团收购诚拓贸易等三家企业不良债权的帮扶方案。

(杜　欣)

政府信息公开

【概况】 2021年,市政府通过门户网站发布信息35480条。其中,公开行政规范性文件及文字、图片政策解读类信息121条、市政府常务会议相关信息19条、人事任免文件信息25条。发布2021年度部门预算、2020年度部门决算等财政信息,发布人大代表建议和政协委员提案办理情况;推进相关职能部门开展义务教育、养老服务、卫生健康、城乡规划、生态环境等群众密切关注领域的信息公开。

受理政府信息公开申请248件,答复246件。其中,予以公开或部分公开130件。引起的行政复议6件,结果纠正1件;引起的行政诉讼9件,结果纠正2件。完善依申请公开工作相关制度,明确全市依申请公开责任主体和规范答复标准;建立市政府办公室、市人民法院、市行政复议局等部门定期会商机制,全年开展会商4次,研究疑难复杂案件5件。

【政务公开】 2021年,市政府办公室统筹政策文件要素补全工作,对宣布废止、失效的已公开文件及时予以标注,实现263条重要政策文件公开,提升群众查询便捷性。坚持“谁发布谁审核谁把关”的原则,严把信息审核的政治关、法律关、保密关、文字关。

市政府办公室推进市政府门户网站建设，调整网站栏目设置、美化网站页面，突出重点内容，群众检索方便。加强政务新媒体管理，落实政务新媒体开办、下线、注销等管理规定，推进政府系统政务新媒体清理整合，完善常态化通报机制。

市政府办公室制定印发《2021年东阳市政务公开工作要点》，对深化重点领域政务公开、提升解读回应实效等方面进行部署，明确相关部门、镇乡(街道)工作职责，优化政务公开年度考核内容。每季度开展政府网站和政务新媒体专项检查，通过电话访问、问卷评议、网上评议等方式开展社会评价，了解群众对政务公开工作满意度。完善政务公开工作责任追究机制，该年度未发生责任追究情况。

(马　晨)

代表建议和委员提案

【概况】 2021年，市十五届人大五次会议和市政协十四届五次会议收到代表建议意见297件、委员提案244件，合计541件。在297件代表建议意见中，有关城建环保方面66件，占22.22%；农林水土方面59件，占19.87%；经济发展方面49件，占16.5%；科教文卫方面60件，占20.2%；社会事业方面55件，占18.52%；政治法律方面8件，占2.69%。244件委员提案中，经济建设方面提案45件，占18.4%；城建环保方面提案105件，占43.0%；教科文卫体方面提案57件，占23.4%；综合治理和政务服务方面提案37件，占15.2%。

【代表建议和委员提案办理】 2021年，市人大、市政府、市政协联合召开建议提案交办会，把541件建议、提案交由81个承办单位办理。各承办单位书面答复代表、委员，办复率100%。凡是符合政策有条件解决的，立即办理；因受条件限制一时不能解决的及时制订规划、计划，逐步解决；对一些暂时难以解决的问题，详细说明原因。围绕经济发展、教育就学、养老保障等社会问题提出的建议，相关承办单位优先予以办理。全年，代表建议所提问题已解决或基本解决的"A"类158件，占61.2%；列入解决或计划、规划逐步解决的"B"类91件，占35.3%；因受条件限制难以解决或留作参考的"C"类9件，占3.5%。委员提案所提问题已解决或部分解决的"A"类132件，占54.1%；列入解决或计划、规划逐步解决的"B"类104件，占42.6%；因受条件限制难以解决或留作参考的"C"类8件，占3.3%。

(吴　婧)

接待工作

【概况】 2021年，市委、市政府接待办公室(简称接待办)接待国家部委、省、市、县各级领导和宾客387批6711人。其中，接待中央国家机关、省有关部门领导117批1761人次。接待外省(市)、兄弟县(市)及友好城市代表团53批687人次。

【主要接待活动】 2021年，接待办服务大型活动6批次，主要是2021第三届世界东阳人发展大会、第二十一届全国"村长"论坛、2021中国竹工艺产业发展大会、中共东阳市第十六次代表大会、2021横店影视文化产业博览会和2021中国影视文化产业发展大会(横店)、长三角地区人大监察司法工作协作会议等接待工作。

接待办接待到东阳市经贸考察、项目洽谈、经济合作等企业界人士45批386人。主要有复星国际有限公司、正威国际集团、正泰集团股份有限公司、四达时代集团、中国中信集团有限公司、保利发展控股集团有限公司、南昌金融投资集团有限公司、西安交通大学、赛特斯信息科技股份有限公司、环宇企业集团有限公司、圣都家居装饰有限公司、物产中大集团股份有限公司、上海天祥实业有限公司、钜成企业管理集团有限公司、北京爱奇艺科技有限公司、中东欧国家合作人文交流体验基地、天祥建设集团股份有限公司、中铁十八局集团公司等。

(王　康)

政务信息

【概况】 2021年，东阳政务信息工作获评全省政务信息工作先进单位一等奖。编发《东阳政务信息》34期，采用信息243条，其中编发《专报信息》15期、《一周要讯》19期。上报信息485条(省、金华市不重复计算)，被采用101条。上报信息被省府办采用信息28条，其中专报信息20条、动态信息7条、上报国办1条，获省领导批示14条；被金华市府办采用信息73条，获金华市领导批示6条，其中4条发全市工作交流。

【重要政务信息】 2021年，东阳市获省领导批示肯定的信息有：《宜高度重视海南自贸港税收优惠政策对我省影视产业的冲击》《东阳市着力打造幸福颐养标杆区让养老服务有温度有质感》《东阳市聚焦难点疏通堵点全力打好综合交通大会战》《东阳市"三化"引领打造基层合法性审查数字新高地》《东阳市绘制土地资源"四张图"走出土地资源高效利用新路径》《东阳市积极优化税收营商环境有力提升"浙里"影视综合影响力》《打造"一站式"阵地 完善"全链条"服务 东阳市"精准智供"助力退役军人就业》《东阳市构建跨境电商活态体系打造经济发展新增长极》《深度融合 全域提升 东阳市文化和旅游消费试点工作成效明显》《就医更便捷病人少花钱 东阳市探索医保住院按床日支付改革成效初显》《东阳市依托产业植入打造"全域美丽、全域经济"乡村振兴样板》《东阳市综合施策打好"双减"主动仗》《东阳市抓牢三个关键环节推动重复访"事心双解"》《东阳市迅速落实上虞隔离人员接收管控工作 坚决打赢疫情防控协同战》等。获金华市领导批示肯定的信息有：《东阳市"五张图模式"迎来土地利用方式蝶变》《东阳市精准破难推动木雕红木全产业链抗冲击稳就业增活力》《通过空间"小腾挪"勾勒乡村振兴"大亮点"——东阳市深化农村宅基地改革》《东阳市绘制土地资源"四张图"走出土地资源高效利用新路径》《东阳市实施"三色管理法”推进民主法治村创建》《东阳市拓宽多元化解渠道构建劳动人事争议全域调解新格局》等。《东阳市“五张图模式”迎来土地利用方式蝶变》《通过空间“小腾挪”勾勒乡村振兴“大亮点”——东阳市深化农村宅基地改革》《东阳市绘制土地资源“四张图”走出土地资源高效利用新路径》《东阳市拓宽多元化解渠道构建劳动人事争议全域调解新格局》等专报刊发全市工作交流。

（陈江宇）

应急管理

·综述·

【概况】　2021年，东阳市启动防汛防台应急响应4次，其中Ⅰ级响应1次，出动抢险救援2300余人次，储备全市应急装备11类1572台；防御台风“灿都”“烟花”台风，以及5次强降雨，实现平安度汛；因灾损失3397万元，未出现人员伤亡事故。完成台风“黑格比”台风灾后倒损房屋重建任务。

【应急救援能力建设】　2021年，东阳市开展防汛防台人员培训25次785人次、森林防、灭火业务培训6次、救援能力培训4次，组织各类应急演练50余次；开展首批4个镇乡综合应急救援队伍建设，以比武、培训等形式，提高乡镇应急救援水平；东阳市代表代获金华市首届社会应急力量技能竞赛第一名；东阳市创新社会救援体系建设做法在省政府专报、省委改革办《竞跑者》刊发。

【航空应急救援基地建设】　2021年，市应急管理局打造航空救援“45分钟救援圈”，11吨级空客H225进驻横店机场航空应急救援基地，开展“医疗航空救援演练”“高楼火灾航空救援演练”“应急先锋连航空运兵拉练”等演练，航空森林消防应急救援基地通过公共场所服务大提升示范项目验收。

【自然灾害风险普查】　2021年，东阳市开展为期两年的全国第一次自然灾害综合风险普查。成立普查领导小组及其办公室，落实普查资金2300余万元，加强部门联动、技术支撑和社会宣传，应急系统调查应急专项工作实现金华市首个100%。

【防震减灾工作】　2021年，东阳市在“5·12”防灾减灾日、国际减灾日等组织防灾减灾模拟演练、现场讲座、广场宣传、微信公众号宣传、广播电视宣传。完成省建设工程地震安全监管检查工作任务，对新建设工程开展专项涉震检查，吴宁台站观测资料连续两年获第一名。

【应急管理领域数字化改革】　2021年，市应急管理局按照《数字化改革总体方案》要求，推进安全生产风险防控和应急救援重点应用建设。开展数字化改革门户网站建设，展示东阳市安全生产特色工作推进落实情况。发挥数字化智慧监管优势，依托危化品全生命周期平台，完善企业基础信息，加强经营动态监管，实现医药化工类危化品企业上线率100%；在湖溪镇“安全大脑”试点基础上，推进安全风险管控3D建模工作覆盖面，完成部分工业企业数字化建模工作。实行可视化应急指挥系统跨平台互联互通，推进跨部门视频数据接入，汇集公安、防汛等多路视频数据，加强应急指挥融合通信系统建设。推进防汛感知项目建设，对多个应用场景进行细化。应急救援保障平台入选全市12个重点应用场景，作为全市数字化改革最佳应用向省政府推荐上报，应急救援平台接入专业应急队伍17支、避难场所252个、物资库17个、物资装备近4万件、视频监控3万余路。

（严军飞）

2021年9月12日，浙江省第14号超强台风“灿都”防御工作部署视频会议召开，市领导在东阳分会场参加会议　（市应急管理局提供）

·消防救援·

【概况】　2021年，市消防救援大队接警出动1299起，其中火灾627起、抢险救援502起、社会救助170起。出动车辆4515辆次，出动警力25605人次，抢救和疏散被困人员48人，保护财产价值1.85亿元。成功处置“4·13”横店镇江南路民房坍塌、“9·27”豪尔佳箱包辅料有限公司火灾、“9·29”横店镇江南二号大桥摄影棚火灾、抗击台风“烟花”等急难险重应急救援任务。

市消防救援大队制定《2021年大队党委为基层办实事清单》《2021年大队党委为群众办实事清单》等7个项目清单，完成率100%，向市人大常委会、市政协常委会提出涉及消防工作8个建议提案，解决165名乡镇专职消防员纳入编制事宜。市消防救援大队获浙江省消防救援总队集体嘉奖一次，江北消防救援站获评浙江省先进消防救援站、浙江省先进基层单位。3人被浙江消防救援总队记个人三等功，1人被浙江省消防救援总队评为优秀党员，1人获评浙江省青年岗位能手；4人被金华市消防救援

2021年8月,市消防救援大队开展沿街店铺检查 (市消防救援大队提供)

支队记个人三等功,1人被金华市消防救援支队评为优秀党务工作者,2人获评金华市技术能手,2人获评金华市青年岗位能手;1人获评东阳市十大杰出青年和"永葆初心、争当先锋"最美职工。

【消防演练】 2021年,市消防救援大队推进基础设施建设,对辖区1178个消火栓进行重新登记、保养,与自来水公司建立长效管理机制。有针对性地组织开展红木厂、化工厂、纺织厂、摄影棚等场所火灾处置演练,对重点类型场所开展熟悉演练257家,修订重点单位预案178家。开展夏训科目训练和灭火作战训练,科学制订练兵方案、奖惩激励措施。定期派业务骨干对辖区政府专职消防队伍进行业务训练,组织开展东阳市乡镇专职队比武竞赛。检查、指导政府专职消防队12次,实地拉动微型消防站645次,拉动专职队121次。市消防救援大队在全省消防救援队伍第二届"火焰蓝"全员岗位大练兵比武竞赛中获基层消防救援站第三名;1人参加浙江省消防行业职业技能大赛获灭火战斗员项目第一名;1人在支队第二次体能对抗赛中个人总分第一名;3人参加浙江省消防行业职业技能大赛(金华预选赛)获灭火战斗员项目第二名、应急救援员项目第二名、消防装备维护员项目第四名。

【消防重点工作】 2021年,市委常委会、市政府常务会议分别听取消防工作汇报,先后部署开展冬、春季火灾防控,消防安全专项整治三年行动,消防安全隐患大排查大整治等专项行动,开展消防安全检查61次。市政府组织召开消防重点工作协调推进会并形成会议纪要,明确相关部门在消火栓建设、电动自行车智能充电桩建设、消防站建设等工作上统筹发力,加快推进进度,完成300个市政消火栓,500组电动自行车智能充电桩建设任务,完成巍山镇工人路、江北街道甘溪路消防救援站建设任务和白云街道、南马镇消防救援站立项工作。"两房一店"(两房:居住出租房、村民自建房,一店:沿街店面)和合用场所消防安全专项整治纳入2021年度全市18个镇乡(街道)及经济开发区管委会的目标责任制专项考核内容。

【消防宣传】 2021年,市消防救援大队开展社会化宣传工作,联合镇乡(街道)开展"两房一店"消防安全培训及演练380余场,发动网格员、楼道长、消防宣传志愿者等基层力量开展消防宣传"敲门行动"4900余次、涉及29.7万余人,张贴、发放宣传资料45.4万份,集中发送提醒短信18.2万条。在《相约119》栏目开展每周消防安全在线交流访谈,全市3万个乡村大喇叭在4个黄金时间段循环播放"三清三关"(三清:清走道、清阳台、清厨房;三关:关火源、关电源、关气源)消防提示、新农村广播播放消防提示。完成消防主题公园(亲子公园)建设任务,占地0.67公顷。

【消防隐患治理】 2021年,市消防救援大队协调相关部门开展消防安全联合整治,推进以工业企业、"两房一店"、合用场所为重点的隐患治理专项行动。排查沿街店面1.8万户,存在隐患(违规住人、分隔不到位等问题)5644户,隐患率30.16%,整改率100%。对白云街道自建民房合用场

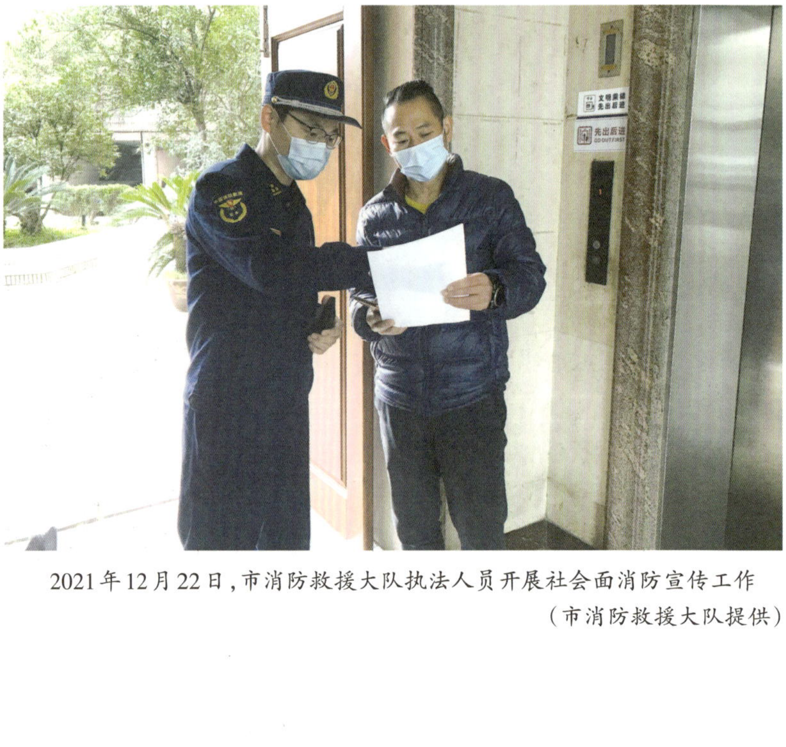
2021年12月22日,市消防救援大队执法人员开展社会面消防宣传工作 (市消防救援大队提供)

所开展重点整治，制定《自建民房合用建筑专项整治标准》。挂牌8家各级重大火灾隐患单位（区域），投入整改经费220余万元，全部整改完毕。检查单位2029家，发现隐患1347处，整改隐患1286处，印发责令整改通知书1002份、行政处罚决定书312份，临时查封32家，责令"三停"56家，罚款254.32万元。

【消防安全管理】 2021年，市消防救援大队发挥市消防安全委员会调度职能，定期分析研判形势，督促市文广旅体局、市教育局、市民政局、市住建局、市委统战（民宗）部、市卫健局、市商务局等部门开展行业系统消防安全大检查，推行行业系统消防安全标准化管理，印发工作提醒函和火灾风险提示函75份，开展部门联合执法56余次，推动消防安全行业监管责任落实。市消安委办开展常态化暗访督导检查，印发通报22份和督办单36份，其中"两房一店"工作开展15轮暗访督导、1轮验收，1轮阶段性验收、1轮违规住人清理情况验收，抽查沿街店面6231户，将发现隐患通报各镇乡（街道），推动隐患整改落实。市消防救援大队在江北街道建立"三队三所"（三队：消防救援大队、行政执法中队、环保执法中队；三所：派出所、市场监管所、应急管理所）联合执法机制，在白云街道建立"两队两所"（两队：消防救援大队、行政执法中队；两所：派出所、应急管理所）联合执法机制，明确排查整治范围和内容，指导街道开展火灾隐患整治工作。

（应志登）

外　事

【概况】 2021年，市外事办开展境外新冠肺炎疫情防控工作，开展"快捷通道"外国人来华邀请工作，接待重要嘉宾7批67人。

2021年3月19日，金华市下属县（市、区）外办主任会议在东阳市召开。会议传达学习全国地方外办主任会议等会议精神，回顾2020年的主要工作，研究部署"十四五"期间工作和2021年外事工作要点。

2021年12月2日，金华市涉外普法沙龙第四次线下活动在横店镇举办

（市外事办提供）

【境外疫情防控工作】 2021年，市外事办参与境外新冠肺炎疫情数据专班。12月，市外事办牵头成立境外疫情专班。负责开展外籍人员疫苗接种宣传，落实境外到东阳市人员疫情防控工作，开展境外人员排查、数据处理、闭环转运以及口岸隔离结束后的居家健康观察和日常健康监测管控工作。东阳市外籍人员新冠疫苗接种总数189人，境外到东阳市人员942人，转运673人。

【"快捷通道"政策办理】 2021年，东阳市落实疫情防控期间外国人访华入浙"快捷通道"政策。开展外国人访华"快捷通道"政策解答，非经贸人员访华邀请的审核等工作。协助东阳市爱揽工贸有限公司法人SIM SEONG JAE、东阳阿尔巴兹服饰有限公司总经理AHMED GABER SOBHY ISMAIL申请家属访华探亲，获省外办签发的邀请函。

【涉外事件调处】 2021年2月18日，虎鹿镇人蔡某某因病在喀麦隆死亡。市外事办第一时间与公安出入境、上级相关部门沟通对接，为其家属开启出境办证"绿色通道"。

【"2021年国际友人看东阳·横店影视文化行"活动】 于2021年5月30日在东阳市举办。来自美国、英国、韩国、泰国、加纳、牙买加、刚果（布）、巴基斯坦等国家的21名国际友人到横店镇，实地感受东阳"三乡一城"的人文底蕴，领略横店影视文化的独特魅力，了解东阳、关注东阳，对外推介东阳市，助推东阳影视文化走向世界。

【金华市涉外普法沙龙第四次线下活动】 2021年12月2日，在横店镇举办金华市涉外普法沙龙第四次线下活动。来自俄罗斯、乌克兰、委内瑞拉等国家的41名外籍文艺工作者参加，金华市外事办、金华市公安局出入境管理局、金华市文旅局、金华市司法局相关负责人进行法律宣讲和现场答疑，普及基本、常用的涉外法律规定。

（葛　爽）

港澳事务

【概况】 2021年，东阳市开展港澳特区政府官员的接待工作，接待港澳来宾2批15人。对符合港澳居民子女中考政策加分条件的考生，进行资格审核。

【港澳工作】 2021年3月21日，澳门中联办副主任严植婵、澳门特别行政区政府文化局局长穆欣欣一行到东阳市调研影视产业发展情况。调研组肯定东阳市影视文化产业全域化发展，对加大宣传力度、整合旅游资源、强化区域合作、拓宽产业渠道等方面提出意见和建议。6月5日，香港特别行政区政府驻上海经济贸易办事处主任蔡亮到东阳市考察影视文旅产业发展情况，实地走访圆明新园、清明上河图、春秋唐园等影视拍摄基地。

（葛　爽）

信　访

【概况】 2021年,东阳市四级上访人员2195人次。受理群众来信1650件、网上信访6411件。化解国家级积案11件、省级积案41件。市级领导接待来访群众734人次。

2021年,市信访局成立市维稳安保指挥部,抽调精干力量组成维稳专班实体化运行。在重要时期由市维稳指挥部牵头,每日召集相关部门开展情报研判会商,对研判事项每日以交办单形式予以交办,加强信息预警,建立市、镇两级应急处置专班。

【信访走访排查】 2021年,市信访局开展大走访、大排查、大化解、大提升活动,组织全市党员干部、网格员、双民代办员等进村入户走访排查,梳理化解基层矛盾纠纷、风险隐患和困难问题,回应解决群众诉求,开展"全员走访""全面走访""全域走访"活动。走访31.8万户,走访入户率100%;排查矛盾纠纷2870件,化解率97.2%;代办民情民访事项8974件次,办结率95.2%。

【信访规范办理制度】 2021年,东阳市制定《初信初访办理化解工作制度》,明确初信初访须在1个工作日内上门对接,3个工作日内由村一级组织化解,5个工作日内由工作片组织化解,7个工作日内由镇乡(街道)组织化解。落实专人严格审核答复意见书,出具处理意见书后,10日内未化解的向事权单位发放《初信初访化解催办单》,经催办未化解的进行通报以提升信访办理满意度。截至年末,初次走访化解率96.21%,初次来信化解率95.08%,初次网上信访化解率97.43%。

【重复信访化解工作】 2021年,东阳市开展"信访存量大化解百日攻坚""信访问题治理百日攻坚"专项活动,通过梳理汇总交办、落实市领导包案(信访件由领导干部负责牵头化解)、日常考核通报、督查检查等措施推进重复信访治理工作。第一批国家级重复信访事项273件,化解264件,化解率96.7%;省级重复信访事项190件,全部化解。历史积案化解率100%,增加积案率1.08%。第二批国家级重复信访事项落实市级领导包案,96件国家级重复信访事项,化解73件,化解率77%;第二批23件省级重复信访事项,化解17件,化解率74%。238件省级积案化解178件,化解率75%。

【矛调中心工作】 2021年,市信访局设立无差别受理窗口,通过中心协同系统,推动群众诉求事项与入驻部门实时交办、处置,按相应条线要求导入办事程序,实现访调、访诉分流和无缝对接。制订即接即办、教育疏导、会商研判、协调办事、公开监督、考核管理六项机制。建立事权单位牵头调处、矛调中心牵头联合调处、市领导包案调处等多级调处机制,参与重大矛盾纠纷的调处化解,实现矛盾纠纷闭环处置集约化。市矛调中心接待事项7220件,结案率98.89%,办结满意率99.14%。常态化开展市领导接访工作,市级领导接待585批734人次,占市级登记走访批次的51%。

（蒋凯婷）

侨　务

【侨务工作】 2021年,市侨联加强与欧洲、美洲、非洲等东阳籍海外侨胞联谊交流,走访慰问重点侨属89户。8月14日,由省侨联、温州市侨联主办,浙江华侨网络学院、东阳市侨联承办"云游浙江·寻根故里"线上文化体验系列活动,推出宣传片《遇见东阳》,介绍东阳秀丽的自然风光与城市面貌。

【东阳市第八次归侨侨眷代表大会】 于2021年9月29日召开。应到代表165人,实到代表123人。市委书记傅显明出席会议并讲话。金华市委统战部副部长、金华市侨联主席王国人到会。会议听取审议《东阳市侨联第七届委员会工作报告》,通过相应决议。选举产生市侨联新一届委员会,选举产生委员47人,吕晓燕当选市侨联主席。

【"侨胞之家"成立】 2021年11月23日,东阳市侨联文化交流基地"侨胞之家"在市妇幼保健院成立,以"中医药+妇幼健康"的模式,助力中医药海外推广,弘扬中华文化,增进中外友好,是服务侨胞侨眷、支持海外抗疫的新举措,是东阳籍海外、海归医药人才交流的新平台。

【护侨维权服务】 2021年,市侨联开展经济"侨小二"服务工作,走访东阳市域内浙江省东阳市圣华贸易有限公司、东阳市凯文房地产开发有限公司等12家侨属企业,解决企业难题3个。12月,市侨联组织归侨侨眷和侨商企业,将总价值5万余元的物资和

2021年9月29日,东阳市第八次归侨侨眷代表大会第一次全体会议在市行政中心召开　（市侨联提供）

10万个口罩送往8个高速公路出口的核酸检测服务点等地。

市侨联开展护侨维权工作，与市人民法院对接ODR在线调解系统，参加东阳市多元解纷平台，强化与法院涉侨维权互动机制，办理涉侨信访事项13件。针对疫情防控期间海外诈骗案高发情况，通过微信群向全市归侨侨眷、海外侨胞宣传防诈骗知识。

（郑　扬）

政务服务

【概况】 2021年，市行政服务中心办理政务服务事项3089418件，其中线上受理2865739件，线上受理率92.8%。组织建设工程招标项目475个标次，成交金额64.058亿元，节省资金金额3.814亿元，资金节约率5.62%。组织政府采购活动158个标次，成交金额34145.2万元，节约财政资金金额4259.1万元，资金节约率11.09%。组织产权交易10次，成交金额4459.4万元，增值金额1680.4万元，增值率60.47%。

【政务服务全流程“网办”推进】 2021年，市行政服务中心实现政务服务高频民生事项“网办”“掌办”全覆盖。依托“浙里办”东阳城市频道建设，梳理政务服务全流程“网办”事项，对1885项全市政务服务事项进行核对，实现1588项政务服务事项全程“网办”，全程“网办”率84.24%。对未完成全流程“网办”事项清单297项，要求部门制订推进计划。实现全程“网办”事项1672项，全程“网办”率88.8%。市行政服务中心编制《东阳市政务服务事项全程网办掌办操作手册》，为群众提供办事指南。

【数字化行政服务中心建设】 2021年，东阳市推动智慧化中心建设情况。5月13日，市委改革委印发《数字化行政服务中心建设实施方案》，明确规定各职能部门主要任务，发挥市行政服务中心在全面推进数字化改革和整体智治现代政府建设中的重要基础作用。根据《数字化行政服务中心建设实施方案》，东阳市强化职能定位、线上线下政务协同审批。改造行政服务中心办事大厅，建设完成“24小时自助服务区”“互联网+政务服务”体验区、政务服务综合受理区和后台集中审批协同中心。在网办自助区配备4台便民自助服务终端、两台自助办税终端、1台不动产制证一体机、1台交通违章处理机器、1台社保自助终端、6台电脑工位以及6台平板电脑供群众自助办事。招聘3人，到市税务局、市公安局、市人力社保局等窗口学习业务，辅导群众自助办理。

【帮办代办服务】 2021年，市行政服务中心构建“跨域通办”的“1+18+388”▲的帮办代办服务体系。与义乌市签订“东义通办”合作协议，355个事项实现“东义同城通办”。梳理74项“跨省通办”政务服务事项清单，分别与江西省万年县、贵州省普安县签订“跨省通办”战略合作协议，形成可“通办”高频事项50个、40个。

▲“1+18+388”：即1个行政服务中心，18个镇乡（街道）便民服务中心，388个村、（社区）便民服务中心。

【政务服务自助终端建设】 2021年，市行政服务中心对127个基层便民服务中心进行信息化水平提升，政务服务自助终端建设向基层推进完成率105.83%，镇乡（街道）实现政务服务自助终端100%全覆盖。拓展完善自助终端功能，打造政务服务“15分钟办事圈”，自助终端上线400余个事项，形成线上线下“多端”融合的政务2.0服务模式。开展基层工作人员业务培训，组织政务服务2.0平台及民生事项办理业务培训会6期，200余人次受训。

【“钉钉”直播开标推行】 2021年，市行政服务中心开展疫情防控重点部位管控工作，在交易开标大厅、评标室和中心入口设置疫情防控登记与检测区，对进入人员进行体温检测、出示健康码和身份证信息登记。全面运行“不见面”“钉钉”直播开标。实施“不见面”开评标项目253个，其中建设工程123个、集中采购37个、分散采购93个。

【招投标管理】 2021年，招投标信息化程度指数通过不断优化电子交易系统体现，所有指标按上一年度评价指数完成配置；项目的外地企业中标率、房屋建筑及市政类项目外地企业中标率、中标金额基本稳定；推进全市CA（数字证书）互通互用工作，减轻企业负担，优化营商环境；采用线上方式，完成731家投标企业的系统注册及8095次数据库资料增加变更办理。推进完善公共资源交易系统建设，在原系统基础上开发新评标办法的配套开评标工具，开发乡镇小额全流程交易板块，对接省平台4.1版的数据标准，保证招投标项目信息的透明度及公开度。

（周洁倩）

大数据应用管理

【概况】 2021年，市大数据发展中心推进一体化智能化公共数据平台、智慧城市、“互联网+政务服务”、数据共享开放等各项重点工作，编制印发《东阳市公共数据管理规范（试行）》《东阳市公共数据管理细则（试行）》等文件。评审信息化项目183个，节省财政资金2.26亿元，编制数据目录1049条，归集本地数据14.94亿条。“浙里办”新生报名应用访问量居全省第3名，“影视文化产业大脑”获评浙江省数字化改革第二批“最佳应用”，项目管理机制创新做法入选《浙江省一体化数字资源系统（IRS）利用优秀案例集》。

【智慧城市建设】 2021年，市大数据发展中心开展智慧城市第三、四批项目建设，涉及项目24个、金额1.34亿元，包括智慧时空信息系统、城市综合管理服务系统（一期）、智慧城市运营中心（IOC）、横店影视文化产业大脑系统（一期）等项目。云计算平台、存储、网络、安全、视图解析平台、IOT物联网平台等“城市大脑”基础平台建成投用，可提供服务器149台、

CPU 2451核、存储440T、图片解析8000路、视频流解析1000路和物联网设备接入10万+的服务能力。支撑数字化改革试点应用建设6项，其中横店“影视文化大脑”获评浙江省数字化改革第二批“最佳应用”。

【一体化智能化公共数据平台建设】 2021年，市大数据发展中心实现本地平台与省一体化数字资源系统(IRS)、金华市公共数据平台贯通，完成全省一体化智能化公共数据平台数据目录建设试点工作。登记信息系统345个(省、市级系统引用268个、本地自建系统77个)，编制数据目录1049条，归集本地数据14.94亿条，回流省、市数据1.86亿条，建成民生基础库等基础库4个、横店影视行业等专题库10个、镇乡(街道)数据仓18个，代理省、市接口482个，封装本地接口267个，被调用8079.30万次，支撑养老待遇透明资格认证、疫情防控等应用场景建设，增加市域餐厅信息等数据开放集10项。完成机关内部“最多跑一次”系统上线事项415项，其中多部门联办“一件事”事项35项，办件量148429件，其中“最多一星期”收件820件。实现全市政务服务2.0事项1367项，完成收件1944784件；依申请政务服务事项“一网通办”率91.82%，高频民生类政务服务就近可办率100%，政务服务事项“掌上办”比率94.67%、政务服务事项“跑零次”比率96.40%。

【信息化项目管理】 2021年，市大数据发展中心依托省一体化数字资源系统，打造信息化项目“一链通”应用，规范项目申报、立项、实施、验收、评估、运维等项目全生命周期管理，评审信息化项目183个，节省财政资金2.26亿元。项目管理机制创新做法获金华市委书记陈龙的批示肯定，入选《浙江省一体化数字资源系统(IRS)利用优秀案例集》。

【“浙政钉”“浙里办”平台建设】 2021年，市大数据发展中心“浙里办”个人注册用户687469人(增加151904人)、法人注册用户129189个(增加32925个)，年平均活跃个人用户17357人、法人用户990个，上线“新生报名”“东政通”“校园食安公示”等应用7个，新生报名应用(新生入学入园“一件事”)访问量列全省县(市、区)前茅。“浙政钉”注册用户15109人，激活用户15109人，激活率100%，活跃用户13674人，日活跃率90.50%，活跃工作群1189个。上线“浙政钉”应用22个，包括“东阳财政”“东阳乡镇内控”“东阳数字化改革门户”“机关内部‘最多跑一次’”“党政机关综合应用办公”等一批高频应用，提升政府治理水平。

【“浙里办”城市频道(东政通)建设】 2021年，市大数据发展中心建设“浙里办”东阳城市频道(“东政通”)，集成智能办事项7个，域外电子证明开具事项8个，高频民生事项200个，“一件事”事项2个，对接市财政局政策兑现平台，服务企业实现兑付数据2756条，涉及金额4.35亿元。村级代办服务在城东街道试点，上线代办事项72个。

【基础设施运维与安全】 2021年，东阳市电子政务视联网接入点91个，通过电子政务视联网召开会议900余次，保障全市疫情防控、应急指挥等工作。建立政务外网终端系统漏洞及违规外联情况常态化扫描机制，发现1起，整改1起。发现紧急漏洞175个，高危漏洞826个，违规外联情况整改13次。建立重要会议活动和重大节假日响应处理安全预警机制，确保全年无重大网络安全事件发生。

【网站运维】 2021年，市大数据发展中心通过党政机关综合办公系统完成PC端发文领导界面定制开发、“浙政钉”端手写签批、督查督办与收文流程互通，完善乡镇合法性审查、常务议题流程设置，实现市政府常务会议召开全程无纸化。东阳市乡镇合法性审查做法获副省长高兴夫的批示肯定。推出老年模式界面，提供大字版、内容朗读、语音辅助等功能；完成移动端适配改造，提供“掌上服务”。公开政府信息35480条，增加“东阳‘双减’进行时”等专栏9个。市政府门户网站获“2021年度中国优秀政务网站”称号。

(周杭青)

综 述

【概况】 2021年，中国人民政治协商会议东阳市委员会（简称市政协）召开常委会会议4次、主席会议7次。1月30日至2月2日，召开市政协十四届五次会议。开展“主席荐书”“委员荐书”活动，发动界别委员向公众推荐好书，在多个书吧、书店开辟“委员荐书”专柜，开展读书交流活动，助推“书香东阳”建设，线上点击量超4万次，线下书店阅读量超1.5万次。8—11月，市政协文史和学习委员会、市委党史研究室联合举办“见‘证’红色岁月”票证巡回展览。

【委员履职平台搭建】 2021年，市政协建立委员“浙政钉”群、微信群，委员们提出的意见和建议，第一时间被整理后反映给相关部门，由相关部门处理落实。该做法被“学习强国”学习平台、省政协《联谊报》等多家媒体报道。推广运用“数字政协”自建应用“民情一点通”，该应用借助数字化手段，集社情民意收集、提交、办理、反馈、统计、评价于一体，“跨层级、跨领域、跨系统、跨部门、跨业务”协同联动，为委员搭建一个随时可提交、快办理、全闭环的掌上履职平台。

【“委员同心汇·东阳窗口”启用】 2021年12月26日，金华市政协“委员同心汇·东阳窗口”启用暨首场活动在市江滨文化中心举行。“委员同心汇·东阳窗口”是金华市政协面向在东阳市的金华市政协委员的履职窗口，具体工作职责包括组织协商议事、开展监督调研、反映社情民意、开展学习宣讲、组织联络联谊以及完成金华市政协常委会会议、主席会议交办的其他工作任务。首场活动期间，金华市政协开展中共十九届六中全会精神宣讲工作；委员们结合自身履职经验，对“委员同心汇”常态化运行、平台作用发挥、政协协商民主向基层延伸、后续活动开展等方面建言献策。

（黄一凡）

政协重要会议

【市政协十四届五次会议】 2021年1月30日至2月2日，中国人民政治协商会议第十四届东阳市委员会第五次会议举行，应到委员290人，实到263人，符合规定人数。政协主席斯建民代表政协第十四届东阳市委员会常务委员会作工作报告。政协副主席楼红霞代表政协第十四届东阳市委员会常务委员会作市政协十四届四次会议以来提案工作情况的报告。开幕会上，8名政协委员分别代表民主党派、群众团体，以“美丽乡村长效机制建设”“粮食应急储备”“增强思政课亲和力”等为主题作大会发言。

全体政协委员列席东阳市第十五届人大第五次会议，听取并讨论市长楼琅坚所作的政府工作报告，讨论市人民法院工作报告、市人民检察院工作报告和其他报告，对上述报告表示赞同，并提出意见和建议。委员们围绕市委、市政府中心工作协商议政、建言献策，以提案形式提出意见和建议254件。

闭幕会议审议通过政协第十四

2021年1月30日至2月2日，中国人民政治协商会议第十四届东阳市委员会第五次会议举行

（黄一凡/摄）

届东阳市委员会第五次会议决议;审议通过政协第十四届东阳市委员会提案委员会关于十四届五次会议提案审查情况的报告。会议对优秀界别、优秀政协委员、优秀提案、“一村一委员”先进个人和集体、优秀大会发言个人和集体、优秀文史工作者进行表彰。

【市政协常委会会议】 2021年,市政协召开常委会会议4次。

1月18日,召开十四届十八次常委会会议。会议确定1月30日至2月2日召开市政协十四届五次会议。会议协商讨论政府工作报告(草案),听取东阳市政府关于市政协十四届四次会议以来提案办理情况的通报。会议审议通过市政协十四届常委会工作报告(草案)及报告人;审议通过市政协十四届常委会关于十四届四次会议以来提案工作情况的报告(草案)及报告人;审议通过关于召开市政协十四届五次会议的决定;审议通过市政协十四届五次会议议程(草案);审议通过市政协十四届五次会议日程;审议通过市政协十四届五次会议邀请列席人员范围等。会议审议通过有关人事任免事项和其他有关事项;传达市委十五届九次全体(扩大)会议暨市委经济工作会议精神。

1月31日,召开十四届十九次常委会会议。会议听取各界别联组对市委书记傅显明在政协十四届五次会议开幕式上的讲话精神、政府工作报告、政协常委会工作报告和提案工作报告讨论情况的汇报。会议听取政协第十四届东阳市委员会常委候选人名单的说明;协商讨论政协第十四届东阳市委员会第五次会议选举办法(草案);协商讨论政协第十四届东阳市委员会常委候选人名单(草案);协商讨论政协第十四届东阳市委员会第五次会议选举大会总监票人、监票人名单(草案)。

2月1日,召开十四届二十次常委会会议。会议听取各界别联组讨论情况的汇报。审议通过政协第十四届东阳市委员会第五次会议选举办法(草案);审议通过总监票人名单(草案)、监票人名单;审议通过政协第十四届东阳市委员会常委候选人名单;审议通过提案审查情况报告(草案);审议通过市政协十四届五次会议决议(草案)。

8月20日,召开十四届二十一次常委会会议。市委副书记、市长楼琅坚通报东阳市上半年经济社会运行情况。

【市政协主席会议】 2021年,市政协召开主席会议7次。

1月14日,召开十四届三十四次主席会议。会议协商讨论政协常委会工作报告和提案工作报告;审议通过市政协十四届十八次常委会会议议程和日程(草案);审议通过召开市政协十四届五次会议的决定(草案);审议通过市政协十四届五次会议执行主席和主持人名单(草案);讨论市政协十四届五次会议有关材料和住宿、用餐、会场、交通等会务相关问题;评选年度优秀界别、优秀委员、优秀提案、文史先进个人;讨论通过有关人事事项。

3月4日,召开十四届三十五次主席会议。会议学习《习近平谈治国理政》第三卷第六章“推动全面深化改革实现新突破”;学习有关上级文件、会议精神;学习、传达金华市政协七届五次会议精神;学习全市干部大会会议精神;讨论通过市政协十四届五次会议重点提案;讨论通过《东阳市政协2021年重点工作任务分工方案》。

4月23日,召开十四届三十六次主席会议。会议讨论研究351国道东阳段设计施工方案,城区博士路、博士大桥设计施工方案,市人民广场提升改造和周边交通组织方案。东阳交投集团、市自然资源和规划局主要负责人对项目规划和设计方案进行汇报和讲解。

6月3日,召开十四届三十七次主席会议。会议对《江滨景观带功能策划和景观设计》方案进行讨论研究。

6月28日,召开十四届三十八次主席会议。会议讨论政协第十四届东阳市委员会工作总结报告,布置有关换届工作。

8月17日,召开十四届三十九次主席会议。会议传达学习省政协暑期读书会暨宣传工作会议精神;讨论中共东阳市委第四巡察组关于政协机关党组的巡察反馈意见;审议通过十四届二十一次常委会会议议程和日程(草案);研究讨论十四届政协委员换届前留任情况排摸工作的开展情况。

9月27日,召开十四届四十次主席会议。市委组织部通报人事调整情况;学习《习近平谈治国理政》;学习意识形态领域有关文件;讨论通过《东阳市政协文史资料征编出版管理办法》;研究解决《百年礼赞》出版费用和“见‘证’红色岁月”票证巡回展览费用的有关问题;汇报市政协机关党组工作规则和市政协机关财务管理制度、请销假制度;讨论通过有关人事事项。

(黄一凡)

政治协商和参政议政

【界别活动】 2021年,市政协以“走进基层,服务百姓”为主题,开展系列活动,发动各界别委员发挥自身优势,捐款捐物、送医送药、政策宣传、法律援助、结对帮扶、产品助销,帮助解决基层群众反映强烈、需求迫切的民生问题。

【咨政建言】 2021年,市政协召开常委会会议、主席会议,听取并讨论351国道东阳段设计方案、人民广场提升改造工程等重大事项报告。利用“数字政协”平台,参与组织开展“高质量发展建设共同富裕示范区”“千名委员话共富讲担当”等网络主题议政活动4次,收集委员协商发言近万条。

【“委员会客厅”平台建设】 2021年,市政协发挥“委员会客厅”平台作用,推进政协工作向基层延伸。5月,举办“百名主席进百厅讲党史”活动。8月,开展助力“共同富裕示范区”建设恳谈活动。9月、10月,省政协副主席张泽熙两次到东阳市,调研政协委员会客厅运行情况并给予肯定。10

2021年4月23日，市委书记、市政协领导、政协委员代表和相关部门负责人在六石街道白溪江共享田园，共同协商如何助推共享田园建设 （黄一凡/摄）

月，横店影视政协委员会客厅承办“光影耀百年·数智聚星辉”圆桌论坛，发出“横店宣言”。

【“百名主席进百厅讲党史”活动】 2021年，全省政协系统组织开展“百名主席进百厅讲党史”活动，百名省、市、县三级政协主席走进110家委员会客厅，开展专题宣讲。5月25—26日，金华市政协主席宋志恒到横店影视文化产业展示馆、横店影视政协委员会客厅等地调研，在横店影视政协委员会客厅，围绕如何读懂中国共产党百年历史成就、如何学深中国共产党的历史发展经验、如何用好党史学习成果等方面作党史宣讲，省、金华市、东阳市各级政协委员，从事影视文化事业的中共党员和党外先进分子等40余人参加。6月24日，东阳市政协主席斯建民到工艺美术政协委员会客厅，作党史专题宣讲。

（黄一凡）

政协视察与监督

【“请你来协商”活动】 2021年，市政协以8个专委会为单位，围绕“夯实‘十四五’综合交通活动”“助推中医事业发展”“助推共享田园建设”“助推营商环境优化”“弘扬培育新时代工匠精神”“数字赋能推动经济发展”6个主题，组织开展6场“请你来协商”专题活动，市委、市政府主要领导分别参加相关活动。省政协《联谊报》以《围坐樟树下，东阳市委书记和政协委员田头话田园》为题，对助推共享田园建设“请你来协商”进行专题报道，点击量达5.6万次。

【调研视察】 2021年，市政协聚焦党政所思、群众所盼、政协所能的突出问题，开展调研，为党政决策提供智力支持。组织开展共享田园建设、“书香东阳”建设、“最多跑一次”改革、弘扬工匠精神、理顺社区管理机制、全民健身运动等专题视察调研活动，助推工作落实。

（黄一凡）

政协提案工作

【提案办理】 2021年，政协委员和政协各参加单位提交提案254件，经审查，立案244件，作来信处理10件；244件提案全部办复，其中已经解决的132件、进入办理阶段的104件、待创造条件解决的8件；委员对提案办理情况表示满意的243件、表示理解的1件，满意率99.59%。8篇大会发言全部转化为提案，其中3篇获市

2021年东阳市政协十四届五次会议重点提案一览表

表8

提案内容	领衔委员（团体）	主办单位
关于高质量提升东阳数字经济发展的建议	农工东阳市委会	市经信局
优化村居法律服务 持续推进基层治理	民革东阳市基层委员会	市司法局
关于补齐粮食应急储备体系运行短板的建议	民盟东阳市基层委员会	市商务局
加快我市建筑业高质量发展	民建东阳市基层委员会	市住建局
绘就美丽乡村画卷需要久久为功	民进东阳市基层委员会	市农业农村局
归燕衔枝回，共建桑梓美——让乡贤资源发挥更大作用	九三学社东阳市基层委员会	市委统战部
加快建设全球最强影视产业基地建议	桑小庆	横店影视文化产业集聚区管委会发展部

续表8

提案内容	领衔委员(团体)	主办单位
关于实质性推进“东义同城化”的建议	徐爱民	市发改局
关于“十四五”期间推进交通管理数字化的建议	科技界	市交通局
关于建立以渔具为主的特色电子商务园的建议	楼卫东	市商务局
关于全面启动中心城区品质提升的建议	蒋　英	市住建局

委、市政府主要领导批示。遴选重点提案11件,包括团体提案7件。

【“即提即办”活动】 2021年,市政协加大提案督办力度,在提案交办会上,市政协主席提要求、市长作部署。政协第十四届东阳市委员会第五次会议期间,选取10件具有较强操作性的提案,开展“即提即办”活动,现场督办;市政协副主席走访提案承办单位,实时了解办理进展;市政协主席回访提案委员,向重点提案、民生提案的提交委员了解办理效果,听取委员意见。

(黄一凡)

综 述

【概况】 2021年，中国共产党东阳市纪律检查委员会（简称市纪委）、东阳市监察委员会（简称市监委）一体推进不敢腐、不能腐、不想腐，深化纪检监察体制改革，推进规范化、法治化、正规化建设。全年办结信访件306件，处置问题线索1183件，党纪政务处分556人，移送司法机关9人，追缴违纪违法款1200余万元。市纪委、监委结合市属国企改革同步调整授权监督单位，向经济开发区派出纪检监察工委；处置问题线索112件，比上年增长239.4%，自办案件23起。发出巡察整改督办单75份。

【中共东阳市第十五届纪律检查委员会第六次全体（扩大）会议】 于2021年3月1日召开。全会全面贯彻落实中共十九大精神，按照十九届中央纪委五次全会、省纪委十四届六次全会、金华市纪委七届六次全会和市委十五届九次全会的部署，回顾总结2020年纪检监察工作，研究部署2021年任务。全会通过市委常委、市纪委书记、市监委主任叶文卫代表市纪委常委会所作的《奋力谱写纪检监察工作高质量发展新篇章，为争创社会主义现代化先行市提供坚强保障》工作报告。

【中共东阳市第十六届纪律检查委员会第一次全体会议】 于2021年12月30日召开。甘庆富主持会议并讲话。新当选的23名纪委委员参加会议。会议选举产生中共东阳市第十六届纪律检查委员会常务委员会委员、书记、副书记。甘庆富当选市纪委书记，王松明、孙俊杰当选市纪委副书记。

（蒋航经）

2021年3月1日，中国共产党东阳市第十五届纪律检查委员会第六次全体（扩大）会议召开 （市纪委提供）

监督检查

【政治监督】 2021年，市纪委、监委聚焦共同富裕先行示范、新冠肺炎疫情防控、市委“654333”▲举措等决策部署开展监督检查，督促整改问题1565个，追责问责219人。协助市委对中央巡视反馈问题进行整改，制定86项整改措施，完成23项牵头任务。开展换届风气监督，严明“十个严禁”纪律要求，把好人选政治关、品行关、作风关、廉洁关，回复党风廉政意见1449人次。加强对“一把手”和领导班子监督，协助市委制订“十三张责任清单”。

▲“654333”：聚焦科技创新、产业现代化、畅通双循环、融合发展、整体智治、共同富裕六方面重点工作；全力实施综合交通大会战、平台建设大会战、现代治理大会战、城市品质大会战、生态环境改善大会战“五大会战”；锚定规模以上工业总产值突破千亿元大关、力争影视文旅产业总收入突破千亿元大关、力争省内建筑业及建筑工业产值突破千亿元大关、力争木雕家具全产业链产值突破千亿元大关四个千亿目标；持续推进教育、招商、乡村振兴三项重点工作；深入开展优化营商环境、村干部守纪立规、干部“不作为、慢作为、乱作为”作风问题三项专项治理；完善专班运作、周督查月通报季晒拼、有效激励三项机制。

【日常监督】 2021年，市纪委、监委运用监督执纪“四种形态”处理1041

人次。加强党员干部日常监督管理，运用检查抽查、批评教育、约谈提醒、发放廉洁提醒卡等方式，管住关键人、关键事、关键环节。组织开展公开反馈90件次，澄清正名18人次。开展回访教育和思想政治工作，保障党员干部权利。

（蒋航经）

审查调查

【概况】 2021年，市纪委、监委开展“问题线索处置攻坚年”活动，处置问题线索1183件，立案551起，党纪政务处分556人，移送司法机关9人，追缴违纪违法资金1200余万元。查处市全域土地综合整治与生态修复领导小组办公室原主任杨某某，市机动车检测有限公司原党支部书记、总经理郭某某等严重违纪违法案。推进政法队伍教育整顿，处置问题线索29个，党纪处分6人，主动说明问题12人。深化国企、教育、医疗、拆迁拆违、粮食购销供销、交通等领域腐败治理，查处违纪违法案件35起，党纪政务处分29人。

【警示教育】 2021年，市纪委、监委组织案件庭审旁听、廉政短片展播等警示教育活动。发出纪检监察建议55份，督促完善制度82个，培育清廉村居示范点35个。《假如贪腐有旁白》获全国第三届“玉琮杯”清廉微电影微视频大赛铜奖。

（蒋航经）

作风建设

【概况】 2021年，市纪委、监委开展“清风”系列行动，查处违规收送礼品礼金、违规发放津补贴、私车公养等违反中央八项规定精神问题75起，批评教育帮助和处理121人，党纪政务处分24人，通报曝光典型案例8批22起35人。巩固拓展“烟票”整治成果，规范商业预付卡实名登记备案制度，开展“天价茶”背后“四风”问题专项检查，查纠问题18个。深化“烟票”整治有关做法获第二届“基层清廉建设(浙江)十大创新经验”优胜奖。

【作风问题专项治理】 2021年，市纪委、监委推进“不作为、慢作为、乱作为”作风问题专项治理。开展“清风”系列、衙门作风、“蜗牛”项目、“亲”“清”新型政商关系、内部“中梗阻”和“履职适岗”六大专项督查，督促完善工作制度17个，纠治典型问题117起168人，查处并通报市建设工程质量安全监督站工作人员吃拿卡要、选择性服务等问题。开展涉企资金奖补领域腐败和作风问题专项整治，处理党员干部5人，追回资金104万元。

（蒋航经）

巡察工作

【概况】 2021年，市委巡察镇乡(街道)、部门单位党组织22个，回访检查机关单位90个，反馈问题636个，移交问题线索22件，党纪政务处分17人，移送司法机关2人，追缴、清退违规资金158万余元，在金华市率先完成巡察全覆盖。

【巡察整改】 2021年，市纪委、监委建立“三严”机制▲，构建列单明责、定时跟踪，发单督办、定期督查，签单联审、定质销号的闭环链条。发放督办单75份，指导销号疑难问题182个，督促建立长效制度155个。

▲“三严”机制：严实销号责任、严肃销号问责、严明销号机制。

（蒋航经）

基层治理

【概况】 2021年，市纪委、监委开展“建设清廉村居 强化基层治理”工作，在全市推行村务运行全规范、“三务”实时全公开、“三资”管理改革全覆盖、基层监督全流程的“四全”模式。开展漠视侵害群众利益问题专项治理，查处群众身边不正之风和腐败问题101起157人。推广运用基层公权力大数据监督平台，对公章使用、务工管理、财务审批等十大小微权力事项动态监督、实时监督，产生数据量18.4万条，发出红色预警信息76条，挽回经济损失1.71万元。

【信访举报工作】 2021年，市纪委、监委开展检举控告“清源疏淤提质增效”活动，推行片区协作、领导包案、质量评查等机制。受理检举控告、初次举报、重复举报数量比上年分别下降65.4%、66.9%、57.4%，初次举报件按期办结率98.8%，比上年上升25个百分点。

【农村党员干部违纪违法问题专项整治】 2021年，市纪委、监委推进农村党员干部违纪违法问题专项整治。制定党员监察对象违法犯罪问题线索移送处置办法，执行“三个一律”规定▲，党纪处分115人。

▲“三个一律”规定：对村社党员干部酒驾醉驾、赌博等违纪违法行为，一律在全市点名道姓通报曝光，一律在支部党员大会上作检查，一律先免职、歇职，再予处理。

（蒋航经）

2021年6月15日，东阳市“建设清廉村居 强化基层治理”现场会在三联村举行

（包康轩/摄）

民主党派

Democratic Parties

中国国民党革命委员会东阳市基层委员会

【概况】 2021年，中国国民党革命委员会东阳市基层委员会（简称东阳民革）发展党员3人，从外地转入组织关系党员1人，截至年末，有党员113人。东阳民革获评民革中央助力脱贫攻坚工作先进集体。卢海岩获评民革中央助力脱贫攻坚工作先进个人、浙江民革骄傲人物。吴爱兰获首届浙江省“仁心仁术奖”。

【参政议政】 2021年，东阳民革相关负责人在市政协十四届五次会议上的发言《优化村居法律服务，持续推进基层治理》获大会发言一等奖。团体提案《关于推进垃圾分类的建议》获年度优秀提案。东阳民革向市政协提交9件团体提案和12件个人建议和提案。11月3日，向市委提交《打造横店样本 助推共同富裕》《整合资源优势 壮大农村经济 助力高质量发展建设共同富裕先行市》的“直通车”建议。

【社会服务】 2021年6月5日，东阳民革到裘家岭开展“三服务”活动，以及送医送药和免费义诊活动。8月8日，东阳民革联合民革金华市企业家联谊会和浙江坤德医疗用品有限公司向民革中央中山博爱基金会定向捐赠KN95口罩10万只。11月27日，东阳民革到三单乡庙后村，开展“送医送药”义诊和慰问活动，捐赠资金3万元用于茶叶基地、香榧基地改造提升。

（陈祥鹏）

2021年6月5日，民革东阳市基层委员会2021三服务活动——走进裘家岭村

（东阳民革提供）

中国民主同盟东阳市基层委员会

【概况】 2021年，中国民主同盟东阳市基层委员会（简称东阳民盟）发展盟员4人，有盟员139人，下设7个支部和4个专委会。东阳民盟获评中国民主同盟成立80周年民盟金华市委会先进集体、县（市、区）级组织盟务工作先进集体、金华市思想政治建设和宣传工作先进集体、金华市参政议政工作先进集体。东阳民盟企业支部获评民盟浙江省委会脱贫攻坚先进集体。何飞龙、卢伟红、杜腾飞获评民盟浙江省委会脱贫攻坚先进个人，胡龙品、张丽青获评中国民主同盟成立80周年金华市先进盟员。9月，7个支部进行换届，增设支部副主委岗位。

【参政议政】 2021年，东阳民盟向金华市及东阳市政协提交大会团体提案7件，委员个人提案12件。李倩倩代表东阳民盟在东阳市政协十四届五次全体会议上的大会发言《关于补齐粮食应急储备体系运行短板的建议》获大会发言一等奖，被列为市政协重点提案。东阳民盟对全市义务教育阶段学校课后延时服务开展专题调研，形成《紧盯难点堵点 进一步优化课后延时服务的几点建议》的调研报告；对体育经济进行专题调研，形成题为《关于促进体育消费升级培育经济发展新动能的建议》的调研报告。

2021年6月27日,东阳民盟参加民盟金华市委会举办的文艺演出(东阳民盟提供)

【社会服务】 2021年1月,东阳民盟开展各项社会服务活动。在春蕾小学,开展"音乐课堂走进春蕾 高雅艺术浸润师生"活动;给吴宁四校困难学生送书籍、围巾;在南街口广场开展"浓情端午·红色行动"社会服务活动;与东阳二中心理健康中心合作,参与学校心理健康咨询工作;筹集资金1万元到千祥镇岭脚村、大路村开展助学关爱活动。11月26日,东阳民盟"乡村振兴"同心实践基地挂牌仪式在南马镇瑶仪村举行,联合市融媒体中心打造瑶仪共享田园专属活动;组织"送文化、送法律、送医送药送健康下乡"活动。

【全省首个"民盟同心"公益法律服务实践基地成立】 2021年6月24日,"民盟同心"公益法律服务实践基地在浙江国翔律师事务所挂牌,是全省首个"民盟同心"公益法律服务实践基地。盟内法律人与基地律师组成公益法律服务志愿团,办理法律援助案件48件,帮扶300余人次,减免法律服务费用50余万元。参与信访值班30余人次,开展普法公益讲座6场。

(胡龙品)

中国民主建国会东阳市基层委员会

【概况】 2021年,中国民主建国会东阳市基层委员会(简称东阳民建)下设7个基层支部,发展会员2人,有会员103人。

【参政议政】 2021年,东阳民建提交金华市调研课题2件、社情民意信息23件。利用"一村一委员"、企业家协会、行业协会等平台开展共同富裕示范区建设专题调研活动3次、影视文化产业专题调研活动5次。组织召开课题讨论会15次。提交"直通车"建议两件;人大建议、政协提案20余件。东阳民建相关负责人在东阳市政协十四届五次全体会议上的发言《以数字化改革为突破口,推动影视文化产业高质量发展》获大会发言一等奖。

【社会服务】 2021年,东阳民建40余家会员企业响应留东阳市过年号召,实现在厂过年员工3000余人。营业收入超亿元会员企业5家,超2000万元会员企业15家。到残疾人托安养所、敬老院开展献爱心活动,为100余名老年人、残障人士送爱心送慰问。冀发集团有限公司捐款30万元、浙江三强塑料有限公司捐款10万元,用于残疾人"幸福蜗居"助残安居公益项目;王骥、葛会红获评金华市统一战线"同心抗疫最美个人",陈皖东获评东阳市担当作为好干部,葛会红获评东阳市"活雷锋"。

(蒋阳耀)

中国民主促进会东阳市基层委员会

【概况】 2021年,中国民主促进会东阳市基层委员会(简称东阳民进)发展会员5人,组织关系转出1人,截至年末有会员50人,其中女性29人、男性21人。设主委1人、副主委3人、委员3人。东阳民进获评民进金华市优秀基层组织和抗击新冠疫情先进集体。

【参政议政】 2021年,东阳民进向市政协提交团体提案4件、个人提案5件。《绘就美丽乡村画卷需要久久为功》获市政协大会发言一等奖,获评2021年度优秀提案;团体提案《关于设立我市新冠疫情防控心理援助热线的建议》被列为东阳市政协十四届五次会议十件"即提即办"政协提案之一。团体提案《关于进一步提升卢宅品质集聚人气的建议》获评2020年度东阳市优秀提案。

2021年5月30日,东阳民进组织会员到陈望道故居开展"学党史 跟党走 守初心 聚共识"主题学习教育活动 (东阳民进提供)

东阳民进开展专题调查研究，“直通车”建议《关于提升艺海公园环境风貌的建议》《关于加强早餐店、夜宵摊等小餐馆管理堵好疫情防控漏洞的建议》获市领导批示。会员邵丹灵《蓝牌轻卡“大吨小标”“一刀切”整治引发社会问题建议酌情考虑市场实际》获评民进金华市委会反映社情民意信息二等奖。会员杜川《绿通车频频“暴雷”影响国家公信力亟待引起重视》获评民进金华市委会反映社情民意信息优秀奖。

东阳民进向民进浙江省委会报送社会服务优秀案例1篇。会员杜川的《民进重要创始人马叙伦“正道思想”探源与实践研究——坚定不移跟党走，牢记嘱托正道行》一文入选民进浙江省委会《历史的选择——民进与中共合作关系研究》一书。11月，金华市政协民进界别委员一行12人到东阳市开展“‘双减’背景下如何推进教育高质量发展”专题调研。

【社会服务】 2021年1月16日，东阳民进赠送佐村镇斯光村价值6000余元的防疫物资。3月，联合市医保局、江北小学举办“庆祝三八节——职业女性健康知识讲座”。9月9日，同心实践基地——东阳市白云初中举行“同心·助学暨庆祝第37个教师节”活动，组织开展心理辅导课，向外来民工子弟发放助学金2万元。10月14日，给斯光村居家养老照料中心赠送价值5000元的慰问品。

（吴晨辉）

中国农工民主党东阳市委员会

【概况】 2021年，中国农工民主党东阳市委员会（简称农工党市委会）发展党员8人，截至年末，东阳市有农工党党员186人。农工党市委会获评农工党浙江省委会庆祝中国共产党成立100周年活动先进集体、2021年度组织工作先进集体。李君权获评2021年度农工党浙江省社会服务工作先进个人。年内，农工党市委会组织实施12项活动，举办庆祝中国共产党成立100周年活动，开展“不忘合作初心，继续携手前进”主题教育。

【参政议政】 2021年，农工党市委会向金华市政协七届五次会议提交提案3件，向金华市人大七届六次会议提交建议两件。向东阳市政协十四届五次会议提交集体提案7件，个人提案17件，向东阳市人大十五届五次会议提交建议1件。农工党市委会相关负责人在东阳市政协十四届五次会议上的发言《立足高质量，打好五张牌，推动东阳木雕红木家具产业持续健康发展》获大会发言一等奖，集体提案《关于高质量提升东阳数字经济发展的建议》和蒋英的《关于全面启动中心城区品质提升的建议》2件提案获评优秀提案。李君权、蒋英获评2021年度优秀政协委员。开展专题调研，向市委提交《关于根据东阳市常住人口数据变化及时调整政策应对的建议》《关于加快现阶段我市建筑产业升级改造的建议》的“直通车”建议。6篇社情民意信息被农工党省委会和农工党金华市委会采用。

【组织建设】 2021年9月30日，中国农工民主党东阳市第八次党员大会召开。会议审议通过农工民主党东阳市第七届委员会工作报告，选举产生农工民主党东阳市第八届委员会。蒋国威当选为主任委员，金俊杰、吴伟强、李君权、吕楚麟当选为副主任委员。年内，各支部组织开展34次支部特色活动。直属支部被省委会评为2021年度社会服务先进基层组织，教育支部被金华市委会评为2021年度先进基层组织，陈国华被农工党浙江省委会评为2021年度宣传工作先进个人。

【农工党浙江东磐地区革命活动史料陈列馆】 2021年，农工党浙江东磐地区革命活动史料陈列馆（简称陈列馆）接待来自全国各地的农工党党员20批、330余人。制作完成农工党浙江东磐地区革命活动史料馆和市特殊教育学校同心实践基地两个全景数字化视频。3月30日，农工党中央研究室党史研究处有关负责人带队到陈列馆调研。9月，农工党中央将陈列馆列为农工党中央党史教育基地；12月，陈列馆被中共浙江省委统战部评为多党合作传统教育基地。

【社会服务】 2021年，农工党市委会在市特殊教育学校同心实践基地开展传染病防治讲座、义务体检服务；给佐村镇石桥和西营两个同心实践基地村居家养老服务中心送去慰问金；组织各支部开展“送医疗送法律”考前应试和心理讲座等13次志愿服务活动；对接市文广旅体局、南马镇政府、千祥镇政府，挖掘东磐地区武装革命斗争历史故事，助力南马镇前山头村乡村旅游产业发展。党员傅

2021年9月2日，农工党市委会在金华市统一战线庆祝中国共产党成立100周年“同心·奋进”多党合作经典诵读活动中演出　（农工党市委会提供）

龙云创办的浙江孚诺医药股份有限公司向洪涝灾区河南省新乡市捐赠价值15万元的复方多黏菌素B软膏3000支。副主委吴伟强向吴宁五校捐赠6万余元。

（蒋君霞）

九三学社东阳市基层委员会

【概况】 2021年，九三学社东阳市基层委员会（简称东阳九三学社）发展社员6人，预备社员5人，入社积极分子12人；截至年末，有社员41人，其中高中级职称30人，占73.2%。东阳九三学社被浙江省委会评为2021年度先进基层组织，在人民交通网、《浙江联谊报》、浙江新闻客户端等发表活动信息10余篇。主委徐巧英获评九三学社中央2018—2021年度参政议政先进个人；副主委马康获评九三学社省委2021年度优秀社务工作者；张扬明当选为九三学社金华市委会书画院副院长。

【参政议政】 2021年，东阳九三学社开展专题调研，形成《关于提升改造严济慈陈列馆的报告》《加快东阳经济开发区（园区）整合提升，助推生物医药百亿产业建设》《建设文化微地标，提升东阳新形象》等调研报告，其中《关于提升改造严济慈陈列馆的报告》获市领导的批示。提交金华市、东阳市两级人大建议、政协提案共16件。郭昕昕在市政协十四届五次会议上的发言《归燕衔枝回，共建桑梓美——让乡贤发挥更大作用》获大会发言一等奖，提案《关于突出以工业互联网为重点，积极推动数字经济发展的建议》获2020年度优秀团体提案，《关于长松岗功能区沿街规划公共停车位的建议》入选“即提即办”提案，黄小明、徐长征等社员提出重视非遗文化传承、影视数字化高速路建设等方面工作。

2021年9月3日，东阳九三学社在严济慈陈列馆举办纪念严济慈诞辰120周年系列活动

（东阳九三学社提供）

【社会服务】 2021年3月，东阳九三学社向市委、市政府提交严济慈陈列馆改造方案。5月28日，九三学社中央全国传统教育基地——严济慈陈列馆正式挂牌，成为中国科协科学家精神培育基地。6月30日，严济慈陈列馆全景视频及宣传片完成拍摄并上线。6月9日，社员楼利民受国家林草局邀请，到青海省进行生态帮扶工作，指导制订盆景产业规划。9月3日，在严济慈陈列馆举办纪念严济慈诞辰120周年系列活动；举办第三次“九三讲堂”活动。社员企业东阳市双洋红木家具有限公司承接中国共产党历史馆装饰工程。

（包江浩）

东阳市总工会

【概况】 2021年，东阳市建立独立基层工会291家，吸收工会会员19659人。全市有基层工会2758家，其中单建工会2455家、联合工会303家，职工297741人，会员284833人。市总工会“三个强化深化服务横漂演员”工作获评2021年浙江省第一届工会改革创新“十佳成果”；市总工会负责人就“彰显东阳特色，推进三新领域工会组建”工作在金华市“三新”领域基层工会组建专项行动会议上作典型发言。“东阳市地摊经济联合工会推进社会治理创新”工作获全国总工会相关部门肯定；“推进产业工人队伍建设、深化工会社会治理职能”工作经验，获金华市总工会领导批示肯定。市总工会获评2020年度东阳市节约型机关。在金华市工会工作考核中连续五年获评优秀，居金华各县（市、区）前列。

【职工文体活动】 2021年，市总工会举办庆五一表彰大会暨职工文艺晚会，开展庆祝中国共产党成立100周年系列文体活动。举办首届“横漂”趣味运动会，400余名“横漂”运动员参赛。参与金华市第四届职工网络文化节，组织职工开展正能量摄影、主题征文、劳动颂歌征集、经典诵读、微视频创作等活动，29人获奖。吴宁街道总工会选送的《见证》获评2021年全国“网聚职工正能量、争做中国好网民”主题活动之网络正能量微电影二等奖，登上“学习强国”学习平台。吴宁街道总工会主席毛丰华获2021年度全国平安英雄“平安之星”称号。

【先进评选】 2021年，市总工会开展东阳市“永葆初心 争当先锋”最美职工评选活动，评选“最美职工”10人、“优秀职工”10人。5人获“浙江工匠”称号，16人获评金华市劳动模范，东阳市实验小学、湖溪镇镇西村获评金华市模范集体。组织开展“礼敬百年路 奋进新征程”主题宣讲月活动，组建由14名劳模工匠、专家学者等组成的宣讲团，组织宣讲12场，2000余名职工参加。

【产业工人队伍建设】 2021年，市总工会牵头召开市新时代产业工人队伍建设改革（简称产改）工作推进会、市产改工作协调小组会议，接受省产改督察组检查。开展产改试点工作，横店集团东磁股份有限公司被确定为省非公综合试点企业。评选出16家东阳市高技能人才（劳模）创新工作室，其中浙江鹏诚科技有限公司王勇伟高技能人才创新工作室、东阳市吴宁火腿厂赵增高技能人才创新工作室、国网浙江省电力有限公司东阳市供电公司九域劳模创新工作室获评金华市高技能人才（劳模）创新工作室，农商银行程瑞东工作室获评省财贸工会劳模工匠工作室，黄小明劳模（工匠）创新工作室获评第二届中国长三角地区劳模工匠创新工作室。

【职工劳动竞赛】 2021年，市总工会在金甬铁路东阳制梁场举办“建功十四五 助力大会战”重点项目立功竞赛活动启动仪式，市四套班子领导出席启动仪式，为党员攻坚队、工人先锋队和青年突击队进行授旗。组织开展茶艺师、家具设计师、家居创新

2021年4月25日，获金华市表彰的东阳市模范集体、劳动模范合影

（市总工会提供）

2021年5月，市四套班子领导出席东阳市"建功十四五 助力大会战"重点项目立功竞赛启动仪式 （市总工会提供）

设计、木雕工、钢带行车工、中医适宜技术等项目的技能培训和技术比武，受益职工3200余人。横店镇总工会、巍山镇总工会和歌山镇总工会入选2021年度浙江省百场最受好评的乡镇（街道、园区、产业集聚区）特色技能竞赛。陆光正的东阳木雕技艺入选2021年长三角三省一市民营企业产业工人队伍建设改革工作交流活动"工匠绝活"；横店集团国贸大厦职工张利英在全省职工中式面点师技能大赛上获三等奖。市教育工会举办市幼儿教师基本功大赛，200名教师参赛。

【职工疗休养工作】 2021年，市总工会开展年度全市职工疗休养工作，增加1家职工疗休养基地和5个职工疗休养推荐点。组织基层工会主席和疗休养承办单位负责人共430余人参加职工疗休养操作平台培训。在省总工会主办的全省疗休养产品设计大赛中，横店影视城的作品《穿越古今文化 体验电影生活》获二等奖。组织500余名一线职工参加免费疗休养活动。

【工会维权帮扶】 2021年，市总工会引导外来务工人员留东阳市过年。春节期间走访慰问"新东阳人"350人，发放慰问金17.5万元。开展"东暖职工 春联送福"送文化进企业活动，送出春联300对、斗方1000余个。统筹开展职工医疗互助，全市有81133名职工参保。第七期给付互助保障金317.36万元，惠及职工28674人次。审核办理法人资格证书350份。开展职工来信来访办理工作，按时反馈率100%、办结率98%以上。

【工会集体协商工作】 2021年，市总工会培育"三新"经济行业集体协商示范点，在地摊经济行业、红木家具行业等工资集体协商基础上，到三单乡开展来料加工行业集体协商试点，对劳动报酬定价等六个方面开展协商，推出"共享员工"协商亮点，做活"工资集体协商"特色文章。全市签订工资专项集体协商合同1501份，覆盖企业2328家，受益职工15.69万人。浙江东政电机有限公司工会主席何桂仙经选拔代表省总工会参加长三角地区"三省一市"首届工会集体协商技能大赛。

【工会志愿服务】 2021年，市总工会加强"智慧工会"集约化建设，依托"金华工会"微信公众号，开展普惠服务20次，受益职工3640人次，普惠金额20.81万元。组织开展首届"东工缘"青年职工联谊活动，推出"东工缘"青年职工浪漫疗休养之旅，成立红娘志愿者服务队，建立工会相亲角，通过"组织帮办、职工参与"的形式，帮助解决青年职工婚恋问题。加强工会志愿服务工作，组建工会志愿服务队9支，开展公益性志愿服务活动12次。

【基层工会组织】 2021年，市总工会推进"百人以上企业建会动态清零、25人以上企业应建尽建、小微企业区域尽力覆盖"，全市建立基层工会291家，吸收会员19659人，工会换届294家。成立市红木家具行业工会联合会，吸收会员7524人。推动全市新领域组建、新群体入会"试点推进年"工作，启动"三新"领域工会组建专项行动，完成新业态、新就业群体100人以上单建工会1家、25人以上单建工会6家、联合工会14家（覆盖新业态、新就业群体企业704家，吸收会员2170人）。

5月21日，东阳市红木家具行业工会联合会成立暨第一次代表大会在市市场监督管理局召开。全市红木家具行业112名代表参加大会。大会选举产生第一届工会委员会委员、经审委员会委员和女职工委员会委员。郑文婷当选为主席，何婷、马瀚磊当选为副主席，张福全、周海燕等10人当选为各委员会委员。

（杜娅玲）

共青团东阳市委员会

【概况】 2021年，东阳市有共青团团员45694人、专职团干部22人、兼职团干部3521人，有基层团（工）委66个、团总支52个、团支部1981个。共青团东阳市委员会（以下简称"团市委"）落实发展团员编号制度，发展团员2321人。发动团员参加"青年大学习"线上主题团课121万人次。落实推进团干部作风建设三年行动，协助市委组织部实施"年轻干部培养五年计划"。

2021年，团市委推进"数字少年宫"APP上线；建设"志愿汇智慧大脑"，102个项目接受"线上点单"，开展志愿服务1816场。完成市青年联合会（简称青联）届中调整，成立市青年企业家协会（简称市青协），落实"全团抓学校"要求，建立中学团校，贯彻《中共中央关于全面加强新时代少先队工作的意见》。建立"横漂"青年社团，“横漂”青年针对“饭圈”乱象的发声受团中央、省青联关注并转发。

【青少年思想政治建设】 2021年，团市委深化“红领巾”学院建设，创新开展“红领巾”争章活动，坚持用儿童化方式加强对少年儿童的政治引领。举办青年理论宣讲大赛、“信仰公开课”微课大赛，组织“万名青年流动讲”宣讲活动。举办东阳市“致敬百年伟业 争做‘真善美’好队员”主题教育实践活动暨少先队入队仪式、“百年大党·青年担当”庆祝中国共产党成立100周年主题团日活动、18周岁成人仪式、10周岁成长礼仪式等活动。录制的微视频《榜样》登上“学习强国”学习平台。

【青年志愿服务】 2021年，东阳市有注册志愿者16.7万人，其中活跃的志愿者13.6万人。团市委完成乡镇志愿调解站建设，组织“亲青老娘舅”“调小青”常态化开展调解志愿服务，启动“共青团进社区、红马甲进网格”活动。完成全国文明城市创建中的各项任务。聚焦快递、外卖小哥群体，在金华市率先建成百个“红色驿站”，打造“10分钟红色服务圈”，被金华团市委授予“专项工作标兵”称号。与浙江农林大学建立战略合作，开展暑期“三下乡”社会实践。深化团银合作，发放青年创业贷款12.2亿元。常态化储备志愿者4000人，发动青年志愿者参与人员新冠肺炎疫情防控志愿服务7800余人次，发动市青联常务委员会委员、市青企协会员等募捐资金43.1万元、抗疫物资6.2万件。

【青少年实践教育】 2021年，团市委建设、提升东阳市非遗青创基地、青少年校外劳动教育实践基地、青少年非遗体验中心，组织青少年基地实践活动8.7万人次。举行大学新生第一课、“智汇东阳·才聚三乡”2021东阳籍优秀学子家乡行活动，引导学子回乡就业创业。开展第六届青年创业创新大赛，评选青年工匠人才26人。市税务局第一税务所获评全国青年文明号。

【青少年帮扶活动】 2021年，团市委开展“一人一帮扶 团团在行动”系列活动，推行“携手同行 快乐成长”暖心卡，指派团干部、青少年事务社工、网格员等开展一对一帮扶工作，划拨3万元团费用于帮扶物资购买，针对不同类型重点青少年开展学业辅导、心灵关爱等各类帮扶1900余次。举办“情暖六一 关爱留守困境儿童”“七彩假期”公益夏令营活动，关爱留守儿童300余人。

（陆莉雯）

东阳市妇女联合会

【概况】 2021年，东阳市有镇乡（街道）妇联18个，全市机关（系统、单位）妇委会49个、集团妇联3个、女职工委员会1个、社区妇联43个、村妇联345个。东阳市妇女联合会（简称市妇联）健全执委履职和联系服务群众制度，每个执委联系1个基层妇联组织、20名以上基层妇女群众。完成“十三五”妇女儿童发展规划终期监测评估报告和“十四五”妇女儿童发展规划的制定。市妇联获评东阳市节约型机关。

市妇联选树2021年度金华市“三八红旗集体”4个、“三八红旗手”5人；东阳市“三八红旗集体”20个、“三八红旗手”30人；东阳市“巾帼建功先进集体”10个、“巾帼建功标兵”20人。开展东阳市“百个巾帼文明岗结百村（企）实干担当促发展”活动，东阳花园田氏医院护理部创建全国级巾帼文明岗、10家单位创建金华市巾帼文明岗、21家单位创建东阳市巾帼文明岗。吴禄海家庭获评第二季度浙江“最美家庭”，王超家庭获评浙江省“绿色家庭暨节能降碳家庭”。选树金华市“绿色家庭暨节能降碳家庭”10家，东阳市“无废家庭”18家、“文明美丽家庭”100家。市妇联档案室获评“规范化数字档案室”。妇联提供的信息获国家级媒体宣传报道14篇、省级12篇，“东阳女性”公众号点击量30万余次。

3月31日，金华市妇联、金华市文广旅游局主办的“娘家人·春天的邀约”——幸福“家游站”花园村首站开游活动在南马镇花园村天香湾景区举行。开展“万家共享田园风·一镇一品她代言”活动，带动300余名妇女创业，创收410余万元。

【妇联基层组织建设】 2021年3月5日，市妇联举办全市村级妇联主席培训班。10月12—15日，举办培训班，提升妇女干部综合素质。10月21日，召开东阳市快递物流行业第一次妇女代表大会。11月26日，东阳市跨境电商产业园第一次妇女代表大会举行。11个部门联合印发《关于全面推进儿童之家建设的通知》，创建2020年度金华市示范型儿童之家4家，创建东阳市及以上示范型儿童之家24家。江北街道妇联、南马镇妇

2021年3月26日，东阳市首个青少年校外劳动教育实践基地正式授牌

（团市委提供）

联获评金华市示范乡镇(街道)妇联,东阳木雕小镇妇联、浙江广厦大学妇联获评金华市示范新领域妇联组织,东磁大厦房务部妇女微家、东阳市因爱妇女微家获评金华市示范妇女微家。

【三八妇女节纪念活动】 2021年3月5日,市妇联组织市、镇、村三级妇联干部600余人,举办“幸福家园 健康东阳家家创”活动启动仪式和“健康东阳”主题文艺会演活动,与会人员在现场签订《预防电信网络诈骗承诺书》,了解“一格一姐”“和姐”等“帮帮姐”礼遇清单。市人民法院、市委政法委等20余家单位在活动现场设立展台,开展2021年“平安家庭”宣传月暨三八妇女维权周现场咨询服务以及健康体检活动。

【来料加工】 2021年,市妇联举办经纪人及从业人员培训,选树优秀经纪人,搭建业务对接平台,实现全市来料加工费收入2亿余元。有来料加工经纪人649个,来料加工点704个,来料加工从业人员1.6万余人,带动低收入农户124户。发放困难妇女儿童补助12.45万元、来料加工困难户加工费补助3.97万元、巾帼农人(种、养殖业)贷款贴息补助4.73万元。

【巾帼云创行动】 2021年8月27日,金华市巾帼云创工作推进会在东阳市召开。市妇联在巾帼直播培训基地举办4期“全国宝妈直播带货训练营”,培训主播1100余人,成功孵化主播400余人。10月24日,市妇联组织参加“数字赋能 百万妇女同奔富裕路”系列活动,在八婺巾帼主播助力26县短视频大赛中,东阳市9人获奖。

【妇女儿童维权】 2021年8月13日,市妇联召开“平安家庭”建设工作现场推进会,对重点女童、困难家庭及婚姻家庭矛盾纠纷排查化解,实行“红黄蓝”三色管理,优化关心关爱机制。组建“帮帮姐”服务队伍389支,有“和姐”2612人、“格姐”7924人;建立家庭档案8280户,走访家庭41.7万次,落实解决妇女群众困难2200余项,排查矛盾981起,化解率97.57%。开展“浙里家·连心桥”应用平台的推广和使用工作。开展妇女儿童热点问题、网络舆情问题监测,推动“我为妇女办实事”活动,举行普法、反邪教、网络安全等各类活动139次。组建家事帮帮团入驻市政府社会矛盾纠纷调处化解中心,接待来访114起,化解率95.6%。倪春霄获评全国维护妇女儿童权益先进个人,江北街道“和姐”工作室获评金华市品牌“和姐”工作室。

【家庭教育】 2021年2月26日,市妇联开展“我的李焕英”照片征集活动。3月29日,举办2021年横店影视城首届“横漂”趣味运动会。4月23日,推出“伴着墨香学党史”亲子阅读活动。5月29日,开展“情暖留意·关爱百名留守困境儿童”活动。组织开展“双减”周末送心理减压“及时雨”讲座、“喜迎国庆 共话家风”暨东阳市“蒙养”公益讲堂系列活动等特色公益活动20余场,1700余人次参与。郭瑜获评浙江省实施妇女儿童发展规划成绩突出个人。俞丹丹入选2021年度浙江省家庭教育讲师团,金华市家庭教育讲师团续聘王晓文、董娇艳为讲师团成员。俞丹丹、韦宇洁、叶奇敏3人获评金华市优秀家庭教育讲师。

【妇女儿童关爱帮扶】 2021年8月31日,市妇联制定《东阳市困境妇女儿童关爱服务体系建设实施方案》,形成“党政牵头+妇儿工委成员单位协同+社会联动”工作网格。实施“政府购买服务+公益志愿招募”双轨制,成立“花木兰妇女儿童帮扶中心”,设置服务阵地两处,招募专业人士、志愿者,提供一站式服务。组织走访慰问,拨付帮扶资金42万元。与四川省南江县开展结对帮扶活动,筹集价值20余万元的帮扶物资。开展“关爱家庭健康 提高‘两癌’保障”活动,为35~66周岁符合条件的1225名低保家庭女性购买“两癌”保险,全市低保家庭女性2530人,收益率48.42%。

【抗疫工作】 2021年1月27日至2月28日,市妇联组织“‘东’里新春·我们与你在一起”系列活动,宣传留岗福利、举办文体活动、进行环境整治,开展特色培训6期,受众220余人次。发动“格姐”,利用人工移动“大喇叭”等形式推动疫情宣传全覆盖,张贴标语2万余张,发放倡议书6.1万份,排查7.3万户,发放口罩29万个。为坚守一线基层妇联干部、巾帼志愿者和驰援医护人员的家庭送去价值2万余元的防疫物资。

【助力文明城市创建】 2021年,市妇联举行“巾帼反诈 共建平安”暨“金钟罩”推广宣传活动,通过微信推文、反诈视频、反诈快板、“巾帼反诈”等形式,“线上+线下”同步动员,各级妇联开展反诈宣传5万余次,受众40余万人,发放宣传资料10.9万余份。参与卫生整治、文明劝导等巾帼志愿服务活动8600余人次。

【女性社会公益组织培育】 2021年,市妇联依托社会爱心人士筹集的260万元善款设立“花木兰守璞基金”,帮扶困难儿童30名。培育成立叶子帮帮社会工作服务中心,组织156名志愿者结对助学170名困境儿童,发放助学资金17万余元。通过因爱家庭教育引航站,为中小学生和家长答疑解惑家庭教育问题,提供心理咨询服务260余起,个案处理200余例;举办公益大讲堂57期,2万余人参与。因爱家庭教育引航站项目获评2020年度浙江省优秀巾帼志愿服务项目。有爱红娘工作室举办大小型活动16次,850余人次参与,成功牵线190余对青年。

(丁依琳)

东阳市科学技术协会

【概况】 2021年,东阳市科学技术协会(简称市科协)下属学会、协会28个,乡镇科普协会12个,街道科普协会6个,科技志愿服务队5支。组织开展院士专家工作站建设和学术交流、科普宣传、全国科普日、青少年科技创新大赛等活动。市科协获评浙

2021年5月28日，2021年全国科技工作者日东阳主场活动暨中国科协科学家精神培育基地揭牌仪式举行　（市科协提供）

江省科协系统成绩突出集体，严济慈陈列馆入选中国科协首批科学家精神培育试点单位。年内，东阳市、义乌市两地科协达成共识，加强院士资源共享和院士专家科研项目合作，加强组织基层科协之间相互交流。

6月10日，金华市科协主席汪希燕到浙江英洛华科技股份有限公司，向基层科技工作者宣讲"两院"院士大会和中国科协第十次代表大会精神。100余名科技工作者参加活动。

【中国科协"科学家精神培育基地"建设】 2021年5月28日，2021年全国"科技工作者日"东阳主场活动暨中国科协"科学家精神培育基地"揭牌仪式在严济慈陈列馆举行，100余人参加活动。省科协党组成员、副主席王忠民，金华市科协党组书记、副主席李天标和横店集团控股有限公司党委书记、副总裁吕跃龙，为中国"科协科学家精神培育基地"揭牌。6月10日，金华市科协、东阳市科协联合开展"百名科技工作者学党史走红路"活动，组织100余名科技工作者，在严济慈陈列馆宣读"自立自强 创新争先"行动的倡议书，弘扬科学家精神。8月20日，省科协党组书记、副主席谢志远一行，到东阳市考察调研中国科协"科学家精神培育基地"建设。

【市科协九届二次常委会议】 2021年1月20日，东阳市科协九届二次常委会会议在市行政中心召开。会议学习传达中共十九届五中全会精神，省委、金华市委群团工作会议精神以及市委十五届九次全体（扩大）会议暨市委经济工作会议精神，部署"十四五"以"一一十百"工程建设▲和"十百千万"工程建设▲为引领，推进院士专家工作站、"院士之家"建设，组织开展"院士专家东阳行"、科技活动周、科技工作者日、全国科普日等活动。增选叶桜为市科协第九届委员会副主席，讨论《东阳市提升全民科学文化素质行动计划实施方案（2021—2025年）》征求意见稿。

▲"一一十百"工程建设：建设一个"院士之家"、建成一个科技馆、创建十家院士专家工作站、织织百场"院士专家东阳行"。

▲"十百千万"工程建设：开展十场科普竞赛、百场科普讲座、千名科技工作者下基层、万名学生进基地活动。

【院士、专家工作站建设】 2021年，东阳市创建东阳市荣轩工艺品有限公司海外院士工作站、东阳市天玉种子有限公司专家工作站、东阳市妇幼保健院专家工作站和东阳市中竹商贸集团有限公司专家工作站4家工作站。组织"院士专家东阳行"活动15次，搭建科研院所和企业双方合作平台。4月13日，由省院士专家服务中心副主任程文伟等组成的考评组，到横店集团东磁股份有限公司、浙江石金玄武岩纤维股份有限公司院士、专家工作站开展绩效考评工作。

9月9日，东阳市院士、专家工作站建设会议在普洛药业股份有限公司召开，全市22家院士、专家工作站负责人参加会议并进行交流发言。11月19日，东阳市学习贯彻中共十九届六中全会精神暨2021年度院士、专家工作站建设年度考核会议在浙江新纳材料科技股份有限公司召开，19家参加年度考核的院士、专家工作站负责人对2021年度工作站的运行情况、项目合作、科研成果等方面进行交流汇报。考评组依据考评指标体系对建站单位进行绩效考评，对工作站建设提出指导意见和建议。

【青少年科技活动】 2021年10月15日，第三十六届东阳市青少年科技创新大赛在吴宁五校举行。征集到科技小发明作品148件、科技小论文334篇、青少年科技实践报告60份、少年儿童科幻画669幅、创意机器人26个。大赛评选出优秀作品参加金华市科技创新大赛。

【第十六届自然科学优秀论文评审】 2021年11月26日，东阳市第十六届自然科学优秀论文评审会议在行政中心召开，收到论文1352篇，其中工业组44篇、农业组460篇、医学组268篇、教育组318篇、综合组262篇。经过五个大组20余名评委的评审，评选出优秀学术论文125篇，其中一等奖17篇、二等奖42篇、三等奖66篇。

（朱金灵）

东阳市工商业联合会（总商会）

【概况】 2021年，东阳市工商业联合会（总商会）（简称市工商联）直属商、协会23家，会员3053人，其中行业协会商会2家、异地商会8家、镇（街道）商会13家。规范商、协会换届工作，东阳市温州商会召开第五届换届大会；东阳市企业家协会（企业联合会）召开七届一次会员大会暨七届一次理事会会议。筹建企业家协会分

2021年4月20日，市工商联、市税务局联合举办“便民办税春风行动”政企恳谈会

（市工商联提供）

会——青年企业家协会。浙江宝森波纹管有限公司与中科院旗下长三角物理研究中心、松山湖材料实验室三方联合共建智能金属器件联合研发中心。市工商联庆祝中国共产党成立100周年，开展主题党课、专题讲座等活动，创新采取“线上直播+线下结合”等方式引导民营企业家“学党史 感恩党 跟党走”。市工商联获“2020—2021年度全国‘五好’县级工商联”称号。

【助力企业家队伍建设】 2021年，“百舸行动”新生代培养计划进入全面深化阶段。4月，市工商联牵头组织“百舸学堂”——新生代企业家到上海交通大学开展企业盈利模式等主题学习。9月，召开“百舸对话”——第三届选派新生代企业家挂职经济部门工作座谈会，加强新生代企业家队伍建设。搭建政企沟通平台，12名挂职部门分管领导及15名新生代企业家参加会议。举办企业中层管理人员专业技能提升、企业法治宣传教育等培训15场，3500余人次参加。举办《创业创新管理模式——中国积分制管理》《税务筹划与风险防范》等专题讲座，组织人员参观访问外地企业，考察交流管理模式，参加专业论坛。

【清廉民企建设】 2021年，市工商联制定《关于推进清廉民营企业建设的实施方案》《东阳市“清廉民企”创建工作十大任务清单》《推进“清廉民企”建设倡议书》等文件，指导民营企业开展“清廉民企”建设。市工商联组织走访企业，商讨“清廉民企”建设相关工作，确定野风集团有限公司、英洛华科技股份有限公司等5家典型示范点创建单位。市工商联召开“亲清直通车·政企恳谈会”6次，组织107名企业家参加，解决企业家提出的问题54个。

【社会服务】 2021年，市工商联组织各商、协会及会员企业捐赠FFP2口罩100万个、成人一次性口罩50万个、儿童3D口罩10万个、防护服2000套、价值400万元的移动方舱。市企业家协会获评2021年东阳市抗疫先进集体。东阳市磐安商会到磐安县双溪乡开展助力乡村活动，为山早村红军墓修缮捐款2.76万元，向双溪乡中心小学捐款2万元。

【数字化建设】 2021年，市工商联完成“浙里商会在线”平台基层商会及在东阳市异地商会初步注册。完成省数字工商联平台及浙江省商会平台录入工作，与省数字工商联平台完成数据共享。工商联整体智治门户网站完成相关内容数据的整理及版面设计。配合全国工商联开展全国民营企业应对疫情防控情况调查、小微企业融资需求调研、全国工商联民营企业社会责任调研、规模以上民营企业调研等工作。

（张梦芸）

东阳市文学艺术界联合会

【概况】 2021年，东阳市文学艺术界联合会（简称市文联）有作家协会、美术家协会、书法家协会、摄影家协会、音乐舞蹈家协会、民间文艺家协会、杂技魔术协会、曲艺协会、诗词楹联学会、湖溪镇文联、老年书画研究会、观赏石协会、古琴协会13个团体会员单位，加入国家级文艺家协会4人、省级文艺家协会19人、市级文艺家协会12人。年内，市文联组织开展“留东迎春 福至万家”送“福”送春联活动，“东阳是我家 幸福温暖年”公益拍摄活动，“红心向党庆百年”主题征文活动，举办庆祝中国共产党成

2021年4月9日，市工商联组织新生代企业家到上海交通大学学习

（市工商联提供）

2021年2月3日，“留东迎春 福至万家”送福送春联活动在市行政中心举行（市文联提供）

立100周年书画展、“百年印记”影像展开幕式，举办李生祥书法公益讲座，承办金华市文联系统2021年度读书会，编印《翰墨丹青书华章 不忘初心跟党走——东阳市庆祝中国共产党成立100周年书画展作品集》《百年印记——东阳市庆祝中国共产党成立100周年“美术书法”展作品集》。4月2日，在市行政中心召开东阳市文联第四届委员会第二次全体（扩大）会议。市文联获评2021年度浙江省文联成绩突出集体。

【市作家协会】 2021年，市作家协会在木雕小镇胡先民艺术馆举办胡永清诗集《相册簿里的时光》新书发布会暨分享会、曾毓琳新诗集分享会、《东阳新诗盟诗选》读者见面会；举办“花园杯”第一届东阳市原创文学大赛；开展“浙江诗人走进佐村”活动，与市诗词楹联学会、市图书馆联合举办“纯文学作品如何投稿”公益讲座，联合市诗词楹联学会、市融媒体中心少年新闻学院举办“七月之光”暑期阅读与写作系列公益讲座，举办东阳市作家驻村工作启动仪式，与市民政局、市慈善总会、市融媒体中心联合主办“我身边的慈善故事”征文活动。朱榕贵、胡永清、陈益林、胡才高、陈全洪和蒋时忠6人加入浙江省作家协会。

【市美术家协会】 2021年，市美术家协会承办东阳市庆祝中国共产党成立100周年美术书法作品展，举办2021年第三届东阳木雕小镇美术写生采风作品展，与金华市文化广电旅游局、金华市文学艺术界联合会共同举办金华市第七届油画大展。2月24日，市美术家协会在卢宅太和堂召开六届二次理事会。马晓栋、徐新德加入浙江省美术家协会。

黄建军的作品入选第12届中国高校美术作品年展，楼献中、蒋新民的作品入选“乡村振兴·童话云和”浙江省美术作品展，黄建军的作品获“百年辉煌·共绘清廉”油画作品展三等奖，黄玉平的国画《山花烂漫》在第四届“邮驿路 运河情”全国美术作品展中获中国美术家协会入会资格奖，吴季生的版画作品入选中国新兴版画运动九十周年——全国版画作品展初选，黄玉平的作品《天堑变通途》入展“迎建党百年 享美好生活”浙江省第七届群星视觉艺术作品展，曹霞的作品入选浙江省第八届青年美术作品展，胡晓翠的作品在“美艺求美”浙江省女画家作品展中获学术提名奖，黄建军的油画作品《黄埔风云——金佛庄》入选浙江油画家红色根据地写生创作作品展，卢裕华、胡晓翠的作品获金华市第二届女性美术作品大展优秀奖。

【市书法家协会】 2021年6月30日，市书法家协会承办东阳市庆祝中国共产党成立100周年美术书法作品展。郑颜伟加入中国书法家协会。王红斌获第七届浙江省刻字艺术大展新人奖，金笑珍、陈晓丽、金升高获“宾虹艺术”第四届金华市书法篆刻大展提名奖。

郭向锋的作品入展全国书法名家邀请展，金妙勇的作品入展“李白杯”首届全国书法作品大赛，金笑珍、许俊晓的作品入展全国清廉书法作品大展，吕海强、吴佳燕、陈晓丽、金笑珍、何泱铮的作品入展全国书法篆刻主题大展，吴振宇的作品入展首届“爱莲杯”全国书法大展，郭向锋的作品入展兰亭雅集全国书法篆刻名家迎新年作品展；陈金彪、金笑珍、陈林旭、金升高、蔡礼礼、吕海强、钟国友的作品入展浙江书法篆刻百家系列大展，金笑珍的作品入展“子陵杯”浙江省书法大赛。

【市摄影家协会】 2021年，市摄影家协会开展“东阳是我家 幸福温暖年”公益拍摄活动，与市博物馆联合承办周晓刚的“印记东阳”黄包车影像展，

2021年6月30日，庆祝中国共产党成立100周年美术书法作品展在市美术馆举行（市文联提供）

承办“光影百年　秀美吴宁”摄影比赛，承办百年印记影像作品展。会员章建钢加入中国摄影家协会；金飞燕、陈毅芳、叶晓萍、蔡军伟加入浙江省摄影家协会。

【市音乐舞蹈家协会】　2021年，市音乐舞蹈家协会承办金华市舞蹈家协会采风研讨活动，组织策划艺术培训（葫芦丝）进部队活动，组织开展手龙、腰鼓、秧歌、大鼓、先锋、排舞、广场舞等全市公益性系列艺术培训，组织举办“智汇东阳　百场沙龙”二胡、萨克斯、声乐、舞蹈公益性培训班四期，组织拍摄流行歌曲演唱网络视频课程4期。组织参加“初心如磐”东阳市庆祝中国共产党成立100周年文艺演出、2021第三届世界东阳人发展大会演出等各类活动。

【市民间文艺家协会】　2021年，市民间文艺家协会会员蒋武进、陈德鸿加入中国民间文艺家协会，郭向锋、黄志勤加入浙江省民间文艺家协会。王向东被授予“浙江省‘万人计划’传统工艺领军人才”称号，陈德鸿入选2021年浙江省造型艺术青年人才培养“新峰计划”。周桂新的竹根雕《丰收》获第八届浙江民间文艺“映山红奖”（民间工艺美术类）。

王向东的作品《红船踏浪转乾坤》、何红兵的作品《室有清芬》入选沪苏浙皖四省文联举办的“百工百艺　山花绽放”长三角地区民间工艺精品邀请展；黄小明的木雕作品《领航》入展“红船精神——中国工艺美术大师‘百名大师·百件作品’红色主题展”，获突出贡献奖；陈德鸿的木雕作品《幸福生活》入展第五届浙江省工艺美术双年展；黄小明、李鹏、吴奇荣、楼瑞阳的木雕作品《天微星——龙柜》，王向东的木雕作品《红色赓续》，陆会勇的木雕作品《乘风破浪》，陈德鸿的木雕作品《幸福生活》，蒋武进的木雕作品《江南好》，郭向锋、郭荣杰的木雕作品《盛世中华》，李斌的木雕作品《深境禅悟》，陈丹的木雕作品《年华》，何红兵的竹编作品《一带一路》，周桂新的竹根雕作品《丰收》入选第五届浙江工艺美术双年展。

【市杂技魔术协会】　2021年，市杂技魔术协会承办浙江杂技创新创意大讲堂进校园活动，组织会员参加虎鹿镇蔡宅村端午节活动、“建设共享田园　创造美好生活——东阳市‘三农’系统庆祝中国共产党成立100周年文艺晚会”、湖溪镇庆祝中国共产党成立100周年暨湖溪镇文联成立25周年文艺会演、湖溪镇第十届艺术周闭幕晚会。市杂技魔术协会到陈望道故居、巍山镇巍山社区巍山四小区、横店镇桥下社区任湖田小区开展“学党史　传精神　跟党走”文艺志愿者服务活动。

【市曲艺协会】　2021年，市曲艺协会在卢宅非遗街区慎修学堂举办曲艺培训班、曲艺创作培训班，在卢宅非遗文创集市举行曲艺会演，在千祥镇马氏宗祠“马氏家训”录制东阳道情《廉洁清官——马光祖》。组织会员在卢宅非遗街区参与“风味卢宅·趣味夜巷”周六市集演出、卢宅非遗周六夜市演出。9月19日，会员吴洵梅参与第三届世界东阳人大会文艺会演。

【市诗词楹联学会】　2021年，市诗词楹联学会与市图书馆联合举办“今夜为你读诗”系列活动，举办以“传承诗词经典　建设文化名城”为主题的诗词公益讲座、“七月之光”暑期阅读写作公益讲座，承办“红心向党庆百年”征文比赛颁奖仪式；开展“守安全法做安全人”诗词征集活动；举办胡永清诗集《相册簿里的时光》分享会，东阳市、磐安县两地诗联“情满金秋”诗词走亲活动；举办诗词创作基础知识公益讲座。组织会员举办春分雅集茶会活动、磐安窈川采风活动。推出“中秋团圆时　共话家园事”诗词专辑、“辛丑岁末诗词抗疫”专辑。

6月15日，市诗词楹联学会在省诗联“百年党旗红”征集活动中获组织奖；6月24日，省诗联对城东街道斯村小学“浙江省诗教示范学校”创建工作进行验收。

【湖溪镇文联】　2021年，湖溪镇文联组织开展“东磐一家亲”文艺交流创作活动、到吴宁街道开展“百年颂辉煌·启航新征程”文化走亲专场晚会、庆祝中国共产党成立100周年书画展；承办湖溪镇元旦迎新文艺晚会、湖溪镇庆祝中国共产党成立100周年文艺周专场活动、市文化馆到磐安县文化走亲活动；参加东阳市乡村旅游节开幕式展演活动、东阳市“薪火传递”红色接力活动、东阳市“国调杯”文艺比赛。江南书画院承办“永远跟党走·奋进新征程”庆祝中国共产党成立100周年第十届湖溪镇文化艺术周的书画专场表演活动，开展书画“新写春联·文化进村”活动。

湖溪镇文联组织风尚旗袍协会参加“歌山画水·梦归田园”农民旅游节文艺表演，获中华旗袍明星大赛第一名；获东阳市体育协会健身舞大赛金奖。

【市老年书画研究会】　2021年，市老年书画研究会举办写春联和送“福”字活动、举办庆祝中国共产党成立100周年——百幅红色书画作品展；组织会员到东阳木雕小镇入驻企业、市职教中心东技校区开展书画交流活动，到六石街道裘家岭村、虎鹿镇葛宅会、东阳木雕小镇等地采风；与杭州市、德清县部分书画行家进行联谊交流活动。

【市观赏石协会】　2021年，市观赏石协会开展赏石沙龙活动，组织会员参加上海首届云间赏石盆景文化博览会。出版《东阳赏石》两期；出版庆祝中国共产党成立100周年专辑《东阳藏石》。

【市古琴协会】　2021年，市古琴协会举办古琴公益讲座，组织会员参加“诗路东阳”主题文艺晚会、“琴音庆百年”第四届浙江古琴艺术节、中秋琴韵茶话会、中国当代古琴社团联合双年展、“浙地琴韵”暨省古琴专委会十周年庆晚会。参加在杭州市举办的中国现代斫琴艺术展。

（陈　娟）

东阳市残疾人联合会

【概况】　2021年，东阳市残疾人联合会（简称市残联）引进第三方星级评定机构，指导开展“残疾人之家”的提升改造和星级初评，建设提升8家，其中四星级1家、三星级7家。开展“残疾人之家”日常运行信息管理服务，拨付运行补助资金767.66万元。开展持证残疾人基本状况调查，对18894名残疾人实时采集信息、综合分析、及时应用，调查入户率99.4%，手机APP移动端采集率100%。推进残疾人事务下沉镇乡（街道）和村（社区）。举办业务培训班1期，全市镇乡（街道）残联理事长、残联专职委员参加。

市残联办理残疾人证653本，到期复核6125本，遗失补证43本，破损换新6本；跨省跨地区办证11人，迁移13人。核查档案并修改残疾人证错误信息322条，开展“下乡上门”37次，残疾人评定3321人。推动助残服务“最多跑一次”改革，完善优化“数字残联”和“云评残”系统、上线“扶残助残”一件事、“网上办”、“掌上办”，受理申请3175件，办结率100%。年内，走访慰问残疾人、优秀残疾人工作者等982人，发放慰问金41.84万元。

【残疾人补贴发放】 2021年，市残联调整困难残疾人生活补贴发放标准，由255元调整为270元。全市享受困难残疾人生活补贴45460人次，发放补贴资金1170万元；享受重度残疾人护理补贴116176人次，发放补贴资金2492万元。

【残疾人劳动就业】 2021年，市残联增加残疾人就业225人。胡先民工作室、吴宁慧慧盲人推拿店被金华市残联确定为残疾人就业创业基地。叶晓芳获金华市残疾人抖音网红创业大赛第二名，蒋青青获全省残疾人抖音网红创业大赛三等奖。

市残联加强残疾人就业保障金征收和使用管理工作。对已安置残疾人就业的单位进行审核认定，与地税征收系统信息进行比对，对超比例安置残疾人就业的14家单位落实奖励政策，奖励资金18万元。配合税务部门落实疫情防控期间企业减负工作，对企业残保金实施减免政策。

2021年5月17—21日，市残联开展东阳市残疾人网络直播培训（市残联提供）

【残疾人保险】 2021年，市残联落实残疾人参加职工养老保险补助政策，对953名个人参加职工养老保险的残疾人进行补助，补助资金231万元。对出现意外伤害的残疾人开展理赔服务工作，2020—2021年度为发生意外伤害的残疾人办理理赔263万元。联系财政部门落实2021—2022年度残疾人意外伤害保险资金，采用省残联统一保险方案，签订保险协议。落实3136名生活不能自理的重度残疾人免费参保城乡居民基本医疗保险，4278名残疾人免费参保城乡居民养老保险工作。

【残疾人教育培训】 2021年，市残联协同教育部门开展残疾学生义务教育工作，为残疾考生参加高考提供服务。落实残疾人大学生学费、住宿费补助工作，为28名残疾人大学生发放学费、住宿费补助资金30.6万元；为444名残疾学生和贫困残疾人家庭学生发放助学资金38.02万元。开展残疾人职业技能培训工作，组织各镇乡（街道）残联开展网络直播、来料加工、工艺品制作、农产品加工、农作物和经济作物种植管理、电子商务等技术培训，完成技术培训710人，并录入实名制系统。组织选送残疾人参加网络直播、木雕、电子商务等培训。

【残疾人文化体育工作】 2021年，市残联选送9名残疾人运动员代表浙江省参加全国第十一届残疾人运动会，获5金3银3铜，为4名东阳籍残疾人运动员兑现奖金91万元。组织各类残疾人文化体育活动16场，600余名残疾人参加。8个镇乡（街道）组织无障碍观影23场、参加观影残疾人1120人，81名助残志愿者参与服务；开展文化助残活动，400名残疾人受益。

【残疾人康复服务】 2021年，市中医院、市妇幼保健院分别被列为省政府、市政府民生实事残疾儿童康复机构规范化提升建设单位，10月通过验收。0至6周岁符合条件康复训练的残疾儿童完成残疾儿童肢体康复训练35人、听力言语康复训练19人、智力康复训练95人、孤独症康复训练13人，完成康复训练162人。配送助听器130台（其中捐赠四川省南江县50台）；装配“上肢”假肢3条、“下肢”假肢19条；配送盲人智能眼镜8副、配送轮椅86辆（其中捐赠四川省南江县50辆）、配送护理床28张（其中捐赠四川省南江县10张）；残疾儿童购置矫形器及髋或膝关节置换手术24人；小额类辅助器具配送81件，发放辅助器具356人。医疗康复补助98人，补助资金194205元。困难残疾儿童家庭生活补助6人。开展精神病防治工作，为2195名精神残疾人提供门诊服用基本抗精神病药物全额保障，拨付抗精神病药物全额保障经费补助1410576.85元，精神持证残疾人实施住院医疗康复救助307人，补助医疗康复经费1415011元。

完成贫困残疾人家庭无障碍改造188户，六石街道六石社区成功创建省级无障碍社区。

【专项助残】 2021年，市残联对50户残疾人家庭进行农资补助，补助化肥28.6吨、价值9.867万元。启动实施“幸福安居”专项助残行动，帮扶低收入残疾人家庭改善居住环境。设立助残专项基金，募集资金585万元。对58户低收入残疾人家庭，实施住房环境改善提升，发放补助金额165万元。为25户残疾人及创业就业基地发放贷款贴息31.56万元。调查低保残疾人家庭用电安全情况，发现有320户低保残疾人家庭用电线路存在安全隐患，为东阳供电公司实施“幸福蜗居千户万灯”项目提供基础服务。关注残疾人机动轮椅车营运动态，为233名下肢残疾人机动轮椅车车主发放燃油补贴6.058万元。

【残联工作结对】 2021年，市残联对接四川省南江县残疾人联合会，开展东西部协作，投入项目资金20.31万元。资助南江县残联助听器50台，轮椅50辆，护理床10张，价值10.31万元；为残疾人创业、残疾人木雕技能、电商专业等培训和贫困残疾学生提供资助，价值10万元。开展山海协作，对口支援磐安县残疾人联合会，帮扶创业扶贫基地建设，投入资金10万元。

【残疾人信访】 2021年，市残联定期、不定期走访残疾人家庭981户，了解残疾人需求，为残疾人排忧解难；开展矛盾纠纷大排查，建立社区(村)、镇乡(街道)、残联三级信访网络组织，畅通残疾人诉求表达机制。建立完善信访处理机制，及时回复省、金华市及“8890”便民服务平台投诉件31件，接待处理残疾人政策咨询148人次。

(黄　勋)

东阳市红十字会

【概况】 2021年，市红十字会接受社会爱心人士捐款523万元、物资捐赠价值55.6万元。参与对口支援工作和浙川东西部协作，完成200万元的资金支持、价值20.8万元的物资支援。开展救护培训，完成救护员培训2599人。建立应急救护技能培训工作室——唐俊华名师工作室。公共场所增加18台AED(自动体外除颤仪)，完成对AED安装设置点周边工作人员的救护培训。实现造血干细胞采样118例，实现器官捐献6例，遗体角膜捐献12例，其中虎鹿镇器官捐献者沈奕宸事迹被《人民日报》、新华社等媒体报道。开展小天使基金、康心基金、小桔灯等博爱公益项目。有村(社区)红十字会342个，红十字会会员13547人。在吴宁街道、白云街道、南市街道、虎鹿镇创建4家博爱家园。

市红十字会获评2021年度浙江省红十字工作进步单位、2021年度金华市红十字工作先进单位、浙江省红十字会新冠肺炎疫情防控先进集体。江北二小获评2021年度浙江省红十字工作成绩突出集体。市红十字救援队获评浙江省红十字救援工作成绩突出集体。志愿服务总队朱亚萍获评全国红十字志愿服务先进典型；王芳获评浙江省红十字会新冠肺炎疫情防控先进个人；斯俏俏获浙江省红十字应急救护培训师教师大赛三等奖。

【机构调整】 2021年12月27日，市委办公室印发《东阳市红十字会职能配置、内设机构和人员编制规定》，核定东阳市红十字会是市委领导下的群团组织、是从事人道主义工作的社会救助团体，机构规格为正科级。市红十字会事业编制4名，设会长1名(由市领导兼任)，常务副会长1名(正科长级)，专职副会长1名(副科长级)，中层领导职数1名。党内领导职务按有关规定设置。

【东阳市红十字会第四次会员代表大会】 于2021年4月1日召开，216人参会。会议审议和通过东阳市红十字会第三届理事会工作报告；选举产生东阳市红十字会第四届理事会和监事会，聘请东阳市人民政府市长楼琅坚为名誉会长，聘请东阳市人大常委会副主任许克宁、东阳市政协副主席冯涧为名誉副会长；表彰先进集体和个人。9月，在野风集团有限公司生产基地召开常务理事会议。

【2021年浙江省红十字赈济救援培训班在东阳市举办】 2021年7月27—31日，东阳市举办2021年浙江省红十字赈济救援培训班，全省9支队伍参加。开展营救计划与救济标准、工作手册、建设重点、灾情与需求评估、营地建设、财务管理、赈济物资发放与管理、灾区安全管理等理论学习，进行赈济救援演练。浙江省红十字(东阳)大众卫生与供水救援队(东阳市红十字救援队)组织10余名救援队员全程参加演练活动。

【浙江省红十字救援队党建工作会议】 于2021年7月29日在东阳市召开，省红十字会党组成员、专职副会长黄元龙，省民政厅社会组织管理局副局长张真，省红十字会赈济救护部部长王文伟参加。来自永嘉县、新昌县、仙居县等红十字救援队党支部书记、救援队员60余人参加。

【红十字会数字平台建设】 2021年，市红十字会推广“数字红会”综合业务管理系统应用，在“数字红会”、微信公众号及“浙里办”APP等平台，实现爱心捐赠、查询(申请)人道救助、参与红十字应急救护培训、人体器官(遗体、组织)捐献自愿登记、造血干细胞捐献登记、红十字会员和志愿者管理服务等服务项目“一窗受理”“一网通办”，形成实时数据及时上传。党政机关整体智治系统部门专题门户在11月9日上线。

【红十字会基层组织建设】 2021年4月1日，市红十字会印发《关于完善市红十字会基层组织建设和健全会员队伍工作的通知》，要求完善基层组织建设，健全会员队伍，完善会员入会手续。完成会员入会13547人，建成村(社区)红十字会342个。开展红十字青少年工作。通过普及培训等各种方式让红十字文化进校园，江北二小教师黄强参加省红十字会举办的《国际人道法》培训。

【红十字会应急救援】 2021年，市红十字救援队开展各类应急救援志愿服务活动，救援出勤181次、安全知识普及培训60次(直接受益11850人次)、志愿活动60次、大型活动应急保障6次、各类救援演习7次、队内体能和技能训练27次，出动队员4441人次，志愿服务时间29158小时。

6月，“联动共融 同心共治——开展社区综合治理服务”项目入围东阳市民政局福彩公益金支持项目；投入专项资金完成移动电源和排涝车的改造提升工作。8月，组织队员45人次参加抗台抢险救援行动，转移受灾群众30余人次，运送沙袋300余袋，构筑防波钢架40余米，保障群众生命财产安全。9月，承接东阳市救助站“街角曙光”——流浪乞讨人员救助项目，组织志愿者在全市18个镇乡(街道)开展流浪乞讨人员救助工作。12月，市红十字救援队组织队员参与高速出口疫情防控工作，协助筛查核酸检测26424人次，开展重点区域消毒15次，消杀面积1.6万平方米。

【红十字会志愿服务】 2021年，市红十字志愿服务总队组织开展369次各种类型的志愿服务，其中“三献”宣传活动178场次、安保活动60场次、寻亲活动及咨询宣传26场次，综合类活动80场次、各类培训25场次、出勤近3600余人次，服务时数28800余小时。每月联合中心血库开展下乡宣传及献血服务。节假日、双休日在献血屋开展常态化的献血服务。为浙江省青少年足球赛负责赛事的医疗安保维护工作。公益寻亲团有核心成员16人，寻亲志愿者数百人，结合公安部寻亲活动，帮助4人与亲人团圆。联合南市街道常态化开展下乡宣传垃圾分类、预防新冠肺炎、防蚊虫除“四害”、使用公勺公筷等活动。

【应急救援技能竞赛】 2021年5月，市红十字救援队代表金华地区参加全省红十字应急救护技能大赛，获1个单项第一名、3个单项第二名、1个单项第三名，获团体第二名。11月，参加金华市首届社会应急力量技能竞赛，完成8个竞赛科目的比赛，获团体第一名，搬运重物折返跑、顶撑救援、水上翻船自救、安全破拆、绳索悬吊救援5个项目单项均获第一名，沙洲横渡救援、搬运伤员及心肺复苏项目第三名。队员李志刚获个人总成绩第三名，刘丰平获个人总成绩第五名，陈晓晗获个人总成绩第八名，蒋献阳获个人总成绩第十名。

【“爱心冰柜”项目】 2021年8—10月，市红十字救援队联合市委宣传部、市文明办等部门以及爱心商家共同推出“爱心冰柜”项目，在东阳市城区主要街道、商家设置13台爱心冰柜，为公安民警、环卫工人、园林工人、快递小哥免费提供爱心冰饮5万余瓶，该志愿项目获第五届金华市志愿服务项目大赛金奖、东阳市新时代文明实践品牌项目。

【“救在身边”——校园生命安全屋项目推广】 2021年，市红十字救援队“救在身边”——校园生命安全屋项目在东阳市外国语学校、江北小学月亮湾校区、横店集团小学进行试点推广，为试点班级开展防溺水、消防安全、交通安全、安全疏散演练等安全教育课40余堂，9500余人次受益。

(陈爱卿)

法 治

Rule of Law

政法委与综治

【概况】 2021年，市委政法委落实“一事双职、条块同责”安保维稳机制，组建维稳安保指挥部，以平安建设“十大专项整治”和两轮“百日攻坚”行动为牵引，完成庆祝中国共产党成立100周年、中共十九届六中全会、各级两会、第二十一届全国“村长”论坛等重大安保任务，处置化解东阳江城建设集团有限公司、上卢农房集聚区等相关群体性事件风险。处置王某某被报假警、《当家主母》剧组致猫死亡等舆情事件。推进“141”体系(“一中心四平台一网格”基层社会治理体系)与新冠肺炎疫情防控指挥体系融合联动，完成绍兴市上虞区、金华市永康市、杭州市富阳区三地隔离人员的接收管控任务。

3月30日，全省建设平安浙江工作暨扫黑除恶专项斗争总结表彰会议召开，东阳市获2018—2020年度“一星平安金鼎”。连续十五年获评平安县(市)。

【法治保障】 2021年，市委政法委开展自由裁量权规范化突破提升工作，梳理上报自由裁量规范9件，厘清自由裁量规范底数。协同推进集中公示平台建设，不断强化对自由裁量权的监督检查。将反诈人民战争作为“一号工程”纳入政府十大民生实事，制定51项任务清单。开展打击经济犯罪“护航2021”专项行动，挽回企业经济损失3.65亿元。助推涉诉涉执低效用地清理工作，成交工业用地17宗，涉案土地面积36.8公顷、建筑面积38.75万平方米，成交金额7.8亿元。探索建筑企业建筑资质“剥离+平移”变现工作模式，实现多家破产建筑企业无形资产变现。开展涉企案件审判改革，涉企合同纠纷平均审理周期比上年缩短9.18天。探索企业合规制度，发布全省首份《建设施工企业投标合规指南》，东阳市相关负责人就该做法两次在全省检察机关专题会议上作经验交流。

【基层社会治理】 2021年，市委政法委构建“一中心四平台一网格”(社会治理中心、基层治理四平台、全科网格)基层社会治理体系。制定东阳市社会矛盾纠纷调处化解中心(简称矛调中心)“终点站”机制建设工作方案。各人民调解组织受理纠纷4585件，市、镇、村调处比例分别为12.49%、25.82%、61.69%，调处成功率99.68%，初步形成矛盾纠纷“136”化解格局。金融纠纷调解委员会成功调解金融纠纷545起，标的总价值2.86亿元。劳动人事争议仲裁院成功调处劳动人事争议1969起，标的总价值7125.5万元。完成全市网格地图绘制，“镇乡(街道)综合受理、部门系统分类交办、站所人员现场处置、网格力量实地确认”工作闭环基本建成，持续优化形成社会治理事件四级联动处置闭环。市、镇两级指挥中心实现实体化运行，全科网格底座能效进一步强化。完成“网格事务准入”审查“最多跑一次”改革，开展网格员业务培训近900期。网格员上报各类事件44.6万件，三级及以上事件5.94万件(有效率保持在95%以上)；排查各类安全隐患4500余处；参与化解矛盾纠纷1100余起。东阳市网格员代表队获金华市网格员反邪教业务岗位练兵知识竞赛一等奖。

【平安东阳建设】 2021年，市委政法委推进“一月一主题”平安宣传活动，按照“六个一”(一个工作专班，一份宣传方案，一场启动仪式，一套任务书，一次入户、入企、入校宣传，一次模拟测评)要求，围绕各时段民生热点问题靶向宣传。创新现代警务机制，常态化开展扫黑除恶斗争，严打新型网络犯罪和严重影响人民群众安全感的违法犯罪活动，刑事案件比上年下降16.97%。深化安全生产综合治理，生产安全事故数和死亡人数比前两年平均数分别下降20%和31.25%，交通事故死亡人数比前三年平均数减少50人，下降42%。全面梳理长途汽车站、建筑工地等重点部位和寄递物流、瓶装燃气、消防安全、食药安全等重点领域问题清单，推动靶向整治。建立平安办定期暗访检查机制建立，建立清单交办、跟踪督导、销号管理等整改工作机制，确保问题早发现、早整改、不反弹。印发《关于常态化开展扫黑除恶斗争巩固专项斗争成果的意见》。持续开展重点行业突出问题整治，压实行业领域监管责任。

【数字法治建设】 2021年，市委政法委根据全省数字法治系统“1338”总框架▲要求，全面升级门户网站建设，11项应用实现系统数据贯通。4个项目入选省级试点。其中，乡镇（街道）合法性审查智慧管理平台完成省试点开发任务；人员流动精密智控系统基本完成开发并初步投入使用，该系统被省委改革办列入重点改革工作任务清单，被省委政法委列入数字法治系统多跨场景清单2.0；社区矫正心理健康智能场景应用省级试点项目完成建设，在"浙里连心"平台上线，通过全国首批部级"智慧矫正中心"验收；市场监管数字化智能办案指导系统试点工作基本完成系统功能开发，获省市场监督管理局认可，进入安可系统适配工作阶段。东阳市完成特邀行政执法监督、涉案财物数字化监管、行政检察与行政执法监督数字化、公益诉讼在线监督等系统平台建设。

▲全省数字法治系统"1338"总框架：建设一个数字法治综合应用；完善政法一体化办案体系、综合行政执法体系、社会矛盾纠纷调处化解体系三大重点任务；提升相关联的三个集成应用以及八个基础应用。

【政法队伍建设】 2021年，市委政法委筑牢政治忠诚、清除害群之马、整治顽瘴痼疾、弘扬英模精神，通过学习教育、查纠整改、总结提升压实三大责任，开展政法队伍教育整顿活动。全面深化政治教育，开展集中学习、全员轮训77期。靶向整治顽瘴痼疾30个，核查上级移交线索208件。建立健全长效机制，修订完善各类制度91项。完成中央和省教育整顿"回头看"督导组反馈意见的整改工作。

【司法为民行动】 2021年，东阳市开展司法为民行动，上门宣传20余万户，发放宣传资料90余万份，推广反诈拦截预警系统应用，发布预警信息4895条，全市电信网络诈骗发案数、损失金额分别比上年下降27.53%、33.12%，在连续十一年增长后首次出现下降。开展"终本案件回头看"行动，恢复执行案件511件，到位资金1.266亿元。开展司法便民行动，市人民法院、市公安局联合建立诉讼当事人查询平台，查找被起诉人283人次。开展车辆检测领域"黄牛"扰民专项整治，抓获犯罪嫌疑人22人，刑事拘留16人。开展司法济民行动，为老弱病残、行动不便群众上门代办各项业务926次。组织法官进驻问题楼盘，重组资产26.9亿元，维护4345名债权人合法权益。开展司法护民行动，组织政法干警到基层走访群众6032户、企业784家，排查解决矛盾纠纷1246件。"我为群众办实事"东阳特色做法在全国政法队伍教育整顿工作简报刊发。

（郑燕俊）

法治政府建设

【概况】 2021年6月2日，市委全面依法治市委员会第三次全体会议在市行政中心召开。会议听取重点部门单位、镇乡（街道）党政主要负责人述法报告，审议通过《2020年法治东阳建设工作报告》《2021年法治东阳建设重点工作清单》。东阳市常态化推进市政府常务会议学法制度，市政府主要领导和职能部门领导带头上法治课。印发《中共东阳市委全面依法治市委员会执法协调小组工作细则》，夯实法治政府建设基础。东阳市相关负责人在金华市第十次府院联席会议暨争创全国法治政府建设示范市推进会上作典型发言。探索推出行政执法监督系统，进一步优化法治化营商环境。入选省、市、县、乡四级行政执法协调监督工作体系建设全国试点名单。

【乡镇（街道）合法性审查智慧管理平台】 2021年，乡镇（街道）合法性审查智慧管理平台（简称平台）实现"一个系统管到底"的智能合法性审查办公生态，创新设置申办、审查、查询和决策四个模块，通过流程优化构建"党政办+司法所+法律顾问"模式，实现全流程监督、全区块覆盖、全方位处置。相关做法在《浙江政务信息》（专报）、《竞跑者》和《金华数字化改革》（专报）刊发，获副省长高兴夫、金华市委书记陈龙的批示肯定。金华市政府召开基层合法性审查"三化"建设推进会，推广东阳市经验做法。12月，平台入选全省数字化改革重大应用"一本账S1"目录。年内，平台办件量达830件。

【行政规范性文件管理】 2021年，市司法局审核行政规范性文件26件，提出审查建议及意见480余处，被采纳率约90%。组织开展"烦企扰民"等专项领域行政规范性文件清理活动两次，梳理相关文件116件，督促部门修订文件1件；开展行政规范性文件后评估，梳理出10个拟（已）评估行政规范性文件，完成后评估10件。

【行政合同合法性审查】 2021年，市司法局修订《东阳市行政机关合同管

2021年6月2日，市委全面依法治市委员会第三次全体会议在市行政中心召开

（马瑾凯/摄）

理办法》，进一步规范全市行政机关合同管理工作。审查行政合同24件，提出审查建议及意见409处，被采纳率约80%。

【自由裁量权规范】 2021年，市司法局建成行政执法信息统一公示平台，对全市28个执法部门的执法人员名单、执法职责及执法程序、执法依据及自由裁量、执法结果等内容进行统一公示。梳理公示行政执法依据1419个，梳理公示行政执法自由裁量基准39个，包括结合东阳实际而制定的自由裁量基准6个，涉及61个方面执法事项909项。

【行政执法监督系统运用】 2021年，市司法局开发行政执法监督系统，选聘22名特邀行政执法监督员，围绕群众反映的热点难点问题，开展“每月一主题”专项监督，通过闭环式管理、集成化应用、科技化监管，实现执法监督数字留痕、精准把控。该系统4月上线，6月正式投入使用，开展排查17次，具体意见书22份。

【重大决策事项审查】 2021年，市司法局开展市政府常务会议议题初审160个。编制2021年度东阳市重大行政决策事项目录，跟进承办部门重大行政决策进展情况，接受多部门涉重大行政决策事项咨询27件次，审核重大行政决策事项3项。

【行政复议与行政诉讼】 2021年，市司法局健全“行政复议局+行政复议咨询委员会”办案模式。全年受理复议案件95件，成功调解结案49件，协调调撤率47.12%；一审行政诉讼案件收案196件，审结227件(含上一年旧存)，败诉12件，败诉率5.29%。

(张　乐)

公　安

·综述·

【概况】 2021年，市公安局处置警情14.5万起；化解风险隐患1070起，化解率98.53%。完成中国共产党成立100周年、中国共产党东阳市第十六次代表大会、第二十一届全国“村长”论坛、第三届世界东阳人大会等大型活动安全保卫10余场次。侦破刑事案件1865起，移送起诉2664人次；侦破经济犯罪案件118起，刑事拘留129人，取保候审56人，移送起诉92人，挽回经济损失6.36亿元；抓获毒品犯罪嫌疑人47人，查处吸毒52人；查处治安案件13569起，治安处罚5270人，行政拘留3940人；巡逻盘查抓获违法犯罪嫌疑人462人。处理交通事故报警77825起，死亡69人，死亡人数比上年下降12.66%。办结信访件237件，办结率100%；化解信访积案95件，化解率87%。办理出国境5113人次，登记境外人员4780人次，查处涉外案件23起。

市公安局获评2021年度全省公安机关执法质量考评优秀单位、2021年度金华市公安机关综合实绩评估优秀单位、2021年度县级公安机关落实党风廉政建设主体责任考核良好单位、东阳市机关部门目标考核优秀等次，获金华市级集体三等功5个，13个集体获上级表彰(国家级2个、省级5个、金华市级6个)，18名个人获上级表彰(国家级6个、省级6个、金华市级6个)。

【公安体制改革】 2021年，市公安局设政治处等10个内设机构、看守所和拘留所两个直属机构，有治安派出所17个(含增挂“公安分局”牌子1个)、轨道交通派出所1个。

3月，国内安全保卫中心一大队(国内安全保卫大队)更名为国内安全保卫中心一大队(政治安全保卫大队)，治安管理中心三大队(食品药品环境犯罪侦查大队)更名为治安管理中心三大队(食品药品环境知识产权犯罪侦查大队)。10月，警令指挥处二室(情指联勤中心)更名为警令指挥处二室(情报指挥中心)，警务保障处二室(信息通信科)更名为警务保障处二室(科技信息化科)，国内安全保卫中心一大队(政治安全保卫大队)更名为国内安全保卫中心一大队[政治安全保卫(反邪教)大队]，国内安全保卫中心二大队(反恐大队)更名为国内安全保卫中心二大队(反恐怖大队)。12月，设立轨道交通派出所，撤销刑事侦查中心预审大队、扫黑除恶大队，撤销刑事侦查中心一大队一、二、三中队，撤销治安管理中心二大队四中队，增设刑事侦查中心横店侦查办案大队、巍山侦查办案大队，增设治安管理中心三大队影视业犯罪侦查队，增设交通警察大队白云中队，交通警察大队城区一中队更名为吴宁中队、城区二中队更名为江北中队。

【公安队伍教育整顿】 2021年3月25日，市公安局印发《东阳市公安局队伍教育整顿实施方案》，开展为期4个月的公安队伍教育整顿活动，分学习教育、查纠整改、总结提升三个阶段。7月下旬，进行为期40天的教育整顿情况“回头看”。其间，市公安局举办党史教育专题学习会、报告会10次，专题讲座3个，英模先进事迹报告会4次，主题党日活动6次，警示教育会2次；组织观看警示教育片5部，学习《案例汇编》3册。全面筛查2018—2020年有警不出、有案不受，无正当理由未执行行政拘留、未及时办结刑事强制措施在案人员，未及时上缴涉案物品、资金的情况，以及七类重点案件(检察机关立案监督案件、已受案但未立案或超3日立案的刑事案件、开具不予立案通知书的案件、受立案件未开具受案回执或立案告知书的案件、解除取保候审或取保候审期限届满超过30日未解除的案件、涉嫌违规调解案件、久侦未决案件)26967件，整改问题952个，建章立制20项，发布教育整顿提示清单17期，填报《民警个人有关事项报告表》753份、《教育整顿问题查摆清单》1830份、《“三违规”问题专项整治有关事项报告表》800份。核查问题线索186件(含市委政法委教育整顿办公室移交线索103件)，追责民警43人。

【“三能”主题教育实践活动】 2021年8月，市公安局开展“三能”(平常时间能看得出来、关键时刻能冲得出来、危急时刻能豁得出来)主题教育实践活动。举办专题讲座、报告会和大讲堂共7场，学习会4次，专题大讨

2021年9月3日，市公安局召开全市公安机关"三能"主题教育实践活动动员部署会 （吴屹帆/摄）

论2次，党委理论学习中心组专题学习会9次。宣扬、学习身边典型集体5个、典型民警13人。

【信访突出问题整治行动】 2021年，市公安局开展信访突出问题整治行动，组建由4名民警组成的"巡回信访指导组"和56名"民情警长"。截至年末，市公安局党委召开党委会15次，研究破解信访难题和阻力，经过"会商研判""秩序整治""乡贤助力"、日通报、周督导、月推进等措施，全局办结信访件237件，办结率100%；化解公安部交办信访积案92.59%、省公安厅交办信访积案94.87%。依法打击信访犯罪嫌疑人7人，行政处罚信访违法人7人。

（李君瑶）

·安全保卫·

【概况】 2021年，市公安局编报政治安全情报信息904条，被公安部采用183条，省公安厅采用571条，金华市公安局采用726条；报送反恐怖情报信息80篇。侦办专案两个，移送起诉3人，行政拘留1人，教育训诫13人。办理出境5113人次、入境4780人次，查处涉外案件23起，查处偷越国(边)境案件4起，移送起诉13人。

【反恐怖工作】 2021年，市公安局报送反恐怖情报信息80篇。开展反恐怖专项行动，核查涉恐案件6起。侦破涉恐融资类专案1个，抓获犯罪嫌疑人2人，于4月移送市人民检察院审查起诉，该案是内地首起以"帮恐"批捕、省公安厅督办的案件。反恐办公室开展实体化运作，对重点目标、相关行业开展常态化检查及整改工作。

（李君瑶）

·治安管理·

【概况】 2021年，东阳市处置警情14.5万起，化解风险隐患1070起，化解率98.53%。处置巍山电影院锅炉排放一氧化碳致人中毒等重大事件。开展流动人口主体责任"风暴"行动，流动人口自主申报率提高到25%，案前列管率68.2%。经过"降警情、控发案"，全市盗窃、"两抢"(抢夺、抢劫)警情分别下降21.12%、42.86%。查处治安案件13569起，治安处罚5270人。

【中国共产党成立100周年安保工作】 2021年，市公安局开展中国共产党成立100周年安全保卫工作，全警走访社区农村、机关学校、企事业单位，"查隐患、防风险、排纠纷、化矛盾"。6月2日，市公安局成立安保基地指挥部，印发《东阳市公安局建党100周年安保工作总体方案》。6月20日，启动社会治安防控一级响应，全警昼夜值班备勤，对油气、"三电"(电力、电信、广播电视)等重点设施实施安保措施。

【新时代公安派出所建设】 2021年2月，市公安局成立新时代派出所工作领导小组，印发《东阳市公安局"红枫行动"实施方案》。制定创建新时代公安派出所的8个"枫桥指数"▲、72项工作指标，进行"挂图作战""一季一通报"推进创建活动开展。实行"一社区一民警二辅警""一村居一民警"警务模式。3月，民警、辅警到岗到位，兼任社区(村居)、综治网格领导职务，与全市1815个综治网格融合。截至年末，全市43个社区、345个行政村，配备民警128人、辅警252人。建立"公民警校"总校1个、分校18个、社区教学点513个，放映自制警示片73部、授课1366课时，听课群众50余万人次。全市有"智安小区"169个、"智安单位"78个、联勤警务站9个、平安类社会组织35个、志愿者万余人。17个派出所(公安分局)启用15个基础工作数据模型，初步实行辖区"治安要素智采智显、重点群体智推智控、社区管理智联智治"。全年发生行政案件987728起，比上年下降4.0%；伤害案件结案率91.01%，司法矫正人员管控准确率95%；盗窃警情5200起，比上年(6592起)下降21.12%；诈骗警情3123起，比上年(3626起)下降13.87%；"两抢"警情8起，比上年(14起)下降42.86%。横店分局(派出所)获评第二批省级"枫桥式公安派出所"，江北派出所获评金华市级"枫桥式公安派出所"。

▲8个"枫桥指数"：红色指数、智慧指数、稳定指数、安全指数、亲民指数、公正指数、幸福指数、争先指数。

【扫黄抓赌专项行动】 2021年，市公安局针对横店镇湖头陆村等15个黄、赌高发区域，开展4次"猎鹰"行动、15次"清风"行动、7次"攻山"行动，共查处涉黄刑事案件187起、治安案件956起、涉赌刑事案件93起、违法案件231起。摧毁山头赌博窝点32个，抓获涉黄涉赌违法犯罪嫌疑人2179人(涉黄972人、涉赌1207人)，采取刑事强制措施424人(涉黄81人、涉赌343人)，行政处罚2310人(涉黄853人、涉赌1457人)，行政拘留1294人(涉黄700人、涉赌594

2021年11月9日，全省“公安大脑”实有人口重大应用专题研讨会在东阳市召开
（吴屹帆/摄）

人），移送起诉424人（涉黄81人、涉赌343人），移交处理1人。在侦破省公安厅督办的“1·28”案件中，历经6个月，投入警力373人次，侦破组织卖淫系列案件2.2万起，抓获团伙成员199人，查封房产5处、汽车4辆，扣押现金65万元，冻结资金1599万元；采取刑事强制措施55人，追缉在案人员17人，移送起诉38人。

【涉枪爆案件查处】 2021年，市公安局开展“清雷2021”系列专项行动，查处涉枪爆行政案件65起，行政处罚64人；清查收缴各类枪支38支、子弹674发、手榴弹1枚、雷管22枚、管制刀具20把、黑火药6克。

【智慧巡防建设】 2021年，市公安局在横店影视城等9个联勤警务站派驻50名巡警，与维稳防控中心、派出所协同开展智慧巡防。应用2.8万路视频监控探头，出动无人机260架次、警犬66头次，处置突发性涉稳事件1起、街面暴力案件33起，抓获违法犯罪嫌疑人114人、逃犯2人，救助群众138人，搜救走失迷路人员7人。4月7日，巡警抓获逃犯侯某，被省公安厅立为典型案例。7月26日，35名巡警在虎鹿镇封堵江堤溃坝处转移群众百余人。

【流动人口管理专项工作】 2021年5—11月，市公安局开展“业主全培训、流口全清底、高危全管控、责任全落实”的流动人口管理主体责任“风暴”专项行动。召开出租房房东、企业负责人会议426场，培训业主4.3万人次。走访出租房2.1万户、企业3600余家，清查出租房集聚地、建筑工地、棚屋25253处，处罚违规出租房房东、企业负责人1903人、流动人口102人，消除治安、消防安全隐患1248处，抓获逃犯54人。自主申报登记29.1万人次、自主张贴二维码24.6万张，自主申报率由0上升至25%，主体责任知晓率、履行率分别为90.96%和85.64%。高危人员管控率68.2%。

【浙里人口智能采集多跨场景应用系统投入运行】 2021年4月，浙里人口智能采集多跨场景应用系统上线，总投资195万元，实现人口信息智能采集、数字应用深化服务。截至年末，全市智能采集流动人口65.14万人次，智能采集率占总数91.5%。打击处理357人次，管控6107人次，帮扶364人次，案前列管率从5.1%上升至68.2%。登记流动人口621209人，比上年增长13.6%，抽查登记率占总登记数83.4万人的96.07%。10月12日，金华市公安机关在东阳市召开现场会，全面推广应用浙里人口智能采集多跨场景应用系统。11月9日，全省“公安大脑”实有人口重大应用专题研讨会在东阳市召开。

【公安政务服务改革】 2021年3月，市公安局启动公安政务服务“一窗通办”改革，六大警种高频业务实行所有“通办”窗口无差别受理、同标准办理。成立“网办中心”，将市行政服务中心公安服务大厅调整为“咨询引导”“受理”“审批”“出件”“网上办理”五个功能区，增设服务窗口至11个，实行“自助办理为主、网上办理为辅、窗口办理兜底”，让申请人“只跑一扇窗、办成一串事”。5月，对公民身份信息连锁变更“一件事”进行改革，缩减办理环节、办理时间50%。6月，“一窗通办”改革工作覆盖全市。全年“一窗通办”事项28851件，其中网上办理155件、掌上办理1360件、网上省内迁移1164件、派出所和乡镇便民窗口办理14995件，办理户口迁

2021年8月21日，市公安局窗口民警指导办事群众办理“一窗通办”业务
（王　旭/摄）

出4538人、迁入4080人、管辖区内移居10367人，办理出生登记5736人、死亡注销5629人，办理边境管理区通行证222本、特种行业许可证73张等。

（李君瑶）

·刑事侦查·

【概况】 2021年，市公安局进行刑事侦查体制改革，建立东阳市公安局侦查（反诈）中心，开展反诈人民战争和打击犯罪专项行动，侦破刑事案件1865起，采取刑事强制措施2652人，移送起诉2664人。

【侦查体制改革】 2021年5月，市公安局印发《东阳市公安局侦查体制改革实施方案》，将刑事侦查中心由刑事侦查大队、预审大队、行动侦察大队、网络安全保卫大队、禁毒大队、刑事科学技术室和综合室调整为刑事侦查大队、侦查反诈大队、行动侦察大队、网络安全保卫大队、禁毒大队、刑事科学技术室、横店侦查办案大队、巍山侦查办案大队和综合室。民警配备数、中层领导职数分别从88名、29名调整至115名、35名。

【侦查（反诈）中心成立】 2021年5月，市公安局侦查（反诈）中心集中办公场地投入使用，总使用面积1100平方米。侦查（反诈）中心实行一个中心、两个功能（侦查、反诈）、一套人马（10名民警），按照15个工作规范，投入全天候运行。全年侦破刑事案件1865起，破案率比上年提高20.79%，抓获犯罪嫌疑人2763人，比上年增长62.72%。破获命案3起、五类恶性案件（强奸、绑架、劫持、爆炸、放火）39起，命案、五类恶性案件的破案率连续十六年保持100%。侦破电信网络诈骗案件186起，抓获网络诈骗犯罪嫌疑人381人，其中侦破公安部督办的“12·30”等重大案件35起，全链条捣毁诈骗金额30万元以上的国内诈骗团伙8个，抓获境外诈骗窝点犯罪嫌疑人100余人，追回被骗资金1100余万元。打掉本地贩卖银行卡团伙25个120人，冻结账户7152个、资金6600余万元。移送起诉诈骗犯罪嫌疑人248人。

2021年3月7日，市公安局江北派出所在东丰小区开展“反诈骗、懂防范，争创无骗村”亲子活动

（包康轩/摄）

【反诈人民战争活动】 2021年3月，市政府办公室印发《2021年度东阳市开展反诈人民战争活动实施方案的通知》，东阳市成立以市长为组长、56个部门主要领导为成员的反诈人民战争活动领导小组，该领导小组下设办公室，分设综合协调、督查考核、群众知晓率提升、风险防控、合力打击、宣传报道6个工作小组；实施方案公布反诈人民战争活动16条刚性措施。截至年末，制作、放映警示片106部，整理反诈案例639个，开展反诈宣讲1700余场、2000课时，听讲人数100余万人次。“金钟罩”注册用户61万人，保护率76.71%。阻断诈骗信息9.79万条、诈骗案件7.92万起、诈骗金额1017.67万元，劝阻率98.02%。1个镇、45个单位、326个社区实现“零发案”。全市电信网络诈骗发案数、损失金额分别比上年下降27.53%、33.12%。

【网络安全专项行动】 2021年3月，市公安局治理网络低俗直播、有害网络游戏、淫秽色情网络文学、低俗“软色情”弹窗广告、群组传播有害信息社交平台。截至年末，检查信息安全等级保护单位14家，备案审核互联网网站125家、大型LED显示屏39家、网吧70家、电竞宾馆16家，查处违规网站36家、网络违法犯罪案件276起，含行政案件46起、“一案双查”4起、危害政治安全案件和政治谣言案件各10起。抓获犯罪嫌疑人489人，移送起诉245人。

【跨境赌博打击行动】 2021年，市公安局开展以打击跨境赌博为内容的“战剑”行动，排摸核查跨境赌博线索2547人，监测可疑个人账户416个、单位账户202个，发现风险账户1460个，采取交易管控措施235个，冻结资金3632.52万元，移送线索466条。侦办刑事案件44起，采取强制措施259人，治安处罚118人，抓获赌博逃犯3人、金主股东43人、团伙头目33人。查获在华招赌代理183人，资金支付渠道8个。

【刑事科学技术应用】 2021年，市公安局勘查现场2818起，提取手印1027起，提取率36.44%；提取足迹800起，提取率28.39%；提取生物物证1432起，提取率50.82%。指纹比中305起，含现案262起。DNA比中405起，含现案357起。17个派出所（公安分局）配备手机采集设备18台。分析案件1095起，破解虚拟身份510条、破案15起，抓获犯罪嫌疑人33人。受理理化检验鉴定979起检材1869个，其中酒精检测742起检材1329个、毒物检验169起检材385个、微量物证检验4起检材17个、毒品检验64起检材138个。检测毛发19087份，出具报告960份。受理电子物证检验822起，录入新型案件勘验1073起。通过人像识别技术确认尸源3具。1月,刑事科学技术室通过浙江省市场监督管理局的扩项现场评审,取得电子数据鉴定的资质认定资格,成为全省首家县级电子物证实验室。理化实验室被省公安厅确认为全省公安毛发中毒品快检特色实验室;7月,代表全国县区级理化实验室参加全国禁毒实验室比武。

(李君瑶)

·禁毒与食品药品环境知识产权犯罪侦查·

【概况】 2021年,东阳市查处非法种植毒品原植物案件9起,铲除罂粟363株。批准易制毒化学品购买许可、购买备案2338份,运输许可、运输备案1435份。抓获毒品犯罪嫌疑人47人,查处吸毒52人,强制隔离戒毒17人。侦破食品药品环境知识产权犯罪案件68起,抓获犯罪嫌疑人124人,移送起诉72人。

【"廿镇百村"毒品治理】 2021年3月,根据国家禁毒委关于农村毒品突出问题专项治理工作的部署,南市街道官清村被列入金华市"廿镇百村"毒品治理重点村居。市公安局进行多形式、多范围、多频率禁毒宣传,制作宣传横幅60余条、宣传海报100余张、文化礼堂广告牌24块、"禁种铲毒"草地提示牌30块。村责任人签订《禁种铲毒责任书》,村民签订《禁种铲毒承诺书》;建立日常巡查、集体踏查和每月一次例会制度。全年官清村未发现毒品原植物种植点。7月,金华市对官清村进行污水检测,毒品含量符合国家正常标准。年末,官清村被金华市禁毒办评为金华市"廿镇百村"毒品清理工作优秀单位。

【聋哑人吸贩毒犯罪团伙案侦破】 2021年1月,市公安局经过对一起聋哑人吸毒案件的串并侦查,查获聋哑人吸贩毒犯罪团伙4个,缴获海洛因28克,刑事拘留27人,查处吸毒人员9人,强制隔离戒毒人员5人。该案被立为省"2021-25"目标案件,被纳入安徽省、重庆市、黑龙江省联合侦办的公安部"2021-94"目标案件。

【打击食品药品环境和知识产权领域犯罪专项行动】 2021年4月,市公安局开展"昆仑2021"专项行动,依法打击食品、药品、环境和知识产权领域违法犯罪行为。截至年末,开展收网行动6次,破案68起(含行政案件1起),抓获违法犯罪嫌疑人124人,移送起诉72人,包括省公安厅督办案件4起,生产和销售伪劣卷烟案件9起(打掉犯罪团伙1个,抓获犯罪嫌疑人24人),污染环境、破坏森林资源、生态环境和生物安全违法犯罪案件49起(含森林非法狩猎6起,移送起诉52人,收缴动物及其制品2000余件)。4月8日,公安部食品药品环境侦查局发贺电,祝贺市公安局侦破疫苗非法经营案3起、抓获犯罪嫌疑人5人。

2021年4月22日,市公安局禁毒民警在横店镇一山坡铲除非法种植的42株罂粟原植物 (蔡伟华/摄)

【打击侵犯企业知识产权犯罪专项行动】 2021年,市公安局开展"蓝剑2021"专项行动,重点打击假冒知名品牌、老字号商标、侵犯商业秘密犯罪及顽疾性假冒伪劣犯罪行为。4月,对浙江花园生物高科技股份有限公司"优迪王"杀鼠剂被假冒注册商标案,进行全链条打击,抓获犯罪嫌疑人10人。全年,全市侦破侵犯知识产权犯罪案件7起,采取刑事强制措施13人,移送起诉9人。

(李君瑶)

·经济犯罪侦查·

【概况】 2021年,东阳市受理经济犯罪案件179起,立案164起,破案118起,刑事拘留129人,取保候审56人,移送起诉92人,挽回经济损失6.36亿元。在金华市年度考评中,列金华市公安机关为企业服务第一名、金华市"猎狐2021"专项行动第一名。

【打击侵害企业利益经济犯罪专项行动】 2021年4月,市公安局、市人民检察院联合开展"护航2021"打击侵害企业利益经济犯罪专项治理行动,成立以副市长、公安局局长陈德良为组长的专项治理行动领导小组和专项行动办公室,会同市金融办、人行东阳市支行等部门,打击涉企经济犯罪。排查风险企业6家、金融公司231家(年末消除风险两家),无违法交易。建立"110帮企"微信(钉钉)联络群55个、警务站24个,开展防范宣传1500余次。受理经济案件179起,立案164起,破案118起,涉案金额10.75亿元,刑事拘留129人,取保候审56人,移送起诉92人,抓获逃犯13人,挽回经济损失6.36亿元。"惊雷"行动抓获保险诈骗犯罪嫌疑人5人,冻结涉案金额百万元;"歼击20"行动打掉地下钱庄犯罪团伙3个,抓获犯罪嫌疑人40余人,查扣涉案资金2亿元。市公安局经侦大队被省公安厅、省人民检察院评为“护航2021”打击侵害企业利益经济犯罪专项行动成绩突出集体。

【缉捕在逃境外经济犯罪嫌疑人专项行动】 2021年，市公安局开展缉捕在逃境外经济犯罪嫌疑人“猎狐2021”专项行动。紧盯重点目标，依托情报平台开展动态研判，落实各项境外追逃工作措施，将出逃马来西亚、柬埔寨、美国、加拿大的5名逃犯缉捕归案，公安部予以全部认定。

（李君瑶）

·道路交通安全管理·

【概况】 2021年，市公安局深化公安交通管理“放管服”改革，推进交通安全生命防护工程建设。处理交通事故报警77825起，查处交通违法行为111.3万起，处罚道路交通违法行为141.9万起，查处酒后驾车违法行为3670起、醉酒驾车违法行为为487起，移送起诉451人。交通事故死亡69人，死亡人数比上年下降12.66%。

【交通安全生命防护工程实施】 2021年，东阳市实施交通安全生命防护工程，全面推广学习“南马经验”，推行“日分析、周例会、月推进”“一事故三推送”▲、交通死亡事故领导到场等道路交通安全工作制度。把交通安全综合治理绩效列入市政府年度目标责任制考核内容。截至年末，召开全市工作推进协调会、推进会5次，现场督察12次，印发任务交办单14份、工作通报10份。落实财政隐患治理经费3000余万元，完成市级道路安全隐患治理2042处。查处交通违法案件111.3万起，比上年增长61%，其中现场处罚30.6万起、非现场处罚80.7万起。查处货车超载行为2758起，电动车交通违法行为25.4万起，危化车违法行为431起，酒后驾车违法行为3670起，醉酒驾车违法行为为487起，客车、货车、三轮汽车、三轮摩托车等违法载人、违法超员行为736起。查处“失驾”（驾驶人由于交通违法等原因造成的驾驶证被暂扣、注销、吊销，从而失去合法的机动车驾驶资格的情况）驾车1136人次，行政拘留78人。抄告公职人员违法驾驶3000余人次。全口径统计交通事故死亡69人，比上年减少10人、下降12.66%。死亡2人的交通事故1起，未发生死亡3人以上的交通事故。

▲“一事故三推送”：重伤以上事故，推送镇乡（街道）、市交警路面中队和市交通局。

2021年5月21日，市政府召开全市交通安全综合治理大会战推进会暨夏季专项整治工作部署会（郝广平/摄）

【重点车辆监管】 2021年，全市40家渣土运输企业960辆工程车、7家危险品运输企业298辆危化车，实行公司化管理，将车载GPS系统全部接入交警指挥中心；市公安局交通警察大队进行实时监管、违法提醒和查处，对轻微违法驾驶员开展两小时的培训教育。市公安局交通警察大队加强“两客一危”企业（公路客运、旅游客运和危化品运输）安全管理，每周安全检查一次；约谈重点企业负责人17家，挂牌整治9家。全年，轻微违法驾驶员学习教育1706人次，车辆违法处理率、检验率、报废率均达100%。横店交警中队加强车辆“入口”和日常监管，针对5家道具车租赁企业、404辆道具车建立“一企一档”“一车一档”管理制度。

【车检“一件事”改革】 2021年，全市投入1000余万元，按照“一站一方案”的要求，对车辆检测站进行新建、

2021年3月10—11日，浙江省副省长、公安厅厅长王双全（前中）到东阳市检查指导车辆检测“一件事”集成改革工作（东阳市广播电视台提供）

改建、扩建，提升车辆检测站的服务供给能力。5家检测站全部通过省级验收。“一站式服务”检测车辆13.2万余辆，全流程上线检测时间缩短至30分钟以内。抓获犯罪嫌疑人22人，其中“黄牛”12人、机动车检测工作人员10人；刑事拘留17人。

【机动车驾驶人考试】 2021年，东阳市参加汽车类科目一考试33467人，合格率78.26%；科目二考试34673人，合格率59.74%；科目三考试42036人，合格率57.18%；科目三安全文明理论考试29565人，合格率85.59%。摩托车类科目一考试4875人，合格率95.69%；科目二考试5202人，合格率80.70%；科目三考试4660人，合格率90.56%；科目三安全文明理论考试4537人，合格率94.36%。

【安全教育教学点建设】 2021年，市公安局在交警中队设立安全教育教学点，实行“掌上约、就近学”，把安全教育与中队业务有机融合。5月，南马教学点开课运行。6月17日，金华市交管分局在南马中队召开全市教学点建设推广会，推广东阳市做法。截至年末，全市接受安全教育的违章满分驾驶员3627人次，死亡事故责任同责、主责驾驶员85人次，B证以上驾驶员违章记分9至11分审验现场教育1571人次，“春运”驾驶员安全教育743人次，渣土车驾驶员专项教育1924人次。

（李君瑶）

检　察

【概况】 2021年，市人民检察院受理刑事、民事、行政、公益诉讼“四大检察”案件2817件，比上年增长21.6%。其中，受理审查逮捕案件712件，比上年增长22.76%；批准逮捕案件575件，比上年增长28.92%；受理审查起诉案件1740件，比上年增长45.48%；提起公诉案件1204件，比上年增长42.32%。推进“数字检察”改革，公益诉讼在线协作监督平台、裁判文书智能检索分析系统、智慧党建系统、智慧影视检察系统4个多跨数字场景应用项目获省人民检察院备案建设。

2021年9月3日，市委加强新时代法律监督工作会议举行　（邓　俊/摄）

市人民检察院设立金华市首个检务督察办公室，探索执法督察案件化办理模式，制定党内谈心谈话、检察人员八小时外管理、常态化廉政家访等制度，相关负责人在全省检察条线会议上作经验交流。

【法律监督】 2021年9月3日，市委加强新时代法律监督工作会议在市行政中心召开，会议传达学习《中共中央关于加强新时代检察机关法律监督工作的意见》、中央政法委领导批示精神以及省委、金华市委有关部署要求，通报东阳市近年来法律监督工作情况。

市人民检察院制定《开展“法律监督惠民生”专项行动暨“我为群众办实事”实践活动工作方案》，开展扫黑除恶常态化专项活动、电信网络诈骗治理专项活动等“法律监督惠民生”十大专项行动，相关工作两次被金华市委政法委刊发推广。开展政法队伍教育整顿，专项整治各类司法顽疾，问责21人，健全长效机制24项。

【平安建设】 2021年，市人民检察院打击各类涉政、涉暴恐以及邪教组织犯罪，依法办理“东阳8·10”专案（东阳市域内帮助恐怖活动犯罪首案），推进扫黑除恶常态化。审查起诉电信网络诈骗案件24件，发布《电信网络诈骗犯罪检察白皮书》，获东阳市四套班子主要领导批示肯定，推动综合整治。完善与市监察委、市人民法院的办案协作机制，批捕贪污贿赂、徇私枉法等各类职务犯罪人员19人。

2021年12月8日，市人民检察院检察官到横店影视城演员公会开展岗前法治培训　（邓　俊/摄）

【民营经济专项服务】 2021年，市人民检察院部署开展“助力民营经济发展专项服务月”活动，开展服务行动11项，推动服务民营经济理念、方法、机制再升级。支持保障地方建筑产业和影视特色产业持续健康发展。审查起诉涉建筑企业犯罪案件25件，在建筑领域开展企业刑事合规改革实践，探索企业合规视野下的“行刑”(行政执法、刑事司法)衔接机制，联合市发改局、市住建局、市公安局、市行政服务中心管委会四个部门制定全省首份《建设施工企业投标合规指南》。对接横店影视文化产业集聚区管委会，协商构建嵌入“智慧影视检察”场景应用的“横店影视文化大脑”数字平台。印发《影视行业犯罪预防宣传手册》，到横店影视城开展专题普法教育讲座。

【刑事诉讼监督】 2021年，市人民检察院受理审查逮捕案件712件，批准逮捕案件575件，受理审查起诉案件1740件，提起公诉案件1204件。监督公安机关立案55人，监督撤案8人，纠正漏捕1人，追加起诉17人，书面或口头纠正侦查违法行为6起。贯彻落实“少捕慎诉慎押”刑事司法政策，联合市公安局制定《关于开展审前羁押必要性审查的工作细则》《提前介入重大敏感案件实施细则》《依法适用强制措施告知书》，捕后建议公安机关变更羁押强制措施71人，自行变更羁押179人，变更人数居金华市前列，审前羁押率比上年下降24%。加强看守所执法活动检查，发出纠正违法通知书13件。向上级检察机关移送司法工作人员职务犯罪线索3件，初核1件，立案侦查2人。

【民事诉讼监督】 2021年，市人民检察院开展民事支持起诉(人民检察院对损害国家利益和社会公共利益及弱势群体利益的行为，支持受损害单位或个人向人民法院起诉并参与诉讼)工作，联合市人民法院、市司法局制定《关于建立民事支持起诉工作联系机制的规定(试行)》。部署开展“网络司法拍卖”“信用惩戒”等专项行动，办理民事执行监督案件107件。受理民事审判程序违法监督案件91件、民事生效裁判监督案件32件，联合多部门制定《关于防范和惩处虚假诉讼的若干意见》，移送虚假诉讼线索12件41人，13人被追究刑事责任。

【行政诉讼监督】 2021年，市人民检察院办理行政处罚、土地执法查处等领域行政非诉执行监督案件67件，督促职能部门堵漏建制、专项治理。完善行政执法与行政检察衔接机制，逐步拓展监督领域，办理行政争议实质性化解案件4件。加强与行政机关的沟通联络，走访市委统战部、市总工会、市妇联、市残联、团市委等部门，探索建立协作机制。加大对行政行为合法性、合理性的调查核实，通过行政审判和执行监督促进依法行政。

【公益诉讼检察】 2021年，市人民检察院办理公益诉讼案件65件，其中行政公益诉讼52件、民事公益诉讼13件，涵盖食品药品、环境资源、国有财产、国有土地出让等多个领域。会同行政部门联合建立英雄烈士保护、个人信息保护等多个协作机制。文物保护、固废整治等公益诉讼专项监督实现18个镇乡(街道)全覆盖。邀请“两代表一委员”(党代表、人大代表、政协委员)、特约检察员、公益诉讼观察员等参与专家咨询、勘验取证、现场监督、跟踪回访，办结全省首例私家车非法改装成教练车行政公益诉讼案。

【诉源治理】 2021年，市人民检察院集成建设“一站式”检察服务中心，引入“老娘舅工作室”等第三方参与刑事案件和解、矛盾化解，落实群众信访“件件有回复”，组织检察公开听证12次，息诉化解信访案件7件，促成刑事案件和解10起。注重特殊群体维权，办理欠薪、赡养费纠纷、抚养权纠纷等领域民事支持起诉案件15起，帮助10余名农民工追讨拖欠的工资40余万元。建立由“一把手”统筹抓总、分管领导担责“出征”、各部门参与协同的司法救助一体化组织领导、联动推进机制，密切与市民政局、市教育局、市卫健局、市妇联、市残联、市退役军人事务局等部门对接，构建综合救助体系，实施司法救助39人。

【“三个规定”诉讼告知制度】 2021年，市人民检察院在金华市政法系统首次建立防止干预司法的“三个规定”▲诉讼告知制度，在检察办案环节向当事人及其诉讼代理人随案发放《东阳市人民检察院“三个规定”告知书》，相关做法被上级检察院发文推广，制作的专题微视频《守心·问道》被最高人民检察院、浙江省人民检察院及浙江省各市、县纪委和监察委转发。

2021年5月18日，市人民检察院检察官向涉案人员家属和辩护律师送达金华检察机关第一份《东阳市人民检察院“三个规定”告知书》 (邓 俊/摄)

▲“三个规定”:《领导干部干预司法活动、插手具体案件处理的记录、通报和责任追究规定》《司法机关内部人员过问案件的记录和责任追究规定》《关于进一步规范司法人员与当事人、律师、特殊关系人、中介组织接触交往行为的若干规定》。

【未成年人保护】 2021年,市人民检察院完善未成年人保护社会支持体系,在市红十字救援队、市第七人民医院挂牌成立未成年人保护联络站,会同相关部门建立强制报告、入职查询等机制。注重困境儿童全方位救助,联合行政部门帮助4名被害儿童落实转读学校,开展心理疏导。深化“法治进校园”活动,联合教育部门推出“法治云课堂”“线上云参观”。绿荫工作室连续两年获评金华市优秀普法工作室。调研报告《当前儿童演员行业权益保障情况的调查分析》获省检察院检察长贾宇批示,相关做法被最高人民检察院写入专题工作报告。

【《建设施工企业投标合规指南》发布】 2021年9月26日,市人民检察院召开《建设施工企业投标合规指南》(简称《指南》)联合新闻发布会,市发改局、市公安局、市住建局、市行政服务中心管委会等部门及部分新闻媒体、企业代表、法律工作者等参加。该《指南》由市检察院联合市发改局、市公安局、市住建局、市行政服务中心管委会等部门联合制定,聚焦房屋建筑和市政基础设施项目建设工程招投标领域行业治理,从总则、投标合规管理架构、投标合规风险重点、投标合规管理运行、投标合规管理保障、附则六个方面对建设施工企业投标合规建设工作做指导性规定,全文共30条。

(王　蓉)

法　院

【概况】 2021年,市人民法院受理案件31691件,办结31235件,生效裁判息诉率91.31%,正常审理期限内结案率99.96%,居全省第五位。主要办案质量、效率、效果指标连续八年保持在金华市各基层法院前两名。开展“三服务”活动,举行“民法典进村入企”等主题宣讲活动170余次。

【刑事审判】 2021年,市人民法院受理刑事案件1265件2203人,审结1235件2008人;审结未成年人犯罪案件27件33人;上缴国库罚没款3100万元。依法审结故意杀人、抢劫、绑架、纵火等严重暴力犯罪案件5件5人,审结涉“黄、赌、毒”案件169件420人。审结一审贪污贿赂等案件8件,判处罚金145万元,追缴赃款450.71万元;依法审理徐某晓、徐某咪等东阳市博物馆系列职务犯罪案件;依法判处非国家工作人员受贿犯罪6人。依法审结电信网络诈骗案件76件,对其中72名被告人判处重刑;审结以夏某林为首的特大跨境电信网络诈骗集团案,挽回经济损失1388.64万元。探索建立外省籍死刑犯未成年子女本地收留抚养机制,该做法获省高级人民法院肯定。

【民商事审判】 2021年,市人民法院受理民商事案件12858件,审结12457件。审结婚姻家庭、劳动报酬、教育医疗等涉民生案件6278件。审结房地产、建设工程纠纷等案件935件。审结金融借款、保险纠纷等商事案件4268件。审结涉外民商事案件161件。

【行政审判】 2021年,市人民法院受理行政诉讼案件99件,行政机关败诉4件,败诉率比上年下降16.67%。部分行政诉讼案件实行异地管辖制度,市人民法院发挥居中协调、沟通联络作用,每季度联合市政府、管辖法院召开府院联席会议。连续十一年发布《行政审判白皮书》,定期编发典型案例分析,对行政机关在履职过程中存在的问题,有针对性地提出意见和建议,促进行政争议实质性化解。规制政府信息公开领域滥诉行为,提出的防范建议获省委办公厅采用刊发,该类案件收案数下降87.14%。

【执行工作】 2021年,市人民法院执行收案13453件,执结13458件,首次执行案件实际执行到位金额13.85亿元,到位率居金华市第一位、全省第十六位。强化失信联合惩戒机制,公布失信被执行人信息45503条,依法限制高消费50142人次,限制出境2152人次,罚款3775人次、317.98万元,司法拘留3128人次。开展打击拒执犯罪专项行动,以涉嫌拒不执行判决、裁定罪移送立案侦查194件,判决113件。常态化开展“凌晨行动”“破冰行动”等集中执行行动42次,执行到位标的金额3.19亿元。

【诉前调解】 2021年,市人民法院诉讼服务中心诉前调解各类纠纷430件。健全金融纠纷诉前化解机制,联合人行东阳市支行、市金融办等部门设立金融纠纷调解委员会,接收诉前调解申请596件,成功调解221起,其中57件当场履行,调解标的额2.83亿元。

【低效工业用地清理整治】 2021年,市人民法院深化府院联动机制,破解“执行难”。对涉执企业的厂房土地进行全面梳理,依法启动司法处置程序。挂拍工业用地22宗,成交14宗,成交额6.1亿元,涉案土地面积25.38公顷,涉案建筑面积27.46万平方米。

【扫黑除恶专项斗争】 2021年,市人民法院审结涉恶势力犯罪案件2件13人,办理金华市金钱寺村“村霸”金某某恶势力犯罪集团案件。加大对刑事裁判涉财产部分的执行力度。全年,涉黑恶应执财产刑金额2208万元,执行到位金额2327.43万元(含旧存),执行到位率92.03%。应执追缴、没收违法财产金额到位率均达100%。

【“数字法院”改革】 2021年,市人民法院与市公安局联合制定“AI+布控”被执行人信息查控机制,全天候查控对接被执行人信息,信息查控平均用时12.58天,比上年减少48.52天,提升布控广度、强度,获省、金华市两级法院领导批示肯定。推进“浙江全域数字法院”改革,在不动产司法处置一门联审、公积金查询及股权冻结等26项执行工作中,与16家单位开展

2021年9月，金华地区首个“共享法庭”在东阳市三单乡社会矛盾纠纷调处化解中心成立　（市人民法院提供）

“云协作”，实现“一网通办”“一站办结”。

【“共享法庭”建设】　2021年9月，市人民法院在三单乡矛调中心设立金华地区首个“共享法庭”。全年完成镇乡(街道)“共享法庭”建设18个、村社“共享法庭”建设328个，实现域内法庭全覆盖且实质化运行。“共享法庭”设专门的联络员现场指导，帮助群众完成“移动微法院”的认证、登录等步骤，配有熟悉社情民意的社区干部、驻点网格员和人民调解员进行调解，整合矛调中心、仲裁、公证等解纷力量，打造数据共享、就近调度的多元解纷网格。通过“共享法庭”调解、执行案件272件，线上调解223次，远程开庭42次，在线执行189次，业务指导110余次。市人民法院探索“共享法庭”+特色产业模式，结合建筑业、影视业、红木家具产业等优势产业情况，建设专业化“共享法庭”，设立横店影视文化产业服务中心知识产权共享法庭、建筑业共享法庭、商业秘密保护共享法庭等一批特色共享法庭。

【发布《东阳市人民法院侵害作品信息网络传播权纠纷案件审判白皮书(2015—2020年)》】　于2021年4月26日，由市人民法院召开新闻发布会发布。该白皮书对2015—2020年的涉侵害影视作品信息网络传播权纠纷审判基本情况进行梳理，分析该类案件的特点及突出问题，从完善多元调处机制、加大法律法规宣传培训力度，加强影视行业协会交流、建立诉调衔接机制，增强对影视行业了解、提高审判团队专业水平三个方面提出解决的意见和建议。

（马　杭）

司法行政

【概况】　2021年，市司法局获评法治浙江(法治政府)建设先进单位；被金华市委、市政府评为在“党建+社会治理”工作中做出突出贡献集体。乡镇合法性审查、民主法治村建设等工作获副省长高兴夫、省司法厅副厅长钱德海、金华市委书记陈龙、金华市委副书记蔡永波的批示肯定。

【律师管理】　2021年，东阳市有律师事务所26家，各类执业律师272人，其中专职律师202人、援助律师3人、公职律师46人、公司律师19人。在微信公众号“东阳点点法”上线“智选律师”模块，通过“一网一码一办法一评价”建设律师诚信信息公示平台，破解“人民群众找律师难、找好律师更难”的热点难点问题。召开律师行业党支部建设会议3次，组织培训青年律师96人次，编发《东阳市专项治理工作简报》5期，通报问题4个。编制影视文化、木雕红木、建筑施工、服装纺织、磁性电子等12个具有东阳特色的法律顾问网格，工商联(商会)和行业商会法律顾问配备率超100%，惠及各类市场主体11万个，为1362家各类企业进行法治体检，举办各类座谈会、法治讲座等63场，提出意见和建议527条，出具法律意见书67份。

【法律援助】　2021年，市司法局联合市人民法院、市人民检察院、市公安局等印发《关于建立民事支持起诉工作联系机制的规定(试行)》，整合法律援助和检察院支持起诉数据资源

2021年12月3日，东阳市法律援助业务培训会举行　（黄晏蒙/摄）

库。解答法律咨询7058次，办理法律帮助案件825件、法律援助案件1217件。

【人民调解】 2021年，东阳市市级、镇级、村级人民调解组织共受理矛盾纠纷8605件，调处成功8587件，成功率99.79%，万人化解率79.09%。村社调处6336件，占比73.63%；镇街调处1433件，占比16.65%；市级调处836件，占比9.72%。成功调处疑难复杂案件157件，其中非正常死亡案件116件。

【社区矫正】 2021年，市司法局打造集执法、监管、教育、帮扶于一体的智能化、实体化、实战化的县级矫正综合工作平台，建成"一中心+两平台+三系统+四终端"数字工作模式。7月，矫正综合工作平台高分通过全国首批部级"智慧矫正中心"验收。通过打通"浙里矫"APP、"浙里连心"平台和社区矫正综合管理平台，完善基础数据采集、心理状态分析、矫正方案补充、违纪预警干预四大功能，实现对矫正对象心理的精准矫治，该社区矫正心理健康智能场景应用被列为全省试点项目。

【安置帮教】 2021年，市司法局开展以"走访一次重点帮教对象、完善一个安帮工作档案、确定一个安置帮教责任人"为主要内容的安置帮教专项活动。建档造册，实行"一人一档"管理，落实"5+1"安置帮教小组，制定落实帮教措施，根据走访掌握的信息，采取相应的安置帮教措施。

2021年12月3日，市司法局联合市退役军人事务局、浙乾律师事务所到解放军驻东阳某部队，开展"宪法进军营 共筑强军梦"主题日活动 （马瑾凯/摄）

【法治宣传】 2021年，市司法局联合市委宣传部发布《关于在全市开展法治宣传教育的第八个五年规划（2021—2025年）的通知》和实施决议，并经市委、市政府转发。市司法局印发《东阳市2021年普法依法治理工作要点》《东阳市学习宣传贯彻习近平法治思想工作责任清单》《学习习近平法治思想普法宣传工作方案》等文件。开展学习习近平法治思想"万人诵原文、千人谈体会、人人践行动"活动，完成《诵原文 谈体会 践使命》专题宣传片拍摄，网络转载量1.5万次。开展各类主题宣传活动800余场。

【基层民主法治建设】 2021年，东阳市创建"后陈式"法治村225个。南马镇花园村、城东街道单良村通过"全国民主法治示范村（社区）"复核；创建省级民主法治村11个、金华市级民主法治村59个。《东阳市实施"三色管理法"推进民主法治村创建》的专报获省司法厅领导批示，《法治日报》、《金华日报》、中新网等多家媒体刊发相关报道。

【公证】 2021年，市公证处受理各类公证4631件，其中民事公证2941件、经济公证1158件、涉外公证494件、涉港澳公证2件、涉台公证36件。10月，正式开展公证认证"一件事"联办业务，实现涉外公证和领事认证"一次申请、一窗受理、联动办理、只跑一次"。

（张　乐）

人民武装

【概况】 2021年，东阳市人民武装部（简称市人武部）党委全面推进党管武装各项制度落实，组织开展中国共产党成立100周年“党史 军史 历史”学习活动，参加“悟初心 牢使命 跟党走”主题宣讲辅导教育活动，组织开展全市民兵、后备兵员、国防动员潜力数据调查工作。军地联动完成民兵整组、军事训练、国防动员、兵员征集、基层武装建设、文明创建、新冠肺炎疫情防控等各项任务。完成新兵征集任务，其中大学生新兵比例达94.5%。“双拥”工作基本形成“军地齐动、上下联动、整体推动”的局面。市人武部获评金华军分区信息服务先进单位；市民兵应急连获评金华军分区先进民兵分队。

【党管武装】 2021年1月21日，市委常委议军会召开，会议传达上级有关会议精神，听取武装工作情况汇报，审议通过《进一步加强基层武装工作的实施意见》。市人武部定期组织召开党管武装工作会议及“四套”班子领导集体过“军事日”活动，在推动党管武装制度落实中解决实际问题。4月7日，全市召开党管武装暨国防动员工作会议，3名镇乡（街道）党（工）委书记代表作党管武装工作述职，其他单位书面述职；会议表彰一批武装工作先进单位、个人；18个镇乡（街道）党（工）委书记、基层武装部政治教导员签署军令状。市人武部落实双重领导、双向兼职制度，落实镇乡（街道）党（工）委书记兼任所在单位武装部政治教导员制度，全面负责武装工作，各局（办）党组书记兼任武装工作的第一责任人。

【国防动员】 2021年，市委常委会专题研究国防动员和后备力量建设重大问题，制定《关于进一步加强国防动员和后备力量建设的若干意见》。1月8日，市人武部组织召开全市民兵潜力调查工作任务部署会议；1月19日，组织开展全市民兵潜力调查数据会审工作，市直、各镇乡（街道）人武部民兵整组专武干部、各局（办）相关负责人参加会审。3月8日，组织召开后备兵员数据潜力调查工作任务部署会议。4月1日，组织召开全市国防动员潜力数据统计调查部署培训会议。4月6日，组织召开年度民兵整组任务推进会暨业务培训会议；5月11—14日，组织开展全市民兵整组点验暨民兵调整改革验收检查工作；5月13日，金华军分区首长机关工作组到东阳市抽点检查镇乡（街道）、局（办）民兵整组工作开展情况。

【军事训练】 2021年1月18—22日，市人武部组织专武干部参加金华军分区年度专武干部暨教练员集训。2月8日，市人武部组织民兵应急分队开展防暴力演练。3月22—26日，市人武部组织专武干部参加为期5天的金华军分区基层专武干部暨（预）任参谋集中训练活动。5月13日，市人武部会同市应急管理局组织部分企业应急救援队、消防队及横店专职消防队等9支队伍，在横店通用机场开展应急救援演练；5月17—19日，组织市民兵应急连在市民兵训练基地开展集中训练；5月24—28日，组织民兵综合救援连在市民兵训练基地开展集中培（演）训；5月27—28日，组织全市专武（民兵）干部信息员参加省军区组织的网上集训。6月11日，市人武部组织市民兵应急连16人参加金华军分区民兵应急营（连）班长（骨干）强化训练；6月15—16日，组织市民兵应急连在市民兵训练基地开展“森林灭火、反恐维稳、防汛抗洪、综合勤务”专业科目训练。7月15日，市人武部组织16人参加金华军分区第四届岗位练兵大比武，获3个单项第一名，市民兵应急连获总分第二名，民兵岗位练兵大比武获团体第三名。8月5—6日，市人武部组织参加战区国防动员网上演练。8月24—30日，组织市保障安全警戒连（分队）在市民兵训练基地开展为期7天的强化训练。10月18日，组织全市专武干部参加金华军分区报讯（情）要讯电视电话培训。11月16—19日，组织市民兵应急连在市民兵训练基地开展为期4天的专业科目强化训练。

【军地联动】 2021年，市政府落实市人武部营区办公楼升级改造。7月26日，受台风“烟花”影响，虎鹿镇白溪江河堤出现3处塌陷，市民兵应急连配合当地群众抢修河堤。11月3日，金华市征兵工作领导小组副组长、金华军分区副司令员刘汉志,金华市征兵办、金华市教育局、金华市公安局、金华市卫健委等相关成员单位分管领导一行9人,到东阳市调研“精准征兵”工作开展情况,重点调研应征氛围和体格检查情况、政考标准和“一年两征”工作的意见及建议等。

【“双拥”工作】 2021年,东阳市制定印发《东阳市军人随军家属就业安置工作实施细则》《关于调整大学生入伍一次性奖励金标准的通知》《关于调整义务兵家庭优待金标准的通知》等文件。市人武部、市退役军人事务局联合举办新兵入伍欢送大会和夏、秋季退役军人返乡欢迎仪式;为现役军人家庭送光荣牌,为获三等功以上奖励的现役军人家属送喜报;为义务兵父母和烈属提供免费健康体检。市人武部持续协同市退役军人事务局开展军人退役“一件事”全链条服务,构建退役军人“精准智供”就业服务模式;建立烈士纪念设施长效管理机制,健全市爱国拥军促进会、市关爱退役军人协会以及市、镇、村三级退役军人志愿者队伍,落实常态化开展志愿服务的工作。配合市退役军人事务局协调驻东阳市的部队随军家属就业和子女就学事宜。5月21日,市人武部联合市委党史研究室、市退役军人事务局到驻东阳市某部开展“共学党史 共话初心”活动,向部队捐赠《中国共产党浙江省东阳市历史》《东阳市志》等书籍50余册。11月25日,省双拥模范城(县、区)届中检查组组长、省退役军人事务厅副厅长金登尚带工作组到东阳市,检查省级“双拥模范城”创建工作开展情况。

【国防教育】 2021年,市人武部依托横店红色教育基地开展多样化的国防教育,发挥横店影视文化产业优势,通过红色剧本杀、红色微电影、红色舞台剧等形式,将国防教育内容融入剧本故事中,吸引广大年轻人参与体验。利用红军长征博览城、国防科技园和退役导弹护卫舰“金华舰”等国防教育平台,探索“双减”背景下校园学生经常性国防教育新路子,引导青少年爱国爱党爱乡,相关经验做法在《中国国防报》等国家级、省级、市级媒体刊发。市人武部推动“八一光荣榜”“军人荣誉墙”向全市文化礼堂和中小学校延伸覆盖,立体布局国防教育。

(王秀文)

武装警察

【概况】 2021年,中国人民武装警察部队金华支队执勤六大队东阳中队(简称武警东阳中队)配合市政府、市公安局,协同完成18批次共计358名在押人员的入监警戒任务。与目标单位召开联席会议,开展安全隐患大排查,累计维修执勤设施30余次,整改执勤隐患5处。开展群众性大练兵比武,提高应对突发情况的处置水平。发展党员4人,转改警士6人,警士选晋1人。武警东阳中队被武警浙江省总队授予“正规化执勤先进中队”称号,9人被武警金华支队授予“‘四有’优秀军人”称号,1人立三等功。

【军民共建活动】 2021年,武警东阳中队开展拥政爱民、军民共建活动,邀请雷锋生前老连长虞仁昌为中队授课,开展“弘扬雷锋精神,续写雷锋日记,争当雷锋传人”活动,激励官兵永葆军人本色,强化官兵的认同感和归属感,发扬和传承好雷锋精神。开展助民活动,每名战士与一名孤寡老人结对帮扶。

(钟姚佳)

人民防空

【概况】 2021年,市人民防空办公室(简称市人防办)完善行政审批程序,优化工程配建比例,以结建工程为主体,以指挥工程和专业配套工程为重点,构建平战一体、互联互通的人防防护体系。组织人民防空工程和通信、警报的建设与管理,实现人防工程维护管理常态化;组织人民防空宣传教育活动;启动人防工程产权制度综合改革。

【人防宣传教育】 2021年,市人防办结合“5·12”“9·18”防灾防空警报试鸣活动,开展人防法律法规宣传教育和人员疏散活动。向城区和横店镇的中小学发放人防宣传教材4000套,完善重点镇的人防展览馆和民防教育基地的宣传教育和技能训练功能。

【人防工程建设】 2021年,市人防办完成人防工程战时功能和防护等级确定、主体结构验收、竣工验收备案、质量监督手续办理、易地核实及行政征收审批事项办理等工作。

【人防工程和通信警报管理】 2021年,市人防办开展人防工程资料归档工作,督促各人防工程建设单位完成项目平战转换方案的编制工作;建立人防工程维护管理监督制度,委托第三方机构对竣工人防工程开展全面检查,对检查中发现的问题督促落实整改,确保人防工程战时效能不受损失;对在建的人防工程开展定期或不定期的监督检查工作,加大检查力度和频度,对检查中发现的问题责成并督促整改。

【人防产权制度改革】 2021年,东阳市启动人防工程产权制度综合改革,明确自2020年8月以来出让(划拨)的国有建设用地,设置人防条件书,约定建设项目依法结建的防空地下室为国有资产。

【人防警报设备数字化改造】 2021年,根据省、金华市人防部门的要求,结合东阳市人防警报设施建设和管理的实际情况,市人防办完成市域内所有警报设施(36套)数字化改造提升工作。

(郭俊峰)

发展与改革

·综述·

【概况】 2021年，东阳市地区生产总值730.84亿元，按可比价计算，比上年增长10.5%。其中，第一产业增加值18.75亿元，第二产业增加值328.73亿元，第三产业增加值383.35亿元，增速分别为1.8%、11.1%、10.5%。三次产业结构比为2.6∶45.0∶52.5。全市固定资产投资比上年增长19.7%。其中，高新技术产业投资增长59.3%；民间投资增长29.1%；交通运输投资增长45.3%；生态保护和公共设施投资增长15.5%。赛特斯5G产业园、东阳光电容器等项目开工建设，正威长三角新材料产业园一期、千芝雅智能制造等项目投入生产。义东高速公路东阳段全线开工，南午岭互通二期主线等工程建成通车，新西站正式启用。江滨景观带整体提升改造、人民广场人防工程、歌山大桥、博士大桥等项目开工建设，市民中心主体完工，东阳江大桥完成加固改造。“万亩千亿”平台总体规划落地实施，开工建设六石、巍山安置区，实施ABO片区开发。

【课题规划】 2021年，东阳市制定《东阳市国民经济和社会发展第十四个五年规划和二〇三五年远景目标纲要》。东阳市发展和改革局（简称市发改局）印制“十四五”规划读本1万余本，分发至部门、镇乡（街道）、重点企业、商会等。指导各单位开展有关“十四五”专项规划编制工作。其中，《东阳市人才发展“十四五”规划》《东阳市工业经济高质量发展“十四五”规划》等重点专项规划发布19个；《开发区发展“十四五”规划》等区域专项规划发布3个；《东阳市司法行政工作“十四五”规划》等一般专项规划发布19个；《东阳市湿地保护规划》等备案专项规划发布7个。

【经济形势分析】 2021年，市发改局制订年度国民经济和社会发展计划，围绕经济运行出现的新情况新问题，完成每月、每季的经济形势分析、固定资产投资分析和价格监测分析。健全监测分析制度，完善经济监测网络，召开经济运行监测预警部门联席会议，完成每季度全市经济运行分析报告和140家企业（80家工业企业和60家服务业企业）运行监测调查报告。

【重点项目建设】 2021年，东阳市安排政府投资、国企投资项目399个，总投资1084.9亿元。其中，实施项目299个，比上年增长25%，总投资785亿元，投资规模比上年增长58%，年度计划投资规模比上年增长56%；前期项目100个，与上年基本持平，总投资299.9亿元，投资规模比上年下降24%。全市完成固定资产投资209.33亿元，比上年增长19.7%，列金华市第二位，高于全省平均8.9个百分点。11个省重点建设项目完成年度投资38.1亿元，完成年度计划的164.9%，投资完成率列金华市第二位。两批省集中开工项目全面开工

2021年8月27日，义东高速公路东阳（南市至南马）段02标开工仪式举行

（包康轩/摄）

建设,实现开工率100%,其中第11批集中开工项目年度投资完成率232.9%,列金华市第一位。34个金华市重点建设项目,完成年度投资122亿元,完成年度计划的152%,投资完成率列金华市第一位。义东高速公路东阳(南市至南马)段入选全省高质量发展建设共同富裕示范区重大项目集中开工活动金华市标志性开工项目。普洛家园高端药物研发设计制造服务平台(CDMO)建设项目、赛特斯5G产业园项目在金华市三季度"攻坚争先大比拼"活动中获评优秀项目。完成"十四五"重点建设项目库编制,涵盖创新与科创平台、现代产业等七大类293个项目,总投资超2700亿元。编制政府、国企投资库,民间投资项目库,市领导联系项目库,"三未"项目推进库,"蜗牛"项目推进库五大项目库。市领导带队开展项目督查、指导、服务,每月开展投资分析、季度推进考核督查考评,深化"红黄绿灯"三色项目管理、"蜗牛"项目督查等措施,按月量化、节点化项目管理。

增加年度第一批省重大产业项目5个,居金华市第一位,可获用地指标奖励77.93公顷,占金华各县(市、区)总数53.5%,其中正威长三角新材料产业园项目一期入选全省7个特别重大产业项目之一,是东阳市首个省特别重大产业项目。全市入选省重点建设项目11个、省集中开工项目6个、金华市重点项目34个、省"六个千亿"项目17个、"4+1"重点项目11个。金甬铁路东阳段项目等获批专项债共计27亿元,列金华各县市区第二位。智慧横店等3个项目入选国家信贷支持清单,获省级信贷支持4.37亿元。正威长三角新材料产业园项目一期等6个项目被列入省市县长项目工程,谋划盯引任务完成率100%,其中5个项目开工建设,项目落地数、落地率均居金华市第一位,超额完成年度目标任务。

【共同富裕示范区建设】 2021年,东阳市申报并获批全省高质量发展建设共同富裕示范区首批试点,入选"打造精神文明高地领域"试点。《政企合力 产城融合 横店努力建设共同富裕示范乡镇》入选省典型案例。《花园村坚持产村融合发展模式 推动全村域高水平共同富裕》入选金华市典型案例。完成《东阳市共同富裕目标指标体系表》制定,内容涵盖生活富裕富足等六大领域60项指标。编制的《东阳市共同富裕试点三年行动计划(2021—2023年)》通过省共富办审核。完成《高质量发展建设共同富裕先行市重点任务清单、突破性抓手清单、重大改革清单和典型案例清单》。8月,市委、市政府印发《东阳高质量发展建设共同富裕先行市行动方案(2021—2025)》。

【营商环境优化】 2021年,东阳市制定《东阳市优化营商环境专项治理行动方案》《东阳市优化营商环境专项治理行动工作机制》等文件,开展营商环境便利化、便民服务争先、机关部门协同争先、数字化转型提效四大行动。制定《东阳市优化营商环境专项治理工作监督方案》,实施机关部门主要负责人和人大代表现场体验式监督。营商环境市场活力应用门户在"浙政钉"APP上线,为金华市首批。完成《东阳市营商环境白皮书》编制,于第三届世界东阳人发展大会上发布。在2020年度全国营商环境百强县榜单中,东阳市列第51位。

【数字社会建设】 2021年,"浙里花园""未来乡村"等6个多跨场景入选省级试点。数字社会门户建设迭代升级,完成12个"有"的核心业务界面展示,规范化、一体化建设居金华市前列。智慧花园项目在数字社会乡村服务专区展示;槐堂社区项目在未来社区专区展示;社保待遇资格"透明认证"多跨场景应用、"校园食安公示"应用在多跨新服务专区上线,其中"校园食安公示"应用实现即时动态展示。50个"关键小事"中的47个在"浙里办"APP数字社会关键小事专区上线。"民生实事""新生报名""社保待遇资格透明认证""校园食安公示""东政通"5个应用在"浙里办"APP数字社会城市推荐专区上线。

【价格管理与监测】 2021年,市发改局调整、核定市建澜小学、庆华外国语学校、南山外国语学校、横店文荣实验学校等民办学校教育收费标准。配合"双减"工作,落实制定课后托管服务性或代收费标准。统筹推进供水、供电、供气收费清理规范工作。降低行政事业性收费项目两项,减轻企业和居民负担约360万元。控制管道天然气购销差价,深化电力市场化交易改革,降低企业用电成本4848万元。

市发改局开展春节期间重要民生商品价格应急监测,收集各类监测报表184份,上报省、金华市应急监测信息1篇。开展端午节前市场价格巡查;组织夏令用品超市价格调查;实地走访粮油监测点,调查米面购销及价格情况。11月8日起,启动重要民生商品应急监测,隔日采价,关注市场价格走势。每月完成一期全市价格监测分析报告,上报液化气、农资、居民生活三大类价格监测报表86次,其中,上报春耕农资价格监测报表13次;完成各类监测分析报告10篇。开展民生价格信息公布工作,发布民生商品价格监测信息32期。开展早稻、晚稻、国家定点的中药材元胡和白芍的农本调查。开展污水处理、学校教育培养成本等9项成本调查监审。

·对口帮扶·

【概况】 2021年6月18日,东阳市与四川省南江县签订《东阳—南江合作框架协议》,在打造产业合作、数字化转型、消费帮扶、文化交流、人才交流五方面助推南江县巩固拓展脱贫攻坚成果与乡村振兴有效衔接;7月26日,东阳市第一批捐赠物资到达南江县;10月11日,总价值近500万元的东西部协作社会帮扶捐赠物资发车运往南江县;东阳市落实对口社会帮扶资金433.7万元。东阳市、南江县两地建立浙江省与四川省首个东西部协作军烈属关爱帮扶项目,东阳市投入110万元,用于1.6万名烈属、退役军人和其他优抚对象的医疗救助、关爱帮扶和慰问。

2021年,东阳市与新疆维吾尔自

2021年7月26日，东阳市第一批东西部协作捐赠物资到达南江县

（市发改局提供）

治区阿克苏地区、温宿县以及吉林省双辽市在教育帮扶、农副产品销售方面开展对口支援；与浙江省磐安县开展山海协作，落实援建资金380万元。

【东阳市东西部协作、山海协作工作推进会】 于2021年7月2日在市行政中心召开。市发改局对全年东西部协作和山海协作的工作要点及任务分解进行解读，市委组织部、市委宣传部、市经信局、市教育局等28个部门相关负责人就工作推进情况及下一步工作计划作交流发言。会议明确东西部协作工作重点不再是推进脱贫攻坚，而是助推乡村振兴；会议提出根据“东阳特色、南江所需、授人以渔”的要求谋划东西部协作工作，形成具有“东阳品牌、东阳经验”创新亮点工作。

【东西部产业合作】 2021年，东阳市与四川省南江县通过两地产业合作推动衔接和深化东西部协作工作，助力南江县黄羊、金银花、茶叶、核桃等主导产业做大做强，带动1.3万户43681人发展产业增收。东阳市在南江县设立浙江省农科院玉米科研工作站，把东阳市高产优质的玉米品种、高产高效的栽培技术引荐到南江县；推广东阳市建筑业发展经验和工作方法，加强两地建筑企业和建筑劳务公司的对接。全年助力南江县培育扶贫车间10个，增加引导落地投产企业8家，实际到位投资金额4.57亿元，吸纳南江县农村劳动力就业数1577人次。

【东西部协作数字化转型】 2021年，东阳市在四川省南江县推广“共享田园”美丽乡村建设经验，助力南江县卫星村采购信息基础设施、智能农业物联网、产品溯源系统、乡村治理、数字党建等智慧乡村服务，建设南江县乡村振兴数字第一村。将3S（遥感、全球定位系统、地理信息系统的统称）技术、物联网、云计算和B2C（企业直接面向个人消费者开展的电子商务活动）模式引入智慧农业生产综合管理平台中，为卫星村233.3公顷金银花基地农业智能化和信息化工作提供新的手段和方法。

东阳市与南江县签订政务服务“跨省通办”协议，重点围绕教育、就业、社保、医疗、养老、居住、婚育、出行等与群众生活相关及生产要素自由流动、企业跨地区生产经营等高频异地办事需求，梳理编制通办事项清单，建立“一二三服务机制”▲，通过线上、线下协同办理，实现84项高频事项在东阳市、南江县两地无差别受理、同标准办理。

▲“一二三服务机制”：“一”即一张清单明需求；“二”即线下异地代收代办、线上线下协同办理两种模式优服务；“三”即建立办件响应、监督评价、学习交流三项机制保运行。

【东西部协作消费帮扶】 2021年，东阳市通过单位购销、结对助销、活动展销、商超直销、电商营销、基地定销等多模式推动，优化流通销售渠道，引导全社会参与消费帮扶。设立“南江特产馆”等多个南江县农特产品销售专区专柜；在世界东阳人发展大会、横店影视文化产业博览会上展销黄羊、金银花、翡翠米等14类南江县农特产品，全年助力南江县销往东部地区的农特产品实现销售金额2258万元。助力新疆维吾尔自治区温宿县、吉林省双辽市农副产品在东阳市场销售金额达130万元、11万元。

【东西部文旅协作】 2021年，东阳市与四川省南江县签署《深化东西部文化旅游协作框架协议》《东阳—南江影视文旅战略合作协议》，东阳市将南江县旅游市场营销纳入横店旅游市场营销体系，向各大影视剧组推介

2021年10月21—23日，东阳市为对口帮扶的四川省南江县在横店影视文化产业博览会设立展区

（胡扬辉/摄）

2021年10月22日,东阳市政府分别与浙江省磐安县政府、四川省南江县政府签署影视文旅战略合作协议（胡扬辉/摄）

南江县作为外景拍摄基地;两地共同开发一批主题旅游线路、红色旅游产品等。东阳市选送婺歌《髯口》作为第十九届四川光雾山国际红叶节开幕式开场节目;组织专家到南江县开展非物质文化遗产传承培训,助力南江县非物质文化遗产传承人传承、传播及文创产品研发;东阳市2个镇乡(街道)、2个村、6所学校、4所医院、5个社会组织、15家企业与南江县相关单位"一对一"结对,多平台协作,开展考察交流活动近400人次。

【东西部人才交流】 2021年,东阳市与四川省南江县党政干部互派交流3人,教育、医疗等专业技术人才互派交流23人。东阳市选派市商务局、市农业农村局、市国资办等8名专业技术人才到南江县挂职,指导三大类36个单品的农特产品生产、包装设计、制作及品牌打造推广;与南江县合作举办乡村振兴干部培训班8期,培训党政干部、村干部、国企高管790人次;组织电商培训讲师到南江县举办电商培训班2期,培训人数240人次;举办专业技术人才培训13期,培训教师、医生等专业人才1327人次。东阳市接收南江县40名中职学生到东阳市职教中心及英洛华科技股份有限公司等企业开展为期3个月的实习学习。组织5名教师到新疆维吾尔自治区阿克苏地区开展教育帮扶。

【东阳·磐安山海协作】 2021年6月16日,东阳·磐安山海协作联席会议举行,东阳市落实援建资金380万元,消费帮扶1232万元,产业合作到位资金3.87亿元。帮助磐安瓜农销售西瓜近10吨,作为经典助农案例在《人民日报》客户端《为农服务进行时》专栏刊发。10月22日,在横店影视文化产业博览会开幕式上,东阳市与磐安县签订影视文旅战略合作协议。东阳市与磐安县的"消薄飞地"合作项目——东磐木雕家具产业园于12月开工建设,一期总占地面积3.66公顷,计划总投资3亿元,建筑面积10万平方米。

（王海霞）

财　政

【概况】 2021年,东阳市财政总收入142.41亿元,比上年增长15.1%,其中一般公共预算收入83.38亿元,比上年增长14.8%;一般公共预算支出110.77亿元,比上年增长11.1%。全年财政收支平衡。

【财政数字化改革】 2021年,市财政局推进数字财政建设,入选浙江省级数字财政综合应用门户试点名单,以数字化形式映射财政部门年度重点工作和整体运行情况。牵头开发东阳市惠企利民政策兑现平台,上线奖补政策525条。推进财政E网通系统应用,实现全市财政数据集中展示。指导建设行政事业单位内部控制信息管理系统,通过对预算、支出、资产管理等六大类涉财事项实行线上动态监控、闭环管理,提高风险防控能力。开发政府投资项目全生命周期智控平台,打造浙江省内首个县级市全数字化政府投资项目管理系统,系统注册单位1452个,各类投资项目入库1043个,月平均审核办件130件。

【财政收入】 2021年,东阳市一般公共预算收入占地区生产总值的11.4%、占财政总收入的58.5%,其中税收收入76.41亿元,占一般公共预算收入的91.6%,收入结构保持良好。非税收入总额112.84亿元,其中,土地使用权出让收入101.02亿元,纳入一般公共预算管理的非税收入6.97亿元。争取增加地方政府性债券36亿元,其中一般债券9亿元、专项债券27亿元。

【服务经济发展】 2021年,市财政局支持科技企业扶持及人才引进,科学技术经费支出3.03亿元,比上年增长17.3%。促进企业创新力和竞争力提升,配合市经济和信息化局、市科学技术局制定完善制造业高质发展推进政策20条、科技新政策42条等。扶持重点产业发展,兑现企业奖补18.66亿元,其中,加大对建筑业扶持力度,下达建筑业发展专项资金8.88亿元;推动影视文化产业高质量发展,下达奖励资金1.74亿元;审核企业技术改造项目82个,奖励工业企业技术改造和技术创新项目资金1.41亿元。围绕东阳市"中国药谷"计划,在生物医药产业方面加大招商引资力度,招引超亿元医药项目两个。推动让利性股权投资、直接投资,支持东阳市金投控股集团平台。加大政策性融资担保力度,为企业提供政策性融资担保贷款10.2亿元,提供转贷资金3.5亿元。

【民生支出】 2021年,东阳市民生支出83.95亿元,比上年增长11.7%,占一般公共预算支出的75.8%。支持"三铁一机一高"(杭温高铁、金甬铁

2021年10月，湖溪八里湾完成共享田园建设　（叶　俊/摄）

路、金义东城际轨道、横店通用机场、义东高速公路）、315省道、351国道提升改造等交通大会战项目推进，全年投入20.55亿元。拨付小城镇环境综合整治资金7398万元。拨付绿色转化财政专项激励政策项目资金1亿元，实施项目25个。落实稳就业政策措施，统筹用好就业补助资金、职业技能提升行动资金、失业保险基金等，经费支出1.24亿元。卫生健康经费支出11.59亿元，比上年增长12.1%。新冠肺炎疫情防控经费支出1.9亿元，用于核酸检测、储备采样物资、检测能力提升、新冠疫苗接种等支出。教育经费支出24.58亿元，比上年增长13.9%，其中教育建设项目36个，总投资13.85亿元，拨付教育项目建设资金2.92亿元。安排社会保障和就业经费支出15.89亿元，比上年增长5.5%。推进精准救助，兜住困难群众基本民生保障底线，发放城乡医疗救助、残疾人两项补贴、低保补助、孤儿保障等救助资金1.2亿元。加强退役军人优抚保障，支持做好优待抚恤工作，提高部分优抚对象抚恤和生活补助标准。落实“弱有所扶”，最低生活保障标准提高至900元/月；落实“幼有所育”，机构托养孤儿基本生活费标准2357元/月，社会散居孤儿生活费标准1886元/月；落实“老有所养”，完善“1+X+N”▲居家养老服务体系，建成示范型居家养老服务中心5家，居家养老等养老服务体系建设支出3088万元。

▲“1+X+N”：每个镇乡（街道）建成1家示范型居家养老服务中心，若干家星级居家养老服务照料中心，若干家普通居家养老照料中心或服务站点。

【财政助力乡村振兴】　2021年，市财政局安排8.04亿元助力美丽乡村、高标准农田、共享田园等建设，推进污水治理、道路改造等村居环境改善项目，建设宜居宜业的美丽村居。安排财政补助资金4284万元，项目总投资7579万元，惠及17个镇乡（街道）62个村。持续开展基层政策性农业信贷担保试点工作，截至年末，在保余额8132万元。

【财政监督管理】2021年，市财政局加强预算基础管理，压减一般性支出10.5%，盘活存量资金9.59亿元。加强政府采购监管，审批政府采购业务6599笔，实现政府采购资金13.82亿元，节约资金3.43亿元，资金节约率19.8%。实施预算绩效管理，对10个部门、5个镇乡（街道）开展整体支出绩效评价，15个专项开展重点绩效评价，入选浙江省财政厅预算绩效管理改革试点。市政府印发《关于进一步加强镇乡（街道）财政管理的意见》，实现预算、执行、监督、绩效闭环管理，全面提升乡镇财政管理能力。

【财政风险防范】　2021年，市财政局依托开发行政事业单位内部控制信息管理系统，对财政系统内部控制实现数字管控。加强债务风险管理，根据东阳市隐性债务化解方案，按照五年化债计划化解隐性债务，严控新增债务。防范社保基金风险，完善社保基金内控监督管理制度，保障基金安全运行。开展社保基金保值增值工作，开展四期公开定期存放业务，涉及资金32.7亿元，增加收益5705万元。

（吴　妍）

税　务

【概况】　2021年，国家税务总局东阳市税务局（简称市税务局）组织税收收入145.10亿元，比上年增加20.32亿元、增长率16.3%；办理出口退（免）税25.25亿元，比上年增加5.61亿元、增长率28.5%；社会保险费（含职业年金）入库52.02亿元，比上年增加9.51亿元、增长率22.4%；非税收入（不含社会保险费）入库51.49亿元，比上年增加48.05亿元、增长率1396.6%。在省级及以上媒体刊发新闻94条，在金华市级媒体上发布信息42条。市税务局建立“尚德东税”党史宣讲团，建设党建文化展厅；组织各类捐款13万元，结对帮扶困难家庭11户，开展志愿服务40余次。

【税务法治工作】　2021年，市税务局处理信访件342件、“12366”工单243起，诉求人满意度100%；落实“首违不罚”清单制度，推行说理式执法、互动式执法，作出不予行政处罚决定16次。市税务局深化“司法+税务”协作模式，收到各级法院征询函105件，法院分配债权、划扣过户税费1.95亿元；完善破产执行涉税处理机制，创新运用强制执行人与被执行人联合委托拍卖方式，追缴入库欠税660万元。完成机构合并以来浙江省首例不动产税收强制执行，获浙江省税务局党委书记、副局长龙岳辉肯定批示。

【税费征管工作】　2021年，市税务局开展个人所得税综合所得年度汇算清缴工作，所属期2020年度个人所得税综合所得汇算申报8.95万人，补、退税人群申报率96%以上。加快推进企业所得税核定征收转查账征收，企业所得税核定征收比例4.93%，比上年下降45.34%。分析制订历年建筑安装工程成本标准，对土地增值税核定征收比例进行量化，破解土地增值税历史遗留项目清算难题，完成61个项目清算工作，应补缴税款8.9亿元。市税务局依托"金三"(金税三期工程)、电子底账等，分行业、企业、专题开展税收风险分析。开展"百日攻坚"现金税费征缴专项整治工作，开展票证及相关资料自查、疑点数据复核工作，阻塞现金征缴漏洞。

【办税服务智慧化】 2021年，市税务局推进"智慧云"税厅建设，推出"五色智引卡"，引导纳税人"网上办""自助办"，网上办税率98.73%，实体窗口工作量比上年下降63.8%。推进不动产交易登记"一网通办"，提高不动产登记便利度。建立24个"税e站"，开展巡回辅导服务8次，打造"家门口办税"模式。持续推动"银税互动"扩围提速，探索开展"云办理"模式，实现"申请提交、资料上传、审核办结"一站式办理。优化升级房地产项目税收一体化管理系统，完成507家房地产企业信息摸底，19个项目的清算审核，审核应补(退)税1904.3万元，提升土地增值税清算效率。

【优化税收营商环境】 2021年，市税务局推动发票"网申邮送"，免费邮寄发票5967户次。以"便民办税春风行动"为载体，会同市工商联合会召开政企恳谈会，解决企业问题36个。通过征纳沟通平台实时推送优惠政策、办税提醒等240余条，实现政策礼包全送达、接收对象全知晓。各银行通过"银税互动"线上签约授信629户次，提供信用贷款4.23亿元。

【发票电子化改革】 2021年，市税务局贯彻落实《关于进一步深化税收征管改革的意见》，推进电子发票改革，在保持增值税普通发票电子化率99%以上的前提下，开展增值税电子专票试点扩围工作，办理纳税人增值税电子专票开具比例超85%。

(申屠瑶瑶)

国有资产经营与管理

【概况】 2021年，东阳市国有企业资产总额678.48亿元，负债总额420.27亿元，净资产258.21亿元。实现营业收入37.04亿元，利润总额2.28亿元，净利润1.74亿元。全市有国有企业116家、国企员工5000余名。规范资产管理，加强资产利用，提高闲置国有资产使用效益，组织公开拍租(卖)6期，收入3760万元。加强国有资本经营预算管理，全面收缴国有资本收益金，收缴比例30%，共计3153.5万元。

【国有企业改革】 2021年3月12日，市委印发《进一步推进国有企业整合重组和深化改革方案》，理顺国有企业监管体制，优化国有资本布局，明确改革主要内容，国企重组改革工作进入实战阶段。5月17日，市政府任命卢继权等22人担任7家市属国企的领导班子成员。5月20日，市政府召开国有企业深化改革动员大会，为8家市属企业授牌并部署国企改革年度工作。6月28日，市国资办印发《关于做好国有企业重组改革拟撤销企业注销工作的有关通知》，拟注销21家经济效益差、业务同质化的国有企业，精简国企数量。6月末，完成东阳市城市建设投资集团有限公司、东阳市交通投资建设集团有限公司、东阳市水务投资集团有限公司、东阳市资源开发集团有限公司、东阳市金投控股集团有限公司五家市属企业重组。7月5日，市国资办印发《关于整合重组国有企业股权划转的通知》，推进部分国企股权调整工作，整合业务板块。9月1日，东阳市人民政府印发《东阳市文旅投资集团有限公司组建方案》《东阳市产业发展集团有限公司组建方案》，完成东阳市文旅投资集团有限公司、东阳市产业发展集团有限公司两家市属企业组建。截至年末，国有企业"1+6+X"的基本框架搭建完成。

【国有企业人员培训】 2021年，市国资办统筹企业经营管理人才、专业技术人才、中层干部、"85后"(1985年后出生)年轻干部四支队伍建设，共培训465人次。5月24—28日，举办市国有企业经营管理专题研修班。7月7—9日，举办第三期市国有企业中层管理人员培训班。7月14—16日和8月18—20日，举办两期市属国有企业财务人员能力提升专题培训班。10月30日，举办市国有企业青年干部综合能力提升培训班。

【国有企业资金监管】 2021年，市国资办规范资金审批流程，提高资金利用率，防范资金管理风险，继续发挥资金池运作效益。实现资金运作收益9048万元，向入池企业调剂借款24笔，调剂资金19.325亿元。

【国有企业融资规范】 2021年，市国资办协助国企拓展直接融资渠道，降低债券发行成本。东阳市国有资产投资有限公司发行公募企业债12亿元和私募公司债10亿元，东阳市交通建设投资集团有限公司发行私募公司债5亿元，拓宽融资渠道、优化债务结构。通过直接融资置换部分往期高利率贷款，降低全市综合融资成本；通过银行竞争比选方式，降低间接融资成本。国企融资平台实现增加融资金额161亿元，净增104亿元，总规模达240亿元，比上年增长76.47%。

【国有企业营运监管】 2021年，东阳人民政府国有资产监督管理办公室(简称市国资办)建立健全以市场化激励为导向的国企薪酬体系。建立国企负责人分级分类考核程序，明确负责人"基本年薪+绩效年薪+任期激励"的薪酬结构及管理原则。9月28日，市委办印发《东阳市市属国有企业负责人经营业绩考核与薪酬核定办法(试行)》，改革国有企业负责人薪酬制度，建立健全激励和约束机制。同日，市委办印发《东阳市市属国有企业重大事项决策及报告制度(试行)》，规范市属国有企业决策行为，促进企业领导人员廉洁从业。9

2021年4月29日，市国资办团委举办“五四”青年节演讲比赛

（市国资办提供）

月30日，市委办印发《东阳市集团公司负责人薪酬管理实施方案》，规范和明确国有企业负责人薪酬管理。10月9日，市国资办印发《东阳市市属国有企业负责人经营业绩考核实施细则》，进一步明确国有企业负责人经营业绩考核规定。市国资办推进企业年报审计，加强财务监管，完善财务监管体系。执行国有企业重大经营管理事项党委研究前置制度，从纪委、党委层面，推动监管的事前、事中、事后全流程化，形成监管闭环。规范国有企业采购行为，加强限额以上采购监督。办理国有企业公开招标等审核91次，涉及金额2.73亿元。

【国有企业党建工作】 2021年，市国资办开展党组书记“领办党建项目”活动，实施以“百年党建，百分行动；七百监管，七场活动”为主题的“双百”“双七”行动，打造国企党建样板，探索国企特色党建新模式。在全市国资系统开展党史学习教育，完成“五四”青年节演讲比赛、党史知识竞赛、红色影像展、党史主题征文等活动。指导东阳市总部中心开发建设有限公司“清廉国企”示范工程建设。5月7日，印发《东阳市国有企业党建引领三年行动实施方案（2021年—2023年）》，推动国企党建工作与生产经营深度融合。5月12日，印发《2021年东阳市国有企业党建工作要点》，加强和规范国有企业基层党组织建设和党风廉政建设，提升国企基层党建质量。6月28日，印发《关于进一步加强市国有企业党组织标准化建设的通知》，理顺国企党建管理体制，明确8家集团公司实行党建工作归口管理。8月22日，中共东阳市国资系统委员会（简称国资系统党委）成立。12月16日，召开国资系统党委党代表会议，选举产生两名中共东阳市第十六次代表大会代表。12月22日，完成第9选区（国资系统）人大代表换届选举，选举产生一名东阳市第十六届人大代表。截至年末，6家集团公司党组织完成换届选举；国资系统党委有党支部35个、党员431人，其中年内发展党员14人。

（张秦珩）

国有企业选介

·东阳市国有资产投资有限公司·

【概况】 东阳市国有资产投资有限公司（简称东阳国投公司）前身是成立于2003年的东阳市城市发展有限公司，注册资本2.5亿元。定位为国资发展运营主体及国资产业引领主体，性质为国有资本运营企业。主要负责资本运营、股权投资、市场化项目融资、国有资产管理，通过资本经营和管理，提高资源配置效率，助推市属国企转型升级。

2021年，东阳国投公司资产总额161亿元，比上年增长25%；营业总收入3832万元，比上年增长52%；利润总额3000万元。

【融资担保业务】 2021年，东阳国投公司新增融资39.88亿元，超全年计划融资额的144%，其中企业债券12亿元、私募公司债券10亿元、银行间接融资17.88亿元。为市属国有企业实际融资担保114亿元，出借42.3亿元。

【股权投资】 2021年，东阳国投公司出资3.74亿元与浙江财通资本投资有限公司组建私募股权投资基金，该基金投资的纵目科技东阳智能驾驶系统生产基地项目于12月31日正式签约。与东阳市鼎恒供应链有限公司合资成立浙江中森资源供应链有限公司，开展木材集采等经营性项目。7月12日，下属东阳市东科数字科技有限公司竞得浙江广厦股份有限公司25.83%的股权，累计取得28.98%的股权，提前实现控股上市目标。

【“人才飞地”建设】 2021年，东阳国投公司指导下属东阳市纵横控股公司购置位于杭州亚奥中心写字楼高区部分的东阳“杭州”人才大厦，为东阳市引才聚才、招商引资、产业投资提供新路径。拟定《东阳市飞地经济管理办法（试行）》，统筹管理东阳市“飞地经济”，发挥“人才飞地”最大效益。

（吴　爽　吴双双）

·东阳市城市建设投资集团有限公司·

【概况】 东阳市城市建设投资集团有限公司（简称东阳城投集团）成立于2016年10月，注册资本5亿元。定位为城市综合开发运营平台，性质为功能类企业。承担城市基础设施投资建设主体与城市综合运营服务提供主体的双重角色，主要负责城市土地一级开发、市政公用基础设施及相关产业投资、融资、建设、运营、管理等城市开发建设工作，业务涉及城市建设投资、房屋拆迁服务、土地开发、房地产开发、停车服务、建筑材料生产和检测、建筑设备租赁、物流配送、物业管理等领域。

2021年，东阳城投集团资产总额

150.57亿元,比上年增长35.65%;收入总额19亿元,比上年增长32.87%;利润总额1.5亿元,比上年增长15%;净利润总额1.4亿元,比上年增长10%;完成项目投资32亿元。

【房建工程】 2021年,东阳城投集团完成上卢一期、巍山一期、横店一期和南马四个农房集聚区建设、交房工作;下属东阳市国置物业服务有限公司与朗诗绿色生活服务有限公司合资成立东阳市城投朗诗物业服务有限公司,为四个农房集聚区提供物业服务。上卢农房集聚区二期项目于11月末完成主体结构封顶,获市重点建设项目二等奖。城西安置区建设项目完成总工程量的50%。市民中心建设项目完成主体结构,获市重点建设项目三等奖。

【市政基础设施工程】 2021年,东阳城投集团打通城区荷塘路、江滨南街东延、教授路北延、金旺路、艺海北路等"断头路";完成城区南市路、城南西路、艺海路、通江路、中山北路、人民北路等道路提升改造。下属东阳市城投新能源有限公司完成9座充电场站、1座蔚来换电站建设。

【生态环保工程】 2021年,东阳城投集团完成佐村镇运动主题廊道工程、三单乡主题廊道工程和乡愁记忆风景线建设项目(一期)的建设。吴宁街道孙村建筑垃圾资源化利用中心、南马镇建筑垃圾资源化利用中心及城东街道雅溪制砂流水线投入使用。

【城市综合服务】 2021年,东阳城投集团下属东阳市公共停车服务有限公司增加吴宁一中体育馆及路面停车泊位946个,管理公共停车泊位4155个。下属东阳市城投新能源有限公司有纯电动物流租赁车96台,与美团优选、橙心优选社区团购平台合作配送线路30条,日单量约3万单。

(黄琪悦)

·东阳市交通投资建设集团有限公司·

【概况】 东阳市交通投资建设集团有限公司(简称东阳交投集团)成立于2016年,注册资本5亿元。定位为交通产业综合投资运营平台,性质为功能类企业。主要负责公路、铁路、轨道交通等交通基础设施项目及相关产业投资、融资、建设、运营及管理等职能,开拓发展交通关联产业。有全资子公司16家。

2021年东阳交投集团主要项目实施情况一览表

表9

项目类型	项目名称	实施进度/出资情况
重点项目	义东高速公路东阳(江北至南市)段工程	完成总体形象进度47%
	义东高速公路东阳(南市至南马)段工程	完成总体形象进度2.1%
	台州市三门县至婺城公路东阳市南市至画水段改建工程	完成路基工程的98.5%、桥梁工程的96%、路面工程的45%
	351国道东阳市周官至山口段改建工程	完成工程总承包、监理招标
一般项目	217省道(原39省道)东阳市南午岭互通工程	完成主线桥试通车
	2020年重要县道公路提升改造工程(三期)	完工
	2021年东阳市农村公路大中修工程(一期)	完工
	2021年隐患整治工程	完工
	歌山垃圾综合分拣中心及建筑垃圾资源化利用中心项目	建成并投入运行
增补项目	2021年东阳市农村公路大中修工程(二期)里歌线段工程	主体完工
	白峰岭至李宅公路工程(白峰隧道)	开工建设
	351国道磐安县安文至东阳市马宅段改建公路(东阳段后山隧道)	开工建设
出资铁路项目	金甬铁路东阳段工程	出资2.757亿元
	金义东市域轨道交通(东阳段)工程	出资10亿元
	杭温高铁东阳段工程	出资1.194亿元

2021年，东阳交投集团总资产(含在建工程项目)112.54亿元，比上年增长42%；完成营业收入7.75亿元，比上年增长33.6%；净资产71.73亿元，比上年增长41.06%；负债40.81亿元，比上年增长43.65%，资产负债率36.26%。完成固定资产投资14.05亿元。年内，实施项目18个，计划投资27.8亿元，实际完成有效投资31.93亿元；出资铁路项目资本金13.95亿元。

【交通融资】 2021年，东阳交投集团完成重要县道提升等项目融资业务，完成公司(第一期)债券发行，规模5亿元，低于同级别同期限近五年浙江省内的平均利率89bp(利率bp就是基点，一个基点相当于0.01%)，可为集团节约财务费用3100万元以上，是东阳市国有企业一级子公司债券首发。融资金额21.49亿元。

【交通循环产业园】 2021年，东阳交投集团推进交通循环产业园园区建设，年产200万吨干法制骨料生产线山体破除平整完成80%、年产60万立方米的商品混凝土生产线及厂房场地平整完成60%，土建施工进场；绿色骨料加工及固废资源化利用项目年产120万吨湿法制砂、年处理80万吨建筑垃圾综合利用生产线、年产200万吨干法制骨料生产线均已投产，综合分拣中心于11月建成运营。

【交通综合供能服务站】 2021年，东阳交投集团开展8个加油站建设。堂鹤、学陶两个加油站正式营业，一路发加油站完成改造并投入运营，金鸡笼加油站于11月营业，下庄加油站完成主站房、服务用房结顶，罗店、三单加油站于12月营业，王凡加油站进入装修阶段。开展8座加油站点建设前期工作。

【绿色交通产业】 2021年，东阳交投集团完成新建、改建充电场站8个，充电体量环比增长66.72%。推进东阳市公共交通服务中心——老西站配属设施改建和充电桩建设，完成配套设施改建设计、工程及充电基础设施采购招标工作。

(张　庭)

·东阳市水务投资集团有限公司·

【概况】 东阳市水务投资集团有限公司(简称东阳水投集团)成立于2017年。定位为涉水产业一体化运营平台，性质为功能类企业。主要负责制水、供水、排水等基础设施项目及相关产业投资、融资、建设、运营、管理等职能。下辖12家子公司，其中全资子公司8家，业务涵盖城乡供水、污水处理及配套管网工程建设、污水管网运维、水利工程等领域，有日供水能力43万吨的自来水厂14家、日处理能力27.9万吨的污水处理厂6家，供水总管近900千米，污水总管182千米。

2021年，东阳水投集团资产总额61.72亿元，实现营业收入1.599亿元，净利润719.48万元，增加融资8.54亿元。

【供排水设施建设】 2021年，东阳水投集团完成南马水厂2.5万吨/日供水改造，缓解南马镇区域用水紧张的状况。南山加压泵站提前通水，解决南市路以南区域居民用水水压不足问题。对水印时代、天工水岸等13个高层住宅二次供水设施进行改造升级。投资7.78亿元用于市第二污水处理厂二期，湖溪镇、千祥镇、画水镇污水处理厂和137千米的配套污水总管网建设。完成510个日处理能力20吨及以上农村生活污水治理设施的标准化运维。

【首个农村“智慧+”无人化水厂】 2021年，东阳水投集团完成全市首个农村“智慧+”无人化水厂——三单水厂的建设，于7月1日投入试运行。该项目投资2800余万元，建设占地0.2公顷，日供水2000吨，各类管道总长20.9千米，增压泵站8座。制水控制系统、水费营收系统均依托物联网、大数据、移动互联网、云计算技术，实现传统业务与智慧应用的联合。供水范围包括三单、青溪、钱溪、下西楼、前田、中村、山背、金航8个行政村及三单乡人民政府、卫生院、中心小学、幼儿园等机关事业单位，为9000余人提供供水服务。

【企业改革】 2021年，东阳水投集团下属的东阳市大江勘测有限公司和东阳市水利水电勘测设计有限公司完成合并，增加市政设计资质，改革薪酬制度。下属东阳市供排水安装有限公司申报增加水利工程建设资质。下属东阳市污水处理公司恢复污水运营业务，四个新建污水处理厂通水后均实行自营。东阳水投集团与浙江巨龙管业科技有限公司商谈合作，开拓管材业务。

(赵亭婷)

·东阳市资源开发集团有限公司·

【概况】 东阳市资源开发集团有限公司(简称东阳资发集团)成立于2019年9月，注册资本5亿元。定位为资源综合开发利用平台，性质为功能类企业。主要承担土地、矿产、林业等资源要素的整合盘活职责，推动资源向资产、资金转化。具体负责全市低效闲置用地的清理、收购、利用和土地指标的交易、土地整理开发、林业资源的开发经营利用；建设工程的勘察、规划设计、测绘等业务。有东阳市国有资产经营有限公司、东阳市土地整理开发有限公司、东阳市资源勘察规划测绘有限公司、东阳市规划建筑设计院有限公司4家全资子公司。

2021年，东阳资发集团资产总额67.36亿元，比上年增长5%；营业收入4.66亿元，比上年增长481%；净利润3619.65万元，比上年增长232%；增加融资6.94亿元。

【低效用地整治工作】 2021年，东阳资发集团参与林业总场区块连片收储的征地、出资工作；联合画水镇、南马镇对画水镇杨梅园区块及南马镇机械功能区集中连片收购开展攻坚工作。配合市低效整治办制定集中连片收购的奖补政策，调整东阳市低效用地资产收购评估体系。出让地块10宗，面积43.12公顷，盘活资金37.32亿元，为市重点招商引资项目与“万亩千亿”新产业平台建设安置区等市重点项目提供用地支持。年内收购低效用地24.93公顷。低效工业用地清理整治工作获常务副省长陈金彪肯定。

【耕地垦造工作】 2021年,东阳资发集团开展垦造项目运营工作,搭建东阳市级非农建设指标交易平台,谋划全域整治项目和千亩方万亩方工作,拆除复垦不宜继续用于建设的地块,腾挪建设用地指标。年内完成垦造和补充耕地86.2公顷。土地整治工作综合成绩排名金华市第一,千亩方万亩方永久基本农田连片整治工作获2021年度省政府督查激励。

【测绘与规划设计服务】 2021年,东阳资发集团开展建设用地报批、不动产登记、卫片执法检查、土地开发、高标准农田建设、旱改水及农村土地综合整治等领域的测绘工作,获评浙江省A级信用测绘资质单位。为市重点工程、民生工程提供规划编制、市政设计、建筑设计、村庄设计服务,获评浙江省勘察设计行业企业文化建设优秀单位。

(许帅丹)

·东阳市产业发展集团有限公司·

【概况】 东阳市产业发展集团有限公司(简称东阳产发集团)于2021年6月注册成立,注册资本5亿元。定位为竞争类企业,主要业务板块由平台开发建设和运营、产业投资及现代服务业经营组成。主要负责东阳市省级"万亩千亿"平台、"人才飞地"项目、小微园区、科技孵化器等产业平台的投资、开发、建设、招商引资、培育孵化和运营管理,负责安防产业、数字信息、人力资源服务、现代服务业、现代农业等相关产业的投资、经营和管理。有全资子公司8家。11月,召开党员大会,选举产生中共东阳市产业发展集团有限公司第一届党支部委员会。

2021年,东阳产发集团总资产9.6亿元,营业收入4.8亿元,实现利润3596万元,净利润3054万元。

【千祥九峰小微园项目】 2021年3月,东阳产发集团投资的千祥九峰小微园项目开工。项目位于千祥镇九峰村南下线以南,规划用地8.67公顷,是市内第一个国企投资建设的特色产业园——千祥箱包产业园的组成部分。项目一期占地面积3.33公顷,建筑面积8.8万平方米,总投资2.96亿元。

【东磐木雕家具产业园项目】 2021年7月,根据东阳市政府与磐安县政府签订的东阳—磐安山海协作"飞地经济"合作协议,东阳市产业发展集团有限公司与磐安县农村集体经济发展有限公司共同出资成立浙江东磐山海协作有限公司。浙江东磐山海协作有限公司首个投资建设的东磐木雕家具产业园项目于年内启动。项目位于南市街道陈宅村以西、大永线以东,总用地面积3.66公顷,建筑面积9.7万平方米,规划投资3亿元,建成后拟招引木雕家具及相关产业企业30家以上。"

【"万亩千亿"新产业平台综合开发项目】 2021年12月,东阳产发集团与中铁十五局集团有限公司等签订"万亩千亿"新产业平台综合开发项目合作协议,"万亩千亿"新产业平台分东、西两大片区,共计1225公顷,开发静态总投资158.01亿元。12月31日,"万亩千亿"新产业平台巍山安置区项目和六石安置区项目分别举行开工仪式。

【上海大学东阳产业发展研究院共建项目】 2021年9月19日,东阳产发集团与上海大学签署《共建上海大学东阳产业发展研究院合作协议》。11月17日,东阳市上大产业发展研究院(简称研究院)注册成立。研究院面向环境保护、新能源、新材料、智能装备、高端医疗器械及影视产业等东阳产发集团重点扶持领域,按照"四中心一基地"总体布局,建设创新研究中心、技术转移中心、项目孵化中心、影视文化创意和人才培养中心、引智育才基地。东阳产发集团为研究院从事科技研发及产业化相关活动提供支持。

(张葛钰)

·东阳市文旅投资集团有限公司·

【概况】 2021年6月16日,东阳市文旅投资发展有限公司变更为东阳市文旅投资集团有限公司(简称东阳文旅集团),职能定位为东阳市文化、旅游、体育、影视产业开发运营平台,性质为功能类企业。主要负责全市文化、旅游、体育、影视产业投资建设,项目经营和管理,以及相关区块的综合开发,有子(分)公司7家。8月20日,召开党员大会,选举产生中共东阳市文旅投资集团有限公司第一届总支部委员会。完成东阳文旅集团"十四五"发展规划编制。

2021年,东阳文旅集团资产总额13.9亿元,营业收入1478万元,所有者权益87406万元,利润-1872万元,净利润-1469万元,缴纳税金58.05万元,融资余额37500万元。完成场馆租赁收入、水电费用收缴共计113.24万元,其中场馆租赁费90万元、水电费23.24万元。江滨景观带资产租金收入51.3万元。

【资产重组】 2021年,东阳文旅集团完成卢宅非遗街区木雕巷8号资产不动产权证书办理。与市财政局、市文广旅体局等相关单位对接,推进东阳剧院与市体育馆资产无偿划转工作。与市不动产登记中心对接,推进卢宅拆迁回迁区与五云堂遗址保护区域资产划转、不动产权证书办理工作。

【省"千万工程"展示馆项目】 2021年5月,由东阳文旅集团投资建设、运维管理的省"千万工程"展示馆(一期)建成开馆。省"千万工程"展示馆分为两层,总建筑面积约6000平方米,分两期建设;一期为展示馆一层,占地面积约3890平方米,总投资2743万元。该展示馆将成为全面总结浙江省"千万工程"经验、展现浙江美丽乡村建设成果和未来方向的多维实体空间载体,并成为美丽乡村"全国学浙江"的实践培训基地。6月、9月,省"千万工程"展示馆完成第二十一届全国"村长"论坛、第三届世界东阳人发展大会的参观接待任务。

【东阳市江滨文化中心改造项目】 2021年6月，东阳文旅集团完成东阳市江滨文化中心改造，交付承租方东阳老年大学与市文化馆使用。项目总投资3500万元，其中年内完成投资2829万元。市江滨文化中心位于歌山画水公园内，由原建筑博物馆改建，西侧为东阳老年大学，东侧为群众文化活动场馆，建有演艺大厅、多功能厅、舞蹈室、活动室、培训室等配套功能区，建筑面积8600余平方米。

【卢宅景区】 2021年，卢宅景区接待游客98万人次，其中肃雍堂景区接待游客4.1万人次，举办活动15次；营业收入655.89万元，其中门票收入138.08万元。开展“东阳卢宅”文化策展项目，打造卢宅景区特色精品酒店，面积约4300平方米，计划投资2950万元，项目处于调研分析阶段。培育“百县千碗”体验店，结合“百县千碗 食尚东阳”美食活动，展示“东阳菜”系列菜品。推出年卡套餐，植入各项演艺活动，丰富景区展示载体。卢宅研学实践教育基地入选金华市级研学实践教育基地名单。

【东白山景区】 2021年，东白山景区接待游客42.1万人次，放马坞售卖亭招租7个，年租金收入15万元。东阳文旅集团投资2100万元实施东白山景区茶云街风貌提升工程，完成13.33公顷茶园景观化改造、1万平方米茶园休闲广场改造和1600平方米茶叶加工厂改造。东白山省级度假区门户形象工程完成安装、竣工验收，总投资30万元。东白山导视系统和景观节点建设项目完成招标，计划投资1061万元。

【研学旅行市场拓展】 2021年10月，东阳文旅集团与东阳市凳子一条品牌管理有限公司共同出资成立东阳市知行教育科技有限公司，拓展研学旅行市场，建设以木雕和古建筑为主题的研学旅行目的地。

【浙江乡村共同富裕学院项目】 2021年，东阳文旅集团开展浙江乡村共同富裕学院项目建设前期工作。多次与浙江农林大学对接，邀请浙江农林大学专家组到东阳市调研考察，召开项目专题会议，研究项目建设可行性方案，根据实际情况向浙江农林大学专家组提出相关建议。

【公共文化服务】 2021年，东阳文旅集团排练《花木兰》《天狼关》《宝莲灯》等古装剧目，创排《百万雄师过大江》《烛光燎原》《永远的长征》《信仰》等红色剧目，先后在各大剧院及各乡镇（村）“庆祝中国共产党成立100周年”文艺晚会上演出。开展婺剧进校园、进景区等活动，全年演出109场，其中古装戏40场、江畔梨园舞台演出34场、综合文艺演出35场。

开展“永远跟党走——奋斗百年路 启航新征程”庆祝中国共产党成立100周年红色电影展映活动，放映3915场；映前反诈骗宣传、七五普法短片放映6456场，“护苗”网络安全系列课堂短片4039场，安全生产宣传460场。城区公益电影放映786场，农村公益电影放映7813场，公益电影进校园、进军营、进企业107场。

市体育馆承办2021第三届中国·东阳“纤惠杯”体育舞蹈（国标舞）全国公开赛、省短式网球冠军赛、晟世繁华五周年庆典等大型体育赛事及活动15场，营业收入110.8万元，接待20.4万人次，免费对外开放340天。

（王　静）

·东阳市金投控股集团有限公司·

【概况】 2021年1月26日，东阳市金融控股集团有限公司正式更名为东阳市金投控股集团有限公司（简称东阳金投集团），业务范围涉及股权投资、投资管理、资产评估、融资担保、破产清算服务等。有5家全资子公司、2家控股公司。

2021年，东阳金投集团资产总额74亿元，营业收入36.45亿元，融资18.55亿元，完成投资8.1亿元，政策性担保总额28.67亿元，在保余额13.3亿元。

【资本招商】 2021年，东阳金投集团参与投资招商引资项目8个，协助市政府与西洲医药科技（浙江）有限公司、上海乐相科技有限公司等项目方签订招商协议，招引总投资额35.7亿元，东阳金投集团参与出资4.9亿元。

【产业投资】 2021年，东阳金投集团围绕东阳市影视文化、医药生物、新材料、建筑业等产业布局，通过基金、直投等模式参与产业发展投资。参与组建猫眼影视基金、双龙人才基金、东阳人才创业基金等基金项目，认缴投资额4.05亿元，实缴投资额1.725亿元。参与直投项目两个，认缴投资额4亿元，实缴投资额2.7亿元。

【企业混改】 东阳金投集团下属东阳东控聚文文化发展有限公司历年累计参与投资影视项目7个。2021年，收购上市公司浙江唐德影视股份有限公司的股份，参与投资IP运作公司杭州南派泛娱文化传媒有限公司，增资国内VR龙头企业上海乐相科技有限公司，开展数字营销业务。全年实现浮盈30.4%。

【政策性融资担保服务】 2021年，东阳金投集团下属东阳市国控融资担保有限公司为1387家小微企业和“三农”主体提供担保贷款13.31亿元，增加担保金额超5亿元。其中，小微企业在保432家，金额9.5亿元；“三农”主体776家，金额1.96亿元；“省农担”业务170笔，金额8132万元；非融资性担保9笔，金额1.04亿元。连续两年被省担保集团授予“优秀贡献奖”“先进单位”“信息宣传工作优秀组织单位”称号。

【助企纾困】 2021年，东阳金投集团为8家东阳市规模以上企业提供纾困资金共计39.26亿元，帮助企业化解流动性风险。下属东阳市东控教育科技有限公司受让浙江广厦建设职业技术大学举办权，东阳金投集团落实出资人职责。

（陆于今）

审　计

【概况】 2021年，市审计局完成审计项目23个，查出主要问题金额19.46

亿元，其中违规金额192万元、损失浪费金额360万元、管理不规范金额19.40亿元。审计处理、处罚金额1.67亿元；移送司法机关、纪检监察机关和有关部门处理事项5项，移送处理人员7人，移送处理金额53万元。出具审计报告、专报等61篇，被批示、采用28篇；审计提出建议70条，被采纳70条；推动被审计单位制定整改措施291项；促进被审计单位制定、完善规章制度56项。

【财政审计】 2021年，市审计局开展2020年度东阳市本级预算执行和决算草案情况审计，查出政府综合财务报告编制、债券管理、财政资金风险管控、减税降费等方面问题20项，提出审计建议两条，获市人大常委会肯定。开展乡镇财政决算审计项目4个，查出专项资金拨付不及时、政府采购执行不到位、预决算公开内容不完整等问题24项，提出审计建议11条。

【资源环境审计】 2021年，市审计局开展领导干部自然资源资产离任审计，对生态环境保护法律法规、政策措施、重大资金和项目等落实情况进行审计，重点关注美丽城镇建设、污水处理和废矿整治等方面。开展共享田园建设、耕地耕作层保护和松材线虫防治等专题审计。发现问题19项，提出审计建议12条，撰写审计专报4篇，获市领导批示7次，促进制度制定1项。

【投资审计】 2021年，市审计局开展政府投资工程项目阶段性跟踪审计、预算执行审计、竣工决算审计等项目6个，查出前期管理、合同管理、现场人员管理、材料管理、后期维护等方面存在的问题59项，查出问题资金819万元，提出审计建议22条，获市领导批示审计专报10篇。

【经济责任审计】 2021年，市审计局完成9名领导干部经济责任审计、15个单位21名领导干部离任经济责任事项交接工作，查出"三重一大"决策机制执行不严格、业务委托与合同履行不到位、网格员和编外用工管理不规范、内部控制不健全和执行不到位等问题，查出违规、管理不规范资金13.35亿元，提出审计建议34条。

【政策跟踪审计】 2021年，市审计局开展社会保险基金审计和社会救助政策落实情况专项审计调查，查出社会保障和救助的对象不全面、不精准，资金管理使用不够规范等问题，提出审计建议5条。

（杜　瑄）

统　计

【概况】 2021年，东阳市完成名录库、农业、工业、能源、科技、投资、建筑、房地产、服务业、批发零售、住宿餐饮、劳动工资、综合核算等专业统计报表。完成人才资源调查、科技进步监测、平安浙江满意度调查等专项调查工作。市统计局组织召开各类统计业务培训20余期，2200余人次参加。

【人口变动抽样调查】 2021年，东阳市按照全国统一千分之一人口变动抽样调查及浙江省千分之五人口变动抽样调查方案和进度安排，对13个镇乡（街道）、43个社区（行政村）、216个小区进行调查，于12月末完成调查工作。

【市镇两级及企业统计基层基础建设】 2021年，市统计局加强统计基层基础建设，初步建立"四支队伍、三级网格、两个责任主体"基层基础新模式（简称"432"新模式），减轻基层统计负担，推进企业统计基础规范化建设工作。10月，开展年度企业统计基础规范化建设考核评定工作；12月，召开工作总结会，公布并表彰年度统计基础规范化建设三星级及以上企业362家、考核优秀人员及先进统计员252人。

【统计监测服务】 2021年，市统计局强化各专业管理数据质量，做到统计前分析研判到位，统计中数据报送准确，统计后成果运用转化及时，发挥统计部门的参谋作用，服务经济社会发展。形成统计专刊31期、专报9期、特刊1期，发布《东阳市2020年国民经济和社会发展统计公报》，每月编印、发放《东阳经济月报》并在东阳市人民政府门户网站上发布；完成《2021东阳统计年鉴》收集编印等工作。

【统计执法检查】 2021年，市统计局对23家统计调查对象开展统计执法检查工作，其中"双随机"检查22家，对6家存在统计违法行为的单位按规定进行行政处罚。

【统计普法宣传】 2021年，市统计局通过会议、培训、普查等多种形式开展统计普法宣传工作。联合国家统计局东阳调查队、市司法局、市文广旅体局等单位先后开展两次大型普

2021年5月22日，市统计局和国家统计局东阳调查队在卢宅美术馆联合举办"做有温度的统计"普法宣传活动　（市统计局提供）

法宣传活动。5月22日，与国家统计局东阳调查队在卢宅美术馆联合举办“做有温度的统计”普法宣传活动。9月22日，举办第十二届“中国统计开放日”暨统计法治宣传活动，组织群众观看统计文化、统计普法宣传展览及文艺表演。

（陈芊庆）

市场监督与管理

【概况】 2021年，市市场监督管理局推进商事登记制度改革，优化营商环境；筑牢新冠肺炎疫情防控、食品、药品、特种设备、产品质量的安全防线，保障百姓民生；综合实施质量、标准、品牌创建战略，完善知识产权保护体系，赋能企业发展；加强和规范事中事后监管，维护市场秩序。市市场监督管理局获省市场监管系统地方市场监管工作优秀等次，获评金华市市场监管系统综合绩效评价优秀单位、东阳市机关部门目标责任制考核优秀单位。市市场监管综合行政执法队获评年度浙江省市场监管执法工作成绩突出集体、年度浙江省药品稽查执法工作成绩突出集体。浙江东阳横店电子产业园成功创建省级商业秘密保护示范区，普洛药业股份有限公司、横店集团东磁股份有限公司、英洛华科技股份有限公司3家企业成功创建省级商业秘密保护示范点。

【市场主体登记注册与清理】 2021年，全市设立市场主体31936户，注册资本（金）494.85亿元，分别比上年增长19.61%和14.96%，其中，设立企业8055户，增加注册资本（金）454.95亿元，分别比上年增长9.85%和13.49%；设立个体工商户23881户，增加出资总额39.9亿元，分别比上年增长23.31%和34.80%。全市市场主体总量128032户，注册资本（金）2747.7亿元，分别比上年增长14.22%和19.91%，其中企业总量36416户，注册资本总额2616.92亿元，分别比上年增长17.52%和19.83%；个体工商户总量91616户，出资总额130.78亿元，分别比上年增长12.97%和21.48%。组织开展市场主体清理工作，清理吊销公司300家、个人独资企业20家、集体企业2家、农民专业合作社36家。

2021年3月12日，“3·15”国际消费者权益日纪念活动暨“守护安全 畅通消费”主题宣传咨询会在东阳中国木雕城红木馆举行　（楼　莹/摄）

【经济监督检查】 2021年，市市场监管综合行政执法队加大执法办案力度，全年立案查处各类违法案件875起，罚没资金680.4万元，移送公安机关案件及线索14件，移送其他行政机关54件。通过“简案快办”掌上执法模式办理案件317件。承担省市场监管局“浙江市场监管执法在线智能执法辅助”项目的数字化改革试点工作，迭代升级案件信息管理系统，开发建设智能执法辅助模块。迭代升级“烟票”整治智能监管系统——“烈焰码”。

2021年，市市场监督管理局协调相关部门开展“双随机”（随机抽取检查对象、随机选派执法检查人员）抽查工作。“双随机”抽查事项288项，覆盖率100%，抽查主体6592户次，跨部门监管率17.23%。制订各类“双随机”抽查任务162个，参与任务52个，任务完成率100%，检查各类主体3657户，其中企业1527户，覆盖率4.97%，抽查事项63个，覆盖率100%，信用规则关联率91.52%，跨部门监管率32.09%。

【小微企业培育】 2021年，全市增加小微企业6779户，比上年增长10.21%，其中增加“八大万亿”（信息、环保、健康、旅游、时尚、金融、高端装备制造业和文化）产业小微企业2224户，比上年增长2.63%。办理“个转企”381家，其中转公司制企业262家，占比68.77%。增加科技型小微企业136家，比上年增长40.21%。增加股份公司16家，其中股改7家。增加知识产权贯标小微企业11家。

【消费维权】 2021年，市市场监督管理局“12315”投诉举报中心受理各类投诉举报12427件，其中受理投诉8533件、举报3894件，分别比上年增长47.7%、比上年下降38.3%，为消费者挽回经济损失550.69万元。推进“放心消费在东阳”建设，创建“放心消费单位”2937家、“无理由退货承诺单位”1076家、“放心工厂”854家、“放心消费街区”两个。

【市场主体年报】 2021年，市市场监督管理局开展2020年度各类市场主体年度报告工作，企业自然年报率95.52%，工作年报率96.5%；个体工商户自然年报率92.43%，工作年报率96.61%；农民专业合作社自然年报率98.15%，工作年报率99.63%。落实经营异常名录和严重违法企业名单管理工作，列入经营异常名录企业1971家；个体工商户查无下落标记异常状态2952家，列入严重违法名单企业100家。

【市场改造提升】 2021年，西门菜市场、湖溪农贸市场实现便利化、智慧化、人性化、特色化、规范化的改造提升。东门菜场、西门菜市场、横店菜市场、横店镇后明菜场4家市场成功续创省放心农贸市场。花园红木家具城被省市场监督管理局认定为省五星级文明规范市场。5家市场通过省市场监督管理局星级文明规范市场创建验收。东门菜场、西门菜市场和东阳市红木家具市场通过四星级文明规范市场验收;横店菜市场和横店镇后明菜场通过三星级文明规范市场验收。

【"守合同重信用"企业公示】 2021年,市市场监督管理局指导全市企业开展"守合同重信用"公示工作。续报AAA级"守合同重信用"公示企业13家,新申报AAA级"守合同重信用"公示企业3家;续报AA级"守合同重信用"公示企业14家,新申报AA级"守合同重信用"公示企业2家;续报A级"守合同重信用"公示企业4家,新申报A级"守合同重信用"公示企业31家。

【"浙江制造"品牌建设】 2021年,市市场监督管理局推进"浙江制造"品牌培育和标准强市、质量强市、品牌强市工作。市政府印发《东阳市人民政府质量奖评审管理办法》。市市场监督管理局联合市财政局发布《东阳市实施品牌强市和标准化战略奖励办法》。市市场监督管理局发布《东阳市质量强市建设"十四五"规划》《东阳市标准化战略发展"十四五"规划》两个专项规划。全市发布"浙江制造"标准10项,18家企业21个产品通过"品字标"认证。组织96家企业开展"百城千业万企对标达标提升"专项行动。完成490家规模以上企业标准化统计监测工作。推进花园"乡村振兴"省级标准化战略重大试点项目,发布乡村振兴省级重大标准化试点项目第二批内部标准。

【东阳市市长质量奖】 2021年3月23日,市政府公布2020年度东阳市市长质量奖评审结果。浙江中科磁业股份有限公司、浙江孚诺医药股份有限公司、浙江南磁实业股份有限公司、海天建设集团有限公司和浙江新东阳建设集团有限公司5家企业获市长质量奖,浙江石金玄武岩纤维股

2021年"浙江制造"标准(东阳市企业主导部分)一览表

表10

标准名称	主导起草标准的企业	标准编号
《建筑用纸蜂窝复合墙板》	花园新材料股份有限公司	T/ZZB 2039—2021
《混合制冷剂R404A》	东阳市巍华制冷材料有限公司	T/ZZB 2193—2021
《紫光檀无缝家具》	东阳市荣轩工艺品有限公司	T/ZZB 2299—2021
《铁质气雾普通罐》	金华市巨久金属包装制品股份有限公司	T/ZZB 2331—2021
《工业用高速包缝缝纫机针板》	浙江慧捷衣车有限公司	T/ZZB 2359—2021
《空调与制冷设备用管路件》	浙江东峰制冷配件有限公司	T/ZZB 2399—2021
《压杆式黄油枪》	浙江田博工贸有限公司	T/ZZB 2456—2021
《儿童用沐浴剂》	优姿科技有限公司	T/ZZB 2519—2021
《植物纤维墙纸》	浙江志成工艺墙纸有限公司	T/ZZB 2520—2021
《阿托伐他汀钙》	浙江海森药业股份有限公司	T/ZZB 2564—2021

2021年东阳市通过"浙江制造"品牌认证企业一览表

表11

认证类型	企业	证书编号	标准编号
"浙江制造"主导认证	浙江澳亚织造股份有限公司	CZJM2021P1001602R0M CZJM2021P1001702R0M	T/ZZB 1549—2020
	浙江英洛华磁业有限公司	CZJM2021P1007401R0M	T/ZZB 1048—2019
	浙江东政电机有限公司	CZJM2021P1029401R0S	T/ZZB 1371—2019

续表11

认证类型	企业	证书编号	标准编号
"浙江制造"主导认证	浙江中科磁业股份有限公司	CZJM2021P1057901R0M CZJM2021P1057801R0M	T/ZZB 1525—2020 T/ZZB 1566—2020
	冀发集团有限公司	CZJM2021P1067501R0M	T/ZZB 1054—2019
	东阳市巍华制冷材料有限公司	CZJM2021P1081001R0S	T/ZZB 2193—2021
	金华市巨久金属包装制品股份有限公司	CZJM2021P1080901R0S	T/ZZB 2331—2021
	浙江东峰制冷配件有限公司	CZJM2021P1091401R0M	T/ZZB 2399—2021
"浙江制造"对标认证	浙江联宜电机有限公司	CZJM2021P1013001R0M CZJM2021P1012901R0M	T/ZZB 0144—2016 ZZB 025—2015
	浙江九洲红家具股份有限公司	CZJM2021P1025901S	T/ZZB 0503—2018
	东阳市双洋红木家具有限公司	CZJM2021P1025701R0M	T/ZZB 0503—2018
	浙江省东阳市定达皮具有限公司	CZJM2021P1033901R0M	T/ZZB 0075—2016
	东阳市杜邦红木家具有限公司	CZJM2021P1039201R0M	T/ZZB 0503—2018
	浙江伟成塑胶有限公司	CZJM2021P1049801R0M	T/ZZB 031—2015
	浙江雪丽日用品有限公司	CZJM2021P1074901R0M	T/ZZB 0915—2018
	浙江凯文磁钢有限公司	CZJM2021P1082701R0M	T/ZZB 1566—2020
	浙江南磁实业股份有限公司	CZJM2021P1083901R0M	T/ZZB 0719—2018
	东阳市顶峰磁材有限公司	CZJM2021P1092101R0M CZJM2021P1092001R0M	T/ZZB 0245—2017 T/ZZB 1525—2020

份有限公司、东阳市旭东工艺品有限公司和天祥建设集团股份有限公司3家企业获市长质量奖提名奖。

【产(商)品质量监管】 2021年,市市场监督管理局牵头开展电动自行车综合治理集成改革,完成电动自行车车架赋码8832辆、蓄电池赋码10735辆。协调各相关部门开展成品油市场专项整治,开展联合检查13次,取缔非法加油点3处。开展"质量月"系列活动,承办金华市市场监督管理局质量管理成果分享会。落实妇女儿童用品、非医用口罩、农资化肥、车用汽柴油、针织服装、消防产品、学生用品等产(商)品质量监督抽查工作,其中生产领域抽检129批次,不合格8批次,合格率93.8%;流通领域抽检125批次,不合格23批次,合格率81.6%;风险监测熔喷布产品1批次。强化不合格产品后处理,开展不合格产品后处理125批次,对多次或多批不合格的企业开展质量安全行政约谈1家。完成工业产品(含食品相关产品)生产许可证办理23件,其中新发证的9件、延续和范围变更的6件、注销许可证7件、企业名称变更1件。加强生产许可证企业事中事后监管,对9家企业开展"双随机"监督检查。

【特种设备安全监察】 2021年,东阳市增加特种设备3052台,其中锅炉12台、电梯2160台、起重机127台、压力容器344台、场(厂)内机动车辆390台、大型游乐设施1台。截至年末,全市有在册特种设备21897台(条),其中锅炉416台、压力容器2472台、电梯15306台、起重机械1595台、场(厂)内机动车辆2066台、大型游乐设施41台、索道1条。推进特种设备安全周期"一件事"改革,完成阳光工厂建设6家,特种设备"件件赋码"赋码率99%。完成大型游乐设施、索道物联智控安装36台。全国气瓶安全责任保险试点在东阳市落地,气瓶每充装一次即记录一次充装信息并投保一次,投保范围覆盖充装、运输、中转、仓储的全过程。开展电梯维保质量专项检查,发现隐患29项,发出安全监察指令书4份,立案两起。组织特种设备作业人员培训教育,发放特种设备管理人员和作业人员证件322本,复审发证979本。

2021年9月22—23日,全省基层执法人员食品抽样技能比武在东阳市举行,两名执法人员在进行现场模拟抽样　　(楼　莹/摄)

【民生计量】　2021年,市市场监督管理局落实计量器具强制检定,检定计量器具20135台(件),其中宁波市计量院检定加气机16台(次)、金华市计量质量科学研究院强制检定13405台(件)、东阳市产品质量标准计量检验检测中心强制检定6714台(件)。开展"优化计量、提质增效"帮扶行动,入企计量帮扶35家。东阳市环球钢带有限公司和浙江花园生物高科有限公司通过省级能源计量审查。开展定量包装商品净含量抽检,抽检44批次,其中3批次不合格。组织开展"5·20世界计量日"活动,在西门菜场免费开展电子秤、体重秤、血压计检定校准。

【认证认可工作】　2021年,市市场监督管理局开展机动车检验机构检查,实现对全市5家机动车检验机构全覆盖;开展"品字标浙江制造"国际互认,浙江凯文磁钢有限公司和浙江南磁实业股份有限公司均获国际互认证书。东阳市花园新材料有限公司获绿色快递包装认证证书。东阳市东白山茶叶有限公司通过"丽水山耕"农产品公用品牌认证。组织开展"世界认可日"主题活动,全市检验检测机构为群众办实事8项。

【食品安全治理】　2021年,东阳市通过省级食品安全市动态跟踪评价。市市场监督管理局指导开展基层星级食安办创建,建成三星级镇乡(街道)食安办10家、四星级镇乡(街道)食安办1家,实现全市镇乡(街道)三星级食安办全覆盖。举行以"尚俭崇信,守护阳光下的盘中餐"为主题的平安东阳·食品安全宣传周暨保健食品行业清理整顿联合检查活动启动仪式。开展第二十一届全国村长论坛大会、第三届世界东阳人发展大会、2021中国·横店影视节等重大活动食品安全保障工作。组织召开2021年食品药品安全工作暨食药安委会全体(扩大)会议。开展外卖餐饮、网红餐饮、奶茶店等餐饮单位"红黑榜"曝光行动,累计发布30期。全市投保食品安全责任险799家(学校、养老机构及镇乡(街道)养老服务中心全覆盖),保费180余万元、保额超9亿元。市乡厨协会与中国人保东阳分公司签订东阳市首份"农村集体聚餐食品安全责任险"。市市场监督管理局联合市教育局完成276家学校食堂智能"阳光厨房"建设。全市建成网络餐饮"阳光厨房"1656家、农村家宴"阳光厨房"37家、食品生产企业"阳光工厂"22家。推进"浙食链"应用,95家食品生产经营企业激活"浙食链"。召开食品生产企业落实食品安全主体责任推进会和2021年度食品小作坊监管工作会议暨食品安全业务培训会,105家食品生产企业、205家食品生产加工小作坊签订食品安全责任书。打击保健食品违法乱象,开展保健食品进社区、进乡村、进网络、进校园、进商超的"五进"宣传活动,开展现场科普活动15场,发放宣传册、宣传手袋1981份。

【食品安全检测】　2021年,市市场监督管理局推进食品抽检分离改革,实施抽检2938批次,不合格106批次,合格率96.39%。承办全省基层执法人员食品抽样技能比武,东阳市两名执法人员参与的金华代表队在全省11个地级市中获第一名。开展食用农产品快速检测工作,快速检测食用农产品3362批次,合格率99.9%。

2021年3月31日,浙江省食品药品检验研究院东阳科创基地挂牌成立　　(楼　莹/摄)

市食品药品检验检测中心通过地址变更资质认定现场评审，取得检验检测机构资质认定证书及附表。市食品药品检验检测中心名称变更为市食品药品检验研究院，完成食品定量检测939批次、药品快检482批次，以非营利方式向企业开放实验室58批次。

【进口冷链食品疫情防控监管】 2021年，市市场监督管理局落实进口冷链食品安全监管工作。推进“浙冷链”食品追溯系统应用，赋码21680张、扫码165681张。保障进口冷链食品集中监管仓运行，141批2657.7吨货物入仓进行预防性消毒和核酸检测，拦截5批124.7吨问题食品流入市场。打击进口冷链食品缺少“三证一码”、进口冻品无规范中文标签、未及时扫码入库等违法违规行为，发现问题145个，下达书面责令整改通知书45份，立案查处18起。

【药品医疗器械化妆品监管】 2021年，市市场监督管理局落实药品、医疗器械、化妆品监管服务工作，筹建浙江省药品监督管理局医药创新和审评柔性服务站。浙江省食品药品检验研究院东阳科创基地、郑金琪专家工作站在东阳市挂牌成立。全市有药品、医疗器械、化妆品生产企业92家(药品生产企业16家、医疗器械生产企业14家、化妆品生产企业62家)，药品批发企业4家，药品连锁企业4家，药品零售企业343家(2021年开办58家)。开展药品、医疗器械领域新冠肺炎疫情防控工作，检查药店1376家次，责令关停整改68家。联合市疾控中心对全市疫苗接种点的疫苗管理人员70余人开展疫苗质量管理培训，运用疫情评估流通系统开展疫情专项检查85家次。启动基层人员药械化监管执法能力提升工程，编制发放《药械化流通监管十查十问》“一本通”手册380余册，分2批次对120余名监管干部开展药械化监管实务培训。建成24小时“网订店送”药房10家、民生药事服务站3家、“放心药店”128家。3家药品集中采购中标企业和1家三类医疗器械生产企业完成“黑匣子”建设。与市财政局联合发放2020年度医药产业奖励资金2665万元。开展药品网络销售、中药代煎服务、医疗美容机构药械化使用等11个药械化专项检查，立案45起，罚没款123.8万元。推进化妆品“百千万”(一百条美丽消费示范街、一千个美丽消费示范市场、一万个美丽消费示范经营店)工程提升项目；完成2家“放心工厂”、3家“放心商场”和15家“放心经营单位”建设；开展化妆品备案后检查1122批次。开展药品不良反应和医疗器械不良事件监测，审核上报ADR(药品不良反应)1412例；审核上报MDR(医疗器械不良事件)375例。

(方立东)

安全生产

【概况】 2021年，东阳市发生生产安全事故10起、死亡11人，其中工矿商贸行业1起、死亡1人，道路交通行业9起、死亡10人。事故起数、死亡人数比2019年和2020年的平均数分别下降20%、31.25%，实现事故起数、死亡人数“双下降”的目标。

【安全责任落实】 2021年，市镇两级推行“双主任制”；层层签订安全生产责任制。市委、市政府组织召开安全生产会议8次，开展安全生产检查44次，发出隐患整改告知书29份。四套班子领导到基层开展安全生产和防汛工作督查暗访。六大专业安委会由市政府各副市长带队，对相关行业领域开展安全生产大检查。

【安全隐患排查治理】 2021年，市安全生产委员会办公室(简称市安委办)完成并闭环整改省、市、县挂牌隐患31处，其中省级挂牌隐患5处、省暗访发现隐患6处、金华市级挂牌隐患8处、东阳市级挂牌隐患12处。

【安全生产专项整治和“遏较大”攻坚战行动】 2021年，市安委办聚焦危险化学品、工矿企业、消防火灾、交通运输、道路交通、建设施工、城市运行安全、旅游安全、特种设备、影视拍摄十个“遏较大”重点领域，绘制十大领域较大事故风险链鱼骨图。开展全市安全风险隐患大排查大整治专项行动，排查生产经营单位22189家次，发现并完成整改问题隐患14969项，关闭取缔13家，停产整顿21家，立案查处企业违法行为32起，移交公安追究刑事责任3人，处罚21万元。开展中秋、国庆节日期间安全隐患大排查大整治行动，检查生产经营单位11847家，发现并完成整改问题隐患2443处，停产整顿8家，追究刑事责任人11人，处罚115万元。完成安全生产风险普查10209家，其中工矿领域5513家、消防领域4472家、其他领域224家。

【健康生物园区整治】 2021年，横店健康生物园区和六歌健康生物园区通过省应急管理厅专家组复评，达到C类园区标准。市安委办为规范两个园区的建设和安全管理工作，制定“一园一策”整治提升方案，明确工作分工及时间节点，推动工作落实；沟通解决专项资金，开展区域风险评估，确定安全控制线，提升园区本质安全水平；发布《东阳市健康生物产业园区“禁、限、控”目录》，设立准入标准，把好源头关。完成横店园区管理平台与智慧横店平台的对接，实现横店健康生物园区的智能化管控。依托企业建成三支危化品专业应急救援队伍，实现两个园区全覆盖；强化资金保障，平均每年财政补助每支队伍15万元；组织多次应急演练，强化一线员工应急处置技能和水平。

【安全生产社会化服务机构集中治理】 2021年，市应急管理局组织开展安全生产社会化服务机构重新备案工作，公布通过备案的名单。开展社会化服务机构集中治理，制定《社会化服务机构管理实施办法》，督促机构建立健全并严格落实规章制度；建立培训考核制度，对机构从业人员开展培训，实施全员考试；加强质量抽查，采用信用评分方法，将不合格企业列入“黑名单”。

【重点行业领域专项整治】 2021年，市应急管理局持续开展矿山、金属熔融企业等重点领域大排查大整治，印发涉燃爆粉尘、有限空间等领域专项整治方案，推动企业主体责任落实。多轮次开展矿山安全生产大排查大整治行动，全面治理矿山领域各类安全隐患和违法违规行为，发现并整改问题隐患16项；严查矿山落实“六严禁、三严格”▲九项措施情况，开展矿山设计审查和竣工验收工作，组织专家对佐村镇萤石矿西南翼改建项目进行竣工验收。强化重点时段矿山监管，年初对5家复工复产矿山进行工作验收，确保符合复工条件。

完成“三场所两企业”（三场所：涉燃爆粉尘作业场所、喷涂作业场所、有限空间作业场所；两企业：金属冶炼企业、涉氨制冷企业）阶段性执法任务，出动检查人员32人次，检查金属熔融企业26家，排查整改隐患56条；检查铝镁粉尘、静电喷塑等涉燃爆粉尘企业58家次，排查安全隐患86条，指导静电喷塑企业进行本质安全水平提升行动，完成10个以上工位铝镁粉尘企业使用“一体机”等安全设施改造。

完成重大危险源企业包保责任制的落实，开展重大危险源交叉检查两次，发现隐患问题100余项，实现逐一销号闭环管理。开展生产企业“互查互学”专项执法行动，组织企业开展交叉检查，发现隐患问题30余项；开展危化品企业执法百日攻坚行动，检查企业30余家次，立案处罚7家，罚款10万余元。

▲“六严禁、三严格”：“六严禁”即严禁违规爆破和动火作业、严禁违规转包井下工程、严禁使用淘汰设备工艺、严禁重大灾害治理不到位组织生产、严禁超能力超强度组织生产、严禁未经批准擅自组织生产建设；“三严格”即严格安全监控设施设备管理、严格带班下井和安全教育培训、严格执行监管监察指令。

【应急管理行政执法】 2021年，市应急管理局立案查处违法案件128件，罚款323.99万元，其中罚款金额5万元以上案件10件，刑事移送案件7件，追究刑事责任7人，非事故罚款占比达到90.71%。画水镇吴某某非法经营危化品案被列为全省首批危险作业罪典型案例，创宇商贸违规储存危化品案被列为全省第四批安全生产领域典型案例。9月6日，对某印花厂开出新《中华人民共和国安全生产法》施行后的首张“罚单”。

【安全生产宣传教育培训】 2021年，市应急管理局开展“安全生产月”宣传教育活动，在11家影院、行政服务中心播放《安全生产风险普查》宣传片，组织观看《生命重于泰山——学习习近平总书记关于安全生产重要论述》专题片3620人次；云咨询直播吸引近万人在线参与。邀请省应急管理厅领导作文化大讲堂——安全生产专题讲座；与浙江广厦建设职业技术大学联合成立应急管理学院，举办应急管理干部培训班，各镇乡（街道）安全生产分管领导、安监所所长等200余人参加；举办企业员工安全大培训，百万员工安全大培训完成线上22419人、线下27600人，进度列金华市第二位。开展新《中华人民共和国安全生产法》宣贯工作，组建宣讲团对全市各镇乡（街道）、开发区及部门单位进行宣讲活动；9月10日，在横店镇开展新《中华人民共和国安全生产法》宣讲活动，应急管理部政策法规司原监察专员刘强授课；向部门单位、镇乡（街道）、企业赠送新《中华人民共和国安全生产法》读本。

（严军飞）

海　关

【概况】 2021年，东阳市实现外贸进出口总值317.5亿元，比上年增长14.9%，其中出口总值288.0亿元、进口总值29.5亿元。金华海关东阳办事处查验报关单3335票，查获申报不实案件459起、侵权案件50起、涉税案件2起、涉证案件11起、涉证未达立案标准8起、涉嫌危险品32起（指甲油、香水、喷漆等），查获率14.66%，比上年增长8.51%，查验率2.04%，先后查获冷冻食品、涉嫌管制刀具、疑似赌具等重点敏感商品。完成东阳市进出口商品检验1426批、包装检验592批；缮制签发各类检验检疫证单1266份、原产地证书13996份。

【海关执法】 2021年，金华海关东阳办事处加强与杭州海关风控局和口岸监管处联系，结合H986集中联网审像应用，通过对冷冻柜、锁错集装箱的机检抽查，与义乌海关联系配合，提高重点敏感商品的针对性，实施精准打击，共同做好市场采购贸易货物出口监管。排查规范海关监管作业场所和场地，对全关联网摄像头开展梳理排查和增设，发出1份整改通知书。完善金华海关反恐最小作战单元，注重平战结合，加强应急演练、人员队伍和检测、防护设备管理。10月，杭州海关在金华海关浙中公铁港监管场所开展口岸监管环节化学涉恐突发事件应急处置演练，金华海关首次使用A级防护服进行演练。

【海关安全生产检查】 2021年，根据《金华海关2021年安全生产月和安全生产万里行活动方案》，金华海关东阳办事处组织安全生产教育和宣传活动。利用“学习强国”、“钉钉”等线上学习平台，组织开展安全生产知识集中学习培训；在东阳市监管作业场所、报关大厅、受理窗口等醒目位置，利用电子屏滚动播放“安全生产月”宣传标语，制作、张贴安全生产标语。开展监管场所和办公场所安全检查，重点检查监管场所涉危货物存储和监控摄像头，办公场所配电房、食堂、消防监控等重点区域，消除安全隐患。开展对涉危生产企业的安全生产宣传，发放《安全生产告知单》，对其资质、进出口申报、储存、灌装、包装容器采购等重点环节开展安全隐患排查，对内部涉危岗位资质、人员能力、监管作业规范、人员防护等方面进行排查，配置防护用具。加强与地方部门联系沟通，与金华市应急管理局开展协作，邀请安全生产专家上门指导安全知识。对东阳市监管作业场所、公用型保税仓、涉危企业以及口岸卫生、动植物检疫、食品安全等开展检查，整改安全隐患3个。

【科技赋能海关监管】 2021年，金华海关东阳办事处强化科技赋能，作为“移动查验单兵集成知识产权商标识别应用”的需求提出方和首批试点海关，开展业务测试1000余次，查获涉嫌侵权案件16起；承接总署的应用演示任务，完成首条演示视频的制作。该应用成为第四批全国海关“我为群众办实事‘百佳项目’”中的首个案例。完善监管场所技术配套，实现龙门吊挂载集装箱进出监管场所自动识别、全方位联网监控优化集装箱堆栈、无人机巡场快速确认进场等功能，在有效监管的基础上缩短货物短驳周转时间三分之一以上。

2021年4月27日，金华海关东阳办事处在野外开展检疫性实蝇监测

（金华海关东阳办事处提供）

【海关服务】 2021年，金华海关东阳办事处简化办事手续，优化办事流程。简化东阳企业海关注册登记或备案手续，完成企业海关备案登记及变更255家。推行“信用签证”“智能审单”新模式，梳理更新各类原产地证书填制规范，发挥“互联网+海关”作用，提升办事效率。开展RCEP自贸协定对企政策宣讲，重点解读RCEP关税减让及原产地规则等内容，并就企业提出的原产地证书申办、自助打印等操作流程进行解答，宣讲会覆盖东阳市90余家企业。缮制签发各类检验检疫证单1266份、原产地证书13996份。

【食品、化妆品进出口安全监管】 2021年，金华海关东阳办事处强化进出口危险品和食品化妆品安全监管。组织参加2021平安东阳·食品安全宣传周暨保健食品行业专项清理整治联合检查行动，开展进口食品安全知识现场宣传活动。在江北街道世纪花城小区开展“进口食品安全社区行”活动。通过发放宣传手册及现场答疑解难，宣传进口食品相关法律法规，普及进口食品安全知识，倡导群众关注进口食品安全。对首次出口化妆品企业开展“一对一”技术指导，针对公司拟出口的产品，介绍出口化妆品和危险品包装的有关政策及流程，要求企业加强原料验收、标签设计、自检自控等。完成危险品和食品化妆品检验1788批，开展总署进出口化妆品安全抽检7批，检验不合格14批。

【国门生物安全监管】 2021年，金华海关东阳办事处加强检疫，科学监测，提升国门生物安全防控技能。联合市教育局举办“国门生物安全”公益课堂活动，全市87所学校、3.4万名师生通过网络公开课和微信公众号学习国门生物安全相关知识。通过现场讲解展板和向企业发放资料等方式开展国门生物安全宣传。金华海关东阳办事处核查进口粮食存放单位1次，核查出境竹木草制品生产加工企业13家，现场考核新注册登记出境竹木草制品生产加工企业11家；开展杂草监测3次，监测到杂草82种次；布置5个实蝇监测点，开展10次实蝇监测，收集实蝇1267只；通过东阳华数空中课堂和现场展示资料等多形式开展国门生物安全和红火蚁防控宣传。协助市商务局开展粮食安全市长责任制工作中关于进口粮食的风险管控工作。

【进出口商品货物检验监管】 2021年，金华海关东阳办事处落实一般工业品进出口检验要求。办理入境一般工业品检验50批，主要为旧机械臂、旧印刷机、旧钢瓶、医疗设备、科研仪器以及工业配件等。完成出口一般化工品检验21批，主要为1-金刚烷甲酸、对苯二乙二酸等。完成出口至协议国家货物装运前检验监装5批，并出具证书。完成危险货物包装性能检验301份，主要是盛装危险货物用的纸箱和气雾罐。优化监管服务，助力进口医疗设备快速通关。金华海关东阳办事处与口岸部门、进口商对接，实时掌握设备运输路线及抵达情况，指导进口商提前知悉通关、查验流程和准备相关资料；提供“7×24小时”预约通关服务，确保进口医疗设备即到即查；结合不合格典型案例，加强不同类型设备的技术标准和查验重点的学习，提升查验关员医疗设备检验监管能力。

【海关为企服务】 2021年，金华海关东阳办事处开展“我为群众办实事”活动，走访企业40家，收集企业诉求32起，处置32起。到企业一线开展调研，宣传注册登记和换证“无纸化”线上办理，把到期换证工作与核查工作相结合，“多查合一”，减轻企业负担。在企业质量管理体系提升、完善防疫设施和有害生物控制等方面实现专人指导、长效跟踪。明晰AEO企业认证标准细则，指导企业加强对内部控制、贸易安全、财务情况、守法规范等与AEO认证有关的制度规范，要求企业对进出口业务开展专项内部审计。指导企业完成东阳市首单“9710跨境电商B2B直接出口”和

2021年3月9日,金华海关东阳办事处工作人员到浙江新亚实业有限公司开展“三服务”活动 (金华海关东阳办事处提供)

“9810 FBA+散货+属地报关”业务。组织工作人员上门开展专题培训,整理危险货物包装和商品检验资料模板,将易出错的关键点作重点标记;梳理危险货物包装、危险化学品相关政策规定,对企业涉及的内容着重培训;到车间结合实物讲解运输标记、GHS标签等相关要求,对企业提出的问题作现场答疑。第一时间抽调业务骨干组成得邦照明认证培育小组,制定个性化培育方案,组织“面对面”辅导,帮助企业解决关切问题。到某木制品生产企业开展归类上门服务,查看生产原料及生产工艺,为企业归类存疑产品提供归类指导。到某机电产品生产企业开展规范申报指导服务,针对该企业多批货物存在报关申报不规范的问题,上门为企业进行现场培训和答疑解惑,并就主动披露政策和最新通关便利化措施进行宣讲。对辖区出口木制工具企业进行政策辅导,通过实地查看原材料仓库、生产车间、包装车间和成品仓库,现场查阅原材料采购、检疫除害处理、成品检验等记录台账,指导企业加强有害生物防控、产品溯源管理等方面的自检自控能力。对横店集团控股有限公司下属5家企业进行海关政策集中培训指导,就高级认证企业培育、因新冠肺炎疫情不可抗力出口退运不征收关税、关企联络制度等企业关心的海关政策进行当面培训指导和答疑解惑。

(朱晓斌)

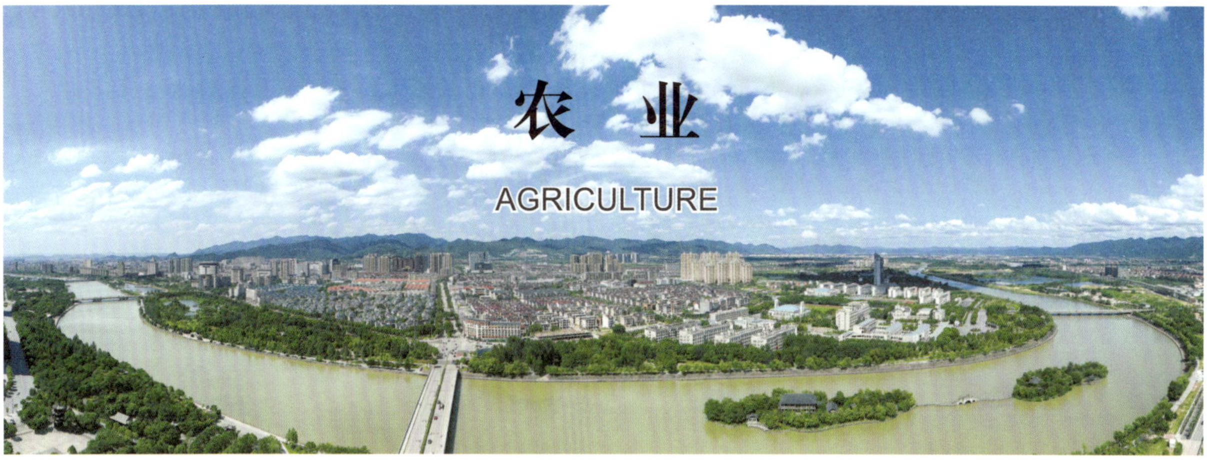

农业农村

·综述·

【概况】 2021年，东阳市农林牧渔业总产值28.20亿元，比上年增长2%；农林牧渔业增加值20.31亿元，比上年增长2.0%。粮食播种面积16704.63公顷，比上年增长1.22%；经济作物播种面积16279.6公顷，比上年下降2.1%。5月，市农业农村局获评全国农业综合行政执法示范单位。（张许杰）

【高标准农田建设】 2021年，东阳市组织实施高标准农田建设698.73公顷（其中高效节水灌溉农田339.07公顷），高标准农田改造提升49.47公顷，项目总投资3719万元。主要建设内容包括泵站4座，渠系建筑物238个，衬砌明渠（沟）22千米，建设田间道路44.28千米。（周国杰）

【农产品质量安全监管】 2021年，市农业农村局完善追溯体系建设，安装合格证追溯体系农户35家，有农产品追溯主体206家，农业龙头企业、示范性家庭农场、示范性专业合作社和规模以上食用农产品生产主体基本全覆盖。完成本级农产品定量检测609批次，其中蔬菜203批次、水果138批次、茶叶14批次、稻米28批次、畜禽产品145批次、水产品81批次；不合格6批次，合格率99.15%，处置率100%。乡镇快检12205批次，合格率98%以上。生猪尿样瘦肉精快检养殖环节监测747批次，屠宰环节5730批次，合格率100%。完成绿色食品认证3个，绿色食品续展认证4个，无公害农产品认证8个，无公害农产品复查换证13个。主要农产品绿色优质比率57.14%。（李向俊）

【农业数字化改革】 2021年，市农业农村局在党政机关整体智治、数字政府、数字社会等领域开展“三农”数字化改革工作，在党政机关整体智治应用中上线东阳市农业农村局专题门户，完成数字政府乡村振兴门户建设。东阳市入选省农业农村厅多跨应用场景第一批“先行先试”单位，在“绿色优质农产品生产服务”“数字畜牧”两个应用场景中“先行先试”。其中“绿色优质农产品生产服务”应用上线，在全市农资店推广，第一批138家“肥药两制”改革试点主体完成应用培训，肥药（肥料、农药）实名购买活跃度100%，肥药定额施用活跃度90%；“数字畜牧”应用在全市养殖户中推广应用，在省农业农村厅应用的基础上，集成信息查询、养殖户事项申报审批、生猪销售、投保理赔等功能场景，开发打造“生猪一件事”应用场景，与“浙里帮农促富”“浙里牧畜增产保供”等省级重大应用贯通。在南马镇花园村、城东街道寀卢村开展数字乡村建设，南马镇花园村入选浙江省第一批未来乡村建设试点村，“智慧花园”应用上线“浙里办”；“数字寀卢”一期建设完成，打造寀卢村级指挥中枢——“数字寀卢”云平台，实现一个平台（数字驾驶舱、指挥中心）、一部手机（服务村民的e村通、服务游客与外来人员的“共享了”小程序）的数字乡村“寀卢样板”。（胡金晓）

【农田质量提升】 2021年，推广测土配方施肥面积16020公顷，减少不合理化肥施用量176吨。开展标准农田质量提升土壤培肥项目，涉及二等田925.4公顷，于12月开展验收，经验收达到一等田标准，通过率100%。开展沃土工程项目，建立核心示范方3个、耕地培肥景观化示范园（带）2个、3.33公顷以上示范畈46个，示范面积462.8公顷，开展冬绿肥种植示范，以种植紫云英、油菜为主，部分种植黑麦草。开展农田土壤污染监测预警体系建设，对15个常规监测点和10个综合监测点进行采样分析监测，据监测情况显示，东阳市农田土壤情况总体良好，其中1个监测点的土壤铜检测值略高于风险筛选值，低于风险管制值，其余土壤重金属均未超标，土壤污染风险低；灌溉水中所有指标均符合标准要求；所有农产品重金属均符合国家标准GB2762限量值要求。开展受污染耕地安全和严格管控工作，综合采取低积累品种替代、土壤改良、肥水调控、叶面阻控等技术措施，推广受污染耕地安全利用技术体系和应用模式，推进中轻度受污染耕地安全利用，受污染耕地安全利用率100%。（王 芸）

【东阳市获评全省首批综合性农业“机器换人”高质量发展先行市】 2021年12月28日，省农业农村厅公布全省第一批综合性农业“机器换人”高质量发展先行县建设名单，全省仅两个县(市)入围，东阳市名列其中。截至年末，东阳市创建农机综合服务中心5家、全程机械化应用基地9家、农机创新试验基地3家、数字农机应用基地7家，创建完成数量列全省第一。（东　鉴）

·种植业·

【概况】 2021年，东阳市粮食播种面积16704.63公顷，总产量9.73万吨；油料作物播种面积2187.07公顷，总产量0.5万吨。有规模种粮户272户，流转承包耕地面积4982.52公顷，稻麦复种面积7866.53公顷，其中早稻面积3176.93公顷；有旱粮规模种植主体11户，流转承包耕地面积123.29公顷，旱粮种植面积96.56公顷。全市建立水稻高产百亩示范方19个，面积232公顷；水稻高产千亩示范方9个，面积633.33公顷。其中，早稻高产示范方18个，面积708公顷，品种主要为“中早39”“中组143”；晚稻高产示范方10个，面积157.33公顷，品种主要为“甬优15”“甬优17”“嘉丰优2号”。建立旱粮高产百亩示范方3个，面积28公顷；油菜高产百亩示范方6个，面积102.67公顷。（胡红强）

【蔬菜种植】 2021年，东阳市蔬菜播种面积7562公顷，总产量19.8万吨，总产值7.45亿元。蔬菜基地27个(其中重点监管蔬菜基地19个)，蔬菜基地面积262公顷。由市种植业技术推广中心承担、三单乡高山蔬菜专业合作社实施的2019—2021年度浙江省产业技术团队生产示范点建设项目——高山茄子、番茄嫁接栽培技术示范，通过近两年实施，完成所有建设内容并通过验收。修订蔬菜基地补贴政策，基地农户减免保费42万元，保费赔付95万元。加强蔬菜基地质量安全整治工作，对全市监管蔬菜基地开展不定期抽检，检查生产记录和农药使用情况。（吴云峰）

【中药材种植】 2021年，东阳市中药材生产总面积2847公顷，总产量1056.9万千克，总产值3.88亿元。元胡收获面积1010公顷，浙贝母收获面积303公顷，均比上年略有下降。开展元胡、杭白芍等中药材种质资源收集保护工作，建立元胡、杭白芍种质资源圃，开展新品种选育研究、良种提纯复壮工作，提高杭白芍浙芍1号、元胡浙胡1号和浙胡2号的繁育能力，推进中药材良种化进程。（金　怡）

【茶叶种植】 2021年，东阳市茶园总面积3248.87公顷，茶叶产量161.63万千克，产值7663万元。木禾种茶园面积2141公顷，“三品”(无公害农产品、绿色食品、有机农产品)认证茶园面积675.53公顷，主要有东白春芽、东白龙井、东白红茶等产品。佐村镇陈晓阳获2021年金华市首届农业职业技能竞赛茶叶加工(绿茶)第三名。组织东白山茶业有限责任公司、东阳市木禾茶叶有限公司、东阳市和品茶业有限公司、东阳市玉龙白茶专业合作社和东阳市林峰茶叶专业合作社5家茶叶经营主体参加第四届中国国际茶叶博览会，东阳市龙盘玉叶农业开发有限公司参加浙江绿茶博览会(青岛)。东阳市龙盘玉叶农业开发有限公司选送的龙盘玉叶东白煮茶在2021浙江网上农博会优质产品推选中获新产品金奖。完成由市种植业技术推广中心承担实施的2021年度东阳市茶叶产业技术团队项目内容(东阳市不同地域环境下木禾群体种茶叶品质对比分析)，并通过验收。东阳市美霞家庭农场的茶叶加工生产线项目完成建设内容，并通过验收。茶园投保面积286.67公顷，保费45.8685万元，对启动低温触警茶园及时理赔，赔付32.718万元。（王　霆）

【水果种植】 2021年，东阳市水果生产面积3776.8公顷，产量46848吨。由市种植业技术推广中心承担、浙江花园农业发展有限公司实施的“2020—2021年度浙江省产业技术团队生产示范点建设项目——桃‘Y’整形修剪技术示范”，完成建设，并通过验收。由东阳市种植业技术推广中心推广、主要工作领域为梨桃李等水果类的“王加更农技名师工作室”入选金华市农业农村局、金华市乡村振兴局命名的全市首批15个“农技名师工作室”。（王加更）

·渔业·

【渔业养殖】 2021年，东阳市开展渔业资源增殖放流，投放鱼苗730.17万尾。开展渔业养殖示范和技术推广引领工作，成功创建省级健康养殖示范场3家，建立鱼病害测报监测点3家；开展无公害农产品基地建设，建成无公害水产品基地4家；实行规模主体养殖尾水处理91%，加强3家定点监测点鱼病害测报工作；参加2021年度全国水生生物动物疫病能力验证；开展水产养殖规范用药情况调查，加强指导和监督有关渔场规范用药，查找出85个问题并落实整改。

【渔业监管】 2021年，东阳市开展禁渔巡查286次，出动执法人员800余人次，在禁渔区收缴非法捕捞工具560余件，发放禁渔告知书1200余份。开展“东阳江清网行动”，集中清除东阳江江心岛处、望江大桥段、学士大桥段和南江方村段的非法捕捞工具186副。开展联合行动5次，抓获偷钓者56人次，收缴钓竿80余根，渔网(游丝网)132副，各类鱼饵、渔具160余件。渔业违法立案37起，其中电鱼13起、非法捕捞24起，全部办结，罚没款4.055万元。

东阳市开展水产养殖用投入监管专项整治行动，完善管理制度，加强产地水产品监督抽检，开展水产品抽样检测120批次，其中市本级抽检81批次，部、省、市抽检39批次，不合格两批次。

东阳市推进全民护渔行动，在三单乡青溪村和虎鹿镇白峰村分别组建村级护渔队，对村域内的水域开展全方位巡查监管。8月11日，在浪坑水库放生野生大鲵1条。11月19日，会同市人民检察院、市公安局、虎鹿镇政府等部门单位在虎鹿镇白峰村举办2021年水生野生动物保护科普宣传进社区活动。结合钱塘江(东阳江)流域禁渔管理工作，开展渔业资源保护宣传教育工作。

（卢超杭　张晓航）

·畜牧业·

【概况】 2021年，东阳市生猪存栏4.18万头，其中能繁母猪0.39万头，出栏6.68万头。存栏生猪50头以上的规模猪场留存75家，存栏生猪3.42万头。家禽存栏38.14万羽，出栏75万羽。存栏500羽以上蛋禽场53个，存栏18.91万羽；出栏2000羽以上肉禽场22个，出栏21.8万羽。山羊存栏0.67万只，年出栏0.73万只。牛存栏916头，年出栏751头。

【生猪增产保供行动】 2021年，东阳市开展生猪增产保供"百日奋战"行动，开展非洲猪瘟防控，稳定生猪存栏，督促新建、改扩建猪场加快建设进度。市华统牧业有限公司年出栏15万头生猪规模养殖场项目完成建设，浙江皇野生态农业有限公司年出栏10万头生猪项目完成立项。

【畜产品安全生产】 2021年，东阳市开展"两化"（兽用抗菌药减量化和饲料环保化）工作，指导养殖场开展档案记录、监测抽样工作，完成7家"两化"示范场和试点场评估工作。落实畜产品生产主体及监管职责分工，加强对畜产品生产主体的生产指导及监督管理工作。开展农产品质量安全例行检查，对生猪定点屠宰场、农贸市场、超市以及规模养猪场、养禽场等进行畜产品安全检查。完成全市全覆盖畜产品安全风险检测和监督抽检。开展畜产品安全例行抽检，抽捡猪肉、猪肝、禽肉、禽蛋等68批次，抽检合格率100%。市农业农村局自行抽检、委托第三方检测120批次，合格率100%。

【养殖场污染整治】 2021年，市畜牧兽医中心明确畜禽养殖场是粪污处理及资源化利用的责任主体，落实联场监管责任，指导畜禽养殖场办理环评备案登记，督促畜禽养殖场建设完善养殖场粪污处理设施设备，落实农牧结合配套消纳地，做好养殖场排泄物资源化利用档案记录，养殖场排泄物综合利用率98.1%。完成吴宁高新种养场异位发酵床建设并投入使用；市华统牧业有限公司建设安装密闭式粪污发酵罐6座，完成污水处理工程，建成与污水处理中心连通的管道，实现污水纳管处理。新建场畜禽粪污处理设施与猪场主体工程同步进行。全市养殖场粪污处理设施配套率100%。完成金华市长江经济带农业面源污染问题排查整改情况抽查迎检工作。江丰家庭农场完成省级美丽牧场创建。

【畜禽和蜂遗传资源普查】 2021年，市畜牧兽医中心制定《第三次东阳市畜禽遗传资源普查实施方案》，以行政村为单位，参考《国家畜禽遗传资源品种名录》及其品种介绍，普查当地畜禽和蜂遗传资源的群体数量和区域分布情况，经普查确认存在的品种，填报畜禽和蜂遗传资源普查信息入户登记表，按村、按品种汇总，以乡镇为单位审核填报畜禽和蜂遗传资源普查信息登记表，录入资源普查系统。普查发现已知资源3个畜种8个品种，其中包括4个地方品种、3个引入品种、1个引入配套系，能繁母畜488头（只），种公畜127头（只），群体数量12535头（只）。蜂资源已知品种2个，群体数量11252箱。

【动物集中免疫】 2021年，东阳市继续实行春秋两季动物集中免疫，规模养殖场按程序实施集中免疫。免疫猪瘟10.16万头，使用猪瘟疫苗23.8万头份；免疫猪口蹄疫9.82万头，使用猪口蹄疫疫苗26.6万毫升；免疫蓝耳病7.33万头，使用蓝耳病疫苗11.3万头份；免疫家禽72.7万羽，使用禽流感疫苗65.9万毫升；免疫牛、羊分别为0.10万头、0.91万头，使用牛羊口蹄疫疫苗3.08万毫升。免疫犬只3679只，犬猫检测狂犬病免疫抗体94份，开展金华市狂犬病免疫证管理和狂犬病疫苗接种技术指导等工作。

【动物疫病监测】 2021年，市畜牧兽医中心开展飞行监测和常规监测，监测样品2731份。其中，牲畜O型口蹄疫347份，免疫合格率89.6%，O型口蹄疫感染抗体80份，病原90份；H5亚型禽流感485份，免疫合格率99.79%；H7N9禽流感抗体485份，免疫合格率99.79%；猪瘟80份，免疫合格率97.5%；新城疫485份，免疫合格率90.52%；高致病性猪蓝耳病80份，免疫合格率93.75%；羊小反刍兽疫检测267份，免疫合格率88.39%。排查羊布鲁氏菌病375份，阳性2份，扑杀羊78头。

【加强非洲猪瘟防控】 2021年，市畜牧兽医中心继续开展非洲猪瘟紧急排查、疫情监测工作，及时上报非洲猪瘟紧急排查日报和进展情况表，排查养殖场1014场次、屠宰场664场次，出动排查人次1678人次，排查猪只314038头。检测全血、运输车辆及猪场环境样品495份。落实镇、养殖场联系人，每月至少一次对联系养殖场进行督查，为养殖场主开展防疫、生产、养殖场废弃物规范处理等工作提供技术指导。继续落实生猪及生猪产品调运政策，省外调入生猪896批次，省外调入生猪产品27批次，抽样135份。打击"无证调运"和"偷运"等违法行为，维护生猪和生猪产品市场秩序。开展生猪运输车辆网上备案工作。指导恢复生猪生产，按照《非洲猪瘟疫情应急处置指南（2020年版）》，对相关猪场进行检测。

【动物检疫】 2021年，市畜牧兽医中心开展屠宰检疫、产地检疫工作，检疫生猪43310头，养殖和屠宰环节无害化处理病害动物1699头、动物产品18.35吨。开展网上流通监管工作、动物疫病与标识追溯工作，网上备案1572起。

（杜敏凤　张晓航）

·农业机械·

【概况】 2021年，东阳市获评全省首批综合性农业"机器换人"高质量发展先行县（全省仅余杭区、东阳市）。全市农机总动力31万千瓦，有大中型拖拉机509辆、联合收割机490台、粮食烘干机347台、插秧机381台，主要农作物耕种收综合机械化率87.47%，水稻耕种收机械化水平89.89%。办理农机具申请补贴481台，受益农户371户。完成水稻机械化插秧面积1201.3公顷，机械化烘干粮食72900吨,总补贴317.494万元,其中中央补贴资金288.744万元、省补贴资金12.58万元、市补贴资金16.17万元。作业环节补贴资金312.34万元。

【农机化推广】 2021年,东阳市推广植保无人机19台、粮食烘干机17台、水稻插秧机16台、秧盘播种成套设备2台、免耕播种机2台、收割机5台、轮式拖拉机35台、热风炉18台、秸秆粉碎还田机6台、茶叶加工机械46台、茶树修剪机68台、耕整地机械180台、剥壳(去皮)机械1台、轨道运输机械23台、田园管理机40台、碾米机2台、水田埋草轮6个。

全市有144台水稻插秧机安装农机北斗管理终端,生成各类机插数据5311条,其中审核通过有效数据3786条。组织农业主体参加水稻机械化育秧技术考察、水稻生产机械化演示、捡拾机现场演示会、三棱机械化收获演示会、元胡机械化收获演示会、茶叶智能化加工考察等活动。

(吴 琼)

·农村经济·

【概况】 2021年,东阳市农村集体经济总收入198418.01万元,其中经营收入128348.47万元、发包及上缴收入8255.88万元、投资收益2997.71万元、补助收入35351.41万元、其他收入23464.54万元;总支出39060.93万元;收益159357.08万元。全市有村经济合作社593个,其中有经营收益的村经济合作社530个、无经营收益的村经济合作社63个。截至年末,村级集体资产总额1588747.32万元,其中流动资产582021.46万元、农业资产14480.84万元、长期资产14568.63万元、固定资产977676.39万元。村级集体负债总额146920.57万元,其中流动负债96225.09万元、长期负债50695.48万元。

【经济薄弱村消除】 至2021年年末,东阳市52个省定相对经济薄弱村全部达到省定"消薄"目标。全市345个行政村总收入89870.70万元,村均收入260.49万元;经营性收入59001.02万元,村均收入171.02万元。

【村经济合作社股份制改革】 至2021年年末,东阳市有村经济合作社593个,579个完成股份制改革,占总数的97.64%。量化资产总额1029102.67万元,其中经营性净资产482595.53万元,界定成员股东722161人,股金分红总额11551.78万元。

【农村集体"三资"管理】 2021年,东阳市农村集体资产总额1588747.32万元,村级集体负债总额146920.57万元,核实所有者权益1441826.75万元。全市593个村经济合作社实行财务公开和会计电算化。

【农村财务管理与审计】 2021年,东阳市开展村级财务审计工作,593个村经济合作社开展财务清理审计,审计40个,审计资金总额6008.56万元。

【农民专业合作社】 至2021年年末,东阳市有农民专业合作社266家,其中种植业178家、林业43家、畜牧业8家、渔业4家、服务业29家、其他4家。有规范化合作社38家。合作社统一组织销售农产品总值7934.64万元。合作社经营收入9689.85万元,盈余1678.9万元。

【家庭农场】 至2021年年末,东阳市有家庭农场987家(注册登记838家),其中从事种植业821家、畜牧业51家、渔业49家、林业2家、种养结合38家、其他26家。有省示范性家庭农场29家、金华市示范性家庭农场5家、东阳市示范性家庭农场42家。家庭农场经营土地面积6261公顷,家庭农场年经营性收入24287.4万元。拥有注册商标的家庭农场32个。

(吴江平)

·新农村建设·

【"美丽乡村"建设】 2021年,东阳市成功创建浙江省新时代"美丽乡村"达标村96个、精品村32个,省级"美丽乡村"示范乡镇1个(虎鹿镇),特色精品村4个(城东街道寀卢村、千祥镇胡山村、歌山镇凤山村、佐村镇斯光村),历史文化保护利用示范村1个(城东街道李宅社区)。推进"三强六无五美"(三强:党建强、发展强、治理强;六无:无矛盾上交、无群体事件、无安全事故、无非法组织、无治安案件、无刑事案件;五美:环境美、生活美、产业美、人文美、治理美)村创建活动,申报创建示范村30个、达标村100个。全市270个自然村参与"十佳村""十差村"评选,创建项目1182个。完成"十佳村""十差村"考核评选活动4次,评选产生"十佳村"36个,"十差村"22个。完成第七批省历史文化传统村落保护利用重点村(虎鹿镇厦程里村)项目建设,推进第八批省历史文化传统村落保护利用重点村(画水镇洪塘村)的项目建设。开展农村人居环境提升工作,全市清理垃圾41119吨,清理河塘沟渠6881处,整治乱养家禽4759处,扩建公厕6个。

(张舜波 叶 俊)

【农村生活垃圾分类】 2021年,东阳市成功创建省级高标准农村生活垃圾分类示范村两个(湖溪镇八里湾村、东阳江镇黄铺村)、省垃圾分类处理村39个、金华市垃圾分类优秀村20个。评出垃圾分类月度"最好村"60个、"最差村"96个。技改提升垃圾资源化处理站点1座、阳光堆肥房14座,提高制肥效率。农村生活垃圾分类处理村覆盖率96%,金华市垃圾分类优秀村覆盖率90.7%。

(叶 俊)

【脱贫帮促工作】 2021年,东阳市推进低收入农户帮促数字化系统改革,以数字赋能助力帮促工作。全市建档立卡低收入农户5697户8217人,家庭人均年收入1万元以下农户全面消除,低收入农户人均可支配收入增长14.9%。完成上年度低收入农户小额信贷贴息,贴息29969元。推行低收入农户医疗补充政策性保险,实现低收入农户全覆盖,支付保费123万元。

(马嘉俊)

·乡村振兴·

【概况】 2021年,东阳市以省新时代美丽乡村标杆县创建为目标,开展乡村振兴攻坚争先行动,城乡居民人均收入差距缩小,农村人居环境持续优化,农村改革重点任务持续推进,成

2021年6月4日，共富共享百村合作签约仪式举行（包康轩/摄）

功举办第二十一届全国“村长”论坛，省“千万工程”展示馆落户东阳市，南马镇花园村入选浙江省首批未来乡村试点。全面消除家庭人均可支配年收入万元以下农户，低收入农户人均可支配收入增速14.9%，城乡收入倍差缩小至1.71。（王小琴）

【省“千万工程”展示馆建设】 2021年，浙江省“千万工程”展示馆落户南马镇花园村。5月，省“千万工程”展示馆一期建设完成。省“千万工程”展示馆一期建设面积约4000平方米（原中国农民博物馆改建），分为前馆和后馆。前馆从宏观层面展示“千万工程”的政策引领和经验启示，主要展示“千万工程”的重大意义，习近平对“千万工程”的重要批示和重要论述，“千万工程”的深化推进过程及取得的成效、经验等；后馆从具体层面围绕乡村振兴“产业兴旺、生态宜居、乡风文明、治理有效、生活富裕”的五大要求展开，以具体的政策机制、生动的典型案例、直观的成果数据介绍“千万工程”的浙江经验。省农办原副主任顾益康等专家参与建设指导。在全国“村长”论坛期间，省“千万工程”展示馆接待数批省、市重要领导及全国各地农村基层代表、“三农”学者专家考察团。（王小琴）

【“两江两镇”乡村振兴示范区】 2021年，东阳市继续推进“两江两镇”乡村振兴示范区建设，示范区涉及六石街道、湖溪镇，实施期限两年，财政总投入6000万元，建设12个大项。重点建设六石街道白溪江农文旅集成示范区、红色革命文化带、“世”字形休闲风光带建设3个项目和湖溪镇八里湾农文旅融合发展、南江山水风光休闲带、全域美丽提升、智慧社区（数字农村）4个项目，财政投入3000万元。截至年末，完成项目建设总进度的85%。（何玲玲）

【“美丽乡村”风景线项目】 2021年，东阳市继续打造乡愁记忆（二期）、雅致古村、秀水田园3条风景线，涉及城东街道、歌山镇、巍山镇、虎鹿镇、东阳江镇、湖溪镇、马宅镇、千祥镇、南马镇和画水镇10个镇乡（街道），总长度95千米，总投资3亿元。风景线建设项目包括沿线景观绿化提升、立面改造、管线整治、公共服务设施配套（绿道、停车场、服务中心、公共厕所、路灯等）及其沿线重点村环境提升等内容。截至年末，3条风景线完成初步设计方案编制和项目概算审核。（金亚琰）

【共享田园建设】 2021年，东阳市推进共享田园建设。经过项目申报、竞争评选、项目规划初评以及设计方案评审等程序，选定2021年度18个共享田园建设项目。江北街道盘溪共享田园、六石街道白溪江共享田园二期、六石街道石马溪、城东街道东阳江南岸、横店镇盛树头共享田园二期、横店镇湖头陆、南马镇长畈、巍山镇西坑沿、歌山镇白溪江南沿岸、千祥镇胡山、湖溪镇南江、湖溪镇象田、画水镇黄田畈、虎鹿镇蔡宅、东阳江镇天山、佐村镇山合、马宅镇雅坑和三单乡三单18个共享田园项目启动实施，其中六石街道石马溪和横店镇湖头陆共享田园是基础配套型，其余为产业导向型，项目规划总面积2293.84公顷，政府投资金额控制在4.9826亿元，其中建筑安装工程费4.4644亿元，建设工程其他费用3821.5226万元，预备费1360.3702万元，资金由市财政拨款与镇村自筹解决，项目分三期实施，建设年限为2022—2024年，项目所在地镇（乡）人民政府、街道办事处（国企）作为共享田园项目的实施主体进行建设。先

2021年11月28日，城东街道寀卢共享田园无人机播种油菜场景（包康轩/摄）

行启动建设的江北街道盘溪、六石街道白溪江二期、横店镇盛树头二期、南马镇长畈、歌山镇白溪江、虎鹿镇蔡宅6个项目完成初步设计方案编制。（陈奇亮）

·玉米与特色旱粮研究·

【概况】 2020年，浙江省农业科学院玉米与特色旱粮研究所（简称玉米研究所）加强科学技术研究、新品种选育及科研项目申报，重视科技成果奖励及高水平论文发表，实施乡村振兴科技行动与科技示范推广服务。加强玉米育种、玉米栽培和特色旱粮三大学科体系建设，获省农业科技先进工作者1人，省优秀科技特派员1人，新时代东阳市首届“十大杰出青年”1人。东阳鲜食玉米展示示范基地分别获认定为国家农作物品种展示评价基地和浙江省农作物品种区域试验站平台。

【玉米研究及推广】 2021年，玉米研究所争取到科研经费540.14万元，增加省公益项目、“尖兵领雁”项目、现代种业项目等5个项目，继续承担国家玉米产业技术体系、省育种专项等项目5项。成果奖励2项，通过省级审定品种5个、国家审定品种1个（浙糯玉19），获植物新品种权3项；发表学术论文25篇，出版专著1部（《南方鲜食玉米绿色高效栽培技术》），制定浙江省地方标准1项（《鲜食玉米绿色生产技术规程》DB33/T602-2021）。玉米研究所入选省主导品种2个、主推技术2项；建立旱粮综合性示范基地1个、核心科技示范基地7个，对接农业园区2个，联系乡村振兴示范村3个；示范玉米新品种8个，派驻省科技特派员5人；推广新品种、新技术面积4333.33公顷，对接农业合作社及企业203家、种养大户105个，培训人数220余人次。

【东阳综合试验站平台建设】 2021年，玉米研究所继续推进国家玉米产业技术体系东阳综合试验站平台建设，建立国家农作物品种展示评价基地、浙江省农作物品种区域试验站平台两个，与四川农业大学研究员卢艳丽建立玉米专家工作站；加强旱粮综合示范基地建设，示范推广省农科院玉米、水稻、高粱、蚕豌豆、油菜等新品种20余个。

2021年7月6日，2021浙江鲜食玉米新品种大会观摩会现场

（浙江省东阳玉米研究所提供）

【助力南江县玉米产业升级】 2021年，玉米研究所参与浙江省东阳市和四川省南江县“东西部协作”。5月19日，市委副书记、政法委书记胡勇春带领南江县考察团到玉米研究所试验基地考察。10月19日，省农科院党委委员、纪委书记楼洪志与南江县委常委、副县长盛锋在南江县为玉米研究所科研工作站揭牌。科研工作站实施“尖兵领雁”科技项目，开展鲜食玉米品种试验、绿色高质高效栽培和鲜食玉米栽培技术培训，推动南江县玉米产业升级。

【2021浙江鲜食玉米新品种观摩会承办】 2021年7月5—6日，由省农业农村厅、省农业科学院联合主办，玉米研究所承办的2021浙江鲜食玉米新品种观摩会在东阳市召开。观摩会以“创芯未来 玉见浙里”为主题，北京市、上海市、广东省等16个省市的71家单位参加展示，展示甜、糯玉米新品种312个，高品质甜玉米新品种25个，玉米种质资源种植37个。评选出年度十大甜玉米金奖品种、十大糯玉米金奖品种和十大潜力玉米品种，金奖品种均为浙江省自主选育品种。会议期间举行国家农作物品种展示评价基地授牌仪式，东阳鲜食玉米展示示范基地成为浙江省唯一一个集中展示鲜食玉米新品种的国家农作物品种展示评价基地。（吕学高）

林　业

·综述·

【概况】 2021年，东阳市林业总产值230.7亿元（按《全国林业计财报表》统计数据），造林面积360公顷，其中增加油茶面积55公顷、油茶低产林改造面积28公顷、封山育林面积56公顷、其他221公顷，森林覆盖率62.19%。市林业总场西甑山科普中心被命名为第五批“全国林草科普基地”；东阳市获评2020年度森林浙江建设目标责任制考核优秀单位、2021年度浙江省现代林业经济示范区——省级特色产业示范县；市林业局获评浙江省林业规划财务工作突出贡献集体，2021年度省绿化模范单位，全省松材线虫病防治工作和全面禁止非法交易、滥食野生动物工作突出贡献集体；市绿化委员会办公室获评森林浙江建设工作突出贡献集体；湖溪镇象田村获评浙江省生态文化建设突出贡献集体；虎鹿镇晨薇家庭农场获评2021年省级示范性家庭林场；市野生动植物保护管理站获评2020年金华市野生动植物保护工作先进集体。

【全域林业碳中和建设规划启动】 2021年，东阳市在全省率先启动林业碳中和建设规划。5月14日，“关于东阳市全域林业碳中和建设规划项目”网上公开招投标。6月11日，浙江农林大学以259.5万元中标，工期两年。项目实施内容包括东阳市全域林业碳中和建设规划编制（规划期限：2021—2035年）、东阳市林长制实施方案编制和东阳市森林康养系列文创产品设计开发三大部分。11月，市林业局完成森林土壤碳库采样与调查工作，形成《东阳市森林生态系统植被和土壤碳调查分析报告》。

【林长制体系建立】 2021年10月29日，市委、市政府印发《东阳市林长制实施方案》。全市设置四级林长1485人，其中县级林长34人、乡镇级林长37人、行政村（社区）级林长393人、自然村（小区）级林长1021人。

【“森林系列”创建】 2021年，东阳市创建“一村万树”省示范村4个、金华市森林村庄5个、东阳市森林村庄52个。6月22—24日，市林业局举办乡村绿化实用人才培训班，浙江农林大学张万荣、浙江广厦建设职业技术大学吴璐璐等专家授课，森林村庄创建村负责人和林技工作站站长70余人参与。

（马丹雅）

·林业产业发展·

【林业龙头企业培育】 2021年，东阳市有国家级林业龙头企业两家（浙江响铃枣业有限公司、东阳市明堂红木家俱有限公司）、省级林业龙头企业14家、国家级示范性林业合作社1家（东阳市西垣玉山香榧专业合作社）、省级示范性家庭林场5家（增加东阳市虎鹿镇晨薇家庭农场）。

【特色林业产业】 2021年，东阳市申报林业产业化项目10个，申请补助资金95万元，其中香榧堆沤房两处，共计700平方米；种植油茶30公顷，香榧81.07公顷。香榧种植总面积5930余公顷，其中投产面积2330余公顷，从事香榧产业人员16余万人，年产香榧700余吨，年产值3亿元。12月6日，东阳市获评2021年度浙江省现代林业经济示范区——省级特色产业示范市（县）。组织参加林农展会，东阳市西垣会稽山香榧专业合作社参展的“榧老大”牌香榧，在第四届中国森林食品博览会和第五届上海国际农产业博览会上获金奖。11月1—4日，组织48家企业参加第14届中国义乌国际森林产品博览会，获金奖8个、优质奖8个。

6月5日，第六届中国·花园红木文化节在南马镇花园村开幕，3000余人参加。7月11日，2021中国（东阳）竹工艺产业发展大会在东阳市海天大酒店召开。

【科技兴林】 2021年，市林业局开展对香榧基地和苗木基地的技术指导工作。3月，在三单乡香榧基地开展香榧实地嫁接培训，培训12人。加强国家级香榧林木良种基地建设，完成杂交苗播种、移栽等工作。播种已发芽长叶榧588粒、家系种子805粒、控制授粉种子975粒。实施香榧适时适度结实技术推广项目、林业总场2020年中央财政林业科技推广项目（第二阶段）。东阳市香榧研究所等单位共同推广的《香榧适生立地评价与提质增效经营技术研究》获第二十一届浙江省科技兴林奖一等奖。胡文翠获国家第一批“最美林草科技推广员”“浙江省农业科技先进工作者”等称号，胡文翠、厉锋获“梁希林业科学技术奖科技进步奖”二等奖，张军进、金宏伟、陈金耀、吴天水、孙天余5人获评金华市林业乡土专家。

【现代国有林场建设】 2021年，市林业总场完成“罗山香榧育苗棚建设工程”“生态公益林林下名贵中药材复合经营技术示范与推广项目”“2020年珍贵健康森林项目”3个工程项目。开展香榧知识科普宣传和嫁接培训、常见植物识别培训、2021年安全生产月宣传培训、森林防火知识培训等活动。7月27日，市林业总场在西甑山分场（水竹坞）承办金华市首届国有林场消防技能比武，市林业总场森林消防队获二等奖。2月5日，东阳市林业总场西甑山科普中心，被中国林学会命名为第五批“全国林草科普基地”。5月，完成总场场部地块征收与搬迁工作。

【森林旅游】 2021年12月6日，东阳市梨川漫谷森林氧吧获评2021年度浙江森林氧吧。千祥镇车慈岭至破岗岭森林古道修复工程于12月完工，完成休息亭、观赏平台、村庄入口景点等建设，总投资240万元。

【林业“最多跑一次”改革】 2021年，市林业局窗口受理林业行政许可事项5377件，办结5377件。签发森林植物检疫证2130件，其中省内检疫证62件、出省检疫证2068件。调入省同意省际调运植物和植物产品许可2934件，占用林地许可119件，临时占用林地许可38件，林业生产占用林地许可8件。核发林木采伐许可109件，珍贵树木采伐许可6件，林木种子生产经营许可2件。狩猎证年检31份。针对全市项目占用林地明显增多的情况，向省林业局追加林地定额129.5公顷。市林业局窗口对政务服务网上的所有行政许可、行政确认、行政奖励、其他行政权力、公共服务、联办事项等进行全面梳理，完成19项增加的县级事项的认领和数据填报，对106项政务服务办事指南进行自查。所有许可事项实现“一网通办”，即办率100%，“跑零次”率100%，承诺期限压缩比100%。

【森林食品安全监管】 2021年6月10日、16日，市林业局在江北节庆广场、黉门前分别举行可食林产品质量安全宣传活动，制定东阳市林业产业主导的香榧和青枣安全生产模式图，向林农发放宣传资料100余份，技术人员现场对香榧和青枣的安全生产相关问题进行指导和解答。

（马丹雅）

·森林资源保护·

【森林资源二类调查】 2021年，市林业局开展2021年森林督查图斑(209个)的现地调查，2013—2017年(6个)以及2020年(32个)森林督查违法图斑“回头看”，研判处置疑似违法图斑41个。同步开展森林资源“一张图”年度更新工作，包括将公益林变化更新、国有林专项调查成果、天然商品林(停伐管护补助)、2020年增加百万亩国土绿化成果等一并纳入“一张图”更新，开展林草湿(森林、草原、湿地)数据与第三次全国国土调查数据对接融合等工作。

【森林防火】 2021年，全市接森林火灾报警4起，其中较大森林火灾1起(“2·20”落鹤山森林火灾)、一般森林火灾1起、非森林火灾2起，实现“无重大火灾、无人员伤亡、无火烧连营”的“三无”目标。3月15日，设立森林防火科，撤销在林业综合科挂牌的市森林防火办公室。

1月，市安委办和各镇乡(街道)签订森林防灭火责任书，市林业局和各自然保护林地、森林经营单位签订森林防灭火责任书，各镇乡(街道)与全市43名护林员签订护林防火承包合同，落实森林防灭火属地责任、行业监管责任和经营主体责任。在重要时间节点，市林业局与市应急管理局、市公安局、市综合行政执法局、市农业农村局等部门联合开展森林防灭火工作督查，发现并排除各类森林火灾隐患25处。开展森林防火宣传工作，悬挂横幅300余条，发放宣传单页2000余份，推送宣传短信、微信、美篇等20余万条。会同市应急管理局、市红十字救援队，开展“3·19”森林消防宣传日森林防火宣传活动；市林业总场、东白山省级高山湿地公园、东阳江镇、歌山镇和南马镇等多次组织森林消防演练；联合市应急管理局组织林业总场消防队，南马镇、横店镇、巍山镇森林消防队和市红十字救援队举行森林火灾早期处置队伍消防技能演练；召开全市护林员会议并进行业务培训和森林消防演练，护林员对各自辖区进行护林防火巡查，收缴火种105个，制止烧烤、吸烟、烧秸秆、烧灰积肥等野外违规用火行为1600余起，宣传教育1800余人次。

【林业执法】 2021年，市林业局办结林业行政执法案件82起，其中擅自改变林地用途案件70起、盗伐林木或毁坏林木案件11起、非法狩猎1起；行政罚款573.55万元。涉刑事移交公安局案件2起。

【有害生物防治】 2021年，东阳市森林植物检疫站查处非法收购、加工松疫木的案件两件，开具《行政处罚决定书》，没收松疫木11吨，处罚金2.4万元。与义乌市林业有害生物防治检疫站签订《松材线虫病联合防治公约》，建立联防联控有效联系机制，保护两市松林资源。市松材线虫病防治指挥部办公室制定印发《东阳市松材线虫病防控五年攻坚行动实施方案(2021—2025年)》，行动方案明确防控目标，到2025年疫情发生面积压缩至1.67万公顷；枯死松树株数控制在5万株以内；拔除三单乡、国有林场两个疫点。东阳疫木一体化处置模式瞄准疫木除治和无害化处理过程中存在的问题和矛盾，将疫木除治工作的具体任务全部交给重品牌、讲信誉的疫木定点企业完成，建立疫木一体化处置工作体系，由定点企业直接负责疫木采伐、山场枝丫清理、疫木运输、疫木管理和除害处理等所有环节，减少从除治专业队到疫木定点企业等中转环节，简化疫木除治流程，减轻监管责任，降低防治成本。东阳市松材线虫病疫木一体化处置模式采用“四清”指标，实施四重监理，开展“三定”管理和三层核查，确保疫木的全面清理和彻底清理，有效提高防治成效。10月29日，市林业局负责人就东阳市一体化处置特色做法在全省林业有害生物防治工作会议上作典型交流发言，市林业局获评全省松材线虫病防治工作突出贡献集体。

2021年5月13日，在东阳东江源省级自然保护区内，专家组对生物多样性保护及设施建设项目进行现场验收勘查 (金心滨/摄)

【古树名木保护】 2021年6月，市林业局完成虎鹿镇香榧古树公园二期工程建设。10月20—22日，省林业局在东阳市举办全省古树名木保护工作现场会，市林业局向全省推广东阳市古树公园建设特色做法等古树名木保护经验。市林业局开展现场诊断指导工作，出动40余人次。开展镇乡(街道)的古树保护督查指导工作，对各地(村)存在的古树名木生长问题给予技术指导，落实所有权人的保护管理责任。

(马丹雅)

水　务

·综述·

【概况】 2021年，东阳市完成水土流失治理面积7.43平方千米。审批开发建设项目水土保持方案146个，开展监督检查180次，检查生产建设项目40个，征收水土补偿费930万元。开展运行维护农污终端1050处，其中510个农村生活污水设施实现标准化运行，接入污水管网自然村285个，受益农户25万户。

东阳市完成水利行业节水机关创建工作。成功创建省级节水标杆企业1家、省级节水标杆单位2家、省级节水型单位4家、省级节水型企业4家；创建金华市级节水型企业3家、金华市级水利行业节水机关1家、金华市级公共机构节水型单位59家。东阳市获评水利部第四批节水型社会建设达标县，东阳市江北中心小学获评第三批浙江省节水宣传教育基地，横店水厂先后获评国家级、省级农村供水规范化水厂，南江湖溪段创建省级“美丽河湖”。

2021年4月22日，时任市长楼琅坚（中）带队检查横锦水库防汛备汛工作

（横锦水库运行中心提供）

【山塘整治】 2021年，东阳市完成佐村镇里坑山塘、南市街道高坞塘山塘、白云街道希田下山塘等19座山塘的综合整治和6座洪水不达标山塘整改销号，成功创建10座“美丽山塘”，完成229座普通山塘安全技术认定工作，对35座完成标准化创建的山塘开展监督考核。

【河道治理】 2021年，东阳市推进中小河流全流域治理，建设白云街道、虎鹿镇、湖溪镇、横店镇、南马镇、画水镇6个镇乡（街道）中小河流治理工程，投资17127万元，治理中小河流15千米。建设千祥镇、马宅镇、画水镇、城东街道、虎鹿镇、佐村镇、江北街道、巍山镇、东阳江镇、湖溪镇等14个镇乡（街道）农村河道治理项目，开展河道疏浚整治3.665千米，完成投资233万元。

【城乡供水】 2021年，东阳市三单水厂建成并投入运行，推进八达水厂、厦城水厂两座规模联村水厂和管网建设，完成村内供水管网“一户一表”建设改造2万户，6个单村供水水源山塘建成使用，农村受益人口6万余人，横店水厂获评2021年度浙江省农村供水规范化水厂。3月29日，省财政厅、省水利厅下达2021年第二批省水利建设与发展专项资金文件，东阳市获农饮水达标提标奖补资金3000万元。

【防汛防旱】 2021年，东阳市年降水量1565毫米，1—4月降水偏少，5—12月降水偏多。5月降水比往年偏多。梅汛期为6月10日至7月4日，以强对流天气为主，多短时强降雨，降水量229毫米。发布山洪灾害预警3次，启动水旱灾害Ⅳ级应急响应1次。发布预警信息1191条136569人次，其中自动预警131176人次，人工发送7条5393人次。

【水资源管理】 2021年，东阳市落实水资源有偿使用制度，征收水资源费3147万元，其中征收义乌市自来水有限公司水资源费1464万元。推行计划用水管理制度，开展公共供水、自备水、农业和其他四大取水用途的计划用水管理工作，下达计划取水总量2.315亿立方米，比许可水量少900万立方米，实际取水量1.757亿立方米。

【水文化遗产调查】 2021年，东阳市成立水文化遗产调查专班，记录水文化点所处地理坐标、古籍记载、人文背景、管理机构、文保等级等信息，整合记录水文化遗产项目79项，保留水利工程遗产47项，相关物质水文化遗产18项，非物质水文化遗产14项，形成《东阳市重要水文化遗产调查登记册》等汇编成果。（洪俊喆）

【国家节水型社会建设达标县创建】 2021年，水利部公布第四批节水型社会建设达标县（区）名单，其中，浙江省13地入选，东阳市上榜。东阳市于2017年开始推进节水型社会建设达标县创建工作。先后制定一系列节水减排政策；邀请专家对节水型企业、节水型公共机构、节水型小区创建相关政策进行解读；推行合同节水模式，将市行政中心大院作为试点开展合同节水工作，通过管网查漏、建立水表远程监控系统、水龙头安装限流器、洗车改用高压水枪、使用移运式绿化节水喷灌等措施。2019年，东阳市通过省级县域节水型社会达标建设验收。2020年，《东阳市节水行动实施方案》发布，提出到2022年、2025年和2035年阶段性节水目标。2021年，东阳市制定《东阳市节约用水激励办法》。结合农业水价综合改革，推进农业节水灌溉工程，建成省级节水型灌区两个（巍山镇环峰村灌区、城区街道寀卢畈灌片），农业灌溉用水计量率超过68%，工业用水计量率实现100%。

（楼华琛）

·横锦水库·

【概况】 横锦水库为大(2)型水库。2021年,横锦水库控制流域面积378平方千米,总库容2.74亿立方米。集雨区降水量1790.9毫米,占同期多年平均降水量的117%。横锦水库运行中心完成发电量3301万千瓦时,实现向东阳市安全供水5673万立方米,向义乌市供水8000万立方米,生态放水445万立方米。

【水旱灾害防御】 2021年,横锦水库运行中心成立水旱灾害防御工作领导小组,落实“三个责任人”(水库安全度汛行政责任人、技术责任人、巡查责任人)及“四预”(预报、预警、预演、预案)措施,开展水库防汛工作。加强水库水雨情的测报和预报,汛前对水库流域7个水雨情监测站进行维护。完善安全管理应急预案,制定水库大坝安全应急预案、水库防洪抢险应急预案,提高水库应对安全突发事件的应急处置能力。汛前,横锦水库运行中心委托浙江迪雅水利工程有限公司对溢洪闸门、启闭设施进行维护保养,对启闭设施用备用电源带负荷试运行,保障工程良好运行。对水工建筑物、防汛物资储备等进行全面细致的检查。水库防汛物资按照《浙江省防汛物资储备定额》的种类和数量要求进行储备,以备应急调用。

【水库安全】 2021年,横锦水库运行中心健全安全生产管理网络,与各科室签订安全生产责任书。每月对水工程建筑物、电站、渠道、水资源保护等进行安全生产大检查,开展防汛、节假日、隐患排查等专项安全检查。组织各类专项安全检查16次,隐患整改落实12条。参加标准化资料整理、水文等各类培训414人次。6月,开展第二十个全国“安全生产月”活动,推动“安全发展”的主题宣传。开展反恐防恐、消防应急演练两次,消防安全知识培训两次。

【梅台汛期防汛】 2021年,根据水库蓄水情况和气象情况,横锦水库运行中心通过机组满负荷运行、预泄洪腾库容应对梅汛期强降雨及第6号台风“烟花”,发挥水利工程防洪、发电、供水等功能。7月1—3日开闸泄洪,下泄水量954万立方米;7月23—25日开闸泄洪,下泄水量1434万立方米;7月28日至8月3日开闸泄洪,下泄水量3622万立方米。落实防汛、安保值班纪律,执行汛期24小时值班制度和领导带班制度。

2021年7月1日,横锦水库开闸泄洪 (横锦水库运行中心提供)

【水资源保护】 2021年,横锦水库运行中心开展水库日常巡查,加强对承包人清理库区垃圾的监管,加强饮用水水源地环境保护。以“3·22”世界水日、“中国水周”为契机,加强“深入贯彻新发展理念,推进水资源集约安全利用”主题宣传。通过视频监控、库面巡逻,开展库区巡查和联合执法,加强水资源管理。在库区悬挂水资源保护横幅35条,加强宣传。会同东阳江镇政府、东阳江镇派出所、东阳江镇综合行政执法中队、市农业农村局等开展联合执法8次,收缴游丝渔网200余匹,教育劝阻300人次,抓获非法垂钓人员30人(其中取保候审1人、行政拘留1人)。

【水电维修养护】 2021年,横锦水库运行中心开展电站标准化建设,更换旧的标示、标牌,完成标准化自查自评。完成电站4号调速器电气改造、视频监控维护、3号主变渗漏油处理、压力钢管防腐等工作,保障机组安全运行。加强对电站设备的安全巡查和维护保养,注重对职工业务知识及安全知识的学习培训。3月,进行电站厂用电恢复操作的考核;4月,电站组织《电力安全作业规程》考试,21人参加考试,合格率100%。11月1日至12月2日,完成对电站3号机组的检修工作。截至年末,一级电站连续安全运行12726天,二级电站连续安全运行14884天。

【水利工程维修养护】 2021年,横锦水库运行中心投入资金158万元,开展大坝防浪墙、观测设施、闸门启闭设施、溢洪道底板、泄洪渠、白蚁防治等维修养护。通过维修养护的实施,消除缺陷与隐患,保障水利工程正常运行。开展修剪、除草、造型、花木补植等园林绿化日常工作,完成南坝头、大坝脚、运行管理房前面的绿化,种植面积约1200平方米。

【灌区管理】 2021年,横锦水库运行中心开展灌区渠道的巡查和维护,保障渠道安全。3月9日,开展总干渠清淤工作,保障总干渠的安全运行。投入维修养护资金66.07万元,加强渠道工程的维修养护。灌溉放水五轮次,灌溉用水量1333.55万立方米。

(杜英萍)

·南江水库·

【概况】 南江水库为大(2)型水库。2021年,南江水库坝址以上集雨面积

210平方千米，总库容1.19亿立方米。南江水库运行中心完成发电量1774.47万千瓦时，发电收入773.59万元，完成供水4670.8万立方米，收入444.07万元，其他收入335.4万元，经济总收入1553.06万元。

【防汛防台抗旱】 2021年，南江水库按照水利工程标准化管理要求开展各项防汛工作。层层签订防汛安全管理责任书，落实各科室部门相关人员责任，实行领导带班和24小时值班制度。编制、修订《南江水库开闸放水预警方案》《南江水库安全应急预案》《南江水库调度规程》，报上级有关部门批复。编制《东阳市南江水库控制运用计划》报市水务局和省水利厅审核批准，按照批复的控制运用计划科学调度。南江库区2021年降水天数194天，平均降水量累计1885.9毫米，与多年平均降水量1519.1毫米相比偏多24.1%。其中单日单站最大降水量91毫米，发生在南江站（7月24日），最高水位203.48米（5月23日），总入库水量2.4396亿立方米。整年降水时间分布不均，主要集中在5—8月，占全年降水时间的62.5%，下半年雨量明显偏少，旱情较重，科学制订灌溉计划，合理安排农田灌溉用水。

【水利工程维修养护巡查】 2021年，南江水库运行中心编制完成2021年维修养护计划，按要求对大坝泄洪闸、机电设备、备用电源机组开展巡检和维护保养。汛期，严格按照水库控制运行计划进行调度。梅汛期和台汛期泄洪4次，弃水2437.81万立方米。完成2020年大坝监测资料汇编和分析报告。委托浙江省广川工程咨询有限公司完成2021年大坝安全监测，共六项变形监测（水平位移、垂直位移、绕坝渗流、伸缩缝监测、扬压力监测、坝基渗流监测），监测资料反应变化较小，大坝整体运行状况正常。完成维修养护计划项目大坝背水坡面杂草处理、自备发电机组维修养护、水库淹没情况调查测绘、大坝启闭机房维修（门更换）、水资源保护（库面保洁）等项目的维修养护工程。投入养护经费124.2万元，其中，经常性维修养护项目经费60.7万元（包含水资源保护专项资金24.66万元）、年度维修养护类项目63.5万元。

【安全灌溉】 2021年，南江水库运行中心按照灌区标准化管理要求开展巡查工作，灌溉期对渠道及水工程进行一次全面安全检查；完成北干渠、南干渠、中干渠渠道疏浚工作，投资28.385万元疏浚土方4969.2立方米，其中专项清淤4795立方米；投资1.082万元汛期应急清理174.2立方米。完成大流量灌溉3次、小流量灌溉7次，灌溉水量1574.8万立方米。向横店热电厂供水7次，水量366.95万立方米，向南马镇花园村生态供水1次，水量71.06万立方米。渠道维修养护计划投资57.486万元，完成投资86.6678万元。东溪水库维修养护计划投资4.716万元，完成投资3.85万元。

【电站安全运行】 2021年，南江水库运行中心按照农村水电站标准化要求开展电站管理，无安全生产事故发生。截至年末，一级电站发电量1438.16万千瓦时，二级电站发电量336.31万千瓦时，总计1774.47万千瓦时。4月，完成一、二级电站监控系统改造项目；枯水期开展一级电站1号机检修和二级电站2号机检修工作，确保设备完好率。

【水资源保护】 2021年，南江水库运行中心投入饮用水保护资金44万元。科学合理放养鱼苗花白鲢5500千克。6月，市农业农村局放养夏花鱼苗280万余条。通过外包物业公司，定期清理垃圾后外运，出动人员1185人次，船只496艘次，出动铲车、自卸车各1台次，清运垃圾至马宅镇垃圾中转站82车、91吨。

【水务联合执法】 2021年，南江水库运行中心制定饮用水水源保护巡查制度，联合马宅镇派出所、湖溪镇派出所、市农业农村局渔政执法中队、市环保局等部门开展专项整治活动24次，劝离垂钓人员3710余人次，教育处理违法垂钓事件60余起，治安拘留2人，拖回偷鱼船只6艘。对水库周边违法侵占水域、违法倾倒渣土案件进行处理，处理违法侵占水域案件4起、违法倾倒渣土案件4起，处理教育6人。

【南江水库水质应急治理项目】 2021年3月，南江水库工作人员在工作例检中发现水库藻类浓度超标，有水华爆发的迹象。4月，南江水库运行中心就南江水库水质应急治理控藻船生态活水控藻服务项目，与慈溪市卫诚环保科技有限公司签订合同，合同价60万元。6月，经第三方检测，水库水质符合合同规定：保证库蓝藻生

2021年5月7日，控藻船在南江水库库区进行生态活水作业

（南江水库运行中心提供）

物量下降90%以上,水体叶绿素总含量应低于30微克/升,水体pH值降至8.5以下。11月11日,应急治理项目完工通过验收。

【南江水库水质提升项目】 2021年,南江水库水质提升项目被列为市水务局重点工作。6月,南江水库水质应急治理控藻船生态活水控藻服务项目结束后,南江水库运行中心与慈溪市卫诚环保科技有限公司签订合同,合同期一年,合同价260万元。6—11月,根据每周藻类数据监测情况动态控制控藻船运行数量和运行时间。11月15日,根据藻类检测数据结果(已满足饮用水标准)暂停控藻船运行。后期继续根据每周水质检测数据调整《南江水库水质提升工程项目总体方案》里面的控藻船运行时间。

【南江水库大坝安全鉴定工作】 2021年,南江水库运行中心根据《水库大坝安全管理条例》《大中型水库管理规程》《水利部关于进一步加强水库大坝安全管理的意见》,开展南江水库大坝安全鉴定工作。4月,召开南江水库大坝安全鉴定审查工作会议,大坝通过安全鉴定。

(卢艳丹)

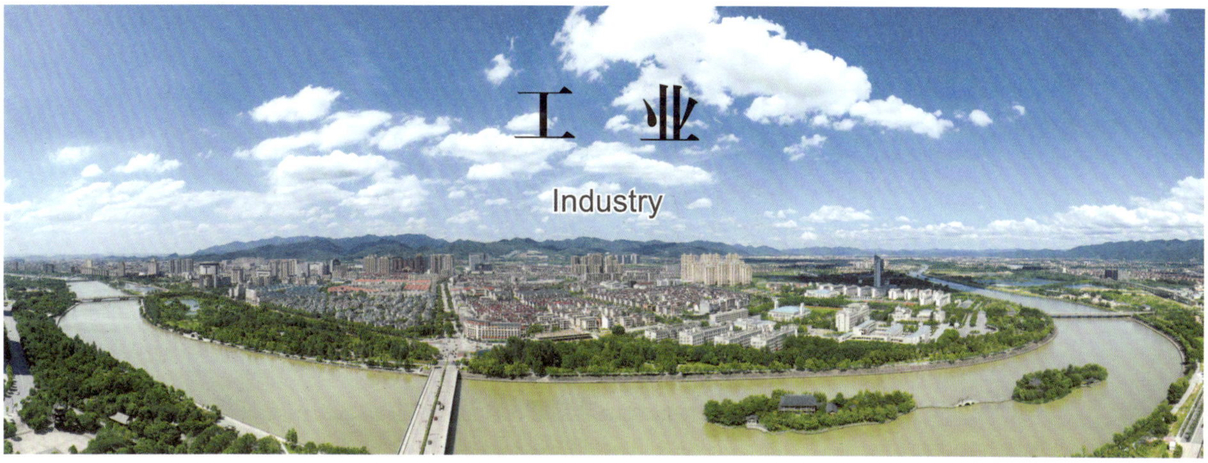

综 述

【概况】 2021年，东阳市547家规模以上工业企业增加值149.2亿元，比上年增长20.9%；实现规模以上工业产值673亿元，比上年增长31.1%。全市32个行业大类中，29个行业增加值正增长。

规模以上工业企业销售产值比上年增长30.5%，其中出口交货值比上年增长44.2%。规模以上工业企业新产品产值比上年增长32.7%，新产品产值率36.7%，比上年提高0.1个百分点。衣箱、提箱及类似容器产量304.14万个，比上年增长54.3%；灯具及照明装置产量46.84万套，比上年增长68.3%。规模以上工业企业营业收入比上年增长26%；利润比上年增长19.5%；工业企业产品销售率99.2%，比上年下降0.4个百分点。

2021年，89个新产品通过验收成为省级工业新产品。创建工业企业技术中心9家，其中省级2家、金华市级4家、东阳市级3家；累计创建市级以上工业企业技术中心81家，其中国家级1家、省级16家、金华市级28家、东阳市级36家。完成工业投资51.27亿元，比上年增长57.9%，居金华市第一。60个市重点技改项目完成投资47亿元，完成年度计划的85%。

东阳市人民政府获评2020年度金华市工业经济综合目标责任制考核先进单位、低效用地整治工作先进单位、淘汰落后产能和"低散乱"整治工作先进单位、"亩均论英雄"改革工作先进单位、"小升规"培育工作先进单位、数字经济发展工作先进单位。4月1日，市政府对2020年度东阳市工业经济和科技工作考核评价结果予以通报，表彰8个镇乡（街道）和8个部门。

【政策支持】 2021年1月15日，东阳市新型冠状病毒肺炎疫情防控工作指挥部印发《关于支持企业做好疫情防控鼓励外省员工留东过年的通知》，组织开展"'东'里有你·共度新春"行动，为外省留东阳市过年员工送上新春大礼包。4月16日，市政府印发《东阳市人民政府关于推进制造业高质量发展加快工业强市建设的若干政策意见》，实施数字经济"一号工程"2.0版、激发产业创新活力、培育高质量发展企业矩阵、聚力先进制造平台建设、夯实产业发展要素基础5个方面制订22条政策意见。5月28日，市委、市政府印发《关于印发〈东阳市2021年人才科技攻坚行动计划〉〈东阳市工业转型攻坚2021年行动计划〉〈东阳市2021年金义都市区共建行动方案〉〈东阳市2021年招大引强攻坚活动实施方案〉〈东阳市2021年度重大改革争先行动方案〉的通知》，围绕东阳市工业转型攻坚2021年行动计划，落实先进制造业集群培育工程、产业链和创新链双联动、数智制造赋能、优质制造拓市场、工业全域治理提升、绿色制造转型、新主体培育七大任务，发挥工业在"两市三地两园"（经济强市、文化强市，科创高地、改革开放高地、现代化治理示范地，美丽花园、幸福家园）建设中的主力军作用。10月20日，市发改局、市经信局联合印发《关于印发〈东阳工业高质量发展"十四五"规划〉的通知》，构建"12344"现代制造业体系，拓展"一核引领、两带提升、三园优化、全域美丽"产业发展新空间，实施"九强九优"工程，推动制造业数字化、绿色化、服务化转型，打造全省知名的优质制造基地、优质供给窗口、冠军企业基地。

【资金奖励】 2021年3月25日，省财政厅、省经信厅印发《关于下达2021年省工业与信息化发展财政专项资金的通知》，东阳市获相关资金108万元，其中机器人购置补助83万元、省级医药储备补助15万元、工艺美术人才奖励10万元。10月11日，东阳市召开全市技改和"两化"深度融合工作领导小组会议，研究讨论2020年度工业投资和技术创新项目资金及"两化"融合专项资金奖励方案。11月1日，市财政局、市经信局印发《关于下达2020年度工业企业技术改造和技术创新项目财政奖励资金的通知》，发放2020年度工业企业技术改造和技术创新项目财政奖励资金14062万元，其中工业企业技术改造项目奖励13165万元、技术创新项目奖励897万元；市财政局、市经信局联合印发《关于下达2020年度东阳市两化融合专项资金的通知》，发放奖励资金1071万元，其中"两化"融合项目奖励990万元、企业"上云"奖励81万元。

2021年7月3日，东阳市企业家学院成立仪式在浙江广厦建设职业技术大学报告厅举行　（市经信局提供）

【企业培育】　2021年1月12日，省经信厅印发《关于公布2020年浙江省“隐形冠军”企业名单的通知》，浙江联宜电机有限公司入选2020年浙江省“隐形冠军”企业，浙江海森药业股份有限公司、横店集团得邦照明股份有限公司入选2020年浙江省“隐形冠军”培育企业。

2月18日，2020年度金华市工业经济先进单位名单公布，横店集团东磁股份有限公司入选省标准创新贡献奖优秀贡献奖，横店镇获评金华市十强工业强镇（街道），横店集团东磁股份有限公司、浙江普洛家园药业有限公司、横店集团得邦照明股份有限公司入选金华市十强工业企业，浙江普洛家园药业有限公司入选金华市创新能力十强企业，横店集团东磁股份有限公司入选创新型领军企业（重点细分行业龙头骨干企业），浙江微度医疗器械有限公司入选亩均税收十强企业，横店集团东磁股份有限公司等29家企业入选纳税千万元以上企业。

6月11日，金华市制造业高质量发展领导小组办公室印发《关于公布浙江省“放水养鱼”行动计划培育库企业名单（金华市）的通知》，东阳市亿力磁业有限公司入选。截至年末，东阳市入选培育库企业30家。

【两个项目在全省制造业高质量发展大会上受表彰】　2021年3月26日，全省制造业高质量发展大会在杭州市召开，东阳市通过视频会议形式参与。大会对制造业高质量发展示范企业、数字化转型领跑企业、冠军企业、专精特新企业、亩均效益领跑者和首台（套）企业等制造业先进企业进行表彰。横店集团东磁股份有限公司的磁性材料行业工业互联网平台及单晶电池片未来工厂受表彰。

【全市产业发展大会】　参见类目“中国共产党东阳市委员会”之分目“重大决策和活动”的条目【东阳市产业发展大会】。

【工业企业服务优化】　2021年7月3日，东阳市企业家学院成立暨2021全市企业中高层管理人员培训开班仪式在浙江广厦建设职业技术大学报告厅举行，搭建政企学习、交流、合作与发展的平台，8个部门领导及120名培训学员参加。9月26日，东阳市工业经济“强企赋能”团队成立仪式在市行政中心举行，会议提出打造一支综合素质高、业务能力精、责任心强、面向现代化的工业经济专业化干部队伍。相关部门单位、各镇乡（街道）工业经济工作分管领导及首批43名“强企赋能”团队人员参加。

【横店集团工业发展情况】　2021年，横店集团控股有限公司（简称横店集团）实现营业收入876.3亿元，比上年增长12.5%；实现贸易出口额148.3亿元，比上年增长22.5%。横店集团东磁股份有限公司纳税连续25年列金华市工业企业第一位。

2021年，横店集团东磁股份有限公司推进数字工厂、智能工厂和未来工厂建设；浙江普洛家园药业有限公司布局国际化多渠道研发体系，登上“中国最具成长性上市公司排行榜”；横店集团得邦照明股份有限公司持续优化结构，通用照明快速增长，产品出口创新高；浙江英洛华磁业有限公司明确机电+磁材+应用战略方向，以电机板块为核心延展上下游产业；浙江新纳材料科技股份有限公司加大氧化铝陶瓷基板等智能制造核心部件开发；浙江微度医疗器械有限公司入选国家级专精特新“小巨人”企业；横店集团得邦工程塑料有限公司开发先进特种工程塑料和可降解材料产品；浙江全方音响科技有限公司开发消费电子领域。

【市内首家年产值超百亿元民营工业企业】　2021年，横店集团东磁股份有限公司通过优化物流管理、供应链

2021年9月20日，2021第三届世界东阳人发展大会产业发展高峰论坛新材料（磁性电子）产业分论坛在南马镇花园村召开　（市经信局提供）

管理以及市场拓展，提升经营优势，进出口总额首次突破11亿美元，其中出口总额近10亿美元，年产值破百亿元，成为东阳市首家年产值超百亿元的民营工业企业。

横店集团东磁股份有限公司形成“磁性材料+器件”、新能源（光伏+锂电）“双轮驱动”的产业布局。2021年，加大磁材、光伏、锂电新项目投资。推进“年产4GW（吉瓦）高效PERC单晶电池片项目”“年产1.48亿支高性能锂电池项目”“年产5000吨高性能磁粉芯生产线技改项目”三大浙江省“五个一批”重点技术改造示范项目或省级“十百千”重大制造业项目。横店集团东磁股份有限公司电池片七厂、锂电池二厂按照“未来工厂”新模式，建成5G全连接工厂。

2021年，横店集团东磁股份有限公司完成专利申请332件，专利授权250件，软件著作授权14件。世界首台航天微波炉在中国空间站“上岗”，其微波炉磁钢由横店东磁生产；“无线充电用高磁导率FS500铁氧体片”获省科学技术进步奖三等奖；“NS180柔性吸波磁片”获评省优秀工业产品。

（胡俏婷）

企业技术创新和技术改造

【概况】 2021年4月6日，市委、市政府印发《关于印发〈2021年度东阳市重点工业项目计划〉的通知》，确定东阳市60个年度重点工业计划项目，其中新建项目6个、技改项目54个。6月15日，市政府印发《关于印发〈东阳市工业重点项目攻坚服务月行动方案〉的通知》，组建工作专班，服务重点工业投资项目。11月5日，金华市举行“攻坚争先大比拼”工作推进会，浙江普洛家园药业有限公司高端药物研发设计制造服务平台（CDMO）建设项目、东阳市赛特斯5G产业园项目获评优秀项目。年内全市入选省和金华市级重点技改项目72个。

【入选省级企业技术中心2家】 2021年12月10日，省经信厅、省财政厅、国家税务总局浙江省税务局、杭州海关联合印发《关于公布2021年（第28批）浙江省企业技术中心名单的通知》，认定浙江省东阳市东磁诚基电子有限公司企业技术中心、浙江中科磁业股份有限公司企业技术中心为省级企业技术中心。

【入选省级企业研究院2家】 2021年1月18日，省科技厅、省发改委、省经信厅3个部门联合印发《关于公布2020年新认定省级企业研究院名单的通知》，认定301家企业研究院为省级企业研究院，浙江普洛家园药业有限公司的浙江省普洛家园药物研究院、浙江中科磁业股份有限公司的浙江省中科磁业磁性材料研究院入选。

【入选金华市级重点技术改造项目60个】 2021年2月5日，金华市经信局印发《关于下达2021年金华市重点技术改造项目计划的通知》，计划安排398项重点技术改造项目，东阳市60个项目入选，项目数占金华市项目总数的15.07%；计划总投资166亿元，占金华市计划总投资额的9.6%；年度计划投资56.49亿元，占金华市年度计划投资额的15.78%。

【入选省级“十百千”重大制造业项目6个】 2021年2月9日，省经信厅印发《关于印发“十百千”重大制造业项目2021年度重点实施计划的通知》，东阳市6个项目入选，总投资129.2亿元，全年计划投资28.3亿元。

2021年东阳市入选金华市重点技术改造项目计划名单一览表

表12

序号	企业名称	项目名称
1	正威（东阳）新材料科技有限公司	正威长三角新材料产业园项目一期
2	横店集团东磁股份有限公司	年产4吉瓦高效PERC单晶电池片项目
3	东阳赛特斯通信设备有限公司	赛特斯5G产业园项目
4	浙江普洛家园药业有限公司	高端药物研发设计制造服务平台（CDMO）建设项目
5	浙江长林电子有限公司	年产10亿只超级电容器项目
6	横店集团东磁股份有限公司	年产1.48亿支高性能锂电池项目
7	浙江孚诺医药股份有限公司	年产115吨原料药建设项目
8	浙江东阳东磁稀土有限公司	年产4500吨新能源及节能环保高性能稀土永磁材料技改项目
9	千芝雅（金华）科技实业有限公司	智能制造项目
10	浙江花园新能源有限公司	年产5000吨动力电池用6微米超薄双光铜箔生产线技改项目
11	横店集团得邦工程塑料有限公司	年产8万吨高分子材料智能制造技改项目

续表12

序号	企业名称	项目名称
12	浙江野风药业有限公司	年产600吨甲基多巴原料药、300吨甲基多巴中间体扩建项目
13	横店集团东磁股份有限公司	年产5000吨高性能软磁复合材料及器件技改项目
14	浙江普洛康裕制药有限公司	年产2000吨FPNO、1200吨DS生产线技改项目
15	东阳市旺盛塑胶有限公司	年产44000吨PVC压延膜扩建项目
16	东阳市中振永磁有限公司	年产5000吨钕铁硼生产线项目
17	浙江新纳材料科技股份有限公司	年产120亿只MLCC项目
18	浙江普洛家园药业有限公司	年产600吨10023、20吨09022-A生产线技改项目
19	浙江万衡工贸有限公司	年产200万台电子衡器扩建项目
20	浙江斯米克焊接科技有限公司	年产7000吨焊接材料生产线建设项目
21	浙江嘉友控股有限公司	年产3万吨PET、PLA、PP杯子及异形盒生产线的技改项目
22	浙江联宜电机有限公司	年产20万台太阳能光伏发电场用电机生产线技术改造项目
23	东阳市众杰塑胶有限公司	年产260万平方米PVC塑料地板扩建项目
24	浙江普洛得邦制药有限公司	年产40吨AP066生产线技改项目
25	横店集团得邦照明有限公司	智能家居照明产业化技术改造项目
26	浙江英洛华磁业有限公司	年产360吨基于晶界扩散工艺的高性能钕铁硼永磁体项目
27	东阳市帛泰纺织有限公司	年产4000吨差别化锦纶POY、DTY及包覆纱生产线项目
28	东阳市陆鑫堂红木家具厂	年产3500套水性漆红木家具项目
29	东阳市奥隆机械设备有限公司	年产10000吨SSMMS型卫材用无纺布项目
30	浙江普洛生物科技有限公司	年产1000吨氟苯尼考预混剂、300吨吉他霉素生产线技改项目
31	浙江矽瓷科技有限公司	低温共烧陶瓷材料产业化项目
32	浙江华洋缝制有限公司	年产2000万只梭壳的技术改造项目
33	东阳市金硕工贸有限公司	年产1000吨钕铁硼建设项目
34	东阳市亿力磁业有限公司	年产1500吨永磁材料技改项目
35	东阳市金科服饰有限公司	年产80万套服装扩建项目
36	东阳市银海磁业有限公司	年产600吨高性能NdFeB粘结永磁粉生产线技改项目
37	浙江海森药业有限公司	年产100吨阿托伐他汀钙原料药生产线二期技改项目
38	浙江金象科技有限公司	年产35万只高清洁储运装备生产线技改项目
39	浙江花园铜业有限公司	年产2000吨特高压变压器用铜带生产线技改项目
40	花园药业股份有限公司	年产5亿片中成药生产线技术改造项目

续表12

序号	企业名称	项目名称
41	花园新材料股份有限公司	年产500万平方米高强度瓦楞纸板生产线技改项目
42	浙江凯文磁钢有限公司	年产3000吨全自动汽车电机用永磁体自动化智能化技术改造项目
43	浙江雪丽日用品有限公司	年产150万件塑料餐具技改项目
44	浙江永尔佳环保科技有限公司	年产3000万只铝压铸件技改项目
45	浙江全方音响科技有限公司	年产800万只扬声器半自动一体化线技改项目
46	浙江巍华新型建材有限公司	年产700万平方米UHPC超高性能混凝土项目
47	浙江微度医疗器械有限公司	医用生物材料类医疗器械系列产品产业化建设项目
48	浙江英洛华装备制造有限公司	石化、核电泵阀铸件绿色关键工艺系统集成创新及应用项目
49	浙江新纳陶瓷新材有限公司	年产2.4亿片5G通信用高性能电子陶瓷封装材料项目
50	浙江炜晟包装有限公司	年产3500万米瓦楞纸板扩建项目
51	浙江巍华气雾剂有限公司	年产2.8亿支气雾剂项目
52	浙江横店热电有限公司	机炉能效提升改造项目
53	浙江巍华赛能气体有限公司	年分装390万立方米气体项目
54	浙江中科磁业有限公司	年加工2000吨钕铁硼磁钢、4000吨节能电机磁瓦生产线项目
55	浙江石金玄武岩纤维股份有限公司	年产8000吨连续玄武岩纤维生产线技术改造项目
56	浙江埃森化学有限公司	年产500吨4-氨基-3,6-二氯吡啶-2-甲酸生产线技改项目
57	东阳市顶峰磁材有限公司	年产2500吨磁瓦和500吨高性能钕铁硼生产线技改项目
58	浙江同力服装有限公司	浙江同力服装有限公司年产100万套精品服装项目
59	东阳富仕特磁业有限公司	年产2亿片高性能旋磁磁体扩建项目
60	浙江恒成硬质合金有限公司	年产450吨高红硬性硬质合金轧辊技改项目

2021年东阳市入选省级“十百千”重大制造业项目名单一览表

表13

序号	企业名称	项目名称
1	横店集团东磁股份有限公司	年产4吉瓦高效PERC单晶电池片项目
2	浙江普洛家园药业有限公司	高端药物研发设计制造服务平台(CDMO)建设项目
3	横店集团东磁股份有限公司	年产1.48亿支高性能锂电池项目
4	东阳赛特斯通信设备有限公司	赛特斯5G产业园项目
5	正威(东阳)新材料科技有限公司	正威长三角新材料产业园项目一期
6	浙江花园新能源有限公司	年产50000吨高性能铜箔建设项目

【入选首批制造业单项冠军省级培育企业5家】 2021年5月18日,省经信厅印发《关于公布制造业单项冠军省级培育企业名单(第一批)的通知》,浙江花园生物高科股份有限公司(主要产品是维生素D3及D3类似物)、浙江省东阳市东磁诚基电子有限公司(主要产品是移动通信终端用微型振动电机)、横店集团得邦照明股份有限公司(主要产品是LED光源灯具)、浙江联宜电机有限公司(主要产品是轨道交通门用直流电机)、浙江新纳材料科技股份有限公司(主要产品是白炭黑)5家东阳市企业入选制造业单项冠军省级培育企业名单(第一批)。

【入选省重点技术改造项目12个】 2021年6月3日,省经信厅印发《关于印发2021年浙江省“五个一批”重点技术改造示范项目计划的通知》,东阳市12个项目入选,其中智能化改造项目2个、新兴产业示范项目3个、产业基础再造项目4个、绿色制造项目1个、制造新模式项目2个。

【技术创新】 2021年7月21日,省经信厅印发《关于印发2021年浙江省重点技术创新项目和重点高新技术产品开发项目计划的通知》,浙江新纳陶瓷新材有限公司的船用蜂窝陶瓷载体项目入选2021年浙江省重点技术创新项目计划,横店集团得邦照明股份有限公司的边缘式网关工业智能照明控制系统、花园金波科技股份有限公司的盾构机传输控制系统用不锈钢波纹管、浙江联宜电机有限公司的智能仓储机器人用减速电机60LY/60JZ、浙江金象科技有限公司的分布式丙烷撬装罐、浙江新纳材料科技股份有限公司的化学包覆式疏水性白炭黑5个项目入选2021年浙江省重点高新技术产品开发项目计划。7月28日,市经信局、市住建局、市财政局和市税务局4个部门联合印发《关于印发东阳市企业技术中心管理办法的通知》,明确市级企业技术中心评价条件、程序以及实施主体,加强管理。

(胡俏婷)

数字经济

【概况】 2021年,东阳市加大产业数字化和数字产业化推进力度,推动新一代信息技术在工业领域的推广应用。东阳市2020年信息化发展水平指数为98.2。东阳市2021年数字经济发展指数为69.9,列全省第五十八

2021年东阳市入选省“五个一批”重点技术改造示范项目计划名单一览表

表14

项目类型	企业名称	项目名称
智能化改造示范项目	横店集团东磁股份有限公司	年产4吉瓦高效PERC单晶电池片项目
	千芝雅(金华)科技实业有限公司	千芝雅智能制造项目
新兴产业示范项目	正威(东阳)新材料科技有限公司	正威长三角新材料产业园项目一期
	浙江花园新能源有限公司	年产5000吨动力电池用6微米超薄双光铜箔生产线技改项目
	浙江野风药业股份有限公司	年产600吨甲基多巴原料药、300吨甲基多巴中间体扩建项目
产业基础再造示范项目	浙江长林电子有限公司	年产10亿只超级电容器项目
	横店集团东磁股份有限公司	年产5000吨高性能磁粉芯生产线技改项目
	浙江新纳陶瓷新材有限公司	年产1.2亿片5G通信用高性能电子陶瓷封装材料项目
	东阳市中振永磁有限公司	年产5000吨钕铁硼生产线项目
绿色制造示范项目	浙江普洛康裕制药有限公司	年产2000吨FPNO、1200吨DS生产线技改项目
制造新模式项目	浙江普洛家园药业有限公司	高端药物研发设计制造服务平台(CDMO)建设项目
	浙江联宜电机有限公司	年产20万台太阳能光伏发电场用电机生产线技术改造项目

位，其中数字产业化指数为81.4，列全省第二十五位。东阳市2020年“两化”融合总指数为100.61，居全省第一梯队、金华市第二位，其中工业应用和应用效益指数分别为43.84和32.92，列金华各县（市、区）之首。东阳市数字经济核心产业增加值达101.59亿元，列金华市第二位；占GDP比重13.9%，列金华市第一位。东阳市获评全省2021年度数字经济系统建设考核评价优秀县（市、区），入选省农业“机器换人”高质量发展先行县（市、区）。

【数字经济系统建设】 2021年5月12日，市委改革委印发《东阳市数字化改革实施方案》，明确东阳市数字经济系统建设方案，提出对标省数字经济系统建设目标任务，推进16个重点应用项目，落实21项主要任务，建设全要素链、全产业链、全价值链全面连接的数字经济运行系统。2021年年末，全市数字经济系统总体框架基本形成，上线地方特色应用6个，横店健康生物园区首批接入省“化工产业大脑”。

【产业数字化推进】 2021年，东阳市引入浙江省智能制造专家委员会、金华市智能制造研究院，开展“企业数字化制造、行业平台化服务”活动，以智能制造示范项目遴选为引领，推动点上设备和运营管理“上云”，线上工厂生产设备与信息系统的全面互联互通，面上企业全要素数据采集，带动全行业数字化改造。数字赋能农业数字化转型。加快推动农艺与农机相融合，推进电商融合向纵深发展。培育麒麟阁等一批电商载体平台，新增开通阿里巴巴国际站企业220家。7月，东阳市获评2021年全国电子商务进农村综合示范县。

【政府数字化治理能力提升】 2021年，基本建成东阳市一体化智能化公共数据平台，完成省数据目录建设试点工作，归集数据15.4亿条，满足部门数据共享需求5971.14万次。全市申请政务服务事项“一网通办”率85%以上，新生报名、“东政通”应用访问量列全省前茅。加快建设云网融合新型数字基础设施。落地5G基站建设“一件事”改革，新建5G基站675个，累计建成1613个，实现全市主城区、重点镇乡（街道）的5G商用网络连片覆盖。

2021年6月7日，东阳市数字化改革专题培训班开班仪式举行（市经信局提供）

【重点数字企业】 2021年12月30日，横店集团东磁股份有限公司、横店集团得邦照明股份有限公司入选2021年（第21届）浙江省电子信息制造业营业收入前30家企业名单；横店集团东磁股份有限公司、横店集团得邦照明股份有限公司入选2021年（第21届）浙江省电子信息出口20家重点企业名单。

东阳市浙江海森药业股份有限公司入选省级第七批大数据应用示范企业。横店集团东磁股份有限公司、普洛药业股份有限公司入选省级第一批制造业“云上企业”，横店集团得邦照明股份有限公司入选省级新一代信息技术与制造业融合发展试点示范企业（网络协同制造方向），横店集团东磁股份有限公司入选工信部第二批智能光伏试点示范企业。东阳市7个项目入选金华市数字化车间、智能工厂、未来工厂培育库项目。东阳市实施112个市级“两化”融合项目，其中20个项目列入金华市“两化”融合重点项目，数量列金华市第二位。

【“光伏电池片5G专网全连接工厂”案例】 2021年12月27日，浙江省数字经济发展领导小组办公室印发《关于公布2021年浙江省数字经济“五新”优秀案例的通知》，横店集团东磁股份有限公司“光伏电池片5G专网全连接工厂”入选“新基建”优秀案例。“光伏电池片5G专网全连接工厂”对内实现研发设计、物料供应、生产制造、市场营销各环节的打通，对外实现供应链、产业链的实时响应，柔性组织的模式，通过工业联网推动粗放式生产转为集约型制造，依托数字孪生技术，加速实现产品迭代更新，全方位智能化。

【智能化改造试点示范项目】 2021年5月20日，市经信局组织170余名企业负责人参观横店集团东磁股份有限公司电池片六厂（未来工厂）及浙江东峰制冷配件有限公司数字化车间，推广经验，促进企业加快数字化转型。6月29日，东阳市制造业高质量发展领导小组印发《东阳市制造业高质量发展领导小组关于深入推进传统制造业数字化转型的实施意见》，以磁性材料、服装针织等行业为切入点，以“产业大脑+未来工厂”为目标，推广“企业数字化制造、行业平台化服务”模式，每年遴选一批具有代表性的智能化改造试点示范项目，以点带面形成可复制、可推广的经验和样本。2021年，经企业自主申报、

2021年东阳市入选金华市数字化车间、智能工厂、未来工厂培育库项目计划名单一览表

表15

序号	项目单位名称	项目名称	项目类型
1	横店集团东磁股份有限公司	年产4吉瓦高效PERC单晶电池片项目	未来工厂
2	浙江巍华气雾剂有限公司	年产2.8亿支气雾剂项目	智能工厂
3	千芝雅(金华)科技实业有限公司	千芝雅智能制造项目	数字化车间
4	浙江微度医疗器械有限公司	医用生物材料类医疗器械数字化车间项目	数字化车间
5	浙江东政电机有限公司	年产60万台服务型机器人执行元件数字化生产车间	数字化车间
6	浙江东峰制冷配件有限公司	5G+数字化车间建设项目	数字化车间
7	浙江凯文磁钢有限公司	特种永磁铁氧体成型数字化车间	数字化车间

2021年东阳市入选“企业数字化制造、行业平台化服务”试点示范项目一览表

表16

序号	项目名称	申报企业	所属行业
1	高性能永磁材料未来工厂建设项目	横店集团东磁股份有限公司	磁性材料
2	富仕特数字化工厂项目	东阳富仕特磁业有限公司	磁性材料
3	凯文磁钢MG数字化工厂项目	浙江凯文磁钢有限公司	磁性材料
4	弄潮制衣智能工厂项目	东阳市弄潮制衣有限公司	服装针织
5	吴刚针织数字化改造项目	东阳市吴刚针织有限公司	服装针织

专家评审等环节，遴选5个项目为东阳市磁性材料和服装针织行业“企业数字化制造、行业平台化服务”试点示范项目。

【数字经济软件赋能对接】 2021年7月23日，东阳市数字经济软件赋能对接会在宝悦君亭酒店举行。11个部门单位、各镇乡(街道)、20家软件企业及100家工业企业相关负责人参加会议。浙江省智能制造专家委员会东阳专家组作“工业互联网助力企业智能制造转型升级”案例分享。中国电信东阳分公司、东阳优云科技有限公司、阿里云计算有限公司等7家代表性软件信息服务企业代表分享成果案例、信息化解决方案。会议聚焦“软件赋能数字经济”，推进工业互联网平台打造，建立行业知识库，打通数据孤岛，提供个性化、精准化服务，解决企业订单不稳定、生产效率低、成本高、人员管控弱、核心竞争力低等问题，加快工业企业数字化转型。

2021年7月23日，东阳市数字经济软件赋能对接会召开 (市经信局提供)

【工业互联网平台创新案例】 2021年12月10日，工业和信息化部办公厅确定2021年工业互联网平台创新领航应用案例140个，横店集团东磁股份有限公司"磁性材料全产业链协同制造创新应用"入选。"磁性材料全产业链协同制造创新应用"主要针对磁性材料产业集群，梳理和建立面向磁性行业的统一的物联标准及业务数据标准，通过海量数据的聚合和分析，实现磁性行业的数字化、网络化、智能化的深度整合，构建行业级具有国际竞争力的"一站式"服务平台。12月14日，金华市经信局印发《关于公布第二届金华工业互联网创新大赛获奖项目名单的通知》，横店集团东磁股份有限公司的"基于微服务架构的磁性行业全流程质量管控解决方案"获二等奖，东阳优云科技有限公司的"织造行业数字化管控系统"获单项奖。"基于微服务架构的磁性行业全流程质量管控解决方案"聚焦磁性行业关键问题，面向成型、烧成、磨床、检分等工序的产品质量优化应用需求，将40余年的质量管控经验知识进行提炼和封装，建设完整工业质量管理分析互联网平台，包括智能终端、云服务、SaaS服务、移动端APP等。优云"织造行业数字化管控系统"主要面向线带纺织行业企业，通过织造设备传感改造和网络建设，构建覆盖主要织造设备的物联网监控系统，通过设备状态、作业过程、生产量的实时采集和统计，实现覆盖排产、派工、生产执行、检验、设备监控等全流程的数字化管理。

【"影视文化产业大脑"应用】 2021年12月16日，省数字经济系统建设专班办公室印发《关于公布数字经济系统第一批优秀应用名单的通知》，东阳市"影视文化产业大脑"入选。12月22日，省委全面深化改革委员会办公室印发《关于公布数字化改革第二批"最佳应用"的通报》，"影视文化产业大脑"入选第二批"最佳应用"。"影视文化产业大脑"整体框架是"1+8+N"▲，为企业提供集公平高效、精准服务、科学决策、风险防控等功能于一体的应用平台，于10月正式启用。

▲"1+8+N"："1"个中心为影视文化产业数据资源中心；"8"个系统分别为产业综合智治系统（决策分析系统）、人才综合服务管理系统（横影通）、企业服务管理系统（政企通）、剧组综合服务管理系统（云勘景）、服化道供应链系统、影视制作云、版权区块链交易系统、衍生品交易系统；"N"为产业构建若干个理论体系和制度规范体系。

（陆樟镳　胡俏婷）

小微企业园建设

【概况】 2021年，东阳市加快推进小微企业园建设，加强与属地镇乡（街道）对接联系，建立小微企业园工作议事协调机制，对小微园建设实行专班化运作。全市认定小微企业园11个（含新认定5个），总占地面积46.93公顷，总建筑面积157万平方米，入驻企业500余家，其中规模以上工业企业8家、国家级高新技术企业2家、省级科技型中小企业7家。全市在建、拟建小微企业园15个，占地84.33公顷，规划建筑面积约170万平方米。

【小微企业园工作考评】 2021年8月20日，金华市工业转型升级领导小组办公室印发《关于公布2020年度金华市小微企业园绩效评价结果的通知》，东阳市江北企业培育中心绩效档次为生产制造类A级，白云街道赛歌小微园、南马万洋小微园分别为生产制造类B级和C级。12月21日，省经信厅印发《浙江省小微企业园工作联席会议办公室关于公布第八批审核认定小微企业园名单的通知》，东阳市浙兴电商园、江北巨和众创城（一期）、巍山华鸿智造新城（一期）、东阳东海小微园和东阳市跨境电商产业园5个小微企业园入选省级第八批小微企业园名单。

（胡俏婷）

产业转型提升

【概况】 2021年，东阳市推进"亩均论英雄"改革，修订亩产效益综合评价办法，完善评价指标体系，以亩产效益评价、低效用地清理、"腾笼换鸟"为重要抓手，增强工业企业的活力和抗风险能力，推动产业质效提升。全年淘汰落后和过剩产能企业16家，整治提升"低散乱"企业1966家，累计盘活低效工业用地253宗、307.73公顷，省经信厅公布东阳市规模以上工业企业亩均税收为15.73万元。

9月26日，市政府印发《关于公布2020年度工业企业亩产效益综合评价结果的通知》，全市规模以上企业评定A类企业109家、B类企业343家、C类企业42家、D类企业12家。评定规模以下企业地块B类1027宗、C类168宗、D类331宗。

【低效工业用地清理整治】 2021年1月6日，省经信厅印发《关于2020年度经信系统工作目标责任制考评结果的通报》，东阳市"推进低效工业用地清理整治"做法获评县（市、区）"最佳实践"。该做法以低效用地清理整治为抓手，探索出"倒逼整治先行、政府收储兜底、二次利用为要"清理整治模式，辅以平台打造、数字赋能、创新驱动、招大引强等"腾笼换鸟"系列组合拳，破解土地要素限制困局，有效实现工业经济"吐故纳新"高质量发展，为新时代下贯彻落实传统制造业改造提升2.0版和产业转型攻坚提供保障。8月30日，省政府召开全省新一轮制造业"腾笼换鸟、凤凰涅槃"攻坚行动推进大会，东阳富仕特磁业有限公司、浙江微度医疗器械有限公司、浙江联宜电机有限公司3家国家第三批专精特新"小巨人"企业受到表彰。东阳市《向低效要效益 向整治要空间 强势推进低效工业用地清理整治》做法，被作为全省制造业高质量发展典型实践案例展示。该做法围绕"资源高效利用、产业转型升级"总目标，全面推行工业用地全生命周期管理，从分散、零星单个企业整治转变为规模、集中成片清理整治，全面提升区域亩产"含金量"，带动经济实现高质量发展。

【零增地低效用地改造】 2021年10月22日，东阳市零增地低效用地改造工作领导小组办公室印发《关于组织申报东阳市零增地低效用地改造生产项目专项资金的通知》《关于组织申报2021年东阳市零增地低效用地改造生产项目的通知》。2021年12月16日，印发《东阳市零增地低效用地改造工作领导小组成员会议纪要》，部署2021年度东阳市零增地低效用地改造生产建设项目申报及部分完成项目奖励兑现工作。2021年12月24日，市零增地低效用地改造工作领导小组印发《关于下达东阳市零增地低效用地改造财政专项资金奖励计划的通知》，安排奖励资金232万元，奖励2018—2020年符合资格的零增地低效用地改造项目15个。其中，2018年7个项目奖励123万元，2019年5个项目奖励80万元，2020年3个项目奖励29万元。

【绿色制造】 2021年1月5日，省经信厅印发《关于2020年浙江省铸造产能清单的通告》，东阳市24家企业入选。1月27日，省经信厅印发《关于公布2020年浙江省绿色工厂名单的通知》，浙江普洛家园药业有限公司、浙江英洛华磁业有限公司入选。3月12日，省经信厅、省住建厅、省水利厅、省节约用水办公室等部门联合印发《关于公布2020年度浙江省节水型企业名单的通知》，浙江海森药业股份有限公司、浙江英洛华磁业有限公司、东阳市高杉针纺有限公司入选。5月25日，省统计局、省发改局、省经信厅、省能源局联合印发《关于2021年一季度全省及各市、县（市、区）节能降耗情况的通报》，东阳市一季度单位工业增加值能耗比上年下降4.6%。12月15日，省经信厅印发《关于公布浙江省第一批塑料替代品生产企业名单的通知》，东阳市花园新材料股份有限公司入选。12月22日，省水利厅印发《关于公布浙江省2021年度节水标杆单位名单的通知》，浙江海森药业股份有限公司入选。12月23日，省经信厅印发《关于公布2021年浙江省级绿色低碳工业园区、工厂名单的通知》，横店集团得邦照明股份有限公司入选2021年浙江省级绿色低碳工厂。

（胡俏婷）

2021年东阳市入选省级绿色工厂、节水型企业一览表

表17

序号	企业名称	奖项名称
1	浙江普洛家园药业有限公司	2020年度省级绿色工厂
2	浙江英洛华磁业有限公司	2020年度省级绿色工厂
3	浙江海森药业股份有限公司	2020年度省级节水型企业
4	浙江英洛华磁业有限公司	2020年度省级节水型企业
5	东阳市高杉针纺有限公司	2020年度省级节水型企业
6	浙江海森药业股份有限公司	2021年度省级节水标杆企业
7	横店集团得邦照明股份有限公司	2021年度省级绿色低碳工厂

东阳经济开发区

【概况】 2021年，浙江东阳经济开发区（简称开发区）由原东阳经济开发区、浙江东阳横店电子产业园区（东阳磁性电子高新技术产业园区）按照产业相近和区位相邻的原则整合周边未纳入转型提升的镇乡工业功能区组成，形成"一区两片"的格局，一区即新的东阳经济开发区，两片即以原东阳经济开发区为核心的北片和以浙江东阳横店电子产业园区为核心的南片，并增挂浙江东阳横店电子产业园区、东阳磁性电子高新技术产业园区两块牌子。开发区有工业企业5140家、"四上"企业（规模以上工业企业、资质等级建筑业企业、限额以上批零住餐企业、限额以上服务业企业）810家。开发区内规模以上工业企业460家，工业总产值601亿元，完成工业增加值138.99亿元，税收99.64亿元，进出口总额267.97亿元。

【开发区核心区块】 2021年，开发区核心区块有规模以上工业企业74家，实现工业总产值59.69亿元，比上年增长18.39%；固定资产投资18.99亿元，比上年增长20.5%；完成税收7.49亿元，比上年增长24.48%；利用外资1000万美元；增加规模以上工业企业12家，增加限额以上商贸服务业企业5家；增加国家级高新技术企业7家。累计完成木材（保税）入库交易额33亿元。浙江自贸区金义片区（联创区）东阳国际物流中心入选2021年度浙江省物流新业态新模式发展试点。

【白云商贸园区】 2021年，白云商贸园区52家规模以上工业企业实现产值35.88亿元（其中9家企业年产值分别超亿元），工业增加值6.82亿元；完成销售产值35.33亿元，实现外贸出口30.2亿元；完成税收15.44亿元；完成固定资产投资25.49亿元。实施旧厂房改造项目29个，其中续建项目13个、新建项目16个；实施重点技改项目6个、"两化"融合项目12个。商贸批零住餐服务业限额以上商贸企业68家，完成销售额105亿元。增加省级科技型中小企业12家、国家级高新技术企业3家。培育"小升规"企业14家。

【江北高新园区】 2021年，江北高新产业园实现工业总产值33.48亿元，比上年增长21.43%；完成固定资产总投入27.25亿元，比上年增长32%；完成税收15.65亿元，比上年增长66.48%，增幅列全市第一位；商贸服务业全线保持高速增长，线上零售业增幅列全市第一位；企业"小升规"18家，列全市第一位，占全市六分之一。累计完成低效用地清理整治17.60公顷。

【浙江东阳横店电子产业园区】 2021年，浙江东阳横店电子产业园区（简称电子园区）规模以上工业企业实现产值221.8亿元，比上年增长32%；规模以上企业完成出口交货值49.9亿元，比上年增长15.6%；规模以上企业主营业务收入223.2亿元，比上年增长32.67%；规模以上企业实现利税29.8亿元，比上年增长23%；规模以上企业利润28.18亿元，比上年增长26.8%。引进内资5.49亿元。招引建筑企业10家，增加税收9872万元。2021年，电子园区企业申请专利1355项，其中发明专利378项、获授权专利977项。电子园区内市重点技改项目26个完成投资8.66亿元，市“两化”融合项目20个完成投资5865万元，旧厂房改造完成6万平方米。市重点商贸服务项目2个完成投资3.3亿元。培育企业“小升规”8家，增加国家级高新技术企业8家，入选省级专家型人才7人，创建院士、博士后科研工作站11个；有中国驰名商标9个、省著名商标21个。（黄燕明）

【开发区项目建设】 2021年，开发区推进招商引资工作，19个项目落地建设，计划总投资144.4亿元。正威长三角新材料产业园一期项目和千芝雅智能制造中心首条生产线投入生产；推进“万亩千亿”新产业平台建设，总体规划实施，东阳市“万亩千亿”新产业平台综合开发项目与中铁十五局正式签约，六石街道、巍山镇完成后金、殿口、高大3个自然村征迁工作，巍山安置区项目和六石安置区项目先后开工。

【颐高新经济智慧城开工】 2021年1月20日，开发区首个商贸综合项目颐高新经济智慧城开工。项目位于开发区长松岗功能区，总建筑面积约38万平方米，总投资约15亿元。规划建设颐高广场、新经济大厦、风情商业街和品质社区四大板块。计划通过新经济大厦构建“运营中心+众创空间+孵化器+加速器+领军企业发展基地”接力式链条的产业生态圈，将项目打造成为开发区产业提档升级的新高地；通过颐高广场引入城市新型商业服务理念，打造集购物、餐饮、休闲、娱乐等业态于一体的大型现代服务业平台；通过商业风情街引入生活服务类、休闲娱乐类等商业业态；通过建设品质社区吸引中高端人才创业、就业，满足周边居民住房需求。全年完成品质社区3栋楼房建设。

【千芝雅智能制造、舒泰健康产业园项目推进】 项目位于开发区长松岗功能区，总用地18.07公顷，分为舒泰健康产业园项目、千芝雅智能制造中心项目两大板块。规划通过运用互联网、大数据、人工智能等先进技术手段，打造“生产+线上服务+线下体验+供应链管理”一体化的特色产业园区，构建“龙头企业+配套企业+创新创业空间”的产业集群。2021年，舒泰健康产业园项目开展对外招商工作，一期厂房进行试生产，二期厂房完成部分主体建设；千芝雅智能制造中心项目完成部分室内装修。

（严清瑶）

木雕 红木家具

Woodcarving and Mahogany Furniture

综 述

【概况】 2021年，东阳市有木雕红木家具企业1300余家(其中规模以上木雕红木家具企业47家)，木材交易市场3个(东阳市木材交易中心、南马木材交易市场、横店木材交易市场)，大型家具交易市场2个(东阳中国木雕城、花园红木家具城)。规模以上木雕红木家具企业申报产值12.71亿元，比上年增长4.87%。全市木雕红木家具行业全产业链总产值680.85亿元。

2021年，东阳市木雕红木产业形成集市场管理、技术研发、质量控制三位一体的“一局一院一中心”▲格局。东阳市木材交易中心集木材进口、贸易、加工、保税、仓储、物流、金融服务等为一体，入驻木材贸易公司、报关公司62家，全年交易额突破30亿元。木雕小镇有省级以上非物质文化遗产4项，入驻30名省级以上工艺美术大师、43家木雕红木企业。国家木雕及红木制品质量监督检验检测中心(浙江)通过国家级验收，国家市场监督管理总局于11月2日发文批准成立。市家具研究院与中南林业科技大学合作筹建国家林业草原绿色家具工程技术研究中心东阳分中心，与浙江广厦建设职业技术大学合作筹建东阳市家具研究省级重点实验室。创建中国东阳(木雕红木)知识产权快速维权中心、木雕红木家具产业质量基础一站式服务平台。

▲“一局一院一中心”：“一局”是东阳市木雕红木家居产业发展局，“一院”是东阳市家具研究院，“一中心”是国家木雕及红木制品质量监督检验检测中心(浙江)。

【百名中国工艺美术大师创新作品展】 2021年6月25日至7月4日，百名中国工艺美术大师创新作品展(杭州)巡展在杭州西湖博览会博物馆举行。巡展由中国工艺美术协会和东阳市委、市政府举办，以“以初心·致匠心”为主题，104名大师的117件作品参展，观展人数4万人次。该次展览作品分为“光辉历史”“红船启航”“忆往昔峥嵘岁月”“看今朝风流人物”“江山如此多娇”5个篇章，涵盖木雕、玉雕、石雕、角雕、陶瓷、竹编、宝剑、鼻烟壶、蜡染、瓷板画、铁板浮雕、花边、骨木镶嵌、唐三彩、泥塑、景泰蓝、编织、刺绣等多种艺术形式。百名中国工艺美术大师创新作品展云展于12月3日在海南省博鳌镇举行的数字经济生态建设高峰论坛上启动，在新华网、新华丝路网、新华财经网等媒体上进行为期一年的展示。

【东阳木雕作品安家中国共产党历史展览馆】 2021年8月6日，东阳木雕大型落地屏风《同心共筑中国梦》捐赠仪式在中国共产党历史展览馆举行。作品陈列在中国共产党历史展览馆的党员宣誓厅，作为党员集体宣誓的宏大背景。屏风由陆光正创作于2017年，长19.26米，宽3.05米，高3.24米。作品以柚木为主要材质，雕刻128个人物，各民族同胞身穿节日盛装，神情喜悦。远景薄浮雕展现高铁、航天科技等现代化成

2021年6月25日，百名中国工艺美术大师创新作品展(杭州)巡展在杭州西湖博览会博物馆开幕 (市市场监督管理局提供)

果。画面穿插的和平鸽、向阳花寓意国家和平发展，人民生活无限美好。作品以东阳木雕圆雕、半圆雕、深浮雕、浅浮雕、镂空雕、叠雕等多种技法综合运用，雕刻细腻，生动传神，人物写实，意象丰富。

（陈婷婷）

【中国（东阳）竹工艺产业发展大会】 2021年7月11日，由国际竹藤组织、中国林学会、中国竹产业协会、中国工艺美术学会、浙江省林业产业联合会和东阳市人民政府联合主办的2021中国（东阳）竹工艺产业发展大会在东阳市召开。大会主题为“发扬原生态产业优势、促进竹工艺全面复兴”，邀请中国林学会竹子分会常务理事、中国工艺美术学会竹工艺专委会常务理事、亚太地区竹工艺大师、市工艺美术行业协会以及东阳籍省级以上工艺美术大师共计306人出席。国际竹藤组织竹工艺培训基地、全国自然教育总校竹工艺自然教育学校落户东阳市。中国林学会竹子分会常务理事会会议、中国工艺美术学会竹工艺专委会常务理事会会议以及中竹家居生活广场黄学敏艺术馆开业暨一站式服务平台“驻企服务站”授牌仪式同期举行。

【第五届金华市工艺美术大师评选推荐】 2021年，市市场监督管理局协助金华市经信局举行第六届金华市工艺美术精品展暨拟申报第五届金华市工艺美术大师人员作品考核活动。完成第五届金华市工艺美术大师评选推荐考核工作，考核分为现场设计、现场制作和申报资料评分三个环节，共推荐60名申报人员到金华市经信局参评。

【《东阳市木雕红木家居产业“十四五”发展规划》】 2021年10月，《东阳市木雕红木家居产业“十四五”发展规划》经市十五届政府第九十八次常务会议审议通过，并由市发展和改革局、市市场监督管理局联合发布。《东阳市木雕红木家居产业“十四五”发展规划》的发展环境部分主要对“十三五”期间东阳市木雕红木家居产业的发展情况进行总结评估，分析“十四五”时期产业发展面临的挑战和问题及新的产业发展趋势；总体要求部分提出“十四五”时期东阳木雕红木家居产业发展的思路、基本原则、战略定位、发展目标和空间布局；主要任务与重点工作部分重点论述“十四五”时期东阳木雕红木家居产业发展的主要任务和重点工作；保障措施部分主要列举“十四五”时期东阳木雕红木家居产业发展需要的组织保障、政策保障、人才保障、融资保障和服务保障。

（杜宝燕）

行业管理

【国家木雕及红木制品质量检验检测中心（浙江）在东阳市成立】 2021年11月2日，国家市场监督管理总局发布关于成立4个国家质检中心的通知，位于东阳市的国家木雕及红木制品质量检验检测中心（浙江）名列其中。中心检测范围涵盖木材、木雕红木家具、家具原辅材料3大类，41个检测对象，248个项目。中心实验室有多样化的大型先进仪器设备，基础条件达国内先进实验室要求。全年国家木雕及红木制品质量检验检测中心（浙江）完成检验报告、家具用材检验证书2547份，完成实验室开放检测服务183家次，解决质量技术难题17个；落实“互联网+检验检测”公共服务平台业务工作，完成线上订单353个；挂牌金华市中小学质量教育社会实践基地。

（王亚男）

【东阳市家具研究院运行】 2021年，《东阳市家具研究院章程》经市政府核准、市事业单位登记管理局备案，向社会发布。5月11—15日，东阳市家具研究院接收104名设计类专业师生对东阳市木雕红木产业进行考察。6月25日，面向全国发布第三届“中国的椅子——品质·东阳”原创作品征集公告。11月25—28日，组织东阳红木家具企业“红创二代”20人参加中意设计创新基地——家具行业高级研修班，并颁发意大利米兰理工大学结业证书。年内，研发基于红外纹理的木雕红木家具身份识别技术，先后与国家林业和草原局竹子研究开发中心、北京林业大学、安徽农业大学、江西环境工程职业技术学院签订战略合作协议。

（黄　凯）

【海外院士工作站成立】 2021年10月31日，由市市场监督管理局、经济开发区管委会、市科协主办的海外院士工作站揭牌仪式在东阳木雕小镇举行。该工作站是东阳市木雕红木家居行业首家海外院士工作站，由东阳市荣轩工艺品有限公司联合国际木材科学院院士吴智慧及其团队共同建立，双方在家具用材研究、款型设计、产品延伸等方面开展联合攻关，发挥海外院士站的聚才引智效应和行业带动作用，开展产业发展规划、技术难题攻克、人才培训、高层次学术交流研讨等活动，为东阳市木雕红木家居行业的转型升级和可持续发展提供科技、人才支撑。（杜宝燕）

【家具行业“油改水”工作】 2021年，东阳市市场监督管理局按照《家具行业环保整治再提升工作实施方案》统一部署，联合市财政局制定《东阳市家具行业环保整治再提升专项资金管理办法》，开展家具行业“油改水”工作（从溶剂型涂料到水性涂料的转型）。全年有23家规模以上红木家具企业和261家规模以下红木家具企业自主申报完成“油改水”工作。（陈婷婷）

【木雕红木产业品牌建设】 2021年，东阳市17家木雕红木企业的30个产品通过“浙江制造品字标”认证，1个产品获“浙江制造”国际互认认证证书，7家企业获各级政府质量奖。以东阳市荣轩工艺品有限公司为主起草的“紫光檀无缝家具”的“浙江制造”团体标准于9月发布，东阳市成为全国各红木主产区中唯一拥有3个“浙江制造”团体标准的城市。10月31日，东阳市注册“东阳红木家具”集体商标。年内，东阳市木雕红木家具行业品牌指导服务站通过省级考核。全市拥有木雕红木产业注册商标4000余件，省级商标品牌示范企业4家，金华市级商标品牌示范

2021年10月31日，东阳市荣轩工艺品有限公司海外院士工作站揭牌仪式举行　　　（东阳木雕小镇提供）

企业7家。截至2021年末，累计授权专利2400余件，有省级专利示范企业1家，金华市级专利示范企业15家。

东阳市将产品材质保真、品质保证、产品生产全过程可追溯的企业纳入溯源保真平台，成为全国首个对消费者实行先行赔付的木雕红木生产基地。截至年末，有近百家企业纳入溯源保真平台。2019—2021年，东阳市开展“放心消费在浙江 购买红木到东阳”系列行动，7天无理由退货承诺单位达到152家，270家单位通过“放心消费”示范单位创建考评。

花园红木家具城、东阳中国木雕城分别是浙江省定制消费示范基地、五星级文明规范市场，东阳红木家具市场、东阳中国木雕城分别是国家级、省级知识产权保护规范化市场。东阳中国木雕城、花园红木家具城均进入由中国社会科学评价研究院发布的2021年度“中国商品市场综合百强”榜单，分别列第四十二位、第四十九位。花园红木家具城被省市场监督管理局认定为省五星级文明规范市场，有效期三年(2021—2023年)。　　　（杜宝燕）

【木雕红木产业宣传】 2021年，东阳市打造展示平台，举办各类展会，推介东阳木雕红木与竹工艺产品，传承中华优秀传统文化。东阳市木雕红木宣传片连续三年登陆央视财经频道，连续两年以“世界木雕 东阳红木”冠名高铁列车。于2020年首次引入的新华社资源，在2021年百名中国工艺美术大师创新作品杭州巡展期间，对活动进行全方位传播推广，总点击量超300万次。在中国木雕博物馆举办东阳市工艺美术“我心向党”主题作品展，集中展示东阳市工艺美术界作品。7月30日，与义乌机场合作打造的“上汐客厅”启用，通过义乌机场国际化窗口，打通东义文化交流展示通道，推动东阳木雕红木“走出去”。　　　（杜宝燕）

【木雕红木产业人才培育】 2021年，东阳市有亚太手工艺大师3人，中国工艺美术大师11人，浙江省工艺美术大师48人，金华市工艺美术大师124人，各类木雕、家具制作专业人才3000余人。两所职业学校（东阳市职业教育中心学校、东阳市聋哑学校）和1所大学（浙江广厦建设职业技术大学）开办木雕专业职高班和大专班，浙江广厦建设职业技术大学开设雕刻艺术与设计国际班和家具设计专业。

东阳市提出实施“双百工程”（百名高层次人才、百强企业）、实现“十百千万”（国家级大师十名以上，省、市级大师一百名以上，技师一千名以上，技工一万名以上）人才培育目标，市工艺美术行业协会、市红木家具行业协会均获技能等级认定资质，全年共培训351人次，发放证书215份。启动雕塑学院建设工程，形成《中国东阳雕塑学院建设方案（草案）》。

（杜宝燕）

行业协会

·工艺美术行业协会·

【概况】 2021年，东阳市工艺美术行业协会组织会员参展3次，参与人员163人，参展作品339件，获金奖43个、银奖63个、铜奖24个。全年开展木雕工技能培训146人，颁发等级证书141份。协助金华市工艺美术行业协会开展第五届金华市工艺美术大师评选工作。完成东阳市2021年“师带徒”申报和初、中级工艺美术专业技术职称申报工作。

2月1日，市工艺美术行业协会被金华市人力资源和社会保障局列为首批技能等级认定社会培训评价组织试点单位。7月26—28日，由浙江省技能人才评价管理服务中心主办的2021年浙江省技能人才评价考评人员业务培训（第三期）在金华市举行，东阳市4人获考评员证书。12月10日，浙江省工艺美术行业协会开展浙江省工艺美术行业师徒关系认定工作，东阳市12名工艺美术大师申报，收徒68人。12月23日，2021年度东阳市中、初级工艺美术专业技术职务任职资格评审结果公示，3人获工艺美术师职称；2人获助理工艺美术师职称。

【组织工艺美术行业培训及技能认定】 2021年6月17—26日，由市人力社保局、市总工会、市市场监督局（市木雕红木家居产业发展局）主办，市工艺美术行业协会、市工美木雕职业技能培训学校承办的2021年度东阳市木雕工技能人才提升培训暨技能人才比武大赛在东阳木雕小镇举行。参赛对象为从事木雕、竹雕工作满6年以上从业人员，采用理论与实操相结合形式进行培训，通过笔试加统一图稿实践操作考试。培训为期8天，报名人数53人，参赛人数51人，其中打坯组27人、修光组24人。单敏航、王惠鹏获一等奖、“东阳市技术标兵”称号，分别获奖金2000

2021年6月17日，2021东阳市木雕工技能人才比武大赛开幕式举行
（市工艺美术行业协会提供）

元；蒋华平、吴燕芳获二等奖、“东阳市技术能手”称号，分别获奖金1000元；斯响浩、潘惠刚、严梅、赵亚珍获三等奖、“东阳市技术能手”称号，分别获奖金500元。

10月19—21日，由市工艺美术行业协会、市工美木雕职业技能培训学校举办的2021年度木雕工中级技能（在校生）培训鉴定班在浙江广厦建设职业技术大学开班，93名在校生参训，通过考核90人，由市工艺美术行业协会认定木雕工四级技能等级并颁发证书。

【工艺美术行业活动】 2021年6月5—7日，第二十一届全国“村长”论坛在南马镇花园村举行，来自全国各地的农村基层代表、少数民族“村官”代表以及“三农”学者专家等参会。市工艺美术行业协会组织30余名工艺美术大师的作品陈列会议现场，作品包括木雕、竹编、竹雕等各式台屏、挂屏、落地屏系列。

7月10日至8月9日，由市委宣传部、市文广旅体局、市木雕红木家居产业发展局主办，市工艺美术行业协会、东阳中国木雕博物馆联合承办的东阳市工艺美术“我心向党”主题作品展在东阳中国木雕博物馆临时展厅举行，展出作品81件，展期1个月。10月，由市政协文史和学习委员会编纂的《“百年礼赞”庆祝中国共产党成立100周年东阳市工艺美术作品集》出版，收录展出作品。

7月11日，中竹家居生活广场黄学敏艺术馆开业仪式暨一站式服务平台“驻企服务站”授牌仪式在东阳市举行。同日，由国际竹藤组织、中国林学会、中国竹产业协会、中国工艺美术学会、浙江省林产业联合会、东阳市人民政府主办，东阳市木雕红木家居产业发展局、东阳市林业局、中竹商贸集团有限公司承办的2021中国（东阳）竹工艺产业发展大会在东阳市海天大酒店举行，300余人参加。

9月23—26日，由金华市经济和信息化局主办，金华市工艺美术行业协会、东阳市木雕红木家居产业发展局、东阳市经济开发区管理委员会承办，东阳市工艺美术行业协会、东阳木雕小镇协办的第六届金华市工艺美术精品展暨拟申报第五届金华市工艺美术大师人员作品考核活动在东阳木雕小镇举行。展览作品涵盖木雕、竹编、红木家具、金属雕、根雕、玉石雕、萤石雕、玻璃雕、水晶雕、剪纸、服装等多种艺术门类，其中米塑、木版年画首次在金华市工艺美术精品展展出。东阳市72人的230件作品参展，其中216件作品参加考核，共获130个奖项，其中金奖43个、银奖63个、铜奖24个。

9月27—29日，2021年全国行业职业技能竞赛——第五届全国家具职业技能竞赛浙江东阳赛区选拔赛在东阳木雕小镇开赛，全省67名选手参赛。比赛项目分理论考试和实操考核两项内容。该次选拔赛由市政府主办，市委人才办、市人力社保局、市木雕红木家居产业发展局、市总工会、东阳经济开发区管理委员会、市家具研究院联合承办，市红木家具行业协会、市工艺美术行业协会、省红木产业协会、浙江广厦建设职业技术大学、市职教中心学校等协办。东阳市有13人参加全国总决赛。

11月17日，东阳市第五届金华市工艺美术大师评选推荐现场设计和现场制作考试在东阳木雕小镇举办，62人参评。12月10日，金华市经济和信息化局公示结果，东阳市46人获“金华市工艺美术大师”称号。

2021年7月，2021年浙江省技能人才评价考评人员业务培训班（金华）开班仪式举行
（市工艺美术行业协会提供）

2021年9月23—26日，第六届金华市工艺美术精品展暨拟申报第五届金华市工艺美术大师人员作品考核活动举行　　（市工艺美术行业协会提供）

11月26日，以"守正·传承·创新"为主题的木雕文化线上交流活动在浙江广厦建设职业技术大学文体中心木雕艺术馆举行。活动由东阳市人民政府台湾事务办公室主办，陆光正、黄小明、陈国华、王向东、陈一中、胡先民6名工艺美术大师参加探讨交流，会场通过视频连线，探讨地方木雕文化产业的发展现状与趋势、交流当代木雕艺术创作与设计思想，分享高校培养木雕传承人才的经验，为传承与发扬中国木雕文化艺术献计献策。

（徐小红）

·红木家具行业协会·

【概况】 2021年，东阳市红木家具行业协会组织开展行业用工合规管理专项培训、"红创二代"培训暨中意设计创新基地——家具行业高级研修班。组织东阳市纯本森活红木家具有限公司、浙江豪族工贸有限公司参加2021深圳时尚家居设计周暨36届深圳国际家具展。第45、46届国际名家具(东莞)展览会期间，东阳市明堂红木家俱有限公司、东阳市东禹红木家具有限公司、浙江王盛记家具有限公司、东阳市汉府家具有限公司、东阳市恒达木业有限公司在名家居世博园参展。红木家具协会被省民政厅评为2021年度浙江省品牌社会组织。5月21日，东阳市红木家具行业工会联合会成立。

【红木家具行业品牌培育】 2021年2月7日，浙江卓木王红木家俱有限公司获2020年度金华市人民政府质量奖提名奖。3月19日，东阳市旭东工艺品有限公司获2020年度东阳市市长质量奖提名奖；东阳市旭东工艺品有限公司、东阳市御乾堂宫廷红木家具有限公司获2020年度中小企业科技创新奖。4月8日，东阳中国木雕城获评第一批浙江省知识产权保护规范化市场。6月16日，花园红木家具城被浙江省市场监督管理局认定为省五星级文明规范市场。9月23日，国祥红木家具有限公司、东阳市旭东工艺品有限公司获评2021年金华市专利示范企业。浙江九洲红家具股份有限公司、东阳市双洋红木家具有限公司、东阳市杜邦红木家具有限公司的3个项目通过"浙江制造品字标"认证。

浙江中信红木家具有限公司、浙江卓木王红木家俱有限公司、东阳市苏阳红红木家具有限公司、东阳市双洋红木家具有限公司、东阳市御乾堂宫廷红木家具有限公司、东阳市荣轩工艺品有限公司被新华社评为"品牌信用示范创建企业"。浙江大清翰林古典艺术家具有限公司吴向东、东阳市御乾堂宫廷红木家具有限公司张兴保被人力资源和社会保障部授予"全国技术能手"称号。

【职业技能等级认定试点】 2021年1月25日，金华市职业技能管理服务中心对东阳市红木家具行业协会开展职业技能等级认定试点工作进行实地查看和备案评估。3月，经金华市人力社保部门核准，市红木家具行业协会获批职业技能等级认定试点单位，可开展家具设计师、手工木工职业技能等级认定工作。

【家具设计师技能人才提升培训暨创新技能大赛】 2021年6月，由市人力社保局、市总工会、市木雕红木家居产业发展局、市家具研究院主办，市红木家具行业协会、市红木家具职业技能培训学校承办的2021年度东阳市家具设计师技能人才提升培训暨创新技能大赛在东阳中国木雕城举行。有20名选手获奖，汤淏敞获"设计之星·金奖"和"东阳市技术标兵"称号，金巧丹、王清获"设计之星·银奖"和"东阳市技术能手"称号，3人获"设计之星·铜奖"，14人获"设计之星·优秀奖"；有38名选手考评合格；有2人获家具设计师二级职业技能等级，36人获家具设计师三级职业技能等级。

【第五届全国家具职业技能竞赛浙江东阳赛区选拔赛】 2021年9月27—29日，2021年全国行业职业技能竞赛——第五届全国家具职业技能竞赛浙江东阳赛区选拔赛在东阳木雕小镇举办。选拔赛工种为木雕工，以木雕工国家职业技能标准中的高级技能(国家职业资格三级)为基准。有40名选手获奖，其中"工匠之星·金奖"1名、"工匠之星·银奖"2名、"工匠之星·铜奖"12名、"工匠之星·优秀奖"25名。

【木雕红木家具企业组团参加博览会】 2021年9月19—22日，由中国家具协会、北京环球博威国际展览有限公司主办的"衍生"2021中国红木家具文化博览会在北京·中国国际展览中心举行。东阳市明堂红木家俱有限公司、浙江中信红木家具有限公司、浙江上汐家居有限责任公司(大清翰林)、东阳市御乾堂宫廷红木家具有限公司、东阳市京熹家居有限公司、东阳市舜兴轩红木家具有限公司和东阳市七贤阁红木家具有限公司7家公司参展。

【中国工艺美术大师创新作品展云展】 2021年12月3日，由中国工艺美术协会、东阳市人民政府共同策划的百名中国工艺美术大师创新作品展云展启动。该次云展涵盖雕塑、陶瓷、漆器、刺绣、金属工艺、绘画、竹编、民间工艺等诸多门类共计百余件（组）作品。由亚太地区手工艺大师、中国工艺美术大师陆光正，中央美术学院教授萧立，清华大学美术学院教授王建中，中国美术学院教授钱云可，旅德雕塑艺术家杨铭等20余名艺术大师耗时两年共同创作的大型木雕作品《百年伟业》是重点展出作品。参展作品在新华网、新华丝路网和新华财经网上展示。

【中共历史展览馆红木装修业务】 2021年，中国共产党历史展览馆在首都北京开馆。该馆红木装修业务由东阳市双洋红木家具有限公司承接。8月6日，由中国工艺美术大师陆光正捐赠其创作的东阳木雕大型落地屏风《同心共筑中国梦》陈列于展览馆的党员宣誓厅。

【木雕红木家具企业冠名高铁专列】 2021年5月21日，由浙江中信红木家具有限公司独家冠名的品牌专列——“中信红木号”高铁列车首发仪式在上海市虹桥高铁站举行。列车运行线路覆盖上海市、浙江省杭州市、浙江省义乌市、浙江省金华市、江西省南昌市、江西省宜春市、湖南省长沙市等十几个重点城市。

【木雕红木家具企业服务全国第十四届运动会】 2021年9月，国家级大型体育赛事——全国第十四届运动会在陕西省举行，东阳市明堂红木家俱有限公司为主会场提供所有红木家具。第十四届全运会主会场西安奥体中心举办开幕式的体育场、举办闭幕式的体育馆、承担跳水和游泳比赛的游泳馆3处场馆内的家具（主席台观礼桌椅，贵宾书房家具，贵宾接待厅内的沙发、花几以及真丝绢花屏风等）由东阳市明堂红木家俱有限公司提供。

2021年东阳市木雕红木家具企业获国家级、省级、东阳市级荣誉一览表

表18

荣誉	企业（个人）名称	发布时间
全国技术能手	吴向东（浙江大清翰林古典艺术家具有限公司） 张兴保（东阳市御乾堂宫廷红木家具有限公司）	2021年7月30日
全国轻工技术能手	蒋东阳（东阳市南市珍木居家具厂） 王均火（浙江中信红木家具有限公司） 何耀明（东阳市城东兴艺古典工艺家具厂） 田霖霞（浙江广厦建设职业技术大学）	2021年3月30日
品牌信用示范创建企业	浙江中信红木家具有限公司 浙江卓木王红木家俱有限公司 东阳市苏阳红红木家具有限公司 东阳市双洋红木家具有限公司 东阳市御乾堂宫廷红木家具有限公司 东阳市荣轩工艺品有限公司	2021年5月8日
2021年度浙江省品牌社会组织	东阳市红木家具行业协会	2021年10月27日
第一批浙江省级知识产权保护规范化市场	浙江东阳中国木雕城	2021年4月8日
2021年度浙江省“守合同重信用”A级企业	东阳市古艺祥红木家具有限公司	2021年12月15日
2020年度金华市人民政府质量奖提名奖	浙江卓木王红木家俱有限公司	2021年2月7日

续表18

荣誉	企业(个人)名称	发布时间
2021年金华市专利示范企业	国祥红木家具有限公司	2021年9月23日
	东阳市旭东工艺品有限公司	2021年9月23日
2020年度东阳市市长质量奖提名奖	东阳市旭东工艺品有限公司	2021年3月19日
2020年度中小企业市长科技创新奖	东阳市旭东工艺品有限公司	2021年4月15日
	东阳市御乾堂宫廷红木家具有限公司	2021年4月15日
“浙江制造品字标”认证企业	东阳市双洋红木家具有限公司	2021年6月28日
	浙江九洲红家具股份有限公司	2021年6月25日
	东阳市杜邦红木家具有限公司	2021年8月23日

（郑文婷）

东阳木雕小镇

【概况】 2021年，东阳木雕小镇完成固定资产投资3.82亿元，完成税收1.12亿元。吸引30名省级以上工艺美术大师入驻，其中亚太地区手工艺大师3人、中国工艺美术大师6人、浙江省工艺美术大师21人。文化创意园区入驻项目22个，其中21个项目主体结顶。

1月25日，东阳木雕小镇入选第五批金华市非物质文化遗产旅游景区“非遗主题小镇”。2月6日，东阳木雕小镇研学基地加入东阳市退伍军人事务局“崇军商家联盟”。4月27日，东阳木雕小镇被授予“金华市关心下一代教育基地”称号。7月，东阳木雕小镇入选“2020金华文旅好评榜”“金华好景色”，浙江梵沐记工艺美术有限公司的“玉兔拢月按摩礼盒”入选“金华好手礼”。10月，东阳木雕小镇入选全省首批退役军人就业创业基地名单。11月，浙江省命名和创建特色小镇2020年度考核结果公布，东阳木雕小镇考核优秀，是金华市命名的特色小镇里唯一一个优秀等级特色小镇，也是浙江省唯一一个历史经典产业类优秀等级特色小镇。12月，东阳木雕小镇入选“在浙学”浙江省市民终身学习体验基地、全省首批“城镇风貌样板区”试点建设名单、第三批浙江省关心下一代教育基地。

2021年，中国工艺美术大师黄小明创作的作品《领航》参加在嘉兴市举行、由中国工艺美术学会主办的红船精神——中国工艺美术大师“百名大师·百件作品”红色主题展。浙江省工艺美术大师李强为庆祝中国共产党成立100周年，制作《红船精神》《逆行者》两个作品。

【小镇活动】 2021年，东阳木雕小镇举办2021年度东阳经济开发区“小候鸟计划”夏令营活动、“万朵鲜花送雷锋”活动，开展“各界‘女神’走进木雕小镇 共赴生活美学之旅”活动，举办“立党性、走党路、不忘初心”首届党建定向越野赛，与必胜客联合推出“大美非遗，必胜牛年”木雕文化体验活动。向海内外观众直播介绍东阳木雕、东阳竹编等传统文化与技艺，全球超百万观众在线观看。

【小镇研学传承】 2021年，东阳木雕小镇依托工艺美术大师核心资源，在传统师徒传承的同时，通过校企合作创新现代学徒制度，构建产教融合新模式，打造综合性省级研学实训基地，总结出“中小学生研学+大学生实训实习+木雕从业者技能培训”传承经验。东阳木雕小镇开展近100场红色研学体验活动，吸引3.3万名学生开展研学、实践活动。

【公用型保税仓库建设】 2021年，东阳公用型保税仓库推动打造新型通关路径，提升贸易层级。12月，实现上海港直达保税仓，有81个柜分19次进入东阳保税仓。至此宁波港、舟山港、上海港货物均可直达保税仓。全年完成进口货柜量2000个。保税仓由东阳快牛保税物流有限公司(简称快牛保税)运营，与快牛保税达成战略合作的国际贸易商33家，其中包括大宗商品集采公司4家；快牛保税招商引资企业36家。根据“公用型保税仓+保税延伸普通仓+产业供应链服务”的运营模式，快牛保税与花园集团有限公司合作，建成花园保税延伸普通仓并投入使用。快牛保税提供从原料采购到成品销售的全产业供应链服务，通过快牛保税集采模式，缩短产业供应链，稳定原料供给，降低企业采购成本。

【镇校合作】 2021年6月1日，东阳木雕小镇首次举行传统拜师礼，东阳职教中心2019级木雕专业的28名学生分别与木雕小镇7名木雕师傅现场结对，举行拜师礼。28名学生在大师工作室开展为期一个月的学习和实践活动，每人完成一件木雕作品，在结业典礼上评出12个奖项，表彰优秀作品。

（吴雅真）

东阳中国木雕城

【概况】 2021年，东阳中国木雕城实现市场成交额186亿元，完成税收1812万元。东阳中国木雕城举办“心有国风·玩美女神”等多项线上、线下大型活动，协办第二届中华大师汇、第十六届中国木雕竹编工艺美术博览会、第三届中国红木家具展览会，承办“3·15”国际消费者权益日纪念大会。东阳中国木雕城获评金华市木雕定制消费教育基地、2020年度东阳市融媒体中心宣传协作先进单位、中国商品市场综合百强。年内，接待阿里巴巴合伙人考察团、云南省剑川县考察团、《中国红木产业发展现状调查》项目调研组等7批考察团和调研组。

2021年6月27日，东阳中国木雕城木制品检测中心揭牌仪式举行

（东阳中国木雕城提供）

【《百年伟业》木雕作品】 2021年7月1日，中国木雕博物馆为献礼中国共产党成立100周年，展出一组由亚太地区手工艺大师陆光正主创的木雕作品《百年伟业》，展示中国共产党成立100周年艰苦卓绝的奋斗历程。《百年伟业》分为《峥嵘岁月稠》《建立新中国》《春天的故事》《共筑中国梦》四个篇章（四幅木雕屏风）。作品由陆光正携手中央美术学院、清华大学美术学院、中国美术学院的雕塑艺术家等共同完成，每个篇章都对应一幅宽7.1米、高3.1米、厚1.1米的大型木雕落地屏风，款型统一，篇篇独立，又互为一体。以舞台艺术表现形态为样式，以东阳平面木雕为背景，以立体圆雕人物为主角，运用灯光艺术，形成舞台剧的意境和效果，展现出独特的艺术感染力。

【东阳非遗灯饰摆件入选“2020金华文旅好评榜”】 2021年9月17日，“2020金华文旅好评榜”颁奖典礼在金华市举行。发布会现场揭晓获奖榜单，包括“金华好景色”“金华好味道”“金华好传承”“金华好村落”“金华好声音”“金华好饭店”“金华好手礼”“金华好民宿”八大奖项。由复星国风文化产业集团旗下的“欢晌”品牌打造的“玉兰·欢”东阳非遗灯饰摆件入选“金华好手礼”。

【打造东阳电商直播基地】 2021年，位于东阳中国木雕城红木家具馆的东阳抖音电商直播基地完成12.5亿元商品交易总额，入驻商户1800家，其中活跃商户1200家，成功孵化大倩红木、壹乾星月、红又红等多个亿级、千万级商户。

6月27日，东阳中国木雕城木制品检测中心获批成立。自8月6日起，东阳抖音电商直播基地在原有木作文玩产品经营类目上获准增加“木带宝”类产品，基地商家经营维度拓宽。双十一购物节期间，东阳电商直播基地完成商品交易总额1.03亿元，占全年商品交易总额的8.24%。

（蔡琳辉）

花园红木家具城

【概况】 2021年，花园红木家具城参加中国木材与木制品流通协会第八届会员代表大会暨后疫情时代木业发展高峰论坛，举办2021中国·花园红木文化节，创建省五星级文明规范市场，成立政务事务一站式服务中心，设立新能源汽车充电服务站，开发“花园购”智慧化交易、智慧导航终端平台，引进便民服务设施、阳光厨房，设立法官调解室、经营户之家等

2021年6月5日，第八届中国·花园红木文化节在花园红木家具城举行

（包康轩/摄）

场所，将红木家具E区升级为现代家居体验馆，联合市市场监督管理局举办知识产权保护专题培训。

【第六届中国·花园红木文化节】 2021年5月5日，花园红木家具城市场投入2000余万元召开2021中国·花园红木文化节动员大会，市场2000余家商户参会，现场设置奖品回馈消费者。

6月5日，举办以“红木艺术喜颂盛世”为主题的第六届中国·花园红木文化节。该次红木文化节延续“工匠精神 花园传承”大主题，组织木工、刮磨工、雕刻工进行传统红木家具的榫卯、刮磨及雕刻制作工艺展示，分享花园红木产品文化韵味。红木文化节实现成交额8.09亿元。

【现代家居体验馆建设】 2021年，花园红木家具城将红木家具E区升级为现代家居体验馆。12月18日，花园现代家居体验馆一期升级改造完成，引进丽星、卡昂、佳尼、席梦思等20余家国内外知名品牌，经营面积1万余平方米，经销品类以客厅、餐厅、卧房用品为主。

（周姣姣）

建筑业

【概况】 2021年，东阳市有资质以上建筑企业240家（不含劳务分包企业），其中特质企业7家、一级企业53家、二级企业63家、三级及以下企业117家。建筑企业签订合同额1734.1亿元，比上年下降5.8%。房屋施工总面积3.3亿平方米，比上年下降1%，其中新开工面积5898万平方米，比上年下降19.5%。完成建筑业总产值1755.5亿元，比上年增长5%。省内产值427.6亿元，比上年增长11.3%；省外实现产值1327.9亿元，占总产值的75.6%。实现超10亿元建筑市场（以省级为单位）27个，比上年增加1个；超30亿元建筑市场19个，比上年增加5个；超50亿元建筑市场10个，比上年减少11个；超100亿元建筑市场1个，比上年减少1个。实现建筑业入库税金46.5亿元，比上年增长33.18%，占全市财政总收入的32.04%。国资收购建筑业总部中心大楼，打造建筑业"店小二"服务中心2.0版。市住建局搬迁至建筑业总部中心。

4月，省长郑栅洁、常务副省长陈金彪分别在省政府研究室2021年第16期《调查与思考》中的《东阳市推进建筑业发展主要做法、存在问题及对策建议》专报作出"推广东阳做法"批示。5月，省政府印发《对2020年落实有关重大政策措施真抓实干成效明显地方予以督查激励的通报》，东阳市被列为"推动建筑业平稳健康发展成效较好的县（市、区）"。

【建筑品牌建设】 2021年，东阳市建筑企业获国家专利177项，省级工法57项，获国家级QC成果15项、省级QC成果114项。获"国家优质工程奖"2项、中国安装之星1项、中国建筑工程装饰奖1项、中国园林工程奖1项。中天建设集团承建的位于武汉的金银湖协和医院工程获"鲁班奖"，全市"鲁班奖"小金人增至46座。由浙江省东阳木雕古建园林工程有限公司参建的观音文化园（观音圣坛、正法讲寺）项目获"鲁班奖"。

【建筑产业论坛】 2021年9月，第三届世界东阳人发展大会——建筑产业论坛在南马镇花园村召开，论坛邀请13名建筑行业专家代表、23家建筑企业代表、浙江广厦建设职业技术大学代表参加，探讨新常态下建筑业创新发展。会议交流建筑业改革形势，分享先进地区、典型企业典型经验。市委、市政府提出加快从"建筑大市向建筑强市"发展的目标，构建以创建和建设"浙江省建筑业高质量发展综合实验区"为核心的"一区一园一院"（一区：浙江省建筑业高质量发展综合实验区；一园：东阳市建筑科技产业园；一院：东阳市建筑科技研究院）新发展格局，推动传统建筑业转型升级。市建筑科技研究院院长吴京汇报东阳市建筑科技研究院工作情况。东南大学党委常委、副校长吴刚，河海大学研究生院副院长陈永辉，华东建筑设计研究院结构总工程师包联进，上海企树科技董事长王振宇，鲁班软件董事长杨宝明等发表主题演讲。

【建筑行业招商】 2021年，东阳市推进建筑业招商工作，为建筑业高质量发展注入持续动力。完成建筑业招商税收16.45亿元，比上年增长0.95%。歌山镇、湖溪镇、巍山镇、白云街道、六石街道、江北街道、千祥镇为建筑业招商税收超亿元镇乡（街道）。歌山镇建筑业招商税收连续两年超2亿元。

2021年9月，第三届世界东阳人发展大会——建筑产业论坛召开

（市住建局提供）

【东阳市建筑科技研究院工作】 2021年,市建筑科技研究院完成7项专利研发成果。为东阳市建筑企业提供技术支持,相继走访十余家东阳市建筑相关企业开展技术交流,组织校方、业内专家到东阳市考察,举办学术交流会、报告会,推广交流建筑行业新型技术研发的经验和成果。4月,举办东南大学基础设施智慧建造与运维暨新型建筑工业化技术产品成果发布会;9月,组织"第二届东阳市建筑科技论坛";10月,参与协办"第二届全国基础设施智慧建造与运维学术论坛"。在南京市举办"装配式装修"主题研讨会。

【《建筑业"十四五"发展规划》编制】 2021年,市住建局规划以设立高质量发展实验区为主线,明确六大重点发展领域:促进建筑施工向制造转、加快"走出去"发展步伐、推进建筑产业转型发展、持续加强资质企业培育力度、加快推进新型建筑工业化、诠释建筑文化新维度。9月3日,建筑业"十四五"发展规划经市政府九十五次常务会议研究通过。9月22日,联合市发改局发文《关于印发〈东阳市建筑行业"十四五"发展规划〉的通知》,规划范围涵盖东阳市建筑业,包括勘查、设计、施工、监理和其他中介服务等环节,重点为建筑施工环节。

【建筑产业工人培育】 2021年,东阳市太学职业技能培训学校装配式产业工人培训基地,培训产业工人214人,其中装配式师资培训49人、装配式考评员培训36人、装配式学生培训120人、专项东阳市退役军人装配式建筑培训9人。依托广厦大学组织建设类培训考试培训22824人,其中三类人员16905人次、特种人员4735人次、现场管理人员1184人次。

【建材集中采购】 2021年,东阳建筑供应链服务有限公司以浙江省杭州市、江西省南昌市、安徽省合肥市3个区域的配送中心,为全市数十家建筑企业提供服务,业务遍布国内20余个省份,集采钢筋等建材25.08万吨,金额12.63亿元。集采平台交易量90.05万吨,金额38.65亿元。

【建筑业维权】 2021年,建筑业公检法联动维权。建筑业犯罪侦查中心受理案件19件;建筑业检察事务中心受理批捕案件31件,批准逮捕4人,起诉25人,提起公诉9人。建筑业巡回法庭诉讼正式立案1281件,结案1228件。首次申请执行立案938件,结案859件,总结案标的98441万元(含诉讼保全标的)。

(郭郁莎)

建筑企业选介

·中天建设集团有限公司·

【概况】 2021年,中天建设集团有限公司(简称中天建设集团)完成产值1187亿元,年竣工面积超4100万平方米,承接装配式建筑面积超1300万平方米。中、高级工程师2800余人,注册建造师、注册造价师、注册建筑师、注册结构师等注册类人员2300余人,列中国承包商80强第8位。获"浙江省建筑产业化现代化示范企业""浙江省市政行业先进单位"等称号。

中天建设集团获中国建设工程鲁班奖1项(武汉金银湖协和医院建设工程),国家优质工程奖1项(陕西出版传媒产业基地建设工程),中国安装之星1项(陕西出版传媒产业基地机电安装工程),建设工程项目施工工地安全生产标准化学习交流项目7项、省级优质工程48项、省级安全文明工地133项。获省级主管部门科学技术奖2项;国家级协(学)会科学技术奖2项,省级协(学)会科学技术奖9项;住建部科技示范工程验收1项;国家级协会竞赛奖11项;国家级协会BIM竞赛奖22项,省级协会BIM竞赛奖19项;国家级QC成果奖8项,省级QC成果奖82项;主导参与编写地方标准6项,团体标准12项;发明专利授权6项,实用新型专利授权93项;计算机软件著作权5项;省级工法39项;省级绿色施工示范工程20项,省级新技术应用示范工程9项。

【武汉金银湖协和医院建设工程获鲁班奖】 2021年12月14日,中国建筑业协会公布2020—2021年度中国建设工程鲁班奖(国家优质工程)评审结果,武汉金银湖协和医院工程获中国建设工程鲁班奖。金银湖协和医院是武汉协和医院的新院区,为湖北省重点民生工程。该工程总建筑面积15.68万平方米,由中天建设集团第六建设公司施工总承包,于2018年7月18日开工,2020年6月28日竣工,2021年4月投入使用。

【陕西出版传媒产业基地项目获国家优质工程奖】 2021年12月6日,中国施工企业管理协会公布2020—2021年度国家优质工程奖获奖名单,

2021年7月23日,投入使用的武汉金银湖协和医院全景(中天建设集团提供)

2021年中天建设集团承建的标志性工程一览表

表19

序号	承建单位	工程名称	项目业态	合同造价（万元）	建筑面积（平方米）
1	中天一建	温州永嘉雅林地块建设项目（未来社区）EPC项目	住宅、写字楼、商场、公共场馆等综合业态	246717	565064
2	中天二建	莫干山医疗中心施工总承包	医院	1116567	287208
3	中天三建	上海曹路D1E-11地块（办公及住宅）及D1B-6地块（商办）项目施工总承包	综合体	896477	257009
4	中天四建	中国智能骨干网北京平谷项目施工总承包工程	物流仓储	474897	139535
5		来广营项目西楼拆除及改建工程	改造加固	15365	74584
6	西北集团（中天五建）	西安龙威半导体有限公司"8英寸功率半导体制造项目"工程总承包	工业厂房	27282	53284
7	中天六建	武汉翡翠中心项目二期总承包工程	写字楼	48468	211396

由中天建设集团总承包施工的陕西出版传媒产业基地项目获国家优质工程奖。该项目位于西安市，是陕西省"十二五"重大文化产业项目。由两座高层办公楼、裙房及地下车库组成，框架核心筒结构，建筑高度99.75米，总建筑面积7.4万平方米。

【阿尔及利亚1814/3000套住房项目】 2021年7月，中天建设集团（中天海外）承建的1814/3000套住房项目交房仪式在阿尔及尔省巴巴哈森市举行。阿尔及利亚总理Aïmane Benabderrahmane、阿尔及利亚住房部部长Tarek Belaribi等领导人出席仪式。阿尔及利亚1814/3000套住房项目由阿尔及利亚住房部住房发展改善司（AADL）投资兴建，总建筑面积20万平方米，合同总造价60.73亿第纳尔。

（张乐源）

·海天建设集团有限公司·

【概况】 2021年，海天建设集团有限公司（简称海天建设）完成产值156.46亿元；承接业务136.9亿元；获中国建设工程安全生产标准化工地1项、省级优质工程8项、省级优质结构工程5项、省级文明工地17项、省级绿色工地3项、省级智慧工地1项；国家级实用新型专利9项，国家级发明专利1项，国家级QC成果奖6项、省级QC成果奖11项，省级工法5项，上海市新技术示范工程1项。海天建设获评"浙江省民营企业百强""浙江省建筑业现代化示范企业""浙江省AAA级守合同重信用企业""浙江省建筑业先进企业""浙江省民营企业就业100强""天津市建设行业优秀诚信企业""金华市先进建筑业企业"等称号。6月，海天建设开展"安全生产月""安全生产万里行"活动，以"防风险、除隐患、遏事故"为主题，开展在建工程的消防、救援等应急演练133场次。开展"安全月"宣传活动，制作宣传专栏490项，悬挂大型条幅630条。

【金华广播电视大学（浙江商贸学校）扩建二期工程入选浙江省钱江杯】 2021年10月，浙江省住房和城乡建

2021年海天建设获省级优质工程一览表

表20

序号	工程名称	荣誉称号	表彰单位	表彰时间
1	凯旋1号	广西建设工程"真武阁杯"	广西建筑业联合会	2021年4月
2	枫泾镇H3H4地块商品房项目二期K5标26号房	上海市建设工程"白玉兰"	上海市建筑施工行业协会	2021年8月
3	金华广播电视大学（浙江商贸学校）扩建二期工程	浙江省建设工程"钱江杯"	浙江省住房和城乡建设厅	2021年10月

续表20

序号	工程名称	荣誉称号	表彰单位	表彰时间
4	明华香峪兰溪1.5期31号楼	辽宁省建设工程“世纪杯”	辽宁省建筑业协会	2021年12月
5	明华香峪兰溪二期4号楼	辽宁省建设工程“世纪杯”	辽宁省建筑业协会	2021年12月
6	明华香峪兰溪二期6号楼	辽宁省建设工程“世纪杯”	辽宁省建筑业协会	2021年12月
7	辽宁中医药大学附属第二医院扩建门诊病房科研教学综合楼	辽宁省建设工程“世纪杯”(参建)	辽宁省建筑业协会	2021年12月
8	新民市宜居乡村建设2016年增加村内道路及边沟改造项目施工二标段	辽宁省建设工程“世纪杯”(参建)	辽宁省建筑业协会	2021年12月

2021年海天建设承建的重点工程一览表

表21

序号	项目名称	合同造价(万元)	建筑面积(平方米)
1	横店星耀城项目三期工程	17500	156176
2	横店高中新建项目	33785.1	105796
3	江干区笕桥职业高级中学项目一标段	18420.99	40528
4	凯旋1号上水湾(原大西洋上水湾原船厂地块)五期6~8号楼、15~17号楼及五期6~8号楼、15~17号楼地下室工程	35895.08	187101
5	徐州港利·上城国际五期建筑安装工程	20009.73	106517
6	徐州港利·上城国际2013-94号项目地块(三期)工程	25500	145409
7	佛山保利中交大都汇项目三期一标土建及水电安装工程	18849.75	127000
8	徐州汇景·君悦府	34800	170000
9	徐州2020-88(徐矿城西B-1地块)定销房项目	49291.38	172731
10	徐州威盛房地产开发有限公司2019-38号地块房地产开发项目D地块一标段	26403.12	114448
11	徐州梨园项目总包工程	23785.13	116638
12	安徽保利肥西FX202114-2号地一标段土建及水电安装工程	24865.5	145700
13	辽宁新宾满族自治县人参现货交易中心及配套住宅项目	72900	205661
14	金华信息经济产业园(二期)7-1号、2号、3号楼幕墙工程	14299.84	171227
15	保利江湾大都汇1号、12号、13号、14号、18号、19号、22号、地下室C区、D区、M1、M2、更衣室、垃圾收集站	24726.65	128638
16	保利云城名苑工程	44846.06	190672
17	南京六合G89项目住宅地块二标段总承包工程	26227.22	130353

设厅公布2021年度浙江省建设工程钱江杯(优质工程)考核认定名单,由海天建设集团承建的金华广播电视大学(浙江商贸学校)扩建二期工程入选。金华广播电视大学(浙江商贸学校)扩建二期工程位于金华市清照路18号,总建筑面积36096.38平方米,其中学生宿舍楼建筑面积19058.36平方米(地上面积12409平方米、地下面积6649.36平方米),建筑高度29.34米。信息综合楼建筑面积17038.02平方米,建筑高度31.8米。

(吴凯乐)

2021年1月,国网浙江省电力公司电力器材试验研究用房

(广厦建设集团提供)

·广厦建设集团有限责任公司·

【概况】 2021年,广厦建设集团有限责任公司(简称广厦建设集团)总资产151亿元,净资产73亿元,完成建筑业总产值27.77亿元。有各类经济、工程和技术人员7000余人,中高级职称人员2000余人。

【重点建设工程】 2021年3月,由广厦建设集团承建的余杭智能电网产业基地项目B区块(国网浙江省电力公司电力器材试验研究用房)获评2020年度浙江省建筑施工安全生产标准化管理优良工地。该工程位于杭州未来科技城永乐地块,工程总建筑面积23300平方米(地下建筑面积2720平方米、地上建筑面积20580平方米)。工程于2017年1月26日开工,2020年3月25日竣工,2021年2月8日备案完成。工程推广应用了住建部"十项新技术"中的8个大项17个小项,应用水平达到省内领先水平。12月7日,陕西省咸阳市三原县安全文明工地现场观摩活动在恒大文化旅游康养城(B01-09地块)举行。三原县建设工程质量安全监督站和多家建筑施工单位及房地产开发企业等相关人员百余人参加。该项目由广厦建设集团西安分公司承建。

(蔡　莉)

·歌山建设集团有限公司·

【概况】 2021年,歌山建设集团有限公司(简称歌山建设集团)完成产值103亿元。截至年末,总资产超70亿元,管理人员5602人。歌山建设集

2021年广厦建设集团工程获奖情况一览表

表22

序号	获表彰工程名称	荣誉称号	表彰单位	表彰时间
1	绿洲嘉园21~24号楼、26~30号楼、33~36号楼、东侧地下车库、配套公建四工程28号楼	2020年度天津市建设工程"海河杯"获奖工程	天津市建筑业协会	2021年4月
2	2012年公租房怡和苑(二期)C1-C6号楼	2018—2020年度江西省优质建设工程	江西省住房和城乡建设厅	2021年5月
3	西沣路地区城中村综合改造项目DK-6-2	2021年第三批陕西省建筑优质结构工程	陕西省建筑业协会	2021年11月
4	紫薇东进DK2-1标段	2021年第三批陕西省建筑优质结构工程	陕西省建筑业协会	2021年11月
5	香榭御城二期10号-A座公寓、10号-B座公寓、10号商业及地下车库	2021年第三批陕西省建筑优质结构工程	陕西省建筑业协会	2021年11月

(蔡　莉)

团获评“2021浙商全国500强(123位)”“2021浙江民营企业200强(126位)”“2020年度浙江省建筑业先进企业”“浙江省建筑产业现代化示范企业”“2021年度浙江省民营企业社会责任100家领先企业”等称号。

【金华市人民医院医养大健康综合体(金华市人民医院迁建项目)入选浙江省钱江杯】 2021年10月,省住房和城乡建设厅公布2021年度浙江省建设工程钱江杯(优质工程)考核认定名单,由歌山建设集团承建的金华市人民医院医养大健康综合体(金华市人民医院迁建项目)入选。金华市人民医院医养大健康综合体(金华市人民医院迁建项目)北标段总承包工程项目位于金华市丹溪东路267号,建筑面积125107.45平方米。地上建筑面积69453.61平方米(其中北病房楼地上13层,建筑面积50053.49平方米;门诊楼地上5层,建筑面积15624.54平方;公卫楼建筑面积3686.53平方米;公厕建筑面积89.06平方米),地下建筑面积55653.84平方米。主体结构设计基准期为50年,结构设计使用年限为50年。

2021年歌山建设集团工程获奖情况一览表

表23

序号	工程名称	荣誉名称	表彰单位	表彰时间
1	蔚秀二期9~18号楼、25~26号楼、29~30号楼及地下车库一、二层工程	2020年度天津市建设工程“海河杯”奖	天津市建筑业协会	2021年4月
2	金华市人民医院医养大健康综合体(金华市人民医院迁建项目)	2021年度浙江省建设工程钱江杯(优质工程)	浙江省住房和城乡建设厅	2021年10月

(朱　杰)

·浙江新东阳建设集团有限公司·

【概况】 2021年,浙江新东阳建设集团有限公司(简称新东阳建设集团)承接业务合同金额69.62亿元,其中,国有投资类项目15.9亿元,占23%;大房企类项目14亿元,占20%;央企国企分包类项目6亿元,占8.6%;EPC类业务8.5亿元。开拓江苏省、天津市、云南省等省市业务基地。缴纳东阳地方税收7928.61万元,亩产税收724.7万元。新东阳建设集团获评浙江省先进建筑业企业、浙江省工商企业信用AAA级守合同重信用单位、金华市建筑业诚信企业、金华市先进建筑业企业、金华市和东阳市建筑业龙头骨干企业。

4月,汤林御府三期获评河北省安全文明工地;8月,万雅大厦项目获评河南省安全文明标化示范工地。

【万雅大厦项目获评“河南省安全文明标化示范工地”】 2021年8月,经河南省住房和城乡建设厅评审,由新东阳建设集团十公司承建的万雅大厦项目获评市2021年河南省建筑工程安全文明标准化示范工地。万雅大厦位于安阳市北关区中华路与万金大道交会处,北邻环城高速出入口,总高79.9米,共25层,是万雅国际商贸城的标志性建筑,由浙江万雅集团投资开发。项目规划总占地110公顷,总建筑面积200万平方米,是河南省重点项目、“千亿服装产业基地”的主要承载项目。万雅大厦项目建筑采用框架结构,玻璃幕墙,两梯四户,双安全通道。

【承接“天津武清项目”】 2021年9月28日,新东阳建设集团海南分公司成功承接天津武清项目,该项目位于天津市武清区新开路,由经纬集团天津公司投资开发,建筑面积为94266平方米,其中地上面积62342.90平方米、地下面积为31923.10平方米。共五栋楼,分别为27号32层、28号18层、29号28层、32号32层、33号32层。合同造价22658万元。该项目采用铝合金建筑模板系统,一套模板正常施工4~5天一层。该项目使用品质优良的爬架工艺,在增加施工效率的同时提升工人们的安全保障。

2021年11月21日,陇南市教师安居住房建设项目举行开工仪式

(新东阳建设集团提供)

2021年新东阳建设集团获国家级发明专利情况一览表

表24

序号	专利名称	发明人	专利号	获奖时间
1	一种房建施工高效降尘装置	何利刚、马　骏、胡秀芬、卢思伟、李　超	ZL202021040133.9	2021年1月
2	一种房建施工现场用放线架	马晨磊、郭伟平、卢征远、何福旦、叶　昂	ZL202021040134.3	2021年1月
3	一种建筑模板加固装置	王　琳、谢武金、陈元宝、章定红、钟华良	ZL201910644440.3	2021年3月
4	一种用于房建施工的可调节施工平台	卢大伟、俞桂良、杨成钢、谢武金、吴秀芝	ZL202011101640.3	2021年8月

2021年新东阳建设集团获国家级工法情况一览表

表25

工法编号	工法名称	完成人	完成时间
2020194	可调节基座架空支撑架预制面板沉箱式卫生间施工工法	谢武金、龚承钢、王琳、马晨磊、吴秀芝	2021年11月

【陇南市教师安居住房建设项目举行开工仪式】 2021年11月21日，由新东阳建设集团鑫盛装饰承建的陇南市教师安居住房建设项目，在陇南市武都区东江镇古城路项目部现场举行开工仪式。该项目建筑总面积300万平方米。开工的紫庭雅园项目占地8公顷，总投资约8亿元，总建筑面积26万平方米，共1800套住房、1301个车位，小区配套幼儿园、社区综合服务用房、卫生服务用房、物业管理用房、环卫用房、公厕、公共活动场地、停车及充电和智慧物业管理等设施。

【金源海湾文化城项目获三项广东省级奖】 2021年12月11日，由新东阳建设集团承建的广东省茂名市金源海湾文化城项目一期二区工程分别获广东省建筑安全协会颁发的“广东省房屋市政工程安全生产文明施工示范工地”“广东省建设工程项目施工安全生产标准化工地”和广东省建筑业协会评选的“广东省建设工程优质结构奖”三项广东省级大奖。金源海湾文化城项目由广东省茂名市金源海湾房地产开发有限公司开发，建筑面积12.56万平方米。

（金锦超）

·天祥建设集团股份有限公司·

【概况】 2021年，天祥建设集团股份有限公司（简称天祥建设集团）完成产值40.3亿元，有中、高级工程师260余人，注册建造师、注册造价师、注册建筑师、注册结构师等注册类人员百余人。承接的项目建筑面积超421万平方米，施工合同额超73.4亿元。获评金华市建筑业龙头企业、东阳市建筑业龙头企业。天祥建设集团获2020年度东阳市市长质量奖提名奖、2020年度东阳市建筑业龙头企业。在中国施工企业管理协会负责的第二届工程建设行业BIM大赛中获建筑工程应用类三等成果；“三标一体”认证通过。

【PI体系发展】 2021年5月28日，首个PI体系（免模装配一体化钢筋混凝土结构体系）产业园——天祥兰溪智慧建造基地项目动工；7月，新型消能框架系统的应用及关键技术研究项目获“2021年度广东省优秀工程勘察设计奖”科技创新专项二等奖；11月19日，由广州容联建筑科技有限公司、清华大学主编，天祥建设集团、广州容柏生建筑工程设计咨询有限公司、星联钢网（深圳）有限公司、广州容联派预制构件有限公司单位参编的《免模装配一体化钢筋混凝土结构技术规程》（T/CE-CS 949-2021）正式发布实施。

【建筑新技术交流】 2021年3月12日，上坤集团助理总经理郭彬到首个PI装配式项目——保利紫山项目考察交流。3月13日，兰溪市委副书记、市长王新锋到由天祥建设集团承建的保利紫山项目（全国首个全装配式建筑项目）调研考察。5月9日，兰溪市人大常委会主任刘成芝到天祥建设集团承建的保利紫山项目考察指导。9月11日，金华驻深办领导到天祥建设集团考察交流，双方就PI新型装配式建筑开展交流。9月13日，江西省景德镇市浮梁县委书记程新宇到天祥建设集团考察交流，双方就PI体系、项目管理软件、供应链业务

2021年天祥建设集团优质工程一览表

表26

序号	工程名称	获奖名称	表彰单位	表彰时间
1	保利·天悦地块三、地块五	优质结构工程——工程荣誉(市级)	西安市建筑业协会	2021年1月
2	新城吾悦华府	安全生产标准化工地——工程荣誉(市级)	合肥市建筑工程协会	2021年2月
3	十里尚堤南苑4栋住宅楼	优质结构工程——工程荣誉(省级)	广东省建筑业协会	2021年3月
4	钦州碧桂园·十里金滩A标	安全文明工地——工程荣誉(市级)	钦州市建筑业联合会	2021年5月
5	梅州佳都智慧绿洲工程	2021年质量标杆奖	方圆集团	2021年6月
6	百集龙商业广场A1地块	2020年度昆明市建设施工安全生产标准化工地	昆明市住房和城乡建设局	2021年6月
7	百集龙商业广场A1地块	2021年度昆明市工程建设质量管理小组	昆明市建筑业协会	2021年6月
8	天誉南宁东盟创客城东盟塔	建设工程BIM大赛奖——企业荣誉(国家级)	中国施工企业管理协会	2021年6月
9	钦州碧桂园·十里金滩A标	2021年上半年广西壮族自治区建设工程施工安全文明标化工地	广西工程建设质量安全管理协会	2021年7月
10	吾悦广场4号、5号住宅楼工程被评为2020年度淮安市优质结构工程	优质结构工程——工程荣誉(市级)	淮安市住房和城乡建设局	2021年7月
11	朗玥湖山1号楼、2号楼、3号楼、4号楼及地下室	优质结构工程——工程荣誉(省级)	广西建筑业联合会	2021年7月
12	梅州佳都智慧绿洲工程	安全文明示范工地——工程荣誉(市级)	梅州市建筑业协会	2021年7月
13	兴进珺府1~3号、5~9号楼	优质结构工程——工程荣誉(省级)	广西建筑业联合会	2021年7月
14	柳城碧桂园二期9号楼、11号楼及地下室工程	优质结构工程——工程荣誉(省级)	广西建筑业联合会	2021年7月
15	鹿鸣碧桂园4号、6~13号楼及地下室	优质结构工程——工程荣誉(省级)	广西建筑业联合会	2021年7月

2021年天祥建设集团获国家级发明专利情况一览表

表27

序号	专利名称	专利类型	专利号	授权公告日期
1	一种屈曲约束支撑伸臂桁架及复合式减震高层结构体系	实用新型	2020220330382	2021年2月
2	一种装配整体式钢筋混凝土飘窗结构	实用新型	2020218525630	2021年2月
3	一种多重位移放大连接机构及自平衡复合消能系统	实用新型	2020220322687	2021年3月

续表27

序号	专利名称	专利类型	专利号	授权公告日期
4	一种电梯井提升式操作平台	发明专利	2019105199917	2021年7月
5	一种消能减震高层结构	实用新型	2020220373250	2021年8月

逻辑模型及硅酸盐新型材料生产逻辑开展交流和讨论。11月10日，新疆建设兵团第二师副师长阮伯平到天祥建设集团参加关于PI装配体系的交流会。

（楼列伟）

房地产管理

【概况】 2021年，东阳市完成存量房屋网签6353宗，面积128万平方米；完成商品房网上备案11383套，面积152万平方米；协助市人民法院、市公安局等查封限制56套，解封3156套；完成商品房预售备案网签数据包（MDB）文件包55个、合计面积390万平方米；完成商品房预测成果备案审核23宗，建筑面积181万平方米；完成房地产经纪机构备案58家；办理房屋租赁备案55户。

7月，市委编委整合市房屋征收工作中心、市房地产处，设立市房屋征收服务中心，设办公室（财务审计科）、计划保障科、征收一科、征收二科、房产交易科、物业管理科（白蚁防治站）、住房保障科（安全鉴定科）、信息档案科8个内设机构，核定事业编制41名，设主任1名、副主任3名、专职副书记1名（副科长级）、中层领导12名。

【住房保障】 2021年，市房屋征收服务中心开展住房保障工作，完成33户公租房新申请家庭的实物配租；解决市农业农村局历史遗留问题的2户住房安置问题；审核公租房申请家庭201户；收取公租房房租790户，租金272万元；完成到期的4073户临时补贴户退保工作；加强公租房小区安全管理，安装高空抛物的监控设备，提高小区安全管理水平；加强对承租人的资格管理，清退公租房承租户18户。

【住房安全管理】 2021年，市房屋征收服务中心推进物业小区特别是高层建筑消防安全生产大排查工作。联合市平安办制定《关于开展物业住宅小区消防设施设备安全检查及隐患整治专项行动的通知》，在全市范围内开展物业住宅小区安全整治专项行动。对直管公房、公租房、过渡性租赁用房不定期开展安全排查，消除安全隐患。开展对全市物业住宅小区燃气安全风险隐患大排查；检查摸排公房40处223户、公租房4处942户，督促瓶装燃气用户及时更换连接软管，保障燃气使用安全。

2021年7月2日，市住建局开展对全市物业住宅小区燃气安全风险隐患排查

（市房屋征收服务中心提供）

【白蚁防治】 2021年，市房屋征收服务中心完成新建项目白蚁预防验收25个，建筑面积206万平方米，支付白蚁预防费用82.35万元；完成2020年度、2021年度白蚁防治回访项目核查、结算1341个，建筑面积1395万平方米，费用24.65万元；完成东阳市14个浙江省重点文物保护单位白蚁危害情况的调查，报送金华市白蚁防治中心。

【物业管理】 2021年，市房屋征收服务中心完成物业专项维修资金使用审核64宗，金额603.13万元；物业保修金退还13宗，金额2028.89万元；物业服务项目合同备案30宗（其中前期13宗、后期17宗），小区业主委员会备案28宗（其中首届10宗、改选18宗）。

【房屋征收】 2021年，市房屋征收服务中心制定《东阳市城中村改造实施办法》《东阳市国有土地上房屋征收与补偿办法》《主城区工业企业用地征收补偿方案》《白云街道四号路建设项目房屋征收补偿安置方案》《实验幼儿园扩建项目房屋征收补偿方案》《吴宁街道东部区块（蔡家、一都许、陈塘及金钩塘）城中村改造房屋征迁补偿安置方案》等文件。开展吴宁街道城中村改造房屋征迁、白云街道建设项目房屋征收等工作。

（杜　俊）

商 贸

Business and Trade

商 务

【概况】 2021年,东阳市全社会消费品零售总额、外贸出口额、网络零售额等主要经济指标增速均居金华各县(市、区)前列,获评国家级电子商务进农村综合示范县、浙江省“放心粮油”示范县,入选浙江省产业集群跨境电子商务发展试点县、浙江省供应链创新与应用试点县。推进商务领域燃气安全整治,燃气报警装置安装率100%。督促大型商超开展新冠肺炎疫情防控工作,开展商务保供专班工作,及时发布生活物资供应信息。开展单用途预付卡消费投诉协调工作,联合中国移动东阳分公司发布2万条预付卡消费提醒短信,受理预付卡消费投诉820件,办结820件,办结率100%。

【招商引资】 2021年,全市招商入库项目308个,总洽谈规模1033.22亿元,落地项目22个,总投资224.3亿元,签约意向、框架协议项目39个。实际利用外资4001万美元,完成率364%。东阳市全面推进驻外招商工作,选派28人组建北京市、上海市、浙江省杭州市、广东省深圳市四地驻点招商团;“2021上海·金华周”活动期间,博康光刻胶项目成功签约;研究完善《东阳市招商引智领导小组办公室组织架构方案》,开展大项目招商集中攻坚实施活动,在第三届世界东阳人发展大会主旨大会上完成十大东阳人回归项目签约,签约额超300亿元。

【商贸流通】 2021年,全市完成全社会消费品零售额325.5亿元,比上年增长14.8%,增速列金华市第一位;限额以上批发业、限额以上零售业商品销售额分别比上年增长28.9%、14.5%。举办惠民车展、五一嘉年华、国庆欢乐购等促消费活动75场,拉动消费超25亿元。年内增加44家限额以上商贸企业,实现商贸流通业项目投资额11.75亿元。

【对外贸易】 2021年,全市实现外贸进出口总额317.58亿元,比上年增长14.93%,其中出口288.05亿元,比上年增长11.72%,占全国增加值的比重列金华市前三;进口比上年增长59.58%。制定外贸扶持政策应对新冠肺炎疫情及中美贸易摩擦,相关政策宣讲会覆盖全市镇乡(街道)。完成第129届、130届广交会及第四届进博会的会务工作,举办线上、线下营销宣讲会。完成市场采购贸易方式出口4.12亿美元。增加对外贸易进出口获权企业94家,“订单+清单”填报率、响应率均实现100%。进一步优化企业营商环境,加快外贸资金兑现进度,扶持外贸资金申报6000余万元,拨付集装箱空箱调运补贴资金175.06万元。

【电商经济】 2021年,全市实现网络零售额137.1亿元,比上年增长25.7%,增速列金华市第一位。推进农村电商发展,建成省级电商专业镇7个、电商专业村18个、电子商务示范村4个。7月,东阳市入选全国电

2021年9月14日,东阳市白云电商学院签约仪式举行 (白云街道提供)

子商务进农村综合示范县名单。发挥跨境电商综合服务平台“麒麟计划”作用，完成企业孵化54家，举办线上、线下培训活动145场；增加开通阿里巴巴国际站的企业220家，比上年增长11%。市商务局联合白云街道、市电商协会、市职教中心创办东阳市白云电商学院。

（叶挺群）

供销合作

【概况】 2021年，市供销合作总社实现总经营收入43亿元，利润总额4200万元，上缴税金1820万元。加强基层服务网络建设完善，建设村级综合服务社6家、开放式基层社2家。9月，省供销社党委委员、理事会副主任冯冠胜带队到市供销合作总社调研指导工作。市供销合作总社获评省供销社综合业绩考评优秀单位，列金华市第一位；入选2021年度全省20强县级社。吴宁供销社、六石供销社、巍山供销社和南马供销社4家基层供销社入选全省百强基层社，歌山现代农业综合服务中心获评省级现代农业综合服务中心，东阳市贝母产业农合联获评省级产业农合联。

【方圆医药】 2021年，浙江省东阳市方圆医药有限公司完成销售额8162万元。为东阳市25家单位及9处隔离点供应一次性使用采样器（口咽拭子）近50万支、一次性使用病毒采样管（10混1，50支/盒）近12万盒、医用外科口罩（B型）1.35万个、一次性使用采样器（病毒采样专用）6万份、医疗垃圾袋11万个，价值200余万元。下属东阳市方圆大药房连锁有限公司有连锁门店108家。

【方圆农资】 2021年，浙江东阳方圆农资连锁总公司（简称方圆农资公司）总资产2289万元，固定资产净额242万元。完成销售收入4708.6万元，比上年增加433.2万元，其中销售化肥2601.7万元、农药1531.8万元、农膜和小农具476.4万元，实现利润252.4万元。下辖农资连锁经营店76家。

2021年9月28日，省供销社领导带队到市供销合作总社开展调研指导工作

（市供销合作总社提供）

方圆农资公司多渠道筹备资金，购进和落实优质化肥、农药、农膜共计4500吨，其中化肥4000吨、农药300吨、农膜200吨。通过政府招标采购化肥2300吨；完成残疾人补助化肥28.6吨配送任务。回收并处置农药废弃包装物371万只、68吨。投资1.6万元，对下辖3家连锁店进行规范化改造。开展“送农资科技下乡”活动，安排技术骨干到庄稼医院“坐诊”150余次、田间指导农民500余人次、微信服务2000余次，发放资料1500份。

【供销电商公司】 2021年，东阳市供销电子商务有限公司（简称供销电商公司）完成农产品及对口帮扶产品销售总额719.95万元、培训收入25.78万元，实现利润51.60万元。开展农民丰收节暨“东白”农产品公用品牌推广宣传活动。完成第三届世界东阳人发展大会“东阳特产”展示工作。组织开展电子商务、育婴师、家政服务、特色小吃、计算机应用、香榧茶叶种植和推拿按摩等职业技能免费培训，组织培训班12期，1000余人次参训。

【消费扶贫】 2021年，市供销合作总社对接四川省理县，采购优质和适销农副产品，销售红脆李11吨、糖心苹果137吨，销售额242万元。3月，开展“暖心助力果农 爱心助销椪柑”活动，为衢州果农助销椪柑约2万千克。加强浙、川东西部协作，在东白农产品展示展销中心开设“南江特产馆”。推进“山海协作”助农惠农工作，助销磐安县高山西瓜1万千克，

2021年9月30日，东阳市农民丰收节暨“东白”农产品公用品牌宣传推广活动开幕

（市供销合作总社提供）

助力磐安县姜农销售红爪嫩姜1500余千克。

【方圆石化】 2021年，东阳市方圆石油化工有限公司（简称方圆石化公司）实现销售收入11270万元，销售成品油12788吨，其中汽油8678吨、柴油4110吨（含配送直销柴油1393吨）；实现利润1188万元，上缴税金763.1万元。引进中国国际能源集团公司，投入改造资金1300万元，对双桐、殿口、湖溪三个加油站实行合作经营模式。修订完善《公司柴油直销管理制度》《加油站点销货款管理办法》等8项管理制度，加强监督检查，加大问责追责力度。

【废旧物资收购】 2021年，东阳市废旧物资总公司设集散加工中心1个和收购网点46个，年内增加收购网点6个，收回营业执照并注销7个。通过收购网点回收废旧物资70230余吨，其中废金属42628吨、废纸26787吨、废塑料700余吨、其他废旧物资115吨。参与东阳市“无废城市”建设，与横店镇政府、东阳市禹山投资公司共同投资建设标准化固废综合分拣中心，该中心占地面积2公顷，厂房面积10000平方米，总投资3000余万元，于12月中旬试运营。浙中再生塑料集散加工中心有承租企业18家，其中红木家具厂4家、塑料厂8家、锯板厂1家、生物燃料厂1家、纺织厂1家、超市1家、饭店2家，有员工250余人。

【防汛物资储备】 截至2021年年末，市供销合作总社有防汛麻袋9650只、编织袋3050个、1.5米木桩760根、彩条布10件、手套500双、安全帽160个、救生衣180件、抛绳500根、铁锹137把、锄头79把、大榔头3把、救生圈50个、雨鞋76双、雨衣61件、手电筒260只、汽车防滑链20条，足额完成全市防汛物资储备工作。7月，运送防汛麻袋40850只、防汛编织袋23470个。

【市供销学校】 2021年，市供销学校秋季招生由市教育局组织实施，专业由6个调整为4个，保留会计电算化专业、电子商务专业、物流管理专业、酒店管理与旅游服务专业。报到学生总数265人，学籍注册在东阳职教中心二职校区。

7月，市供销学校对南教学楼、宿舍楼消防设施进行提升改造，投入41.3万元，建成消防水池，增加消防栓，确保消防硬件设施基本达到规范要求。全年开展安全大检查12次、消防检查24次、违禁品检查30次。落实新冠肺炎疫情常态化防控措施，组织学校全体师生及工作人员共761人，开展全员新冠病毒核酸检测演练，检测2300余人次。

【土特产公司】 2021年，东阳市东供土特产有限公司（简称土特产公司）营业收入91.41万元。与桐乡市腾飞家纺股份有限公司签订合作协议。6月，蚕丝被门市部经过装修升级后重新开业，开业活动期间，首日销售额超4万元。全年蚕丝被销售收入34.8万元，销售利润10.1万元，比上年增长34%。

土特产公司以南山仓库的十年经营使用权，与首辅工程设计有限公司金华市分公司达成合作经营协议，共同打造南山区域精品文创园。该园区立足于“务农便农”文化特色服务基调，采取经营收益抽点合作模式，以合作代替租金模式吸引创业者，推动可持续性发展。

【基层农民合作经济组织联合会党建工作】 2021年，市供销合作总社在全市推广运用虎鹿镇农民合作经济组织联合会（简称农合联）党建试点工作经验。3月23日，东阳市供销系统农合联党建工作会议在虎鹿镇召开。8月末，完成7个乡镇农合联的党组织构建工作。9月，完成巍山镇农合联党建文化馆的建设。

【供销社重点工程建设】 2021年，东阳市供销大厦完成天然气管道、地下停车场地面改造、室外监控等配套工程建设；完成大厦工程结算审计，结算价款10700万元；开展大厦招租工作。六石供销社投资建设吴良酱坊项目，建筑面积2100余平方米，总投资1200万元，于9月竣工，通过验收后开展招商工作。横店供销社投资近300万元，将闲置房屋改造为“那鹿湾”特色民宿，于6月末正式营业；盘活社有资产，与东阳市京辰里商业管理有限公司合作经营，投资500余万元打造民国风情特色商贸一条街。千祥供销社投资200余万元完成肥料部拆建项目。

（王江峰）

粮食流通和物资储备

【概况】 2021年，东阳市粮食供需平衡，粮食价格稳定，粮食流通规范有序，粮食经济稳步发展。市内收（采）购政策性粮食20789.7吨，轮换政策性粮食14763吨，销售粮食40194.4吨，国有粮食收储企业实现经营收入10772.11万元。

【粮食收购价格和政府奖励】 2021年，粮食收购实现市内全覆盖，做到应订尽订、应收尽收。订单早籼谷国标中等质量按125元/50千克的价格收购，相邻等级差价2元；政府奖励政策按全省统一标准执行，即每50千克奖励30元。订单晚籼谷（国标二等）按149元/50千克的价格收购（收购价131元，等级差价2元，订单补贴16元），“五优联动”甬优15号、甬优17号订单晚籼谷按152元/50千克收购。订单外晚籼谷按133元/50千克（含等级差价2元）的最低收购价进行保护性收购。重金属镉超标粮收购价格及奖励标准参照订单粮执行，实行单独收购、储存、处置。针对台风“烟花”影响，制定临时性收购政策，对受灾早稻进行保护性收购。

【粮食订单和市外产销协作】 2021年春耕前，粮食部门干部职工到农村，向种粮农民宣传粮食政策，传递粮食产销信息，推介粮食种植品种，与373户种粮农户签订粮食收购订单合同。为种植规模大、信誉好的10户种粮大户发放143万元粮食收购预付定金。与江西省、河南省等粮食主产区进行粮食产销合作，调剂品种

2021年6月4日，省政府领导到东阳市调研粮食安全工作

（市粮食和物资储备局提供）

余缺。采取网上竞拍等方式，从省内、市外采购粮食，弥补市内粮食产需缺口。在市内收购政策性粮食20789.6吨，其中订单早稻13478.6吨、订单晚稻7311吨；外购政策性粮食7267.7吨，其中小麦2700吨、早籼谷2101.7吨、杂交谷2466吨；保护性收购台风受损早稻4790.242吨。

【粮食储备与应急管理】 2021年，市粮食和物资储备局落实储备粮油出入库、品种检测和定期检查，保障地方储备粮数量、质量和储存安全。经年内轮换补库后，市级粮油储备品种、规模按照市政府要求储存到位。通过对粮油市场监测和信息采集，落实30个应急供应网点、2家应急加工企业、1400吨成品粮储备和相应运输能力。推动粮食加工、储运、配送、供应等重点环节衔接，提升粮食应急处置能力，保障粮食供应安全。

【物资储备与应急管理】 2021年，市粮食和物资储备局结合全市救灾物资储备规划、品种目录和标准、年度购置计划，负责救灾物资的购置、储备、轮换和日常管理。增加价值5万元的应急生活物资。截至年末，应急物资储备总计1753件，价值33.48万元。与有关企业签订应急物资储备保障协议以应对汛期，加强救灾应急物资储备。根据市应急管理局调拨指令，向三单乡调拨帐篷4顶。

【冻猪肉储备与应急管理】 2021年，市粮食和物资储备局建立常规储备，落实冻猪肉储备260吨。加强政府猪肉储备调节工作，提升生猪和猪肉市场调控能力，引导市场主体应对市场风险和自然风险，保障生猪生产相对稳定、猪肉市场有效供给和价格总体平稳。

【“放心粮油”体系建设】 2021年，东阳市持续开展省级“放心粮油”示范县创建工作。利用粮油生产经营企业和各类销售网点，结合粮食应急供应体系建设，整合行业资源，通过“政府引导、政策扶持、企业主导、市场运作”的方式，基本建成布局合理、城乡覆盖、设施完善、管理规范的“放心粮油”经营网络。建成“放心粮油”加工企业1家、粮油配送企业1家、“放心粮油”示范店25家，覆盖17个镇乡（街道），覆盖率94.4%。东阳市获评浙江省“放心粮油”示范县。

【粮食安全责任制考核】 2021年，市粮食和物资储备局开展粮食安全责任制考核的牵头、协调和日常管理工作，协助市政府分析和梳理部门工作中存在的问题，分解落实各部门和各镇乡（街道）的工作任务，通过完善考核机制、细化考核内容、强化考核目标等工作措施，促进粮食工作分级负责机制的形成，推动各项保障粮食安全措施的落实，夯实保障粮食安全的基础。粮食安全责任制考核实施十余年，逐步形成制度化、系统化、长效化的粮食工作行政首长负责机制。自2016年起连续六年获评金华市级粮食安全责任制考核优秀县（市）。

（陈俊艳）

烟草专卖

【概况】 2021年，市烟草专卖局（分公司）卷烟批发销量3.93万箱，比上年增长3.36%；实现批发销售额18.73亿元，比上年增长7.45%；实现税利55188.74万元，比上年增长8.93%。吴宁专卖管理所获评浙江省卷烟打假打私工作成绩突出集体。横店市场部获评浙江省烟草系统“浙里云起”共创共育品牌培育突出团队。

【烟草案件查处】 2021年，市烟草专卖局查获各类涉烟案件229起，比上年下降30.18%。查获涉案卷烟62358条，比上年增长18.76%，其中真烟32070条、假私烟30288条，分别比上年增长14.19%、34.18%。查获东阳市第一起真烟网络案——“4·22”网络案，涉案卷烟1658条，涉案金额150余万元，抓获涉案人员3人。查获东阳市第一起烟丝“专车”案，涉案烟丝7221.06千克，案值86万元，抓获涉案人员1人。侦办“12·06”国标一级网络案、“2·26”国标二级网络案，抓获涉案人员31人。

【烟草专卖零售许可证管理】 2021年，市烟草专卖局受理烟草专卖零售许可申请2264户，比上年增长58.76%，其中准予许可1266户、劝退及不予许可998户；受理烟草专卖零售许可证延续申请1228户，比上年增长26.33%；受理歇业注销1012户，比上年增长33.15%。截至年末，辖区有持证户5435户，比上年增加248户。

（张　玲）

盐业销售

【概况】 2021年，省盐业集团推进混合所有制改革，截至年末，基本完成内部重组。省盐业集团调整销售结构，打造雪涛品牌，加强质量管控。浙江省盐业集团金华市盐业有限公司东阳分公司（简称东阳盐业分公司）销售各类盐产品6789吨，销售小包装碘盐2100吨左右。

【盐产品市场竞争】 2021年，进入东阳盐产品市场的省外盐企比上年增加10余家，销售食盐品种上百种，以低端为主，少量盐企开始往高端市场发展。东阳市商超、学校食堂销售、使用东阳盐业分公司的雪涛品牌系列产品为主。

（程暄轩）

石油经营

【概况】 2021年，东阳市销售汽油、柴油两大类成品油29.92万吨，其中汽油22.37万吨、柴油7.55万吨。中国石化销售股份有限公司浙江东阳石油支公司（简称东阳石油公司）销售汽油、柴油两大类成品油22.85万吨，其中汽油15.64万吨、柴油7.21万吨（中石化歌山与怀鲁高速公路加油站销售经营量不列入东阳经贸部门的数字统计）。7月，东阳石油公司与东阳交投集团合作经营的一路发加油站完成改造后投入运行。12月，与东阳交投集团合资建造的金鸡笼加油站建成运营。东阳石油公司党支部开展“我为群众办实事”实践活动。加油站打造“司机之家”，为顾客提供休息、洗衣等服务。横店区域加油站为影视剧组车辆开辟专用加油通道，为客户提供热水、泡面等方便食品。延长加油站夜间营业时间，提供全自助洗车业务。

东阳石油公司获评金华石油分公司先进基层党组织、金石铁军先进片区；获评浙江石油分公司基层党支部建设示范点、A类样板片区；东阳石油公司经理、党支部书记王锐获“浙江石油劳动模范”称号。

2021年12月10日，东阳石油公司与东阳交投集团合资建造的金鸡笼加油站投入运营

（东阳石油公司提供）

【油价调整】 2021年，国内油价经历25次调整。1月15日油价调整最低，0号柴油5.70元/升、92号汽油6.28元/升、95号汽油6.46元/升、98号汽油7.08元/升；10月22日油价调整最高，0号柴油7.19元/升、92号汽油7.53元/升、95号汽油8.01元/升、98号汽油8.77元/升。

【石油经营网点】 2021年，全市在营加油站（含加油点）66座。其中，东阳石油公司所属加油站36座、高速公路加油站4座、中石油加油站6座、壳牌加油站2座、中国国际能源加油站3座、社会加油站点15座。东阳石油公司有大寺下成品油配送库1座，是东阳市唯一的成品油批发单位。东阳石油公司有加油IC卡联调站36座，站级发卡点和充值点31个，98号高标号汽油业务站20个，烟草门店34家，洗车网点14家，销售网点遍布城乡各地，是东阳市成品油供应主渠道。

【石油企业管理】 2021年，东阳石油公司加强加油站数质量管理工作，把好进销存各环节关口，实行专车专运、专罐专用，定期开展加油机计量鉴定，确保油品质量合格。签订HSE管理责任书，落实安全生产责任制。开展“百日安全生产无事故”专项活动，对员工进行安全理论知识培训和实操综合演练，增强员工安全防范意识和应急处置能力。开展加油站隐患排查工作，落实隐患问题整改，确保加油站安全平稳运行。实行考核，落实站点安全主体责任，强化散装汽油加注管控。加大基层油站新冠肺炎疫情防控力度，落实“戴口罩、测体温、查验健康码和行程码”制度，对重点场所和重要部位实行定期消杀工作。遵守新冠肺炎疫情防控相关规定，实现“员工零感染、市场不断供”。打造“劳模创新工作室”，搭建员工成长成才和企业发展的平台。

（刘欢珍）

旅 游
Tourism

综 述

【概况】 2021年，东阳市接待游客1067.8万人次，旅游收入180.9亿元。限额以上住宿业营业额8.83亿元，恢复到2019年同期水平的88%；限额以上餐饮业营业额1.49亿元，恢复到2019年同期水平的91%。东阳市入选2020浙江文旅融合高质量发展十佳县（市、区），列“2021年全国县域旅游综合实力百强县”榜单第十四位。截至年末，全市有国家A级旅游景区7家，其中横店影视城为国家AAAAA级旅游景区，明清民居博览城、华夏文化园、东阳中国木雕城、花园村为国家AAAA级旅游景区，东阳木雕小镇、八里湾景区为国家AAA级旅游景区。横店影视文化产业集聚区入选国家级夜间文化和旅游消费集聚区名单。浙江大清翰林古典艺术家具有限公司成功创建浙江省工业旅游示范基地。

【“百城千镇万村”景区化建设】 2021年，东阳市开展“百城千镇万村”景区化建设，东阳市文化和广电旅游体育局（简称市文广旅体局）建立市、镇、村三级联创机制。2月26日，召开全市省A级景区村庄创建工作推进会，确定湖溪镇、画水镇、马宅镇、歌山镇、南市街道和53个村为年度培育对象。6月4日，在宝悦君庭大酒店雅悦厅举办2021年东阳市省A级景区村庄创建工作培训会，53个拟创建村庄负责人和镇乡（街道）旅游工作分管领导、旅游联络员参加会议。市文广旅体局多次到村庄进行现场业务指导，理清创建短板与重点任务，宏观把控创建进度。通过改造完善大型停车场、游客服务中心、景区镇（乡、街道）导览标识系统，谋划镇域旅游线路，提升镇（乡、街道）旅游服务接待能力，推动文化旅游资源整合集聚。截至年末，湖溪镇成功创建浙江省AAAA级景区镇（乡、街道），画水镇、马宅镇、歌山镇、南市街道成功创建浙江省AAA级景区镇（乡、街道）。全年创建省AAA级景区村庄5个（东阳江镇天山村，六石街道吴良村，歌山镇俞黄村、王村光村，湖溪镇上田村），省AA级景区村庄19个（南市街道大田头，东阳江镇纸铺村、学陶村，佐村镇东乐村，三单乡联合村，巍山镇东三贤村、新宅村，虎鹿镇坑门里村，六石街道樟村、西罗村，横店镇杨树蓬村，湖溪镇杨塘村，马宅镇殿下村、姓何村，千祥镇光前村、水下坑村，画水镇道院村、上宅村，南马镇苞竹村），省A级景区村庄28个（南市街道溪廿村、官清村、高瑶山村、杜庄村、西塔村，东阳江镇上碧连村、岭下村，佐村镇石作村，三单乡华孙村，歌山镇前岩村，巍山镇高升村，虎鹿镇大潦村，六石街道里光明村，城东街道任岭脚村、新旺村、许宅村，横店镇芙蓉塘村、盛树头村，湖溪镇程坊村、郭上坞村、游公岭村，马宅镇上塘村，千祥镇龙泉村、凌头村、里卢宅村，画水镇钟店村，南马镇塔山下村、长畈村）。

【探索“民宿+非遗”创新融合模式】 2021年10月15日，市文广旅体局在三单乡林栖三十六院组织召开非遗主题民宿座谈会，相关部门负责人、浙江师范大学和浙江旅游职业学院专家、相关非遗传承人以及等级民宿负责人代表参加座谈。座谈会主要交流和讨论如何探索推进“民宿+非遗”创新融合发展，如何提升民宿产业经营能力和服务水平。计划通过非遗传承人和民宿业主结对建设民宿，开展非遗研学、修学等体验形式，引导民宿参与非遗手工艺宣传，将非遗传承和民宿产业发展相结合，延伸产业链。

【乡村旅游】 3月10日，“花”满东山“香”逢虎鹿——春季美丽乡村游暨东山梨花节在虎鹿镇东山村开幕。3月26日，东阳市“歌山画水·梦归田园”乡村休闲旅游节在湖溪镇上田村八里湾共享田园举行。5月29日，“古韵吴宁 宜居家园”乡村旅游节暨古风服饰秀比赛在吴宁街道举办。6月11日，“红东虎鹿·寻味古村”虎鹿镇第七届蔡宅端午文化旅游节举行。7月16日，2021东阳江镇乡村休闲旅游节之岭下鲜桃采摘节举行。2021年10月1日，2021东阳市秋季乡村休闲旅游节暨庆祝中国农民丰收节系列活动在湖溪镇象田村举行。

【旅游基础设施建设】 2021年，东阳市把握创建全国首个文创型全域旅游示范市的机遇，以“厕所革命”为抓手，提升旅游品质、促进城乡文明建设，推动全市旅游基础设施建设和提高公共服务水平。对照《金华市旅游“厕所革命”新三年行动计划(2018—2020年)》目标任务,全年创建AAA级旅游厕所13座。

(单望阳)

旅游宣传

【旅游推介活动】 2021年,东阳市参加2021第七届中国(厦门)国际休闲旅游博览会、“2021上海·金华周”等推介活动。培育“百县千碗·食尚东阳”旅游美食品牌,完成“十大碗”“十小吃”“十冷盘”评选工作。“浙里过大年 横店逛庙会”“诗画浙江·百县千碗”等大型文旅活动在东阳市举办。横店圆明新园、东阳木雕小镇等标志性景区纳入全省创建级文化和旅游IP名单。推动非遗文旅融合发展,组织召开非遗街区“研学游”“文创产品”等座谈会,开展非遗研学游15场。开发东工锡艺、梵沐记木梳、繁红系列竹编、婺州窑青瓷茶具、“一帆风顺”木雕伴手礼等10余种非遗文创产品。6月23—24日,市文广旅体局联合义乌市文广旅体局,组织横店影视城、浙江中国小商品城集团等文旅商贸企业到山东省青岛市、烟台市,开展浙江·东阳·义乌影视木雕购物美食游推介活动。(单望阳)

2021年6月23—24日,浙江·东阳·义乌影视木雕购物美食游推介会在山东省青岛市举行 (市文广旅体局提供)

旅游行业管理

【旅游安全和市场秩序监管】 2021年,市文广旅体局推进行业重点领域整治,将景区、旅行社、酒店汇总分成3个旅游网格,把18个镇乡(街道)分成6个文化网格,每个网格确定1名工作人员担任安全生产网格员,承担网格片区安全生产的监管、督查整改和日常安全生产检查台账规范化建设工作。全年,市文广旅体局受理旅游投诉165起,办结率100%。

【旅游企业评比】 2021年,东阳市广州街影视主题精品酒店成功创建金鼎级主题酒店,花园旅行社成功创建四星品质旅行社。国贸大厦获评浙江省2021年度节水标杆单位。东磁大厦、横店贵宾楼大酒店、花园大厦通过星级饭店复核,10月26日,东阳世贸大酒店退出五星级。横店旅行社通过四星品质旅行社复核。梦幻谷、秦王宫、清明上河图、明清宫苑、广州街·香港街、花园村6个景区成功创建“无废景区”;东磁大厦、横店贵宾楼大酒店成功创建“无废饭店”。国贸大厦、东磁大厦获金华市星级饭店技能比武二等奖,花园大厦获三等奖。横店影视城旅行社获金华市旅行社导游大赛金奖。2020年度东阳市旅游业“十大评选”活动中评选出优秀景区3家、优秀旅游饭店5家、优秀旅行社4家、优秀营销团队2个、优秀旅游经营管理者10人、优秀导游(讲解员)10人、优秀营销员10人、旅游服务之星18人,市文广旅体局获优胜组织奖。市文广旅体局组织开展全市文化旅游行业和摄影棚管理业务培训3次。横店影视城梦驿酒店获评浙江省金鼎级特色文化主题饭店。横店庆兰民宿获评东阳市首家文化主题(非遗)民宿。

(单望阳)

东白山生态旅游

【概况】 2021年,东阳东白山省级旅游度假区管委会(简称东白山管委会)挖掘、提升东白山文旅资源,推进茶旅融合项目建设,通过度假区整改复核考核,旅游秩序平稳有序。5—10月,东白山旅游高峰期接待游客超20万人次,其中7—8月周末上山游客超1万人次,国庆期间接待游客6万余人次。

【国企改革】 2021年6月,东白山管委会根据东阳市国有企业深化改革工作部署,将下属国有企业(东阳市东白山茶业有限责任公司、东阳市东白山旅游投资有限公司)隶属关系划转至东阳市文旅投资集团有限公司(简称东阳文旅集团)。8月,根据《东阳市文旅投资集团有限公司组建方案》,明确东阳文旅集团负责东白山生态旅游项目建设,东白山管委会负责行业管理。12月,东阳市东白山旅游投资有限公司与东阳文旅集团合署办公。

【项目建设】 2021年,东白山管委会推进东白山茶旅融合项目建设,实施生态休闲观光茶园项目、东白山茶云街改造项目——风貌提升工程等政府投资项目建设,完成茶园文化广场、茶园路、茶文化中心主体结构、建筑外立面的改造等,总投资1000万元;启动东白山导视导览和景观节点建设项目。

【旅游环境优化】 2021年4月21日,东白山管委会实施放马坞原有建筑拆除和五土坪集装箱的移除作业，拆除建筑面积约2000平方米，通过覆土绿化、规划设计、摊位设置、统一招租等工作举措，完成放马坞区域环境集中整治和摊位区重新布局，9月起对外招租营业。

4月，对东白山环卫保洁服务事项进行招投标，加强垃圾收集、转运、处置的规范化、全流程管理，落实人员进行定点定时巡查，确保度假区范围内环境整洁有序。8月，完成核心区标识标志牌规范设置、路面停车标志线划定、太白峰供水系统改造、观景平台整修、旅游厕所改造等配套设施维护，完善天池露营地茶吧、灯光、网红打卡点等基础设施建设。

2021年2月14日，东白山云海全景（胡扬辉/摄）

【旅游安全保障】 2021年，东白山管委会在五一劳动节、端午节、中秋节、国庆节等法定节假日，牵头制订安保工作预案，开展安全风险评估，会同市公安局（治安大队、交警大队）、市综合行政执法局、东阳文旅集团等部门企业开展核心区交通、停车、露营、摊位摆放等旅游秩序维护。实现重点区域视频监控全覆盖，开发交通流量监测系统，科学管控景区人流车流承载量，为节假日期间实施临时交通管制、及时分散游客等决策提供参考依据。指导区内各企业落实安全主体责任，开展疫情防控、森林防火、安全生产、项目施工等安全管理，开展政策宣讲、业务培训、安全检查、限期整改系列举措。7月下旬，受6号台风“烟花”影响，东白山山区出现连续强降雨，巍东线和岭头—东白山公路出现多处塌方，进山道路损毁严重，影响行人和车辆通行，东白山七夕庙会期间度假区暂停开放。

【省级旅游度假区考核整改】 2021年3月11日，市政府召开东白山省级旅游度假区整改工作部署会，市长楼琅坚牵头部署度假区整改工作，审议通过《东白山省级度假区整改工作方案》。会同各职能部门开展度假项目谋划、在建项目推进、景区村庄创建、交通标识完善、景区门户形象提升等工作。8月12—13日，省文化和旅游厅一级巡视员柳河一行到东阳，对东白山度假区进行复核检查，听取度假区整改工作成效汇报。省文化和旅游厅认定东阳东白山旅游度假区的省级旅游度假区复核结果为合格。

（曹刚平）

影 视

Film and TV Industry

影视管理

【概况】 2021年，横店影视文化产业集聚区（简称集聚区）入区企业实现营业收入211.24亿元、税收收入8.86亿元。年内增加入区企业116家、工作室69家，接待剧组398个、游客976.68万人次。集聚区开展影视剧备案审查和版权登记工作，全年备案1194部、版权登记44部。11月，集聚区入选第一批国家级夜间文化和旅游消费集聚区。

【领导调研影视文化产业】 2021年5月19日，省委常委、宣传部部长朱国贤到集聚区调研影视文化产业发展情况，并组织召开工作汇报会。7月13日，省委常委、常务副省长陈金彪到集聚区调研数字影视产业发展情况。9月7日，省政协副主席张泽熙到集聚区调研影视文化产业发展情况。9月24日，中共第十八届中央政治局委员、国务院原副总理刘延东到集聚区调研影视文化产业发展情况。9月25日，全国政协经济委员会副主任、中央农办原主任、农业农村部原部长韩长赋到集聚区调研影视旅游产业发展情况。11月4日，副省长卢山到集聚区调研横店“影视文化产业大脑”项目建设情况。

【影视精品】 2021年，集聚区围加强对影视企业的政治引领、创作引导和跟踪服务，针对献礼片成立特别服务小组，在拍摄过程中提供全程“管家式”服务。入区企业出品或发行的电影《长津湖》《你好，李焕英》《送你一朵小红花》分别列年度全国票房榜第1、第2、第9位，其中《长津湖》登顶中国影史票房榜榜首。电视剧《山海情》揽获白玉兰奖最佳中国电视剧、最佳摄影、最佳男配角、最佳女配角4个奖项。吸引《觉醒年代》《光荣与梦想》《大浪淘沙》等90余部重大献礼片（剧）在横店影视城拍摄，一批“横店出品”热播剧备受好评。

【影视管理数字化改革】 2021年，集聚区开发建设以“1+8+N”为整体框架的“影视文化产业大脑”应用，在10月22日举行的中国（横店）影视文化产业发展大会上，正式上线数字驾驶舱、“横影通”和“云勘景”三大场景应用系统。“影视文化产业大脑”应用获评省数字化改革第二批“最佳应用”、省数字经济系统第一批“优秀应用”。

【影视文化产业项目建设】 2021年，集聚区以强链补链为导向，实施“65432+1”项目建设行动，即产业支撑项目6个、强链补链招引项目5个、传统基地能级提升项目4个、产业数字化赋能项目3个、产业基础补短板项目2个、人才集聚项目1个，计划总投资380亿元。重点谋划横店影视创新中心、横店电影学院、横店影视产业园、影视企业之家（欧洲小镇、三村创作基地）等一批项目，其中入选2021年全省集中开工重大项目1个、省重点建设项目2个、省重大产业项目3个。建立“一个重大项目、一位领导领衔、一个部门包抓、一个责任

2021年横店影视文化产业集聚区重点建设项目一览表

表28

序号	项目名称
1	腾讯视频东阳影视基地项目
2	爱奇艺创意文娱综合中心项目
3	横店“影视文化产业大脑”项目
4	上海滩影视旅游拍摄基地建设项目
5	横店电影学院项目
6	剧组演员村项目
7	天象数字文创产业基地项目
8	满天星影视工业产业园项目

续表28

序号	项目名称
9	广州街景区旅游休闲文化改造提升项目
10	横店影视创新中心项目
11	影视配套产业中心项目
12	横店影视产业园项目
13	五星级酒店(度假村)项目
14	文旅产业线上数字平台(横店视频)项目
15	横店影视城拍摄基地整体改造提升项目
16	影视企业之家(欧洲小镇、三村创作基地)项目
17	实验园区改造提升项目
18	产品设计中心项目
19	欢娱艺术中心项目

单位”的“四个一”推进机制，为项目建设提供制度保障。按形象进度完成年度投资20.2亿元，固定资产投资比上年增长53.9%。

【为企服务工作】 2021年，集聚区创新制定《横店影视产业人才基金实施办法》。开展以“精准服务解难题 齐心协力谋发展”为主题的企业服务月活动，落实常态化服务企业制度，优化服务内容。组织横店影视企业财务管理人员开展红色教育，开展政策、税务、法律等专业性知识培训和指导。承办2021省广电局网络影视企业负责人和主创人员培训班，搭建网络影视企业与省级主管部门的沟通桥梁。

【文娱领域综合治理】 2021年，集聚区制定《横店影视文化产业集聚区文娱领域综合治理实施方案》，明确实施“八大行动”，系统推进综合治理工作。发布“横店宣言”；组织横店影视文化产业协会会员企业召开“全面贯彻落实行业综合治理，推动影视产业高质量发展”座谈会。建立14个剧组临时党支部，开展剧组志愿服务活动及困难演职人员帮扶等系列活动。

（刘丽敏）

影视游乐

【概况】 2021年，横店影视城接待游客976.68万人次；接待剧组398个，数量创历史新高。横店影视文化产业集聚区正式入选文旅部首批国家级夜间文化和旅游消费集聚区；横店影视城入选浙江省首批未来景区改革试点名单、首批耀眼明珠高能级景区、首批示范级文化和旅游IP，成为浙江省旅游业发展“十四五”规划期间重点打造的特色旅游功能区。8月4日，横店影视大楼建成，横店影视文旅企业实现集中办公。10月21日，退役导弹护卫舰“金华舰”落户横店影视城。横店影视产业园西区、北区摄影棚启用。

【影视文旅融合发展】 2021年，横店影视城当选长三角文旅发展联盟副理事长单位，发布《长三角影视与文旅融合发展报告》及典型性调研报告。横店影视城接待港澳台采风团，承办2021 Daka China打卡中国“一带一路·金枢纽”网络国际传播活动、中央广播电视总台国际传播活动、中央广播电视总台亚非中心节目录制、中央电视台少儿频道节目录制、“飞跃浙江”大型直播活动、“浙江高质量发展建设共同富裕示范区”中央媒体集中采访活动等。5月24日，中央电视台新闻频道播出庆祝中国共产党成立100周年大型直播特别节目《奋斗百年路 启航新征程·今日中国》浙江篇，报道横店影视文化产业发展成就，介绍横店影视城从1996年起步，发展到拥有30余座各具特色的大型影视实景拍摄基地，成为国家级影视产业实验区。6月6—7日，中央广播电视总台融合发展中心、欧拉中心和亚非中心的20余名主播到横店影视城，用意大利语、德语、缅甸语等多语种在海外社交平台直播，向海外受众介绍横店影视文旅产业的发展情况，

2021年9月18日，网络电视剧《重紫》剧组临时党支部授牌仪式举行

（横店集聚区提供）

2021年6月6—7日，2021 Daka China打卡中国“一带一路·金枢纽”网络国际传播活动在横店影视城举行，30余名网络国际传播达人体验特色文旅项目“我在横店当群演” （横店影视城提供）

在清明上河图景区着古装体验短剧拍摄等。7月15日，中央媒体“浙江高质量发展建设共同富裕示范区”集中采访团到横店影视城，《中国日报》刊发《夜探“中国好莱坞”横店影视城 文旅融合促发展》。中央电视台少儿频道《快乐童行》到横店影视城录制节目。

【沉浸式文旅产品打造】 2021年，横店影视城针对游客多元化的需求，分门别类推出沉浸式体验产品。各景区挖掘影视IP，为游客打造《游戏江湖》《在逃公主》等能够提升参与感的趣味体验产品。结合“粉丝经济”的热点需求，发挥明星效应，组织剧组见面会、追剧打卡游、粉丝应援等特色活动，制作明星海报等特色产品。在旅游演艺方面，着重打造影视IP与景区主题深度结合的演艺产品，推出演艺秀8场，增加、升级景区行为秀88场。

【计算机博物馆项目落户横店镇】 参见“东阳市人民政府”类目下“重要政事”分目下【计算机博物馆项目落户横店镇】条目。

（赵菡茖）

影视出品与院线影城

【概况】 2021年，横店影视股份有限公司（简称横店影视）总资产54.54亿元，归属于上市公司股东的净资产为14.92亿元，实现营业收入23.66亿元，上缴税金1174.15万元。全年投资建设影院33家，增加银幕210块，增加横影生活馆超市67家、水吧41家、“横好玩”游戏潮玩馆17家。在全国院线中票房收入排名第七位，在影院投资公司中票房收入排名第三位。横店影视入选浙江省重点文化企业，获评2020中国西部高成长性连锁品牌。

【横店影视企业发展】 2021年，横店影视提升管理水平，更新影院标准化培训模式，每月开展标准化主题活动。加快影城项目拓展，加强与宝龙集团有限公司、八佰伴商业管理有限公司、王府井集团股份有限公司、银泰置地有限公司、恒太商业管理集团有限公司等公司的联合，开展影城、商业综合体项目合作等。

【横店影视出品】 2021年，横店影视参与联合出品的电影《送你一朵小红花》《你好，李焕英》《熊出没·狂野大陆》上映，均获不俗票房和口碑，其中《你好，李焕英》票房突破50亿元，列年度全国票房榜第二位。

8月29日，由横店影视制作有限公司和河南华视瑞景文化传媒有限公司联合出品的34集电视剧《花开山乡》（原名《乡村第一书记》）登陆中央电视台综合频道黄金档，在爱奇艺、优酷视频、芒果TV等平台同步播出，该剧入选国家广电总局2018—2022年重点电视剧规划选题名单（第三批），是中共中央宣传部、国家广电总局庆祝中国共产党成立100周年优秀电视剧展播剧目。12月17日，由中国载人航天工程办公室、中国卫星导航系统管理办公室、国家航天局探月与航天工程中心、国家航天局对地观测与数据中心、中共浙江省委宣传部等指导，横店影视制作有限公司等单位联合出品的36集电视剧《问天》（原名《大国飞天》）登陆中央电视台综合频道黄金档，在腾讯视频、乐

2021年12月17日，CCF计算机博物馆签约仪式举行 （横店影视城提供）

视视频、PP视频等平台和“央视频”APP同步播出，获中央电视台《新闻联播》推介，该剧入选国家广电总局2018—2022年重点电视剧规划选题名单（第三批）。横店影视旗下浙江横店柏品影视传媒有限公司参与出品的悬疑动作电影《无间风暴》于5月在优酷视频和爱奇艺平台上线播出；主控出品的动作电影《火线突围》聚焦军事枪战题材，于9月在优酷视频、爱奇艺等平台上线播出；主控出品的主旋律电影《大汉张骞》获“学习强国”学习平台和新华社等媒体点赞，是浙江省文化艺术发展基金资助项目，于7月在爱奇艺网络电影频道上线播出。

【“学习强国”主题电影放映厅】 2021年，横店影视旗下多家影院成为“电影党课”指定观影场所，其中杭州国大纷腾电影生活馆是省内首家“学习强国”主题电影放映厅。4月12日，“光影世界 百年辉煌”电影党课暨“学习强国”主题电影放映厅成立启动仪式在杭州国大纷腾电影生活馆举行。该活动由浙江省电影局指导，“学习强国”浙江学习平台、《钱江晚报》、浙江省电影放映协会主办，杭州国大纷腾电影生活馆、瞄电影平台承办。江苏省16家横店电影城入选由江苏省委宣传部等八个部门联合主办的“四史”教育电影课定点影院。

（胡晓莉 陆美娅）

2021中国·横店影视节

【概况】 2021年10月20—23日，2021中国·横店影视节在横店镇举行。该影视节设置2021横店影视文化产业博览会、2021中国（横店）影视文化产业发展大会、第二十一届全国院线国产影片推介会、退役导弹护卫舰“金华舰”落户仪式、横店影视产业园（西区北区）摄影棚启用仪式、国防军事电影盛典、第八届“文荣奖”颁奖典礼、2021中国影视人才交流大会等活动。

【2021横店影视文化产业博览会】 于2021年10月21—23日在横店镇举行。该博览会由中共浙江省委宣传部、浙江省电影局、浙江省广播电视局、金华市人民政府主办，中共金华市委宣传部、东阳市人民政府、横店影视文化产业集聚区管理委员会、横店集团控股有限公司承办，以“影·向未来 视·向远方”为主题，设置“看见横店”“影视之光”“科技之新”“文创之力”“数字之风”“产业之旺”“文旅之窗”7个主题展区，展位面积1.5万平方米，设标准展位770余个，200余家国内外影视企业、影视基地参展，展品数量超5000件。现场意向成交额1.96亿元，比上届博览会增长38.02%；参观人数超5万人次，是上届的3.3倍。开幕式上，东阳市政府分别与浙江省磐安县政府、四川省南江县政府签署影视文旅战略合作协议。南江县成为横店影视城的外景拍摄基地，横店影视城与南江县共同打造一批主题旅游精品线路、开发一系列红色旅游产品，拓展双方旅游资源发展空间，推动南江县文旅康养产业发展。横店影视文化产业集聚区管委会分别与清华大学、上海戏剧学院、浙江传媒学院签订校地合作协议，与福建畅玩网络有限公司、欢瑞世纪联合股份有限公司、浙江亿和影视制作有限公司签订重点项目合作协议。

【2021中国（横店）影视文化产业发展大会】 于2021年10月22日在横店镇举行。该大会由中共浙江省委宣传部、浙江省电影局、浙江省广播电视局、金华市人民政府主办，中共金华市委宣传部、东阳市人民政府、横店影视文化产业集聚区管理委员会、横店集团控股有限公司承办，主题为“光影耀百年 数智聚星辉”。大会对文明剧组、成长型影视企业、金牌影视企业和功勋影视企业进行表彰并颁发精品成就奖；发布《2021年中国影视文化行业人才报告》《横店影视文化产业指数》《横店“影视文化产业大脑”》；邀请陶玉玲、于冬、侯鸿亮等8名文艺工作者代表，向全行业发出“横店宣言——做新时代爱党爱国崇德尚艺的文艺工作者”。

【第二十一届全国院线国产影片推介会】 于2021年10月21日在横店镇开幕，为期6天。该推介会由中国电影发行放映协会、浙江省电影局和全国51家电影院线主办，横店影视文化产业集聚区、横店影视股份有限公司、博纳电影院线有限公司承办。作为2021年唯一一场全国院线参与的影片推介会，整体规模超过往届，60余家影视投资公司、500余名电影人参会，推介国产新片120余部。推介会期间举行影片推介、观摩看片、院线闭门会议等活动。

【“金华舰”落户仪式】 于2021年10月21日在横店梦外滩度假区举行，

2021年10月22日，2021横店影视文化产业博览会开幕（横店集聚区提供）

东阳乡贤、东海舰队原副政委、海军少将厉江潭,东海舰队原装备部副部长、海军大校吴宗茂,湖北省军区十堰军分区司令员、海军大校、“金华舰”原舰长吴海权等到场祝贺。“金华舰”舷号534,是中国自主生产的导弹护卫舰,长103.2米、宽10.8米,于1983年服役,2019年退役。退役后,由部队移交给金华市人民政府,再由金华市人民政府移交给横店影视城,作为爱国拥军、军民团结的重要场所和历史见证,用于开展爱国主义教育活动。

2021年10月21日,“金华舰”落户仪式在横店梦外滩度假区举行

(横店集聚区提供)

【摄影棚(西区北区)启用仪式】 于2021年10月21日在横店影视产业园3号摄影棚举行,12个摄影棚投入使用,面积近5万平方米,建筑总面积超10万平方米。其中一座单体面积1.2万平方米的摄影棚,是全球最大摄影棚。摄影棚(西区北区)的启用,意味着横店影视城完成摄影棚集群建设和现代戏场景的补充,实现实景场景,提升摄影棚的规模与品质。横店影视产业园占地面积68.2公顷,总投资30亿元,计划建造29座国际标准高科技摄影棚和现、当代影视拍摄场景。

【2021国防军事电影盛典】 于2021年10月22日在横店镇举行,该盛典由国家电影局、浙江省委宣传部指导,中国电影基金会、浙江省电影局和横店集团控股有限公司主办,选送2019年1月至2021年9月出品的30部国产影片,组织军地有关专家从中遴选出《1921》《古田军号》《守岛人》《为了明天升起的太阳》《突破口》《长津湖》《金刚川》《爱我长城》《浴血无名川》《血战狙击岭》10部优秀影片,作为2022年全民国防教育万映计划“进学校、进社区、进基层部队”活动重点推介影片。发布2022年度全民国防教育万映计划重点扶持的28个国防军事电影创作项目和6部新影片。

【2021中国影视人才交流大会】 于2021年10月23日在横店镇举行。该大会由人社部全国人才流动中心、浙江省人力资源和社会保障厅指导,横店影视文化产业集聚区管委会主办,市人力资源和社会保障局、横店影视文旅发展中心承办。70余家影视企业提供影视项目策划、制片、导演、执行经纪、艺人宣传、IP孵化、后期制作等1600余个就业岗位,2000余名浙江大学、上海戏剧学院、苏州大学、武汉大学(艺术学院)、上海大学(电影学院)、浙江传媒大学等高校的学生和影视行业中高端人才应聘。

【2021横店影视产业协会会员代表大会暨第三届理事会换届选举会议】 于2021年10月23日在横店镇召开。大会审议第二届理事会的工作,选举产生第三届理事会。浙江博纳影视制作有限公司当选会长单位,北京爱奇艺科技集团有限公司、横店影视股份有限公司、东阳市乐视花儿影视文化有限公司、浙江唐德影视股份有限公司、新丽传媒股份有限公司、东阳正午阳光影视有限公司当选常务副会长单位,31家会员企业当选副会长单位。上一届会长单位华谊兄弟传媒股份有限公司被推举为协会名誉会长单位。

【第八届“文荣奖”】 2021年10月23日,第八届“文荣奖”颁奖典礼在横店

2021年10月23日,中国影视人才交流大会在横店镇举行

(横店集聚区提供)

镇举行，该届“文荣奖”以“影·向未来”为主题，旨在发掘和扶持影视新人新作，由演员张国立担任评委会主席，徐帆、王劲松、刘恒、霍廷霄、曹盾、尹鸿、胡智锋等影视行业权威人士担任评委会评委。设置评委会奖和评委会推荐奖两个大项21个奖项，首次将网络电影作为单独项目纳入评选，评委会奖在电视剧（含网剧）和电影两大领域分设“匠人匠心单元”“新生代单元”“创新作品单元”。评委会推荐奖设“最佳主旋律电影成就奖”“年度最具潜力青年演员”“年度平台最佳作品”“最佳‘横漂’演员”4个奖项。

2021年第八届“文荣奖”评委会推荐奖获奖名单一览表

表29

序号	奖项	获奖作品（演员）
1	最佳主旋律电影成就奖	《金刚川》
2	年度最具潜力青年演员	周　也
3	年度平台最佳作品	腾讯视频《你是我的荣耀》 芒果TV《贺先生的恋恋不忘》 爱奇艺《赘婿》 优酷视频《司藤》
4	最佳“横漂”演员	胡志拥、谭琍敏、单阳光、张海峰

（刘丽敏　赵菡茑）

综 述

【概况】 2021年,东阳市银行业金融机构本外币存款余额1693.21亿元,比上年增长11.13%;本外币贷款余额1375.24亿元,比上年增长21.01%。保险公司分支机构保费收入31.66亿元,其中财产险保费收入10.80亿元,比上年下降5.76%;人身险保费收入20.86亿元,比上年下降1.38%。证券公司分支机构存量账户数249307户,比上年增长6.91%;证券交易额554.05亿元,比上年增长41.62%。小额贷款公司贷款余额17.10亿元,净利润16190万元,纳税5429万元。

【金融机构】 2021年,东阳市有银行业金融机构22家,其中大型银行6家、政策性银行1家、法人机构2家、股份制商业银行6家、城市商业银行7家。有小额贷款公司7家,民间融资服务中心1家,民间资本管理公司2家,政策性融资担保公司1家;证券公司分支机构9家;保险公司分支机构34家,其中财产保险公司分支机构20家、人寿保险公司分支机构14家。

(胡楚楚)

金融管理

·市金融工作办公室·

【概况】 2021年,东阳市金融工作办公室(简称市金融办)推进金融服务产品创新和金融供给能力提升,加强融资服务保障,助推企业转型提升发展,发挥金融对经济高质量发展的支撑作用。发挥银行融资主渠道作用,推动信贷规模快速增长,保障重点领域、重点项目融资需求。增加贷款239亿元,比上年增长21%,创十年新高,居金华各县(市、区)第一。通过结构性调节增强信贷稳定性和精准性,保障总体融资需求。增加中长期贷款213.09亿元,占全部增加贷款的97.16%,比上年增长43.11%。

【金融服务小微企业】 2021年,市金融办引导金融机构加大对小微企业、民营经济领域的支持力度,小微企业贷款、民营经济贷款增速高于各项贷款平均增速。推进东阳市民营经济和小微企业融资服务体系及政策性融资担保体系建设,东阳市以竞争性择优方式入选全省10个试点县(市),获省财政专项扶持资金1000万元。

【产业基金引领】 2021年,市金融办组织引导社会资本进入科技创新领域。以国有资本和政府产业基金为导向,推动设立深创投S基金、横店高端智造产业基金、猫咖影视基金、浙江横店影视集聚区投资基金、复星影视基金等多个特色产业子基金。其中政府产业基金出资12亿元,募集社会资本65亿元。发挥特色专项基金的引导作用,运用直接投资、有限合伙、股权投资等模式,推动招商引资,一批高科技企业和项目落地东阳市。两家医药企业开始实体运作,一批医药项目持续推进,医药创新产业集群效应初步显现。

【扶持企业上市】 2021年,市金融办开展企业培育工作。完善企业股改上市扶持政策,修订印发《关于改善金融服务支持实体经济高质量发展的若干意见》,在财政奖励时间节点、资料申报等方面进行流程再造,并调动财政、国资与金融机构资源,降低企业在改制上市工作中的时间成本、资金成本,兑现资本市场财政奖励2208.02万元。确定30家重点培育企业,其中6家企业入选省市重点上市后备企业名录。开展企业服务和难题化解工作,建立企业股改上市问题销号清单,组织相关部门协调解决,市政府专题研究解决。市政府主要领导带队实地走访拟上市企业,解决企业具体问题。3家企业完成报会,两家企业进入证监局辅导。东阳市报会、辅导企业家数占金华市的三分之一。

【助企纾困】 2021年,市金融办防控民营大企业流动性风险。设立广厦控股集团有限公司(简称广厦集团)纾困帮扶工作领导小组,推进广厦集团重整工作,广厦集团整体债务化解约88亿元,金融机构保持总体平稳。浙江广厦建设职业技术大学完成举办权变更,民生资产得到有效保障,浙江广厦股份有限公司控制权变更并注入优质资产,在风险化解的同时实现转型升级。针对债市异常波动导致民营企业发行债券出现困难的情况,东阳市建立健全各类债券风险归口监测机制,实行民营企业发行债券需求清单动态管理,防控企业发行债券到期兑付风险。东阳市通过国资平台委托贷款、协助提高流动性贷款规模等措施，帮助花园集团有限公司（简称花园集团）度过流动性资金紧张阶段，花园集团在建项目陆续投产。

【政策性融资担保服务】 2021年，市金融办提高融资获得便利度。发挥东阳国控融资担保公司的政策性担保机构作用，强化政策性融资担保服务保障，累计对外担保2276笔（28.66亿元），担保业务量居金华各县（市、区）第一位。支持小微企业和“三农”，推出“富村保”专项担保产品，给吴宁街道卢一经济合作社1000万元担保授信。推出“影视保”专项担保产品，为16家影视企业提供7800万元担保授信支持。推出“建筑项目保”专项担保产品，为37个建筑项目提供10242万元担保授信支持，为浙江省东阳市第三建筑工程有限公司保函提供担保9462万元。推出“科技贷”专项担保产品，为9家科技型企业提供2533.5万元的担保授信支持，助推东阳科创高地建设。

【“财政+金融”模式助企】 2021年，市金融办发挥“财政+金融”模式在企业帮扶工作中的效能，发挥政府性资源在资金周转、融资担保、不良资产处置等方面的优势作用，引导帮助企业走出担保互保困境。东阳市信贷质量不断优化，不良率、关注率持续下降，分别为0.53%、1.17%，保持低位运行，处全省低位。

（胡楚楚）

·中国人民银行东阳市支行·

【信贷业务】 2021年，中国人民银行东阳市支行（简称人行东阳市支行）贯彻稳健的货币政策，金融支持实体经济力度和精准度持续提升。截至年末，全市银行业金融机构本外币各项存贷款余额合计3068.45亿元，是继义乌市之后金华市内的金融机构本外币存贷款余额突破3000亿元的县（市、区）。其中各项贷款余额1375.24亿元，比年初增加238.74亿元，比上年增长21.01%，增速居金华各县（市、区）第一。加大对民营、小微、制造业等重点领域信贷投入，全市民营经济、小微企业、制造业中长期贷款分别增加122.83亿元、69亿元、25.15亿元，全市涉农贷款余额1068.54亿元，比上年增长22.88%，信贷结构持续优化。组织开展“金融助企暖春”走访活动，“一企一策”解决企业资金4.76亿元。用好人行再贷款支持工具，对两家法人机构（银行）发放再贷款18.6亿元，涉及企业1272家；向6447户普惠小微企业实施阶段性延期还本付息，延期本金78.89亿元；向17818户普惠小微企业发放符合人行资金支持条件的信用贷款60.14亿元。实施“首贷户三年行动方案”，推动小微企业金融服务重点由“增量扩面”向“扩面增量”转变，增加首贷户3637户，首贷金额46.91亿元，居金华各县（市、区）第二位。引导金融机构向实体经济让利，企业融资成本持续下降，全市企业贷款加权平均利率4.49%，比上年下降14个基点，其中小微、普惠小微贷款加权平均利率4.63%、4.85%，比上年分别下降40和86个基点。推进“三张清单”建设，推进授信流程“减环节、减时间、减材料”，推动形成“敢贷、愿贷”的长效机制。

【实行“镇银企”联动】 2021年，人行东阳市支行创新“贷款码”推广应用模式，根据市政府发布的《东阳市贷款码推广专项行动实施方案》，在全市范围内通过镇乡（街道）主抓联系片区企业、金融机构负责推广宣传的方式，“政银企”三方联动，共同推进“贷款码”推广工作，相关做法获人行杭州中心支行《金融简报》通报肯定，入选《东阳市营商环境白皮书》案例。全年支持企业4372家，发放贷款金额102.9亿元。

【外汇业务】 2021年，人行东阳市支行实施“外汇助企暖心”专项行动，促进对外贸易稳健运行。建立外汇联络员制度，组建队伍，“一对一”对接走访企业260余家。支持贸易新业态，指导银行加强大数据科技在跨境贸易和投融资业务场景上的综合运用，降低企业参与门槛，提高业务处理效率。全年办理出口融资业务32笔，发放贸易融资1368.8万美元；新型离岸国际贸易便利化试点业务办理56笔、金额1798.3万美元，居金华各县（市、区）第一。推动外汇便利化政策落地，自主制定便利化事中、事后管理的相关指导意见，截至年末，全市从简、从优办理贸易外汇收支便利化业务5906笔、金额9.78亿美元。

【金融便民】 2021年，东阳市推进金融便民工程。建成助农服务点362个；设征信查询点12处，开放互联网、手机银行等征信查询渠道；推动外汇名录登记网上办理，推广外汇联络员工作制度，让企业享受“点对点”服务；推动法人金融机构创设基于“信用分”的自动授信金融产品，推出“影视通宝”“红木贷”“缝纫贷”等特色产品。推动9家银行普惠小微贷款授信审批权限增加。开展“金融知识普及月”“守护钱袋子”等多场主题宣传活动，举办“经济形势和金融政策”专题讲座，让社会公众明形势、知金融。引导两家法人银行免收企业开户服务费、降低人民币转账汇款手续费等。推动“云闪付”用户突破27万户，举办“暖阳美食、味你而来”“1分钱坐公交”“云闪付×好乐多惠民购”活动，开展广厦大学“云闪付”助力“光盘行动”、移动支付双月攻坚行动等，移动支付交易笔数持续增加。

【金融风险治理】 2021年，东阳市强化金融风险监测监管。落实风险监测制度，关注辖区不良贷款变化情况，采取央行评级、存保评级、MPA（宏观审慎评估体系）考核评级、综合评级等措施，推动存款保险标识使用，督促金融机构合规稳健经营。加强金融风险处置能力，落实企业防风险工作部署，进行房地产信贷集中管理，建立大型民营企业风险监测、债券兑付和违约风险监测、民营企业股权质押风险按周监测制度，定期摸排，分类帮扶与化解。加强对东阳市金融纠纷调解委员会指导，加强与市法院、市司法局、金华银保监分局东阳监管组的合作。加强金融纠纷处理，全年接受调解申请805件，调解成功303件，涉及金额2.85亿元。

【打击电信网络诈骗】 2021年，东阳市将打击治理电信网络诈骗犯罪工作列入2021年全市“十大民生实事项目”之一。人行东阳市支行把反诈作为“金融为民”的重要实践，在人大常委会反诈专题问询会、市政府“晒拼创”中展示金融反诈工作情况，并在全国人大到东阳召开的《反电信网络诈骗法》立法调研座谈会上，介绍基层人行反诈骗的经验做法，就加强电信诈骗源头治理、加强信息化合作与数据共享提出意见和建议。严把账户分类管理关、技术反制关、警银联动关、检查监督关、宣传培训关，全年开展大型培训4次，现场宣传2156次，网络直播宣传3次，发送反诈短信238万余条，向公安部门移送可疑线索876条，立案9起，定罪8起，以帮助信息网络犯罪活动罪立案起诉130起。人行东阳市支行获评2021年东阳市先进反诈集体。

（吴雪婷）

·金华银保监分局东阳监管组·

【概况】 2021年，东阳市增设杭州银行股份有限公司金华东阳支行，银行业金融机构增至22家，其中大型银行6家、政策性银行1家、法人机构2家、股份制商业银行6家、城市商业银行7家，有银行网点205个，银行机构从业人员2500余人。截至年末，全市各项存款余额1693.21亿元，各项贷款余额1375.24亿元。全市五级不良贷款余额7.33亿元，不良率0.53%，比年初下降0.29个百分点；关注类贷款余额16.14亿元，关注率1.17%，比年初下降0.35个百分点。

全市有人寿保险公司分支机构14家、网点26个、人寿保险从业人员2900余人，保费收入20.86亿元，比上年下降1.38%。有财产保险公司分支机构20家、网点32个、财产保险从业人员900余人，保费收入10.80亿元，比上年下降5.76%。

【信用风险监测】 2021年，金华银保监分局东阳监管组（简称东阳监管组）开展信用风险日常监测工作。监测不良贷款、大额贷款风险，掌握风险底数。防范房地产贷款风险，配合金华银保监分局开展房地产信贷合规专项治理，全年核查法人机构疑点贷款50笔，贷款余额23498万元，整改违规贷款11笔，贷款余额1557万元。重点关注经营贷流入房地产市场的自查和排查。发布工作提示，要求银行机构学习《关于进一步加强住房信贷审慎管理的通知》，严格执行相关要求。

【企业帮扶】 2021年，东阳监管组推进债权人委员会组建。发挥政府牵头、企业自救、银保监引导、协会会商、银行帮扶、司法护航“六位一体”帮扶机制的作用。推进企业帮扶，会同市帮扶办（市企业帮扶工作领导小组办公室）、市住建局和相关银行机构研究制订风险化解方案，阻断风险蔓延。参与按揭项目风险处置协调会，督促银行机构处置批量违约项目。督促银行落实主体责任，防范建筑企业大额贷款风险。

【不良贷款处置】 2021年，东阳监管组督促全市银行业加大处置化解力度，督促辖内各分支机构加强与上级银行以及资产管理公司的沟通，争取打包转让指标规模；督促法人银行机构通过提足拨备、限制分红等措施，夯实发展基础，加大核销力度。依托政府在风险处置中的综合协调作用，加强银行业机构同相关部门、司法机关之间的联动协作，推进金融风险化解工作，提升不良贷款的处置效率，全年处置不良贷款8.05亿元。

【法人机构监管】 2021年，东阳监管组对东阳农商银行和东阳富民村镇银行两家法人机构履行属地监管责任。按照非现场监管流程开展工作，收集机构经营管理和风险信息，了解机构经营发展和风险状况。督促机构落实监管要求和目标，开展三方会谈、审慎监管会谈，传递监管要求；列席董事会、监事会，掌握董事、监事、管理层履职情况；走访机构网点，了解机构实际经营状况。深化法人机构风险防控能力建设，督促机构整改各项检查问题，通过检查和督导，提出监管要求。

【保险机构监管】 2021年，东阳监管组开展保险机构巡查，了解机构财务制度、业务制度和人员管理情况，查看业务档案和手续费清单，了解历年经营数据，掌握辖内保险机构业务开展情况；推动建立保险网格员队伍，提升农村保险服务。截至年末，有在编网格员412人，超额完成388个网格全覆盖的目标。为网格员研发专属产品“惠民保”，该产品从4月上线至年末，销售500余件，保费近10万元。

【推进获得信贷便利化】 2021年，东阳监管组持续推动银行保险机构落实“无证明城市”改革。作为市专班与银行保险机构沟通的桥梁，东阳监管组梳理完善取消证明清单，优化办理流程；定期开展数据统计报送工作。推广浙江省金融综合服务平台应用，督促辖内银行机构推进平台对接，在“浙里办”APP的“浙里掌上贷”应用上线信贷产品，引导企业在线上提出融资申请，强化线上融资直接对接，依托大数据提升金融服务可获性和便利性。

（王颂洁）

银行业

【概况】 2021年，东阳市银行业金融机构本外币各项存款余额1693.21亿元，比年初增加169.52亿元，比上年增长11.13%。本外币各项贷款余额1375.24亿元，比年初增加238.74亿元，比上年增长21.01%。

【中国农业发展银行东阳市支行】 2021年，中国农业发展银行东阳市支行（简称农发行东阳市支行）各项贷款余额23.06亿元，比年初增加6.70亿元，增长40.99%；各项存款余额7.16亿元，比年初增加2.78亿元，增长68.48%；日均贷款19.70亿元，比上年增长35.31%；日均存款5.37亿元，比上年增长46.34%，贷款不良率为0，贷款投放净增列金华各县市农发行第二位。完成考核任务，有效客户增至3家，实现账面利润1599万元。发放粮食储备贷款13378.16万元，调入省级和东阳市级储备粮24113吨，用于早籼谷、小麦及晚籼谷轮换，保证本地粮食收储增储任务完成。（王瑞中）

【中国工商银行股份有限公司东阳支行】 2021年，中国工商银行股份有限公司东阳支行（简称工行东阳支行）实现拨备前利润4.11亿元，净利润3.41亿元。各项存款时点余额208.32亿元，同业占比26.66%；各项贷款余额141.2亿元，同业占比23.34%。投放项目贷款6.04亿元，完成审批项目贷款4个，合计21.23亿元。普惠贷款增量10.64亿元。以“国担快贷”业务形式实现信贷投放1.6亿元；灵活服务模式，开办“固定资产购建贷”“结算贷”“采购通业务”“网贷通”“税易贷”。依托乡村振兴“兴农贷”系列产品，解决农村地区融资难、担保难问题，以整村授信助力“三农”发展，全年完成7个重点村镇授信工作，为农户、村社办理“农户e贷”“村社e贷”。加强金融及非金融服务，打造“非金融服务”品牌，以“工行驿站”建设为载体，实现“网点+”项目的内涵延伸。（姚蔚蔚）

【中国农业银行股份有限公司东阳市支行】 2021年，中国农业银行股份有限公司东阳市支行（简称农行东阳市支行）各项贷款余额213.11亿元，比年初增加36.72亿元；各项存款余额300.77亿元，比年初增加17.69亿元；不良贷款余额为5832万元，不良率0.27%。

农行东阳市支行支持重点项目，为东阳市交通、教育、文旅、水利、招商引资、技改等重点项目提供优质服务平台，延伸服务链条，全年发放项目贷款超13亿元。扶持小微企业，推出“抵押e贷”“首户e贷”“科技e贷”等线上产品，依托“浙江金融服务综合平台”“贷款码”等平台。截至年末，农行东阳市支行为660家小微企业提供信贷支持，小微贷款余额超30亿元。加快制造业贷款投放，制订“支持制造业发展十六条”措施，支持制造业重点细分行业产业链提升、十大标志性产业链培育以及传统制造业改造提升。省农行与省政府就助

2021年东阳市银行业金融机构情况一览表

表30

机构类别	机构数（家）	单位名称
大型银行	6	中国工商银行股份有限公司东阳支行 中国农业银行股份有限公司东阳市支行 中国银行股份有限公司东阳支行 中国建设银行股份有限公司东阳支行 交通银行股份有限公司金华东阳支行 中国邮政储蓄银行股份有限公司东阳市支行
政策性银行	1	中国农业发展银行东阳市支行
法人机构	2	东阳市农村商业银行股份有限公司 浙江东阳富民村镇银行股份有限公司
股份制商业银行	6	兴业银行股份有限公司金华东阳支行 中信银行股份有限公司金华东阳支行 平安银行股份有限公司金华东阳支行 浙商银行股份有限公司金华东阳支行 上海浦东发展银行股份有限公司金华东阳支行 恒丰银行金华东阳支行
城市商业银行	7	金华银行股份有限公司东阳支行 浙江稠州商业银行东阳支行 浙江民泰商业银行金华东阳支行 浙江泰隆商业银行金华东阳支行 台州银行股份有限公司金华东阳支行 宁波银行股份有限公司金华东阳支行 杭州银行股份有限公司金华东阳支行

（胡楚楚）

2021年年末东阳市银行业金融机构存贷款余额(本外币)统计表

表31 单位:万元

金融机构	年末存款余额			年末贷款余额			
	合计	单位存款	个人存款	合计	短期贷款	中长期贷款	票据融资
农业发展银行	70423.82	70423.82	—	230558.05	26358.05	204200.00	—
工商银行	2073497.37	755327.82	1305746.60	1412031.00	389284.09	1022676.70	70.20
农业银行	3007722.85	1277662.02	1725595.65	2131064.30	1165285.05	965779.24	—
中国银行	1135977.78	650315.68	481190.31	1401678.08	560939.31	817584.71	23154.06
建设银行	1579554.03	871455.70	704381.62	1365879.46	592034.31	744604.64	29169.50
农商银行	5060683.78	1628634.51	3361946.94	3800069.91	1161164.32	2627429.81	11475.78
富民村镇银行	171606.74	50616.92	120989.82	242632.67	162149.24	80483.43	—
金华银行	361414.00	202439.00	158809.00	353235.00	162965.00	190270.00	—
邮政储蓄银行	1548140.28	47629.99	1498087.91	422573.83	210764.56	211809.27	—
兴业银行	177882.45	121374.45	56485.01	364562.81	262168.62	102394.19	—
交通银行	106894.72	74700.30	32157.92	203622.89	86346.42	117276.47	—
平安银行	75871.61	4,309.12	71331.48	28429.10	27335.00	1094.10	—
稠州银行	341328.34	69139.02	206476.75	171739.06	93163.06	78576.00	—
浙商银行	187405.28	92358.42	95046.85	408196.45	212681.19	195515.26	—
中信银行	292430.46	237800.11	54625.73	484405.19	226823.12	257582.06	—
浦发银行	122280.14	41685.00	80566.14	168899.00	89968.00	78931.00	—
民泰银行	126690.71	95779.97	30910.74	84821.42	47463.64	37357.78	—
恒丰银行	35650.56	29318.50	6332.01	176988.27	10990.18	165998.09	—
泰隆银行	69655.77	33599.64	36055.59	62015.36	56820.58	4885.59	309.19
台州银行	33085.84	17305.22	15779.60	64344.78	60118.56	4226.21	—
宁波银行	86732.05	70713.05	16019.00	157672.75	83029.75	74643.00	—
杭州银行	8189.32	7817.63	371.69	17024.71	12057.51	4967.20	—
合计	16673117.91	6450405.90	10058906.35	13752444.06	5699909.57	7988284.75	64178.74

说明:各行存款余额不包含代理财政性存款

(吴雪婷)

2021年8月4日，农行东阳市支行组织人员调研走访李宅村葡萄种植大户
（张永超/摄）

力推进共同富裕示范区达成战略合作，制定《关于服务乡村共同富裕的十六条意见》，设立乡村振兴金融部，增强在农村产业发展、农村消费、基层建设等方面的金融服务能力。截至年末，农行东阳市支行涉农贷款比年初增加超25亿元。开展大规模农户信息建档，以整村推进的方式，打通农户线上申贷、办贷渠道，全面提升农户贷款的覆盖面和办理效率。推进以“惠农e贷”为主的线上农户贷款发展，推出“村集体流动资金贷款”，满足农村发展融资需求。截至年末，农行东阳市支行完成农户建档9万余户。建立健全“网点+自助银行+惠农通”三位一体的渠道体系，与农家店、供销社、农村小商店等合作，布放电子机具，设置“惠农通”服务点，提供小额取现、刷卡消费、转账汇款、生活缴费等金融服务，扩大和提高农村地区金融服务辐射范围和水平。在全市农村优化设立212个惠农服务点。实施助企纾困，对经营暂时出现困难的企业，通过收回再贷、贷款展期、利率优惠等专项措施进行帮扶。2019—2021年，先后帮扶8家企业经营转好。助力复工复产贷款无一例不良发生。推进数字化转型，聚焦政务、民生、消费等智慧场景建设，助力市公安局上线一体化缴费系统，实现保证金缴纳“跑一次”。农行东阳市支行加大资源倾斜力度，提高企业融资可获得性，降低企业融资成本，对民营经济、小微企业等减免服务收费20余项，为各类实体减费让利超2400万元。

（张永超）

【中国银行股份有限公司东阳支行】 2021年，中国银行股份有限公司东阳支行（简称中行东阳支行）本外币贷款余额突破140亿元，比年初增加24.83亿元，增长39.58%；本外币存款余额113.68亿元，比年初增加13.38亿元，增长13.34%；国际结算量9.84亿美元。城西支行挂牌汽车分期专业支行，全年实现汽车分期付款3.13亿元，银行卡分期业务持续增长。

中行东阳支行支持政府重大项目，支持地方重点特色产业、重大基础设施项目。获批授信30亿元支持东阳市投融资规模最大的城市改造项目——槐堂未来社区项目，获批义东高速公路一期、二期授信合计35亿元，均完成投放。协助企业全面发展，横店集团股份有限公司在中行东阳支行有授信总量125.2亿元，授信余额58亿元。浙江花园集团控股有限公司在中行东阳支行有授信总量13.2亿元，授信余额8.5亿元。

中行东阳支行累计为20余家影视企业提供授信支持，累计贷款金额超30亿元，支持影视剧180余部。截至年末，中行东阳支行有影视企业授信客户10家，授信总量1.97亿元，余额共计1.295亿元，无不良余额。（张　瑜）

【中国建设银行股份有限公司东阳支行】 2021年，中国建设银行股份有限公司东阳支行（简称建行东阳支行）各项存款余额171.82亿元，比年初增加12.63亿元；各项贷款余额136.96亿元，比年初增加16.93亿元，其中增加公司贷款12.13亿元；不良贷款余额6532万元，不良率0.48%。实现中间业务净收入8086万元；实现主营业务收入4.26亿元；实现拨备前利润3.35亿元。

建行东阳支行支持市重点项目建设，东阳市土地开发项目（二期）贷

2021年8月16日，浙江省财贸工会“工会户外劳动者服务站点”揭牌仪式在建行东阳横店支行举行
（建行东阳支行提供）

款获建行浙江省分行批复授信7亿元。全年项目贷款余额14.63亿元,比上年增加6.68亿元。创新推出"拉卡拉"商户云贷、"浙担贷"等产品。

6月,建行东阳支行推出个人乡村振兴"共同富裕示范区"贷款,支持浙江省共同富裕示范区建设。截至年末,发放"共同富裕示范区"贷款85户,金额1.60亿元。

推动移动支付便民工程建设,推出"建行生活"APP,是四大行首款立足于本地生活的一站式生活场景服务平台。截至年末,上架商户134家,服务注册用户2.5万人。

建行东阳支行贷款加权平均执行利率为4.21%,对公贷款加权平均执行利率4.09%。解决企业以及个人主体发展中融资贵难题,聚焦降低结算、评估等金融业务成本,为小企业减少房屋评估费用108万元,减免保险、房产登记费用9万余元,为外汇客户减免转账及结售汇手续费96万余元。

8月16日,浙江省财贸工会"工会户外劳动者服务站点"揭牌仪式在建行东阳横店支行举行,是金华市首家工会户外劳动者服务站点。(黄淑芝)

2021年9月3日,东阳市道德模范颁奖典礼冠名仪式举行

(东阳农商银行提供)

【浙江东阳农村商业银行股份有限公司】 2021年,浙江东阳农村商业银行股份有限公司(简称东阳农商银行)各项存款余额506亿元,比年初增加80亿元;各项贷款余额381亿元,比年初增加60亿元,存贷款市场份额分别达29.9%和27.7%。不良贷款率0.88%。全年纳税3.83亿元,2012—2021年累计纳税29亿元,连续16年获评全市纳税十强企业,获评全国金融系统思想政治工作优秀单位、全国农信系统宣传标杆单位、全国农村金融十佳科技创新机构,获浙江农信债券承分销参与优秀奖,获评浙江农信支付清算工作优秀单位、金华银保监分局监管统计先进单位、东阳市先进机关部门。东阳农商银行助力共同富裕先行,制订实施金融支持高质量发展建设共同富裕示范区12条举措,与全市31个机关部门签订战略合作协议。截至年末,个人贷款户数8.2万户,比年初增加1.5万户。推出代办存款、贷款、缴费等"十项业务清单",整改低质信用小组成员,增设江北电商园和横店万盛街两家综合型丰收驿站。

东阳农商银行开展小微企业"无感授信",推广省金融综合服务平台,推出"小微速贷""小微易贷"等线上贷款产品,助力"六稳""六保"。截至年末,小微企业贷款覆盖率12.03%,比年初上升3.31个百分点,贷款小微企业2526家,比年初增加1022户;降低小微企业融资成本,持续开展"无本续贷"和"延期还本付息"服务,为5925户客户续贷70亿元,为实体经济减费让利超1.8亿元。支持全市小微企业园发展,与江北巨和众创城二期、巍山华鸿智造小微园、六石千芝雅健康产业园等16家小微企业园建立合作。截至年末,支持入园企业贷款271户、金额11亿元,占全市小微企业园贷款投放的70%以上。

2021年9月16日,东阳信用分暨东阳农商银行"阳光·普惠贷"首发仪式在丰收驿站阳光旗舰店举行

(东阳农商银行提供)

东阳农商银行与市发改局、市大数据发展中心合作,推出"阳光·普惠贷"。2021年9月上线至年末,发放贷款6244户、贷款余额6.93亿元,成为"东阳信用分"在普惠金融领域应用的"样板工程",该产品案例获全省农信系统数据分析大赛二等奖。东阳农商银行获评浙江省财贸工会第一批"财贸高技能人才创新工作室"。在各网点布放智能柜员机,实现业务分流,在柜面实现60余项"免填单"业务,对公企业开户时间从60分钟缩减至40分钟。增设智柜机24台,历年累计布放智柜机68台。

东阳农商银行实行3000万元以上的大额贷款由营业部统一管理,建立营业部与支行联动的大额贷款名单库,小额贷款实现批量管理。推进数字风控,自主研发风险防控多个系统,实现贷前查询、贷后批量检查和贷款资金流向监测的智慧风控。推进不良清收，开展不良贷款清收攻坚月专项行动和不良贷款及欠息专项清收活动，截至年末，清收表内外不良贷款本息1.87亿元。推进审计项目实施，全年开展审计项目39个，出具审计报告103份，处罚1504人次，处罚金额53.84万元。

东阳农商银行全年无安全事故，成功协助处置防诈案件23起，涉案金额220万元，获评金华市级第七轮安全成效评估突出集体。参与“百局联百村”活动，捐赠12万元支持村居环境建设；为全市1046个自然村捐赠救生设备4184件，助力平安东阳建设；冠名东阳市道德模范颁奖典礼和首届“十大杰出青年”颁奖典礼等活动；发放100万元“阳光·助教基金”；连续第七年冠名市红十字救援队，累计捐赠救援队经费340万元。

（贾琳巧）

证券业

【概况】 2021年，东阳市有证券公司分支机构9家，存量账户数249307户，比上年增长6.91%，环比增长0.50%；12月份增加开户数1329户，比上年增长45.25%，环比增长41.53%；证券交易额554.05亿元，比上年增长41.62%，环比增长6.16%；保证金金额15.88亿元，托管市值余额505.16亿元，净流量-6.54亿元。私募理财产品销售数1.49亿元，年末融资余额21.12亿元，融券余额0.19万元。

（胡楚楚）

【浙商证券股份有限公司东阳环城北路证券营业部】 2021年，浙商证券股份有限公司东阳环城北路证券营业部（简称浙商证券东阳营业部）交易场地1630平方米，下设运行保障中心和财富管理中心两个职能部门，有后台员工和理财顾问、投资顾问37人。客户数90576户，存量资产277.24亿元，融资融券余额12.4亿元，全年完成A股、B股、基金和债券交易总量2738.74亿元。（蒋舒蓓）

2021年东阳市各证券公司分支机构运行情况统计表

表32

证券公司分支机构	指标	12月月末存量账户（户）	12月开户数（户）	12月总交易额（万元）	12月保证金金额（万元）	12月月末托管市值余额（万元）	12月净流量（万元）	12月月末融资余额（万元）
全市合计	本期	249307	1329	5540541.83	158759.72	5051605.48	-65415.43	211250.01
	环比增长（%）	0.50	41.53	6.16	-9.63	-2.18	—	3.50
	比上年增长（%）	6.91	45.25	41.62	19.09	17.14	-491.23	36.61
浙商证券东阳营业部	本期	92099	195	2340891.2	83555.4	2282302.9	-8382.14	124081.85
	环比增长（%）	0.14	46.62	3.58	-10.29	2.92	-109.67	1.78
	比上年增长（%）	2.09	82.24	30.95	8.60	9.19	-831.28	26.89
中信证券东阳营业部	本期	86588	282	2056616.87	34230.00	1976784.88	-22443.67	59940.77
	环比增长（%）	3.1	-89.23	38.44	-14.89	-4.13	—	3.49
	比上年增长（%）	3.53	61.14	88.68	7.78	19.67	—	58
方正证券东阳营业部	本期	36931	316	351101.91	9100.3	152487.5	4801.67	9217.53
	环比增长（%）	0.83	45.62	-1.3	-19.86	3.25	-9.24	5.4
	比上年增长（%）	7.5	48.36	29.49	14.74	33.86	249.68	26.82

续表32

证券公司分支机构	指标	12月月末存量账户（户）	12月开户数（户）	12月总交易额（万元）	12月保证金金额（万元）	12月月末托管市值余额(万元)	12月净流量（万元）	12月月末融资余额（万元）
财通证券东阳营业部	本期	5666	32	117186.40	2469.22	33356.60	-913.00	1303.78
	环比增长（%）	0.55	-11.11	-4.29	6.08	-2.66	-143.72	-0.277
	比上年增长(%)	14.05	77.78	-11.43	63.35	48.4	-204.7	-30.34
金元证券东阳营业部	本期	2882	12	133460.07	2694.69	31660	572	2579.08
	环比增长（%）	0.28	300.00	3.28	11.00	-0.15	195.37	-10.13
	比上年增长(%)	2.75	140.00	130.86	43.57	54.89	128.06	74.73
浙商证券横店营业部	本期	12609	89	332515.52	16362.63	323514.47	-37825.29	6753.15
	环比增长（%）	0.7	0	13.58	-33.94	-17.13	14408.28	17.99
	比上年增长(%)	9.8	32.82	44.02	27.91	40.22	-12545.8	60.34
东方财富证券东阳营业部	本期	679	8	67384.32	9853.67	139036.50	767.08	2284.72
	环比增长（%）	1.19	14.29	-2.16	1422.08	-16.52	—	2.85
	比上年增长(%)	14.5	60.00	289.40	3136.02	2257.00	—	126.25
银河证券东阳营业部	本期	8054	88.00	103038.64	0.00	97684.50	-1759.11	3365.43
	环比增长（%）	1.54	44.26	-12.54	0.00	-1.77	-123.91	99.88
	比上年增长(%)	71.18	-57.69	-67.02	0.00	-42.53	-106.13	-1.64
信达证券东阳营业部	本期	3799	307	38346.89	493.78	14778.16	-232.97	1723.7
	环比增长（%）	8.76	130.83	13.37	-37.78	0.54	-131.04	0.21
	比上年增长(%)	777.36	162.4	200.37	154.25	115.36	-104.05	578.91

说明：数据由《东阳金融运行参考月报》提供

（胡楚楚）

【中信证券股份有限公司东阳吴宁西路营业部】 2021年，中信证券股份有限公司东阳吴宁西路营业部(简称中信证券东阳营业部)建筑面积868.65平方米，内设运营管理部、市场拓展部和财务部3个职能部门。年内取消大客户室。客户数82369户，营业收入2561万元，时点融资规模60320.6万元，日均融资规模48256.62万元。 (王倩倩)

保险业

【概况】 2021年，东阳市有保险公司分支机构34家，其中财产保险公司20家、人寿保险公司14家。全年保费收入31.66亿元，其中财产险保费收入10.80亿元，比上年下降5.76%；人身险保费收入20.86亿元，比上年下降1.30%。累计赔款支出10.96亿元，其中财产险赔款6.67亿元、人身险赔款4.29亿元。 (徐艺伟)

【中国人寿保险股份有限公司东阳支公司】 2021年，中国人寿保险股份有限公司东阳支公司实现总保费14.23亿元，比上年增长0.3%，占全市寿险行业的68.2%。短险及死亡赔付1.64亿元。开发民生保障保险项目，继续承办东阳市学生儿童意外伤害保险，全市17.37万名学生参保受益；承办市公安局警务辅助人员意外伤害保险，为2000名辅警人员提供意外、疾病保险保障；承办老年人意外伤害保险，全市符合政府补贴参保条件的60周岁以上及所有80周岁以上高龄老人为参保对象，3.4万名老人参保受益。通过政府引导，公司推出男60～79周岁、女55～79周岁老年人意外保险项目；与市妇联签订关爱家庭健康保险合作协议，在全市推广安康保险项目。继续承办东阳市独生子女保险、失独家庭保险，开拓失独老人保险，帮助计生家庭抵御风险。 (韦 华)

2021年东阳市各保险公司分支机构运行情况统计表

表33 (单位：万元)

类别	保险公司分支机构	保费收入	比上年增长(%)	赔款支出	赔付率(%)
财产险	合计	108011.71	-5.76%	66714.24	61.77%
	人保财险东阳支公司	38638.72	2.23%	24588.99	63.64%
	太平洋财险东阳支公司	11216.53	-7.54%	6814.08	60.75%
	平安财险东阳支公司	29086.46	-6.07%	17612.06	60.55%
	天安财险东阳支公司	1673.97	-23.16%	1090.94	65.17%
	中华联合财险东阳支公司	2547.78	-8.84%	1858.05	72.93%
	大地财险东阳支公司	3918.48	-26.55%	2631.31	67.15%
	阳光财险东阳支公司	1419.88	—	1114.12	89.95%
	中银保险东阳支公司	315.81	30.74%	90.42	28.63%
	亚泰保险东阳支公司	105.18	-53.58%	257.71	245.02%
	人寿财险东阳支公司	10134.92	-919.00%	6089.41	60.08%
	华泰财险东阳支公司	—	—	—	—
	长安保险东阳支公司	472.24	-46.23	491.53	76.26%
	安诚财险东阳支公司	1763.25	-7.98%	1138.13	64.55%
	浙商财险东阳支公司	768.82	28.55%	312.57	40.66%
	紫金财险东阳支公司	1223.58	—	319.82	36.44%
	大家财险东阳市营销服务部	54.46	-77.38%	90.65	166.45%
	永安财险东阳市营销服务部	804.15	-16.22%	117.36	14.59%
	太平财险东阳支公司	2388.19	-28.95%	1792.52	75.06%
	华安财险东阳市营销服务部	672.69	—	—	—
	都邦财险东阳支公司	806.60	0.2566	304.57	40.17%

续表33

类别	保险公司分支机构	保费收入	比上年增长(%)	赔款支出	赔付率(%)
人寿险	合计	208641.05	-1.38%	42916.62	—
	中国人寿东阳支公司	142302.02	0.30%	30419.71	—
	太平洋人寿东阳支公司	7151.33	-4.29%	1449.47	—
	平安人寿东阳市营销服务部	35345.47	-8.39%	7815.85	—
	太平人寿东阳支公司	5722.77	5.94%	0	—
	人民人寿东阳支公司	4888.24	-4.53%	722	—
	信泰人寿东阳支公司	985.41	17.82%	164.91	—
	幸福人寿东阳支公司	115.78	-66.92%	0.00	—
	泰康人寿东阳营销服务部	3626.80	12.50%	525.00	—
	新华人寿东阳市营销服务部	5672.83	2.58%	1208.88	—
	中韩人寿东阳支公司	0	0	0	—
	英大人寿东阳营销服务部	0	0	0	—
	中德安联人寿东阳营销服务部	438.74	-17.12%	80.35	—
	华泰人寿东阳营销服务部	559.68	-19.13%	226.25	—
	合众人寿东阳营销服务部	1831.98	-5.62%	304.20	—

说明：数据由《东阳金融运行参考月报》提供

(胡楚楚)

【中国人民财产保险股份有限公司东阳支公司】 2021年，中国人民财产保险股份有限公司东阳支公司实现保费收入3.86亿元，赔款2.46亿元。强化政保合作，推进政策性农房保险、医疗责任保险、养老机构责任保险、精神病患者监护人责任保险、市政公用公众责任保险等政保项目，实现低收入农户医疗补充政策性保险项目落地，推动政策性农业保险、投标保证保险、小微企业出口信用保险增量扩面，落地全国首单城市生命线综合保险。

(朱佳慧)

地方金融组织

【小额贷款公司】 2021年，东阳市有小额贷款公司7家，总注册资本15.65亿元，贷款余额17.10亿元；年化加权平均利率14.49%；逾期贷款余额2.52亿元，逾期率14.73%。发放贷款93.54亿元，比上年增长13.84%；净利润1.62亿元，比上年增长95.22%；纳税0.54亿元。(张超男)

【民间融资服务中心】 2021年，东阳市民间融资服务中心出借需求登记余额21.39亿元，借入需求登记余额220.45亿元，撮合成交余额3.93亿元，其中自有资金匹配1.03亿元，委托资金匹配2.89亿元，成交平均年利率13.72%。2014年5月开业至2021年年末办理转贷业务8973笔、金额156.04亿元。(张超男)

【民间资本管理公司】 2021年，东阳市有民间资本管理公司2家，注册资本1.5亿元。全年增加股权或债权投资(1年及以上)14笔，投资金额1.55亿元；短期财务性投资(1年以下)927笔，投资金额24.44亿元。两家民间资本管理公司年度考核均为优秀。

(许安然)

【典当公司】 2021年，东阳市有典当公司5家。典当总额7945.52万元，年利息及综合服务费收入608.42万元，年动产质押典当业务余额902.72万元。(许安然)

【东阳市国控融资担保有限公司】 2021年，东阳市有1家融资担保公司(东阳市国控融资担保有限公司)，注册资本3亿元。截至年末，对外担保2276笔、金额28.66亿元，公司在保余额13.31亿元，在保笔数1387笔。

(许安然)

自然资源管理

【概况】 2021年，东阳市获省政府督查激励事项奖励、农民建房专项等用地指标327.97公顷，完成报批379.63公顷。消化处置批而未供土地384.8公顷，盘活存量257.73公顷，低效用地再开发201.2公顷，闲置土地处置22.33公顷。出让土地99宗、面积263.24公顷，土地出让金89.05亿元。

【城乡规划】 2021年，东阳市中心城区控制性详细规划编制覆盖率100%，完成《东阳市主城区总体城市设计》和《林业总场区块城市设计》等多个规划。完成城区城市规划项目规划论证82项、规划报批90项（含危旧房整治改造规划），出具规划设计条件46个。完成乡镇规划调整方案18个；完成村庄规划修编18个、村庄规划局部调整195个；完成农户单体户型建筑方案54个、农户放样定桩687户；出具规划条件109个；完成规划项目论证42个。

【土地开发整理】 2021年，金华市下达垦造和补充耕地任务面积85.67公顷，“千亩方”“万亩方”项目立项3个，全域土地综合整治验收3个。截至年末，东阳市增加垦造和补充耕地面积86.2公顷、完成“千亩方”“万亩方”项目立项4个，全域土地综合整治验收3个。连续七年综合成绩列金华市各县（市、区）第一位。5月7日，东阳市全域土地综合整治与生态修复工作获省政府督查激励。

【征地管理】 2021年，东阳市完成土地征收项目183个，面积541.83公顷。收缴报批规费36606万元，其中收缴征地补偿费19569万元；支付统一征地补偿费34403万元。完成15个乡镇、99个村被征地农民基本养老保障参保条件审核，参保对象5001人。

【自然资源监察】 2021年，市自然资源与规划局开展土地卫片执法检查整改拆除工作，完成1—12月土地卫片执法检查遥感监测图斑系统填报2940个、面积1563.99公顷，其中耕地面积881.55公顷、永久基本农田面积398.8公顷。全面开展农村乱占耕地建房问题大排查，上报乱占耕地建房问题916宗，两年内累计上报乱占耕地建房问题1864宗。持续开展扫黑除恶专项斗争活动。登记办理群众信访诉求822件，化解交办的重复信访、信访积案13件。

【矿产资源管理】 2021年，东阳市采矿权总量控制在金华市自然资源和规划局下达的指标内，全市持证矿山总数14家。创建绿色矿山1家（东阳市南马镇木棉田萤石矿）。截至年末，有绿色矿山5家。其中，通过自然资源部绿色矿山遴选的有2家（东阳市忠信堂萤石矿、东阳市佐村萤石矿）；通过第三方评估的有3家（东阳市防军萤石矿棺材坞矿井、东阳市南马镇大厦萤石矿、东阳市南马镇木棉田萤石矿）。

【地质灾害隐患点治理】 2021年，市自然资源与规划局编制发布《东阳市2021年度地质灾害防治方案》，市自然资源和规划局、市发改局联合印发《浙江省东阳市地质灾害防治“十四五”规划》。完成东阳市1∶50000比例尺地质灾害风险普查和佐村镇1∶2000比例尺地质灾害风险调查工作。核减地质灾害风险区14处，落实地质灾害群测群防员135人，完成山地丘陵区29431户农户的农村切坡建房排查工作。完成地质灾害治理任务8处（竣工验收6处、初步验收2处），完成18处专群结合地质灾害专业监测预警点和4处山区雨量监测站的建设工作。开展地质灾害防治知识进校园、地质灾害防治业务培训、地质灾害防治知识进农村文化礼堂宣传月、“地灾智防”APP使用培训等活动，宣传培训300余人次，提升基层地质灾害群测群防员的业务水平，强化基层群众防灾减灾意识。

【测绘与地理信息服务】 2021年，市自然资源与规划局完成1747平方千米1∶2000比例尺基础地理信息更新工作，其中，对横店镇、南马镇变化较大区域80平方千米1∶2000比例尺基础地理信息资源进行全要素更新，剩余1667平方千米按省、市要求整合数据并对重大要素进行更新。完成数字东阳地理空间框架运维更新升级（天地图融合），包含302平方千米1∶2000比例尺数字线划图（DLG）数据更新。办理2021年基础测绘成果使用许可19次，提供小面积地形图、影像图80余次，为东阳市村庄规划、自然资源执法、地质灾害隐患排查等提供数据支撑。以2020年12月31日为时间节点，开展2020年度东阳市土地利用现状变更调查，对2020年土地利用地类变化进行更新，更新成果通过自然资源部核查后，于2021年10月印发使用。

【综合审批】 2021年，全市完成建设工程规划许可证1794本；建设用地（含临时建设用地）规划许可证243本；乡村建设规划许可证702本；建设工程竣工规划核实135个。完成临时用地审批60宗，乡镇公共设施、公益性事业建设用地审核15宗。

【不动产登记】 2021年，东阳市发放不动产权证书78131本、不动产登记证明40522本，办理注销登记15643宗、查封登记2506宗、解封1381宗，办理不动产信息查询70209件，办理行政限制553宗，权籍调查编制不动产单元号113105个。“一窗受理”业务办结11585件。商品房转移登记由3个工作日提速至1个工作日内办结。

与市内23家银行、市外17家银行签订抵押延伸服务合作协议。投放自助打印终端机，推进并扩展电子证书(证明)应用。推进“互联网+不动产登记”服务，配合“一码管地”系统在不动产登记领域的应用工作，实施不动产登记线上、线下一体化办理，完成不动产总办件量88801项，其中“掌上办”“网上办”服务事项12913项，抵押延伸服务23643项。解决历史遗留问题，为1300余户业主解决办证的问题。自1月1日起，不动产登记不再审查婚姻状况。7月，印发《东阳市自然资源和规划局关于调整明确不动产登记职责权限的通知》，完成不动产登记职责权限调整；不动产登记一般事项、不动产登记信息查询实行“全城通办”。开展自然资源确权登记试点工作。开展农村土地承包经营权登记成果资料移交工作。推进农村宅基地及住房确权登记发证整改工作。开展年度农房确权登记工作。全年免收工业企业登记费160050元、银行抵押登记费1203920元。

（徐超群）

城乡建设

【概况】 2021年，东阳市完成海绵城市建设自评估报告，完成绿道建设12千米；完成南市路、通江路、望江路等道路改造工程；完成湖莲西街、革成路等“断头路”打通工作；完成人民路圆盘改造、人民大桥改造工程；完成二次供水设施改造小区12个；推进生活小区“污水零直排区”创建，28个省考生活小区通过省级验收；完成既有住宅电梯加装两台；完成巍山镇白坦村、虎鹿镇厦程里村传统村落省级验收；公布第一批市级传统建筑名单。推进美丽城镇建设工作，六石街道、南马镇花园村获评2021年度新时代美丽城镇建设省级样板，城东街道、南市街道、歌山镇、画水镇、东阳江镇、马宅镇、佐村镇获评新时代美丽城镇建设基本达标乡镇。东阳市通过省级美丽城镇考核验收总量居全省第一位。

【住建行政审批】 2021年，市住建局行政审批办件量2058件，其中三级及以下房地产开发企业资质核准28件、变更1件；建筑业资质核准222件、变更458件、重新核准1件、注销4件；商品房预售许可核准32件，面积1402028.8平方米；建设单位采用协议方式选聘物业服务企业审批4件；建筑工程施工许可239件，合同金额1014138.81万元，变更176件；施工图联合审查420件，面积7936502.65平方米；应建防空地下室的民用建筑项目报建审批18件；消防设计审查54件，消防验收（备案）284件；房屋建筑工程竣工验收备案26件；建筑节能审查65件，面积195.3万平方米；建设工程（含地下管线工程）档案验收26个、4575卷。

【城市建设】 2021年，东阳市启动城市品质提升大会战，开通“断头路”30条，提升改造10条主要道路。完成荷塘路、南午岭互通工程一期、昌盛路、何宅大桥、金旺路（上进路至钱江路）、五号路、人才公寓支路、紫荆箱涵、甘溪路（歌山路至八华路）、中山路（北四路至北五路）、革成路、友谊路等道路建设；完成建筑业总部中心、烟草大楼前广场、昆溪（东义路至世贸大道）绿道等建设；完成南市路、东阳江大桥、通江路、城南西路、关山路、望江路、江滨北街等道路提升改造；完成中心城区道路交通优化提升；完成工人新村、迎晖新村、园丁新村、南岘新村、建工新村等9个老旧小区提升改造；完成学士路、甘溪路、迎宾大道、湖莲西街、广福路等道路中修11.7万平方米；完成城南西路、南市路等道路电力、通信管线“上改下”工程。

【危旧房治理改造】 2021年，市住建局验收71户“三类人员”（低保户、特

2021年1月，高铁新城农房改造集聚安置区（一期）建设项目完成主体结构结顶 （包康轩/摄）

困人员、贫困残疾人家庭)农村危房改造,发放补助资金151.674万元。上卢、横店、巍山、南马四个农房集聚区一期项目完成交房4600余户。上卢二期、巍山二期、高铁新城一期项目完成主体结构结顶,横店二期项目完成主体结构的80%,高铁新城二期项目完成招标工作。

(刘向前)

综合行政执法

【概况】 2021年,市综合行政执法局办理行政处罚案件11577件,收缴行政罚没款958.42万元;参与拆除违法建筑11221宗、建筑面积139.7万平方米;数字城管平台派遣处置件65136起,结案数65109起(综合行政执法局职责案件43087起,结案率99.49%);拆除各类户外广告2002块(幅);受理行政许可7046件,收取各类规费135.5万元;受理信访2638件、受理热线举报2330起;承办市人大代表建议和政协提案39件。市综合行政执法局获评住建部"强转树"专项行动表现突出单位、省级文明规范公正综合行政执法基层队所示范工作成绩突出集体。

【环境卫生体制改革】 2021年,市综合行政执法局推进市政环卫市场化改革。组建市政公用事业中心,成立江滨景观带管理科,完成原城区街道、东阳市城市建设投资集团有限公司管理的市政设施、园林绿化、路灯移交工作。市政府发布《东阳市环境卫生体制改革实施方案》,组建东阳市环境卫生有限公司,完成领导班子、中层干部及工作人员调配选任,实现"管""干"分离。

【"大综合一体化"行政执法改革】 2021年,"大综合一体化"行政执法改革新划转事项执法179起,涵盖无证办学、水行政、生态环保、畜禽养殖、燃气设施保护、城市供水等领域。12月28日,市综合行政执法指导办公室揭牌成立。该指导办公室经金华市委编委批准,增挂在东阳市综合行政执法局。

推进南马镇综合行政执法改革试点,自3月15日起,南马镇政府在该行政区域内相对集中行使发展改革、经信、教育、公安、人力社保、自然资源、生态环境、住房城乡建设、水行政、农业农村、应急管理、市场监管、广电、人防、林业、地震、气象17个方面530项行政处罚权及与之相关的行政检查权、行政强制权。市综合行政执法局与市委编办联合印发《南马镇综合行政执法事项职责边界》明确职责,防止出现监管执法真空。

【行政执法数字化改革】 2021年11月,市综合行政执法局在市博物馆广场四周安装12套有源定向扬声器,解决因广场舞音量过大造成的噪声扰民问题。安装运行餐饮油烟在线监测系统,对卢宅景区、甘溪西街等街区的全市首批30家餐饮单位开展油烟在线监测试点,执法人员通过电脑、手机等终端对油烟净化设备进行同步监控和管理,远程实时监测油烟净化设备运作情况。安装200个智能井盖监测终端,监测终端实时连接东阳市"城市大脑"物联网平台,一旦发生窨井盖非正常打开、倾斜、位移、被盗、水浸等险情就会自动报警,报警信息转发至东阳市城市综合管理服务平台后,系统自动生成案卷信息流转到市政公用事业中心责任人员的手机中,责任人员获取信息后第一时间赶往现场处置。

【综合行政执法办案】 2021年,市综合行政执法局推行执法案件网上办理,实现案件全流程网上办理、网上流转,提升案件文书审批、流转和送达效率。一般程序网上立案5113起,简易程序网上归档3636起。制定《关于进一步加强和规范全局行政执法工作的实施意见》;完善《综合行政执法文书及制作指南》;推进教科书式执法和说理性执法;制定《东阳市综合行政执法局行政处罚自由裁量权实施细则(试行)》(自2021年9月6日起正式施行),规避处罚随意性与不规范性。推行"三色单"三步工作法(对首次发现的违反市容环境相关规定的行为,发放粉色提醒单;第二次发现,发放黄色责令限期改正通知书;对于屡教不改的,当场发放白色行政处罚决定书),发放提醒单2991份、限期整改通知书1602份,实施处罚797次。深化"互联网+监管",开展即时检查71951户次,查出问题8166户次;利用"数字城管"监控、"四个平台"、公安探头等设施,办理非现场执法案件140起。受理信访件2638件,受理率、办结率均达100%,化解信访积案72件。

【违法建设管控】 2021年,市综合行政执法局按照"消除存量、严控新增"原则,加强在建房产开发项目监管,推进封闭式小区管控,加强物业联动管控及部门联动执法力度,遏制违法

2021年11月,市综合行政执法局在市博物馆广场四周安装有源定向扬声器(舒心广场舞系统) (市综合行政执法局提供)

建设反弹。立案查处违反规划类案件140起，拆除违建11221宗，拆除建筑面积139.7万平方米。

【建筑垃圾规范化处置】 2021年，市综合行政执法局开展建筑垃圾处置常态化治理行动，查处违法运输、处置建筑垃圾案件682起，罚款401.4万元。成立专项工作组，通过设卡检查、常态巡查、突击检查、蹲点值守等方式打击跨行政区域倾倒建筑垃圾的违法行为，查处跨行政区域运输、倾倒建筑垃圾案件94起，处罚金额226.3万元。

【污染防治】 2021年，市综合行政执法局加强餐饮油烟污染整治，全市应安装油烟净化器的餐饮店2427家，安装率100%。落实秸秆禁烧宣传，加大秸秆焚烧案件查处力度，发放各类禁烧宣传资料4655份，制止焚烧点位4504处，查处案件1634起。开展畜禽养殖"清废2021"专项执法行动，排查养殖场和小区62个、养殖户15户。

【校外培训监管】 2021年，市综合行政执法局开展校外培训广告监管，对涉及校外培训的户外广告一律不予审批，对巡查发现的各类校外培训广告"发现一起、拆除一起"，拆除违规广告99处。会同相关部门开展"双减"工作校外培训联合执法56次，排查校外培训机构777家，查处违规办学案件两起。

（卢丽莎）

城市管理

【概况】 2021年，东阳市城区生活垃圾分类覆盖面、资源化利用率、无害化处理率均达100%。东阳市环境卫生有限公司服务范围内清扫保洁总面积1132万平方米（包括237条主次干道、14个一类社区），有公厕70座、中转转运站（点）37座、垃圾填埋场2座。市政公用事业中心负责绿化养护面积（数量）为绿地322万平方米，行道树3.2万株，东阳江水面及湿地公园保洁75.3平方米；市政维护混凝土路面476.7万平方米，沥青路面349.9万平方米，人行道223.6万平方米，雨污水管网长度633.2千米，雨污水检查井、收水井2.8万座；照明设施为路灯3.3万盏，四桥两岸LED景观、墙面亮化等景观照明灯23.1万盏，控制箱560台。

【城区生活垃圾分类】 2021年5月，东阳市印发《东阳市生活垃圾治理全面决胜两年行动计划（2021—2022年）》，明确年度工作任务和工作职责。9月，印发《东阳市主城区全面实施生活垃圾"两定四分"模式的行动方案》，建成集中投放点725个。10月10日起，东阳市主城区全面推行生活垃圾"两定四分"模式。开展垃圾分类入户宣传活动，宣传人次54790余人，发放宣传资料134780余份。在市级以上主流媒体、网络平台宣传报道297篇。利用《行风热线》《每周聚焦》等栏目曝光垃圾分类不文明行为9期。发放宣传册《垃圾分类，从我做起》，落实在校学生人手1册。组织市级"两定四分"大型专题培训两期，对教育系统、卫健系统、住建系统、金融系统等部门开展多次专题培训。开展公职人员生活垃圾分类知识测试，约4万人次参与。

配置各类收集清运机动车274辆，车辆接入监管平台系统，实行运行监控和社会监督。落实"五定"（定车、定人、定时、定点、定路线）管理，做到垃圾日产日清，分类收运。垃圾焚烧项目建成投运。餐厨垃圾生态处置中心试运行。白云、江北、横店、南马、歌山5家综合分拣中心完成建设。全年查处垃圾分类案件2805起，罚款34.8万元。创建9个省级高标准生活垃圾分类示范小区和2条省级定时定点分类投放和清运试点商业街。生活垃圾分类覆盖面、资源化利用率、无害化处理率均达100%。生活垃圾产生量比上年下降8.2%。生活垃圾回收利用率61%。

【城区垃圾分类清运】 2021年，东阳市环境卫生有限公司接收"两定四分"垃圾分类亭311个，其中吴宁街道188个、江北街道56个、白云街道67个。清运可回收物8.99吨、有毒有害垃圾4.1吨（包括废弃口罩垃圾475千克）。

【环境卫生管理】 2021年，东阳市环境卫生有限公司承担市建成区（东至迎宾大道、西至义乌界、南至城南东西路、北至湖莲西街）的主次干道路面及城区"一把扫帚"实施区域（吴宁街道、白云街道、江北街道的14个一类社区）的清扫保洁。机械化清扫面积517.9万平方米，可机扫面积734.6万平方米，机扫率70.5%。生活垃圾实现"零填埋"。10月末，东阳市第二生活垃圾卫生填埋场完成全面中间封场。处理垃圾渗滤液21.84万吨，日均598吨；利用填埋气发电4428.6万千瓦时，日均12.13万千瓦时。12月，招标采购62辆垃圾分类运输车及6只移动式压缩箱，其中3吨压缩车7辆、8吨压缩车10辆、12吨压缩车2辆、3吨餐厨垃圾车13辆、6吨餐厨垃圾车3辆、1吨新能源侧挂桶垃圾收集车19辆、桶装垃圾运输车8辆。截至年末，有各类环卫作业车辆362辆。

【园林绿化】 2021年，东阳市建成区面积46.16平方千米，绿地率37.84%，绿化覆盖率42.76%，人均公园绿地面积12.89平方米，公园服务半径覆盖率84.02%。配合完成《东阳市市政园林建设"十四五"规划》编制，制定《东阳市城市绿地建设的指导意见》《东阳市城市园林绿化系统优化（公园覆盖扫盲）和品质提升行动方案》。完成草坪修剪192.4万平方米，灌木修剪145.3万平方米，乔木整枝、抹芽10171株，枯枝修整2017株，杂草、落叶清理1.8万平方米，乔木施肥2.3万株，灌木施肥56万平方米，病虫害防治57.9万平方米，杂草药物防治81.7万平方米；补种增植乔木524株、灌木6.2万株、地被植物4.1万平方米；完成时令草花种植33.6万株，人民大桥鲜花摆放4.02万株。12月，市民花园获评省优质综合公园；紫荆公馆小区获评省园林式居住区（单位）。

【市政设施维护】 2021年，市综合行政执法局修改完善《东阳市城市道路

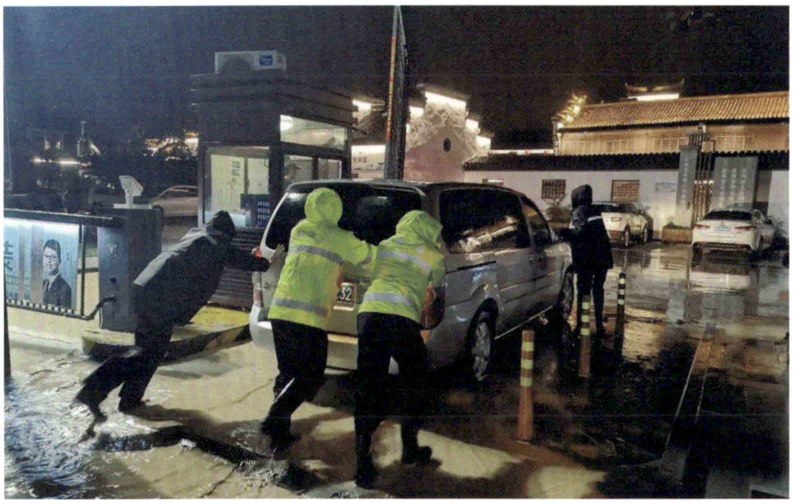

2021年8月15日，市综合行政执法局启动应急抢险预案

（市综合行政执法局提供）

挖掘管理办法》，牵头制定《东阳市城市市政道路建设的指导意见》。维修改造人行道3.2万平方米、沥青路面13.78万平方米，维修混凝土路面1224平方米、侧石8473米，整修树框790个，更换破损井盖879个，修复改造破损窨井底座322个，修复破损井壁81处，疏通排水管道582.9千米，清捞窨井3.6万座，安装加固窨井防护网491个，安装水浸监测终端10个、智能井盖监测终端200个，出动应急疏通抢险319处、改造积水点22处。对70座桥涵进行常规定期检测，完成13座桥梁的裂缝跟踪观测。

【公园管理】 2021年，东阳市制定江滨景观带区域机动车辆出入等相关制度，设置公园出入口、塑胶跑道隔离栏杆108处。10月1日起，保安进驻江滨景观带公园，对电瓶车违规驶入塑胶跑道、违规垂钓的不文明行为劝导共493次。完成江滨景观带公园基础设施整改400余处、660平方米，更换座椅114条、垃圾箱183个，更新广告牌及标语72处，增设护栏397米，修复江滨景观带两岸及公园照明故障59次，更换江堤春晓、骄傲广场灯头231套。

【路灯管理】 2021年1月，东阳市启动路灯节能智能化改造工作，将高压钠灯替换为LED路灯，推动城市照明设施科学管理和绿色节能发展。路灯节能智能化改造项目替换灯头25766套，原有LED路灯加装单灯控制器2764个、集中控制器525套。更换辖区道路、小区路灯电器光源4224套，完成辖区道路路段的排查与故障修复689处。完善应急处置设施，应急处理灯杆被撞、灯杆矫正78处。

【燃气行业管理】 2021年，东阳市推进瓶装燃气标准化供应站点建设，截至年末，完成12个标准化供应站点建设。开展燃气用户端用气环节整治及居民用户“一户一查一挂”工作。推行餐饮场所“一店一档一公示”用气安全告知公示制度。实行入户安检即查即改制度，督促燃气公司开展瓶装燃气实名登记和入户安检。牵头开展燃气安全风险和隐患排查整治，制定、发布整治方案和相关通知20余个，出动11300余人次，检查点位28300余个，排查整改隐患1670余处，下发整改通知书367份。打击非法经营和使用燃气行为，立案查处70起。

（卢丽莎）

“三改一拆”工作

【概况】 2021年，东阳市拆除违法建筑214.3万平方米，“三改”108.25万平方米（改造旧住宅区64.69万平方米、旧厂区32.57万平方米、城中村10.99万平方米），分别完成金华市年度任务数的428.6%和158.05%。完成0.67公顷以上连片违建拆除18处，腾出用地空间34.37公顷。各相关镇乡（街道）于6月30日之前完成615宗省委巡视反馈问题全部销号。

8月26日，“无违建”创建创先争优工作部署会在市行政中心举行。会议部署“无违建”创建创先争优工作，要求各镇乡（街道）明确目标，提升“无违建”指数，开展“三改一拆”“无违建”创建各项工作。全市拆违总量居全省前列。

【城区涉安全隐患违建整治】 2021年3月10日，东阳市召开城区涉安全隐患违法建筑专项整治工作动员会，全面开展城区范围内房前屋后违建、庭院违建、企业违建大整治。吴宁街道、白云街道、江北街道每月列出推

2021年3月10日，东阳市召开城区涉安全隐患违法建筑专项整治工作动员会

（市综合行政执法局提供）

2021年4月,画水镇杨梅园产业园区块企业违建拆除现场
（市综合行政执法局提供）

进工作计划,整治涉安全隐患违法建筑12918宗、面积78.57万平方米。

【治违除患促安全专项整治行动】 2021年,东阳市制定印发《关于开展治违除患促安全违法建筑专项整治行动的通知》,召开动员会进行专项整治部署。市“三改一拆”办成立督查组,多次到相关镇、乡(街道)督查工作落实情况。全市排查处置涉安全隐患违建865宗、面积28.58万平方米,居全省前列。

（金　靓）

高铁新城

【概况】 2021年,高铁新城管委会完成19个施工、设计、咨询等项目的公开招标。完成金义东线(东永线至花廿线段)道路工程项目,城东街道2021-001号、002号地块土地征收项目(腾讯地块),城东街道2021-010号、035号土地征收项目(配套道路),南市街道2021-039号、040号、041号、042号地块(五一科创谷项目)4个项目建设风险评估。对南市街道五一功能区12家解除投资协议的企业,实施土地收回,退还土地预收款4429.16万元、南市街道前期开发性基础设施费1250万元,共5679.16万元。对东屏工业区两家解除投资协议的企业,实施土地收回,退还土地预收款225万元、城东街道前期开发性基础设施费500万元,共725万元。

年内,高铁新城管委会开展腾讯视频文创中心、纵目科技东阳智能驾驶系统生产基地、欢瑞世纪文创科谷、满天星影视工业产业园、国贸数字全球数字贸易创新中心、碧桂园东阳智慧建造谷等项目的落地对接工作。

【槐堂未来社区项目】 2021年,槐堂未来社区项目完成实施方案编制,并通过省级评审和省发改委备案;完成主体施工和体验馆九大场景宣传内容的制作。高铁新城管委会会同街道、村抽调干部106人,组成12个动迁工作小组,包户到人,开展房屋征收政策宣讲、房屋面积丈量、价值评估、安置批基等工作,启动房屋征收动迁工作。

【五一科创谷项目】 2021年,高铁新城管委会实施五一科创谷项目“一横一纵一条溪一迁改一平整”建设、王

2021年高铁新城公开招标项目一览表

表34

序号	项目名称
1	东阳市高铁新城科创谷经三路路段道路工程
2	金义东线(东永线至花廿线段)道路勘察设计服务招标项目
3	东阳市槐堂社区实施方案编制招标项目
4	杭温高铁(东阳至横店)站广场建设项目设计招标项目
5	东阳市高铁新城开发投资有限公司(槐堂棚户区改造C地块集聚安置用房)“一户一表”配电工程
6	王后坑溪箱涵工程
7	东阳市高铁新城科创谷纬四路路段道路工程
8	东阳市高铁新城农房改造集聚安置区(二期)工程造价编制项目第二次招标项目
9	东阳市高铁新城槐堂棚户区改造C地块集聚安置用房农贸市场(02街区05-02-12地块)工程

续表34

序号	项目名称
10	朱山至廿里牌道路工程(原40省道连接线工程东永线至花廿线段)
11	朱山至廿里牌道路工程(原40省道连接线工程东永线至花廿线段)施工监理项目
12	东阳市高铁新城农房改造集聚安置区(一期)建设项目电梯项目
13	高铁新城站南路泗渡溪桥(原40省道连接线泗渡溪桥)项目
14	东阳市高铁新城农房改造集聚安置区(一期)——室外附属(第二次)项目
15	东阳市高铁新城农房改造集聚安置区(二期)项目一标项目
16	东阳市高铁新城农房改造集聚安置区(二期)项目二标项目
17	槐堂未来社区体验馆装饰工程
18	东阳市高铁新城农房改造集聚安置区(二期)项目全过程跟踪审计和施工监理项目
19	高铁新城站北路(351国道以东段)道路工程

后坑溪箱涵工程施工、解放539线迁改施工、东永线长途通信光缆上改下迁改管道建设,推进剩余地块山坡地平整。实施五一科创谷项目地块成片开发方案编制,完成土地征用19.28公顷。完成五一科创谷内5个企业建设项目的土地征用,推进土地出让工作,启动场地平整工作,乐之翼项目用地1.99公顷、海派亚太项目用地1.33公顷、通达塑胶项目用地1.12公顷、奇美环保项目用地2公顷、七贤阁红木项目用地0.61公顷。

【影视创意谷项目】 2021年,高铁新城管委会会同城东街道完成腾讯视频文创中心地块涉及和堂村、厚奕村、拖塘下村、白火上村共计12.8公顷土地的征用工作。完成站北路道路施工图设计,开展预算编制工作。

【爱奇艺创意文娱综合中心项目】 2021年,爱奇艺创意文娱综合中心项目完成110千伏东安1627线迁改。完成项目二期土石方开挖财政审价、矿产资源评估。

【赛特斯5G产业园项目】 2021年,赛特斯信息科技有限公司上报产值10413.77万元,上缴税金2628.46万元。项目两年累计产值21376.92万元,入库税金5488.86万元。年内完成投资10030万元,统计入库投资额5836.7万元。赛特斯5G产业园项目全面开工建设,并完成项目一期主体工程施工。

【槐堂棚户区改造项目】 2021年,高铁新城槐堂棚户区改造项目完成投资20500万元,年度完成率103%。完成槐堂棚户区改造项目一期主体结构封顶,完成装饰工程的70%,完成室外附属工程的20%。

【农房改造集聚安置区项目】 2021年,高铁新城农房改造集聚安置区(一期)-1地块总计完成施工建筑面积119217.32平方米,主体结构完成总工程量的100%,粉刷完成90%,砌墙完成100%;完成农房一期室外附属招标挂网;完成投资3.2亿元。农

2021年5月11日,高铁新城槐堂棚户区改造项目一期完成主体结构封顶
(包康轩/摄)

房二期完成施工图设计、预算送审,完成划拨供地,完成土石方开挖施工招标,并全面铺开施工。

【道路工程项目】 2021年,经三路路段道路工程完成路基、排水排污管道施工。纬四路路段道路工程开工建设。南一路(寿卄线至西二路段)道路工程完成竣工验收。站北路(东永线至西二路段)完成土地租用和路基施工,完成上槐村1.56公顷土地流转,寿塔村3.04公顷土地进入洽谈阶段,确保杭温高铁牵引变线路开工。站北路(351国道以东段)道路工程完成财政审价和施工招标。站南路道路工程完成与高铁站广场、351国道的衔接设计。金义东线(东永线至花廿线段)路基实现贯通。

【博士路隧道项目】 2021年,博士路隧道项目完成博士路隧道石方矿产资源处置招标。项目完成掘进开挖1475米,完成工程量的50%。

【站南路泗渡溪桥项目】 2021年,站南路泗渡溪桥项目完成桥梁施工图设计、预算编制财政审价和挂网施工招标;项目开工建设。

【杭温高铁站广场项目】 2021年,杭温高铁站广场项目完成设计方案编制和上报论证,完成施工图设计、图审,启动13.4公顷土地征用工作。

【入城口改造项目】 2021年,东阳市东入城口(东仙线与新40省道交叉口)完成企业用地调查;西入城口(南午岭东永线与稠岭线交叉口)实施奇龙塑胶项目用地丈量、评估等基础资料调查,实施收回洽谈;北入城口(博士路隧道口)完成后赵村房屋征收面积丈量、等级评估237户,完成率93%;南入城口完成东永线和217省道(原39省道)交叉口渠化改造。

【高铁新城实验幼儿园项目】 2021年,高铁新城管委会推进高铁新城实验幼儿园项目建设,项目总用地约1公顷,总建筑面积1.8万平方米,规划班级数18个。

【规划编制项目】 2021年,高铁新城管委会完成23.31平方千米土地总体规划编制并通过市政府批准。完成14.75平方千米土地控制性详细规划编制。完成东永线至东仙线8.95平方千米城市设计编制。推进五一科创谷项目、影视创意谷项目共5.8平方千米城市设计,完善控制性详细规划编制,实施教育、卫生、给排水等专项规划编制,细化高铁站广场核心区块城市设计和景观设计,完成城市设计和沙盘制作招标挂网。

(许赛枭)

全国文明城市创建

【概况】 2021年,东阳市开展全国文明城市创建迎检工作,制定《东阳市民文明公约》。开展交通文明劝导,共建街、共建社区志愿服务活动;开展停车秩序、交通秩序专项整治、十佳文明小区评选等工作。更新街边路灯杆、道路指示牌F杆、公交站棚(牌)、工地围栏、空闲地围墙等公益广告6214处,制作安装具有东阳人文特色的景观小品17处。对新时代文明实践所(站)、农贸市场、医院、景区等所有重点点位开展创建全国文明城市实地点位测评,发放履职通知书126期,通报问题24300余项,到期整改率92%。

【制定文明城市创建方案】 2021年,东阳市制定《东阳市创建全国文明城市三年行动方案(2021—2023年)》,提出"一年强基础,两年大提升,三年创成功"的三年创建目标。印发《东阳市2021年度创建全国文明城市工作考核办法》《东阳市创建全国文明城市公益广告提升行动工作方案》等文件,细化文明城市创建的各项工作目标、明确各责任单位职责。

【交通秩序专项整治】 2021年3月起,东阳市开展停车秩序专项整治,清理长期停放、无人处理的车辆。9月,开展交通秩序专项整治行动,查处非法改装车、货车超载、电动车违法等行为。截至年末,城区施划机动车泊位12480个、非机动车泊位1071个。

【"十佳文明小区"评选】 2021年,东阳市创建全国文明城市工作领导小组办公室(简称市创建办)根据《全国县级文明城市测评体系》等要求,制定《关于开展2021年度东阳市城区"十佳文明小区"创建评选活动的实施方案(试行)》,组织实施城区"十佳文明小区"评选活动。活动按打分情况评选产生"十佳文明小区""文明进步小区""十差脏乱小区",城区3个街道的131个小区参加评选。市创建办邀请专业测评机构和市级"两代表一委员"全程参与,对城区"十佳文明小区"评选活动情况进行通报,在媒体上公示。

(金芷羽)

供　电

【概况】 2021年,国网浙江省电力有限公司东阳供电公司(简称东阳供电公司)完成固定资产投资5.80亿元,其中电网建设与改造投资5.71亿元(含主网4.15亿元);资产总额17.44亿元。超额完成用户与迁建资产接收目标,实现提质增效2.01亿元、增加有效资产4.82亿元。售电量61.96亿千瓦时,比上年增长15.63%;营业收入36.35亿元,比上年增长21.16%,其中售电收入352136.02万元、其他收入11363.75万元;实现利润987.17万元;营业总成本362791.36万元,其中购电成本306430.44万元、输配电成本55578.19万元、其他成本及费用782.73万元;上缴增值税5447.73万元。职工劳动生产率267.5万元/人·年,线损率3.05%。

东阳供电公司创作的"'电力+影视'讲好东电故事"获全国品牌故事大赛二等奖、全国网络正能量微电影大赛银奖。"幸福蜗居"助残公益实践实现跨省输出,获评全国学雷锋先进典型最佳志愿服务项目,入选省公司百张文化名片,登陆中央电视台综艺频道《向幸福出发》节目。全年东阳供电公司各所站入选国网同期百强所36次,连续17年保持"浙江省文明单位”称号，获评国家电网公司红旗党委、国家电网公司文明单位、浙江省企业文化建设示范单位，省公司同业对标卓越管理单位，连续5年获评金华公司年度精神文明建设先进单位，公司综合绩效列金华公司第2位。

【电网建设】 2021年年末，东阳市境内有500千伏变电所1座，主变压器3台，变电容量3000兆伏安；220千伏变电所4座，主变压器9台，变电容量1920兆伏安；110千伏变电所20座，主变压器41台，变电容量2040兆伏安；35千伏变电所5座，主变压器9台，变电容量99兆伏安；500千伏线路4条；220千伏线路12条；110千伏线路45条，线路总长335.95千米；35千伏输电线路20条，线路总长199.48千米，其中小水火风电专线9条；10千伏配电线路446条，总长4390.32千米，电缆长度1448.13千米，其中小水电专线1条；10千伏开闭所142个，环网柜281个，高压分支箱25个；配电变压器13433台，配电容量6121.1兆伏安，其中公变5032台，容量2230.6兆伏安。有发电企业44家，其中火电2家、光伏14家、小水电26家、风电1家、新能源1家，发电机装机容量260.86兆瓦。横店热电厂扩建3号发电机，增加装机容量18.75兆瓦；废除横锦二级电站3号、4号发电机，容量0.2兆瓦。

5月13日，110千伏白云变主变增容，1号、2号主变由40兆伏安增容至50兆伏安。6月25日，110千伏东伟电厂投运，装机容量50兆瓦；110千伏东官1643东伟支线投运，线路长度3.10千米。7月14日，东阳电网第一座具备一键顺控功能的智能变电站110千伏花园变投运，增加主变压器2台，容量100兆伏安。110千伏石南1445花园支线投运，线路长度0.53千米；110千伏石防1443花园支线投运，线路长度1.98千米。8月13日，220千伏济慈(大坑)变投运。占地面积1.67公顷，该期建设240兆伏安主变2台，220千伏出线4回，110千伏出线8回，是省内首座220千伏半户内装配式变电站工程，被列入省级钢结构全螺栓试点工程之一。8月26日，金华市首座35千伏可移动装配式变电站雅畈变投入使用，增加主变压器1台，容量20兆伏安；35千伏金畈3636线投运，线路长度1.04千米。9月16日，110千伏变电站“光明变”投运，增加主变压器2台，容量100兆伏安；110千伏东明1641线投运，线路长度9.6千米；110千伏白光1642线投运，线路长度4.4千米。11月26日，220千伏济慈变电站110千伏送出工程启动投产；110千伏济塔1295线投运，线路长度3.19千米；济金1289塔山支线投运，线路长度1.56千米。

东阳供电公司对“十四五”时期拟建的110千伏变电站结合土地性质、周边负荷增长状况及存在的供电问题等，进行所址综合优化，初步实现新建变电站所址合理、进出线方便。推进主网项目前期工作，对主网建设空白期的配网建设需求进行总体策划。配合金华公司对220千伏桥南变、杭温高铁牵引站线路进行项目核准；编制110千伏万国变可行性研究报告；设计110千伏长征变站址红线、路径图等；获甬金铁路牵引站线路站址和路径协议；完成110千伏怀鲁变项目核准，启动征地工作。获评省公司配电网工程优秀项目部1个，获评金华公司优秀项目部两个、优质工程两项。

【供电用电】 2021年，东阳市供电量638902.05万千瓦时，售电量619650.63万千瓦时，全社会用电量647101.5万千瓦时，其中第一产业用电量972.68万千瓦时，第二产业用电量430322.89万千瓦时，第三产业用电量106729.71万千瓦时，城镇居民生活用电量37630.34万千瓦时，农村居民生活用电量71445.88万千瓦时。全市用电户数436217户，其中城乡居民用电户数379608户。最高供电负荷1180900千瓦，负荷率83.832%，线损率3.01%，农网综合电压合格率99.952%；农网供电可靠率99.858%；电费回收率100%。

【电力营商环境优化】 2021年，东阳供电公司开展“三指定”专项治理、漠视侵害群众利益问题整治，完成国家能源局“获得电力”服务水平综合监管的迎检工作，持续优化电力营商环境。推行“最多跑一次”“无证明办电”模式；推进营销服务数字化转型，“网上国网”APP户号绑定率排名金华市第一；提供“四省”、(省力、省时、省钱、省心)“三零”(零上门、零审批、零投资)服务。推进远程自动停复电、智能缴费预收电费语音催费、电费业务全流程数智化体系建设等省公司试点工作，启动巍山镇数智供电所建设工作，完成新型采集设备全覆盖省级示范区建设，马宅镇“无人化”供电营业厅投入使用。

【能源产业绿色转型】 2021年，东阳供电公司加快省管产业绿色转型，签订光伏装机容量2.06万千瓦项目，建成充电站15座，投运金华市首座蔚来汽车换电站，6家新能源汽车销售商实现联网通办。金华地区首家促成政府“新能源+储能”支持政策落地，推动源网荷储协同发展。

【小微园区综合能源服务站建设】 2021年，东阳供电公司与国网(金华)综合能源服务有限公司合作，配合建设“供电+能效”特色小微园区综合能源服务站。7月6日，东阳巨和众创城综合能源服务站揭牌成立，是金华市首个小微园区综合能源服务站。综合能源服务站作为小微园区的“能源管家”，以能效管理平台为核心，提供一整套的“供电+能效”服务，服务内容包括对园区内用能情况进行检测分析，电费代缴，园区内配电设备、分布式光伏、储能系统运维等。与同等规模小微园区对比，巨和众创城全年多消纳清洁能源285万千瓦时，相当于可节约标准煤1140吨，相应可减少二氧化碳约2842吨，二氧化硫约85.5吨；单位产值能耗比上年下降15.8%；逐步形成以内部清洁能源为主，外部能源为辅的能源消费结构。以巨和众创城综合能源服务站为范本，布局经济开发区舒泰健康产业园，向全市小微园区全面植入综合能源服务。

2021年7月6日，东阳巨和众创城综合能源服务站揭牌成立

（东阳供电公司提供）

【新型电力系统试点建设】 2021年，东阳供电公司开展省能源局新型电力系统试点项目申报工作，以源网荷储一体化建设为核心，推进增量配电试点区域发展。区域内建成横店影视产业园一期、二期共5.3兆瓦分布式光伏电站，发电200万千瓦时，配套建设1000千瓦时一号电化学储能系统。开展二号电化学储能系统进驻筹备工作。"电力引领碳达峰"创新实践形成三大主体成果，入选浙江省新型电力系统首批示范项目。

【公共建筑节能托管服务】 2021年，东阳供电公司与国网(金华)综合能源服务有限公司合作，配合实施东阳市城区路灯智能化改造项目，改造城区2.5万盏路灯灯头，通过单灯控制系统，提升公共建筑能源管理颗粒度。该项目采用节能率考核模式，将路灯供电运维与路灯电费业务捆绑托管，预计每年可节约用电成本957万元，为综合能源事业部提供1200余万元营业收入。12月，项目通过验收。

【横店影视城清明上河图全电景区建设】 2021年，东阳供电公司在横店影视城清明上河图景区安装1000千瓦变压器1台，增加景区用电容量1250千伏安，完成景区的全电改造，改变景区内依赖柴油发电车供电的状况，通过电能替代减少"油气声"污染，预计年替代电量超20万千瓦时，每年可减少排放二氧化碳约370吨、二氧化硫约28吨。景区实现供电更可靠，用电更安全，为影视剧组节省制作成本。该项目入选省能监办特色亮点工作。

【乡村电气化转型升级】 2021年，东阳供电公司对接地方乡镇及相关部门，编制新时代乡村电气化建设示范区建设方案。建设城东街道单良村、横店镇石水吉村、南马镇瑶仪村等7个新时代乡村电气化村；建设南马镇花园村、城东街道单良村电力驿站，落实乡村电力便民服务网点村村通；运用"浙里花园"APP上的"乡村智慧能源服务平台"挖掘电力数据价值，赋能乡村综合治理。全市有横店镇联盟村"全电民宿"和城东街道单良村两个省公司"乡村振兴·电力先行"示范区，其中横店镇联盟村"全电民宿"获评先进示范区。

【电力科技创新和信息化应用】 2021年，东阳供电公司推进《基于无源无线技术的环网柜肘型电缆头智能温度检测终端研究》等两项集体企业科技项目、《防倾倒开关运转小车的研制》等两项群创项目实施，申报发明专利1项、实用新型专利2项。《10kV配网地电位带电拆搭引线遮蔽用具应用与研究》获金华公司科学进步奖二等奖。东阳供电公司获浙江省企业管理创新成果三等奖1项，获金华公司数据创新应用大赛三等奖1项，参与编写教材1册，获专利7项。九域劳模创新工作室主编的《配电自动化建设与运维》由中国电力出版社出版，该书是"跟着电网企业劳模学"系列培训教材分册之一。九域劳模创新工作室获评第六批金华市高技能人才(劳模)创新工作室。

【"幸福蜗居"助残安居公益项目】 "幸福蜗居"助残安居公益项目由东阳供电公司联合市残联、市退役军人事务局等相关部门以及中国狮子联会浙江艺都服务队等社会志愿组织，搭建"1+N"多方共同参与助残济困平台，推动项目落地实施。2021年，"幸福蜗居"助残安居公益项目为15户低保残疾人家庭修缮房屋、改造室内照明线路等，其中在四川省南江县实施3户，项目首次实现跨省输出。项目入选2020年度全国学雷锋志愿服务"四个100"先进典型最佳志愿服务项目。

（陆俊英）

生态环境

Ecological Environment

生态建设

【概况】 2021年，东阳市完成国土绿化面积483.53公顷，因土地“非农化”“非粮化”政策剔除经济林地块后完成绿化面积352.27公顷。种植珍贵树种11.7万株，彩色健康森林面积0.73万公顷，彩色林带面积120公顷。开展全民义务植树活动，全民植树尽责率86%。由浙江农林大学编制的《省重点项目——八面山森林质量提升方案》完成省、市两级专家评审。

【生态公益林建设】 2021年，东阳市完成义东高速公路等17个建设项目的公益林调整工作，调出公益林面积19.13公顷。两年内累计调出22个建设项目征用的公益林面积57.93公顷，其中，国家级公益林7.67公顷、省级公益林50.26公顷；按占补平衡的要求，补划调入公益林面积57.93公顷。市林业局完成2020年度公益林天然林绩效评估和审计，开展面积22793.6公顷的天然商品林停伐管护和公益林、天然商品林农户补偿资金的日常手续变更等工作。

【南山国家森林公园建设】 2021年11月，东阳市南山国家森林公园服务中心完成《浙江东阳南山国家森林公园总体规划（2021—2030年）（送审稿）》编制，报省林业局进行专家评审。财政绿色转化项目——“智慧南山”项目于5月完成立项、12月完成方案论证。二期工程——皇坟岗周边景观游步道及配套设施工程完成60%工程量。规范南山国家森林公园建设管理，实行市级领导参加的每月例会制度，组织召开6次规范化管理专题会议：完成“毁绿种菜”整改，复绿18.67公顷，种植海桐苗5000株、八角金盘1000株、珍贵树种浙江楠1000株，播撒金鸡菊种子10千克；拆除违章建筑23处1.5万平方米；完成建筑垃圾、工业生产垃圾清理20车30吨。

【省级湿地公园建设】 2021年，东阳市争取湿地保护与修复项目省级补助资金338万元，用于湿地保护与修复项目。在迎宾大桥以东至广义桥段北岸河道沿岸开挖沟渠，开挖土方1500平方米；整理改造湿地内滩涂，保留原有水生植物，种植美人蕉、荷花、芦竹、常绿鸢尾、睡莲等湿生植物，湿地生态修复面积3.4万平方米，总长度1千米；设立湿地宣传标识、标牌52块。在市行政中心大楼前中心湖区域，改造提升生态浮岛，面积从660平方米扩展至2400平方米；西边浅滩精品荷花面积从405平方米扩展至1600平方米。2月2日，市林业局开展第25个“世界湿地日”宣传活动，多平台进行宣传。市林业局对前三年建设的生态修复项目进行巡查管护50余次，对市民在河道内焚烧芦苇、开垦种菜等情形予以制止；要求生态修复项目施工单位及时维护管理、补栽换植，并按年度整理提交前三期项目养护管理资料。

【省级自然保护区建设】 2021年5月，市林业局完成东阳东江源省级自然保护区生物多样性保护及设施建

2021年5月13日，专家组对东阳东江源省级自然保护区生物多样性保护及设施建设项目进行现场验收勘察

（金心滨/摄）

设项目，项目建设内容包括自然保护区信息管理平台建设，前端视频监控点、森林防火监控点、前端站点建设，保护区标识、标牌建设。12月，金华市生态环境局联合金华市自然资源与规划局、金华市交通运输局、金华市水利局、金华市农业农村局到东阳市开展“绿盾2021”自然保护地强化监督工作，未发现自然保护区内有采矿、采砂、开办工矿企业、核心区内旅游开发和水电站开发等破坏森林资源的现象。

【野生动植物保护】 2021年，市野生动植物保护管理站救护陆生野生动物132只(条)，其中猫头鹰49只、白鹭(夜鹭)16只、雀鹰12只、珠颈斑鸠1只、刺猬10只、画眉27只、黄麂4只、乌梢蛇1条、王锦蛇1条、红嘴蓝鹊1只、猴面鹰2只、狐狸2只、松鼠1只、鹰嘴龟1只、苍鹭1只、狗獾1只、翠鸟1只、麻雀1只。开展“世界野生动植物日”“爱鸟周”“国际生物多样性日”宣传活动，布置展板24块，悬挂横幅8条，发放各类宣传资料800余份。2月26日，市野生动植物保护管理站获“金华市野生动植物保护工作先进集体”称号。8月，市林业局和中国人民财产保险股份有限公司金华市东阳支公司签订《东阳市野生动物肇事公众责任保险合同》，于9月2日生效，保险金额19万元，保险期限1年。

(马丹雅)

环境保护

【概况】 2021年，东阳市环境空气质量连续四年达到国家二级标准。全年环境空气质量$PM_{2.5}$浓度为22微克/立方米，比上年下降8.3%；空气质量优良率98.9%；空气质量综合指数为3.02，三项考核指标均排名金华市第二。水环境质量持续向好，市控以上地表水断面水质Ⅲ类水达标率100%；县级以上饮用水水源地水质达标率100%；跨行政区域河流出境断面水质考核结果良好。

金华市生态环境局东阳分局开展“世界环境日”“国际生物多样性日”等环保主题宣传和“送法进企”活动，向公众开放环保设施参观，发放宣传册等；通过《东阳日报》、微信公众号等倡导生态文化风尚。

【土壤污染治理】 2021年，全市受污染耕地安全利用率、污染地块安全利用率均达100%；畜禽养殖资源化处理利用率达98%。金华市生态环境局东阳分局全面开展受污染耕地“源解析”工作，推进污染耕地溯源控源，完成面积12公顷耕地的源解析。推进污染地块安全利用行动，完善污染地块治理修复项目库管理机制，完成19个地块场地调查。

【环保专项治理】 2021年，东阳市通过省委生态环保专项督察。两轮中央环保督察、一轮省委环保督察反馈问题共38项，完成整改36项，销号36项；交办信访件392件，办结销号390件。实施家具行业环保整治再提升行动，推进“源头再减量”“设施再提升”“集聚再扩张”“监管再强化”“扶持再加大”五大专项行动。全市完成“油改水”家具企业145家，完成设施改造家具企业307家。

【环境监管与执法】 2021年，金华市生态环境局东阳分局开展百日攻坚专项行动、工业固废专项整治及“绿剑”执法专项行动等，出动执法人员8000余人次，立案302起。其中，一般行政处罚案件296起，处罚金额1428.78万元，立案数和处罚金额均列金华市第一位、全省前列；查封扣押案件5起；移送公安行政拘留案件1起，行政拘留1人。移送公安刑事案件3起，采取刑事强制措施5人。11月8—12日，浙江省生态环境执法大练兵案卷评查培训在东阳市召开。金华市生态环境局东阳分局有两起案件入选省级典型案例、4起案件入选金华市级典型案例、1个案卷获评全省优秀案卷。

【减排工程】 2021年，东阳市持续推进节能减排工作，确保污染物排放总量可控趋降。通过污水处理提标改造、设施提升、源头替代减排等方式推进5个减排工程项目，完成化学需氧量削减146吨，氨氮削减43.80吨，氮氧化物削减157吨，挥发性有机物削减95.45吨，超额完成金华市下达的减排任务。

【省级“无废城市”创建】 2021年，东阳市推进省级“无废城市”▲创建，完成“无废工地”“无废景区”等11个大类79个“无废城市细胞”创建。推进两个省级园区开展循环改造，成功创建国家级绿色工厂1家(浙江省普洛家园药业有限公司)、浙江省第一批“未来工厂”1家(横店东磁单晶电池片未来工厂)。建立健全分类储存、收集转运、处置管理和资源利用的固

2021年11月8—12日，2021年浙江省生态环境执法大练兵案卷评查培训在东阳市举行 (金华市生态环境局东阳分局提供)

废治理体系，城区生活垃圾“两定四分”模式实现全覆盖，建成投放点位725个，创建省级高标准生活垃圾分类示范小区（村）27个；一般工业固体废物收运覆盖面达80%；垃圾焚烧项目建成投入使用，实现日处理垃圾1650吨；餐厨垃圾处置项目完成设备安装，进入试运行；吴宁、南马、歌山和横店4个建筑垃圾资源化利用中心建成投产，全年增加建筑垃圾处理能力225万吨；建成白云、江北等4家综合分拣中心，实现工业固废统一收集、处置利用，资源减量率40%以上，全市危险废物安全处置率100%。总结提炼的“铝灰点对点资源化利用”“农村生活垃圾智慧化管理”“建筑之乡行业绿色发展”“政企合作推进废矿物油资源化利用”4项“东阳经验”在全省推广，获省生态环境厅领导肯定。开展多种形式的宣传活动和公众参与活动，悬挂各类横幅与手写宣传标语6000余条，发放宣传画册、海报、单页20余万份，形成“全民无废”的社会氛围。

▲“无废城市”：以创新、协调、绿色、开放、共享的新发展理念为引领，通过推动形成绿色发展方式和生活方式，持续推进固体废物源头减量和资源化利用，最大限度减少填埋量，将固体废物环境影响降至最低的城市发展模式。

【生态保护数字化改革】 2021年，金华市生态环境局东阳分局打造生态保护综合协同管理应用，推进数字党政平台中生态文明板块展示，推动数字化能力迭代升级。启动横店智慧环保数字化平台建设，预算软硬件投资1600余万元，推进考察学习、专家论证、招投标等工作。启用危险废物智能化监管平台，实现固废管理“一个平台一张网”，抽检达标率100%。与浙江省环境科技有限公司党组织开展结对共建，邀请其为东阳市环保监管提供“智库”服务，为横店智慧环保数字化平台建设把脉，为省级“无废城市”创建和“无废工厂”智慧平台建设提供技术支持。

【生态保护与示范创建】 2021年，东阳市启动国家级生态文明建设示范市创建工作，发布实施《深化生态文明示范创建高水平建设新时代美丽东阳规划纲要（2020—2035年）》《东阳市生态环境保护“十四五”规划》。编制《东阳市“绿水青山就是金山银山”实践创新基地建设实施方案》，提炼“两山”理念实践成果，形成7个以乡镇、村、小流域为单元的“两山”转化典型案例，是金华市首个申报创建国家级“两山”实践创新基地的县（市）。城东街道寀卢村入选第十一批省级生态文明教育基地名单。推进歌山镇俞黄村和湖溪镇象田村开展生态文明建设示范点和“两山”实践创新基地示范点建设工作。

【生态保护山海协作】 2021年，金华市生态环境局东阳分局与磐安分局签订《创新两山转化 携手山海共富框架协议》，成为全省第三对、金华市第一对山海协作结对县（市）。成立山海协作工作专班，建立协调联络机制，开展交流互动、共享共建，动态更新山海协作方案。东阳市流域上下游水质生态全年补偿磐安县200万元，专项用于水环境治理、监控、水源地保护。东阳市与磐安县探索“资金

2021年东阳市“两山”转化典型案例一览表

表35

序号	案例	模式
1	横店镇	影城融合+绿色发展，塑造文旅产业转型发展新版本，实现从穷山沟到“中国好莱坞”的美丽蝶变
2	白溪江六石段河道	美丽河湖+产业植入，着力实现“水安全提升”“水生态修复”“水环境宜居”“水价值延展”，催生“两山”经济
3	城东街道寀卢村	深化党建+社会化服务，与时俱进、不断创新，带领老百姓把生态优势转化为发展优势的“寀卢经验”
4	东阳红木、木雕	产业生态化+文化赋能，全面推进木雕红木产业规范提升和转型升级，实现行业高质量发展，进一步打响东阳“两山”品牌
5	东阳市南山国家森林公园	保护优先+生态产业化，坚持可持续发展打造市民休闲胜地、提供优质生态产品
6	共享田园	“三生”融合+“三园”一体+“三合”同步，统筹山、水、田、林、湖、村一体规划，实现共建共享共赢
7	东阳浙中生态廊道	产廊融合+串珠成线，打造生态脊、景观脉、文化窗、设施廊、经济轴和休闲带“六位一体”的生态经济带

帮扶—代造耕地—指标调剂—互利共赢”的全链条合作模式，打通土地占补指标跨县(市)调剂的通道，推进生态保护和修复工作。

(吴平凡)

“五水共治”工作

【概况】 2021年，是治水“十四五”规划启动之年。年内，东阳市获评国家级节水型社会建设达标县。横店镇初步完成“智慧横店”综合治理平台“智慧治水”应用场景建设，完善“数字治水一张图”、智慧运维等功能。全年投入30万元开展全民治水宣传动员。江北中心小学节水教育基地创建工作被《人民日报》、新华社、《浙江日报》等9家国内主流媒体宣传报道。

【污水处理基础设施建设】 2021年，东阳市推进6个污水处理厂项目建设，南马西区污水处理厂一期(改扩建)和横店污水处理厂三期完成项目建设和设备安装；市第二污水处理厂二期、画水竹溪污水处理厂二期和湖溪污水处理厂完成项目土建工程，设备安装分别完成30%、60%和68%；千祥污水处理厂完成主体工程量的49%。开展4个配套总管工程项目建设，市第二污水处理厂二期、画水竹溪污水处理厂、千祥污水处理厂、湖溪污水处理厂4个配套总管工程完成75千米总管铺设。完成农村污水终端提升改造项目16个。

【“污水零直排区”建设】 2021年，东阳市制定《东阳市农村生活污水治理“强基增效双提标”行动工作方案(2021—2025年)》《东阳市“污水零直排区”建设攻坚行动方案(2022—2024)》《东阳市深化“五水共治”碧水行动计划(2021—2025年)》，分期分批分步开展城乡污水治理能力体系建设，系统解决污水根源问题。

2021年，全市6个镇(街道)(吴宁街道、白云街道、南马镇、横店镇、南市街道、江北街道)“污水零直排区”建设完成市级初验，3个省级样板镇(街道)(吴宁街道、白云街道、南市街道)和28个省考生活小区通过省级验收。年内累计拨付307个小区“污水零直排区”建设补助资金2968万元。横店镇投入3200万元开展为期三年的第三方污水管网专业化运维，在全镇范围试行“排查监管运维一体化”模式，实现全过程管理，保障“污水零直排”建设整体质量。

【“五水共治”专项行动】 2021年4月，东阳市启动“五水共治”“找寻查挖”专项行动，行动为期3个月，重点检查“污水零直排区”建设成效，城镇污水处理短板，饮用水安全隐患，违法违规排污现象，劣Ⅴ类、黑臭水体反弹，河(湖)、湾(滩)长履职尽责，河湖水域岸线安全盲区，农业农村污染隐患，治水队伍建设质量，涉水问题整改落实等内容。两轮自查发现问题563个，完成整改559个，整改率99.3%；上级交办问题101个，完成整改94个，整改率93.1%。印发《关于进一步加强我市“五水共治”工作的通知》，从6个方面对“五水共治”工作提出要求。优化工作推进、质量管控、问题发现、督查问责、督办考核5个工作机制。

【河湖治理】 2021年，东阳市的县、乡两级巡河率均达100%，发现并上报问题1398件，问题处理率100%。三单乡与嵊州市贵门乡协调设立“跨界河长”制度。完成全市河(湖)长公示牌的规范统一和更换。完成河湖健康评价工作。推广全社会治水护水“绿水币”制度，注册率、活跃率、问题上报率均达到金华市年度考核指标。市“五水共治”工作领导小组办公室(简称市“五水共治”办)牵头制定《东阳江“一河一策”实施方案(2021—2023年)》与《东阳江“一河(湖)一策”2021年度实施计划》，明确工作任务、组织形式、工作职责和工作机制，把相关目标任务细化分解到各相关部门单位。

东阳市开展东阳江流域水系实地核查，核实东阳江、南江沿线116个断面和195个排放口信息情况。完成8座农村池塘综合整治项目。南江湖溪段获评省级美丽河湖；六石街道“水美乡镇”创建工作通过金华市级验收；城东街道堂鹤村塘坞山塘等10座山塘获评金华市级美丽山塘。

【防洪排涝工程建设】 2021年，东阳市完成17座山塘综合整治和229座山塘、9座小型水库安全鉴定工作；完成1座水库除险加固任务。历年累计完成3座水库除险加固和68座山塘整治工程，完成农村河道综合整治160千米。开展排涝清淤工作，城区易涝点改造25个项目37处点位，完成整治18个；完成城区排水管网清淤疏通452.838千米，进度291.4%；窨井清捞3.6万座。

【供水设施建设】 2021年，东阳市完成农村饮用水达标提标行动项目376个，人口覆盖率99%，水质达标率

2021年8月12日，东阳市召开全市“五水共治”工作会议 (吕安冉/摄)

97%，规模水厂覆盖人口比例97.4%，获省级农村饮用水提标达标工作省补奖励3000万元；完成全市首个农村“智慧+”无人化水厂建设，惠及用水人口9000余人；完成南马水厂2.5万吨/日供水改造项目和三单乡水厂项目建设，横店水厂获评水利部农村供水规范化水厂。完成13个高层住宅二次供水设施改造升级。

（厉颖蕾）

浙中生态廊道建设

【概况】 2021年，东阳市安排实施生态廊道建设项目30个，计划投资额23.34亿元，其中生态修复类项目3个、功能完善类项目5个、品质提升类项目22个。截至年末，完成投资35.05亿元，占全年计划投资的150.14%。开展生态廊道绿道建设、驿站建设和节点公园建设。组织开展“魅力廊道”图片展示大赛。

【生态廊道绿道建设】 2021年，东阳市以“廊道融合发展，城乡一体管养，品质全面提升”为目标建设提升生态廊道。6月，生态廊道完成全线验收，逐步移交镇乡（街道）管理。历年累计完成绿道建设及原有堤顶道路（含水利）提升改造240千米、绿道连通280千米。完成东阳江东阳与义乌连接点提档建设，实现东阳市与义乌市连接点提档升级贯通。

【生态廊道配套设施建设】 2021年，东阳市浙中生态廊道建设领导小组办公室（简称市生态廊道办）完成生态廊道标识、标牌提升建设，分段增设界碑、界牌；丰富驿站及节点公园建设，利用闲置空间，提升廊道周边环境，完成白坦节点公园提档建设；完成东方红驿站提档升级建设。历年累计完成13处驿站和16处节点公园建设，涉及14个镇乡（街道），将沿线自然保护区、森林公园、湿地公园、

2021年东阳市浙中生态廊道建设项目一览表

表36

序号	项目类型	项目名称
1	生态修复类	东阳市佐村镇生态运动廊道项目
2		东阳市城区沿江风貌提升工程
3		东阳市白溪江沿线全域土地综合整治与生态修复工程
4	功能完善类	东阳市江滨景观带江滨南街东延项目
5		东阳市南江流域综合治理工程
6		东阳市北江流域综合治理工程
7		东阳市湖溪镇乔南桥改造工程
8		东阳市何宅大桥改建工程
9	品质提升类	东阳市“两江两镇”示范区项目
10		东阳市城东街道寀卢共享田园建设项目
11		东阳市市民中心建设项目
12		东阳市创建乡村A级旅游景区和旅游风情小镇工程
13		东阳市江滨文化中心项目（改造）
14		东阳市卢宅景区提升工程
15		东阳市虎鹿镇厦程里慎德堂一期修缮工程
16		东阳木雕小镇项目
17		东阳市东方诚品公园项目
18		东阳市横店影视产业园项目

续表36

序号	项目类型	项目名称
19	品质提升类	东阳市影视博物馆群项目
20		东阳市横店上海滩影视旅游拍摄基地建设项目
21		东阳市横店欧洲小镇影视旅游拍摄基地项目
22		东阳市横店广州街香港街整体转型项目
23		东阳市花园红木家居小镇项目
24		东阳市歌山·凤凰谷生态旅游农业园项目
25		东阳市歌山镇美丽城镇建设项目
26		东阳市歌山镇大里村共享田园项目
27		东阳市湖溪镇八里湾共享田园研学基地项目
28		东阳市天宝生态文化园项目
29		东阳市上田影视外景拍摄基地建设项目
30		东阳市红曲酒全产业链示范建设项目

人文景观节点、体育场地、建筑古迹、影视拍摄等有机串联,形成“东阳特色”。6月,市生态廊道办启动东阳江干流堰坝改造提升工程的方案设计工作,设计方案在保留原有堰坝功能的同时,使其与周边文化、风土等地域特性相融合,与自然、气候、环境相得益彰,达到功能与美观并存的效果;年末,设计方案进入可行性研究阶段。

【生态廊道长效管护机制建立】 2021年2月1日,《东阳市生态廊道绿道管理维护工作方案(试行)》实施,该方案明确生态廊道绿道管理维护工作按照分段负责与统筹监管、政府主导与市场化运作、公益性与社会监督相结合原则,开展绿化管理、路面维护、日常保洁、配套设施和服务系统维护、行政违法处置等工作。3月,市生态廊道办召开年度东阳市浙中生态廊道建设管护工作部署会,对各项工作时间节点、路障建设、管护机制、划界管理和考核等问题进行明确。9月,市生态廊道办与市财政局联合印发《东阳市生态廊道绿道(乡村段)管理维护考核及奖励补助办法》,明确东阳市生态廊道绿道(乡村段)考核及奖励补助标准。10月,市生态廊道办印发《东阳市浙中生态廊道运维管理办法》。11月,市生态廊道办结合河长制开展生态廊道暗访工作,对发现的问题提出整改意见。

【廊道品牌维护】 2021年,东阳市根据生态廊道沿线地域特色开展各类民俗文化、体育健身等活动,宣传维护廊道品牌。2月,城东街道李宅村举办传统荷花灯展;4月,由市生态廊道办、市平安办、市文明办主办的“生态平安文明 你我共同守护”系列活动在市民广场举行,活动包括生态廊道“PLOGGING东阳·捡计划4.0”及“魅力廊道”图片展示大赛两大板块,通过“捡计划”行动,呼吁大众参与生态廊道环境维护;5月,“魅力廊道”图片展示大赛展出100余幅摄影作品,评选出一、二、三等奖及优秀奖共56幅,反映生态廊道从开工建设到建成的全貌,推动形成生态廊道共建共融

2021年4月18日,“生态平安文明 你我共同守护”系列活动在市民广场启动
(市长跑协会提供)

2021年3月8日，金华市治水办（分类办）到东阳市开展“三服务”调研工作　　（市生态廊道办提供）

共享氛围；10月，江滨4小时接力赛在歌山画水公园举行，推动全民健身赛事品牌发展；12月3日，由中国工艺美术协会、东阳市人民政府共同主办，以“共筑中国梦 献礼新时代”为主题的百名中国工艺美术大师创新作品展云展举行，该次云展运用全景漫游观展技术，通过多媒体互动叠加图文，全景式还原现场体验。

【廊道建设调研活动】 2021年3月，金华市治水办（分类办）到东阳市开展“三服务”调研活动。5月，金华市纪委驻金华市建设局纪检组一行到东阳市督查“长三角一体化标志性工程”建设情况。金华市生态廊道办常务副部长贾亦俭于7月、9月两次带队到东阳市督查浙中生态廊道建设工作、调研生态廊道县域连接点贯通情况。

（周婷婷）

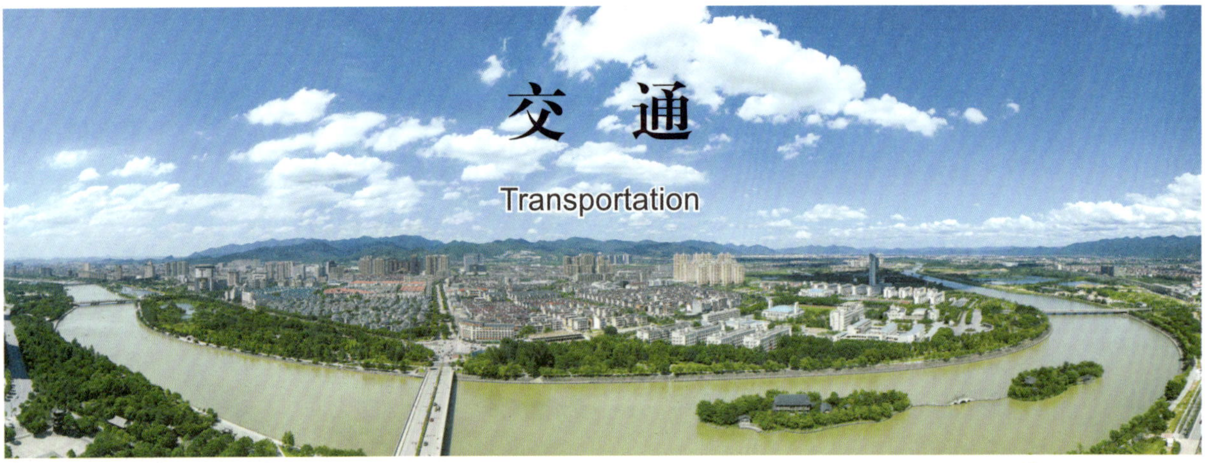

综 述

【概况】 2021年,东阳市综合交通年度计划投资69.11亿元(其中铁路建设37.07亿元、公路建设27.04亿元、机场建设5亿元),截至年末,完成投资74.9亿元(其中铁路建设37.51亿元、公路建设31.08亿元、机场建设6.31亿元)。全市公路总里程2480.66千米,公路密度142.65千米/百平方千米。完成客运量221万人次,旅客周转量30867万人千米,货运量1979万吨,货物周转量179743万吨千米。完成城市公交客运量1086万人次、安全里程667万千米,完成城乡公交客运量558万人次、安全里程1200万千米。

8月11日,金甬铁路5标东阳段云溪隧道正式贯通,是金甬铁路5标东阳段首条贯通的隧道。

【交通企业改革转型】 2021年,东阳交投集团完成东阳市交通规划设计院有限公司、东阳市机动车检测有限公司、东阳市惠民公共交通有限公司、东阳市优耐特天然气有限责任公司、东阳市三大交通发展有限公司等企业股权划转,制定并完善集团本部及子公司"三定方案"及人事档案整理。在公共出行、工程建设等领域开发多个数字化应用平台,先后搭建交投智慧运营中心项目、5G砂石骨料行业工业互联网产学研用项目、公交智能调度系统等一系列信息数字化平台。

(李健军)

交通基础设施建设

【概况】 2021年,东阳市继续推进义东高速公路东阳(江北至南市)段建设工程、义东高速公路东阳(南市至南马)段建设工程、351国道磐安县安文至东阳市马宅段改建公路工程(东阳段)等重点工程项目建设。继续推进351国道东阳市(周官至山口段)改建工程、351国道东阳市(马宅至江北段)改建工程、527国道东阳市(白峰岭至李宅段)改建工程等项目前期工作。

【义东高速公路东阳(江北至南市)段建设工程】 该项目起点位于东阳市江北街道,设湖田枢纽与甬金高速公路相接,路线向南经过白云街道、吴宁街道、南市街道,终于西甑山隧道出口附近,顺接义东高速公路(南市至南马)段,路线全长10.7千米。主线主要构造物包括特大桥2座3479.65米,大桥5座3086.9米,隧道1座3247.5米,以及枢纽互通式立交桥1处,互通式立交桥2处,合同价45.29亿元。截至年末,完成投资10.1亿元,投资完成率112%。总体工程形象进度完成51.0%,其中土建工程完成53.1%(包括路基工程81.4%、路面工程5.6%、桥涵工程55.4%、隧道工程71.2%)。

【义东高速公路东阳(南市至南马)段建设工程】 该项目起点位于东阳市南市街道,顺接在建的义东高速公路东阳(江北至南市)段,路线总体自北向南布线,经南市街道、南马镇至该项目终点,设王店枢纽与东永高速公路相接。路线全长22.73千米。项目投资估算20.75亿元,完成投资12亿元,投资完成率100%。天神殿隧道开工建设。

【351国道磐安县安文至东阳市马宅段改建公路工程(东阳段)】 该项目起点位于马宅镇七秩塘村北侧接351国道磐安段,路线向西设置后山隧道(长1275米),出隧道后向西过胡家塘、下金堂村,与现状南下线菱形立交后,折向东北,利用南下线老路与351国道(218省道)相交,路线全长4.186千米,总投资7.84亿元。完成投资2500万元。整体项目完成土地预审批复,工程项目可行性研究报告(简称工可)审批文件上报。8月27日,后山隧道节点工程项目开工建设。

【台州市三门县至金华市婺城公路东阳市(南市至画水段)改建工程】 该项目路线全长9.36千米,路基宽30米。工程起点位于东阳市南市街道梨枫村附近,与在建217省道(原39省道)交叉,路线向西布设,经南市街道、画水镇,与金义东公路顺接。项目概算8.96亿元,完成投资1.35亿元,占全年计划的103.54%。完成路基工程98.5%,桥梁工程的96%。

【351国道东阳市(周官至山口段)改建工程】 该项目主线起点位于东阳

2021年1月20日，南午岭互通工程(E匝道)　(包康轩/摄)

市江北街道周官小区，与351国道(迎宾大道)相接，路线走向总体为自东向西，经哈比塘村后，上跨东阳市区人民北路、中山北路、关山北路、望江北路，在湖田村与八华路、山口大道相交，主线往北展线，下穿甬金高速(甬金高速进行路改桥)，经锦坊村东侧往北后在埠头村东侧与351国道义乌段相接(原义乌37省道复线)，路线全长6.877千米；全线设分离式立交桥1处，互通式立交桥4处。项目投资估算20.75亿元。9月29日，该项目完成工可批复；10月22日，完成初步设计联合审查。初步设计报批稿完成编制；沿线21个村完成征地协议签约，20个村发布公示公告。

【217省道东阳市南午岭互通工程】 该项目主线位于217省道(原39省道)南午岭路段，互通起点为217省道与南市路交叉口，终点位于南大门广场南侧接217省道老路。项目互通影响主线范围全长1.42千米，匝道总长2277米，桥梁全长686.02米，圆管涵1道。项目总投资3.474亿元，完成投资2.47亿元。

【351国道东阳市(马宅至江北段)改建工程】 该项目主线起于东阳市马宅镇，顺接351国道磐安县安文至东阳市马宅段，经横店镇，南市街道，吴宁街道，城东街道，终于江北街道，与351国道周官至山口段相接，主线长37千米，其中利用博士路隧道段长2.2千米，实际建设34.8千米，设互通式立交桥6处，养护工区1处(含治超功能)，公路综合服务站2处。千祥连接线起于东阳市横店镇，终于千祥镇，长9.4千米。3月28日，完成项目建议书受理；5月30—31日，召开初步设计技术咨询会。其中节点工程1：上新屋至周官段，项目全长约4.993千米，设特大桥1座1017米、大桥1座551米，隧道1座80米，分离式立交桥1处。该项目主线采用《公路工程技术标准》(JTG B01—2014)中干线功能的一级公路兼顾城市道路功能标准，设计速度80千米/小时；高架道路采用双向六车道，宽度28.5米。节点工程2：涉杭温高铁段工程，项目全长120米，主要工程为下穿隧道框架主体和基坑工程。估算投资1亿元，建筑安装费0.74亿元。项目总用地0.6公顷，拟纳入主体项目中报批。

【527国道东阳市(白峰岭至李宅段)改建工程】 该项目起点位于东阳市白峰岭的东阳市与嵊州市交界处，顺接527国道嵊州段，经虎鹿镇、巍山镇、六石街道、歌山镇，终点位于城东街道李宅社区，路线全长27.9千米。全线设互通式立交桥2处，综合服务站1处。该项目采用一级公路技术标准，设计速度80千米/小时，其中起点至蔡宅互通式立交桥处6.9千米，采用双向四车道，路基宽25.5米(其中起点附近利用原白峰隧道，建成单洞白峰隧道长745米，形成双向四车道)；蔡宅互通式立交桥至终点段21千米，采用双向六车道，路基宽33米。9月29日，完成项目建议书报批；11月5日，完成初步设计技术审查会。

【城南东路改建工程】 该项目起点位于吴宁街道孙村西侧，顺接城南东路(527国道)，路线向西上跨规划351国道与博士路，路线穿越东、西岘峰后，于金山寺北侧接回现状城南东路(527国道)，并设置匝道与现状城南东路相接，路线继续往西600米与在建义东高速白云互通交叉，进行交通转换，路线全长6.4千米。6月24日获工可批复。

【李宅至南上湖公路隧道工程】 该项目隧道节点工程是李宅至南上湖公路其中的一段，起点位于城东街道任岭脚村附近，独山隧道进洞口处，起点桩号为ZK4+708(K是里程的标注；ZK，即左侧里程)，终点位于横店镇南上湖村附近，明前山隧道出洞口处，终点桩号为ZK9+838。3月29日获初步设计批复，5月13日完成设计施工总承包招投标。

【横店至千祥公路绕溪隧道工程】 该项目起点位于横店镇绕溪村南侧顺接规划横店至千祥公路，路线向南穿越秀溪岭山脉，设绕溪隧道，终点位于马宅镇山旺村顺接规划横店至千祥公路。3月13日获初步设计批复，5月12日完成设计施工总承包招投标。

(李健军)

公路管养

【公路管理】 2021年，东阳市境内公路总里程2480.66千米，其中按行政等级分，国道119.806千米、省道162.963千米、县道603.28千米、乡道915.773千米、专用公路13.399千米、村道665.439千米；按技术等级分，高速公路95.19千米，一级公路92.882千米、二级公路353.81千米、三级公路88.463千米、四级公路1850.315千米；按铺装路面等级分，水泥混凝土1410.754千米、沥青混凝土1012.115

千米、简易铺装路面53.445千米、未铺装路面4.346千米。公路桥梁总计733座37024.44延米，其中特大桥2座1772延米、大桥80座16342.92延米、中桥166座10706.73延米、小桥485座8202.79延米。隧道40道35762延米，其中特长隧道1道3002延米、长隧道12道25232延米、中隧道3道1959延米、短隧道24道5569延米。

【东阳市获评“四好农村路”省级示范县】 2021年，东阳市把“四好农村路”建设同交通关联产业、乡村农旅项目开发、新农村建设等进行“捆绑式”开发，按照“交通行业主导、国企融资开发建设、乡镇共同持股”模式，倡导共建共享。在全市东、西、南、北规划打造共富花园线、梦幻横店线、醉美湖溪线、多彩六石线、古韵白溪线五大“四好农村路”精品环线，形成以特色镇村、影视产业、山水风情、木雕文化、古韵文化为主题的精品农村公路圈环。全年，东阳市实施农村公路养护220余千米、生命安防工程50千米、危桥病隧改造10座、普通公路服务站修建2个；通过省“四好农村路”三年行动计划情况考核。5月1日，省交通运输厅公布第四批“四好农村路”省级示范县名单，东阳市获评“四好农村路”省级示范县。

推进“四好农村路”示范乡镇创建工作，市公路与运输管理中心对接金华市交通局、金华市财政局，完成画水镇、六石街道“四好农村路”示范乡镇的验收工作，开展南马镇、歌山镇创建金华市“四好农村路”示范乡镇相关工作。

【“最美公路”创建】 2021年，市公路与运输管理中心坚持公路改造提升与全市文明创建、交旅融合、乡村振兴相结合，计划利用两年时间，通过“最美公路”创建，以“路面平整顺畅美、路域环境整洁美、标志标线标化美、附属设施完善美、绿化景观和谐美、路口节点品象美”的要求将境内两条国道、四条省道公路打造成“最美公路”。推进351国道、527国道和217省道(原39省道)的创建工作，完成前期调研和图纸设计审查，完成招投标工作，并进场施工。

【公路养护管理】 2021年，市公路与运输管理中心出动人员作业47457次，机械设备5086台，完成道路巡检1304次，路面清扫125737千米；路面洒水99777千米，边沟清理2043.5千米，服务站综合清理186处等。10月，市公路与运输管理中心终止与杭州新绿盾环境技术工程有限公司、温州城保清运有限公司的合作，转由东阳市世诚公路服务有限公司负责实施公路日常养护保洁相关工作。市公路与运输管理中心编制新的《农村公路养护管理办法》和《东阳市公路日常养护管理标准化实施办法》，提升全市国道、省道、农村公路、桥梁、隧道的养护质量与效益，提升路网服务水平。

【公路养护工程】 2021年，东阳市投资1亿元，完成普通国、省道养护大中修，生命防护工程，平安道路工程，交通事故多发点段整治，干线公路标志标线增设维护工程，农村公路危桥改造工程及桥梁专项检测项目等；投资4050万元，完成道路路灯提升改造并交付使用。创新推广新技术应用，市公路与运输管理中心在国、省道养护大中修工程(211省道诸东线路段)，引进旧水泥混凝土路面微裂均质化再生技术，采用“以裂攻裂”理念，有效克服反射裂缝，最大限度保留道路承载能力，提高道路使用寿命。

【桥隧管养】 2021年，市公路与运输管理中心加强全市公路、桥梁、隧道、涵洞的日常巡查与经常性养护，提高公路、桥梁、隧道、涵洞管养水平，做到日常检查948次/月、经常性检查237次/月、汛期经常性检查474次/月。3月，发现507县道怀万线怀鲁桥存在安全隐患，对怀鲁桥进行封闭施工；5月，发现524县道双徐线七秩塘桥因高铁施工超载通行，通知高铁施工单位对七秩塘桥进行维修并采取限载措施管理。截至年末，完成维护工作。市公路与运输管理中心完成省检查组对东阳市普通国、省道、桥梁、隧道规范化检查与评估任务，东阳桥梁、隧道内业管理工作居金华市前列。

【公路安全整治】 2021年，市公路与运输管理中心开展安全生产风险普查和整治行动。完成交通大会战项目，整治挂牌事故多发点段9个，以及其他事故多发路段增设11处信号灯，增加护栏，完善交通标志、标线等468处。完成公路隧道、长下坡和临水临崖路段安全隐患整治，公路路侧开口和平面交叉口治理，穿镇穿村公路路段排查治理等专项整治工作。

【公路应急抢险】 2021年，交通部门开展应急抢险工作，加大路面巡查力度，落实恶劣天气物资储备，开展应急演练，提高交通应对突发事件应急抢险能力。台风“烟花”期间，交通部门发动抢险人员435人次，投入各类抢险机械170台次、砂石料200立方米、标志牌420块，巡查486人次，排查230处隐患点，整改199处隐患点。完善公路标志、标线，巡查公路沿线，及时修复完善缺损、破坏、偷盗的交通标志标线，更换维修护栏2437米，更换维修隔离栅1650米、道口标柱168根，增加更换标志58块。

【交通同城化】 2021年，交通部门推进东义同城化相关工作。6月18日，完成东阳市、义乌市连接入城口段绿化提升施工，绿化风貌、附属设施与义乌市风格统一，启动东阳市、义乌市连接地段主干道路两侧绿化、户外广告等联动整治。东阳市与义乌市签订协议，开通东阳市紫荆花园小区至义乌市国际商贸城、东阳市黄田畈至义乌市佛堂等定制公交车班线，规划其他定制公交车班线，促进物流和人流的流通

(李健军)

交通执法

【超限运输治理】 2021年，市交通运输综合行政执法队开展以“百吨王”为重点的超限超载货车整治，以重点货运源头单位、重点运输企业、重点

车辆、重点路段为整治重点，查处超限超载车辆1482辆，其中非现场查处376辆，处罚355.17万元。路警联动查处1105辆。查处非法改装车辆案17起。全市整体超限超载率下降明显。

【道路运输整治】 2021年，市交通运输综合行政执法队以"两客一危"为重点，联合多部门开展各类专项整治行动。联合市公安交警大队、市综合行政执法局制定《东阳市道路客运市场秩序联合整治实施方案》，保障春运期间道路运输市场秩序安全畅通。7月，联合市文广旅体局制定《关于开展旅游包车客运安全联合整治行动实施方案》，规范旅游包车管理，确保旅游客运市场安全。9月，联合市公安局、市文广旅体局、市市场监管局制定《关于联合开展东阳市道路客运市场专项整治行动方案》，强化联动监管，治理客运市场非法营运、旅游市场违规包车等违法违规行为。针对横店景区影视产业的特殊性、景区客运车辆的复杂性、安全隐患的突出性问题，创新建立横店景区道路客运管理新模式，在《中国交通报》头版刊发《东阳交通分类施策优化横店客运市场环境》。

市交通运输综合行政执法队对出租车营运、机动车驾驶人培训、机动车维修行业实行监管，打击各类道路运输非法营运、违规经营行为，查处客运班车、包车违法违规经营案15起，查处未经许可擅自从事道路旅客经营案2起，查处未经许可擅自从事危险货物运输案7起，查处承运人未按规定制作危险货物运单2起，查处无证货运经营案4起，查处未经许可从事出租车汽车经营案25起，查处客运出租车违法违规案3起，查处驾培行业违法违规案34起，查处未按规定实施安全生产管理制度案14起。

【维护路产路权】 2021年，市交通运输综合行政执法队加强对涉路施工的监管以及公路两侧建筑控制区管理，开展公路行政许可现场勘验工作，加强对已批准实施施工行为的日常监管，保障公路安全、畅通。开展桥下空间整治，通过制订桥下空间整治难点清单，逐个整治。整治违法设置限高、限宽设施和卡点行为，组织拆除违法违规限高、限宽架设施9处。

【路域环境整治】 2021年，市交通运输综合行政执法队开展路域环境专项整治，创建"畅安舒美"路域环境。根据《全省公路路域环境专项整治行动实施方案》，排查并完成整改问题119处，整改率100%。通过加强对全市国省道干线公路及其附属设施、建筑控制区的依法巡查，排查路域环境安全设施隐患，开展公路巡查8653次，查处公路污染案36起；查处占用、挖掘公路案两起；清理堆积物974立方米；拆除非公路标牌286块；驱离流动摊贩392次。

（李健军）

交通管理

【交通运输管理】 2021年，东阳市有营运车辆1186辆，其中客运班车120辆、旅游包车90辆、城区公交车192辆、城乡公交车308辆，出租车476辆。有城区公交营运线路46条、城乡公交营运线路140条。全市有出租车公司3家；跨省客运线路11条，日发班次5.5个；跨地市客运线路30条，日发班次67；跨县市客运线路16条，日发班次237个。全市345个行政村开通公交车（班车），通达率100%。开展"春运"和小长假的运输监督管理工作，督促运输企业结合春运和小长假客流特点，及时调整和完善各类应急预案，全年未发生旅客滞留现象、道路运输责任事故。

交通部门强化客运车辆联网联控，完成"两客一危"车辆智能视频监控报警装置安装、农村客车卫星定位装置安装，实现客运车辆防疲劳数据调用上线率90%以上，农村客运班车纳入联网联控，互联网接入上线率80%以上。

【东阳西站投入使用】 2021年7月18日，完成东阳西站搬迁工作，东阳西站正式投入使用。东阳西站南临金义东轻轨，东接昌盛路，北靠平川路，周边有东阳中国木雕城、东阳国际建材装配城等一批市场。总用地4.8公顷，总建筑面积2.93万平方米，有72条客运班线，覆盖6个省23个市，日发送旅客最多可达2万人次。

【城市和城乡公交】 2021年，交通部门完成8条干线公交（70路、71路、72路、28路、1路、21路、9路、33路）"30分钟"公交圈效能提升工作；完成城乡公交车320台POS机安装，248辆城乡公交车实现移动支付功能，城乡公交实现无人售票；58辆新能源公交车投入运行；完成12个港湾式停靠站建设，改造公交站点20处，推进灯箱式公交站牌建设282处；增加4个公交电子站牌；开通2条定制公交线路（72路和76路），优化公交线路9条；开展"移动支付1分钱坐公交"活动，优惠金额27.4万元；打通市民出行"最后一公里"，扩大城乡公交服务范围，2月、5月开通巍山至双燕村、六石至石马村城乡区间公交车。

【城市公交规划】 2021年，东阳市编制首个城乡公交体系融合发展规划——《东阳市城市公交详细规划（2021—2025）》，并完成专家评审；编制市区人民路、环城北路公交专用道方案，并完成专家评审。环城北路公交专用道完成施工，并投入使用。

【出租车和网约车管理】 2021年，交通部门开展出租车和网约车行业监督和管理工作，组织出租车从业资格证考试8期，换发巡游出租车服务资格证238本，办理巡游出租车车辆更新32辆，出租车延长经营年限76辆，停业整顿22辆，召回检查4360辆次，注销出租车从业资格证6本。加强对网约车行业的监督管理，办理网约车平台许可事项1件，增加网约车54辆，全市有合法网约车616辆。

【交通节能减排】 2021年，交通部门通过对各客运企业采用经济补偿、运力置换等疏堵结合的措施，加快淘汰卧铺客车和57座以上营运客车17辆。城市公交有新技术含量车辆136辆，城乡公交有新能源车辆124辆。

东阳市惠民公交有限公司组织开展“绿色交通 低碳出行”等活动,通过骑公共自行车的方式,倡导低碳环保理念。

【交通差异化收费实施】 2021年,交通部门根据《东阳市ETC小客车差异化收费实施方案》,从3月1日起开始实施市域范围高速公路ETC小客车先征后返政策,通过广播、电视、报纸等新闻媒体宣传推广该项政策,市域范围涉及8个高速出口。申报优惠车辆31200辆,受益车辆58500辆,返还费用500万元。

【交通现代物流业】 2021年,东阳市推进全市物流业发展,根据《东阳市人民政府关于印发东阳市加快现代物流业发展的扶持政策的通知》,组织开展2020年度全市物流“三强”企业评选,东阳市交通物流有限公司、东阳市震宇物流有限公司、东阳市燃气有限公司获评全市现代物流“三强”企业;组织开展2020年度全市物流业营运货车投入补助申请工作,14家物流企业符合申请资格,补助金额227.1万元;鼓励浙江盛泰天顺物流有限公司、路路通物流有限公司上规升级;组织对现代物流业扶持政策进行修改完善,上报审核。

【交通危险货物运输监管】 2021年,交通部门督促危险货物运输企业严格落实主体责任,落实“两长四员”网格成员,确保所有危险货物运输企业全覆盖,完善危险货物运输网格化管理机制;从严从细把好危险货物运输企业资质复核关,市物流业服务中心配合金华市公路与运输管理中心开展第二批资质复核。4月,7家危险货物运输企业均通过资质复核;根据省交通运输厅等四部门转发的《常压液体危险货物罐车治理工作方案》,开展常压罐车治理,确保辖区内所有罐体100%罐检;督促企业按要求开展新入职驾驶人员、押运人员安全培训以及在职驾驶人员、押运人员、安全人员培训工作。强化危险货物运输智控平台应用,加强危险货物运输车辆实时动态监控。

【交通安全生产】 2021年,交通部门组织召开安全生产专题会议12次,开展安全检查476次、安全培训500人,查出安全隐患,下达责令整改通知书83份,完成隐患整改83处。开展“安全生产月”及《中华人民共和国安全生产法》宣传贯彻工作,组织开展隧道反恐、公交反恐、消防、疫情防控应急演练,组织7家危险品运输企业开展联合演练,提升应急处置能力。

【交通安全综合治理】 2021年,交通部门开展交通安全综合治理大会战,完成省级、金华市级、东阳市级事故黑点整治8处,普通国、省道交通事故多发路段整治5处,亡人交通事故穿镇穿村路段治理21处;完成省级、金华市级、东阳市级重点整治路段整改治理。投入资金69万余元,修复完善缺损、被破坏、被偷盗的交通标志、标线,设置交通标志牌95块、道口标柱194根,增加更换隔离栅844米。投入资金9万余元,施划纵向标线742.95平方米、人行横道线1568.10平方米。

【城市公交安全】 2021年,东阳市惠民公共交通有限公司实行“公司统一领导、部门各司其职、谁主管谁负责”安全生产管理体系,推行“横向到边、纵向到底、责任到人”安全管理制度;加大安全生产的“人防、物防、技防”投入力度,形成内部防控网;建立公司、科室两级安全基础档案,专人不定期检查,对检查出的问题及时限期整改到位;完善平安修理制度、动态监控制度和事故调查处理机制,修理厂、后台客服岗位推行绩效考核,推行驾驶员星级考核,提高工作绩效;更新车辆、设备配置,规范操作使用流程;加强教育培训力度,提升员工综合素质;加大科技投入,提高安全管理能力。

【交通安全维稳】 2021年,交通部门开展平安维稳工作,解决涉及出租车违规运营、汽车维修质量问题、黑车非法营运、公路设施等涉及交通领域的信访投诉,受理咨询投诉举报平台信访件2554件,其中来信3件、来访4件,“8890”便民服务平台来电2235件、网上投诉312件,所有信访件均办结,办结率100%。

【交通质量监督】 2021年,交通部门开展工程质量监督工作,受监督项目建安投资9.5亿元,为2020年东阳市重要县道公路提升改造工程(三期)投资金额3951万元、2020年东阳市湖溪镇乔南桥改造工程投资金额1787万元、三门县至婺城公路东阳市南市至画水段改建工程年度投资金额36660万元、乡愁记忆风景线建设工程投资金额14550万元、2021年东阳市农村公路大中修工程(一期)投资金额16000万元、2021年东阳市农村公路桥梁加固改造工程投资金额2000万元、2021年东阳市农村公路大中修工程(二期)投资金额20051万元共7个工程项目,监督覆盖率100%,实施行政处罚1起,签发质量检查意见书19份、安全检查意见书13份,受监(督)项目工程质量总体处于可控状态。

【水上运输】 2021年,横锦渡口未发生水上交通安全事故,完成正常航班3324班次(其中加班船404班次),完成客运量10.28万人次,周转量82.24万人千米,连续35年实现水上运输安全生产无事故目标。

【交通建议提案办理】 2021年,交通部门承办人大建议和政协提案66件。其中人大建议42件,主办件32件;政协提案24件,主办件15件。市人大重点建议1件、市政协重点提案1件,人大建议、政协提案数量比上年下降30%。

【交通部门新冠疫情防控】 2021年,交通部门成立疫情防控专班和工作小组,落实在建工程交通重点领域及从业人员疫情防控工作举措,不定期开展对站场,客运、驾培、维修企业,在建工程等防疫防控工作的督查,检查332次,发放整改通知书8份,落实疫情防控常态化管理,实现行业“零”感染。东阳市惠民公共交通有限公司选派19名驾驶员,为20个核酸检测采样服务点运送核酸标本，实行3班倒、24小时送检，共送检标本236趟次，转运里程2.36万千米。

（李健军）

铁路建设

2021年8月，施工中的杭温高铁横店特大桥　（市铁路办提供）

【概况】 2021年，东阳市推进金甬铁路东阳段、杭温高铁东阳段、金义东市域轨道交通（东阳段）三条铁路建设，计划完成有效投资24.19亿元，其中金甬铁路东阳段6.5亿元、杭温高铁东阳段7亿元、金义东市域轨道交通（东阳段）10.69亿元。三条铁路完成实际有效投资42.5亿元，比上年增长11.6%，完成年度计划的144%。

【金义东市域轨道交通（东阳段）工程】 2021年，金义东市域轨道交通基本做到无障碍施工，城区段铺轨工作展开，城区段市政恢复工程基本完成，完成土建工程总量的92%。金义东市域轨道交通站点配套设施开工建设。5月，金义东市域轨道交通（东阳段）铺轨标段进场开展铺轨工作。金义东市域轨道交通二期横店至南马段规划经国家发改委批准，进行工可报告的编制。

【杭温高铁东阳段工程】 2021年，杭温高铁东阳段完成主线用地交付、房屋拆迁、110千伏及以上电力线路迁改、35千伏及以上电力线路迁改工作，完成全线“小三改”任务的60%，完成土建工程总量的65%。

杭温高铁横店站站房面积从8000平方米扩展到30000平方米，规划杭温高铁横店站与金义东市域轨道交通站实行零换乘，金义东市域轨道交通站实行上下垂直换乘。项目初步设计获省发改委批复，施工图通过交通工程管理中心审查，与金义东轨道交通共建部分开工建设，站房扩建工程增加资金投入6.8亿元。站前广场工程设计由高铁新城管委会启动招标程序，站前道路临时用地完成报批，施工队伍进场，站前广场工程估算投资12亿元。

2021年9月，施工中的金义东轨道交通　（市铁路办提供）

3月4日，杭温高铁横店特大桥开始施工；6月24日，大园岭隧道贯通。

【金甬铁路东阳段工程】 2021年，金甬铁路东阳段完成主线用地交付、房屋拆除、110千伏及以上电力迁改、35千伏及以下电力迁改工作，完成全线“小三改”总量的60%，完成土建工程量的72%。

金甬铁路东阳段东阳站站房施工图通过交通工程管理中心审查，进入施工招标阶段。金甬铁路站前广场完成设计招标，开展方案优化、完善等工作，增加资金投入2亿元。

【铁路建设规划】 2021年，东阳市一批铁路建设项目进入前期规划阶段。金台城际铁路起自金华市金义站，终于台州市三门站，线路全长170.22千米，速度目标值拟定350千米/小时，项目投资预估算总额291.5亿元，其中东阳段项目投资预估算73.56亿元，长度43.02千米。该项目为东阳市铁路建设规划项目之一，在台州市召开的预可行性研究评审会原则同意在东阳市横店站接入方案。

沪绍金高铁起自上海市，经嘉兴市、绍兴市，终于金华市。通道全长约410千米（新建150千米），线路北起上海枢纽，南接金华地区，衔接沪通、沪乍杭、杭绍台、金甬等线路。金华枢组办组织专家对沪绍金铁路规划进行论证,该项目处于前期谋划阶段。

(杜　蕾)

航空建设

【概况】 2021年,东阳横店通用机场占地面积34.75公顷,飞行区等级2B,跑道长800米、宽45米,停机坪面积26000平方米,可停放A、B类飞机24架;机库面积7500平方米,可停放A、B类飞机30架。东阳横店通用机场成为全国首批航空飞行营地、全国民航科普教育基地、浙江省国民经济航空救援动员中心、浙江省航空应急救援基地、浙江省交通强国"旅游通用机场"试点单位。开航以来,有30家通航公司的60架航空器进驻机场,开展应急救援、低空游览、航拍航测、高空跳伞、飞行体验、短途运输、国产飞机试飞、飞行培训等通航业务,《大国飞天》《革命者》《广州十三行》等10个剧组到机场取景拍摄。2021年度机场安全保障226个飞行日、8220架次、1248.1小时。

2021年10月14日,海直通用航空有限责任公司开展吊桶训练——定点洒水作业

(郭晨艳/摄)

【横店机场建设】 2021年,东阳横店通用机场进行改扩建。项目总投资21.06亿元,总用地141.73公顷。在800米跑道的基础上延长至1800米,飞行区等级4C,设置双向仪表着陆系统和精密进近灯光系统,建设滑行道、停机坪、机库、航站楼、油库、助航灯光、通信导航监视等相应配套设施设备。

东阳横店通用机场完成仪表着陆系统、VOR/DME台、助航灯光系统和场道工程招标工作。完成净空区障碍物测量和导航台选址、论证、设计工作;完成《飞行程序设计》和《飞机性能分析》文本编制;完成机场三字代码审批。

【航空企业引进】 2021年,东阳横店通用机场引进航空企业7家。其中,浙江德盛通用航空有限公司担负浙江省应急救援备勤任务的直升机1架,浙江华羊通用航空有限公司开展浙江省消防系统应急救援培训的直升机2架,上海桥枫航空科技有限公司开展飞行培训业务的阿若拉2架,浙江驭云航空科技有限公司开展考证培训、应用服务等业务的无人机10架,中航外企航空运动俱乐部有限公司开展飞行旅游观光业务的热气球5具,上海澳翊通用航空有限公司和上海瀚茨航空科技有限公司开展飞机维修业务。

2021年11月22日,浙江消防在东阳横店通用机场进行索降训练

(郭晨艳/摄)

【航空应急救援活动】 2021年,东阳横店通用机场开展各项应急救援活动。与市应急管理局、市人武部、市公安局巡特警大队、横店文荣医院等联合组织航空医疗、森林消防、高楼灭火、物资人员投放、燃油车泄漏等航空应急演练10余次;保障省应急和消防系统直升机开展吊桶灭火、人员索降、空地协同等应急训练63架次;保障直升机执行东阳市、武义县等地区执行森林灭火应急救援任务13架次。东阳横店通用机场获批省消防航空应急训练基地、东阳市森林消防基地。

【航空科普培训】 2021年,东阳横店通用机场推动航空教育走进学校,在横店镇中心小学等4所学校开设8个航模兴趣班;开展航空科普研学,先后组织活动30余次;组织无人机执照考证培训,海军东航气象系统、浙江省消防系统、四川省国安系统、金华市应急系统和东阳市巡特警大队等部门183人参加。

(张艳晓)

中国邮政集团有限公司浙江省东阳市分公司

【概况】 2021年，中国邮政集团有限公司浙江省东阳市分公司（简称东阳市邮政分公司）实现业务收入3.55亿元，比上年增长6.26%，列全省邮政县（市、区）公司第六位；实现经营性利润上缴5259万元，比上年增长33.34%，列全省邮政县（市、区）公司第三位。

【普服业务】 2021年，东阳市邮政分公司函件业务实现收入352.58万元，完成率100.88%，比上年下降1.58%，其中“庆祝中国共产党成立100周年”纪念邮票和函件项目销售收入93.32万元。集邮业务实现收入201.82万元，完成率100.32%，比上年下降29.12%；“首轮生肖纪念币”等专项营销活动实现销售202.95万元；报刊业务实现收入1123.09万元，完成率103.81%，比上年下降2.65%；“党史学习教育”主题图书销售87.23万元，开展图书巡展销售17.1万元。

【金融业务】 2021年，东阳市邮政分公司实现金融业务收入1.94亿元，完成计划数的102.15%，比上年增长11.93%。其中利差收入（贷款利息收入与存款利息支出的差额）1.47亿元，比上年增长8.40%；保险业务收入3390万元，比上年增长34.8%；理财收入175万元，比上年下降8.2%；电子支付收入551万元，比上年增长11.1%；其他收入584万元。截至年末，邮政代理金融储蓄余额规模135.78亿元；本年净增12.75亿元，增长10.37%；存量市场占有率13.59%，比上年增长14.25%。完成折算保费7.05亿元，目标完成率106.2%，其中中邮长期险保费4197万元，中邮健康险保费113万元，中邮惠农简易险保费53.97万元。全年非货币基金销售1.15亿元，偏股混合型基金定投有效户增加3099户。

【寄递业务】 2021年，东阳市邮政分公司实现寄递业务收入1.28亿元，调增完成率100.98%，比上年下降0.58%。特快业务实现收入1784.73万元，为年计划的89.82%，比上年增长34.4%，重点医院中药配送项目同城全覆盖，实现收入105万元；与市法院续签“一键送达”项目，实现收入135万元。快递包裹实现收入9608.98万元，为年计划的125.61%，比上年增长39.62%；收寄快递包裹5883.96万件，比上年增长17.25%。国际业务实现收入1273.86万元，调增完成率73.18%，比上年下降71.79%。物流业务实现收入81万元，为年计划的24.52%。

【电商业务】 2021年，市政府支持“快递进村”项目，截至年末，建成“中邮驿站”快递共享站点427个，其中行政村站点345个，全年入库快递量68.08万件。东阳市邮政分公司与6家快递公司开展邮件代投合作，与公交公司签订客货邮战略合作协议。

2021年，东阳市邮政分公司与市重点医院、卫生院合作开展中药配送服务
（东阳市邮政分公司提供）

全年,走访农村合作社311个,“融资E”增加贷款1108万元,自营农产品销售702万元;建成优质站点443个,批销站点731个,叠加商户收单181个,发展便民站点135个、易邮自提站点196个;线上自营产品销售1207万元,全网大单品销售778万元。

2021年,东阳市邮政分公司通过邮政电商平台助力本地“翠冠梨”农产品销售12万元;与市红十字会合作,助力东西部协作,向四川省南江县运送社会帮扶捐赠物资78吨。推进绿色邮政建设,投放可循环包装箱(盒)、电商快件不再二次包装率95%、网点回收装置布放率100%、省内循环中转袋使用率100%、包裹快递邮件一联面单使用率100%。

(严　宣)

东阳市邮政管理局

【概况】 2021年,东阳市有邮政、顺丰、三通一达等13个快递品牌,7家法人企业,6家品牌公司,邮政快递处理场所及服务末端网点274家,大型快递分拣场地9处,从业人员约2800人。全年,快递业务量完成3.41亿件,比上年增长65.8%;实现业务收入9.74亿元,比上年增长54.8%,两项指标均列金华各县(市、区)第一位。

【机构改革】 2021年2月,东阳市邮政管理局(简称市邮管局)挂牌成立,为金华市邮政管理局派出机构,监管东阳市全境,重点监管辖区内邮政企业、快递企业和邮政用品用具生产企业。市邮管局执行国家邮政法律法规、方针政策和邮政服务标准,研究拟订辖区邮政发展规划,监督管理东阳市邮政市场及邮政普遍服务和机要通信等特殊服务的实施,负责行业安全生产监管、统计工作,保障邮政通信与信息安全。

【行业疫情防控落实】 2021年,市邮管局成立东阳邮政快递行业疫情防控领导小组及办公室,实行24小时值班和应急响应机制。组织工作人员全面排查疫情防控安全隐患,第一时间处理涉疫快件和疫情防控整改清单,传达学习疫情防控相关会议、文件精神,与各邮政快递企业签订《寄递企业新冠肺炎疫情常态化防控责任书》,落实“一停二消三查四保”(停止转运,开展消杀,追查快件流转过程,保证基地渠道畅通)要求。各邮政快递企业制作温馨提示标识2万余份,对来自中高风险地区的快件包裹逐个粘贴,提醒消费者及时消毒,做好个人防护。配合卫健部门开展快递业核酸抽样检测,开展快递从业人员疫苗接种工作,做到“应接尽接”。

【“快递进村”工程推进】 2021年,市邮管局结合东阳市邮政快递行业实际,探索“邮快合作”模式,推进“快递进村”工程。8月,市政府办公室印发《东阳市“快递进村”实施方案》,推进“快递进村”,探索创新农村物流服务模式,提出全市345个行政村各建设1个快递共享站点的工作目标,明确主要工作内容、经费预算和资金安排、中邮驿站服务点的管理和考评、组织架构内容。截至年末,全市345个行政村“中邮驿站”全部建设完成并投入运行,纳入镇乡(街道)网格化管理。

【安全寄递】 2021年,市邮管局联合市公安局、市消防大队、市市场监管局等职能部门,对快递企业及末端网点开展安全整治活动。执行“周抽检月例会”工作机制,各邮政快递企业落实安全专员,每周至少组织1次寄递安保随机抽检,每月召开寄递安保工作例会,通报情况、查找问题、提出建议。全年组织召开寄递安保工作例会13次,随机抽检58次,提出问题620条,全部完成整改。组织快递行业从业人员定期学习安全寄递知识,各企业、网点悬挂安全横幅和标语营造安全寄递氛围,提升员工安全意识。

【快递市场规范行动开展】 2021年,根据东义同城化战略部署,市邮管局与义乌市邮政管理局签订《工作备忘录》,构建合作协同、联合执法、风险联控等机制。会同义乌市邮政管理局开展“黄牛”跨境东阳揽收快件乱象整治,联合市公安局、市市场监管局等职能部门定期检查快递“黄牛”和跨区域揽件行为,约谈存在违法委托经营的快递企业,维护市场公平竞争秩序。针对数据统计不规范现象,落实统计专员机制,邀请市统计局专家对统计专员进行《中华人民共和国统计法实施条例》培训,确保数据真实、统计完整、申报及时。

【绿色生态邮政推进】 2021年,按照塑料污染治理三年攻坚行动计划,市邮管局对接市垃圾分类办、金华市生态环境局东阳分局等职能部门,加强垃圾分类、包装减量、绿色回收等相关工作的宣传、引导和检查,落实“禁、限、减、循、降”(禁止毒害品、限制塑料品、包装减量化、提高循环率、推行可降解)五字要求,做到“四个100%”(持证经营100%、实名登记100%、开箱验视100%、技术安检100%),配合开展全国文明城市创建、“无废城市”创建、垃圾分类等工作。

【快递从业人员权益保障】 2021年,市邮管局引导邮政快递企业规范劳动用工,落实工伤保险制度。联合市委组织部打造100个红色驿站,为快递从业人员提供学习、休息、充电等暖心服务;联合行政执法、交警等职能部门制订快递车辆的人性化管理措施,推荐快递从业人员参选“最美快递员”。组建“法律帮帮团”,成立东阳市小蜜蜂法律服务中心,聘请东阳厚宁律师事务所5名律师,为全市快递物流企业和快递从业人员提供法律援助服务。

(王　铭)

中国电信股份有限公司东阳分公司

【概况】 2021年,中国电信股份有限公司东阳分公司(简称中国电信东阳分公司)主营收入2.36亿元,用户规模41万户。下设政企部、市场部、云网部、综合部、14个分、支局,有员工450人,电信服务覆盖东阳所有镇乡(街道),电信网络覆盖全市行政区划范围。

【云网基础设施建设】 2021年，中国电信东阳分公司加快“三千兆”（千兆5G+千兆宽带+千兆Wi-Fi）网络建设，推动数字生活发展，满足经济社会数字化、网络化、智能化的转型需求。在实现千兆到户的同时，推出光纤到房间的FTTR全光组网服务，推动全屋智能应用普及，让用户享受高速率、全方位、立体化的信息新生活。推进5G资源共建共享，实现东阳主城区、重点镇乡（街道）的5G商用网络连片覆盖，重点景区和交通枢纽等场景覆盖，建成全市具备5G能力基站超600个。完成望江大数据中心机房二期建设，提升数字政府及数字化产业服务能力。

【数字经济软件赋能对接会】 2021年7月23日，中国电信东阳分公司联合市经信局、市委改革办、市大数据发展中心举办“软件赋能 数见未来”东阳市数字经济软件赋能对接会，市政府办公室、市科技局、市财政局、市商务局、市市场监管局、市大数据发展中心、横店影视文化产业集聚区等单位、100余家市重点工业企业、经济开发区、镇乡（街道）以及18家软件信息服务企业参加，推动传统产业数字化转型。

【数字化改革应用】 2021年，中国电信东阳分公司推动5G、云计算、大数据、物联网等信息化技术在东阳经济社会的应用，强化数字赋能，助力东阳数字化改革。在数字社会领域，推进疫情防控、垃圾分类、教育网改造、平安乡村等项目实施。在数字法治领域，推进“智慧警务”“隐患治理”等应用建设。

【打造5G+未来工厂】 2021年，中国电信东阳分公司打造横店集团东磁股份有限公司锂电二厂“5G+”未来工厂，依托5G、天翼云、核心网和专线等技术能力，“5G+云+专线”三位一体，构建从5G移动端到平台侧的专网全流程业务，为横店集团东磁股份有限公司锂电二厂新车间组建一个大带宽、低延时的无线连接环境，实现车间数据采集、设备质检巡查、便捷运维管理等功能。该“5G+”未来工厂是电信在金华市内参与建设的首个5G定制网+天翼云融合的“云网融合”智慧工厂。

2021年7月23日，“软件赋能 数见未来”东阳市数字经济软件赋能对接会召开

（中国电信东阳分公司提供）

【“阳光厨房”助力外卖监管】 2021年，浙江电信自主研发建设“阳光厨房”模块，助力外卖市场监管，获省委书记袁家军的肯定。中国电信东阳分公司推进“阳光厨房”建设，东阳消费者在外卖平台上可通过“阳光厨房”模块，实时查看千余家商家后厨的监控，实现透明化市场监管。

【“互联网+”助力垃圾分类】 2021年，中国电信东阳分公司响应垃圾分类号召，运用数字化手段助力垃圾分类，采用“互联网+”模式打造垃圾分类智能管理系统，在吴宁街道、江北街道首先应用，系统集视频监控、智能识别、宣传引导等功能于一体，通过“线上巡检”方式，提高全民垃圾分类意识、减轻环卫工作难度、降低社区人工成本，帮助解决垃圾分类工作中监管难、教育宣传不到位、管理流程不规范、监管考核缺乏支撑数据、执法取证难等问题，通过“两定四分”智慧运营提升垃圾分类管理效能，助力生活垃圾“减量化、资源化、无害化”。东阳市获评2021年度浙江省农村生活垃圾分类处理工作优胜县（市、区）。

【通信安全保障】 2021年，中国电信东阳分公司加强网信安全专项督查和全网风险隐患排查整治，开展“网络安全为人民、网络安全靠人民”宣传活动，提升市民网络安全意识。加强重点项目建设及活动保障，完成庆祝中国共产党成立100周年活动通信保障任务。完成横店影视发展大会、横店旅游节、中非经贸发展论坛、“交通大会战”、第二十一届全国“村长”论坛等活动的现场通信支撑保障。完善新型基础设施安全保障体系，“智云护航”团队为百余家党政军机关及重要企事业单位客户提供信息化建设的一站式、全程服务。

【“爱心翼站”助力公益事业】 “爱心翼站”是中国电信联合中华全国总工会共同发布的公益活动品牌。2021年8月27日，“爱心翼站”揭牌暨启动仪式在江北营业厅举行。全年中国电信东阳分公司建成“爱心翼站”营业厅16家，为快递、外卖骑手、环卫工人等户外劳动者以及老年人、残疾人、孕妇等需要特殊照顾的群体提供休憩补给、智能技术科普等爱心公益服务。

（卢美玲）

中国移动通信集团浙江有限公司东阳分公司

【概况】 2021年，中国移动通信集团浙江有限公司东阳分公司（简称中国移动东阳分公司）设市场部、政企部、网络部、综合部和吴宁、白云、横店、江北、南马、巍山、千祥、画水、湖溪、城东10个网格，有员工150人，营业厅19家（含5家加盟厅），社会签约单位240家，全市行政村移动网络覆盖率100%。全年通话用户90余万户,完成通信服务收入近9亿元。截至年末,移动基站共5200余个,室分1100余个。5G网络建设居金华市前列,基本实现东阳市城区、横店镇等区域5G连片覆盖,实现各镇乡"乡乡通"。全年建成5G基站354个,累计近600个;千兆用户近17万户。

【"红色驿站"建设】 2021年6月30日,中国移动东阳分公司"红色驿站"项目启动,驿站以服务快递小哥、环卫工人、周边群众的"两新"就业群体为重点,提供"7+7"项驿站服务,在党史书籍阅读、手机充电、应急雨伞等7项基础服务上增加VR体验等7项特色内容。截至年末,建设"红色驿站"4家,其中,吴宁东路营业厅被金华市团委评为星级"红色驿站"。

【东阳横店东磁5G+智慧园区项目获奖】 2021年9月23日,第四届"绽放杯"智慧园区专题赛决赛在深圳市举行,金华移动政企客户部与中国移动东阳分公司联合申报的"东阳东磁集团5G+智慧园区项目"获第四届"绽放杯"5G应用征集大赛园区专题赛二等奖。该项目是全省光伏行业唯一一家5G全连接专网应用的智能工厂,也是省内设备连接规模最大、应用最全面的5G专网智能工厂之一。

【社会活动】 2021年3月15日,中国移动东阳分公司联合市市场监督管理、公安、交警、城管、网格、专业市场等部门单位开展"3·15"系列活动。4月24日,中国移动东阳分公司在画水镇水果文化节上直播介绍水果文化及非遗文化,直播观看人数1.1万人。为千祥镇首届药材节提供通信保障,并开展防诈宣传,提供套餐适配等服务。五一劳动节,中国移动东阳分公司各营业厅和核心渠道签约门店开展"为环卫工人送一瓶爱心水"活动,开展防诈宣传、套餐适配等服务。5月16日,中国移动东阳分公司党支部开展东阳市第31次"全国助残日"新时代文明实践志愿服务,为残疾人群体提供"残疾人爱心工程"优惠套餐。5月20日,中国移动东阳分公司在市职教中心学校开设"走进移动——安心服务"主题讲座。讲座通过对5G关键技术特点与在数字经济领域的应用前景、智能家居与智能家庭组网相关的网络知识的讲解,让学校师生了解相关知识。5月27日,中国移动东阳分公司联合东阳老年大学开展"银龄跨越数字鸿沟"科普专项行动,对老年人生活中常见的防疫、交通出行、就医、消费、娱乐等高频事项和服务场景进行教学。全年开展18场科普行动。6月30日,部队、公安、各运营商及部分建设单位联合组成护线宣传队伍,开展东阳军、警、民联合护线宣传活动,通过对通信线路隐患排查、施工区域的护线宣传,提高相关施工单位的通信线路保护意识。11月25日,中国移动东阳分公司联合虎鹿镇党委开展"情牵西垣 移鹿相伴"爱心助农活动。通过线上直播带货方式,虎鹿镇镇长作为首席推荐官进行宣传,直播观看人数2.1万人,带货2万余元。

(金燕卿)

2021年5月27日,中国移动东阳分公司在老年大学开展"银龄跨越数字鸿沟"科普专项行动

(中国移动东阳分公司提供)

中国联合网络通信有限公司东阳市分公司

【概况】 2021年,中国联合网络通信有限公司东阳市分公司(简称东阳联通)完成主营业务收入6772万元,其中通信服务收入完成6000万元;发展移网用户4.19万户;发展宽带专线和固定电话用户0.55万户。开展"银发无忧 智慧助老"专项活动,打造敬老通信业务产品及多样便老终端。与市公安局、市人武部、市融媒体中心等单位开展通信项目合作,在市政府大楼各局办单位、横店各大景区及东阳农商银行各营业厅等推广疫情健康ETC标准产品。中国联通、中国电信合作推进5G网络共建共享,加强双方应用互通,完成5G新通话对接联测,实现互联互通。截至年末,中国联通与中国电信建成共建共享5G基站69万个,其中东阳联通和中国电信东阳分公司建成共建共享5G基站345个。

【人才建设】 2021年,东阳联通响应数字化改革要求,构建多层级人才体系。深化校企合作,打造本地人才培养与引进基地,构建并实施与广厦大学的校企合作方案。选派公司优秀员工到相关政府部门与单位驻场,助力政府部门、企事业单位数字化改革,发挥东阳联通数字化能力优势,同步推进东阳联通信息化项目获取能力。

(李　鑫)

东阳市华数广电网络有限公司

【概况】 2021年,东阳市有数字电视用户16万余户,互动宽带用户近8

万户。东阳市华数广电网络有限公司(简称东阳华数)继续实施广电低保工程,为全市5396户低保用户减免视听维护费135余万元,为5505户优抚对象减免视听维护费70余万元。完成省广播电视局有线广播电视运营服务备案考核工作,连续五年被省广播电视局评为省级优秀单位。

【互动村建设】 2021年,东阳华数开展"春耕开门红""留浙过大年 华数喜相伴""六城联动—光纤入户+4K整转""'两新'市场作战行动""百日攻坚—百团大战"等互动村建设活动。全年发展59个互动村,增加"4K+120"兆融合用户5664户;发展15个千兆村、用户1883户。互动村发展数比上年增长328%。

【立项工程建设】 2021年,东阳华数立项工程有1188个,新建村、小区、配套楼盘等工程68个,覆盖用户12305户;建设杆路管道、网络改造光纤入户912个工程,抢修工程836个。

【部门合作】 2021年,东阳华数继续为教育系统提供网络设备和校园监控设备服务,强化与公安系统村居监控的建设及维护合作,开拓市市场监管局和市住建局中心大楼智能化工程业务,集中力量攻坚智慧环保行业,承接二期、三期项目,加快卫健系统项目市中医院迁建工程信息发布主屏项目、市中医院新院信息化基建项目建设布局,将项目的运营维护等进行重新梳理和统盘管理,完善行政服务中心运维体系。针对全市在建和华数已建项目的运维工作统一安排,续签市文广旅体局应急广播维护服务协议、自助终端机维护服务协议以及其他单位的服务协议。

【安全播出保障】 2021年,东阳华数完善公司安全播出制度,成立安全生产领导小组,构建安全播出、反恐应急协调指挥联动体系,执行前端机房24小时值守制度,开展各级安全播出应急演练,全年无安全事故发生。

(徐瑞玲)

科学技术
Science and Technology

综　述

【概况】 2021年,东阳市高新技术产业增加值111.32亿元,高新技术产业投资额34.68亿元。增加国家高新技术企业49家、省级科技型中小企业135家、省级"双创"示范基地1家、省级重点企业研究院1家、省级企业研究院3家、省级高新技术企业研发中心14家、金华市级高新技术企业研发中心33家。截至年末,全市有国家高新技术企业197家、省级科技型中小企业610家,有省级重点企业研究院3家、省级企业研究院16家、省级高新技术企业研发中心51家、金华市级高新技术企业研发中心134家。备案省级众创空间3家、金华市级众创空间2家。申报金华市级公益类科技项目51项,立项35项,组织验收26项;申报东阳市级公益类科技项目64项。有效发明专利拥有量2806件,通过《专利合作条约》(PCT)途径提交的国际专利申请量达53件。

【科技人才培育和科技合作】 2021年,东阳市首次申报国家火炬计划人才1人,申报省科技创新领军人才2人、省领军型创新创业团队1个、"省海外工程师引进计划"2人,入选"省海外工程师引进计划"1人。有外国专家78人。申报"科技婺商"4人,获"科技婺商"称号2人。继续推行"科技特派员"制度,验收第十批金华市"科技特派员"项目——鲜食甜玉米新品种引进与推广应用,终止东山豆腐干传统产业提升与品牌推广项目;轮换第十一批金华市"科技特派员"项目7个。持续强化与高校、科研单位的科技合作。多家企业与高校、科研单位签订产学研(产业、学校、科研机构)合作成果转化战略协议和大学生实习基地合作协议,助力重点领域、关键零部件实现突破和国产化。

【科技政策】 2021年4月15日,市政府印发《关于公布2020年度东阳市中小企业市长科技创新奖的通报》,下达2020年度东阳市中小企业市长科技创新奖奖金总额为300万元。同日,市政府印发《关于高质量推动科技创新高水平建设科创高地的政策意见》,内容包括鼓励加大研发投入、开展产业关键技术攻关、培育企业创新主体、打造高能级科创平台、建设科技孵化载体、支持区域协同创新、推进招院引所、奖励优秀科技成果、鼓励科技成果交易转化、激励科技人员创新、加快海外引智引才、强化科技金融、提升传统特色产业创新能力、设立东阳市政府科技创新奖。同日,市政府印发《东阳市政府科技创新奖评审管理办法的通知》,在东阳市中小企业市长科技创新奖基础上升级设立东阳市政府科技创新奖。东阳市政府科技创新奖包括企业科技创新奖和人才科技创新奖,对科学技术研究有较大贡献的企业和个人给予大额奖励。6月3日,市委、市政府印发《关于高质量推动科技创新和高水平建设科创高地的若干意见》,该意见包括科技研发、创新主体、平台建设、产学研合作、保障措施5个方面15条措施42条具体意见。9月5日,市政府办公室制定印发《东阳市科技型企业政策性信贷担保服务的实施意见》,联合市财政局、市国控融资担保有限公司及相关银行对东阳市科技型企业发放贷款22笔,发放科技信用贷款7253.5万元。科技贷政策重新修订后,放贷率从不足20%提升到100%。9月13日,市发改局、市科技局联合印发《东阳市科技发展"十四五"规划》,规划到2025年初步建成科技创新综合实力浙中领先、特色领域创新具有全省影响力、有力支撑现代化建设的高水平创新型县(市),力争建设成为省创新型县(市),力争实现重要指标"五倍增、五提升"。重点任务为组织实施创新强基工程,加强高能级科创平台建设;组织实施产业赋能工程,强化产业链、创新链融合发展;组织实施主体培育工程,加强企业技术创新体系建设;组织实施人才引育工程,打造县域科技创新人才高地;组织实施协同开放工程,融入全球创新策源地建设;组织实施生态循环工程,构建十联动双循环生态链。

【科技发展资金】 2021年,东阳市获得省科技发展第一批和第二批专项资金1621万元(其中重点研发资金1506万元,技术创新引导资金10万元,创新基地和人才资金105万元)。

【东阳市中小企业市长科技创新奖】 2021年4月15日,市政府发文公布2020年度东阳市中小企业市长科技创新奖评选结果，10家企业（其中一星企业评出8家，二星企业评出2家）获奖。获奖企业名单如下：
浙江恒成硬质合金有限公司
浙江金象科技有限公司
浙江英洛华装备制造有限公司
浙江天力磁电科技有限公司
花园药业股份有限公司
东阳市甘特电气有限公司
东阳市凯达塑业有限公司
东阳市旭东工艺品有限公司
浙江华洋缝制有限公司
东阳市御乾堂宫廷红木家具有限公司

【增创各级各类科技型企业】

国家高新技术企业49家：
浙江信衡电动科技有限公司
东阳市帆迪尔纸制品有限公司
骆豪服装集团有限公司
浙江斯达克照明有限公司
东阳市胡氏利达管业有限公司
金华市天凌空气净化膜有限公司
东阳市金密钢带有限公司
东阳市金龙塑料板制造有限公司
东阳市金泽洗染有限公司
东阳市汉宸膜技术有限公司
浙江正消防火门窗有限公司
东阳市海强电声配件有限公司
东阳市诚意达电子有限公司
东阳市添齐电机磁瓦有限公司
东阳市横店自来水有限公司
东阳市大联电声器材有限公司
东阳市瑟达磁业有限公司
东阳市捷邦磁材有限公司
东阳市江南铝材有限公司
浙江东阳东磁稀土有限公司
浙江博纳森纺织机械有限公司
东阳市友善磁业有限公司
浙江双东装饰材料有限公司
东阳市固德新型建材有限公司
浙江三强塑胶有限公司
东阳秀之美服饰股份有限公司
浙江炜晟包装有限公司
东阳市俊语晨纺织有限公司
东阳市晴之缘制伞有限公司
浙江志达服装有限公司
东阳市华越针织有限公司
浙江伟成塑胶有限公司
乐相科技有限公司
浙江省东阳市泛海针织有限公司
东阳市医药卫生用品有限公司
东阳市金杏电器有限公司
浙江麦控医疗科技有限公司
东阳市泽源轮业有限公司
东阳市奥隆新材料科技有限公司
浙江圣泰婴童服饰有限公司
东阳市龙泽磁电有限公司
东阳市翊晟厨具有限公司
浙江鑫正工贸有限公司
浙江花园新型建材有限公司
东阳市鑫泽金属制品有限公司
东阳市恒彩包装材料有限公司
东阳市双叶铝业有限公司
东阳市乔老爷铝业有限公司
浙江慧捷衣车有限公司

省级众创空间3家：
东阳浙兴电商众创空间
浙江广厦建设职业技术大学学生创业园
东阳红晟众创空间

金华市级众创空间2家：
东阳麒麟众创空间
东阳市跨境电商产业园众创空间

创建省级重点企业研究院的企业1家：
浙江花园生物高科股份有限公司

创建省级企业研究院的企业3家：
浙江恒成硬质合金有限公司
横店集团得邦工程塑料有限公司
浙江野风药业股份有限公司

创建省级高新技术企业研发中心的企业14家：
东阳市顶峰磁材有限公司
浙江省东阳市东磁诚基电子有限公司
浙江微度医疗器械有限公司
浙江新衣诚服装有限公司
浙江南磁实业股份有限公司
东阳市凯达塑业有限公司
浙江宇能实业有限公司
东阳市奥隆机械设备有限公司
东阳市燃气有限公司
浙江北生药业汉生制药有限公司
东阳市亿力磁业有限公司
浙江新纳材料科技股份有限公司
浙江筑工科技有限公司
浙江花园新能源股份有限公司

创建金华市级高新技术企业研发中心的企业33家：
东阳市太极精密制造有限公司
浙江晨宇化纤有限公司
东阳市百祥门业有限公司
东阳市非凡电器有限公司
东阳市特安锅炉有限公司
浙江兆和管业有限公司
东阳市赛歌服饰有限公司
东阳市海派亚太服饰有限公司
东阳市鑫協工贸有限公司
东阳市金硕工贸有限公司
东阳市瑞祺胶粘制品有限公司
浙江万衡工贸有限公司
浙江诺华陶瓷有限公司
浙江花园新能源有限公司
浙江普洛生物科技有限公司
浙江亚德工贸有限公司
浙江志成工艺墙纸有限公司
东阳市乐之翼游乐设备有限公司
东阳市盛丰机械有限公司
东阳市恒辉自动化科技有限公司
优姿科技有限公司
东阳市银海磁业有限公司
东阳市耐立环保科技有限公司
浙江环迪工贸有限公司
东阳市家强塑胶有限公司
东阳市中振永磁有限公司
东阳市横店友联磁业有限公司
骆豪服装集团有限公司
东阳市金密钢带有限公司
东阳市金龙塑料板制造有限公司
东阳市海强电声配件有限公司
浙江康力博能源科技有限公司
浙江省东阳市东磁诚基电子有限公司

省级科技型中小企业135家：
浙江赛妮美服饰有限公司
东阳市富顺绝缘材料有限公司
东阳市牛七工艺品有限公司
东阳市华宇电器有限公司
金华智琦机电有限公司
东阳市华伟自动化设备有限公司
东阳市寰亚织带有限公司
浙江华登服装有限公司
东阳市选科工艺品有限公司
东阳市伟昊织造有限公司
浙江华登时尚科技有限公司
东阳市振晗服装有限公司
东阳市盛邦磁业有限公司
东阳市满香红针织有限公司
东阳市飞航针织有限公司
东阳市华燕电磁实业有限公司
东阳市绿波休闲用品有限公司

浙江杰创新材料科技有限公司
浙江铖元电气科技有限公司
东阳市众兴木业有限公司
东阳市山野钓具有限公司
东阳市森井钓具有限公司
浙江帝耐美环保科技有限公司
安川科技(东阳)有限公司
东阳市东砚针织服饰有限公司
东阳市东岘针织服饰有限公司
东阳市德胜电子有限公司
东阳市鼎元建设有限公司
东阳市苏阳红红木家具有限公司
东阳市鸿运运输有限公司
浙江东阳强力电子有限公司
东阳市宁达电子有限公司
东阳市久诚电机有限公司
东阳市宏宇磁业有限公司
东阳市盛世堂家具有限公司
东阳市科创电子有限公司
东阳市新明红木家具有限公司
东阳市鑫林磁钢有限公司
东阳市创升机电有限公司
东阳市海强红木家具有限公司
东阳市万至发电子有限公司
东阳市亿路达无纺布有限公司
东阳市金运服饰有限公司
浙江传奇文化用品有限公司
东阳影光动天影视传媒有限公司
浙江虹箭航拍科技有限公司
东阳长庚影视文化有限公司
东阳启洋影视器材租赁有限公司
浙江东阳非凡影视文化科技有限公司
东阳市千里驹工贸有限公司
东阳市强联磁性有限公司
浙江富凯美工贸有限公司
东阳市瑞德装饰材料有限公司
浙江克雷特磁电科技有限公司
浙江省东阳市小康建材有限公司
浙江敢为实业有限公司
浙江欧南工贸有限公司
东阳市超钢太阳能设备有限公司
东阳市天禧红木家具有限公司
东阳市金天塑胶有限公司
浙江三强塑胶有限公司
浙江欧伊嫚针织有限公司
东阳市溢博针织有限公司
东阳市古诺服饰有限公司
东阳市新诗维纱线有限公司
东阳市西客针织有限公司
浙江橙幸伞业有限公司
东阳市双丰复膜材料股份有限公司
东阳市俊翰制袋有限公司
东阳市九龄工艺品有限公司
浙江力的文化创意有限公司
东阳市娃宝针织有限公司
东阳市宝诚针织有限公司
东阳名希塑胶科技有限公司
东阳市万事顺饰品有限公司
东阳市缤纷针织有限公司
浙江华商广告传媒有限公司
浙江超喆新材料有限公司
东阳市金地子针织有限公司
浙江蓝华塑胶制品有限公司
东阳市盾安门业有限公司
浙江海晨科技有限公司
东阳市浦川墙纸有限公司
东阳市创宏线带有限公司
东阳市泰祥红木家具有限公司
东阳市银光线业有限公司
东阳市众杰塑胶有限公司
东阳市韵德日用品有限公司
东阳市飞龙帽业有限公司
浙江欧帝尔体育用品有限公司
东阳阿尔巴兹服饰有限公司
东阳市合兴拉链有限公司
浙江九鑫铜业有限公司
东阳市望滨渔具有限公司
东阳市顺发五金压铸有限公司
东阳市邦鼎日用品有限公司
浙江珂玛化妆品有限公司
浙江南海矿业科技有限公司
东阳市骏禾纺织有限公司
东阳市防军莹石有限公司
东阳市蓝天家私有限公司
东阳市双叶铝业有限公司
东阳市博恒工贸有限公司
东阳市东南轻工机械有限公司
金华领航厨业有限公司
东阳市正山红家具有限公司
东阳市方海机械有限公司
东阳百伦士实业有限公司
东阳市亿和力家居用品有限公司
浙江鑫正工贸有限公司
东阳市凡皇工贸有限公司
东阳市红翻天红木家具有限公司
东阳市盛豪红木家具有限公司
东阳市港龙红木家私有限公司
东阳市富华红木家具有限公司
东阳市紫竹莲工艺品有限公司
浙江尧来舜工艺品有限公司
东阳市鑫利达皮具有限公司
东阳市九臻红木家具有限公司
东阳市狮子王箱包有限公司
东阳市娅嘉箱包有限公司
东阳市创达箱包有限公司
东阳市柏升金银线有限公司
浙江中合泰镀膜有限公司
东阳市王京灿工艺品有限公司
东阳卫派工贸有限公司
东阳市继美堂工艺品有限公司
东阳市俊华机床附件有限公司
东阳德彩纺织品有限公司
东阳兴湘盈日用品科技有限公司
金华市永全卫生用品有限公司
东阳市宸宇网络科技有限公司
东阳市佳誉日用品有限公司
东阳市翰工坊工艺品有限公司
东阳市蓝天机电有限公司

(刘　静)

科研活动

【科创平台建设】 2021年,东阳市升级科创平台。采用专班化工作模式集中力量推进科创平台建设,成立3个专班推动上海大学东阳产业发展研究院、东阳科技城、东阳市产业创新研究总院筹建。实施一批新的校地合作项目,北京中医药大学东阳创新研究院、省食品药品检验研究院东阳科创基地、浙江农林大学东阳产业研究院等落户东阳。“一院两中心”(上海大学东阳产业发展研究院、西北工业大学国家大学科技园东阳协同创新中心、西安交通大学国家技术转移中心东阳协同创新中心)项目实施后,组织3批22人次高校教授团队到东阳市对接企业、调研产业和成果转化洽谈。东阳市与西安航天动力研究所签订战略合作协议,与西安交通大学、西北工业大学共建协同创新中心,针对东阳市产业升级和企业转型方面进行科技成果引进和转化。完成东阳市产业创新研究总院组建的各项准备工作。高新园区和科创服务综合体创建有序开展,省高新园区管理体制与东阳经济开发区管理体制同步调整。省级产业创新服务综合体(横店影视文化产业创新服务综合体)、金华市级产业创新服务综合体(市建筑业产业创新服务综合体、花园红木产业创新服务综合体)通过中期验收,鼓励东阳市有条件的科技型企业入驻。市国资办制订"人才科创飞地"运营管理方案,建设展示东阳的重要窗口、招引人才的重大平台和创新创业的重要载体。

2021年9月20日,2021第三届世界东阳人发展大会十大校地合作项目签约(市委统战部提供)

【上海大学东阳产业发展研究院项目】 2021年,上海大学东阳产业发展研究院项目签约运行。该项目是东阳市引进的第一个由中国工程院院士牵头的与"211"大学和"双一流"大学合作的产学研深度融合项目,作为东阳市首个省级新型研发机构进行培育。截至年末,完成研发办公和试验各3000平方米的用房装修,2个创新团队入驻,4个成果转化项目进行对接落地。

【东阳科技城项目】 2021年,东阳市制订东阳科技城建设方案,邀请第三方编制单位调研江北区域研发创新资源和平台资源,梳理科技城建设规划方向和板块,包括科技人才服务与展示中心、青创中心、科创中心、领军企业科创基地等板块的建设规划,形成系统方案,完成初步论证的前期准备。

【科技成果】 2021年6月15日,东阳市获浙江省科技进步奖3项,列金华各县(市、区)第一位。横店集团东磁公司申报的"高性能18650动力电池全生命周期设计及低碳智造关键技术研发和产业化"项目入选省下一年度"尖兵"研发攻关计划,浙江微度医疗器械有限公司申报的"基于能量智能精准控制的超声刀系统研发及产业化"项目入选省下一年度"领雁"研发攻关计划。科技成果转化和技术交易额12.05亿元,完成任务的160.67%。"揭榜挂帅"云平台共发布技术难题100余项,吸引10余家高校、科研院所的专家团队到东阳"揭榜"洽谈,攻克关键技术难题29项。科技大市场3.0互联网平台应用实现科技成果"应挂尽挂"、供需对接"精准推送"、中介服务"一网汇聚"、技术交易"规范便捷"、国际国内"双向互联",形成"招、拍、挂、股、改、投"联动的技术交易模式。

【2021第三届世界东阳人发展大会科技成果】 2021年9月,2021第三届世界东阳人发展大会聚焦"经济+科技"重点领域,举办"揭榜挂帅"人才峰会,紧扣东阳市工业、建筑、影视文旅、木雕家具等"四个千亿"产业培育,发布产业重点需求20个,涉及磁性电子、生物医药、节能环保、人工智能、建筑科技、影视制作、木雕家具制造等多个核心关键领域的科技难题。活动现场签约"揭榜挂帅"人才合作项目10个。完成十大科技成果转化项目、十大校地合作项目签约。

【G60科创廊道建设】 2021年,东阳市融入长江三角洲一体化发展,构筑科创新高地,全力支持企业参与G60科创走廊科技成果拍卖会。浙江普洛家园药业有限公司以1250万元价格拍下2个医药项目;横店集团东磁股份有限公司牵头成立长三角G60科创走廊首个产业联盟——长三角G60科创走廊新材料产业技术创新联盟,推进新材料产业链、创新链、资金链深度融合,达成各类创新合作项目50余项。10月,长三角G60科创走廊新材料产业技术创新联盟被长三角G60科创走廊联席会议办公室授予"2020年度优秀产业联盟"称号。开展浙中科创走廊联动区建设工作。市科技局被中共金华市委、金华市政府授予"2020年度金华市金义都市区建设工作先进集体"称号。

2021年东阳市获浙江省科技进步奖单位名单一览表

表37

获奖单位	项目名称	奖项
浙江英洛华磁业有限公司(与浙江大学等合作完成)	高稳定性钕铁硼重稀土减量与高丰度稀土替代成套技术	浙江省科技进步奖一等奖

续表37

获奖单位	项目名称	奖项
浙江恒成硬质合金有限公司(与台州学院等合作完成)	高性能WC硬质合金制备关键技术研发及产业化应用	浙江省科技进步奖二等奖
东阳市顶峰磁材有限公司(与中国计量大学等合作完成)	粘结复合永磁体三维可控构筑技术及产业化应用	浙江省科技进步奖三等奖

2021第三届世界东阳人发展大会十大科技成果转化签约项目一览表

表38

序号	项目名称	企业名称
1	高比功率永磁电机技术研究	浙江联宜电机有限公司
2	高丰度稀土永磁体稀土元素分布追踪评价体系研究	浙江凯文磁钢有限公司
3	鱼油全产业链战略合作研究	浙江花园生物高科股份有限公司
4	PY040化学-酶法合成关键技术开发	浙江普洛家园药业有限公司
5	一种哌嗪苯并脒唑衍生物的合成研究	浙江野风药业股份有限公司
6	锂离子电池用高抗拉铜箔的研发	浙江花园新能源股份有限公司
7	高性能低温耐磨PA66/GF复合材料的研发	横店集团得邦工程塑料有限公司
8	高频低损耗铁基纳米晶软磁合金开发	横店集团东磁股份有限公司
9	生物转化法生产左旋多巴	浙江野风药业股份有限公司
10	华洋梭芯套生产装备智能制造系统研制	浙江华洋缝制有限公司

2021年东阳市科技计划项目一览表

表39

序号	项目名称	承担单位	计划类别
1	复合手术室术中CT辅助下神经内镜手术治疗基底节出血的临床应用	横店文荣医院	金华市公益类重点科技计划
2	血小板仿生载替莫唑胺纳米粒对胶质瘤治疗的应用研究	东阳市人民医院	金华市公益类重点科技计划
3	血浆外泌体MicroRNA-630在弥漫大B细胞淋巴瘤中的作用及机制研究	东阳市人民医院	金华市公益类重点科技计划
4	原钙粘蛋白CDHR5在胃癌中的表达及其与预后的相关性研究	东阳市中医院	金华市公益类重点科技计划
5	血浆脂联素水平在糖尿病早期筛查中的应用研究	东阳市中医院	金华市公益类重点科技计划
6	消食止痛贴治疗肠系膜淋巴结炎所致小儿再发性腹痛的临床研究	东阳市中医院	金华市公益类重点科技计划

续表39

序号	项目名称	承担单位	计划类别
7	评估和比较CURB65、APACHEII以及qSOFA三种评分工具对于慢性阻塞性肺疾病急性加重患者住院死亡率的预测价值	东阳市人民医院	金华市公益类重点科技计划
8	IL-6与NT-proBNP水平联合监测在高血压脑出血患者危险分层和预后评估中的作用研究	东阳市人民医院	金华市公益类一般科技计划
9	TNFAIP8参与类风湿性关节炎滑膜细胞凋亡调控的机制研究	东阳市人民医院	金华市公益类一般科技计划
10	DOPS在胸腹水细胞形态学诊断及操作技能教学的新模式探索	东阳市人民医院	金华市公益类一般科技计划
11	早期目标导向性心肺训练在心脏重症手术患者中的应用研究	东阳市人民医院	金华市公益类一般科技计划
12	Ⅲ期不可手术NSCLC根治性放疗临床靶区(CTV)勾画的应用研究	东阳市人民医院	金华市公益类一般科技计划
13	纳布啡联合前锯肌平面阻滞在老年患者胸腔镜手术中的效果观察	东阳市人民医院	金华市公益类一般科技计划
14	Fascin-1基因单核苷酸多态性和结直肠癌相关性的实验研究	东阳市人民医院	金华市公益类一般科技计划
15	急性中高危肺栓塞的初始治疗策略与CTEPH的相关性研究	东阳市人民医院	金华市公益类一般科技计划
16	加速康复外科在ERCP治疗胆总管结石中的应用研究	东阳市人民医院	金华市公益类一般科技计划
17	LRP1B突变与肿瘤突变负荷在胃癌的相关性研究	东阳市人民医院	金华市公益类一般科技计划
18	叶酸受体阳性循环肿瘤细胞的检测对晚期胃癌的疗效监测及预后预测价值	东阳市人民医院	金华市公益类一般科技计划
19	县域医共体下社区医院全科医生模块化培训之探索与实践	东阳市人民医院	金华市公益类一般科技计划
20	新产程标准联合三级胎心率模式对降低剖宫产率的价值研究	东阳市人民医院	金华市公益类一般科技计划
21	Pro-BNP和D-二聚体在慢阻肺急性加重合并肺栓塞中的早期诊断及预后研究	东阳市人民医院	金华市公益类一般科技计划
22	不同握球时间对血液透析患者低位动静脉内瘘血流动力学影响的研究	东阳市人民医院	金华市公益类一般科技计划
23	维持性血液透析患者合并幽门螺杆菌感染对碳酸思维拉姆治疗高磷血症效果影响的临床研究	东阳市人民医院	金华市公益类一般科技计划
24	Beclin-1 mRNA与急性髓细胞白血病预后研究	东阳市人民医院	金华市公益类一般科技计划
25	阿芬太尼联合丙泊酚用于无痛人流手术的有效性和安全性分析	东阳市人民医院	金华市公益类一般科技计划
26	心肺运动试验制定个体化运动处方对心力衰竭患者康复治疗效果的临床研究	东阳市人民医院巍山分院	金华市公益类一般科技计划
27	超声引导下掌指骨骨折闭合复位经皮穿针微创内固定的临床研究	横店文荣医院	金华市公益类一般科技计划
28	MTX宫颈局部注射治疗异位妊娠的临床研究	横店文荣医院	金华市公益类一般科技计划

续表39

序号	项目名称	承担单位	计划类别
29	度拉糖肽对2型糖尿病合并代谢相关脂肪性肝病患者脂肪代谢的研究	横店文荣医院	金华市公益类一般科技计划
30	预置双J管2周对输尿管软镜碎石效果及手术并发症的影响	横店文荣医院	金华市公益类一般科技计划
31	3D打印辅助手术治疗复杂骨盆髋臼骨折的临床研究	东阳市人民医院	金华市公益类一般科技计划
32	铸状钙化乳腺癌与临床病理预后特征的研究	东阳市人民医院	金华市公益类一般科技计划
33	应用超声心动图建立早孕期及中孕早期胎儿心血管系统多项参数Z值评分系统	东阳市人民医院	金华市公益类一般科技计划
34	抗肺结核药物基础上使用维生素D辅助治疗疗效观察的双盲随机对照试验	东阳市人民医院	金华市公益类一般科技计划
35	乳牙期前牙反颌治疗后出现替牙期反颌的预测研究	东阳市人民医院	金华市公益类一般科技计划
36	基于健康体检大数据医护人员健康管理模式的探究	东阳市人民医院	金华市公益类一般科技计划
37	轻度认知功能障碍和阿尔茨海默病患者认知功能演变及预测模型的相关性研究	东阳市人民医院	金华市公益类一般科技计划
38	田氏骨质疏松颗粒剂在老年骨质疏松性脊柱骨折术后的临床应用与研究	东阳花园田氏医院	金华市公益类一般科技计划
39	胃安散联合莫沙必利治疗胃食管吻合术后反流的临床研究	东阳市中医院	金华市公益类一般科技计划
40	浙产覆盆子提升含量的蒸制时间及其稳定性研究	东阳市中医院	金华市公益类一般科技计划
41	耳穴压豆+药线灸治疗头面部带状疱疹的疗效研究	东阳市中医院	金华市公益类一般科技计划
42	活血养颜膏干预调理女性血瘀体质的临床疗效观察	东阳市中医院	金华市公益类一般科技计划
43	建筑墙壁除灰工程多功能一体化机械装置研究	浙江广厦建设职业技术大学	金华市社发类一般科技计划
44	模块化垂直绿化技术及应用研究	浙江广厦建设职业技术大学	金华市社发类一般科技计划
45	东阳城市易涝点预报预警指标研究	东阳市气象局	金华市社发类一般科技计划
46	CT引导下低温等离子射频消融联合三氧治疗老年性腰椎间盘突出症的临床研究	东阳花园田氏医院	东阳市公益类科技计划
47	使用下胫腓联合切线的垂线辅助测量胫骨扭转角的方法及其临床应用价值研究	东阳花园田氏医院	东阳市公益类科技计划
48	rTMS联合舍曲林治疗首发青少年抑郁早期疗效的观察	东阳市第七人民医院	东阳市公益类科技计划
49	重复经颅磁刺激治疗慢性失眠障碍的疗效观察	东阳市第七人民医院	东阳市公益类科技计划
50	艾灸腹带对腹腔镜术后非切口疼痛的疗效观察	东阳市妇幼保健院	东阳市公益类科技计划

续表39

序号	项目名称	承担单位	计划类别
51	电针介入在药物流产治疗中的应用效果观察	东阳市妇幼保健院	东阳市公益类科技计划
52	改良鼻腔冲洗流程在上呼吸道感染患儿护理中的应用	东阳市妇幼保健院	东阳市公益类科技计划
53	宫颈P16/Ki-67双染检测联合TCT及高危型HPV检查在宫颈癌前病变诊断中的意义及临床应用	东阳市妇幼保健院	东阳市公益类科技计划
54	妊娠期糖尿病综合管理后的效果分析	东阳市妇幼保健院	东阳市公益类科技计划
55	使用肠道指引图联合视频教育在海扶肠道准备工作中的应用	东阳市妇幼保健院	东阳市公益类科技计划
56	探讨针灸联合地屈孕酮对肾虚型胎漏、胎动不安患者妊娠结局及雌孕激素水平的影响	东阳市妇幼保健院	东阳市公益类科技计划
57	中药湿热敷治疗乳痛症的临床疗效观察	东阳市妇幼保健院	东阳市公益类科技计划
58	单侧PKP治疗高龄骨质疏松椎体骨折患者的临床研究	东阳市横店医院	东阳市公益类科技计划
59	第二批国家带量采购药品实施效果评价与分析	东阳市横店医院	东阳市公益类科技计划
60	丁苯酞联合阿替普酶治疗急性缺血性卒中疗效观察	东阳市横店医院	东阳市公益类科技计划
61	清金化痰汤联合支气管镜下肺泡灌洗术治疗社区获得性肺炎临床疗效观察	东阳市横店医院	东阳市公益类科技计划
62	手法复位+PVP治疗骨质疏松性椎体压缩骨折的临床研究	东阳市横店医院	东阳市公益类科技计划
63	头面部带状疱疹治疗的疗效观察	东阳市横店医院	东阳市公益类科技计划
64	中枢性性早熟女童的心理行为水平调查研究	东阳市横店医院	东阳市公益类科技计划
65	LMA麻醉经URL后患者舒适度的研究	东阳市红十字会医院	东阳市公益类科技计划
66	改良内镜下黏膜切除术(EMR)治疗结肠宽基息肉的临床应用研究	东阳市红十字会医院	东阳市公益类科技计划
67	探讨个性化开展辖区内群体应急救护知识普及的方法	东阳市红十字会医院	东阳市公益类科技计划
68	痛风患者糖类抗原724升高的研究调查	东阳市红十字会医院	东阳市公益类科技计划
69	中医穴位埋线联合小麦纤维素治疗慢传输型便秘的临床应用研究	东阳市红十字会医院	东阳市公益类科技计划
70	“领结征”髂筋膜+骶丛神经阻滞联合阿芬太尼用于老年髋部骨折手术的效果观察	东阳市人民医院	东阳市公益类科技计划
71	3.0T磁共振薄层高分辨联合LAVA增强扫描在直肠癌术前T分期中的应用	东阳市人民医院	东阳市公益类科技计划
72	AECOPD合并下肢肌间静脉血栓的治疗策略与肺栓塞相关性的研究	东阳市人民医院	东阳市公益类科技计划

续表39

序号	项目名称	承担单位	计划类别
73	HPV分型联合E6/E7 mRNA表达检测与宫颈癌前病变相关性的临床价值研究	东阳市人民医院	东阳市公益类科技计划
74	常规超声BI-RADS分类诊断乳腺囊实性肿块良恶性的价值研究	东阳市人民医院	东阳市公益类科技计划
75	东阳地区儿童EB病毒血清学流行病学研究	东阳市人民医院	东阳市公益类科技计划
76	东阳地区健康体检人群抗核抗体血清流行病学的研究	东阳市人民医院	东阳市公益类科技计划
77	恩他卡朋双多巴治疗中晚期帕金森病认知功能的临床研究	东阳市人民医院	东阳市公益类科技计划
78	甘油三酯/高密度脂蛋白胆固醇和低密度脂蛋白胆固醇/高密度脂蛋白胆固醇与维持性血透患者心脑血管事件发生的相关性	东阳市人民医院	东阳市公益类科技计划
79	高渗性葡萄糖增生注射治疗网球肘的临床疗效和安全性评价	东阳市人民医院	东阳市公益类科技计划
80	高血脂症人群SLCO1B1和APOE基因多态性与他汀类药物的相关性研究	东阳市人民医院	东阳市公益类科技计划
81	红细胞分化轨迹用于鉴别诊断伴有贫血的良恶性血液系统疾病的临床应用研究	东阳市人民医院	东阳市公益类科技计划
82	颈内静脉导管相关静脉血栓风险研究及模型构建	东阳市人民医院	东阳市公益类科技计划
83	内质网应激及自噬通路在褪黑素诱导人胰腺癌细胞凋亡中的作用研究	东阳市人民医院	东阳市公益类科技计划
84	脓毒症患者早期/延迟肾脏替代治疗与28天死亡风险相关性分析	东阳市人民医院	东阳市公益类科技计划
85	腮腺肿瘤DWI、ADC值与肿瘤病理的相关性分析	东阳市人民医院	东阳市公益类科技计划
86	益气化湿解毒汤联合安达芬治疗HPV感染的临床价值分析	东阳市人民医院	东阳市公益类科技计划
87	影响东阳地区2型糖尿病患者心血管高危因素达标率的相关因素研究	东阳市人民医院	东阳市公益类科技计划
88	无糖润咽颗粒制备工艺与质量标准的研究	东阳市人民医院巍山分院	东阳市公益类科技计划
89	砭石中药膏摩联合西医常规治疗脾虚型危重症胃肠营养不耐受的临床疗效研究	东阳市中医院	东阳市公益类科技计划
90	黄芪膏对肺癌围化疗期肺气虚型患者免疫功能影响的研究	东阳市中医院	东阳市公益类科技计划
91	健脾消食膏治疗小儿厌食症脾失健运证的临床研究	东阳市中医院	东阳市公益类科技计划
92	经直肠双平面超声、增强MRI及联合应用在不同前列腺特异抗原水平的诊断价值研究	东阳市中医院	东阳市公益类科技计划
93	九味头膏治疗晚期肺癌癌因性疲乏的临床研究	东阳市中医院	东阳市公益类科技计划
94	视频教育在患者选择胃镜检查方式中的影响研究	东阳市中医院	东阳市公益类科技计划

续表39

序号	项目名称	承担单位	计划类别
95	天麻钩藤饮对原发性高血压患者动态血压及颈动脉中膜—内膜厚度、左室重构的影响	东阳市中医院	东阳市公益类科技计划
96	微创拔牙技术在阻生齿拔牙术中使用分析	东阳市中医院	东阳市公益类科技计划
97	苇管灸改善高血压痰浊上扰型眩晕疗效观察	东阳市中医院	东阳市公益类科技计划
98	叙事护理应用于烧伤患者焦虑、抑郁等负面情绪的干预效果研究	东阳市中医院	东阳市公益类科技计划
99	应用PDCA循环法提升中药饮片采购效益的探索	东阳市中医院	东阳市公益类科技计划
100	运动疗法对患者透析相关性低血压的疗效观察	东阳市中医院	东阳市公益类科技计划
101	中药贴敷消胀贴在电子结肠镜检查术后的应用效果研究	东阳市中医院	东阳市公益类科技计划
102	不同治疗方案对外伤性硬脑膜下积液转归预后的影响	横店文荣医院	东阳市公益类科技计划
103	低分子肝素抗凝治疗对TUPKP术后VTE发生率的临床研究	横店文荣医院	东阳市公益类科技计划
104	高速刨削刀联合脂肪抽吸治疗项背部脂肪垫的临床研究	横店文荣医院	东阳市公益类科技计划
105	探讨远隔缺血预适应改善丘脑梗死患者认知障碍相关性研究	横店文荣医院	东阳市公益类科技计划
106	温肾益肺汤对急性期COPD老年患者内分泌功能影响的临床研究	横店文荣医院	东阳市公益类科技计划
107	药学服务在稳定期COPD患者慢病管理中的应用与评价研究	横店文荣医院	东阳市公益类科技计划
108	银质针联合聚焦式冲击波治疗股骨头坏死的临床研究	横店文荣医院	东阳市公益类科技计划
109	正畸种植在牙列缺失患者中的联合治疗研究	横店文荣医院	东阳市公益类科技计划

（刘　静）

科普交流

【疫情防控科普宣传】　2021年，东阳市科学技术协会（简称市科协）运用多种途径和多个平台开展防疫科普宣传。在《东阳日报》的《科普之窗》栏目、“歌画东阳”APP、“科普大篷车”和“科普画廊”等发布关于新冠肺炎疫情防控的科学知识，进行疫情防护科学知识宣传，点击量100余万次。在微信公众号开辟《疫情科普》专栏，在FM100.2城市调频广播开设《科普小天地》栏目，每天播放疫情防控科学知识。

【院士进校园】　2021年3月26日，市科协邀请中国科学院院士、发展中国家科学院院士麻生明到巍山高中，作题为“科学研究之准则与道路探索”科普讲座，600余名师生参加。3月27日，加拿大皇家科学院院士、工程院院士、发展中国家科学院院士、香港中文大学（深圳）副校长朱世平到东阳中学，作题为“学好理工艺·货与百姓家”的科普讲座。东阳中学为朱世平颁发东阳中学济慈科学院导师聘书。

【全国科普日活动】　2021年9月17日，由市政府主办、市科协与市全民科学素质工作领导小组办公室承办的东阳市2021年全国科普日活动启动仪式在黉门广场举行。启动仪式上，为东阳市“十佳最美科普人”，金华市级、东阳市级科普教育基地、农村科普示范基地，新创建的院士专家工作站进行颁奖、授牌，为“银龄跨越数字鸿沟”专项科普培训十大讲师团授旗。活动现场，全市各学会、协会的科技专家、科技志愿者提供咨询，分发科普宣传资料等服务。年内，开展科普图片展、救援知识培训、科普知识有奖竞答、“银龄跨越数字鸿沟”专项科普培训等活动。

【农村科普基地建设】　2022年8月19—23日，由市科协、市财政局、市纪委第三纪检组组织专业人员，先后到东阳市名特茶有限公司茶叶种植科普示范基地、卢宅文化科普教育基地、将军殿茶文化基地、东阳市设施红美人橘橙科普示范基地、巍山镇东方红村中药材种植基地、东阳市三单乡明煌苗木场、九宫山庄东阳酒酿造技术科普示范基地、东阳市钰辉冷水鱼养殖场等8家科普基地现场调研指导。

【科普特色学校创建】 2021年11月25日，市科协、市教育局、市科教中心等相关单位组队，到申报创建科普特色学校的虎鹿镇中心小学进行考核验收。经过现场查看、资料审核，验收组认为虎鹿镇中心小学营造科学氛围，开展多项科技活动，符合科普特色学校标准，同意命名该校为科普特色学校。

【第二届东阳市"冲刺！科学+"之"科学勇者"科普大赛现场赛举办】 2021年10月22日，市科协、市教育局联合浙江电视台在东阳市第二实验小学(兴平校区)体育馆三楼举办第二届东阳市"冲刺！科学+"之"科学勇者"科普大赛现场赛。活动从8月开始，全市中小学生在移动客户端答题闯关，答题记录44299条，通过移动客户端答题海选产生的50对亲子组合参加现场赛，决出一等奖5组、二等奖8组、三等奖10组。在活动现场为50对参赛亲子组合颁发获奖证书，向每对选手组合赠送科普图书《游戏中的科学》。10月30日，有1组家庭获第二届金华市"冲刺！科学+"科普大赛第二名。

（朱金灵）

知识产权管理

【概况】 2021年，东阳市每万人发明专利拥有量25.79件，有效发明专利拥有量2806件，增加注册商标8502件，通过PCT申报海外发明专利53件。金华市发布"2021年金华市各县(市、区)创造力排行榜""2021年金华市创造力十强乡镇(街道)"，东阳市在"2021年金华市各县(市、区)创造力排行榜"上列第一位，横店镇、江北街道入选"金华市创造力十强乡镇(街道)"。

【知识产权服务】 2021年，东阳市召开知识产权银企对接会，全市21家

2021年4月25日，东阳市市场监督管理局主办的第21个"世界知识产权日"知识产权宣传周活动在横店镇举行　　（市市场监督管理局提供）

金融机构和100余家金华级以上专利或商品品牌示范企业参加会议。全年完成知识产权质押登记12.7亿元、商标权质押登记2.6亿元。在经济开发区和南马镇分别设立一家品牌指导服务站。开展集体商标申报工作，成功注册中药材、豆制品、蜂蜜、粉丝、草席、饮料、酒类七大类别全市区域公用品牌"东白"商标；成功注册木雕红木产业集体商标"东阳红木家具"。开展知识产权宣传周活动，组织40余家企业参观学习横店集团东

2021年东阳市获认定的金华市专利示范企业一览表

表40

序号	企业名称
1	浙江东阳东磁稀土有限公司
2	东阳市旭东工艺品有限公司
3	浙江南磁实业股份有限公司
4	东阳市中兴电机有限公司
5	东阳市华科机电有限公司
6	东阳市凯达塑业有限公司
7	浙江慧捷衣车有限公司
8	东阳市中振永磁有限公司
9	东阳市海强电声配件有限公司
10	浙江横店热电有限公司
11	东阳市家强塑胶有限公司
12	浙江环迪工贸有限公司
13	国祥红木家具有限公司
14	浙江万衡工贸有限公司
15	浙江绿宇制冷配件有限公司

磁股份有限公司知识产权经验。推广"浙江知识产权在线"应用,截至年末,全市278家企业上线"浙江知识产权在线",接受线上知识产权申报、评估、交易、保护、培训等各项知识产权服务。

【各级示范认定】 2021年,东阳中国木雕城获评省级知识产权保护规范化市场。浙江微度医疗器械有限公司等11家企业通过企业知识产权管理规范认证,浙江东阳东磁稀土有限公司等15家企业被金华市市场监督管理局认定为金华市专利示范企业,横店集团东磁股份有限公司等8家企业申报浙江省知识产权示范企业。横店集团东磁股份有限公司发明专利"一种高饱和磁通密度低损耗Mn-Zn功率铁氧体及其制备方法"和浙江野风药业股份有限公司发明专利"一种左旋甲基多巴中间体的回收方法及应用"获第二十二届中国专利奖优秀奖。横店集团东磁股份有限公司的"磁性材料行业创新专利运用模式提升产业专利转化水平"项目入选第一批浙江省专利转化专项计划重点项目。横店集团东磁股份有限公司申报的省知识产权预警分析项目"高效电源用功率电感器知识产权预警"通过省市场监督管理局专家组验收。横店集团东磁股份有限公司申报的"N型Top-con高效太阳能电池制备技术"专利导航项目经省市场监督管理局发文确定立项。

(方立东)

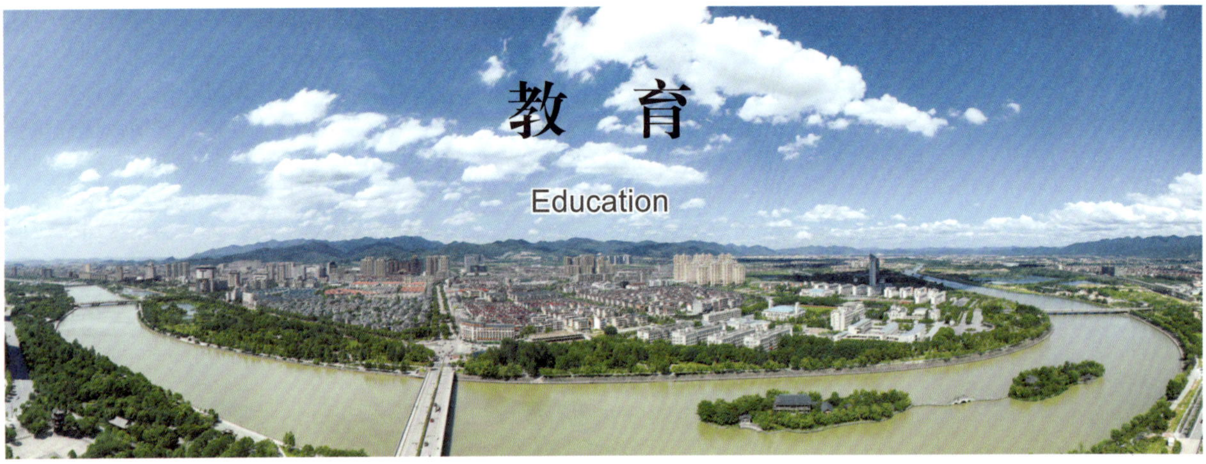

综　述

【概况】 2021年，东阳市有中小学校、幼儿园共278所，在校（园）学生（幼儿）173202人。其中，普通高中13所（含民办7所），在校学生16099人；职业中学5所（含民办3所），在校学生8037人；初中38所（含民办6所），在校学生31546人；小学74所（含民办6所），在校学生76778人；特殊教育学校1所，在校学生124人；幼儿园147所（含民办88所），在园幼儿40618人。有中小学校、幼儿园教职工14521人，其中专任教师11650人。有退休教师3699人、离休教师7人。中小学校和幼儿园占地总面积492.73万平方米，生均面积29.45平方米；校舍建筑面积271.52万平方米，生均面积15.68平方米。有浙江广厦建设职业技术大学和浙江横店影视职业学院两所全日制高等职业学校。

2021年，市教育局获评2020年度全省教育工作业绩考核先进单位，连续两年获此奖项。在浙江省教育现代化发展水平监测中，东阳市获A等，列金华市第一名、浙江省第十九名。

2021年，东阳市教育专项经费45536.85万元，保障教育项目建设及教育装备添置等各项教育支出。贯彻落实学生资助政策，年内资助学生29458人次，金额3076.34万元。完成《东阳教育事业"十四五"发展规划》《东阳市职业教育"十四五"发展规划》等教育规划编制。增加市外国语学校、横店镇中心小学、市第二实验幼儿园等浙江省现代化学校、幼儿园6所，省现代化学校、幼儿园增至10所。增加东西部结对学校6所、山海协作结对学校3所，常态化开展结对学校交流活动。

【教育项目建设】 2021年，东阳市将教育项目建设列入市政府十大民生实事，实施空调进教室、更换课桌椅、破旧校舍及线路改造、标准化学校创建、薄改提升等民生实事工程，开工率和形象进度完成率100%。15所新建（改扩建）学校投入使用，增加中小学学位7815个、幼儿园学位2490个；创建横店四中、横店文荣实验学校、西庄小学、南山外国语学校等4所标准化学校；4所薄弱中小学及20所民办薄弱幼儿园（含教学点）撤并。20所中小学厕所改造提升项目、30所中小学变压器扩容改造项目、29所破旧校舍改造项目完工，完工率100%；2054间校舍安装空调，完成率205%；更换桌椅13180套，完成率110%。两个2022年省运会体育场地建设项目（吴宁一中田径场改造提升项目、东阳中学网球场建设项目）完工并投入使用。市政府投入专项资金5000万元，完成浙江广厦建设职业技术大学"白改黑"环境提升和学生公寓改造项目。

【"双减"工作】 2021年，市委、市政府印发《东阳市减轻义务教育阶段学生作业负担和校外培训负担实施方案》，组建专班，设综合、课后服务、准入登记、监管执法、安全稳定、资金监管6个专项小组。建立14条作业"减负"清单和"学校主体+社会参与+线上补充"全方位课后服务供给机制，印发《关于进一步做好义务教育阶段学校课后服务工作的实施意见》，实施"5+2"课后服务（学校每周5天开展课后服务，每天至少开展2小时）和教学专项视导工作。全市参加小学课后托管的有70213人（占比91%），参加初中晚自习31279人（占比99.5%），课后服务总体满意率98.9%。实施"1+X"课后服务课程设置，将学生自主课程和个性课程相结合。邀请退休教师、非遗传承人、志愿者参与校园课后服务；启动社会组织参与课后服务，建立首批社会力量进校园白名单，其中包含东阳木雕小镇、横店影视城等4个研学实践教育基地的17门课程和5家非学科类机构的14个相关培训项目。

建立"学科类教育部门网格管理""非学科类责任部门对口管理""无证无照类镇街属地管理"监管模式，明确归口责任，实施分类管理。加速"两转一停"（转非营利性学科类，转型为非学科类，注销关停），推进校外培训机构规范办学。全市75家学科类培训机构中，注销关停20家，转非营利性学科类14家，转型为非学科类41家，压减率100%，办结率100%。开展联合执法检查40余家次，提出整改12家、责令停办8家、立案查处2起，罚款26.28万元，其中，案例"校外机构违规办幼儿园被罚21万余元"成为热点，产生震慑效应。12月，专报信息《东阳市综合施策打好“双减”主动仗》获浙江省副省长成岳冲批示肯定。

【校园疫情防控】 2021年，东阳市校园疫情防控开展“每日一报”、涉疫师生紧急排摸、师生疫苗接种、核酸检测演练和抽检工作。1月12日，市教育局印发《关于做好冬春季教育系统疫情防控工作的通知》，倡导师生在本地过年；各校制订“一校一策”放假返校方案，完成“一人一档”学生（教职员工）信息台账，做好线上教学预案。运用“金教钉”系统进行“每日一报”数据报送。2月22日，市教育局转发《金华市2021春季开学疫情防控工作方案》。市教育局在开学前到各校开展卫生防疫检查。4月，要求清明节、五一节假期期间，各校师生员工跨省出行须报备。8月4日，在校学生新冠病毒疫苗接种工作启动。8月，市教育局召开疫情防控工作会议。10月，开展教育系统核酸采样抽检，医护人员对东阳高校、中小学校、幼儿园（含民办学校、幼儿园）用1:10混检方式上门采样，每两周检测比例不低于师生和员工总数的10%，半年检测全覆盖。11月，举办市教育系统第一站全员核酸检测演练，演练设置采样点4个，分为入口测温区、临时隔离区、等候区、缓冲区、采集区、医疗救治区和出口区。东阳市3~11周岁儿童新冠病毒疫苗第一针专场接种工作启动，设立儿童新冠病毒疫苗接种专场，接种儿童约11万人。截至年末，全市12~17周岁学生第二针接种比例超97.5%，3~11周岁儿童第一针接种比例89.75%。全市各中小学完成核酸检测演练。吴宁四校的疫情防控做法入选金华市典型案例。

【学校“四史”教育】 2021年，市教育局制订《教育系统党史学习教育实施方案》《在全市中小学校开展“四史”教育活动的实施方案》，启动“四史”教育进校园活动。组织开展“青年党员说党史”微党课比赛，推荐4人参加东阳市青年理论宣讲大赛，获一、二等奖各1人，1人到金华市参赛获三等奖。成立“师说”宣讲团，开展党史宣讲1560余场次，教职工8000余人次、学生12万余人次听讲。举行教育系统空中课堂“学四史·明智慧”主题精品课评选活动，评出精品课8个。开设三分钟思政课，将“四史”学习教育分专题融入教育教学。开展“四史”主题文艺演出、书画展、歌咏比赛、主题团队课631场次；开展“我听爷爷讲党史”“我心目中的英雄”等主题征文比赛，在“学习强国”学习平台发表文章6篇。开展党史学习教育、党史情景剧进校园活动，演出《北伐名将金佛庄》党史情景剧30余场次，师生3万余人次观看。全系统在“学习强国”学习平台、《中国共青团》及各级各类媒体发表报道352篇，其中中央级媒体9篇、省级媒体21篇、金华市级媒体31篇。

【教育党建工作】 2021年，东阳市成立教育系统党史学习教育巡回指导小组16个，在全市90个学校党组织开展巡回指导。开展党员教师“六个一”活动（进行一次现场宣誓、聆听一个历史故事、诵读一段文献史料、观看一部纪录影片、参加一次场景体验、进行一项互动教学），参加的党员3601人次；开展“书记”说党史，上专题党课502节次，邀请老党员、先进典型讲党课58场次。东阳中学获评省先进基层党组织，市职教中心学校获评金华市先进基层党组织，湖溪镇中、横店小学教育集团横店校区、市实验幼儿园获评东阳市先进基层党组织；获评金华市优秀党务工作者1人、东阳市优秀共产党员6人、东阳市优秀党务工作者3人，评出东阳市教育系统先进基层党组织10个、优秀党务工作者20人、优秀共产党员55人。教师中增加入党积极分子83人，发展预备党员66人；开展“一校一品”党建品牌创建工作，15所学校的党组织开展党建品牌创建结对活动。

【大学新生第一课】 2021年8月19日，大学新生第一课在横店圆明新园夏苑海晏堂举行。市委书记傅显明以“家·国·情怀”为主题，与800名大学新生代表交流分享。每名大学新生收到市委、市政府赠送的组合“乡礼”：一只东阳产行李箱、一个东阳产水杯、一抔东白山土和一瓶横锦水库清水。

【奖教奖学】 2021年2月8日，江北街道亿元教育发展基金成立大会举行。该基金由江北街道乡贤及辖区各校校友捐资设立，筹集教育基金1亿元。会议通过《东阳市慈善总会江北教育发展基金章程》及实施方案。9月11日，江北街道亿元教育发展基金表彰大会举行，为2020学年各级教坛新秀、学区优秀班主任代表、优秀学校管理层代表和优秀教师现场颁奖，发放奖金277.94万元。该基金助力江

2021年8月19日，大学新生第一课上由市委、市政府赠予大学新生的组合“乡礼”

（包康轩/摄）

2021年2月8日，江北街道亿元教育发展基金成立大会举行

（市教育局提供）

北中心小学、湖田小学、江北初中、上卢初中等学校改善基础设施。

2月19日，画水镇教育基金举行成立筹备会，30余名企业家和乡贤举牌认捐，初步筹集资金1000余万元。3月18日，画水镇教育基金成立大会召开，公布认筹或捐款10万元以上的单位和个人。9月10日，画水镇教育基金第一届颁奖仪式举行，发放奖教奖学金近33万元。

3月8日，花木兰奖教奖学基金成立暨首届颁奖大会在怀鲁初中举行。该基金由杭州三思服饰有限公司创始人（巍山镇怀鲁村人）出资500万元设立，每年用基金收益的40余万元奖教奖学，设置优秀学生奖、优秀教职工奖、学生成长资助奖等奖项，奖励怀鲁小学、怀鲁初中的优秀学生和教师。

9月8日，东阳中学校友及热心人士捐款151万元，设立楼斌红烛关爱基金，作为该校教育发展基金的子基金，专项用于对该校离退休教师的健康关爱和困难帮扶。11月7日，东阳中学教育发展基金会第二届颁奖典礼暨三大基地揭牌仪式举行，有252名教职工、652人次、39个团体获奖，奖金总额1085.12万元，北京大学信息技术高等研究院科技创新实践基地、浙江省网球协会后备人才训练基地、浙江省乒乓球协会后备人才培养基地揭牌。

10月26日，白云街道教育发展基金理事会成立仪式暨第一次全体会议在吴宁三中教育集团（汉宁校区）举行。

11月30日，第32届王惕吾奖学金和2021年复星教育基金颁奖典礼在东阳中学举行。东阳中学、巍山高中、巍山镇中、吴宁一中4所学校学生1417人次获王惕吾奖学金，奖学金总额154万元。复星教育基金设“育人优秀奖”“学科之光奖”“多元英才奖”“十佳东中人”“十大学习标兵”“名校录取奖”等奖项，东阳中学师生522人次获奖，发放奖金76.04万元。

【教育数字化改革】 2021年，市教育局数字化改革项目“校园食品安全与营养健康应用”入选全省数字化改革“一本账S1”重大应用，该项目通过机器代人、数字赋能，实现校园食材智能验收、智能留样以及校园食品安全态势“一屏可视”功能。“入学入园综合应用”入选市数字化改革数字社会重大项目并上线运行，义务教育段学校招生实现“网上报名、公民同招”，跨部门使用数据近20万条，实现“学区早知道，家校‘零’跑腿”，全市中小学、幼儿园3万余名新生、儿童通过该应用报名入学、入园，覆盖率100%。

【教育信息化】 2021年，东阳市依托省“教育魔方”和本市“城市大脑”，推进“两个国家级、两个省级”（国家级信息化教学实验区、国家级在线教育创新应用实验区、省“互联网+义务教育”实验区、省区域整体推进智慧教育综合试点）教育信息化试点实验区工作。东阳市区域推进智慧教育案例“实施‘666’行动▲，推进教育变革”入选由教育部教育管理信息中心和中国教育信息化杂志社编著的《中国智慧教育区域发展研究报告2021》，由华东师范大学出版社公开出版；“融入体系提服务 创新模式促变革”案例参与第四届全国教育信息化应用展示会；横店小学教育集团横店校区案例入选中央电化教育馆在线教育应用创新典型案例。6月，市教育局相关负责人参加省级教育信息化试点示范项目研讨交流活动，作题为“构建‘3345’线上教育教学体系 推进东阳学子同学共进”的发言；在线教育课题“区域推进在线教育‘5433’模式的实践研究”在中央电教馆立项。

市教育局举办2021年初中寒假名师网络公益课堂，首次开放移动端观看功能，收看人次突破20万。开展基于网络学习空间的网上组班、网上授课、网上作业、网上辅导、网上评价全链条的线上教与学模式研究，开设网络同步课程75门，开发数字教育资源课958节，报名学生10727人，网上总访问量940228人次，涉及全国82个县（市、区）。常态化开展省“互联网+义务教育”东阳实验区结对帮扶工作，全年开展县域内“互联网+”帮扶活动2358次，其中同步课1214节、专递课418节。网络研修712次、名师网络课14节。市外国语小学依托王宇燕、王帅名师工作室等资源，面向磐安县玉山小学常态化开设语文、音乐两门学科的城乡同步课程。4月9日，吴宁三中教育集团承办金衢十二校联盟论坛。

东阳市智慧教育综合试点工作通过省教育厅区域和学校整体推进智慧教育综合试点成果鉴定；东阳中学通过省区域整体推进智慧教育综合试点验收。市教育局获评金华市区域和学校整体推进智慧教育单位，东阳中学和市外国语小学获评金华市智慧校园示范校，横店小学教育集团横店校区、市实验小学、江北中心小学和市外国语学校4所学校获评金华市智慧校园，巍山第一小学教育集团巍山校区、市第二实验小学、吴宁二校、横店三校、三单乡中小学、吴宁一中、市职教中心学校7所学校获评金华市智慧校园合格校。培养省级体系管理员1人、省级培训讲师1人、省级资源审核员5人、金华市级资源审核员38人。参与“之江汇教育广场”网络同步课程建设，2020年结课75门，开课率居金华市第一，获省级精品网络同步课程一等奖5个、二等奖4个、三等奖10个，获评优秀学员10名；参加金华市“之江汇教育广场”专业教学空间评比，获一等奖15个、二等奖23个；完成省教育信息化课题6个、金华市教育信息化课题11个；参加金华市第22届中小学电脑制作评比，获一等奖28个、二等奖26个、三等奖25个；参加第22届省学生信息素养提升实践活动，获一等奖2个、二等奖7个、三等奖9个、优秀奖8个；参加金华市智能机器人比赛，获一等奖8个、二等奖7个、三等奖6个；参加金华市教师教育教学信息化比赛，获一等奖11个、二等奖16个、三等奖18个；参加金华市教育技术论文评比，获一等奖4个、二等奖13个；参加省中小学优秀自制教具评比，获三等奖1个。54所学校获评2021年金华市中小学数字家长学校（简称数字家校），4所学校获评省优秀数字家校空间，5所学校教学资源入选省级家庭教育指导课资源。东阳市电教馆相关团队获评省级“铭记百年辉煌 践行时代担当”教育技术战线团队。

▲“666”行动：实施智慧教育基础环境提升、网络学习空间应用深化、教育治理数字化转型、“互联网+思政”、优质资源公共服务普及和网络条件下精准帮扶等六大项目，完善经费、人员、管理、应用和安全等六项机制，构建基于三个课堂、网络学习空间、全数据流的六种新型教学模式。

【教育技术保障与服务】 2021年，市教育局制订中小学教育技术装备配备方案，进校开展指导活动，完成“互联网+义务教育”同步课堂、班级多媒体、灯光改造以及新建学校（幼儿园）基本信息化、教学仪器等项目建设工作。开展集中采购验收4次、学校信息化项目验收66次，涉及金额3305万余元。推进市中小学“1+5+X”（1个创新中心、5个分中心、若干个创新实验基地学校）创新实验体系建设，开展区域活动11次，其中巍山分中心3次、江北分中心3次、吴宁分中心2次、横店分中心3次。江北中心小学的“物联网水润新型教学空间”入选省十所基于学习方式变革的新型教学空间范例培育对象。采编制作《教育星空》栏目23期、新闻55条，在东阳市广播电视台播出和“东阳教育”微信公众号推送。制作“‘城乡一体化’全域推进幼儿园课程建设”“东阳市‘停课不停学’在线教育教学工作探索与实践”“东阳教育 人人向往——东阳市人民政府2020年度履行教育职责工作纪实”“厉行节约”“教育信息化”等多个主题的专题片，录制2021年“大学新生第一课”中华经典诵读和市中小学生艺术节等节目。

【教育系统政务服务】 2021年，市教育局推进数字化背景下工作流程改造，利用“钉钉”创新各项审批，收集学校相关考核等材料。开展疫情防控期间的安全数据收集，实现“跑零次”，提高办事效率。全年正式设立6家、筹设1家、变更24家、停办76家民办学校、幼儿园、培训机构。完成教师资格认定695人次，教师资格证补发、换发12人次；完成休学、复学、转学等事项办理411人次。

【考试招生工作】 2021年，市教育局组织高考、学业水平考试和选考科目考试、职业技能考试、职普融通班考试、自学考试、成人高考、全国英语等级考试、书画等级考试、中考（包括中考的体育、实验、计算机考试）等考试14次，考试报名总数56878人（普通高考6644人、高职考656人、职普融通班考试96人、中考9475人、学业水平考试和选考科目考试31040人、职业技能考试603人、成人高考3859人、自考和各类证书考试及其他考试4505人），设置试场6591个、科次196217次。接轨省“最多跑一次”和金华市“无证明城市”改革，开展中、高考政策性优待工作。依托“浙里办”平台，实现中、高考报名及缴费、政策性加分（高考8人、中考279人）等网上报名、一证通办。加强面向师生及家长的高考政策宣传、培训和解读，落实高考志愿填报三段变二段全程指导等工作，引导学生科学、合理选课选考。探索使用新型高考考生身份识别技术。6月7—10日，东阳中学、市外国语学校等6个高考考点247个考场的7299名考生全部采用人脸识别、刷身份证入场。推进高中段招生制度改革，提高优质普通高中招生计划定向分配比例，向农村倾斜。制订《东阳市初中毕业生体育学业考试方案（试行）》，为中考体育考试提供政策依据；中考体育考试首次增加立定跳远必考项目，采用智能电子测试仪记分，既加大中考体育成绩区分度，又保证考试的公平、公正。

【教师队伍建设】 2021年，东阳市增加省级教坛新秀3人、金华市级教坛新秀14人、东阳市级教坛新秀79人；增加金华市“最美教师”1人、提名奖1人，金华市“师德标兵”1人、金华市“师德先进个人”5人、浙派名师名校长培养对象5人。开展东阳市“教坛新星”评比，选育首批“教坛新星”100人。举行教师业务素质考试，6657名中小学（幼儿园）教师参加。308名新教师参加试用期第一次集中培训，进行理论层面学习。开展全市小学骨干班主任培训、全市小学新任班主任培训、幼儿园班主任班本课程培训、四星班主任遴选培养活动等；举行东阳市第三届中小学班主任基本功大赛，119名班主任参赛；开展全市中小学名师名校长工作室活动，组建名师名校长工作室20个，带徒163人。暑期组织骨干教育研修班学员到华东师范大学参加第二次研修，组织校长高级研修班学员到华东师范大学培训一周。公开招聘教师125人，其中高中学校教师3人、义务教育段学校教师117人、幼儿教育教师5人。实施雇员制教师人事制度改革，首轮招聘小学、初中各学科教师120人。完善专业技术职务评审制度，初定一级教师11人、二级教师290人。全年通过高级教师评审106人、一级教师评审358人、二级教师评审97人。根据《东阳市义务教育学校校长教师流动工作实施细则》，对部分学校校长、教师实施交流制度，共交流校长2人、教师157人，其中骨干教师34人、普通教师123人。发布城区义务教育段学校留城教师支教通知，城区高中段兼职支教31人、义务教育段支教36人。全年有援疆教师5人、援川教师3人。

2021年东阳市学校（幼儿园）教职工基本情况一览表

表41

学校（幼儿园）	教职工数（人）	专任教师数（人）		学历				职称（人）			年龄结构（人）							
		合计	其中女	合格人数（人）	合格率（%）	超标人数（人）	超标率（%）	高级人数	中级人数	初级人数	24岁及以下	25岁至29岁	30岁至34岁	35岁至39岁	40岁至44岁	45岁至49岁	50岁至54岁	55岁至59岁
小学	4585	4406	3706	4406	100	4404	99.95	216	2415	1529	254	1075	1092	809	625	287	200	64
初中	2449	2390	1548	2390	100	2353	98.45	431	1203	613	143	413	329	317	306	331	345	205
高中	1536	1409	798	1409	100	174	12.35	315	451	454	111	289	212	164	228	159	135	111
职中	566	496	246	481	96.98	11	2.22	140	203	74	95	95	61	49	128	87	49	27
幼儿园	5343	2907	2882	2907	100	2907	100	6	192	1244	—	—	—	—	—	—	—	—
特殊教育	42	42	35	42	100	42	100	4	18	18	4	11	11	7	3	3	2	1

2021年东阳市获评金华市第十四届中小学教坛新秀名单一览表

表42

姓名	工作单位	任教学科
陈晓茹	市外国语小学	小学语文
吕一江	湖溪镇中心小学	小学数学
黄焕才	吴宁第一初级中学	初中数学
张水明	东阳中学	高中数学
王晓光	花园外国语学校	初中历史与社会、道德与法治
卢　杭	东阳中学	高中物理
金　婷	市实验小学	小学信息技术
李倩倩	市第二高级中学	高中生物
卢萍萍	吴宁第五小学	中小学音乐
张帷玮	六石街道中心小学	中小学美术

续表42

姓名	工作单位	任教学科
韦跃飞	江北中心小学	中小学综合实践
楼笑笑	市实验幼儿园	学前教育
马慧英	市职教中心学校东技校区	中职企业财务会计
陶栩捷	市职教中心学校东技校区	中职学前教育声乐

【清廉教育建设】 2021年，市教育局推进清廉教育、清廉学校建设。制订《东阳市教育局2021年度党风廉政建设组织领导和责任分工》《2021年度教育系统落实党风廉政建设责任制工作考核办法》，对教育系统党风廉政建设和反腐败工作提出总体要求，突出一岗双责，解决党风廉政建设重点、热点问题，开展政治纪律、师德师风、工作作风专项整治和办学招生、校外培训机构收费及大宗物品采购等专项整治。召开党风廉政建设工作专题会议4次，与全市87所中小学、幼儿园签订党风廉政建设责任书，约谈学校书记、校长16人。4月，市清廉学校创建暨校务监督委员会建设会议召开，初步筛选出19所清廉学校，市外国语小学、东阳中学申报浙江省清廉学校。11月，9所学校通过金华市清廉学校复评。制定《东阳市2021年义务教育阶段学校招生入学工作实施意见》等规范性文件52个，完善教育系统内控制度，确保在招生录取、教师流动、基础建设、财务管理、物资采购等关键领域中权力服从制度，推进招生、教师招聘、教师流动、教育收费、基建工程和物品采购等方面的“阳光工程”建设。加强校务监督委员会建设，全市校监会列席校务会议563次，召开座谈会148次，发放调查问卷2978份，收集各类意见和建议369条，参与监督事项251个（次），审核票据金额968余万元，监督重大经费使用98笔704万元、大宗物品采购36次423万元，发现并落实整改问题32个。专题研究白云实验小学建设、中小学厕所改造提升、学校变压器扩容改造等重点民生实事项目，对35个政府投资实施类项目开展专项督查，整改问题96个。严禁有偿补课，开展师德师风建设。强化学校主体责任，明确校长是第一责任人。组织学校自查自纠违规补课，处理教师9人，分别给予警告处分、诫勉谈话、取消评先评优、公开批评等处理。市教育局成立12个专项检查小组，对重点学校进行专项检查，采用电话随访家长，到社区、住宅小区和校外培训机构明察暗访等方式，采用问卷方式调查学生1654人，随机电话询问家长453人，突击检查14处，未检查出违规行为。

【平安校园建设】 2021年，市教育局推进校园人防、物防、技防及长效机制建设。落实校园专职保安配备、校园封闭化管理、一键式紧急报警和视频监控系统联网、护学岗设置“四个100%”工作；开展“智安校园”安防建设，完成74所学校的建设任务；实施校门口防冲撞设施标准化建设，配备符合反恐标准的自动升降柱、拆卸式防撞柱等防冲撞设施。在吴宁一校开展学校校园安全网格化管理试点。实施校园食品安全与营养健康应用数字化改革，建立管理平台，搭建“学校—家庭—社会”传递链，项目获省长郑栅洁批示肯定，并登上金华市数字化改革门户网站。定期开展校园及周边安全隐患排查整治，重点部署消防安全隐患排查整治、燃气安全风险隐患排查整治、“平安护航中国共产党成立100周年”教育系统安全隐患排查整治等专项行动，累计检查学校1152所（次），排查隐患259处，全部完成整改，实现隐患整改闭环管理。开展师生安全教育，推广使用全国学生安全教育平台，授课22367课时，参与学习的学生547111人次；开展交通安全、消防安全、饮食卫生、校园反诈、预防溺水、心理健康、传染病防控、网络安全等专题安全宣传教育。市教育局获评2021年金华市校园安全工作先进单位。优化食堂采购、食堂原材料配送等流程，开发“数智膳行V1.0”管理应用，推行全过程数字化管理。12月16日，浙江省教育厅“美好‘食光’”中小学制止餐饮浪费工作视频会议召开，会议现场播放《因校制宜促光盘 厉行节约出成效——东阳市教育局“厉行节约 制止浪费”工作纪实》专题片，重点推介东阳市中小学校在制止餐饮浪费工作中的经验做法。

【教学研究】 2021年，市教育局在课改教改、教学研究、教师培养、教研服务等方面开展探索。全年产生省级幼儿园课程案例5个、省级中小学生综合实践成果2项、省级城乡教育共同体教学教研优秀案例2个、金华市第十一批普通高中精品选修课程23门。开展初中学校教育教学专项视导调研，对吴宁二中、六石初中和巍山镇中等学校分别进行以“双减”为背景的作业改进与高效课堂创建、校本教研驱动作业改进与高效课堂创建、基于教师发展的作业管理与教学改进为主题的视导调研。承办省高中数学课堂教学评审活动、金华市小学课堂转型与评价改革专题调研、金华市STEAM教育及项目学习推进会、金华市小学语文教学活动评审暨骨干教师研训等7项活动。举办两届教研互助活动，邀请特级教师、省市教研专家等20余人次参与指导，受益教师近3000人；开展7个学科10

余场次“改课行”教研活动;利用东阳市、义乌市两地教学教研资源,开展“东义同城·合作教研”活动6次,助推市域间教学合作交流。在省市课堂教学评审中,东阳市教师获省一等奖5人、二等奖1人,获金华市一等奖12人、二等奖4人。中职学校文化课课堂教学评审获金华市一等奖3人。白云中心小学入选省中小学劳动教育实验学校建设推荐名单,市外国语小学科学组、吴宁五校语文组获评省先进教研组。吴宁一中语文组、吴宁二中数学组、横店小学教育集团横店校区数学组获评金华市先进教研组;评出东阳市先进教研组28个。市教研室、东阳中学等单位7名骨干教师被选入金华市高考研究专家小组。市教研室获评金华市先进教研集体,胡龙品、郭远鲜分别获评省、金华市优秀教研员。在金华市2021年教育科研优秀成果评比中,张晗芬主持的课题“教学联盟视域下小学‘真教研’的实践研究”获金华市一等奖、张晓悦主持的“‘四自’理念下的小学班主任成长新样态”获金华市二等奖。市教研室通过学习动员、方案论证、专家培训、学校试点、专题研讨、评价论坛等活动推进“数据驱动教育教学改进”省级试点工作,入选省级表现性评价优秀案例3个、省改进学校教学管理优秀案例7个、省深化小学评价改革研讨会案例1个,入选金华市第一批中小学评价改革试点学校4所。依托省级评价改革试点项目,开展中小学教学评价方式改革的实践研究。举办市级试点学校评价专题培训,组织教研员、试点学校骨干人员参加省级评价改革高端培训。规范完善“双减”背景下的质量监测及评价制度,加强常态样本监测,优化测评项目和形式,总结提炼形成“东阳经验”。10月27日,《浙江教育报》刊发《让每位学生都绽放美育之光》,介绍东阳市坚持十余年的艺术素养、实验操作等常态化监测的做法。

【教育科研】 2021年,东阳市教育科学规划课题立项286项,其中国家级1项、省级8项、金华市级51项、东阳市级226项。获省级、金华市级优秀教育科研成果奖45项。结题课题61项。

吴宁五校课题“概念构图撬动教学深度变革的实践研究”入选全国教育科学规划2021年度立项课题,是全国唯一的小学段立项课题,也是国家社科基金资助项目,其阶段科研成果“理解可见:小学概念构图教学18年探索”获省政府教学成果奖一等奖,课题“指向理解力的小学概念构图教学实践研究”在省优秀教育科研成果评比中获一等奖。江北实验幼儿园许丽芬负责的课题“建构解构重构:表演游戏中的幼儿文学想象力发展研究”、市实验幼儿园沈群英负责的课题“宅在‘云端’,童心‘yi’彩——疫情背景下家园共育路径的有效探究”获二等奖,市第二实验幼儿园斯婷负责的课题“幼儿园‘诗意主题环境’创建和应用实践研究”在省优秀教育科研成果评比中获三等奖。市外国语小学的课题“全息学习:撬动儿童更科学地学习”和市职教中心学校的课题“技艺图谱+研学+文创:非遗项目新传承人培养机制的改革与实践”获省政府教学成果奖二等奖。市外国语小学卢雁红负责的“全息教育:小学教育改革的新样态”、王宇燕负责的“儿童哲学理念下小学语文哲思教学的实践研究”、吴宁一中徐海金负责的“‘未来课堂’视域下的初中语文教学变革研究”、白云中心小学卢永俊负责的“基于问题解决的小学劳动教育校本化实施的研究”、市实验幼儿园沈群英负责的“‘灵润’课程实施的可视化评价路径研究”、吴宁二校楼美刚负责的“幸福教师俱乐部:幸福教师培养路径的实践研究”、花园外国语学校赵晓丽负责的“小学生适应能力影响因素与心理干预实践研究”7项课题获金华市一等奖。市第二实验幼儿园、花园外国语学校获评省教科研先进集体,吴宁一中、花园外国语学校、市第二实验幼儿园、江北实验幼儿园和吴宁一校5所学校、幼儿园获评金华市第十一届教科研先进集体,市实验小学董承英、市外国语小学马笑莲、市实验幼儿园张珊珊、南马中心幼儿园贾凤光、吴宁五校胡敬萍、市第二实验幼儿园俞姣玛获评金华市第十一届教科研先进个人。在金华市第十五届教科研专题论文评比中,东阳中学赵雪燕的《基于生物学科核心素养浅谈学生社会责任感的培养》、城东街道罗屏小学厉佳惠的《“趣”学诗词,由“象”入“情”——浅析统编教材中古诗词教学特点》、江北街道华店小学鲍晶的《笔墨演绎:从传统到现代的跨越——以美术教学〈粉墙黛瓦〉为例》、市教研室的《区域联盟教研助推幼儿园课改均衡发展——以乡镇联盟课改推进模式为例》、画水中心幼儿园的《用传统文化滋养幼儿体验教育——以中班的布文化实践活动为例》5篇论文获金华市一等奖,另有11篇获二等奖、18篇获三等奖。在金华市教研课改论文评比中获一等奖12篇、二等奖17篇、三等奖31篇。有省教育科学规划课题立项8个,其中,市实验小学俞国栋的“多元智能视域下小学从容卓越少年‘1+X’评价体系的构建研究”被立为省重点课题。市教育局吴海尧的“三盟三本:区域推进幼儿园课程城乡一体化的实践研究”、白云中心小学卢永俊的“基于问题解决的小学劳动教育校本化实施的研究”2项课题入选金华市精品课题。5月27—28日,浙江省教育科学研究优秀成果推广会暨“可见的学习与思维教学”研讨会在吴宁五校召开,教科研专家、骨干教师200余人参加活动,近7000人在线上收看,吴宁五校科研成果“指向理解力的小学概念构图教学实践研究”在会上推广。12月2日,吴宁五校负责的国家社会科学基金“十四五”规划2021年度教育学一般课题“概念构图撬动教学深度变革的实践研究”举行开题论证会,论证会由省教育科学规划领导小组办公室常务副主任沈佳乐主持。专家组对课题予以认可和指导。

【心理健康教育】 2021年2月,市教育局、市妇联联合在因爱家庭教育引航站开通心理咨询热线,市中小学心理健康教育指导中心组织各学校同步开通心理援助热线,实施“两线作战”方式,为师生、家长提供心理咨询服务,缓解因疫情带来的焦虑情绪。3月,题为《宅家抗疫,如何有效亲子沟通》《安心宅家、自主学习》等6个心理健康视频课件在市中小学网络公益课堂上播放。4月26日，市教育局举行东阳市中小学疫情背景下的心理健康教育专题培训，浙江师范大学李伟健教授作心理健康教育辅导报告；5月29日，在全市中小学（幼儿园）校长（园长）安全工作会议上，国家二级心理咨询师金巧兰作题为“心理健康教育助力学生健康成长，促进校园和谐发展”的专题讲座。9月，市中小学心理健康教育指导中心启动34所学校的心理检测软件恢复工作，基本完成检测系统的安装，在虎鹿镇中调试后，于11月末恢复使用。3月、9月，市中小学心理健康教育指导中心组织全市中小学进行学生心理测评，并将心理高危学生情况上报省学生心理管理平台，对心理高危学生做好辅导或转介工作。3月、11月，分别组织全市中小学教师心理健康教育上岗C证培训，增加持证教师600余人；10月，组织一期全市中小学教师心理健康教育上岗C证续证培训，参训教师380人。11月，市教育局对新设部分公办中小学校及部分民办的省级中小学校标准化心理辅导室建设进行初步验收。11月26日，东阳市2021学年中小学心理健康团体辅导课研讨会在湖溪镇中举行。12月8日，市中小学“双减”背景下心理健康培训视频会议召开，国家二级心理咨询师金巧兰授课，全市中小学教师参加培训。12月，市教育局组织学校进行心理筛查工作，发布《关于进一步加强东阳市中小学心理健康教育工作的通知》，在《东阳日报》策划心理健康教育专版，报道东阳中学、市外国语学校、市外国语小学、吴宁四校等校开展心理健康教育的情况。东阳中学程娅楠在金华市学校心理健康教育优质课（高中组）评比中获二等奖。

（陈全洪）

学前教育

【概况】 2021年，东阳市有幼儿园147所（含教育部门办59所），在园幼儿40618人（含教育部门办园幼儿

2021年5月17日，教育部幼儿园园长培训中心“学员实践教学基地”授牌仪式在市实验幼儿园举行（市教育局提供）

16839人）。教职工5343人，其中专任教师2907人。幼儿园总占地面积569029.65平方米，生均14.01平方米，总建筑面积462425.78平方米，生均11.38平方米。完善幼儿园招生服务制度，实施儿童“入园一件事”无纸化网上报名。5月，教育部幼儿园园长培训中心“学员实践教学基地”授牌仪式举行，市实验幼儿园成为教育部幼儿园园长培训中心学员实践教学基地。7月，根据《东阳市人才子女就学保障实施细则（试行）》，招收符合条件的7名人才子女入读幼儿园。

【幼儿园升等提质】 2021年，东阳市实施新一轮等级提升三年规划（2021—2023），推动幼儿园升等提质工作。以等级幼儿园建设为抓手，突出日常保教规范和质量导向，改善办园条件，提升办园内涵，重点增加一级园、二级园数量。增加省一级幼儿园1所、省二级幼儿园14所。省一级园增至9所，省二级园增至79所，一、二级园在园幼儿占71.92%。全市等级园在园幼儿占98%，普惠园在园幼儿占90.63%。探索幼儿园保教质量评估检测体系，把所有教职员工“五险一金”的缴纳和防止、纠正“小学化”倾向作为评估的重要指标项目，规范幼儿园办园行为评估。印发《小区配套幼儿园建设管理办法补充通知》，明确配套园交付装修标准。11月8日，中天·东方诚品配套幼儿园移交暨开园仪式举行，成为东阳市第一所由开发商配建并无偿交付教育部门管理的小区配套幼儿园，有9个班，提供普惠性学前教育学位270个。

【民办幼儿园管理】 2021年，东阳市建立“名园+民园”园际结对互助共同体，指派教育部门办幼儿园优秀教师到民办园指导和帮扶，促进更多民办

2021年11月8日，中天·东方诚品配套幼儿园移交暨开园仪式举行（市教育局提供）

幼儿园向优质普惠发展。实施薄弱园改造提升专项行动计划，以建设二级幼儿园为目标，改造提升一批薄弱民办幼儿园，撤并薄弱幼儿园17所。修订印发《东阳市普惠性民办幼儿园认定与管理办法(2021修订)》《东阳市促进学前教育发展奖补暂行办法(2021修订)》，规范实施奖补扶持政策，遏制过度逐利行为。组织民办幼儿园园长培训班，提升整体管理水平。借助"双减"政策，联合部门开展托育早教培训机构违规招收3~6岁幼儿的专项整治行动，进一步规范办学行为。

【学前教育师资培育】 2021年，东阳市实施骨干教师队伍三年建设规划，通过"三级平台"培养学前教育在岗教师。"一级平台"培养名师名园长，"二级平台"培养百名骨干教师，"三级平台"落实镇乡(街道)区域带徒制。孵化基地园有3个(市实验幼儿园、市第二实验幼儿园和江北实验幼儿园)。开展4期骨干教师研修班，培养骨干教师近百名；开展师德演讲比赛及优秀视频展播、教师基本功大赛等活动，提升教师专业素养。

【幼儿园课程建设】 2021年，东阳市以区域推进课程建设为出发点，落实全市城乡一体化、幼儿园课程园本化，通过课改联盟、教研联盟、团子联盟三级联盟同步推进幼儿园课程建设。举行课程建设专题研讨、阶段性成果展示评比等活动，促使幼儿园落实"坚持以游戏为基本活动"。1月8日，市区域推进城乡一体化、幼儿园课程园本化实施展示活动举行，全市三级及以上幼儿园的150余名园长、骨干教师参加现场活动。

(陈全洪)

义务教育

【概况】 2021年，东阳市有小学74所(含教育部门办68所)，班级1902个，毕业生10967人，招生13816人，在校学生76778人(含女生34940人)，校均规模1038人；教职工4585人，其中专任教师4406人；小学总占地面积1648885.45平方米，生均21.48平方米，建筑面积837999.52平方米，生均10.91平方米。初中38所(含教育部门办32所)，班级720个，毕业生9570人，招生10770人，在校学生31546人(含女生14477人)，校均规模830人；教职工2449人，其中专任教师2390人；初中总占地面积1325400.44平方米，生均42.02平方米，建筑面积707415.08平方米，生均22.42平方米。小学学龄人口入学率、小学升初中比例均为100%，初中入学率、巩固率均为100%，初中毕业生升入高中段比例99.10%。市实验幼儿园、市外国语小学、东阳中学、巍山镇成人文化技术学校获评浙江省现代化学校。增加融合型、共建型城乡义务教育共同体结对学校44所，常态化开展各项活动，其中同步授课953节、网络研修541次、线下教研124次，教师交流22人。6月22日，花园教育集团成立。

【义务教育段阳光招生】 2021年，东阳市构建公开、公平、公正的义务教育学校招生制度，规范义务教育阶段学校招生秩序，推动义务教育段学校协调健康发展。3月15日，根据区域内适龄学生人数、人口分布、学校布局与规模、交通状况等因素，经调研论证与公示完善，发布吴宁、白云、江北区域小学学区调整方案公告；横店四中启用，横店区域初中布局发生变化。5月17日，向社会发布横店区域初中学校调整公告。5月21日，发布《东阳市人才子女就学保障实施细则(试行)》，通过小程序接受人才子女报名，收到报名信息180条，与市税务局、市人力社保局、市人才办等部门开展联合审查，安排42名人才子女入学。6月2日，义务教育阶段学校招生方案公布，2021年义务教育段招生工作开启，完善民办学校摇号、城区教育部门办小学调剂等流程。平台报名24836人，教育部门办学校录取20883人，民办学校录取2886人，合计录取23769人。

【中小学教育评价改革】 2021年，东阳市启动"数据驱动教育教学改进"省级试点工作。1月14日，市"数据驱动教育教学改进"省级试点动员会暨"五好学生"评价工作交流会在吴宁四校举行。围绕评价改革，会议分省级试点项目专家指导研讨会和试点项目动员会暨"五好学生"评价工作交流会两个阶段进行。吴宁四校、吴宁一中、巍山镇中、市外国语小学、吴宁一校等学校分享学校评价改革的实践探索，吴宁四校、市实验小学、巍山第一小学教育集团巍山校区3所学校分享"五好学生"评价的校本探索。浙江省教育厅教研室评价部主任方张松作"新时代教育评价改革实践与探索"专题讲座。会议通过典型学校经验分享、专家把脉问诊等形式，共同探讨如何科学、有效、准确分析数据背后的意义与价值，开展有效的评价改革。5月10日，市实验小学开展"基于大数据的中小学综合素质评价系统及应用"的培训，是"中小学教师信息技术应用能力2.0项目"中的重要内容之一，活动特邀浙江省基础教育课程改革专业指导委员会委员、慈溪市教育局教研室教育科学研究所副所长马建军作专题讲座。6月25日，市中小学教育评价改革研讨会在市外国语小学举行。会议就省级试点项目东阳方案进行交流研讨，发现并筛选典型案例，相互学习，取长补短。会议提出，小学要着重研究"基于市教育局'五好学生'评价的实践与深化"，初中要深入开展"基于'导学评'行动的教学管理改进"研究。9月16—17日，金华市小学地方课程教学评审活动在吴宁四校举行，吴宁四校教师胡安琪获评金华市一等奖(第一名)，后获浙江省评比二等奖。

【少先队工作】 2021年，东阳市114个少先队组织运用少年儿童喜闻乐见的方式，开展系列主题教育实践活动。春季开学期间，少先队聚焦疫情防控，将爱党爱国、爱家乡、爱学校、讲文明等教育融入少先队员"开学第一课"。3月4日，金华市沈兵少先队名师工作室在青少年宫举行"谈体会、晒收获、亮计划——2021年新春座谈会"。清明节期间，各中小学少先队开展清明祭英烈的短视频拍摄活动和绘画活动，优秀作品在各校微信公众号展示。六一儿童节前夕，市“致敬百年伟业，争做真善美好队员”主题教育实践活动暨少先队入队仪式举行。4月23日，东阳市新时代少先队工作特色品牌分享会暨金华市沈兵少先队名师工作室活动在市外国语学校举办，活动分学校品牌活动专题分享、观摩自主队会与少先队工作部署3个环节。9—10月，各少先队组织开展“我和我的祖国”主题教育系列活动，引导队员了解中华人民共和国成立七十二年的发展变化。10月10日，重阳节“三代同堂·登高敬长”第二期红领巾争章活动在东阳市青少年宫丹桂学堂广场举行，开设孝敬课、茶道体验课，为在该次活动中表现优异的少先队员颁发“孝敬章”。12月13日，全国第八个国家公祭日“铭记历史 振兴中华”主题教育在江北第二小学举行，部分师生通过“钉钉”直播参加活动。东阳市举办新任少先队大队（中队）辅导员培训1期，开设辅导员专业修养、少先队改革、阵地建设管理等课程，提高少先队辅导员的职业素养和业务水平。画水镇中心小学四（3）中队获评全国优秀少先队集体，江北中心小学大队获评浙江省成绩突出少先队集体，湖溪镇中何娟、教育局何悦乔获评浙江省成绩突出少先队辅导员，吴宁五校钱思圻、市外国语学校徐西言获评浙江省成绩突出少先队员；全市16名少先队员获评金华市优秀少先队员，4名辅导员获评金华市优秀辅导员，4个学校大队、5个学校中队获评金华优秀少先队集体。

【校园文化建设】 2021年1月15日，市外国语小学获评浙江省第一届文明校园。9月15日，江北中心小学接待水利部宣传教育中心、《人民日报》、新华社等中央媒体和部门主题采访团，采访团走访学校主题水景、校史长廊、科普长廊等地，了解学校秉持“水润文化”教育理念，高标准建设节水教育基地的情况。10月22日，省水利信息宣传中心在江北中心小学开展《浙江水情知识读本》进校园活动，向该校捐赠《浙江水情知识读本》230册。

【“书香校园”建设】 2021年，东阳市征集“最美读书人”和“最美书香家庭”作品81件，评出“最美读书人”27人、“最美书香家庭”27个。吴宁一中参与省数字图书馆建设，教师赵琳丽作主题为“压死骆驼的最后一根稻草——探寻祥子悲剧命运的原因”的慧读论坛讲座。4月24日，市“领读者讲坛”启动仪式暨第一次“领读者讲坛”在市新华书店举行，市教育局评出27名优秀领读者开设“领读者讲坛”，进行经典书籍的讲解与领读，带动广大师生及市民走近经典、亲近阅读。“东阳教育”微信公众号对每次“领读者讲坛”进行介绍，全年开展活动18期，产生较好的社会影响。10月12日，“百年潮涌·红星闪闪放光彩”主题演讲活动在市新华书店举行，22名小学生和21名中学生参赛，活动评选出小学组和初中组特等奖各1人、一等奖各4人，二、三等奖各8人。10月，市第二实验小学获评全国经典吟诵优秀示范学校。

【语言文字工作】 2021年，东阳市承办金华市第24届全国推广普通话宣传周、各类汉字规范书写大赛，开展“我的教育故事”演讲比赛、师生普通话比赛、诗词大赛、小主持人比赛、硬笔书法比赛、经典诵写讲比赛、课文朗读比赛、语言文字知识竞赛、“啄木鸟纠错在行动”等活动，引导学生传承民族文化。组织普通话培训测试，参加测试公务员1120人次、社会人员1164人次、中等职业学校学生220人次、高校学生2231人次。市语言文字工作委员会组织开展东阳市第一届课文朗读比赛、东阳市第三届经典诵写讲大赛、东阳市“笔墨中国”大赛，与市教育工会联合举办东阳市“百年党史 东城诵读”经典诵读大赛。市教育局获评金华市“笔墨中国”汉字书写大赛优秀组织奖。市融媒体中心、市教师进修学校、市外国语小学获评金华市区域推进语言文字规范化县（市、区）创建工作先进集体，4名教师获评先进个人。12月30日，浙江省语言文字督导评估组到东阳市开展省语言文字督导评估，评价东阳文化底蕴丰厚，语言文字工作基础扎实，创建成效显著。

【科技教育】 2021年，东阳市推进STEAM教育省级试点区工作，深化STEAM教育与劳动教育等课程融合的实践，常态化开展学科项目式学习，入选浙江省跨学科项目化学习优秀案例2个。吴宁一中、白云中心小学入选浙江省STEAM教育与项目化学习基地学校，4所初中、7所小学入选金华市STEAM教育联盟学校暨项目化学习基地学校。4月1日，东阳市STEAM教育联盟学校工作会议召开，市教研室STEAM教研团队教研员和40所中小学、幼儿园STEAM教

2021年5月18—19日，金华市STEAM教育及项目学习推进会在东阳市举行

（市教育局提供）

育联盟学校校长(园长)、分管领导、骨干教师参加。市外国语学校展示学校的STEAM教育成果，与2020年度考核优秀联盟校做经验分享。5月18—19日，金华市STEAM教育及项目学习推进会在东阳市举行。10月27日，开展“双减”背景下东阳市中小学STEAM教育评价专题研讨活动。市中小学(幼儿园)STEAM教育联盟学校分管领导、STEAM教育项目组成员、其他中小学(幼儿园)课程改革分管领导和相关骨干教师等近百人参加。12月，市外国语小学教师陈承武主持的项目化学习“灌溉系统 智造未来——STEAM视域下的科创劳动案例”、江北中心小学教师卢慧慧主持的项目化学习“多肉宝宝的‘温暖’冬天——设计制作一个小温室STEAM项目学习”入选2021年浙江省中小学项目化学习案例；吴宁一中、白云中心小学、横店小学教育集团南上湖校区等学校主持的4个项目化学习案例在2021年金华市中小学项目化学习案例评比中获一等奖。2021年第十八届中小学海陆空模型竞赛中，东阳市在海模、陆模、空模三个大项36个小项的单项及团体比赛中，获团体一等奖8个、二等奖14个，单项一等奖40个、二等奖81个，10人获评金华市海陆空模型竞赛优秀辅导员。

【劳动教育】 2021年，东阳市开展浙江省和东阳市两级的劳动实践基地暨学农基地申报和考核推评工作。吴宁四校借助校内“乐雅劳动园”实践基地、“乐雅古建坊”拓展基地、“乐雅古剧苑”文化基地、“乐雅手工栈”创作基地等区块，开设劳动实践课程，开展劳动教育。巍山第一小学教育集团巍山校区在校内建有“笋芽种植园”和“农耕博物馆”的基础上，在校外建设“红领巾北卡农场”，成立劳动集团，模拟真实农场，管理制度升级到3.0版承包制。3月，白云中心小学成为浙江省物型课程基地学校，是全省仅有的两所小学之一。5月27日，市中小学劳动教育现场推进会在巍山第一小学教育集团巍山校区举行，全市各中小学分管领导、骨干教师近200人参加。

【校园体育工作】 2021年，东阳市通过举办中小学生运动会和篮球、足球、排球、乒乓球、网球、羽毛球等各项常规赛事，提升体育教学水平和学生身体素质。10月27—29日，市第34届中小学生田径运动会在吴宁一中田径场举行。86支学校运动代表队在短、中、长跑，三项全能，跳远，铅球等23个大项87个小项上角逐，28名运动员成绩达到二级、三级运动员水平，20人次打破市纪录。东阳市在2021年金华市青少年田径锦标赛中获团体总分、金牌数、金牌总数第一名，市教育局获金华市排球赛、定向运动等多个项目的优秀组织奖。吴宁三中、吴宁五校在省第三届中小学跳绳锦标赛中分别获一、二等奖。东阳市通过建设足球场地、引进专业教练、培养足球人才等，构建足球教育良好生态，推动青少年足球运动发展，校园足球涵盖各个学段。新建校园足球场2个、改扩建2个，全市校园足球场增至86个，其中11人制足球场地23个。10月25日至11月13日，东阳市中小学生校园足球联赛分高中、初中、小学3个组别，分别在南马高中、横店四中、横店镇第三小学举行，34个代表队、530名运动员参加。横店第三小学多人被市内外高一级校园足球特色学校选中，杨懿忻成为全国首批女子青少年足球国家队队员，潘建江、高嘉俊、王成青等成为省级“最佳阵容”球员。南马高中、斯村小学、马宅镇中心幼儿园获评全国青少年校园足球特色学校。11月3日，市中小学体质健康测试工作推荐会召开，发布《关于做好2021年学生体质健康测试工作的通知》，开展学生体质健康标准测试工作。11—12月，各校采集数据填写学生体质健康档案表，体质测试与上报完成率为100%，体质健康测试优良率57.58%，合格率98%。年内，加大体育经费投入，3265.5万元用于体育场地建设与修缮经费，371万元用于添置体育专用器材经费。建成东阳中学气模网球场，市职教中心学校体育馆投入使用；建设江北第三小学、白云实验小学体育运动场地，升级改造东阳中学、吴宁一中的体育运动场地。全市有国家级足球特色学校13所、省级足球特色学校15所、金华市级以上其他体育项目特色学校15所。

【艺术教育】 2021年，东阳市各中小学深化学校课程顶层设计方案，优化艺术教育课程实施策略，开展各种艺术社团活动，形成“一校一品”“一校多品”的艺术教育格局。1月，金华市教育局发文公布全市义务教育阶段学生艺术素养监测结果，市外国语学校、横店二中、市第二实验小学、横店镇中心小学4所学校被抽中，结果显示学校成绩优异，音乐和美术两门学

2021年5月7—8日，东阳市2021年中小学生艺术节在南马花园剧院举行
（市教育局提供）

科合格率、优秀率及平均成绩列金华各县(市、区)第一。3月30日至4月1日,市中小学生器乐独奏比赛在吴宁五校举行,比赛分小学A组、小学B组、初中组、高中组进行,遴选出160名选手参加金华市级比赛。5月,东阳市被浙江省教育厅列为第二批艺术教育实验区。5月7—8日,东阳市2021年中小学生艺术节在南马花园剧院举行,46个节目参加现场展演,其中声乐12个、舞蹈20个、戏剧6个、器乐8个,参演学生1500余人。5月18—21日,东阳市在金华市中小学生艺术节中获一等奖10个、二等奖4个,展演成绩居金华市前列。11月,在浙江省中小学生艺术节中,东阳中学的器乐合奏《战斗永不停歇》、吴宁三中的合唱《*kusimama*》与《那段时光》、吴宁一校的舞蹈《飞夺泸定桥》获省艺术表演类一等奖,吴宁一中的班级合唱《四季的问候》和《隐形的翅膀》、横店一中的舞蹈《碇步桥水清悠悠》获省艺术表演类二等奖;东阳市获省艺术作品类一等奖5个、二等奖3个、三等奖4个。市外国语小学王帅"'音韵怡情,曲风养德'——小学'校园德育歌谣'的编创实践研究案例"获省中小学美育改革创新优秀案例二等奖。12月8日,市第三实验幼儿园和虎鹿镇中联合演绎的《打金枝》、江北第三小学的《拷打提牢》获金华市首届教师婺剧专场比赛一等奖。12月,江北中心小学、吴宁二校、横店小学教育集团南上湖校区获评金华市第九批艺术教育特色学校。

【学校健康与卫生工作】 2021年,东阳市持续加强学校健康与卫生工作。分别在3月、6月、9月开展三次近视防控宣传;完成一年两次的屈光发育普查、视力建档。5月,启动全市中小学、幼儿园护眼码系统搭建。5月、9月举行东阳市中小学花样"大课间"评比活动。6月25日,发布《关于用好屈光发育普查数据进一步做好近视防控工作的通知》。9月9日,东阳市中小学、幼儿园"健康课堂"首秀"近视防控"讲座线上线下同步进行,截至年末,视频收看37万余人次。9月29日,市教育局和市妇幼保健院联合启动十一黄金周眼健康科普馆参观活动。12月23日,完成市"明眸摘镜"工程典型案例评选。全市儿童、青少年近视率比上年下降1.36%。吴宁一校、吴宁五校和市第二实验小学获评浙江省第二批近视防控特色学校。

7月,市教育局发布学校垃圾分类集中投放点建设要求,将其纳入创建"垃圾分类示范学校"必备条件。9月23日,开展垃圾分类专题培训。10月26日,《生活为课堂,垃圾为教材——东阳市教育局生活垃圾分类教育的探索》登上新蓝网。10月29日,《摇动一片林——东阳教育局打造生活垃圾分类教育新样态》在《人民日报》新闻客户端刊发。

7月,吴宁三中、横祥小学、江北初中、吴宁四校通过健康促进(银牌)学校考核。10月,吴宁五校和市职教中心学校李宅校区申报健康促进(金牌)学校创建,湖田小学等29所学校申报健康促进学校(铜牌)创建。全年完成两次以训代会形式的学校卫生与健康会议,进行健康与卫生知识普及经验交流。

9月,市教育局组织中小学生收看中小学应急救护视频,参加收看学生1.5万人次。10月8日,组织"青春健康"专场网络培训,点击量超10万次。10月28日,江北第二小学获评2021年度浙江省红十字工作成绩突出集体。11月,完成全市各中小学的学校红十字会组织架构建设。

(陈全洪)

高中教育

【概况】 2021年,东阳市有普通高中13所(含教育部门办6所),班级370个,毕业生5454人,招生5232人,在校生16099人(其中女生8058人),校均学生1238人。教职工1536人,其中专任教师1409人。教育部门办普通高中毕业生3082人,招生3085人,在校学生9227人,教职工858人,其中专任教师829人。学校占地面积1020670平方米,生均63.40平方米;校舍建筑面积522153.26平方米,生均32.43平方米。1月,东阳中学入选全省首批27所现代化高中。5月,东阳中学发布普通高中特长类自主招生简章,招收体育(网球特色班)、艺术(美术特色班)、科技等特长生245人,其中体育术科测试由市教育局招考办统一组织测试。7月,东阳中学获评浙江省先进基层党组织。9月,科技部发函确认东阳中学为全国首批人工智能实验学校,东阳中学与北京大学信息技术高等研究院签订共建科技创新实践基地项目协议书。

【高考成绩】 2021年,东阳市普通高中一段上线4618人(占69.5%),特招控制上线1558人(占23.5%)。东阳中学入围清华大学和北京大学"强基计划"6人,录取3人,特招控制上线596人(占89%),"双一流"高校录取284人;余峻宽、沈力通过综合考评和统一高考被中国科学技术大学少年"创新试点班"录取;卢展、蔡经典分别获全省艺术类高考总分第二名、第三十名,分别被同济大学、中国人民大学录取;王一鹏、蒋海天分别获全省体育类高考总分第十名、第三十七名,被浙江大学录取。

【高中学生竞赛获奖】 2021年2月,东阳中学陈宇涛获第二十一届世界华人学生作文大赛特等奖(浙江省唯一)。5月,东阳中学获第十七届泛珠三角及中华名校物理奥林匹克邀请赛团体一等奖。7月,湖溪高中叶轩获浙江省青少年航空航天模型锦标赛P3R-K(遥控空投)项目第五名,张佳轩和桂健皓获P3Z-4(二对二空战)第五名。8月,马应恺获全国生物学奥林匹克竞赛银牌,东阳中学首次参加全国青少年模拟政协活动获6个奖项,东阳中学胡豪俊获全国化学奥林匹克竞赛决赛金牌,胡豪俊获北京大学化学学科营全国前50强,东阳中学黄阳瑞获全国物理奥林匹克竞赛决赛金牌,东阳中学获省中小学生信息素养提升实践活动和省青少年电脑机器人竞赛一等奖,郭锦文获评北大2021年优秀中学生暑期学堂优秀学员。东阳中学在全国中学生科普科幻作文大赛中获国家级奖项9

2021年东阳市普通高中办学基本情况表

表43

学校类别	学校名称	在校学生数(人)	教职工数(人)			学校占地面积(平方米)		校舍建筑面积(平方米)		藏书量(册)		数字终端(台)
			总数	专任教师	高级教师	合计	生均	合计	生均	合计	生均	
教育部门办	东阳中学	2169	239	228	91	184268	84.96	82004	37.81	172447	79.51	659
	东阳二中	2160	179	176	53	151355	70.07	74040	34.28	112500	52.08	491
	巍山高中	1890	154	147	50	67262	35.59	42107	22.28	127500	67.46	748
	东阳三中	1066	104	99	19	59168	55.50	33902	31.80	67259	63.09	643
	南马高中	1344	115	113	34	80629	59.99	30479	22.68	88354	65.74	603
	湖溪高中	598	67	66	17	46636	77.99	14011	23.43	36400	60.87	272
民办	市外国语学校	1155	218	110	22	82137	71.11	56367	48.80	120767	104.56	821
	中天高中	1570	149	128	5	66600	42.42	42763	27.24	88062	56.09	405
	顺风高中	1775	191	149	3	86100	48.51	50466	28.43	111530	62.83	408
	横店高中	1043	90	68	9	64600	61.94	32280	30.95	78000	74.78	330
	利民高中	988	89	79	4	52026	52.66	16300	16.50	54270	54.93	196
	尚学传麒	3	45	6	0	35333	11777.67	8135	2711.67	7420	2473.33	67
	花园外国语	338	42	40	8	44556	131.82	39299	116.27	17750	52.51	112

个、省级奖项40个，其中楼宽获全国一等奖。东阳中学获评全国中学生科普科幻作文大赛优秀生源基地。

【高中体艺教育】 2021年4月，东阳市人民政府与四川体育职业学院签署“深化体教融合，共建网球基地”战略合作框架协议，东阳中学获评中国中学生体育协会网球分会会员单位。东阳中学打造网球教育训练特色项目全面启动，ODERA网球中心投入使用，首届网球特色班面向金华各县(市、区)招生。在2021年浙江省青少年网球锦标赛暨2021年浙江省中小学生网球积分排名赛总决赛中，东阳中学网球队6名参赛选手获国家二级运动员证书，教练员李锦程获全国中学生网球锦标赛“校长杯”教师网球大赛单打冠军。东阳中学女子乒乓球队在浙江省第十二届中小学生乒乓球联赛(晋级赛)中获高中女子组一等奖。7月，东阳中学蔡晨蕊在浙江省青少年高尔夫锦标赛中获女子甲组第六名，达到国家二级运动员标准。9月，楼心月在浙江省青少年乒乓球锦标赛中获混双组亚军，获国家一级运动员证书。11月，浙江省乒乓协会会长吕毅强、浙江省网球协

2021年4月12日，东阳市人民政府与四川体育职业学院战略合作协议签约仪式举行（市教育局提供）

会常务副会长赵雁为东阳中学成立的浙江省乒乓球后备人才基地、浙江省网球后备人才基地揭牌。东阳中学足球队在“茂新房产杯”金华市中小学生校园足球秋季联赛（中学组）中获金华市一等奖。东阳中学在金华市青少年田径锦标赛上获19金3银和团体第一名。11月，东阳中学澎湃打击乐团演奏的节目《战斗永不停歇》获浙江省中小学生艺术节器乐组一等奖。

【高中校友活动】 2021年3月，巍山高中1981届校友、中国科学院院士麻生明到巍山高中与高三学生开展交流。4月，东阳教授博士联谊会上海分会常务副会长兼秘书长、东阳中学1985届校友吴范宏和复旦大学、上海交通大学等8所在沪高校校友等到东阳中学开展招生宣讲。五一期间，东阳中学1988届校友、教育部基础教育司副司长俞伟跃到东阳中学参观。6月，巍山高中1987届校友徐国强出资1200万元建设学校体育馆。9月，物理学家严济慈的孙女严慧英到东阳中学参加严济慈诞辰120周年纪念活动，捐赠书籍，接受“生涯规划导师”聘书，开设讲座。10月，“中天杯”第五届东阳中学校友足球联谊赛暨东中校友会全国部分区域秘书长工作会议在南京市举行，校友会秘书处联系深圳市、衢州市、杭州市、金华市、北京市等地校友，开展分会成立筹备工作。11月，中国科学技术大学教授陆朝阳到东阳中学作题为“量子物理和量子科技漫谈”的讲座。

【浙江省高中数学课堂教学评审及观摩活动】 2021年10月18—20日，浙江省高中数学课堂教学评审及观摩活动在东阳二中举行。该活动由浙江省教育厅教研室主办，金华市教育教学研究中心、东阳市教育局教研室协办，东阳二中承办。开幕式由浙江省教育厅教研室高中数学教研员，浙江省教育学会中学数学教学分会会长，浙江省正高级教师、特级教师张金良主持。来自全省的参赛选手、专家评委及观摩代表近200人参加，共同探寻基于核心素养的高中数学课堂教学转型。活动中的课堂教学展示与陈述部分由中国教研网全程直播，近1万名教师在线观摩。该次活动主题选择指向高中数学核心素养的学习情境和任务设计，形式上采取“录像课+录像课展示与陈述+答辩及说题”的方式进行，东阳中学教师蒋洁晶的课题“探究函数 y=x+1/x 的图像与性质”获省一等奖。

（陈全洪）

2021年10月19日，浙江省2021年高中数学教学活动评审及观摩活动开幕式在东阳市第二高级中学举行

（市教育局提供）

中等职业教育

【概况】 2021年，东阳市有中等职业学校（简称中职）5所（含教育部门办2所），班级194个，毕业生2059人，招生2875人，在校学生8037人，校均学生规模1607人。教职工566人，其中专任教师496人；硕士研究生11人（其中市职教中心学校东技校区5人），占专任教师总数的2.22%；学校占地面积353094.12平方米，生均43.93平方米；校舍建筑面积176441.06平方米，生均21.95平方米。全市中等职业学校高职类高考上线率99.5%。市职教中心学校获评省现代化学校，党组织获评金华市先进党组织。4月，市职教中心学校正己书院揭牌，举行首批30名学员拜师仪式。

【职教办学模式创新】 2021年，市职教中心学校创办白云电商学院，深化产教融合，拓展人才培养多元渠道；建成校企合作项目80余个，白云电商学院完成首批招生70人。与地方政府合办旅游节，共同打造“蔡宅旅游节”“李宅花灯节”“中华大师会”等地方特色旅游项目，助力地方旅游业发展。市职教中心学校成为中乌国际文化交流中心理事单位、乌克兰两所大学的生源基地、乌克兰文尼察国立技术大学教授工作站和中国预科中心，开设乌克兰语选修课程，举办国际文化交流活动，传播中国文化。

【职教专业建设】 2021年，市职教中心学校的建筑、木雕专业获评浙江省高水平建设专业，学校获评“1+X”建筑信息模型证书考试全国通过率领先考点，依托全国中职教育合作发展联席会理事单位，在劳动教育、建筑、木雕三个领域率先开展活页式教材开发。“延传承 筑匠心 正己身 畅未来”获评省“文明风采”优秀案例，“木雕新传人培养‘链状模式’的创新与实践”获金华市教学成果一等奖。市职教中心学校李宅校区交通专业的“中德先进职业教育合作项目”获省级立项，汽修、烹饪两个专业获认定为省对外技能培训鉴定项目。

【中职竞赛获奖】 2021年，东阳市中职学生在各类技能比赛中获国家级荣誉两项、省级荣誉18项、县市级荣誉124项。5月，市职教中心学校原创的非遗舞蹈节目《雕花不谢》获全国职业教育活动周中华文明礼仪展演一等奖;2020级电商专业学生胡欣妍获全国第十一届残疾人运动会轮椅射箭反曲弓女团项目银牌。6月,市职教中心学校东技校区学生吴佳浩和韦宇凯在省第22届学生信息素养提升实践活动中获“飞行机器人”比赛项目第一名。11月,市职教中心学校东技校区2020级电商专业学生在第27届中国义乌国际小商品(标准)博览会上获“八婺巾帼主播助力26县短视频大赛”3个奖项,其中任婧雯获“好物推荐官”第一名,楼雨轩获“爱心主播”第一名,陈君艳获“伯乐主播”第五名。市中职学生在浙江省第五届“梦想杯”中职学生征文大赛中获一等奖1个、二等奖1个、三等奖5个。

【职校社会培训】 2021年,市职教中心学校开展社会培训,参训11308人次。1月,市职教中心学校“城市客厅”在卢宅街1号对外开放,内设木作学堂、手工体验区、茶艺区、书吧、水吧等,供市民开展拓印木版年画、手绘蒲扇、制作竹蜻蜓、彩绘日历、茶艺等体验活动,定期举行各种社会职业技能培训,全年培训9000余人次。3月,市职教中心学校“匠者善工”研学实践教育基地被列为市中小学生研学实践教育基地,开展中小学生研学实践教育。全国学前教育非遗通识课程教师高级研修班在市职教中心学校举行,研修班由卓越师资全国教学推进专家委员会主办、市职教中心学校承办。市职教中心学校李宅校区下辖的驾培服务公司和技能培训学校,向外对接社会服务单位,拓宽培训项目。驾培服务公司授训1177人次。技能培训学校开展建筑特殊工种培训,4700余人次参训,技能等级鉴定4500余人次,双证制教育培训1364人次。

(陈全洪)

特殊教育

【概况】 2021年,东阳市有特殊教育学校1所,教学班11个。毕业生35人,招生27人,在校学生124人(含女生33人)。教职员工42人,其中专任教师42人,教师学历达标率100%。义务教育段残疾少年儿童入学率99.66%。市特殊教育学校占地10269.98平方米,生均82.82平方米;校舍建筑面积8722.46平方米,生均70.34平方米。9月,市特殊教育学校、六石街道中心小学获评金华市第二批特殊教育先进集体。

【特教学校管理】 2021年,市特殊教育学校开展教育管理探索改革,印发《东阳市特殊教育学校章程》《教师学年考核加分减分细则》《晋升一级教师评分细则》等规章制度,形成校长负责、班子成员监督、教代会参与的民主治校管理体制。学校规划、计划、基建、教师奖罚、考核方案等重大事项通过校务会行政商议、教代会审议后由校长主持执行。开展师德教育、法制教育,严格奖罚考核制度,全年未有教师违法违纪现象发生。开展校园清廉教育,举办教师“廉”文化硬笔书法大赛、清廉校园绘画作品展等活动。11月,市特殊教育学校通过金华市清廉学校复评。

【特教师资培养】 2021年4月1—2日,市教育局在市教师进修学校举行全市残疾少年儿童随班就读学校资源教师培训,全市34所建有资源教室的学校教师参加。6月,市特殊教育学校承办金华市音体美学科教学研讨活动,促进金华市各特殊教育学校之间的学习交流,推动学校音体美学科教育的发展。9月29日,东阳市首届资源教师基本功大赛在市特殊教育学校举行,31名教师参赛,从中选送4名教师参加金华市比赛,获金华市二等奖3人、三等奖1人。

11月,市特殊教育学校承办东阳市新教师特教培训专场,300余名新入职教师参加培训。市特殊教育学校教师金璐茜在2020年特殊教育教学活动评审中获一等奖;歌山中心幼儿园教师张丽婷、卢小叶获评金华市特殊教育先进个人;李丹芬获评2020年度金华市“争做最美资助人”活动优秀个人;申屠航丽的自制教具获浙江省三等奖,并在省里进行经验交流;霍俊名、方文斌、陈一帆参加金华市特殊教育学校教师基本功比赛,分获一、二、三等奖;赵婵君获市“四自”班主任评比一等奖。

【特教校园活动】 2021年,市特殊教育学校开展各类主题的教育宣传活动。利用红领巾广播站、黑板报、宣传栏、LED显示屏、手抄报等载体,进行健康、卫生、垃圾分类等宣传。将体育卫生工作延伸到社会,配合市残联开展残疾人体育运动工作。学期末评选优秀辅导员、优秀宣讲员、特色主题班会。举办“穿越长征之路”趣味运动会、“美食之旅”劳动技能展示、六一文艺会演等活动,为特殊学生搭建自我展示舞台。

【特教关爱工程】 2021年,市特殊教育学校加强教学基础设施建设,改善办学条件。投资近20万元的洗衣房、洗车房投入使用,加装食堂与寝室间连廊雨棚,分别投资20万元、45万元进行校园电路扩容和购置学前教育设备。建成规范化的垃圾分类标准收集点。

(陈全洪)

成人教育

【概况】 2021年,东阳市有社区学院1所、镇乡(街道)成人文化技术学校(简称成技校)18所,全部为省级标准化成人学校,均建有老年学堂,并成为“浙学通”(第三年龄学堂)的认证机构。其中,湖溪镇成技校获评浙江省现代化学校(社区学校)。根据中共东阳市委机构编制委员会《关于同意设立、更名和撤销部分学校的批复》,白云街道、江北街道、六石街道、城东街道、南市街道、千祥镇、湖溪镇、画水镇、虎鹿镇、东阳江镇、马宅镇、佐村镇、三单乡13个镇乡(街道)的13所成技校获批为公益一类全额补助事业单位,全市18所镇乡(街道)成技校均完成公益一类事业单位设置。

2021年1月,吴坚强、蒋强华获评2020年全省百名社区教育优秀志愿者。3月,湖溪镇成技校受理点获评浙江省终身教育学分银行2020年度先进单位，社区学院朱燕红获评先进个人；在第三届全省社区教育教师技能比赛中，画水镇成技校陆锦丽获二等奖，吴宁街道成技校张海朋获三等奖；在第二届全省社区居民漫画大赛中，歌山镇中心小学学生俞致远的漫画作品《百年筑梦 百年辉煌》获三等奖。4月，市社区教育工作会议在湖溪镇召开，统筹部署年度工作目标和重点任务。7月，评选公布东阳市“百姓学习之星”10人、“学习型家庭”10个、“学习型社区”10个、“学习型社团”10个、“学习型企业”9个、“终身学习品牌”5个。吕雄心获评全国、省级和金华市级“百姓学习之星”，赵晋家庭获评金华市“学习型家庭”，湖溪镇镇西村获评金华市“学习型社区”，横店镇百华民艺团获评金华市“学习型社团”，虎鹿镇“东白学堂”获评金华市“终身学习品牌项目”。10月，评选表彰东阳市2021年社区教育“优秀专职教师”10人、“优秀兼职教师”10人、“优秀志愿者”10人、社区教育特色课程5门；歌山镇政府和歌山镇成技校联合举办2021年歌山镇残疾人就业培训活动，邀请中国电子商务协会讲师团王贤君讲授以“短视频营销”为主题的培训课，为培训学员提供灵活就业新思路。12月，东阳木雕小镇获认定为“在浙学”浙江省市民终身学习体验基地。

【社区教育工作考核机制】 2021年，市教育局制定《东阳市2021年乡镇(街道)成人文化技术学校年度工作考核细则》，将成技校工作纳入教育事业考核，进一步规范成技校办学行为。市社区学院对中国共产党成立100周年“四史”教育、社区教育进农村文化礼堂、老年人智能技术日常应用普及、职业技术培训、家政服务培训等重点工作实行月报制度，建立日常督导机制，保障社区(老年)教育工作有序开展。

【成教师资队伍建设】 2021年10月20—23日，市社区学院和各成技校校长、成教干部及专职教师参加东阳市镇乡(街道)成技校教师业务能力提升研修班继续教育学习。该研修班期4天，由浙江开放大学承办，并纳入浙江省教师继续教育平台。研修班围绕社区教育发展方向和战略、建设要求和路径，开设“‘十四五’时期社区教育研究方向探索”“未来社区学习场景构建”“浙江省社区教育发展战略与路径”等主题讲座，明确社区工作思路；学习浙江电大德清学院、雷甸成校的现代化学校(社区学校)创建和镇乡(街道)成技校服务乡村振兴工作经验。10月28日，丽水市社区教育干部素质提升培训班学员到东阳市交流学习，市社区学院朱燕红作题为“校地融合铸品牌，服务区域创特色”的讲座。

【全民终身学习活动周】 2021年11月24日，东阳市全民终身学习活动周暨第五届社区教育文化节启动仪式在横店镇横漂广场举行。启动仪式由市政府主办、横店镇成技校承办、市教育局和市社区学院协办。启动仪式上表彰东阳市“百姓学习之星”“学习型家庭”“学习型社区”“学习型社团”“学习型企业”“终身学习品牌”项目，对认定的10个东阳市市民终身学习体验基地进行授牌，展演横店镇、湖溪镇、千祥镇等成技校选送的合唱、旗袍秀、舞蹈等6个社区文艺节目。

【社区教育进农村文化礼堂三年行动】 2021年，东阳市推进社区教育进农村文化礼堂三年行动，继续开展“驻堂建圈”(进驻农村文化礼堂，建设乡村学习圈)活动。截至年末，全市社区教育系统服务农村文化礼堂覆盖率84.44%。举办社区教育系统服务农村文化礼堂各类学习活动2354场次，平均6.5场次/日，活动成效的有关新闻刊发于多家媒体。市社区学院实验项目——“两库一讲”送课进文化礼堂的实验通过浙江省社区教育指导中心专家验收。

【老年人智能技术日常应用普及行动启动】 2021年1月22日，市教育局发布《东阳市老年人智能技术日常应用普及工作方案》，明确智慧助老工作目标和任务要求。各镇乡(街道)成技校因地制宜开设课程，开展集中培训、送课上门和“一对一”辅导相结合的学习活动；市社区学院开发专项课程和系列地方微课，编撰通用教材，在东阳市全民终身学习平台开设《老年教育》专栏，解决老年人在运用智能技术方面遇到的困难，促进智能技术发展与老龄化发展相协调。截至年末，全市各校共组织“智慧助老”培训活动326场次，参与学习的老年人1.5万人次。

【老年教育】 2021年，各镇乡(街道)成技校深入农村文化礼堂、居家养老服务中心，开展面向老年人的各类教育活动和学习服务，倡导老年人居家养、门口学的生活方式，提高老年人生活品质。浙江老年开放大学东阳学院根据老年人学习需求开设中医保健、舞蹈、书法、国画、合唱、智能手机应用、舞剧、形体等课程，春季招收10个班378人，秋季招收9个班320人。7月，浙江老年开放大学东阳学院学员的朗诵作品《百年庆典》获全省老年诗歌朗诵比赛优胜奖。10月，浙江老年开放大学东阳学院学员的舞蹈作品《唱支山歌给党听》获国家开放大学首届全国老年教育教学成果展三等奖。

【社区教育科研】 2021年，吴宁街道成技校“基于三心课程，构建三位一体健康社区的实践研究”获中国成人教育协会“十四五”成人继续教育科研规划课题立项；歌山镇成技校“社区教育服务乡村振兴的实践与探索——基于东阳青枣种植加工基地的建设”、吴宁街道成技校“基于社校站一体‘三韵’教育实践研究”获2021年度浙江省职业教育与成人教育科研课题立项；歌山镇成技校“社区教育服务乡村振兴的实践与探索——基于东阳火腿美食基地的建设”、湖溪镇成技校“社区教育进文化礼堂背景乡村文体队伍培育的实践研究”、巍山镇成技校“培育学习型社团，推进社区教育的策略研究”、吴宁街道成技校“‘三韵’携手社区教育促进终身学习的实践研究”、横店镇成技校

"'互联网+'背景下老年人智能化教育的实践研究"5项课题入选2021年金华市职业教育与成人教育课题。市社区学院"'两库一讲'送课进文化礼堂的实验"和南马镇成技校"瑶仪陶文化终身学习体验模式探索"两个实验项目通过浙江省社区教育指导中心专家验收。

【社区教育数字化资源建设】 2021年4月,完成东阳市全民终身学习平台视频资源采购,上传优质视频微课442节,内容涵盖政策法规、历史文化、技能技术、艺术修养、养生保健、心理健康等,面向少年儿童、成人开展线上继续教育、乡村教育、家庭教育、少儿教育和老年教育。4月始,开展家庭教育公益云课堂教学,21所学校组织家长、师生听课。全年开展公益云课堂教学18次,家长22000余人观看。市社区学院在东阳市全民终身学习平台开设《因爱好家长》专栏,为广大家长提供家庭教育线上咨询、学习和交流平台。

【学分银行】 2021年,各镇乡(街道)成技校发挥学校校内技能实训室和校外实训基地的双重作用,开展农业种养殖、面点、烹饪、电商、茶艺师、养老护理等技能技术培训,完成培训3263人次,其中参加培训32学时以上的372人次。全年存入学分银行学习成果总数260144个,存入数(按人次计)占东阳市常住人口23.9%。存入学分银行的老年教育学习成果75178个,总学时1379098个,学位43097个,全年经常参与教育活动的老年人口比率21.9%。

(陈全洪)

高等教育

·浙江广厦建设职业技术大学·

【概况】 2021年,浙江广厦建设职业技术大学(简称广厦大学)推进本科层次职业教育试点"浙江样板"建设,设7个二级学院、3个教学部、11个本科专业、36个专科专业,在校全日制普通本科生3533人、普通专科生9155人、成人专科生339人。教职工769人,其中专任教师596人(副高级专业技术职务以上专任教师231人,拥有博士学位教师26人)。全年招生5682人,其中本科1953人;毕业生3051人。学校占地面积647471.2平方米,校舍建筑面积292233.42平方米,图书馆藏书116.35万册。

2月7日,广厦大学被省住房和城乡建设厅授予"2020年度浙江省节水型单位"。3月,获评浙江省优秀民办学校。10月13日,省发改委印发《关于认定2021年省级双创示范基地的通知》,广厦大学成功入选省级双创示范基地,系全省第五批入选的高校之一。12月14日,广厦大学工会获授第四批金华市模范"教工之家"称号。12月15日,广厦大学学生创业园获评浙江省科学技术厅2021年度省级备案众创空间。12月16日,广厦大学建筑业税财协同创新实习实训基地获省级2021年度职业院校实习实训基地认定。12月21日,广厦大学艺术设计学院党总支、管理工程学院工程造价教师党支部分别被省教育厅评为第二批全省高校党建工作标杆院系、样板支部。12月22日,广厦大学智慧建造产业学院获评2021年省级重点支持现代产业学院。

【学校举办者变更】 2021年8月16日,教育部发布《关于同意浙江广厦建设职业技术大学变更举办者的批复》,同意浙江广厦建设职业技术大学举办者由"广厦控股集团有限公司、广厦建设集团有限责任公司"变更为"东阳市东控教育科技有限公司",要求省教育厅依法履行管理服务职责,指导东阳市东控教育科技有限公司履行举办者义务,加大办学投入,改善办学条件,提高办学质量,服务地方经济社会发展。东阳市东控教育科技有限公司于2020年11月25日成立,是东阳市金投控股集团有限公司(国有独资有限责任公司)100%持股的有限责任公司。

【教育教学】 2021年,广厦大学实施《提质培优内涵建设三年行动计划》,围绕学校建筑类特色,优先发展区域经济社会发展急需的职业本科专业。获批5个本科专业,申报增加7个本科专业和1个高职专业。立足培养高层次技术技能人才,围绕知识型、技能型、创新型人才培养目标,完成75门本科课程标准制定,启动首届专升本本科生毕业设计。推进建筑工程技术专业群建设,完善建设实施方案,配套支持政策,明确建设目标和成果任务。组织完成19个专业内涵建设项目验收,28门在线课程被800余所高校、15万余人共享。启动13门本科在线精品课程、15部本科重点教材、19门思政示范课程建设。校企合作开发出版教材11部,其中2部教材入选教育部"十三五"规划教材,7部本科教材获省新形态教材立项,10部教材获住建部"十四五"规划教材立项。4门示范课程、4项教改项目、1个基层教学组织获省课程思政示范项目立项。获批18个"1+X"证书制度(学历证书+若干职业技能等级证书)试点项目。获评省教学成果一等奖1项、二等奖1项。组织29个专业的学生进行工学交替、顶岗实习,开设87门工学交替相关课程,并通过"校友邦""学习通"等平台开展在线教学和实地指导。艺术设计学院教学团队获省级教学能力大赛三等奖。

【学生获奖】 2021年,广厦大学在国家级竞赛中获奖66项,其中一等奖7项、二等奖15项、三等奖30项;在省级学科技能竞赛中获奖55项,其中一等奖7项、二等奖17项、三等奖24项;国际商学院电子商务本科专业学生在第八届"学创杯"全国大学生创业综合模拟大赛浙江省选拔赛中,三组参赛选手全部获奖,获特等奖1项、一等奖2项;由本科学生组成的"攀登队"在第十九届大学生结构设计竞赛暨全国大学生结构设计竞赛浙江省分区赛中获本科组唯一的"最佳创意奖"。由学生制作的思政微课获省思政微课大赛二等奖1项、三等奖2项。

【科研和社会服务】 2021年,广厦大学推进科研服务能力提升工程、校企合作领航工程、团队平台赋能工程三大重点工程。邀请省内专家学者举办8次线上、线下系列科研培训讲座，召开2次地域文化传承研讨会。研究课题被列为省高校重大人文攻关规划重点项目2项、省哲学社会科学项目4项，比上年增长100%；获厅级以上科研成果奖17项；授权发明专利47项；"双一百"（横向课题到款100万元，创收到款100万元）任务到账额1667万元，比上年增长32%。根据2021年中国高职院校科研与社会服务竞争力评价排行榜，学校课题竞争力列全国第十二位，发明专利竞争力列全国第六十七位，科研与社会服务综合竞争力列全国职业技术大学第二位。完成建筑类培训近2.2万人次，比上年增长10%。

广厦大学与中建协、省建协合作，获批4个工种的社会评价组织认定，建筑工程学院参与制定"砌筑工"国家标准。管理工程学院与市住建局合作开展建筑"业税财一体化"培训；信息学院承接东阳市教育系统教育信息技术培训。广厦大学与市农业农村局开展农产品调研，完成东阳市打造千亿元建筑产业集群调研和打造县域高等教育高地对策报告；联合市科技局、市住建局，共同推进金华市东阳建筑产业创新服务综合体建设；参与东阳市建筑科技研究院、东阳市家具研究院建设。强化产教融合平台建设，推进建筑业现代化产业学院、工程咨询产业学院、广美电商直播学院、中国东阳雕塑学院、数字化产业学院和富纳学院等现代产业学院建设。省级产学合作协同育人项目立项4项，教育部产学合作育人项目立项33项，位列全国职业本科高校第一位。建筑工程学院智慧建造产业学院获批第一批省级现代产业学院，管理工程学院建筑"业税财"协同创新实习实训基地获批省级职业院校实习实训基地。12月，由艺术设计学院老师指导学生完成的"七星落垟·无水之境"——武阳村刘基故里规划设计方案获第四届浙江省大学生乡村振兴创意大赛金奖。

【师资队伍建设】 2021年，广厦大学引进各类人才108人，其中博士16人、高级职称20人，获东阳市"卓越引才奖"。制定《名师工作室、大师工作室组建方案》，修订《教职工学历提升工程管理办法》等10余项师资培养管理制度。开展校级培训14期，组织部门级培训60期。选派60余名教师参加本科课程进修、派出300余名教师参加访工和进企业实践。规范完成44名教职工职称晋升。持续完善薪酬保障体系，逐步提升教职工薪酬和福利待遇，计划实施绩效工资调整方案，提高奖励性收入。协助400余名教师申报人才奖补资金。推进民办事业单位报备员额工作。6月，王春福获评全省高校优秀共产党员，9位教师分别获评金华市优秀党务工作者、优秀共产党员、师德先进个人。11月17日，广厦大学师生蛋雕社"精雕细琢铸匠魂，匠心独具传神技"项目入围浙江省高校教职工文化金品牌建设项目。

【招生就业】 2021年，广厦大学完成本科生1700名招生计划，普通专升本录取率提升约10%；省内高职录取一次性完成，最低投档分数超省控线61分，最高投档分数超省控线182分，各专业录取成绩平均超分115分。总计划招生6435人，实际录取5596人，实际报到5359人，专科报到率93.17%，本科报到率96.35%。继续教育招生1251人。加强职业规划辅导和就业创业指导，联合多地人力社保部门开设专场招聘会，设立东阳市引才联络站，修订完善学校毕业生灵活就业认定办法，落实就业信息周报、月报制度。2021届毕业生就业去向落实率98.20%，参加专升本考试545人，其中有150人被本科高校录取；2020届毕业生创业率6.10%，继续保持全省高校前列；毕业生就业率、工资水平、就业满意率、升学率、总体满意率等指标持续提升。

【学生管理】 2021年，广厦大学举行"我为新生树榜样""育心大讲堂""毕业生五个一"等活动。举办第一届攀登盛典、团支部风采展示、文明班级评选、国家奖学金获得者事迹报告会等活动。实施"红色基因"传承教育。校团委获评金华市先进团组织。4名师生获评金华市优秀共青团干部和优秀共青团员。举办辅导员素质能力大赛、辅导员月月谈，开展"名班主任"工作室创建，为全体辅导员安排40个学时线上辅导课程，开设辅导员素质辅导讲座2场，分别选派2人到团金华市委、浙师大学工部见习锻炼。获第四届省高校辅导员工作案例大赛三等奖。处理公寓突发事件140余件。干预心理危机事件41起。规范评审国家奖学金10人、国家励志奖学金384人、省政府奖学金227人、国家助学金1608人，按时发放服兵役学生资助金367.2万元。管理工程学院反邪教实践团队获省高校反邪教暑期社会实践专项活动二等奖；3支团队获评省大学生社会实践"百强团队"称号，1支团队获省大学生社会实践"优秀团队"称号。

【党建工作】 2021年，广厦大学推进学生支部建设，创新试点师生联合支部党小组组建，增加学生党支部1个、党小组24个。加强数智党建管理，是金华市属高校中第一个实现党组织和党员信息完成度"双百分之百"的高校。全年发展党员553人，培养入党积极分子736人。5个"书记项目"（党委或党组书记作为第一责任人直接抓基层党建项目）获金华市教育局党委立项。选推53名"两优"党员，其中有3名党员分别获省教育厅、金华市"两优"党员称号。广厦大学获评金华市党性教育现场教学基地。校艺术设计学院入选第二批全省高校党建工作标杆院系，管理工程学院工程造价教师党支部获评第二批全省高校党建工作样板支部。

【政校企党建"联学联建"合作】 2021年10月，广厦大学和市税务局、经济开发区、市科技局、中国电信东阳分公司、市中医院、南马镇花园村六家单位签署政校企党建"联学联建"合作协议，并为共同合作建设的青穗成长基地、匠心传承人才共育基地、智创科技人才孵化基地、"信芽翼联"校企党建基地、善水惠济基地、共同富裕实践基地揭牌。

2021年2月23日，浙江广厦建设职业技术大学刚果（布）留学生到东阳市李宅村赏花灯（广厦大学提供）

【宣传思政工作】 2021年，广厦大学将党史育人元素融入学校教学、师生生活，开展18项中国共产党成立100周年系列活动。“广说习语”宣讲团在校外开展100余场理论宣讲，受到“学习强国”学习平台、《浙江日报》等主流媒体关注。推动校企联学联建，与经济开发区、市税务局、市科技局等24家单位结成联学联建单位，为群众办实事6件，为企业解难题3件，为基层减负担3件。开展党员暖心志愿服务活动32次，认领实现“微心愿”45个。在各级主流媒体发表报道新闻信息238条，其中国家级69条、省级59条。获省“校报好新闻”8项，位列34所本科院校第四位。学校微信公众号每日最高阅读量超过4万次，新媒体传播力位列本科试点学校第二位。在抖音平台推送232条视频作品，最高阅读量达54万次。12月，学校有思政优秀教学微课、思政优秀教学案例、思政教师征文、思政学生征文共17个项目在浙江省高校课程思政教学改革系列活动中入选、获奖。

【省职业院校督导评估准备工作】 2021年，广厦大学按照《浙江省人民政府教育督导委员会办公室关于开展高职院校督导评估的通知》要求，针对浙江省高职院校督导评估指示体系中的65个观察点进行逐项自查和整改，开展“百人推门听课”活动，校、院两级督导人员和中层干部听课973节。完善质量监控措施，优化校、院两级督导队伍人员结构，落实院级督导研讨月例会和质量控制信息发布制度。督导队伍有人员55人，队伍中教授比率由20%增至42%。督导听课基本实现全覆盖，学生评教参评率92%。构建全要素、网格化、全覆盖的诊改体系，建立以OBE（基于学习产业的教育模式）理念导向的自我诊改机制。探索专业诊改实施路径，试点院级质量保障体系建设。“五维度、五对标、五提升——职业本科教育评价体系的构建与实践”获评省级教育评价优秀案例成果。

2021年6月23日，广厦大学庆祝中国共产党成立100周年文艺晚会举办（广厦大学提供）

【办学条件提升】 2021年，广厦大学推进信息化建设、实验实训室建设、基建项目建设、配套设施建设。推进智慧校园建设，提升校园信息化水平。完成数字校园建设，网上办事大厅服务师生3万余人次，建成5个智慧教室，完成校园网教学区“千兆到桌面”改建和云计算中心扩容工程，校园虚拟专用网络安全接入系统投入使用。投入1705万元完成12个校内实验实训室建设。启动综合实训大楼1期建设项目。9月28日，总投资约1.5亿元的16~17号学生公寓建设项目通过竣工验收，两幢公寓大楼建筑面积49085.98平方米，共15层。投入1000余万元，完成8幢学生公寓卫生间改造、篮排球场改建及零星维修等项目。

【举行全员核酸检测采样演练】 2021年12月15日，广厦大学结合江北街道大规模新冠肺炎病毒核酸检测演练，在市卫健局、江北街道指导下，和市中医院联合在文体中心外围广场，组织开展全校全员核酸检测采样演练。该次演练参照真实场景，进行全程直播。学校新冠疫情防控工作领导小组成员及部分师生、员工共3600余人参加。

（张雷珍）

·浙江横店影视职业学院·

【概况】 2021年，浙江横店影视职业学院（简称横店影视学院）坐落于横店影视文化产业集聚区内，设影视表演、影视制作、影视美术、影视旅游、影视经济、继续教育6个二级学院、26个专业，其中教育部骨干专业1个、省级优势专业2个、省级特色专业6个、省级现代学徒制试点专业1个。有教育部生产性实训基地1个、省级示范性实训基地4个、省级产学合作协同育人项目2项。学院是教育部第三批“1+X”证书试点高校。学院教职工总数447人，其中专任教师364人，高级职称教师78人，拥有硕士及以上学历教师259人；在校学生8747人，其中普通专科生8470人、成人专科生277人。影视制作学院党总支入选浙江省第二批党建工作标杆院系培育创建单位。学校获评浙江省平安校园、浙江省文明单位、浙江省先进基层党组织、金华市“双龙计划”人才企业等。

1月，茶艺师、餐厅服务员和客房服务员3个工种入选金华市首批职业技能等级认定试点。11月，学院“影视为特色 横店为品牌——浙江横店影视职业学院构建地方影视文化人才科研育人模式”案例入选省教育厅主编的《浙江省高校“三全育人”综合改革理论与实践》丛书。12月17日，《浙江横店影视职业学院“十四五”事业发展规划》正式印发。

【师资建设】 2021年，横店影视学院获东阳市引进人才杰出奖，引进教师和行政管理人员66人，其中硕士55人、教授2人、博士副教授1人、中级职称3人、海外留学归国人员9人；获批省访问学者4人、省访问工程师5人；规范组织首次线上职称评聘工作，评审聘任副高职称人员9人，中级职称人员20人；组织开展高校毕业生津贴、人才安家津贴、晋升高级津贴等6类东阳市人才政策补贴申报工作，共办理269人次，补贴金额1163万元。

【教学科研】 2021年，横店影视学院对《浙江横店影视职业学院关于教科研工作成果奖励的若干规定》进行修订，增加国家级、省级教学成果奖及教学技能比赛的获奖奖励规定。获浙江省高职院校教学能力比赛三等奖1项、浙江省第十二届高校青年教师教学竞赛二等奖1项，入围第三届长三角地区民办高校教师教学技能大赛决赛1项，获2021年浙江省高校教师教育技术成果评比二等奖1项。学校纵向课题确认立项125项，其中教育部人文社会科学研究一般项目立项1项、浙江省哲学社会科学规划课题立项3项，省部级课题立项数居全省高职院校第五名。开展横向课题73项，合同成交金额209万余元。在普通期刊及核心期刊发表论文486篇。

【横店影视资源数据库】 2021年，横店影视资源数据库建成并投入使用，收集1996—2021年在横店镇拍摄的电影1120余部，上传517部影片。数据库是经学校统筹规划，由图书馆负责创建，通过自行搜索的方式广泛获取相关信息，学生可在横店影视职业学院官网快速通道和“横店影视职业学院图书馆”微信公众号内使用数据库，全年点击量1241次。

【产教融合】 2021年，横店影视学院立项省级产教融合实习实训基地项目1个、产学合作协同育人项目2个。7月2日，与横店文荣医院合作成立中韩形象设计工作室。11月9日，与市委党校签署思政教育合作共建协议，并举行“思政教学协作育人基地”授牌仪式。与浙江大牛影视文化有限公司等12家公司签订校外实训基地协议，开展合作。与省消防救援总队、横店影视文化产业集聚区管委会、东阳市横店影视城微电影有限公司、东阳欢娱影视文化有限公司等9家单位开展实训基地建设、技术服务、技能培训等合作。与磐安县双峰乡人民政府签订校地共建合作框架协议，在茶文化、旅游、民宿、表演、摄影摄像、创作等方面开展合作。

【招生就业】 2021年，横店影视学院招生4158人，实际录取3788人。与韩国又松信息大学合作的人物形象设计专业首次招生50人，完成招生任务。举办大型校园招聘会、空中双选会，校、院两级领导走访联系用人企业150余家，2021届毕业生2144人，就业率97.57%。

【学生获奖】 2021年，横店影视学院组织学生参加各级各类技能竞赛，获省级及以上奖项237个，比上年增加30个。在全国大学生艺术节展演活动获一等奖1项。12月，在第13届全国大学生广告艺术大赛中获一等奖2项、二等奖1项、三等奖1项、优秀奖2项，其中一等奖作品《爱华仕——让爱多一点》获企业特别奖银奖、优秀指导教师奖、年度最佳作品答辩第一名等多个奖项。在全国大学生广告艺术大赛、省大学生摄影竞赛中，获奖奖项连续6年位列省高职院校第一位。首次获浙江省大学生中华经典诵读竞赛优秀组织奖。

【特色思政教育成果】 2021年6月，横店影视学院2个案例（“以言明心，疫情下的新闻关怀”“教育抗议·大爱人间”）入选全国文化艺术职业院校线上思政教育典型案例。6月29日，由横店集团党委主办、横店影视学院党委承办的“奋斗百年路·启航新征程”党建晚会暨横店影视学院第七届课程思政会演在横店镇秦淮八艳剧场举行。7月，入选省级课程思政示范课程1门，入选省级课程思政教学研究项目2项，入选省级课程思政示范基层教学组织1个。11月，入选浙江省高校课程思政教学改革课程思政典型案例1个。获课程思政优秀教学案例二等奖3项，获课程思政教师征文一等奖1篇、二等奖4篇、优秀奖5篇，获课程思政学生征文特等奖2篇、二等奖2篇、优秀奖3篇。

【百灵宣讲团】 2021年，横店影视学院团委联合横店镇派出所成立东阳市首个大学生反诈骗宣讲团——百灵宣讲团，有团员24人，宣讲团成员来自各二级学院学生骨干，宣讲团成员在横店镇公民警校民警的带领下分析典型案例，完成反诈作战图，了解各区域电信网络诈骗的情况，制作幻灯片，开展外出宣讲活动，宣讲团成员全年在校内外开展宣讲活动88次，到社区、乡村、企业和中小学校宣讲50余场。获评2021年浙江省高校暑期社会实践优秀团队。

【"影视金牛讲坛"系列活动】 2021年,横店影视学院策划并组织开展5期"影视金牛讲坛"系列活动。围绕"影视演员的成长之路""如何爱上魔术""魔术——注意力控制的盛宴""担任影片美术指导的经验心得""繁荣而静谧的茶企业""形体台词展示"等主题,邀请演员宗峰岩,魔术师王晨、董亮,美术指导邵昌勇,茶文化主播高厦,国家一级演员李铖到讲坛开设系列讲座,共有800余人参与活动。

【校园文化】 2021年,横店影视学院开展"红色经典永流传——横店好声音""草地文化节""红色五子棋""我为祖国写情诗"等活动139场。举办第十五届学生运动会,有18人次打破12项运动会个人纪录,刷新4项接力比赛项目纪录。6月4—10日,举办首届校园戏剧节,通过《呼伦贝尔的鄂温克》《灵魂拒葬》《天诫》3台大型舞台剧和17个小型作品,在全校开展沉浸式戏剧艺术体验活动。

【"东阳锡艺"大学生艺术实践工作坊】 2021年5月6—12日,第六届全国大学生艺术节在成都市举行,横店影视学院"东阳锡艺"大学生艺术实践工作坊代表浙江省参展,获展演活动一等奖。在该届艺术节上,"东阳锡艺"大学生艺术实践工作坊展出锡艺作品60余件,作品结合东阳竹编、东阳木雕等国家级非物质文化遗产。锡艺立体錾刻装饰画《百年红船》由工艺美术专业学生王吉和汪铭峰制作,作品融合中国共产党成立100周年的标志与红船元素。

2021年5月30日,"2021年国际友人看东阳·横店影视文化行"活动在横店镇举行　　(横店影视学院提供)

【"2021年国际友人看东阳·横店影视文化行"活动】 2021年5月30日,由市外事办牵头、横店影视学院承办的"2021年国际友人看东阳·横店影视文化行"活动在横店镇举行。来自美国、英国、刚果(布)、加纳、牙买加、巴基斯坦、泰国、韩国等国家的21名在东阳市工作、学习的国际友人穿上汉服,学习影视人物造型、茶艺课程,参加"我来当群演"等沉浸式文旅体验项目。

【党史情景剧《北伐名将金佛庄》】 2021年10月27日,东阳市启动党史学习教育、党史情景剧进校园活动。"横有戏"校园思政宣讲团在市外国语学校体艺馆进行党史情景剧《北伐名将金佛庄》演出。该剧由横店影视学院党委牵头创作,分"弃笔从戎""建壬戌社""加入中共""创建黄埔""壮烈可风"五幕。后在东阳市18所学校进行巡演。

(董永芳)

2021年10月27日,党史情景剧《北伐名将金佛庄》在市外国语学校体艺馆演出　　(横店影视学院提供)

文化 传媒

Culture and Mass Media

文 化

【概况】 2021年，东阳市启用市江滨文化中心，完成博物馆、图书馆选址规划。实施“百分之一公共文化计划”，实行特色文化展示馆奖励扶持政策，引导工艺、民俗、收藏等方面的社会优质文化资源转化为公共文旅产品。推动文化基因解码工作，完成吴宁台、卢宅故事等20项重点文化元素的解码报告，录入文化元素673项，解码成果获省优秀等次。发掘木雕文化、百工文化、横店影视文化三大特色文化基因，申报评选“浙江文化标识”。

【文化强镇建设】 2021年，东阳市入选浙江省公共文化服务现代化先行县培育对象名单，湖溪镇通过省级文化强镇(街道)复核，吴宁街道通过省级文化强镇(街道)评审。13个村通过省级文化示范村复核，南马镇厦居村获评省级文化示范村。歌山镇综合文化站入选省公共文化场馆服务功能拓展先行先试单位。12月23日，省文化和旅游厅公布第七次乡镇综合文化站评估定级结果，东阳市18个镇乡(街道)文化站中，获评特级站2个(吴宁街道文化站、湖溪镇文化站)、一级站14个。每万人拥有公共文化设施面积2489平方米。全年举办各类活动200余场。

【文化惠民】 2021年，东阳市文化和广电旅游体育局(简称市文广旅体局)组织文化惠民活动400余场，送戏下乡140场，送电影下乡7813场，送书下乡10万册。创新推出“百年辉煌”图片展、“铁肩辣手——追忆邵飘萍先生新闻救国革命道路红色主题展”下乡巡展、家风家训展板进社区、“红色电影”展映、文化帮扶及元旦、春节文化志愿者送春联、演出下乡等活动。

【市江滨文化中心】 2021年6月28日，市江滨文化中心暨东阳老年大学(东阳老年大学从培新路1号迁此)正式启用。市江滨文化中心建筑面积8600余平方米，改造建设总投资3500万元，该中心东侧为群众文化活动场馆，西侧为东阳老年大学。中心设有演艺大厅、多功能厅、舞蹈室、活动室、培训室等配套功能区，具备演出、培训、讲座、展览等功能。7月19日，举行2021“红色假期”少儿文化公益课堂开班仪式。7月28日，举行“橘乡黄岩 歌画东阳”黄岩·东阳文化走亲专场文艺演出。9月27日，举行“山海协作 文化同心”2021遂昌·东阳文化走亲专场演出。9月28日，举行“迎亚运省运 助乡村振兴”2021年金华市老年人可乐球交流活动。11月29日，举行“文雅兰溪·歌画东阳”兰溪—东阳文化交流活动和“山海协作·携手共富”磐安—东阳文化交流活动。

【文化旅游市场管理】 2021年，市文广旅体局落实“外防输入、内防反弹”的疫情防控工作方针，约谈单位29家，责令停业整顿25家。推进行业重点领域整治，将景区、旅行社和酒店汇总分成3个旅游网格，把全市18个镇乡(街道)分成6个文化网格，每个网格确定一名工作人员担任安全生产网格员，承担网格片区安全生产的监管、督查整改和日常安全生产检查台账的规范化建设。联合消防、公安等部门对景区、酒店、旅行社、网吧、KTV、摄影棚等场所开展安全检查，检查文化和旅游场所1494处，整改安全隐患97处。开展全市文化旅游行业和摄影棚管理业务培训3次。

【文化行政执法】 2021年，市文广旅体局打造政务服务2.0平台，实现全省受理同标准。出动执法人员3087人次，检查场所1494家次，查处“扫黄打非”案件15起，没收违法物品4378件、非法出版物462册(张)、地卫设施45套。受理旅游投诉165起，办结率100%，无一例群体性上访和较大以上旅游投诉，未发生行政复议案件。受理行政许可826件，办结826件，其中新批198件、换证547件、变更81件。深化“互联网+监管”“双随机、一公开”执法体系改革，“浙政钉”掌上执法应用开通率、使用率、行业覆盖率均为100%。“最多跑一次”行政许可事项即办率98.77%，承诺期限压缩比99.05%。

(单望阳)

群众文化

【文化活动】 2021年，市文广旅体局控制线下大型文化活动，在“浙广直播"网络媒体、"歌画东阳"APP、"东阳市文化旅游体育"微信公众号等平台上推出"文旅东阳·文化陪你过大年"视频展播7场;推出"群星璀璨·每周艺赏"线上优秀文艺作品展播,全年推送82场;推出原创歌曲《裘家岭的路》在"歌画东阳"APP上播放,点击量5万次以上,并在"学习强国"学习平台上播放。开展大型晚会线上直播活动5场,线上251万人次观看。

2021年5月27日,在巍山镇山头金村文化礼堂举办"红心向党"东阳市庆祝中国共产党成立100周年农村文化礼堂文艺会演。6月28日,在江滨文化中心举办"百年辉煌·携手共庆"庆祝中国共产党成立100周年文艺演出。7月2日,在东阳剧院举办"初心如磐"东阳市庆祝中国共产党成立100周年大型文艺晚会。7月20日,在东阳剧院举办"信仰之路"金华市庆祝中国共产党成立100周年文艺演出。10月20日,在江滨文化中心举办"金秋十月"广场舞大赛。11月1—3日,由省文化馆、市文广旅体局主办和市文化馆承办的浙江省第三十二届群众戏剧小品大赛在东阳剧院举行,全省24个节目参赛,市文化馆创作的小品《雕刻时光》获金奖。全年在省内开展文化走亲活动10场。在巍山镇罗店,歌山镇尚侃,城东街道李宅、家卢,横店镇沈坎头5个村举办"促健康中国 享多彩人生"庆祝中国共产党成立100周年巡回演出。

【文艺培训】 2021年,东阳市举办"空中课堂"线上公益艺术培训18期。举办手龙、舞龙、大鼓、秧歌、广场舞(排舞)、越剧表演及"智汇东阳·百场沙龙"系列艺术培训40余场。编印《东阳文化》刊物3期,配送至全市各行政村(社区)。

(程雪晴)

图　书

【概况】 2021年1月1日,东阳市图书馆文献分馆开馆。年内,东阳市7个综合文化站图书室和金华市公共图书馆实现一卡通。开通浙江省公共图书馆信用服务平台线上借阅服务功能。在市图书馆总馆外借室设立盲文图书专柜;在一楼大厅设置自习教室,增加自习座位36个。增加图书4.3万册,总藏书量增至60万册,借阅44.2万册次(包括分馆、书吧),服务读者61.34万人次。

【图书场馆建设】 2021年,东阳市建成六石街道、白云街道、城东街道图书分馆3个,增加"悦读吧"自助图书馆1家。对佐村镇、南市街道、吴宁街道3个图书分馆进行服务设施提升。截至年末,有镇乡(街道)分馆12个、特色分馆4个、自助"悦读吧"3个、特色阅读空间15个。全市完成"e家书房"进社区、进文化礼堂80家。

【服务活动】 2021年,市图书馆举办各类阅读活动267场(其中讲座184场、展览23场、阅读推广活动52场、培训8场),参与人数17.88万人次;线上活动136场、线下131场,数字资源浏览量135万次,下载量18.9万册次。市图书馆获评浙江省公共图书馆全民阅读优秀组织奖、2021年长三角地区公共图书馆阅读马拉松大赛优秀组织奖。

(杜晓娟)

文　博

【文物保护】 2021年,东阳市有全国重点文物保护单位6处(卢宅肃雍堂、土墩墓群、马上桥花厅、紫薇山民居、白坦民宅、史家庄花厅),省文保单位10处,东阳市级文保单位140处、文保点327处、登录点1524处。5月18日,市文广旅体局与市住建局联合发布《关于进一步加强历史文化名城名镇名村、传统村落、文物保护单位白蚁防治工作的通知》,对全市105处市级以上文物保护单位文物建筑白蚁危害情况进行调查。5月始,全市开展文物安全提升专项行动,采取市督查,部门联查,文保所巡查、抽查,镇乡(街道)、村(社区)检查,文保员自查等方式,落实直接责任人公告公示制度,确定文物安全责任主体。推进文物安全风险源排查,全年出动人员2850人次,巡查文物保护单位(点)926处,责令整改隐患300余处。完成全市建筑类文保单位(文保点)的安全风险普查和APP数据录入。对白坦务本堂、菊壮厅和十一间头进行金属套管改造提升。配置14处省级以上木结构文物保护单位微型消防站,组织马宅镇雅坑、城东街道斯村、六石街道樟村、画水镇林村、南马镇南湖、东阳江镇茜畴新园等省级以上文保单位所在村开展消防灭火演习。8月4日,确定歌山镇尚侃村尚侃民宅(含瑞庆堂、新厅)和横店镇柏塔村柏塔杜氏三合院为第十二批文物保护点。8月12日,东阳市文物局挂牌成立。11月,由市规划建筑设计院有限公司编制《东阳市文物建筑电气线路整改提升工程技术指导说明》,推动全市文保单位(点)及毗邻建筑电气线路整改提升。市文广旅体局印发《关于开展文物建筑排查整治的指导意见》,开展全市文物保护单位(点)房屋使用安全检测鉴定。厦程里慎德堂一期修缮工程、卢宅茂槐堂后院修缮工程、巍山镇九如堂修缮工程、理和堂修缮工程通过竣工验收;六石街道下石塘德润堂中轴线(一期)修缮工程、严济慈故居修缮工程通过竣工初验。推进柏塔杜氏三合院、上安恬广远公祠、上安恬聚顺堂、里光明上厅、堂鹤衍庆堂等13处古建维修工程。抢救性发掘南马镇东湖行政村东三自然村明代胡煇夫妇合葬墓、花园大道旁清代郭惟德墓,出土四乳四跑兽纹铜镜等文物6件。

(吴姚红)

【博物馆事业】 2021年,市博物馆有馆藏品4873件(套)、化石标本6123件(套)、古籍24211册。1月,市博物馆、东阳中国木雕博物馆接入"文旅绿码"系统,观众扫码就能完成线上预约,线下扫码核验入馆。3月,市博物馆接入"一卡通"设备,为居民入馆参观提供便利。东阳中国木雕博物馆家训馆开通《朱子家训》录音播放及线上语音讲解服务。

全年,市博物馆接待观众11.3万余人次、团队69批次,提供讲解服务496批次;东阳中国木雕博物馆接待观众4.6万余人次,讲解863批次,其

2021年5月17日，市博物馆开展“‘弘扬传统文化 关爱特需儿童’东阳市博物馆走进特殊教育学校”活动 （市文广旅体局提供）

中接待省部级领导9批；引进和举办“印记东阳——黄包车影像展”“铁肩辣手——追忆邵飘萍先生新闻救国革命道路红色主题展”（原创）和庆祝中国共产党成立一百周年百名大师百件作品雕刻艺术展（原创）等展会7个，推出“印记东阳——黄包车影像展”“铁肩辣手——追忆邵飘萍先生新闻救国革命道路红色主题展”数字展览；开展社教活动42场，其中线上7场、线下35场，参与观众8500余人次。5月17日，市博物馆工作人员到市特殊教育学校开展“弘扬传统文化 关爱特需儿童”活动。5月19日，市博物馆举办“博物馆里画恐龙”活动。10月，“让爱无‘碍’——东阳市博物馆文博课堂走进特殊教育学校”获评浙江省博物馆“十佳青少年教育项目”。年内，东阳中国木雕博物馆接待尚学传麒学校、外国语小学、贝贝佳音幼儿园等研学团队30批次。完成第一次全国可移动文物普查碑帖拓本、碑刻等文物信息调查信息上报。接收社会捐赠藏品93件，其中郭华民捐赠解放战争及抗美援朝时期物品90件。

（刘佳佳）

非物质文化遗产保护

【非遗保护】 2021年6月，东阳市传承发展浙江优秀传统文化工作获省政府督查激励。卢宅非遗街区入选全省“微改造、精提升”单项试点单位。推进省级文化传承生态保护区创建工作，通过省文化和旅游厅中期评估。搭建文旅体一体化公共数据平台，其中“基因解码·卢宅营造技艺”应用、“不可移动文物保护（数字）系统”应用分别入选金华市文旅数字化改革特色应用场景和东阳“城市大脑”平台建设。

【非遗活动】 2021年，东阳市政府办公室印发《东阳市传统民居文化传承生态保护区总体规划》《东阳市创建省级传统民居文化传承生态保护区实施方案》。有关部门单位组织开展传统古建筑工种技能工匠培训和专家讲座活动。推进传统工艺工作站建设。组织参加“百人百艺·薪火相传”中国传统工艺邀请展和“百名学生走进工作站”民居营造技艺学习培训。在卢宅非遗街区设立翻九楼传承基地，与卢宅爱必依景区分公司联合举办“东阳酒开坛节”“送春联”“元宵节迎花灯”“五一非遗文创集市”“端午节‘巧手奶奶’包粽子比赛”等一系列民俗活动。举办“文化和自然遗产日”系列活动。举办“非遗学堂”201场、“周六非遗市集”14期，非遗街区研学游10场。组织开展以“人民的非遗人民共享”为主题的“非遗一台戏”展演、非遗项目免费体验、第二届“遇见非遗”儿童绘画比赛等系列活动。组织东阳优秀非遗传承人参加省、金华市非遗旅游商品、“薪传奖”、特色伴手礼评选等活动。组织学生参加金华市婺风遗韵“少年非遗说”故事讲述大赛，获一等奖2人、二等奖2人，市非物质文化遗产保护中心（简称市非遗保护中心）获优秀组织奖。选送木梳、陶艺参加第十三届浙江·中国非物质文化遗产博览会（杭州工艺周），“梵沐记”木梳入选金华特色伴手礼，《一帆风顺》木雕台屏

2021年7月10日，市非遗保护中心在卢宅街区举办“周六非遗市集”活动 （市文广旅体局提供）

获评浙江特色伴手礼。选送“匠心再造”参加百姓工艺美术手工技艺大赛。11月22日，厉宝余、蒋宝良、何红兵、杨国强和卢祖豪5人入选第六批省级非遗传承人；迎胡公、玉石雕刻、香榧加工技艺等6个项目入选金华市第八批非遗项目。出版《东阳传承人口述史》《东阳非遗概览》两套非遗丛书。开展非遗传承人评比，17人获评优秀。邀请传统舞蹈专家对大头舞、后山店武术等非遗项目进行提升挖掘。组织非遗项目在第三届世界东阳人发展大会和横店影视节进行展示体验。推进省级传统文化传承生态保护区创建。创建省级非遗旅游景区，东阳木雕小镇和六石街道北后周村入选第六批省级非遗旅游景区验收名单。

（陈笑笑）

图书销售

【概况】 2021年，浙江省东阳市新华书店有限公司（简称新华书店）实现总营收1.08亿元。截至年末，有连锁店13家，分布在江北街道、白云街道、六石街道、横店镇、巍山镇、湖溪镇、千祥镇、南马镇、画水镇、市区人民路和振兴路。经营范围在图书报刊、电子出版物销售等基础上，增加食品销售，餐饮服务，家具、健身器材、日用百货、玩具、工艺品销售，展览、场地租赁服务，组织文化艺术交流互动，开展图书经营与教材发行工作。

【书店活动】 2021年，新华书店优化店校合作模式，由市文明办、市教育局牵头，组织开展第十一届“温暖的旅程”未成年人亲子读书活动。举办“百年潮涌·红星闪闪放光彩”主题演讲活动，与市外国语小学合作举办抗疫作品展，与江北小学月亮湾校区合作举办“静思巧绘，润泽童心”学生作品展和“种下一棵阅读树，寻找心灵的春天”主题读书展。

新华书店创新营销模式，将门店活动与网络阅读推广相结合，线上持续推出《每周书单》《书城荐读》《书单精选》等栏目，线下做精做细书城活动，“领读者讲坛”吸纳全市优质师资力量致力阅读分享与推广；开展红色岁月票证巡回展、童心诵红诗、童声唱红歌主题活动献礼“我心中的祖国”、“粽”情端午——端午故事会等专题活动；邀请电影人沈翔作公益讲座《从阅读到写作——我们的悦读时光》，开设“爸，你好吗?”亲子电影课；开展文化科技卫生“三下乡”活动，送书到城东街道李宅社区。

（李倩楠）

融媒体中心

【概况】 2021年，东阳市融媒体中心推出20余个专栏，编辑特刊70余期，播出各类新闻报道3万余篇（幅）。全年在《人民日报》等媒体刊发报道10余篇，央视播出新闻14条；《浙江日报》、浙江卫视等媒体刊发新闻300余条。7月12日，浙江省新闻道德建设基层联系点在市融媒体中心挂牌。7月26日，《东阳日报》报头由原来的“浙江日报报业集团主管 东阳日报社主办”，改为“中共东阳市委机关报”，并恢复报眼。8月1日，东阳市广播电视台新闻综合频道实现高清播出。

年内，市融媒中心入选浙江省县（市、区）融媒中心20强，获浙报集团县（市、区）级融媒体中心共享联盟合作奖、全省广播电视台新闻协作县（市、区）级广播电视三等奖、金华市广播电视新闻协作先进单位一等奖，获评浙江在线全省十佳支站、全国传媒经营“金推手”优秀单位、2020年度“学习强国”学习平台浙江“学习之星”先进组织等。2021年11月8日第22个中国记者节，表彰2021年东阳市“飘萍新闻奖”一等奖7个、二等奖12个、三等奖19个，表彰2021年度东阳市“外宣工作贡献奖”获得者7人。

【媒体融合】 2021年，市融媒体中心重构媒体策划采访编辑发布流程，推进全员绩效考核的薪酬体系建设，印发《东阳市融媒体中心媒体融合考核方法》《东阳市融媒体中心优秀作品奖励办法》等7个考核奖惩规章，形成“统一策划、一次采集、多元生成、多平台发布”的融媒体传播新格局。强化策划引领，建立“每日谈版会、一周策划会、每月监评会”工作机制；成立总编室，专门负责新闻宣传策划统筹，监督跟踪传播效果；成立采访中心，整合优化报纸、电视、广播采访力量，统一开展采访报道；强化“新媒体首发”理念，形成移动端先行播发、网络跟进报道、广播电视报纸联合刊播的发布机制，“1+3+X”（“1”为“歌画东阳”APP；“3”为“东阳发布”微信公众号、“东阳日报”微信公众号、“东阳日报”抖音号；“X”为东阳新闻、“东东腔”视频号、东阳城市广播微信公众号等若干新媒体传播载体）的新型传播体系初步形成。在短视频领域集中发力，“东阳新闻”“东东腔”视频号全年推送360余个视频。

【新闻宣传】 2021年，市融媒体中心聚焦党史学习教育和庆祝中国共产党成立100周年，启动“奋斗百年路 启航新征程”大型采访活动，共推出报道280余篇（条）。推出专栏报道，组织开展主题活动，推动相关活动有序落实落细。在报纸、广播、电视、新媒体上开设《百年东阳风云人物》《党史晨读》《东阳红色记忆》《党史故事我来说》等特色栏目。组织“读党史、听党史、悟思想”“沿着红色足迹大型采访活动”“红色地图发布暨‘薪火传递’红色接力活动”等主题采访活动。

市融媒体中心策划实施“四攻坚四争先”行动、“违建整治进行时”和“解难题优作风百日大会战”等专题活动与第二十一届全国“村长”论坛、横店影视节、第七届东阳tm市道德模范颁奖典礼等重大活动30余场。开设专栏，及时报道东义同城化工作进展。继续办好《行风热线》栏目。3月，推出《每日聚焦》栏目，全年播发86期。9月19日，《东阳日报》刊出32个版面的《“园·圆”特刊》，报道第三届世界东阳人发展大会。加强外宣工作，建立外宣联系机制，专人分管，专班运作，讲好东阳故事。

【“奋斗百年路 启航新征程”大型采访活动】 2021年3月25日，市融媒体中心举行2021年度工作会议暨“奋斗百年路 启航新征程”大型采访活动启动仪式，开启庆祝中国共产党成立100周年主题宣传活动。仪式上为大型主题采访活动5个小分队授旗。采访活动以“红色根脉·薪火赓传”为主脉络，内容包括“党史晨读接力”“党史故事我来说”“史志档案解读”“烽火红歌传唱”“擎党旗接力跑”“寻访红色足迹”等。

市融媒体中心与市委党史研究室联合在《东阳日报》开设《百年东阳风云人物》专栏，共推出17期、70余位人物。栏目由市委党史研究室负责前期资料挖掘整理，开展稿件选题、审定等工作；市融媒体中心安排专人以前期梳理资料为基础进行采写，编辑后在全媒体平台发布。市融媒体中心利用短视频平台，推出60余期《老党员说》《东阳红色记忆》《党史故事我来说》等短视频专栏。《老党员说》栏目通过镜头语言和老党员们的出镜讲述，展示基层优秀老党员在平凡岗位和生活中默默奉献的事迹。《党史故事我来说》栏目以融媒体主持人、市党史研究员、党史宣讲团成员等为讲述人，回顾“五四”运动以来的各革命时期中东阳出现的重要党史人物与事件，讲述百年中国共产党历史中一些生动感人的历史片段和人物故事。《东阳红色记忆》栏目通过探访东阳市相关红色遗址胜迹、红色教育基地，介绍背后的中国共产党历史故事和先烈故事。

2021年6月25日，红色地图发布暨“薪火传递”红色接力活动以“跑步+打卡”的形式举行，分为1个主会场和15个分会场，主会场设节庆广场，15个分会场设在除3个城区街道外的各镇乡（街道）。主会场发布红色地图并向各分会场传递火炬后，接力活动在全市各镇乡（街道）全面铺开。市融媒体中心安排全媒体记者跟进报道该次活动。在“歌画东阳”APP、“东阳日报”微信公众号、“东阳发布”微信公众号、“东阳日报”抖音号、“歌画东阳”视频号等新媒体平台以及《东阳日报》、东阳市广播电视台、东阳城市广播电台等传统媒体平台进行集中报道宣传，全媒体合计点

2021年3月25日，市融媒体中心2021年度工作会议暨“奋斗百年路 启航新征程”大型采访活动启动仪式举行 （胡扬辉/摄）

击量50余万次。

2021年6月，市融媒体中心开展“沿着红色足迹”大型寻访报道活动，报道选取金佛庄、邵飘萍、严济慈3人，梳理他们的奋斗轨迹，根据重大事件，挑选重要地点，分成10个融媒体小组采访报道，全媒体呈现。于7月1日前后，在“东阳日报”微信公众号、“东阳发布”微信公众号、“歌画东阳”视频号、“歌画东阳”客户端、东阳新闻网等本地媒体矩阵连续集中多端发布，腾讯、网易、澎湃等平台予以转发。全媒体平台阅读总量突破100万次。

【产业经营】 2021年，市融媒体中心策划组织、举办、承办各类活动200余场。组织车展3次，承办39省道十里头至官清段开通仪式暨2020年东阳市综合交通大会战成果展示会，组织东阳市第六届青年创业创新大赛、东阳市红色地图发布暨“薪火传递”红色接力活动、第七届东阳市道德模范颁奖典礼等活动，策划“魅力廊道”图片展示大赛等活动。发挥媒体融合优势，开展直播、视频拍摄业务。对全市产业发展大会、“两优一先”表彰大会暨“初心如磐”庆祝中国共产党成立100周年文艺演出、十大杰出青年颁奖典礼、“医心向党”红歌赛等30余场活动进行直播，拍摄《写在歌山画水间的奋进之歌》《2020我们拼过的春夏秋冬》等专题片20余个。

承接东阳市两会期间宣传展板等氛围布置、党史长廊建设。开展《东阳人》《东阳新农村》《东方艺》等编印工作，承接《永康日报》《磐安报》代印刷、户外广告和阅报栏制作等业务，拓展镇乡（街道）智慧垃圾分类系统建设业务；组织开展小记者培训、研学等业务。

（黄永强）

新闻网

【概况】 2021年，东阳新闻网编辑发布新闻稿件12854篇，策划网络新闻专题76个，日均阅读量4.8万次；推出视频作品350余个；推出H5▲作品近20个；推出海报100余张；开展直播60余场。

▲H5：利用第5代HTML语言创作，融合图片、文字、音频、视频、动画等多种形式，适配移动端与电脑端，可与用户交互的数字作品。

【专题专栏制作与传播】 2021年，以2021年东阳市两会专题为起点，东阳新闻网对市委、市政府中心工作和重点项目进行报道。推出“2021年东阳市两会”“2021全市干部大会”“向人民报告”“每日聚焦”“第二十一届全国‘村长’论坛”“‘金’诚团结战‘烟花’”“捉谣记”“2021横店影视节”“第

三届世界东阳人发展大会”“‘六讲六做 争拼抢创’大宣讲 媒体记者互动讲”“喜迎东阳市第十六次党代会”等专题60个。发布关于东阳市两会、市委全会、第三届世界东阳人发展大会、东阳市第十六次党代会、横店影视节、城市品质提升、全国“村长”论坛、抗击台风“烟花”以及疫情防控等内容稿件1200余篇，阅读量300余万次。

【视频品牌打造】 2021年，东阳新闻网加强视频制作队伍建设，拓展各类视频业务，输出高质量短视频内容。全年制作推出视频350余个，观看量7000余万次。其中，《“我要找妈妈!”小女孩半夜逃出门找妈妈，被外卖小哥带走，监控还原全过程》观看量3119万次，《东阳这家集团一次采购80辆红旗轿车奖励给员工和客户?》观看量371万次，《652万！东阳5月份第三次中体彩大乐透一等奖》观看量200.1万次，《还不快来东阳吗?》观看量139.3万次。视频作品《追忆红色革命情 百岁党员姐妹花再“相见”》获评由省记者协会组织的“寻红色印记·看美好‘窗口’”融媒体作品征集暨全省融媒体易地蹲点采访活动优秀作品。

【宣传形式和渠道创新】 2021年，东阳新闻网利用直播、H5、海报等形式开展重大活动的宣传，推出《@东阳居民，这份防台指南你一定要看!》《台风天宅家太无聊？不如来玩“飞花令”吧!》《中共东阳历史馆今日开馆！一起重温入党誓词》《打卡东阳“红色地图”，我是第8849位永远跟党走的东阳人!》《红色东阳 峥嵘百年——东阳日报庆祝建党100周年特刊》等H5作品近20个；推出庆祝中国共产党成立100周年、世界东阳人发展大会倒计时、网络安全宣传、“台风来袭遇到内涝积水该怎么办”和“台风天如何应对”等系列海报100余张；开设直播60余场，点击量200万余次。其中，“健康课堂：保护视力 远离近视”点击量近33万次，“2021第三届世界东阳人发展大会主旨大会”点击量26.8万次。

【线上线下活动】 2021年，东阳新闻网组织开展线上线下活动。1月22日，承办39省道十里头至官清段开通仪式暨2020年东阳市综合交通大会战成果展示会。6月26日，承办东阳市红色地图发布暨“薪火传递”红色接力活动。7月18日，承办义东大桥通车仪式、东阳新西站启动仪式。8月27日，承办义东高速东阳南市至南马段、351国道安文至马宅后山隧道、歌山大桥建设项目集中开工仪式。9月11日，承办2021“陌上寻影 共享田园”开园活动。10月17日，承接2021年东阳市健康科普宣讲竞赛决赛。11月15日，承接“爱情圣山——东白山邀您云许愿赢大奖”活动组织工作。12月28—30日，承接东阳市第十六次党代会会场外氛围布置工作。

【舆论主阵地作用】 2021年，东阳新闻网在网站首页、客户端首屏头条位置对习近平讲话精神、庆祝中国共产党成立100周年、中共十九届六中全会等内容进行实时轮换显示。推出《学习习近平关于安全生产重要论述》《学习贯彻习近平总书记重要讲话精神》《习近平在浙江》《聚焦十九届六中全会》《热烈庆祝中国共产党成立100周年》《2021年全国两会》《2021年国家网络安全宣传周》《2021年世界互联网大会》《国家安全教育日》等专题报道。全年安排3名值班人员24小时候值守，负责网宣指令工作。

（董之震）

卫生健康

Health Care

综　述

【概况】 2021年，东阳市有医疗卫生机构591家，其中市级医疗卫生单位17家、社区卫生服务中心(卫生院)16家、卫生服务站113家、一体化村卫生室165家、门诊部16家、其他(个体诊所、卫生所、医务室)264家。有三级甲等医院1家(市人民医院)，三级乙等医院1家(市中医院)，二级甲等医院3家(市人民医院巍山分院、横店文荣医院、市妇幼保健院)，二级乙等医院4家(市横店医院、市红十字会医院、花园田氏医院、市第七人民医院)。有平安医院9家，省级规范化社区卫生服务中心(卫生院)16家，省级示范社区卫生服务中心1家(六石街道社区卫生服务中心)，基层医疗机构“优质服务基层行”达国家基本标准16家，其中推荐标准3家(六石街道社区卫生服务中心、南马镇中心卫生院、画水镇中心卫生院)。全市医院开放床位4889张(含民营医院1171张)，其中综合性医院2973张、市中医院420张、市妇幼保健院310张、专科医院1001张(含市第七人民医院320张)，社区卫生服务中心(卫生院)185张。有各类卫技人员7498人，其中执业(助理)医师3223人、注册护士2995人；具有高级职称者1045人、中级职称者1928人。固定资产总值20.60亿元，建筑面积87.47万平方米，其中业务用房55.62万平方米。 (何　莎)

【医共体建设】 2021年，东阳市加强医共体内涵建设，建立月考核制度。加强医疗质量管理，每季度开展质控检查，全年参与质控检查的专家达300余人次。推进全科医生模块化培训，完成培训137期，授训2062人次。完成阶段考核1895人次，合格1643人次，合格率86.7%。增加技能操作模块培训，160余人通过考核。推进牵头医院专科医生到基层排班帮扶工作，全年各类医务人员在基层上班帮扶共11912天。调整人才池人员轮转方案，人才公寓建成投入使用，首批入住人员82人。医共体5条公交线路投入使用。推进“两慢病”(高血压、糖尿病)智慧物联管理，投入4000台血压计、血糖仪居家在线监测，建立“两慢病”患者长期用药与慢性病管理信息联动，实现“两慢病”患者全部全程闭环管理，全年血压异常推送复核44603人次，纳入高血压管理患者24478人，血糖异常推送复核13753人次，纳入糖尿病管理患者4942人。开展新冠肺炎疫情防控各项工作，加强医疗机构三道门、发热诊室、预检分诊、住院患者及陪护管理，加强医院获得性感染的预防与控制；加强发热病人社区全程管理；推进疫苗接种、核酸采样工作；开展交通卡口、隔离点、援外等疫情防控工作。全年16家基层医疗机构门诊、急诊量2230150人次，比上年增长8.96%；医疗业务收入29119.01万元，比上年增长20.52%；出院人数3995人次，比上年增长44.95%。基层医疗机构职工收入比上年增长9.2%。

6月4日，《人民日报》刊登《看病不出县，百姓得实惠》，报道以东阳市医共体为代表的县域医共体改革给县域医疗健康带来的巨大变化，乡村医疗卫生机构留住人才，更多急病患者得到及时救治；慢性病患者和镇乡(街道)医院医生进行家庭医生签约，将更多慢性病患者纳入集中管理，提高慢性病管理效率。12月3日，《健康报》刊登《人才池涌动的是活水》一文介绍东阳市医共体建设，东阳市政府在城区划拨0.67公顷土地，拨款7800万元，建立人才公寓，明确编制人才户籍挂在城区，实行优化绩效工资分配制度，为员工提供适合岗位的培训，通过解决员工最关心的户籍、住房、子女教育以及个人职业成长前景等问题，为东阳医共体建设提供人才保障。 (李君权)

【医院规划建设】 2021年，东阳市根据《东阳市医疗卫生服务体系暨医疗机构设置“十四五”规划》等规划，构建完善医疗服务体系，实施全市城区医院布局调整。完成市中医院迁建项目(一期)、市人民医院配套项目、市妇幼保健院保健楼建设工程、医共体配套建设项目和市人民医院巍山分院门急诊综合楼拆建项目等施工；江北综合医院(市红十字会医院迁建工程)项目一期公共卫生临床中心结顶，开展二次结构砌体砌筑施工，二期综合楼完成施工临时设施建设，基坑土方开挖；市人民医院新手术室大楼工程结顶，开展二次结构砌体砌筑施工；市妇幼保健院妇产中心大楼项目开展施工前准备工作；白云街道社

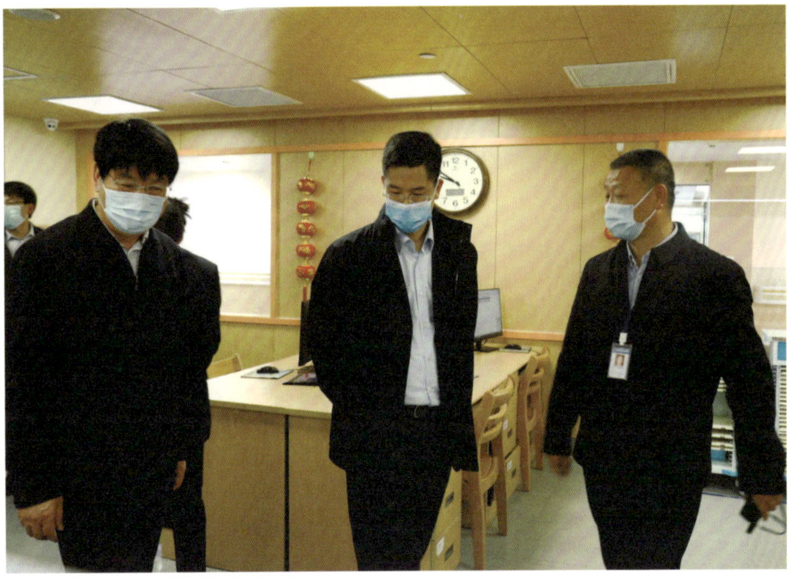

2021年3月12日,国家卫健委医政医管局副局长李大川(中)到东阳市调研医院安全保卫工作 (市卫健局提供)

区卫生服务中心建设项目主体基本完成;市中医院公共卫生临床中心完成破桩、桩基检测、砖胎模施工,开展主体结构施工。 (严辉亮)

【卫生监督】 2021年,市卫生监督所有监督对象4679余家(未完全统计存在职业病危害因素用人单位)。通过"互联网+监管"模式督查各类监管对象2894家次,组织协管员巡查各类监督对象13945家次,监测医疗机构、用人单位、公共场所、供水单位、餐饮具集中消毒服务单位等861家。立案查处违法案件845起,其中一般程序案件662起、简易程序案件183起;执行一般程序案件633起,收缴罚没款2038512.5元,移送公安机关3起,受理各类投诉举报104起,无行政复议案件或行政诉讼案件。市卫生监督所完成国家级复审暗访和横店镇国家卫生镇复评相关迎检工作;通过省级卫生健康行政执法监督工作规范化建设评估;连续十九年保持"金华市文明单位"称号。

(卢 涵)

医疗和科研

【概况】 2021年,东阳市开展"优质服务基层行"创建活动,召开"优质服务基层行"专题推进会,成立创建工作组;六石街道社区卫生服务中心和画水镇中心卫生院对照评价指南逐条自评,确定创建标准。8月,市卫健局组织专家对六石街道社区卫生服务中心和画水镇中心卫生院进行县级初评,两家基层医疗机构达推荐标准。9月,金华市级复核组专家对六石街道社区卫生服务中心和画水镇中心卫生院进行复核,两家基层医疗机构复核达推荐标准。根据市委改革办、市"最多跑一次"改革办和市卫健局联合印发的《2020年东阳市深化医疗卫生服务领域"最多跑一次"改革推进就医体验大提升行动方案》,全市医疗卫生系统实施诊疗模式规范化、就医环境人性化、院内服务智慧化、医防服务便利化、集成服务特色化改革。医疗服务领域"最多跑一次"改革主题推进公共场所服务大提升行动中,市妇幼保健院完成引领型单位建设、市中医院完成示范型单位建设。 (李君权)

【中医药发展】 2021年,东阳市推进名中医工作室建设,组织16名省、市级名中医及中医骨干在14家基层卫生院(社区卫生服务中心)建立名中医工作室,派出名中医、骨干专家384人次。申报金华市中医药科技计划项目24项,获批9项;申报浙江省中医药科技计划项目7项,立项1项。举办省、市级继续教育学习班13项,培训人员1484人次。开展中医药文化进农村文化礼堂活动,组织中医专家开展健康咨询和大型义诊活动8次,服务群众1500余人次,免费赠送价值近1.2万元的药品。 (周瑶新)

公共卫生服务

【概况】 2021年,东阳市居民人均期望寿命82.38岁,其中男性80.32岁、女性84.52岁。恶性肿瘤、心血管疾病、糖尿病和慢性呼吸系统疾病4类主要慢性病的过早死亡概率8.98%。死亡人数列前5位的死亡原因为恶性肿瘤、脑血管疾病、心脏病、伤害和呼吸系统疾病。慢性病报告发病率分别为糖尿病506.28/10万、冠心病急性发作74.24/10万、脑卒中492.77/10万、恶性肿瘤498.88/10万、慢阻肺(年龄40岁及以上)511.52/10万。恶性肿瘤报告发病率排名前10位的依次为肺癌、甲状腺癌、前列腺癌、肠癌、胃癌、乳腺癌、肝癌、子宫颈癌、淋巴瘤和子宫体癌,占恶性肿瘤的81.85%。

【查灭钉螺】 2021年,东阳市完成查螺面积171.13万平方米,查螺投工4501工,查到复现钉螺面积为4.66万平方米,其中六石街道2.44万平方米、巍山镇2.21万平方米、湖溪镇60平方米、佐村镇50平方米。解剖捕获的钉螺3773只,未发现感染性钉螺。对湖溪镇、巍山镇、六石街道、横店镇和佐村镇的有螺区域开展春秋季灭螺工作,灭螺投工5584工,环境改造灭螺面积2.46万平方米,药物灭螺面积87.27万平方米,消灭钉螺面积970平方米。血吸虫病抗体血清采集1989人(含流动人口1120人),血清抗体阳性4人;粪检4人,粪检阳性0人;血清阳性者粪检率100%。

【传染病防治】 2021年,东阳市报告法定传染病17种、5674例(54例未发病的艾滋病病毒感染者不计入总数),年报告发病率521.53/10万,发病数比上年(10468例)下降45.80%。无甲类传染病报告;乙类传染病12

种、1518例，报告发病率139.53/10万，发病数比上年（1279例）上升18.69%。乙类传染病报告发病数居前五位的分别为肺结核（464例）、病毒性肝炎（397例）、淋病（333例）、梅毒（205例）和猩红热（60例）。

【结核病防治】 2021年，东阳市肺结核病防治机构网络应转诊患者1301例，转诊到位患者1294例，总体到位率99.46%。报告肺结核患者464例，报告发病率42.65/10万，比上年（51.27/10万）下降16.82%；登记治疗肺结核患者460例，其中涂阳患者175例、仅培养23例、仅分子生物学阳性204例，病原学阳性率87.39%；登记满1年的普通肺结核患者437例，其中治愈357例、完成疗程44例、诊断变更患者10例、转入耐药治疗4例、成功治疗率94.80%。

【艾滋病综合防治】 2021年，东阳市各镇乡（街道）卫生院（社区卫生服务中心）开展性工作者、吸毒人群、男男性接触等高危人群的艾滋病行为干预工作。报告艾滋病感染者和病人101例（含54例未发病的艾滋病病毒感染者），历年累计报告833例（死亡100例）。按现住址管理580例，在治病人553人，治疗覆盖率95.34%。

【预防接种】 2021年，东阳市继续实施扩大免疫规划，提供11种疫苗免费接种，相应预防12种传染病，通过常规免疫、查漏补种、儿童入托入学查验证等手段接种免疫规划类疫苗20.87万针次，建卡率与各疫苗单苗接种率均保持在95%以上。继续开展65周岁以上老人免费接种流感疫苗项目，全市接种79800人，接种率52.46%。开展3周岁以上人群的新冠疫苗接种工作，接种231.82万剂次，其中第一针106.50万剂次、第二针107.17万剂次、第三针18.15万剂次。

【慢性病综合防控】 2021年，东阳市通过国家级慢性病综合防控示范区复审。截至年末，登记高血压患者13.28万人，发现率15.60%；管理患者10.89万人，健康管理率57.73%；规范管理患者8.10万人，规范管理率74.42%；血压控制患者7.38万人，血压控制率67.80%。登记糖尿病患者3.52万人，糖尿病患者发现率4.13%，管理患者2.72万人，健康管理率52.18%；规范管理患者1.96万人，规范管理率72.18%；空腹血糖控制患者1.59万人，血糖控制率58.33%。

【蚊虫监测】 2021年4—11月，市疾病预防控制中心每月对4个镇乡（固定点和流动点各2个）开展布雷图指数（指平均每100户，有白纹伊蚊幼虫滋生的积水容器总数，用以评价一个地区蚊媒传染病传播风险）监测。8个月检查11个镇乡（街道）18个村1600户，查到水体1000处，发现白纹伊蚊阳性263处，白纹伊蚊阳性户数183户。通过广播、电视、报纸、微信、讲座等多种形式向居民宣传蚊虫滋生地环境整治、清理积水容器等蚊传疾病防控知识，动员市民主动自觉参与清理蚊虫滋生地。（吴健晗）

妇幼保健

【概况】 2021年，东阳市产妇总数4761人，活产数4824人，系统管理人数4710人，系统管理率97.64%，产后访视率97.84%，住院分娩率100%，高危产妇发生率61.48%，管理率100%，剖宫产率37.46%，未发生户籍孕产妇死亡。流动孕产妇产前保健覆盖率100%，住院分娩率100%，发生流动孕产妇在家猝死1例，流动孕产妇死亡率42.46/10万；7周岁以下儿童数49379人，7周岁以下儿童健康管理人数48971人，管理率99.17%；3周岁以下儿童数17115人，3周岁以下儿童系统管理人数16813人，系统管理率98.24%；5周岁以下儿童数33870人，低体重患病率0.57%，生长发育迟缓患病率0.52%，消瘦患病率0.14%，超重患病率9.17%，肥胖患病率1.90%，贫血患病率2.87%，中重度贫血患病率0.10%。婴儿死亡率1.45‰，5周岁以下儿童死亡率3.53‰，新生儿死亡率0.83‰；流动儿童保健管理率98.78%，0~3周岁儿童发育监测和筛查、0~6周岁儿童视力筛查、0~6个月婴幼儿髋关节筛查、户籍地孕产妇免费产前筛查工作进展顺利。完成妇幼健康服务管理任务指标；完成妇幼重大公共卫生项目、免费避孕药具发放、孕前优生检查与计生技术服务工作，未发生因计划生育手术死亡或伤残病例。全市11家接产医院开展出生证、户口本、医保卡、社保卡（市民卡）、预防接种证、领取母子健康手册等“多证联办”服务及“浙里办”服务，全市首次签发出生医学证明9296人，6685户新生儿家庭享受到“多证联办”“掌上办”服务带来的便利。落实孕产妇管理“六大机制”（信息采集、风险评估、能力建

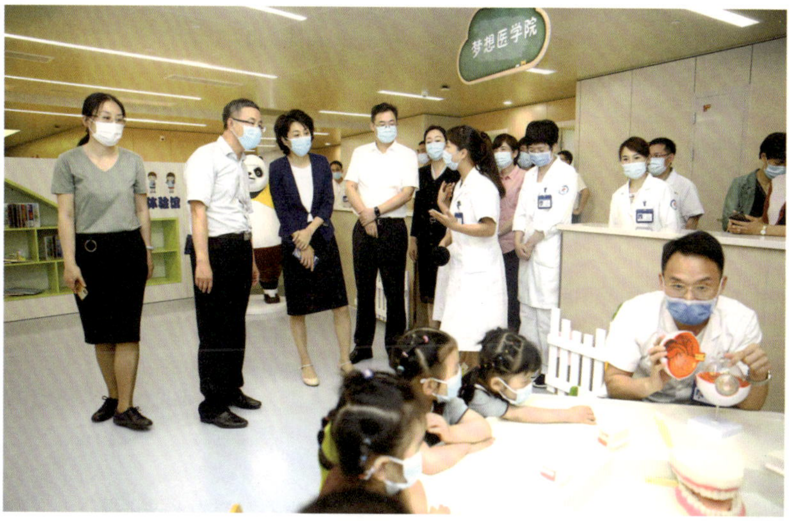

2021年6月9日，国家卫健委妇幼司司长宋莉（左三）到东阳市调研妇幼健康工作
（市卫健局提供）

设、救治协作、宣传教育和考核督导机制),对较高风险及高风险孕产妇进行“一对一”管理。建立健全产科主任例会、危重孕产妇点评制度和孕产妇死亡、新生儿死亡评审及5周岁以下儿童死亡评审工作;加强医院产科急救能力培训、母婴技术培训考核,组织全市产科开展“魅力新产科”特色服务和人流产后关爱项目。开展中医文化进校园活动。

【妇幼健康服务模式建设】 2021年,东阳市推进常态化新冠肺炎疫情防控工作,开展妇幼健康服务。利用“互联网新技术+远程新设备”打造院内院外胎儿监护医疗健康服务闭环,提供更加便捷的远程监护服务,开展孕产妇、妇女儿童线上线下健康教育,提高妇女儿童健康素养。与上海交通大学医学院附属新华医院医学影像会诊分中心联合开展危重孕产妇与磁共振实时远程会诊服务,为凶险性前置胎盘、胎盘植入等病例提供可靠诊断依据,保障母婴安全。

妇幼健康服务人员通过微信群、电话等形式免费为孕产妇、儿童家长提供咨询、指导、就诊预约、网上预约等服务;多学科联合,为高危母婴保驾护航。6家市级助产医疗机构开设高危妊娠专家门诊,提供生育力、妊娠风险评估、备孕指导,提供孕产期与儿童营养、心理保健等专科服务,加强高风险备孕妇女、孕产妇及儿童的“一对一”监护与随访,重视产后母婴安全风险,保障孕产妇身心健康。在金华市卫健委指导下重点推进“3211”婴幼儿照护服务模式(打造三支队伍、建立两个中心、建设一个驿站、打响一个品牌),在市妇幼保健院、南马镇中心卫生院和六石街道社区卫生服务中心三家单位开展试点工作。建立科学育儿“医防护”儿童健康管理和婴幼儿照护服务网络,推动儿童养育照护与保健诊疗服务融合,提供中西医结合、儿童运动与保健结合服务,做实家庭医生签约服务、孕产妇儿童保健、新生儿访视、预防接种,强化优孕、优生及优育指导,加强婴幼儿发育监测和筛查评估,为家长和婴幼儿照护者提供婴幼儿养育照护、早期发展指导服务;通过社会兴办、单位自建及幼儿园办托班等多样化、多层次的婴幼儿托育照护服务模式,完成托位数2740个,千人托位数2.52个。

7月15日,由市卫健局和市妇联联合主办、市妇幼保健院承办的“健康进万家·幸福你我他”项目在六石街道吴良村启动,活动覆盖镇乡(街道)17个,开展健康讲座18次,内容包括各时期的养生保健知识,子宫肌瘤、子宫内膜癌、宫颈癌的预防,儿童眼保健、口腔保健及儿童意外伤害的防范等,健康教育受益人数5775人。实施金华市“0~6周岁儿童眼保健”民生项目,全年完成0~6周岁儿童眼保健筛查51379人,完成率100%,完成电子档案录入51379人,完成率100%,对筛查出异常的儿童给予治疗。开展0~3周岁儿童髋关节发育筛查工作。加强出生缺陷防治,开展婚前医学检查、孕前优生健康检查、叶酸增补、产前筛查、产前诊断、新生儿疾病筛查、新生儿先天性心脏病筛查等防治项目。

(华含珺)

健康东阳

【概况】 2021年9月、11月,东阳市召开健康东阳建设领导小组会议,健康东阳建设纳入政府工作报告。10月,健康东阳建设领导小组办公室印发《关于2021年度健康东阳建设考核细则》《2021年健康东阳建设工作要点》。每季度跟踪健康浙江及健康金华考核排名情况,对健康东阳建设进行模拟自评。开展26项专项行动,东阳市“心脑血管防治行动”和“医疗卫生服务体系优化行动”入选健康浙江行动示范试点项目。12月31日,“健康浙江”微信公众号刊登东阳市示范点经验做法。

东阳市获2020年度健康浙江建设考核优秀等次,通过第二轮国家卫生城市复审和省级健康促进县验收,获评省委、省政府2018—2020年度首轮健康浙江建设先进县市(金华市唯一一家)。市卫健局获评健康浙江先进集体。

【健康水平提升】 2021年,东阳市人均期望寿命为82.38岁,婴儿死亡率1.45‰,未发生户籍孕产妇死亡,居民健康素养水平34.53%,国民体质监测合格率93.7%,中小学校学生体质健康标准达标优良率57.58%。

【健康生活普及】 2021年,东阳市通过“健康东阳”“东阳发布”“歌画东阳”微信公众号等新媒体,发布健康信息;在医院、超市、户外大型电子显示屏、公交、阅报栏等滚动普及健康知识10万余条次。开展健康知识竞答有奖活动3期,参与人数3万余人次。5月,从全市遴选首批12名专家,组建健康科普首席宣讲团,举办健康科普讲座80余场,免费发放健康礼包。开设健康网络直播课堂,邀请专家授课,网络点击量超30万次。4月,举办健康宣教能力培训班,培训健康宣教人员150余名。6月,由市卫健局、市总工会、市人力社保局、市科协主办,市疾控中心承办,市融媒体中心协办的2021年东阳市健康科普宣讲大赛预赛举行,镇乡和市属27支队伍65名选手参赛。10月18日举行决赛,21人获奖,9人获授“东阳市技术标兵”“东阳市技术能手”称号。

(王淑丽)

爱国卫生

【概况】 2021年,东阳市通过国家卫生城市第二轮复评。横店镇通过国家卫生乡镇复评,画水镇、千祥镇和马宅镇通过国家卫生镇省级暗访。7个镇乡开展省级健康镇乡建设,全市健康镇乡创建比例58.33%;168个行政村(社区)开展健康村(社区)建设,占全市所有行政村(社区)的42.64%。全年东阳市爱国卫生运动委员会办公室(简称市爱卫办)组织网络知识竞赛5次,发布相关科普文章9篇。6月,举办第二届健康科普能力提升培训班。8月,举办科普演讲技能大赛。

【卫生创建工作】 2021年,市中医院通过省级健康促进医院复审,横店文荣医院再次成功创建省级健康促进医院；吴宁四校、江北初中、吴宁三中、横祥小学4所学校通过金华市健康促进学校(银牌)创建考评。3所学校申报创建金华市健康促进学校金牌，10所学校申报创建金华市健康促进学校银牌，20所学校申报创建金华市健康促进学校铜牌。浙江普洛家园药业有限公司、东阳市供电公司、甬金高速怀鲁收费站(浙江省交通集团高速公路绍兴管理中心东阳收费中心所)3家单位的健康促进企业建设获省级专家好评。市爱卫办与市创建办联合，将控烟工作与市创建办日常督导结合，编发履职通知书102期，督促控烟整改30余条；全市印制、发放禁烟标志3万余张；编印宣传画4000张。市卫生监督所定期对公共场所控烟情况进行监督检查，立案查处3家控烟不力单位。

【病媒生物防制工作】 2021年，东阳市投入35万余元，采购灭鼠药、灭蚊蝇药、灭蟑螂药等，为主城区居民户免费发放；6月，结合城区的病媒消杀第三方公司年度招标，对城区第三方服务公司的工作质量重新进行量化和细化，制订相应指标，完善数据收集方式，提升病媒管理效率。投资39万元，在主城区建设防蚊闸1800个；投资12万元，建设户外太阳能灭蚊灯55个，巩固城区主要公园、公共绿地防蚊效果；开展无蚊社区、除“四害”村建设，江北街道猴塘社区东丰小区和南市街道梨枫村创建省级除“四害”样板村，投资40万元，动员全市20个村(社区)开展除“四害”村建设。

【农村改水改厕工作】 2021年，东阳市开展农村生活饮用水水质卫生监测工作，监测水样76份，水质合格率96.05%，比上年提高约2个百分点。开展农户厕所改造摸底工作，摸排全市农户185091户，确认无害化卫生厕所183805个，占摸排农户数99.31%。

(侯晓锋)

卫生应急管理

【概况】 2021年，东阳市组织全市卫生应急骨干开展传染病防控等知识培训，各医疗单位对院内骨干进行培训，开展院感防控，核酸采样，新冠病毒疫苗和流感疫苗预防接种，新冠肺炎防控消毒技术，血吸虫病防治，麻风病、性病防治管理，预防接种，犬伤处置等卫生应急专业培训，提升卫生应急人员的专业技术水平。

【卫生应急演练】 2021年8—12月，全市各镇乡(街道)、各中小学校均开展大规模人群核酸检测演练，提升全市大规模人群新冠肺炎病毒核酸检测筛查能力，提高全市防控新冠肺炎疫情的应急响应与处置能力。

【卫生应急处置】 2021年，东阳市报告突发公共卫生事件1起，即画水镇中心小学发生一起流行性感冒聚集性疫情。市疾控中心接到疫情报告后，组织业务人员到现场开展调查、采样及处置等工作，落实各项防控措施，防止疫情扩散蔓延。

(吴健晗)

生育服务和老龄工作

【概况】 2021年，国家对生育政策作出重大调整，提倡适龄婚育、优生优育，一对夫妻可以生育三个子女。实行生育登记服务制度，优化再生育审批流程，生育登记和再生育审批服务实现“零跑次”，通过“浙里办”APP办理生育登记4763件，再生育审批71件。全市上报出生5540人，比上年减少837人，下降13.13%；二孩及以上出生2689人，比上年减少365人，下降12.00%，二孩率44.51%。全员常住人口信息覆盖率95%以上，主要信息字段完整率、准确率均达99%以上。建设和提升公共场所母婴室40家，其中达到浙江省地方性标准的有37家，达标率92.5%。实行农村部分计划生育家庭奖励扶助和特别扶助政策，全市有18163人享受该项政策，共计发放扶助金2233.94万元，其中10115人享受独生子女奖励扶助，扶助金1180.48万元；610人享受特别扶助，扶助金517.92万元；“双农二女户”7438人，奖励扶助金535.54万元。走访“失独”家庭18户，发放慰问金8.75万元；发放公益金48.8万元，266户计生困难户受益。

【医养结合工作】 2021年，东阳市开展老年健康服务工作，组织开展老年健康养老科普知识讲座80余场；开展二级及以上综合性医院和市中医院老年医学科建设；开展老年友善医疗机构创建工作，市人民医院、市红十字会医院2家分别被省卫健委、金华市卫健委认定为老年友善医疗机构，市中医院、横店文荣医院、市横店医院、亲和医院4家医疗机构达到老年友善医疗机构创建要求；开展基层医疗机构医养结合服务质量提升行动，通过线上线下等方式培训医护人

2021年7月12日，东阳市卫健系统举办“两优一先”表彰大会暨主题红歌赛

(市卫健局提供)

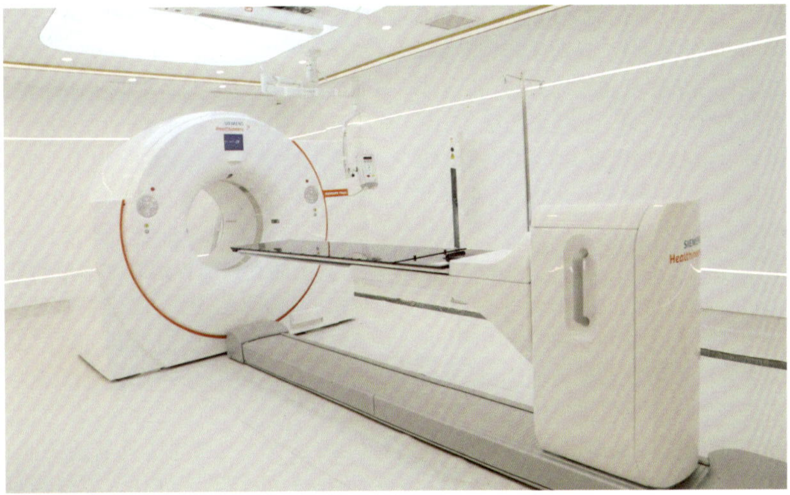

2021年9月8日，PET-CT(西门子 Biograph Vision 450)医用设备投入临床使用　　　　（市人民医院提供）

中云医院”总注册量近30万人，用户规模、黏性和活跃度居同行业前列。

【抗击新冠肺炎疫情】 2021年，市人民医院在新冠肺炎疫情常态化防控形势下，以“一人不放松、一环不疏漏、一刻不耽误”的要求，开展医院疫情防控工作。高标准建成东阳市首个方舱接种点，承担定点医院医疗救治工作和全市80%发热病人的管理工作，组织1500人大规模核酸检测团队以及200人核酸采样快速反应机动队。12月13—15日，派出105名医护人员驻守隔离点，截至年末，完成绍兴市上虞区隔离人员的医疗服务工作。

（李　鹏）

员380人次；开展敬老院、居家养老服务中心医养结合签约服务。

【健康老龄工作】 2021年，东阳市开展“智慧助老”行动，解决老年人运用智能技术困难的问题。4月9日，东阳市老龄工作委员会(简称市老龄委)全体会议在市行政中心召开，明确市老龄委工作规则和市老龄委成员单位职责。7月，市老龄委开展以“关注口腔健康，品味老年幸福”为主题的老年健康宣传周活动。开展“百岁健康”老年摄影活动。10月，开展“重阳节”走访慰问活动，举办庆祝“重阳节”大型文艺会演。城东街道单良村单南平获评省级敬老养老助老模范人物。

（陆建贞）

医疗机构选介

·东阳市人民医院·

【概况】 2021年，市人民医院完成门急诊185.1万人次，出院总人数84224人次，接受手术治疗34942人次，平均住院天数6.9天。25个重点关注术种业务量进入全省前二十位，冠脉搭桥手术完成78例，列全省第五位。颈椎椎间孔镜术、游离皮瓣术、脑动脉取栓术、脑肿瘤手术等手术成功开展，呼吸与危重症医学科(PCCM)规范化建设项目通过认证，“支气管镜介入治疗”全省排名进入前二十。神经内科入选第一批金华市省市共建医学重点学科建设计划。子宫肌瘤、尿路结石、胆囊结石、甲状腺、乳腺癌、关节置换、椎间孔镜等手术量增长，平均增长25%。生殖中心成功取卵超过700个周期，胚胎移植数769个周期，增量分别是上年的2倍和2.6倍。8月13日，市人民医院作为全省唯一县域医院受到省委、省政府表彰，获首届浙江省“十佳医院”称号。

【医疗项目与科研】 2021年，市人民医院组织申报国家自然基金3项，在浙江省基础公益类项目、省卫健委项目、省医院协会项目、浙江省医学会项目、金华市科技局项目等立项80项，获浙江省科技奖励2项。发表论文102篇(含SCI论文57篇，中华级杂志15篇)。申报专利100余项，成功授权77项。签署12个临床试验项目，合同总金额超500万元，比上年增长304.66%。增加价值10万元以上设备37台(套)，引入3.0T磁共振(GE SIGNA Architect)、正电子发射计算机断层显像(西门子 Biograph Vision 450)医用设备投入临床使用。

【互联网医院】 2021年，市人民医院上线“浙中云医院”，提供在线问诊、慢病续方(药品配送)、健康管理等覆盖诊前、诊中、诊后的线上线下一体化医疗服务。全院46个科室、600余名医务人员接受咨询98815人次，“浙

·东阳市中医院·

【概况】 2021年，市中医院门诊服务77.57万人次，比上年增长12.55%；出院总人数15274人次，比上年增长12.23%；业务收入3.59亿元，比上年增长15.76%；平均住院天数9.46天，比上年减少0.43天；门诊均次费用277.16元，比上年增长4.60%；住院病人均次费用9129.63元，比上年增长0.57%。市中医院韦林强入选浙江省中青年名中医培养对象，汤加科获评金华市名中医，徐韩平获评金华市基层名中医，曹远志获评金华市医界新秀，王美兰获评金华市青年名中医。

【中医药特色优势】 2021年，市中医院开发中医药枕、中药足浴包、三黄膏、紫草膏等中药处方；开设中医护理门诊，用拔罐、刮痧、艾灸等传统中医疗法防病治病。持续开展中医药文化进学校、进社区、进文化礼堂活动，免费送药价值4万余元，服务3000余人次。与市实验小学合作，承担五年级学生《中医药与健康》授课工作，全年完成授课26课时。参与浙江省中医药健康文化精品遴选活动，选送作品获文字类一等奖、视频类三等奖。

【科研项目立项】 2021年，市中医院完成金华市科技项目立项7项、东阳市公益类科技计划项目立项13项、

2021年1月6日，中医药文化走进东阳市实验小学启动仪式举行

（市中医院提供）

金华市继续教育项目13项，承办国家级继续教育项目“简易名方临证运用学习班”。申报下一年金华市中医药科学技术研究计划项目12项，立项5项。全国基层名中医专家传承工作室——洪妙兰工作室通过验收。

【医疗技术提升】 2021年，市中医院持续推动医疗技术创新，开展经内镜逆行胰胆管造影（ERCP）、关节镜下经肌腱的缝线桥技术治疗肱骨大结节骨折、取耳屏软骨膜做移植物在耳内镜下修补鼓膜穿孔等37项新技术新项目。在2021年度浙江省三级中医院（DRG）质量绩效分析报告重点监测的68个病种及术种中，市中医院共计14个病种及术种数量列前十位，膝关节置换术列第二位，lgA肾病、肾穿刺活检、乙肝肝硬化失代偿期列第四位。

2021年12月16日，市中医院将中药防感方送至隔离点　（市中医院提供）

【疫情防控常态化】 2021年，市中医院落实新冠疫情常态化防控举措，执行所有进院人员测温、亮码、戴口罩等管理要求；强化预检分诊和发热门诊管理，规范操作流程；改造发热门诊室，调整布局；发挥中医药在疫情防控中的作用，在门诊大厅免费向市民提供防感茶。为横店镇、歌山镇、南马镇等11个隔离点提供7500份中药防感汤剂。

【专业技术竞赛】 2021年10月，由省卫健委、省中医药管理局和省总工会联合主办的2021年首届浙江省中医药适宜技术推广应用竞赛在杭州市举行，市中医院选手韦英姿参赛，获个人二等奖，金华市代表队获团体二等奖，韦英姿获“浙江省中医药适宜技术能手”“浙江金蓝领”称号。在金华市中医针灸综合技能竞赛中，市中医院获个人一等奖、个人二等奖、个人三等奖各1人和团体二等奖。

【中医院迁建工程】 2021年12月，东阳市中医院迁建工程项目（一期）进入内部装修尾声，住院楼建设完成92%，门诊医技楼建设完成88%，行政楼建设完成90%，完成投资近4亿元。市中医院迁建二期工程项目进入前期准备阶段，项目规划总建筑面积4.6万平方米，主要建筑包括康复大楼、后勤大楼和科研大楼，总投资约2.8亿元，项目完成设计招标，设计单位为浙江省建筑设计研究院有限公司。

（段闪闪）

体育

Sports

综述

【概况】 2021年，东阳市在开展疫情防控同时，推进全民健身，推动体育产业发展，提升竞技体育竞争力。推进亚运会、省运会筹办工作，完成省运会场馆改造验收。承办射箭、艺术体操、男子足球、高尔夫4项省运会测试赛。全年招录优秀退役运动员8人，获赛前加计金牌12枚。全年收录体育后备人才504人。

【亚运会、省运会筹备工作】 2021年，市文广旅体局根据省运会安排，承办男子足球(丙组)、女子篮球(乙组)、射箭、艺术体操和高尔夫球5个省运会比赛项目。截至年末，东阳中学和吴宁一中的足球场地、明清宫苑射箭场地按照省运会标准改造到位，市体育馆艺术体操和篮球比赛的设施提升工作按要求完成。5个场馆全部通过省运会专家组验收。《第十七届省运会办赛参赛目标责任书》明确东阳市金牌任务27枚，其中加计金牌15枚，完成加计金牌16枚。开展亚运会、省运会氛围宣传工作，由市政府办公室组织，市委宣传部、团市委、市教育局等部门共同参与，在城区主干道及节庆广场、东丰小区布置亚运会、省运会宣传标语及广告牌16处，在《东阳日报》和东阳市广播电视台开设专栏，在全市星级酒店、旅行社、大型商场、城区中小学校等电子显示屏滚动播放宣传片。

【体育产业】 2021年，市文广旅体局推进体育产业发展，培育体育品牌赛事。完成全市体育综合体、品牌赛事、规模以上体育企业和体育彩票销售的调研工作，为制定体育产业优惠政策提供数据支撑。开展两次社区医生和社会体育指导员“体医融合”交叉业务培训。开展全市体育培训机构数量摸底，建立体育企业名录库，收录体育企业348家、体育培训机构235家。全市有省级运动休闲基地1家，金华市级体育产业(运动休闲)基地、示范基地4家。入选国家级体育旅游精品赛事1个(横店马拉松)、省级体育产业发展资金库项目3个。体育彩票年销量2.36亿元。

(单国炉)

2021年10月30日，第三届中国东阳“纤惠杯”体育舞蹈(国标舞)全国公开赛在市体育馆举行

(市文广旅体局提供)

群众体育

【概况】 2021年，东阳市举办“江滨4小时接力赛”、东阳“纤惠杯”体育舞蹈(国标舞)全国公开赛、2021年浙江省青少年(儿童)乒乓球积分排名赛等群众体育赛事80余场次。提升体育社会组织水平，根据《东阳市体育社团管理运行评估办法(试行)》，加强社团内部建设。4月26日、4月29日，成立东阳市棋类协会和健身气功协会，东阳市社会体育组织增至20个，其中AAA级社团10个。发挥社会体育指导员在全民健身中的作用。组织社会体育指导员注册、登录“浙里办”社会体育指导员公共体育服务平台，激活率、上岗履职率大幅度提升。9月，市文广旅体局被国家体育总局授予“2017—2020年度全国群众体育先进单位”称号。

【全民健身公共服务体系建设】 2021年，东阳市投入667万元（其中财政资金110万元、社会资金557万元），建成南马镇花园村、千祥镇千南村千四自然村、虎鹿镇白峰村3个村级全民健身广场，总面积11260平方米；建成吴宁街道西园社区、南马镇夏居村各600平方米的运动广场；建成白云街道昆溪社区东山小区、吴宁街道西园社区、巍山镇甲坵村等村（社区）多功能运动场8个，总面积8470平方米；建成吴宁街道西园社区时代花园小区、江北街道猴塘社区东丰小区、巍山镇施家田小区等小区8座百姓健身房，面积2050平方米；建成学士路6号广电公园体育设施公园，场地面积226400平方米。截至年末，东阳市人均体育场地面积2.49平方米。利用东阳市国民体质监测中心开展市民体质测试，全年测试3600人。市文广旅体局获省"十三五"体育设施建设突出贡献奖。

（单国炉）

竞技体育

【概况】 2021年，东阳市加强本土运动员培养，制定《东阳市竞技体育贡献奖励办法》《关于面向退役优秀运动员招聘部分体育教师的方案》等政策，对获各级各类竞技体育赛事的东阳籍运动员和带训教练员给予800元~50万元不等的奖励。

【少年体育】 2021年，市少体校组织学生参加各类赛事，获2021年浙江省青少年田径锦标赛5金、4银；获2021年浙江省阳光体育运动会团体总分第二名；获浙江省青少年击剑联赛男子团体第一名；获2021年金华市青少年田径锦标赛41金、13银、10铜，总分624分，列金华市金牌数第一位、团体总分第一名。加强体育后备人才培养，市少体校吴宁一中基地招收新生27人，外国语学校基地招收新生8人，外国语小学基地招收新生3人。明确享受伙食标准补助运动员、教练513人，发放补助经费404.5万元。

【横店马拉松】 横店马拉松赛事获评2021年中国体育旅游精品赛事和长三角地区精品体育旅游赛事，入选2021年度浙江省体育产业发展资金项目库，获奖金30万元。

2021年东阳市主要体育赛事一览表

表44

序号	体育赛事名称	时间	举办单位	级别
1	全国第四届老健会太极拳交流活动	5月	市政府、市老年体协	国家级
2	国家杯棋牌职业大师赛	6月	海南中智运动发展有限责任公司	国家级
3	横店马拉松	10—11月	市人民政府、横店集团	国家级
4	"纤惠杯"全国体育舞蹈比赛	10月	浙江纤惠文化传媒有限公司	国家级
5	浙江省围棋段位赛	3月	省围棋协会	省级
6	浙江省青少年射箭冠军赛	4月	省射击射箭自行车运动管理中心	省级
7	浙江省大学生足球比赛	4月	省教育厅、省体育局	省级
8	浙江省青少年中小学生乒乓球冠军赛第二站	5月	省体育局	省级
9	浙江省第十三届幼儿电子百拼、创意积木表演大赛	6月	省幼儿体育协会	省级
10	浙江省小小足球俱乐部比赛	6月	浙江小小足球俱乐部	省级
11	浙江省青少年科技体育（航海、航空航天、车辆、建筑模型）教育竞赛第二站	7月	省体育局、省模型无线电运动协会	省级
12	浙江省青少年（儿童）乒乓球积分赛第二站横店	7月	省乒乓球协会	省级
13	浙江省足协足球嘉年华	7—8月	省足球协会	省级
14	2021年浙江省少儿艺术体操锦标赛	7—8月	省体育局	省级

续表44

序号	体育赛事名称	时间	举办单位	级别
15	2021年浙江省青少年足球(男子丙组)锦标赛	7—8月	省体育局	省级
16	浙江省青少年足球夏令营	7—8月	省足球协会	省级
17	2021年浙江省全民健身运动会	9月	省群体处	省级
18	2021年浙江高尔夫球冠军赛	9月	省体育局	省级
19	浙江省大学生足球联赛本科组男子比赛	11月	省大学生体育协会	省级
20	2021年浙江省青少年篮球冠军赛	11月	省篮球协会	省级
21	2021年浙江省少年儿童短式网球冠军赛	11月	省体育局	省级
22	金华市门球培训交流活动	3—4月	金华市老年体协、东阳市老年体协	金华市级
23	“可津杯”金华市乒乓球俱乐部联赛	4月	金华市体总、金华市乒协、东阳市乒协	金华市级
24	金华市“米友圈杯”爱酷小飞侠体能挑战赛	5月	金华市体育局、金华市体育总会、东阳市文广旅体局	金华市级
25	中国横店公开水域比赛	5月	金华市游泳协会	金华市级
26	2021年金华市青少年(儿童)羽毛球积分赛	12月	金华市教育局、金华市体育局	金华市级
27	东阳市门球邀请赛(金华各县市)	3月	市门球运动协会	东阳市级
28	“葡精红酒杯”东阳市气排球协会排名赛	3月	市气排球协会	东阳市级
29	东阳市门球季度赛	3月、6月 9月、12月	市门球运动协会	东阳市级
30	东阳市财贸工会乒乓球比赛	4月	市财贸工会、市乒协	东阳市级
31	“义磐东武”四县市门球联谊赛	4月	市门球运动协会、横店分会	东阳市级
32	芳香世家	4月	横店影视城	东阳市级
33	超级小飞侠少儿体能挑战公开赛	5月	市文广旅体局、市蓝鲨体育有限公司	东阳市级
34	第四届横店足协五人制足球比赛	5—6月	横店足球协会	东阳市级
35	东阳市旗袍秀比赛	5月	市健身舞协会	东阳市级
36	东阳市气排球协会第二季联赛	5月	市气排球协会	东阳市级
37	第七届江滨4小时接力赛	6月	市文广旅体局、市长跑协会	东阳市级
38	东阳市广场舞比赛	7月	市健身舞协会	东阳市级
39	东阳市气排球协会第三季联赛	7月	市气排球协会	东阳市级
40	“鑫奥林”杯东阳市第二届儿童速度轮滑滑板车大赛	8月	市轮滑运动协会	东阳市级

续表44

序号	体育赛事名称	时间	举办单位	级别
41	第三届浙江省青少年创客大赛	8月	横店影视城	东阳市级
42	第六届夜跑东白山	8—9月	市长跑协会	东阳市级
43	东阳市横店太极拳邀请赛	9月	横店影视城	东阳市级
44	“踏秋”系列走进各镇乡	9月	市登山协会	东阳市级
45	东阳市气排球协会第四季联赛	9月	市气排球协会	东阳市级
46	东阳“铭星杯”青少年体育舞蹈公开赛暨CEFA国标舞艺术精品展演	10月	市章泽天舞蹈培训有限公司	东阳市级
47	东阳市2021年乒乓球俱乐部联赛	10月	市乒协	东阳市级
48	东阳市太极拳健身气功展示交流活动	10月	市太极拳协会、市老年体协太极专委会	东阳市级
49	2021年东阳市中小学生足球联赛	10—11月	市文广旅体局、市教育局	东阳市级
50	2021年东阳市中学生篮球联赛	11月	市文广旅体局、市教育局	东阳市级
51	2021年东阳市中小学生乒乓球比赛	11月	市文广旅体局、市教育局	东阳市级
52	第四届东阳市中老年乒乓球俱乐部联赛	11月	市乒协	东阳市级
53	第27届全球华人羽毛球锦标赛	11月	全球华人羽毛球联合会	东阳市级
54	“葡精红酒杯”东阳市气排球协会年终总决赛	11月	市气排球协会	东阳市级
55	第五届跑神轻越野赛	11—12月	市长跑协会	东阳市级
56	第三届大众跆拳道比赛	12月	市跆拳道协会	东阳市级
57	“快乐之星”杯东阳市第五届速度轮滑邀请赛	12月	市轮滑运动协会	东阳市级

（单国炉）

人力资源与社会保障

·综述·

【概况】 2021年,市人力资源和社会保障局(简称市人力社保局)推进人力社保事业发展,统筹推进就业创业、人才交流、社会保障和规范劳动用工管理等工作,开展党史学习教育,推进数字化改革,打造共同富裕重要窗口。

市人力社保局获评2021年度全省劳动人事争议案件处理工作成绩突出单位,东阳市劳动人事争议仲裁院获评2021年度全省劳动人事争议"互联网+调解仲裁"工作成绩突出仲裁院。东阳市"精准智供"助力退役军人就业的做法,获副省长王文序批示肯定;实现社保待遇资格认证"零次跑"的做法,获省委办专刊刊登;东阳市探索编外聘用人员管理"一件事"持续优化机关效能的做法,获金华市委书记陈龙批示肯定;东阳市拓宽多元化解渠道构建劳动争议全域调解新格局的做法,获金华市委常委祝伦根批示肯定。陆潇俊代表金华市参加省人力社保厅组织的现场赛及人社部技能比武线上比赛,获优异成绩。

【对口帮扶劳务协作推进】 2021年,市人力社保局推进对口帮扶劳务协作。与四川省南江县、甘肃省陇西县对接,在劳务合作、职业培训、校企对接、支部共建、就业服务协助等方面达成协作意向,召开座谈会,签订劳务合作协议。到四川省南江县举办东阳—南江首期电商直播培训班,50名南江农村致富带头人、电商创业带头人参加培训。与南江县小河职业中学、南江县职业中学签订校企合作协议,南江县旅游、建筑等专业毕业生可到东阳市就业。联合磐安县人力社保局开展茶艺师、药乡保健、居家养老、乡村旅游等培训,完成磐安籍人员培训1534人次。与磐安县人力社保局联合举办乡村旅游高级项目制培训班,聘请大学教授、网红、金牌导游等优秀师资进行授课。

(司松松)

2021年11月15日,市人力社保局领导到义东高速公路01标项目检查"党建+安薪"项目部建设情况,走访工地并为一线工人送上慰问品(市人力社保局提供)

·就业创业·

【概况】 2021年,东阳市城镇增加就业28800人,失业人员再就业4274人,帮扶就业困难人员再就业1023人,城镇登记失业率1.1%。发放创业担保贷款4006万元。开展就业创业培训7.6万人次,发放培训补贴3770万元。发放高校毕业生求职创业补贴67.8万元,惠及234人;发放小微企业吸纳高校毕业生社保补贴199.3万元,惠及企业199家;为20名高校毕业生进行创业担保贷款资格认定,发放贴息贷款24万元。

【"留雁春训"项目制培训】 2021年,市人力社保局制定"留雁春训"项目制培训政策,推动"五大春训赋能行动"。对完成"留雁春训"培训的企业和个人分别给予300元、400元培训补贴。全市138家企业组织培训,7900名留岗员工参加,发放"留雁春训"培训补贴547万元。落实"以工代训"政策,为1730家企业发放"以工代训"补贴3005万元,惠及职工6

万余人，支持企业稳岗保岗。为1258家企业发放稳岗补贴637.82万元，为50家企业发放企业吸纳就业困难人员社保补贴14万元，为116家企业发放小微企业吸纳高校毕业生社保补贴31万元。开展用工调查和用工监测，完成全市34313家企业的用工调查工作，每月采集920家重点企业的用工数据，建立完善用工监测预警体系。

【职业技能培训】 2021年，市人力社保局整合各类培训资源，形成由市政府统一领导、市人力社保局牵头主抓、各有关部门共同实施的职业技能培训工作格局。制定《东阳市就业培训绩效评估管理办法》，完善培训绩效评估体系。实施创业培训“马兰花计划”，举办首期SYB创业讲师培训，30名优秀创业讲师参加培训，中国就业培训技术中心的国家级优秀讲师授课。以市场需求为导向，组织保健按摩、小笼包制作、电影放映、鱼丸制作等专项培训60余场，培训人员4600余人。

【创业平台建设】 2021年，市人力社保局举办东阳市第六届青年创业大赛，200余个创业项目参赛，“梵沐记”木梳制作项目获一等奖。“基于数字化智能制造的高性能工业剪”项目参加金华市创业大赛，并获二等奖。建成创业孵化基地13个，其中歌山渔具创业园、东阳市跨境电商产业园、东阳全知道市场电商直播创业园、东阳沃德电子商务创业园、横店影视文化孵化园为金华市级创业孵化基地。东阳国际汽车城电子商务创业园和东阳银泰城电商创业园被认定为金华市级创业孵化示范基地，各发放补贴30万元。

【新业态劳务品牌培育】 2021年，市人力社保局支持新业态发展，培育新业态劳务品牌。支持横店演员公会发展，培育“横店演员公会”劳务品牌。在第三届全国创业就业服务展示交流活动中，“横店演员公会”劳务品牌被授予“全国创新发展类劳务品牌”和“我最关注的劳务品牌”称号。

2021年7月28日，市人力社保局为浙江英洛华磁业有限公司博士后工作站授牌
（市人力社保局提供）

开展30余期电商直播培训，2500名新业态从业者参加。举办电商网红直播大赛，推动“直播带货”新业态发展。增加全知道电商直播创业园、东阳抖音电商直播基地、跨境电商创业园等直播基地，营业总面积1.83万平方米，入驻企业2600余家，电商直播、淘宝从业人员5500余人。

【乡村就业创业推进】 2021年，市人力社保局推进乡村就业创业助力乡村振兴。建成省级高质量就业社区（村）8家，南马镇花园村、湖溪镇八里湾村被评为省级合作创业村。开展农村实用人才培训18期，培训人数1271人，培训内容涉及家政服务、电子商务、中式面点等。面向村干部、返乡创业人员等群体开展乡村合作创业带头人培训3期，培训213人。

（司松松）

·人才交流·

【政校企人才合作】 2021年，市人力社保局推进政校企合作，开拓人才引育前沿基地。与西北工业大学等8所高校签订人才智力项目合作意向书，在中国药科大学、西安交通大学、浙江大学、华东师范大学、上海大学、广厦大学设立引才联络站；推动博士后科研工作站的建设，鼓励有条件的企业设立博士后科研工作站，对预设站企业进行博士后工作站建站辅导、政策引导和跟踪服务，对设站企业加大政策扶持力度和资助标准，推动博士后工作站高质量发展。组织设站企业和预设站企业参加金华市博士后工作提升业务培训会，提升博士后工作站建设管理水平。2月5日，市委、市政府举办东阳市人才科创云桌会，推介东阳人才科创环境，邀请海内外科创人才加盟东阳建设。

【人才引进】 2021年，市人力社保局组织第四届优秀学子家乡行、“智汇东阳才聚三乡”广厦大学、横店影视学院学子东阳产业游等活动，吸引优秀学子留在东阳市发展。开展事业单位人才引进工作。公开招聘771人，其中教育系统291人、卫健系统350人。引进研究生、副高以上高层次人才195人。帮扶企业引才，推出29条专线，到上海市、江西省、湖南省、重庆市等省市的高校举办52场引才活动，489家企业推出25092个岗位，收到应聘简历4142份，达成就业意向1015人。通过各高校网站平台为企业开通网络引才通道，近百家用人单位推出3400余个岗位，在线面试洽谈538人，达成就业意向165人。举办19场招聘活动，1551家企业推出53108个职位，收到简历22741份，达成就业意向6371人。

2021年10月11—14日，市人力社保局组织10家企业参加金华“十省百校·巡回引才”安徽站引才活动　（市人力社保局提供）

【“智汇东阳”人才奖补线上申领】2021年，市人力社保局开发、上线“智汇东阳”人才奖补申报系统，“人才大礼包”、人才津贴、引进人才补贴、购房券申请、购房券兑现、租房补助、人才培育奖励、实习生活补贴、技能人才奖励9个奖补事项通过该系统线上申领。与东阳宾馆等15家商家签署合作协议，为符合条件人才提供餐饮住宿、旅游景点和影城影院的消费红包，审核通过1285人，发放“人才大礼包”211.6万元。为621名人才兑现人才津贴577.05万元；为27名人才兑现人才购(租)房补助1000.48万元；审核发放12批人才购房券，惠及135名人才，券额5420万元。为511名引进人才发放引进人才补贴942.7万元，为206名人才发放人才培育奖励155.2万元。发放2020年度新经济和新社会组织引才奖励142万元。兑现博士后工作站奖励、资助300万元、引才联络站建站资助70万元。

【高技能人才队伍建设】2021年，市人力社保局支持专业技术人才发展。推广使用浙江省专业技术职务任职资格申报与评审管理服务平台，将教育、卫生系统的自主评审单位专业技术人员任职资格管理纳入平台申报与评审，专业技术人员“一证、二库、三平台”的管理服务体系初步建成。健全企业“直评”工程师评审制度，信息网络经济、先进装备制造、健康生物医药等产业领域相关企业中从事工程技术创新型人才，可“直评”工程师，机械、医药、化工、轻纺、能源等领域相关企业的技能人才可参加中、初级专业技术资格评审。完善工艺美术系列职称评价办法，在工艺美术生产一线从事技能工作，具有高超技艺技能并取得突出业绩的，可直接申报相应工艺美术职称评审。建立现场考核评价办法，不具备规定学历及职业技能转评人员，实施现场考核办法，打通高技能人才与专业技术人才职业发展通道。

【技能人才评价】2021年，市人力社保局建立国家职业资格鉴定、技能等级认定、专项职业能力鉴定“三位一体”的技能人才评价体系，开展技能人才评价122场；组织茶艺师、家具设计师、木雕工、汽车维修工、美容师、美发师、中式烹调师、电工、钳工9个工种的13场职业技能竞赛活动。为10210人发放证书，其中技师54人、高级工2890人、中级工1224人、初级工3578人、具有专项能力2464人。执行2020年度技能人才奖励政策，奖励高职院校学生高技能人才培训补助经费18.35万元、东阳市技能大师工作室建设项目资助资金20万元、金华市技能大师奖励资金4万元、金华市首席技师奖励资金2万元、金华市技能之星奖励资金12.5万元、东阳市首席技师奖励资金5万元、东阳市高技能人才奖励经费57.6万元、技师(高级技师)享受政府津贴经费181.44万元。推荐申报“浙江青年工匠”14人、“浙江工匠”5人、“浙江杰出工匠”1人。获上级批准金华市技能大师工作室3家。在东阳市技术学校挂牌成立东阳市技工学校。推行现代新型学徒制，培养新型学徒31人。

（司松松）

·社会保障·

【概况】2021年，东阳市参加职工基本养老保险383560人，比上年增加14939人；参加城乡居民基本养老保险213257人、工伤保险273172人。机关事业养老保险参保19571人，被征地农民养老保障参保24663人。实体社保卡发放107.9万张，电子社保卡签发81.7万张。办理工伤案件2413件，其中认定工伤2254件、不予认定11件、不予受理43件、受理后经调查不符合事实或组织协商解决而撤销的105件。组织劳动能力鉴定9次，鉴定人数1095人。

【社保政策调整】2021年，市人力社保局制定《群众演员参加工伤保险实施细则》，12月1日起，横店影视城1.3万名群众演员参加工伤保险。调整城乡居民基本养老金基础养老金，每人每月增加30元，并于12月10日前发放到位。开展工伤预防宣传工作，对工伤发生率增幅和工伤基金支出增幅前50家企业进行走访约谈。推行企业社保及建筑工伤100%网上申报，优化建筑项目人员备案流程，网上申报量181338件。开展被征地农民参加职工养老保险政策宣传和办理工作，办理3000余人次。

2021年1月起，被征地农民基本养老保障参保缴费人员的缴费标准由2020年的5.4万元调整至6.12万元。开发、上线“社保待遇透明认证”应用场景。打造“影视行业人员工伤权益保障”应用场景，自2021年12月起，每天约2000名群众演员通过“影视行业人员工伤权益保障”应用场景完成工伤保险参保。

（司松松）

·劳动关系·

【劳动用工规范管理】 2021年，市人力社保局加强国有企业和机关事业单位编外劳动用工管理。配合全市国企改革开展相关工作，指导国有企业开展改制职工安置认定、档案整理和劳动关系协调等工作，开展国有企业工资总额申报和临时用工备案工作，开展国企改革政策和机构设置等业务指导、定岗定员核定监督工作。配合市委编办开展机关事业单位编外人员的清理工作。开展编外用工"数据库"建设和运行，启用编外聘用人员管理平台系统，人员用工、招聘申报、工资审批、登记备案等手续办理实现"网上办"，完成入库单位120家、涉及3500人，办理人员登记备案1286人。

【"东阳无欠薪"建设】 2021年，东阳市制定《关于纵深推进根治欠薪工作的实施意见》，提升市根治欠薪领导小组层级、精准划分部门职责、强化考核奖惩，增强全市根治欠薪工作的整体智治能力。将根治欠薪纳入年度工作目标责任考核和"平安东阳"考核体系。开展在建工程项目落实根治欠薪机制情况检查、漠视侵害群众利益问题整治、重点建设项目劳资纠纷专项治理和"党建+安薪"项目部建设活动，推动落实"一项目一档案""指导员"制度管理、"两备案一承诺"等制度，推进规模以上企业工资集体协商要约行动和集体合同签订，加强企业劳动法律法规指导，把好企业上报的集体合同、工资合同等专项合同的审查关。宣传《保障农民工工资支付条例》。开展清理整顿人力资源市场秩序专项执法行动、重大工程项目劳资纠纷专项检查、在建工程项目落实根治欠薪机制情况专项检查、女职工产假等权益专项执法行动等专项执法检查，检查用人单位466家，整顿职业介绍机构、劳务派遣单位10家，查处违法使用童工12起，清退童工16人，推动重大工程项目问题整改3个。落实欠薪联合预警、失信联合惩戒机制，对欠薪黑名单定期曝光，重大违法行为定期公布，公布劳动保障重大违法行为企业12家，向公安机关移送拒不支付劳动报酬案件8起，列入黑名单管理企业8家。

【劳动争议仲裁】 2021年，市人力社保局建立首家行业劳动争议多元化解中心——东阳市电子商务协会劳动争议多元化解中心，推进新业态劳动关系和谐稳定有益尝试，在东阳市快到网络科技有限公司（美团）等企业成立劳动争议多元化解中心。建立案前调解机制，启动立案前快速调处，缩短办案时限，提高办案效率；与市妇联联合建立女职工劳动纠纷多元化解中心，拓宽女职工维权渠道，调解矛盾纠纷39次。加大网络调处力度，利用"浙里办"APP和省仲裁网络平台受理调处争议案件，实现不见面办案。仲裁工作获人社部调解仲裁司副司长王志强高度评价。受理劳动人事争议案件2001起，涉及劳动者4115人，涉案标的6997万元，其中通过网络平台受理案件583起，网上调解231起。

（司松松）

医疗保障

【概况】 2021年，东阳市基本医疗保险参保人员85.65万人，其中职工医保参保25.08万人、城乡居民医保参保60.57万人，基本医疗保险户籍人员参保率99.97%，大病保险选缴率89.12%；生育保险参保17.24万人。定点医疗机构145家（含卫生服务站）、定点零售药店116家、慢性病种药品医保服务定点药店9家。联合市卫健局制定《转院转诊工作实施方案》，规范转院转诊流程，发挥基本医保和大病保险基金的保障作用。推进医保电子凭证应用工作，激活80万份，激活率94.57%，结算率35.98%。在全省率先建成县级医保数据驾驶舱，归集就医数据4016项，实现参保、结算、监管三大场景应用，94家定点药店安装监控设备，开展动态监控。市医保局获评全省2021年度县级局先进单位、2021年度金华考核优秀单位。

【医保支付方式改革】 2021年，东阳市对涉及精神类疾病、小儿康复治疗、临终关怀类的38种类型的住院费用，实施按床日付费，激活基层医疗资源，引导急性中后期患者到基层就诊，解决群众"看病难"、基金支出不合理增长等问题。相关做法获副省长成岳冲批示。

【医保合作】 2021年4月19日，东阳市医保局和义乌市医保局在医保领域启动东义同城化合作，推进东义同城化进程。年内实现28项服务事项"通办"和基金全方位监管，联动开展

2021年8月4日，市医保局召开东阳市医保电子凭证工作推进座谈会

（市医保局提供）

2021年4月19日，医保"服务通办 监管联动"合作签约暨启动仪式举行

（市医保局提供）

病案审核2046例，东阳市、义乌市"一站式"结算便利群众30.52万人次。

【医保线上服务】 2021年，市医保局对全国27个省市的普通门诊费用开通跨省直接结算，提供手机快速备案功能；实现长三角跨省医保转移接续全程"网办"；"网订店送"医保结算覆盖28家定点零售药店，数量列金华市各县（市、区）第一位，全市参保群众可通过"手机下单、医保支付、平台接单、送药上门"模式坐享送药到家服务；落实金华市"全市通办"各项工作，获金华市医疗保障中心通报表扬。

【医保基金监管】 2021年，市医保局开展定点医疗机构专项治理，对诱导住院、虚假住院等重点问题开展专项整治"回头看"，通过大数据分析、自查自纠等方式，完成定点医疗机构专项治理全覆盖工作，追回医保基金支付款项1065.52万元，执行进度居金华市第一位。全年，市医保局拦截异常案件65件，涉及医疗费用104.34万元，移送公安机关案件3起，"双随机、一公开"检查定点医药机构95家，解除定点协议管理药店4家，暂停医保定点协议管理药店9家。优化"两定"机构绩效考核办法，推动定点医药机构规范诊疗服务。

【医保普法宣传】 2021年4月，市医保局开展"打击欺诈骗保 维护基金安全"集中宣传月活动，制作"东阳医保普法宣传"短片，9.5万余人次观看，在东阳电视台新闻综合、影视生活频道每天滚动播放380次；在《行风热线》节目专题解读《医疗保障基金监管使用条例》内容；发放宣传海报2500份、《医疗保障基金使用监督管理条例》问答手册5000本、宣传折页1万份。

【"两项费用"保障工作】 2021年，市医保局开展"两项费用"（新冠病毒疫苗及接种费用）保障工作。疫苗专项资金支出13089.99万元，其中上解疫苗费用10732.81万元、支付定点医疗机构接种费用2357.18万元。

（周赛男）

住房公积金管理

【概况】 2021年，金华市住房公积金管理中心东阳分中心（简称住房公积金管理中心）开展住房公积金归集、提取和贷款发放工作。年内住房公积金相关政策调整3次。住房公积金管理中心获"2021年度浙江省房地产业协会先进会员单位""2021年度金华市住房公积金管理机构工作目标考核优秀单位"称号。

【住房公积金归集与提取】 2021年，东阳市住房公积金账户合计89774人，其中实际缴存72328人（活跃人数66416人），封存23358人；增加开户单位390家，增加缴存职工11409人，实缴净增7356人，归集13.48亿元，比上年增长21.29%；提取住房公积金127342人次，提取金额9.95亿元，比上年增长10.05%。

【住房公积金贷款发放】 2021年，住房公积金管理中心与25个楼盘建立住房公积金贷款合作业务；向1871户家庭发放贷款8.01亿元；结清贷款729户，收回本金4.44亿元；逾期率为0；个人住房公积金存贷比率为99.27%。

【住房公积金政策调整】 2021年5月21日起，东阳市调整住房公积金贷款存贷挂钩倍数。在规定的贷款比例和最高贷款限额内，住房公积金贷款额不超过贷款申请时申请人及配偶各自公积金账户余额的10倍。调整住房公积金二套房贷款最高额度。购买二套住房贷款最高额度，夫妻双方均正常缴存住房公积金的为40万元，职工单方正常缴存住房公积金的为20万元。连续正常缴存公积金满6个月以上的缴存人公积金账户缴存余额不足1万元的，按1万元计算可贷额。

8月1日起，东阳市公积金缴存人家庭在公积金缴存地无现有住房且当年未提取过公积金的，连续缴存3个月以上可以申请按月提取住房公积金用于租赁住房。缴存人及配偶在金华市内无住房公积金贷款或有公积金贷款且已办理按月提取的，可选择一套本人或配偶为借款人的个人住房商业贷款办理按月提取公积金业务。缴存人与单位终止劳动关系超过6个月未重新就业且缴存人及配偶在本市无住房公积金贷款的，可申请销户提取住房公积金。

9月1日起，"按年租房提取"和"与单位终止劳动关系提取"实现"秒办"。

（任妙旦）

民政管理

·综述·

【概况】 2021年，市民政局向民政部、省民政厅、金华市民政局争取资金7902万元，民政事业费支出16341万元。建成居家养老服务照料中心394家，其中示范型居家养老服务照料中心18家；有各类养老机构26家，总床位数6845张；审批低保对象613人，发放低保救助金及价格补贴4883万元、特困供养金及特困人员照料护理补贴459万元、春节慰问金7.2万元。

【农村社区创建】 2021年，东阳市完成村规民约（社区公约）修订，推行村级组织运行"12345"制度▲。建设社工站5家，增加社工机构2家。在南马镇花园村开展省级智慧社区试点，编印《城乡融合发展的"东阳经验"——东阳市全国农村社区治理实验区创建典型案例》，全国农村社区治理实验区结项接受民政部评审。创建六石街道北后周村、虎鹿镇三星村、佐村镇上村村、横店镇联盟村和千祥镇云头村5个省级引领型农村社区，创建六石街道樟村村、城东街道东联村、南市街道西坞村、南马镇下格村、巍山镇尚誉村、巍山镇象岗村、歌山镇林头村、千祥镇后马村、湖溪镇八里湾村、画水镇明焕村、虎鹿镇白峰村、东阳江镇上陈村、马宅镇和协村、佐村镇石井坑村和三单村阁溪村15个金华市完善型农村社区。

▲"12345"制度："1"，即一套学习教育机制，村干部、党员、村民代表都要定期组织集中学习教育。"2"，即两张议事决策清单，每个行政村都要梳理"预审报备事项清单""授权自然村决策事项清单"2个清单，规范权力运行。"3"，即三级网格体系，构建"行政村—自然村—小组"的农村三级网格体系，着力健全以党员联系群众、村民代表联系推选户为单元的小组网格。"4"，即四个农村党员干部管理办法，即《村社党组织书记市级备案管理办法》《村干部底线管理办法》《党员积分制管理办法》《村务监督委员会工作规则》。"5"，即"五议两公开"民主议事决策机制，村里涉及群众利益、集体利益的大事，都要按党员群众建议、村党组织提议、村务联席会议商议、党员大会审议、村民代表会议决议的程序进行决策，并做到表决结果公开、实施情况公开。

【地名管理】 2021年，市民政局编排门牌3956户，核发门牌证1374本，制作安装门牌233块，整治不规范门牌116户。开展道路指示牌巡视，对道路指示牌查漏补缺，对重点路段集中进行整治，增加道路指示牌37块，整治维修道路指示牌237块。开展地名普查成果转化利用工作，完成《东阳市地名志》的出版和《东阳村居名录》的编印工作。

【水库移民后期扶持】 2021年，市民政局制订2021年移民后期扶持项目计划，安排移民项目63个，投入移民资金2116万元，总投资4687万元；核定大中型水库移民2万余人，发放直补资金1226.34万元；验收水库移民项目147个，拨付移民资金4676.17万元，项目资金结报完成量为上年的213%。水库移民年人均可支配收入36585元，占当地农村居民的96%。

（潘　婷）

·社会福利·

【概况】 2021年，市民政局开展全市养老服务设施布局规划编制工作，推进市级养老中心、横店镇养老中心项目建设。建成镇乡（街道）示范型居家养老服务中心8家，发放居家养老资金2163万元。完成3644名困难老年人的评估和382户困难老年人家庭适老化改造，开展养老护理员专业培训1000余人次。围绕"互联网+养老"模式，搭建集运营、服务、监管于一体的数字养老平台。开展"浙里养""浙里救"系统迭代升级任务承接和数据完善工作。《东阳市着力打造幸福颐养标杆区 让养老服务有温度有质感》在浙江政务信息上刊登，获副省长王文序批示肯定。

【养老服务体系建设】 2021年，市民政局完成全市养老服务设施布局专项规划初稿编制，完成市养老中心项目选址并开展风险评估，横店镇养老中心项目建设推进。全市有养老机构28家、床位数7295张，其中横店文荣医院备案养老机构床位30张。民办养老机构床位数占80%以上，提前完成"2030年达到70%以上"的省定目标。发放居家养老资金2163万元，将镇乡（街道）示范型居家养老服务中心列入十大民生实事，完成8家示范型居家养老服务中心建设，实现镇乡（街道）全覆盖。

【适老化家庭改造】 2021年，市民政局投入资金300余万元，为382户生活困难老年人家庭进行适老化改造。项目实施主要对象为"三老"人员（中华人民共和国成立前入党的农村老党员、农村老游击队员、农村老交通员）、低保户和低边老年人中失能和部分失能人员、计划生育特殊家庭老年人中失能和部分失能人员、低保户和低边老年人中80周岁以上的自理老年人。

【福利院工作】 2021年，市社会福利院在院老人171人，孤残儿童弃婴12人，特困供养对象4人（系成年残障孩子），收留困境寄养儿童2人。开展新冠肺炎疫情特殊时期的管理服务。根据疫情形势，及时调整防控措施，1月、8月和12月实行全封闭管理模式，全体工作人员轮班入住，院内24小时在岗服务。加强孤残儿童"养、教、康"工作，开展疫情防控期间学龄孩子的在院学习和生活照料等工作。首创"比学赶超"内容，组织职工参加各项技能培训和比赛，组织两名护理员参加金华市级护理技能比赛，获个人三等奖、团体一等奖。养老护理持证率100%。完成智慧养老院项目第一期工程，实现网络全覆盖，部分智能设备安装到位，认知障碍照护专区投入使用，1号楼完成由自理型床位转换为护理型失能床位。

【老年优待工作】 2021年，东阳市19个办理点制发老年优待证15877张，其中红卡9357张、绿卡6520张。有百岁老人56人，增加百岁老人37人，核减百岁老人21人，发放百岁老人长寿保健补助16.56万元。完成社保卡核对，5月，长寿保健补助费实现财政系统统一发放。于重阳节为百岁老人制发“福寿康宁·辛丑重阳”牌匾54块。为低保、特困、高龄等3.52万名老年人购买老年人意外伤害保险，理赔结案947起、387.27万元。

【孤儿及困境儿童保障】 2021年，市民政局加强留守儿童和困境儿童的关爱保护工作，印发《关于全面推进儿童之家建设的通知》，镇乡(街道)建立民政、妇联协同联动机制，开展“儿童之家”创建工作。选聘儿童主任387人，落实儿童主任报酬，建立农村留守儿童、困境儿童定期慰问探访制度，创建示范型“儿童之家”25家。全市有困境儿童对象497人，其中事实无人抚养儿童64人、低保家庭中的重病重残儿童42人、低保边缘户家庭中的重残儿童5人、其他低保家庭儿童372人、社会散居孤儿14人，发放困境儿童福利资金403.4万元。

【慈善事业】 2021年9月，金华市首个慈善信托项目落地东阳市。创建“关爱儿童之家”两家，为农村留守儿童提供绘本阅读、心灵关怀、亲情连线、学业辅导等帮扶活动。在镇乡(街道)成立慈善分会，搭建慈善工作站120个。开展“慈善一日捐”，筹集善款392.28万元。发放助困、助学、助老、助医等慈善资金1237万元。推进东西部扶贫协作，筹集价值500万元物资，于10月11日举行东西部协作社会帮扶捐赠物资发车仪式。

【福利企业管理】 2021年，东阳市有福利企业33家，安置残疾职工687人。支付残疾职工劳动报酬2944万余元，残疾职工月人均收入3571元，企业为残疾职工交纳五项社会保险金额894万余元，残疾职工参保率100%。

(潘　婷)

·社会救助·

【概况】 2021年，东阳市有低保人员6695人、特困人员225人、低保边缘对象1351人。增加低保对象613人，退出低保对象974人；增加特困对象20人，退出特困对象29人；增加低保边缘对象136人，退出低保边缘对象505人。发放低保救助金及价格补贴4883万元、特困供养金及特困人员照料护理补贴459万元。发放各类救助资金5590万元，与14个部门实现数据联网比对，实行社会救助对象动态管理，对在册低保人员、低保边缘对象进行全面复核，完成经济收入核对8575户、11465人次。逐一梳理最低生活保障、特困供养等五大社会救助业务流程，指导镇乡(街道)规范社会救助申请审批、动态管理、准入门槛、监督管理等工作。

【困境儿童和流浪乞讨人员救助】 2021年，东阳市成立未成年人保护工作委员会，实现未成年人救助保护中心实体化运行，推进27家“儿童之家”示范点建设。市救助管理站依法救助流浪乞讨人员938人，护送精神病人返乡16人。完善危重病人、精神病人救治机制，救治流浪乞讨中的危重病人12人、精神病人32人。按三级救助站标准建成东阳市救助站，并交付使用。

(潘　婷)

2021年10月11日，东西部协作社会帮扶捐赠物资发车仪式举行

(市民政局提供)

·社会事务管理·

【社区治理】 2021年，市民政局加大社会工作专业人才队伍培育力度，持证社工人数超1100人。招聘专职社区工作者42人，社区工作者平均年龄下降3.16岁，本科及以上学历占48.55%。完成5家社工站建设，增加社工机构2家。在吴宁街道东街社区、江北街道茗田社区、白云街道中山社区开展“人文东街”“和美茗田”“美好中山”等社区社会工作服务项目，组建专业社区志愿者团队3支，开展各类活动99场，服务社区居民9127余人次。

【民政行政审批】 2021年，市民政局办理结婚登记4096对、离婚登记919对；补办结婚证2511本，补办离婚证118本。开展集中补证工作，发放集中补领结婚登记证、补办结婚登记宣传册5万余份，办理集中补证1755对，办理收养登记1件，解除收养登记0件，异地人员遗体运回火化8件。

【婚俗改革】 2021年，市民政局制定《东阳市全省婚俗改革试点工作实施方案》，举办春季公益相亲大会、“零费用”助残公益婚礼、百名新人集体婚礼，在湖溪镇镇西村为10对金婚老人举办集体纪念婚典，为金婚、银婚老人补领、补办婚姻登记证，形成婚事新办、喜事简办的社会新风尚。邀请专业律师、心理咨询师、社会工作师，开展婚前辅导、离婚辅导，为2068对新人开展婚前辅导，提升新人经营婚姻生活的能力；辅导预约离婚夫妇1821对，446对当事人经辅导后放弃离婚，劝和率52%。为1821对夫妻提供离婚调试和婚姻家庭关系辅导，受理离婚申请1216对，实际办理离婚919对，24.4%夫妻申请离婚后放弃办理离婚登记，离婚冷静期初显成效。

2021年10月12日，湖溪镇镇西村为10对金婚、银婚老人举办集体纪念婚典

（市民政局提供）

【殡葬改革】　2021年，市民政局开展漠视侵害群众利益问题专项治理，推进惠民殡葬提标增项扩面，规范完成新一轮骨灰盒招投标工作。市殡仪馆提升服务质量。建成节地生态安葬点30处，镇乡（街道）生态安葬点实现全覆盖，节地生态安葬率58%，推进省级公益性节地生态安葬示范点建设。组织参加“三地联动”集中海葬19例。市殡仪馆受理百姓身后事5710例，安全行车35万余千米，火化遗体5710具。落实殡葬惠民政策，减免殡葬惠民约400万元，为55名“五保”、低保等对象减免骨灰盒费用19250元，处理陈尸10具，举行追悼会31场（次），遗体告别174场（次），书写挽联2554副，提供鲜花花篮2301个，守灵131天，营业收入985.78万元。市殡仪馆完善基础设施建设，重建油库和焚香炉，建造停车棚、候车更衣室，改造追悼大厅、告别厅，购置恒温可移动水晶棺、可移动司仪台。开展春节、清明节期间到馆祭祀丧户的服务保障工作，倡导文明低碳祭祀，接待丧户2000余人。

（潘　婷）

·社会组织管理·

【概况】　2021年，市民政局办理社会团体名称预登记6件、社会团体成立许可7件、社会团体登记注册9件、社会团体变更登记10件、社会团体注销登记3件、民办非企业单位名称预登记29件、民办非企业单位成立登记24件、民办非企业单位变更登记24件、民办非企业单位注销登记19件、基金会名称预登记1件、基金会设立登记1件、基金会变更登记1件。全市有各类社会团体208个、民办非企业单位565个、基金会6个。完成2020年度社会组织年检工作，参加年检的社会组织有701个，其中564个合格、30个基本合格、103个不合格、完成年报基金会4个。完成2020年度社会组织等级评估工作，18个社会组织获评AAA级及以上，其中AAAAA级5个、AAAA级6个、AAA级7个。东阳市红木家具行业协会获评2021年度浙江省品牌社会组织。“横漂”党总支书记胡高峰，东阳市爱盟社会工作服务中心理事长、市红十字救援队党支部书记吴坚强均获评2021年度浙江省社会组织领军人物。

【社会组织规范管理】　2021年，市民政局投资近千万元，打造集管理、培育、孵化、办公于一体的社会组织服务综合体，完成项目立项。开展“僵尸型”社会组织专项整治，通过注销登记、限期整改、重组等形式完成整改20家，开展“双随机”抽查工作，组织对11家社会团体、29家民办非企业单位、1家基金会开展“双随机”抽查工作。开展非法社会组织专项整治，查处疑似非法社会组织10起。

【“双减”工作】　2021年，市民政局开展学科类校外培训机构“营利性”转登“非营利性”工作，通过上门指导宣传、部门协同、线上指导等方式，服务好办事群众，加快效率。完成12家学科类校外培训机构“转登”工作。

【公益创投项目】　2021年，市民政局完成第六届公益创投项目评估工作，投入资金80万元，资助项目10个，开展活动300余场，惠及群众近2万人次。启动第七届公益创投项目，通过项目征集、前期筛选、项目评审，10个项目入围，拟投入公益创投补助金80万元。

2021年东阳市第七届社会组织公益创投项目一览表

表45

序号	项目名称	机构
1	身边的守护神——校园安全知识普及项目	东阳市红十字救援队
2	点亮心灯——预防儿童过度使用电子产品	东阳市心理咨询师协会
3	情暖巍山——居家养老服务项目	东阳市一米公益协会
4	太极进社区　健康进家门	东阳市太极拳协会

续表45

序号	项目名称	机构
5	“公益大巴”——暖心社区服务	东阳市义务工作者协会
6	情系福利院 爱在蓝天里	东阳市蓝天救援队
7	乐享夕阳红	东阳市乐义社会工作服务中心
8	因爱家庭温暖行动	东阳市因爱家庭教育社会服务中心
9	爱心港湾——幸福九九	东阳市柽溪公益志愿者协会
10	与爱“童”行	东阳市与爱同行志愿者协会
11	公益创投项目督导评价与能力建设	浙江师范大学

【社会组织年度检查】 2021年，市民政局对2020年6月30日前经市民政局核准登记的社会团体实施年度检查，其中合格社会团体163个、基本合格社会团体15个、不合格社会团体18个、已注销社会团体2个、在办理注销社会团体2个；对2020年6月30日前经市民政局核准登记的民办非企业单位实施年度检查，其中合格民办非企业单位401个、基本合格民办非企业单位15个、不合格民办非企业单位85个、注销民办非企业单位18个、完成年报基金会4个。

(潘 婷)

退役军人事务管理

【概况】 2021年，东阳市退役军人事务局发放抚恤金1714.53万元、自主就业一次性经济补助金822.54万元、义务兵家庭优待金2073.04万元，退役士兵生活补助金4591.99万元、困难救助金15万元。市退役军人服务中心、江北街道退役军人服务站获评浙江省退役军人服务保障体系建设先进单位。“精准智供”服务保障退役军人就业模式获副省长王文序批示推广。

市退役军人事务局组建“老兵哥”宣讲团开展中国共产党成立100周年主题系列公益宣讲活动100余场，1.6万人观看。选树先进典型，胡振国、陆一军、钟雷雷3人获评第二届“金华市最美退役军人”。宣传《退役军人保障法》《军人地位和权益保障法》，发放宣传卡片5万余份，微信公众号推送70余篇，阅读量3万余次。

【服务保障体系建设】 2021年，市退役军人事务局开展“服务保障能力提升年”活动，推行轮值站长制度，提升基层服务站服务保障水平。组建东阳市“汉宁老兵志愿者服务队”，组织市、镇、村退役军人志愿服务队开展抗洪抢险、文明城市创建、矛盾化解、走访慰问等志愿服务110余次。召开现场会推进全国“示范型”暨全省“枫桥式”退役军人服务中心(站)创建。35个退役军人服务站创建“省新时代枫桥式”退役军人服务站，5个镇级、202个村(社区)级退役军人服务站创建全国“示范型”退役军人服务站。

【退役军人事务服务改革】 2021年，市退役军人事务所推进退役军人事务领域数字化改革，“精准智供”就业服务模式作为金华市退役军人系统数字化改革三大场景应用之一，在“浙里办”上线；“无感智办”完成60周岁以上农村籍退役士兵认定418人、“身后优待一件事”办理43人。“崇军码”注册量1.8万人，“崇军联盟”商家500余家，惠及全市优抚对象。“军人退役一件事”为退役军人“一站式”办理报到事项。219家商家入驻“浙里老兵”平台，为全省退役军人服务。

2021年5月13日，全市退役军人服务保障体系建设现场推进会在横店镇召开
(市退役军人事务局提供)

【退役军人移交安置】 2021年，市退役军人事务局落实年度接收安置任务，完成转业军官和转业士官的安置工作，军官实行100%公务员岗位安置、转业士官实行100%事业和国企单位安置。成立市退役军人临时党支部，把退役士兵待安置期管理作为党组书记"党建领办项目"，通过"顶岗锻炼、文明创建、志愿服务、党史学习"加强日常管理。举办退役士兵返乡欢迎仪式和适应性培训。

【退役军人就业创业】 2021年，市退役军人事务局组织开展两场退役军人和随军家属专场招聘会，推送线上就业直通车4期，143家优质企业推出1300余个岗位。对接市人力社保局，了解60周岁以下退役军人参保就业情况，发布152个企业招聘信息，提供2138个工作岗位。抓"岗位信息、就业需求、岗位匹配"三个要素，运用"精准智供"就业服务模式成功推介就业128人。东阳木雕小镇获评浙江省首批退役军人就业创业基地，陆一军获评浙江省首批退役军人就业创业导师。

【拥军优抚工作】 2021年，市退役军人事务局走访慰问退役军人及优抚对象6.2万人次。送光荣牌448户，送立功喜报45户，常态化开展义务兵父母及烈士家属的体检工作。组织开展由市主要领导带队的走访慰问部队活动。召开军地联席会议，落实部队项目建设、随军家属安置、子女入学入托等工作，制定《东阳市军人随军家属就业安置工作实施细则》，解决官兵"后代、后院、后路"问题。获金华市"双拥"模范单位3家、模范个人7人。完成省"双拥"模范城届中考评。开展"迎中秋 送健康"烈属座谈会、"为烈属圆梦 送烈士回家"、烈士纪念设施巡查等活动，为43户烈属发放23万元慰问金。9月30日，举行"烈士纪念日"活动，向烈士敬献花篮。

【烈士陵园陈列馆改造提升】 2021年，烈士陵园陈列馆改造提升工程完工。该工程总投资260万元，7月开工，9月完工。工程施工内容主要包括调整陈展空间布局，提升硬件水平，配备电子触摸屏、投影仪、音响等声光电多媒体展示设备。

（董理峰）

2021年9月30日，东阳市在市革命烈士陵园参加"烈士纪念日"活动

（市退役军人事务局提供）

关心下一代工作

【概况】 2021年，东阳市关心下一代工作委员会（简称市关工委）加强与司法部门、法治教育基地联动，联合开展"关爱明天 普法先行"主题活动、"法在你身边"普法系列活动、"共建无毒家园 守护红色根脉"禁毒宣传教育活动，开展普法宣讲50次。中天爱心慈善基金会继续开展助学工作，资助大学生87人。其中，大学新生43人、往届大学生44人，每人发放助学金6000元，共计52.2万元。10月12日，省关工委副主任江坪、陈仲方一行到东阳市重点调研东阳市青少年木雕教育实践基地。李翊勋获2021年度浙江省关工委"红船精神优秀'五老'宣讲员"称号，孙博获2021年度浙江省关工委"青少年英才——红船好少年"称号。

【基层组织建设】 2021年，市关工委完成全市村社关心下一代工作委员会组织架构的调整，村社关工委设主任1人，"五老"常务副主任1人，委员3~5人，主任由党组织书记兼任。开展加强教育系统关工委组织建设，梳理各中小学关工委组织。全市行政村、中小学完成关工委组织全覆盖。吴宁街道东街社区关工委、江北街道猴塘社区关工委、南市街道大联小学关工委、横店镇官桥村关工委、野风集团关工委均被命名为金华市关心下一代工作"五好"基层关工委。

【教育实践基地建设】 2021年，市青少年木雕教育实践基地被命名为浙江省关心下一代教育基地；金佛庄烈士陵园、中共东阳一大会址被命名为金华市关心下一代教育基地，木雕小镇被命名为金华市关心下一代教育示范基地。市关工委与爱心联盟社会组织服务中心、一亩心田社会组织服务中心等公益组织开展合作，建立"五老"志愿服务队1支、"五老"家庭教育（心理辅导）讲师团1个。

【传承红色基因主题活动】 2021年3月5日，市关工委与市教育局、市委党史研究室联合主办东阳市中小学"四史"教育活动。4月10日，举办"百年回眸 红色精神薪火相传"老少共庆中国共产党成立100周年启动仪式。4月，组织部分中小学开展征文活动。6月28日，联合市老年大学开展"百年辉煌 携手共庆"中国共产党成立100周年文艺演出。10月12日，联合市教育局等单位开展全市中

2021年10月12日，省关工委领导调研东阳市青少年木雕实践教育基地

（市关工委提供）

小学“百年潮涌 红星闪闪放光彩”演讲比赛决赛，评选出特等奖1人、一等奖4人、二等奖8人、三等奖8人。

【第十届“希望之星”评选】 2021年，市关工委与市教育局联合举办第十届“希望之星”评选活动，评选产生东阳市第十届“希望之星”95人。其中“文明之星”49人、“智慧之星”10人、“科技之星”4人、“技能之星”11人、“艺术之星”12人、“体育之星”9人。

【夏令营活动】 2021年，市关工委开展多形式多主题夏令营活动。7—8月，指导开展夏令营活动，开展“七彩夏令营”、“家门口的夏令营”、“红色假期文化公益夏令营”、“圆梦中国与爱同行”统战少年夏令营、“小候鸟夏令营”等活动30余场。

【关心下一代主题活动】 2021年，市关工委组织走访东阳市永远小学，向学校赠送一批体育器材、学习用品。组织心理关爱团志愿者走访慰问部分山区留守儿童，开展心理关爱活动；组织特殊群体青少年开展阅读分享会、手工制作等活动。9月，市、镇联动开展困境家庭青少年走访慰问，赠送价值3万余元的爱心礼包。配合开展“儿童之家”建设，创建示范型“儿童之家”15个。开展未成年违法犯罪嫌疑人工作1000人次。

（李　妍）

2021年3月5日，市关工委启动全市中小学“四史”教育（市关工委提供）

慈善工作

【概况】 2021年，市慈善总会募集慈善资金1451.74万元(其中“慈善一日捐”活动筹集善款392.28万元)，所募集款项用于灾害救助、困难救济、助老扶幼、大病救助、爱心助学等领域。救助支出1237.47万元，帮助困难群众6012人次。规范基层慈善组织建设，在18个镇乡(街道)成立慈善分会，建立141个慈善工作站。1月14日，省慈善联合总会会长陈加元、金华市慈善总会会长俞流传一行，走访慰问虎鹿镇部分困难家庭。春节期间，市慈善总会慰问困难群众支出43.95万元。

【“情暖东阳慈善信托”签约】 2021年9月28日，“情暖东阳慈善信托”签约仪式在市行政中心举行。市慈善总会与万向信托公司签约第一单慈善信托，是金华市第一单慈善信托。“情暖东阳慈善信托”由万向信托公司作为受托人申请设立，用于开展扶贫、济困、扶老、救孤、恤病、助残、优抚、救灾等慈善活动，促进教育、科技、文化、卫生、体育、环保等事业发展，以及支持其他符合《中华人民共和国慈善法》规定的公益活动。

【东西部协作慈善帮扶】 2021年，市慈善总会筹集东西部协作社会帮扶捐赠物资价值200余万元。与四川省南江县红光镇青山村结对，对村里的困难群众、留守儿童、空巢老人开展帮扶活动。东阳市针织行业协会与四川省南江县下两镇新桥村结对，开展困难帮扶工作。

【定向慈善捐赠】 2021年，市慈善总会定向捐赠收入88.56万元。3月12日，东阳市方圆石油化工有限公司捐赠8万元定向用于歌山镇凤山村新农村建设；5月26日，浙江华洋缝制有限公司捐赠2万元定向用于沈奕宸家庭;6月10日,国家统计局东阳调查队捐赠0.96万元定向用于金帅康日常生活学习所需;8月3日,浙江普今服饰有限公司捐赠8.6万元定向用于河南省抗洪救灾;8月4日,东阳市中汽置业有限公司捐赠10.1万元定向助学;8月18日,安徽省浙匠建设有限责任公司捐赠2万元定向用于烈焰救援队购买救援装备;11月1日,东阳市千祥供销合作社捐赠15万元定向用于千祥镇千二村吕宅自然村扩建老年活动中心和食堂;11月2日,镇江忠正房地产开发有限公司捐赠10万元定向用于东阳江镇东风村乌岩下居家养老;12月6日,杭州鼎磊建筑加固工程有限公司捐赠1万元定向用于横店"残疾人之家"日间照料;12月10日,浙江省烟草公司金华市公司捐赠17.9万元定向用于助学和美丽乡村建设;12月15日,中国移动通信集团浙江有限公司金华分公司捐赠3万元定向用于六石街道横塘村美丽乡村建设;12月23日,东阳市湖溪供销合作社捐赠10万元定向用于东阳江镇金浦村下金宅自然村美丽乡村建设。

【冠名基金奖教助老】 2021年市慈善总会有49支冠名基金,冠名基金定向支出784.54万元。"爱江教育基金"支出49.5万元用于东阳二中奖教奖学;"吴苏伦奖学基金"支出19.8万元用于南马镇初级中学奖教奖学;"吴苏伦奖学基金"支出20万元用于南马高中奖教奖学;"海天教育基金"支出30万元用于巍山高中奖教奖学;"上村居家养老运行基金"支出40万元用于佐村镇上村村居家养老服务;"虎鹿镇华洋教育基金"支出15万元用于虎鹿镇中心学校奖教奖学;"志成教育基金"支出10万元用于虎鹿镇初级中学奖教奖学;"江北教育发展基金"支出277.94万元用于奖教奖学;"巍山教育发展基金"支出322.30万元用于奖教奖学。

【慈善助学】 2021年,市慈善总会对全市52名困难大学生给予每人5000元的助学金,共计26万元。8月17日,市慈善总会与东阳国际汽车城联合开展助学活动,为25名困难学子发放8.6万元的助学金。

【慈善助老助幼】 2021年,市慈善总会联合市老龄办开展助老活动,支出慰问金30.8万元,给予特困老人和100虚岁老人每人救助金500元,给予54名100周岁及以上老人每人慰问金1000元。在佐村镇中小学创建东阳第二家"关爱儿童之家",开展心灵关怀、亲情连线、学业辅导等服务,组织义工开展各种形式的帮扶活动。

【慈善助医】 2021年,市慈善总会拨出91.44万元用于医疗救助。其中,61.19万元救助在市人民医院、市中医院、横店文荣医院进行血液透析的病人;拨出69.03万元慈善款,对因患大病和因灾害造成家庭经济困难的群众以及机关企事业单位困难干部职工给予1000~2000元不等的救助。人民医院冠名的医疗基金支出30.25万元,救助无主病人和困难病人。

(姚　瑶)

2021年1月14日,省慈善联合总会会长陈加元(前左四)到东阳市走访慰问困难党员和困难群众　(市慈善总会提供)

公益组织选介

·东阳市义务工作者协会·

【概况】 2021年,市义务工作者协会(简称义工协会)组织开展抗击新冠肺炎疫情、公益大巴、导医驿站、关爱老年人、公益夏令营等活动,开展活动865场,参与人员6569人次,服务时长35685小时,15万余人受益,发放宣传资料5000余份。7月18日,义工协会联合市民政局、虎鹿镇政府、虎鹿镇厦程里村委会举办为期22天的"爱心相伴、携手成长"关爱外来务工子女及留守儿童的公益夏令营活动。义工协会党总支获评金华市五星党组织,杜时杭获评金华市优秀党务工作者,金仲刚、李悠获评2020年度金华优秀志愿者。

【义工协会开展新时代文明实践】 2021年,义工协会开展全国文明城市创建志愿服务,服务时长1600余小时。组织防诈骗、志愿者技能提升、应急救护培训活动8场。3—11月,在节庆广场定期开展雷锋岗亭便民服务,开展活动66场,235人参与活动,服务时长600余小时,3000余人受益。开展关爱残疾人活动5场,服务时长360小时;每周六在节庆广场雷锋岗亭开展志愿服务;开展"弘扬雷锋精神、讲好雷锋故事"活动;组织公益"读书吧"活动9场,组织义工180余人。

【义工志愿服务】 2021年,义工协会在市人民医院、市人民医院巍山分院开展导医服务,服务时长9000余小时。在各疫苗接种点开展志愿服务,服务时长420小时。为转运隔离人

2021年10月1日，义工协会开展"庆国庆心向党"东阳慈善义工街头派旗活动 （周志伟/摄）

员、隔离点工作人员代购物品2000余件。协助横店镇政府开展疫情防控志愿服务，服务时长160小时。3—12月，在六石街道、画水镇、横店镇开展垃圾捡拾活动26场，400余人次参与，服务时长1000余小时。3月12日，组织参加画水镇政府"履行植树义务，共建美丽家乡"活动，栽下茶树、果树60余株。

1月12日，义工协会开展为困境儿童帮扶暖冬活动，一日募集善款5000余元。3月21日，在六石街道张麻车文化礼堂开展"树文明新风、关爱弱势群体"活动。开展"携手夕阳红 共享和谐"关爱空巢老人活动。6—11月，开展"乐享夕阳红 解码老年数字生活"活动。

【"公益大巴"便民服务进社区】 2021年，义工协会联合东阳市乐义社会工作服务中心，在24个小区为居民提供免费理发、磨菜刀、修理小家电、配钥匙、缝补衣物、健康体检等便民服务，开展垃圾分类、禁毒防艾宣传和文艺演出，8000余人受益，发放宣传资料3000余份，服务时长2200余小时。

（周志伟）

·东阳市爱盟社会工作服务中心·

【概况】 2021年，市爱盟社会工作服务中心(简称东阳爱盟)以"双工"(社会工作者+志愿工作者)联动的形式开展各类服务项目和活动。组织并参与项目11个。承接督导建设4个社区工作站的任务。开展低保户入户走访调查工作，走访东阳市9个镇乡(街道)、1103户低保家庭。开展帮扶涉罪未成年人和被侵害未成年人社会工作项目，和21名涉罪未成年人进行结对帮扶。参与疫情防控工作；为患者、医护人员、社区居民提供防疫知识宣传和心理危机干预服务；为复工员工做防疫培训。通过"8090"热线、"东阳爱盟"热线等相关平台开展心理危机干预，为2013人次提供电话咨询，心理辅导268人。

东阳爱盟在浙江省第二届新时代文明志愿服务比赛中获优秀奖，在金华市第六届志愿服务比赛中获1金2铜。东阳爱盟获"金华市最佳志愿服务组织"称号；吴坚强获评浙江省社区教育优秀志愿者。

【生态环境公益宣传】 2021年，东阳爱盟组建30人的环保志愿者队伍，定期进行服务培训，每周开展关于生态环境的公益活动，每月不定期对重点企业、区域排污情况进行暗访，并将巡查信息及问题汇总，通知涉事单位整改。对全市240处存在生态问题的地块及980家企业进行巡查，参与人次1840人次。开展寻找生活垃圾公益活动，参与志愿者132人次，检查出村庄垃圾及道路垃圾543处。

【婚姻家庭辅导室】 2021年，东阳市婚姻登记处设婚姻家庭辅导室，由东阳爱盟入驻，提供辅导等服务，组建由婚姻辅导师、心理咨询师、社会工作者、律师等人员组成的专业团队，为有需求的家庭提供现场纠纷调解和心理咨询服务。年内，为1454个家庭提供婚姻辅导服务，挽回家庭771个。

（白小琴）

吴宁街道

【概况】 2021年，吴宁街道行政区域面积31平方千米，辖卢宅、江滨、东街、西街、东岘、迎晖、朝阳、城南、西园、荷塘、兴平11个社区31个经济合作社，下设65个居民小区。办事处驻吴宁街道东街1号。辖区总户数32115户，总人口84694人，出生人口602人。完成税收10.0亿元。城镇居民人均可支配收入64338元，农村居民人均纯收入37717元。

【农业】 2021年，吴宁街道农业总产值3193万元，山林面积1368公顷，经济作物播种面积49.2公顷。开展成家里蔬菜基地建设、农产品质量安全监督工作，确保农业生产安全；开展森林防火、防汛抗台风工作；开展松材线条病虫防治工作，清理枯死松树737.79吨。

【工业及商贸服务业】 2021年，吴宁街道以服装、针织、木雕工艺品、箱包制造等行业为主，有规模以上工业企业8家、限额以上批发零售企业29家、限额以上住宿餐饮企业12家、限额以上服务业企业14家。8家规模以上工业企业实现工业产值39亿元，比上年增长18.6%；29家限额以上批发零售企业实现销售额28.3亿元，比上年下降6.4%；12家限额以上住宿餐饮企业实现营业额0.9亿元，比上年增长4.8%。完成外贸出口销售额3.6亿元；完成税收10.0亿元；培育产值2000万元以上工业企业3家(东阳市城建建筑材料有限公司、东阳市丁大实业有限公司、东阳市跃飞管业有限公司)；增加限额以上商贸服务业单位6家，其中限额以上批发零售企业4家(东阳市芯鹏电子科技有限公司、东阳市路上实业有限公司、东阳市东安蔬菜配送有限公司、东阳市永弘酒业有限公司)，限额以上住宿餐饮企业1家(东阳市吴宁喜宴饭店)，规模以上服务业企业1家(东阳市华胜汽车服务有限公司)。新冠肺炎疫情防控期间，研究制订企业复工12项工作制度，协助企业开展招工和返工人员服务保障工作。开展低效工业用地清理工作，收回低效用地5.89公顷。

【村镇建设】 2021年，吴宁街道完成渣土周转消纳场和建筑垃圾资源化利用中心建设。推进“污水零直排区”建设，完成生活类小区整治49个，其他类直排整改1916家。东溪实施截污纳管后，水质基本保持在四类水以上。完成雅溪入江排污口整治。建设垃圾分类“两定四分”亭体285个，实现小区全覆盖，成功创建垃圾分类省级高标准示范小区7个、示范片区1个。推进涉安全隐患违建整治活动，整改、拆除违建3495宗、35万平方米，38个小区通过“无违建小区”验收。市南山国家森林公园服务中心与20个经济合作社签订南山国家森林公园建设涉及的632公顷土地托管协议。

【重点工程项目建设】 2021年，吴宁街道完成涉及吴宁二校建设遗留十二年的两户住户房屋拆除工作，完成西岘土地殿剩余24户农户拆迁，完成市实验幼儿园西扩涉及25户住户签约，完成荷塘社区蔡家、一都许两个村508户签约拆迁，签约率97.3%。推进首批4个美丽小区创建工作，完成9个老旧小区改造项目总工程量70%。提升城区道路功能、品质，推进江滨南路等5条“断头路”建设，完成人民路、环城北路、艺海路等9条干道提升改造，完成博士路隧道、义东高速、教授路建设涉及坟墓搬迁和望江路南延土地征用等工作。

【文教卫生】 2021年，吴宁街道组织举办首届文化艺术周活动，开展“百年颂辉煌、启航新征程”庆祝中国共产党成立100周年系列文化活动。引进第三方机构，推进“每月一主题、每周有活动”的文化服务供给新模式，常态化开展文化公益培训，举办黉门广场、张府前巷“周末剧场”活动。组织群众文化培训50余场，开展“文化走亲”70余场，举办公益性演出200余场。位于新南路的市第三实验幼儿园建成开园，招收幼儿666人，填补学区空白。2021年12月27日，吴宁街道获评浙江省文化强镇(街道)。

【社会保障】 2021年，吴宁街道持续推进“最多跑一次”和“无证明城市”改革。扩大标准化便民服务覆盖面，街道示范型居家养老中心建成启用，创建全市首家五星级残疾人之家，办理企业退休人员养老金资格认证1.5

2021年6月14日，“百年颂辉煌 启航新征程”吴宁街道庆祝中国共产党成立100周年文艺汇演暨吴宁街道2021文化艺术周开幕式在黉门广场举行

（吴宁街道提供）

万人次。开展社会保障救助，发放低保金等各类补助120余万元。开展“东阳安薪”专项行动和根治欠薪冬季专项行动，受理劳动者工资拖欠投诉69起，涉及人员76人，涉及金额76.76万元。

【社会管理】 2021年，吴宁街道开展大走访、大排查、大化解、大提升“四大”专项行动，化解信访积案22件、初信初访30件。多渠道开展反诈骗宣传，完成“金钟罩”反诈小程序注册7.3万人，辖区诈骗发案率、被骗金额比上年分别下降47.5%和66.5%。街道禁毒办获评浙江省一级乡镇(街道)禁毒办。常态化开展疫情防控工作，完成人员核查3.84万人次、疫苗接种31.2万针剂。开展消防应急救援演练20余次，排查6人以上出租户1000余户，排查各类场所1万余家次，整治安全隐患2000余处。

【组织建设】 2021年，吴宁街道开展党史学习教育，举行党课活动500余场，引导党员干部在疫情防控、城市创建、垃圾分类、“五大会战”、防汛抗台风等工作中发挥先锋模范作用。完成“两代表一委员”换届选举工作。加强对经济合作社的领导，学习落实“后陈经验”，推进清廉村居建设，规范经济合作社财务管理。推进城市党建联盟示范点创建，推进党员干部整治立规活动。

【《见证》微电影拍摄】 2021年5月18日，吴宁街道办事处和东阳供电公司共同筹拍的微电影《见证》在黉门广场举行开机仪式。该微电影主要讲述振兴路的发展史，通过一条街的变化发展和一个家庭、一个人的成长故事，见证东阳近20年的变化。

（许 延）

2021年5月18日，微电影《见证》开机仪式在黉门广场举行

（吴宁街道提供）

白云街道

【概况】 2021年，白云街道行政区域面积57平方千米，辖8个社区、40个小区。街道办事处驻白云街道望江北路2号。辖区总户数18886户，总人口48121人。出生人口525人。实现税收收入15.44亿元，比上年增长50.09%。

【工业】 2021年，白云街道有工业企业1211家，其中52家规模以上工业企业实现工业产值35.88亿元，比上年增长17.14%；工业增加值6.82亿元，比上年增长12.9%；实现外贸出口交货值30.84亿元。产业项目到位资金3.96亿元，其中制造业到位资金0.22亿元。培育“小升规”企业(小规模企业转成规模以上企业)14家。申报国家高新技术企业4家(浙江骆豪服饰有限公司、浙江信衡电动科技有限公司、东阳市帆迪尔纸制品有限公司、东阳市莱驰环保科技有限公司)，培育省科技型企业12家，增加股份制企业1家。年产值超亿元企业9家(浙江同力服装有限公司、浙江省东阳康优食品有限公司、浙江东峰制冷配件有限公司、浙江恒成硬质合金有限公司、浙江省东阳市荣盛橡塑制品有限公司、东阳市长河塑胶有限公司、浙江东政电机有限公司、浙江敬骋新材料科技有限公司、东阳市帛泰纺织有限公司，其中浙江东政电机有限公司、浙江敬骋新材料科技有限公司首次入列)。实施旧厂房改造项目29个，其中续建14个，开工建设15个；实施重点技改项目6个，“两化”融合项目12个。开展亩产效益评价，完成规模以上企业认定48家、0.2公顷以上规模以下企业认定295家。推行工业企业垃圾分类，与分拣中心签约进行固废处理的工业企业1300余家。整治

“低、小、散、乱、污”企业221家。其中,改造升级181家;关停淘汰19家;拆除13家企业违章建筑,总面积约107417平方米。全年低效用地整治中政府收储6宗,土地面积4.87公顷;“腾笼换鸟”地块5宗,土地面积4.82公顷。

【商贸服务业】 2021年,白云街道会展经济持续发展,举办2021中国(东阳)竹工艺产业发展大会暨竹家居生活广场黄学敏艺术馆开馆仪式、第四届中国东作红木文化艺术节、第五届中国东作红木文化艺术节等活动。

红木家具市场列“2021年中国建材家居卖场单店50强”第八位,获评国家级知识产权保护规范化市场、全国商品交易市场系统最具影响力品牌市场。汽车城成立东阳二手车流通行业协会,成为金华市内第一家通过“五化”(便利化、智慧化、人性化、特色化、规范化)验收的汽车类专业市场。红星美凯龙白云商场获评浙江省“放心消费”示范区等多项政府荣誉。浙兴电商产业园获评省级众创空间、省级小微园等。

2021年,扇贝(浙江)智能科技有限公司AI智能柜项目落地白云街道。东阳松茸茶叶批发市场建成开业。白云商贸园区重点商贸服务业开发项目6个。其中,前期项目1个(雷克萨斯汽车4S店),完成土地征用;开工建设项目1个(“顶兑”电音剧场),完成主体结顶;续建项目4个(汽车城二期、远缰天域、浙兴电商园、华泰皮革城),完成投资2.98亿元。园区内运行的商贸服务业重点项目57个,其中专业市场7个(东阳中国木雕城、东阳针织服装市场、东阳红木家具市场、东阳国际汽车城、东阳国际建材装饰城、红星美凯龙白云商场、东阳银泰城)。批零住餐服务业限额以上商贸企业68家,完成销售额105亿元。

辖内有东阳国际汽车城电子商务创业园、泉球谷电商直播生态产业园、东阳市抖音电商直播基地、全知道直播生态城、东源电商创业园、东阳市浙兴电商产业园、东阳银泰城电子商务园、东阳国城网红直播基地、

2021年9月30日,2021东阳市金秋购物节之“红动中国·文化赋能”——第五届中国东作红木文化艺术节在东阳红木家具市场举行 (白云街道提供)

沃德电子商务创业园9个电商创业基地和上进小区、麻车小区、下昆溪小区3个电商专业村(小区),进驻企业3754家,从业人员1.6万人。由白云街道、市商务局、市职教中心学校以及市电子商务协会四方共建的东阳市第一家白云电商学院在汽车城青创中心建成运行。举办国风星主播大赛、短视频直播商户分享会等活动30余场。全年电商零售额约100亿元。

【建筑业招商工作】 2021年,白云街道推进建筑业招商工作,招引11家建筑企业(浙江佳垦建设有限公司、东阳市荣泽建筑劳务有限公司、东阳市弘毅建筑劳务有限公司、东阳市静静建筑劳务有限公司、浙江匠成建筑劳务有限公司、东阳市穗融建筑劳务有限公司、东阳市富凯建筑劳务有限公司、浙江强华建筑劳务有限公司、浙江骆店建筑科技有限公司、东阳宁乐建筑劳务有限公司、浙江德瀚建筑劳务有限公司),其中10家完成招商回归认定及“双证”落地工作,浙江德瀚建筑劳务有限公司进入招商认定流程办理阶段。

【农业】 2021年,白云街道农业户数10361户,农业人口26925人,耕地面积61.88公顷,山林面积314.68公顷。农村集体收入26162.20万元,固定资产在建工程估值(除设备外的土建部分)8192.27万元,有现金存款65778.47万元。

【村镇建设】 2021年,白云街道拆除各类违法建筑29.71万平方米;改造旧住宅185户、3.64万平方米;改造旧厂区5家、9.82万平方米。开展涉及安全隐患违法建筑专项整治行动,拆除居民庭院违建4306户、21.38万平方米;拆除30家企业违建16394平方米。获评2021年度东阳市“三改一拆”工作先进集体。

完成河东、塘麻车等30个小区的“污水零直排区”建设提升改造,其中省考小区13个。实施截污纳管工程6个,包括续建工程3个、开工建设工程3个。外托、关山小区截污纳管工程完成建设,焕山小区、望江小区截污纳管工程分别完成90%和40%,银田、老应山小区截污纳管工程完成预算编制,进入财政审核。完成“六小行业”(小餐馆、小美容美发店、小澡堂、小旅馆、小歌厅、小网吧)雨污合流整治1173家、机关企事业单位雨污合流整治93家。划定江滨南街以南、小康路以北、关山路—望江南路以西、歌山路以东2.5平方千米的示范区,委托第三方机构进行管道运行维护。完成巧溪、昆溪、十里头溪等水域整治。

开展全国文明城市创建、生活垃圾分类“两定四分”模式推进等工作。主要道路增加保洁面积400万平方

米;建工、陇新、江亭、接官亭、望江等文明示范小区建设初见成效;推进网线整治、"牛皮癣"清理、破损修补等工作,提升整体环境面貌。推进垃圾分类工作,创建省级高标准分类示范小区3个、示范道路1条;建设垃圾分类亭215座,基本实现辖区全覆盖。完成8个社区"扫黄打非"基层站点挂牌,打造十里头、莲花山社区模范站点,建成中山社区"扫黄打非"主题公园。白云街道获评第四批全省"扫黄打非"进基层示范点、第四批全省"扫黄打非"进基层示范标兵。

【文教卫生】 2021年,白云街道有街道综合文化站、广播电视站各1个,农民工文化活动中心2个,农家书屋9个。有幼儿园29所(其中教学点4个),在园幼儿7162人,教职工970人;小学8所,在校学生10190人,教职工742人,专任教师652人;初中4所,在校学生4238人,教职工307人,专任教师289人;九年义务教育覆盖率100%。白云实验小学和市第二实验幼儿园南田园区投入使用,白云实验小学招生172人,市第二实验幼儿园南田园区招收幼儿123人。

白云街道有社区卫生服务中心1个,专业卫生人员49人,其中执业医师18人、执业助理医师5人、注册护士12人。全年卫生院医疗机构完成门诊诊疗88643人次,不含体检人次。农村安全饮用水普及率100%,农村卫生厕所普及率100%。

【社会保障】 2021年,白云街道城镇低保对象83户、110人,发放低保金57615万元。国家抚恤、补助各类优抚对象300余人。有社区服务中心8个、社区服务站8个。生育登记服务审核936人次,再生育审批6人次,走访计生困难家庭户61户,享受计划生育奖励扶助和特别扶助160人。办理"独生子女光荣证"36人次;贫困残疾人助学(低保家庭残疾人子女、残疾人学生)14人;残疾人护理补贴上报303人,困难生活补贴(低保)上报71人。完成临时救助14户、34人,计77600元。低保核查81户、104人,慈善救助14人,计2.8万元。完成街道示范性居家养老服务中心建设并投入运营。完成示范型儿童之家建设。

【社会管理】 2021年,白云街道办理上级转交的信访件4266件。每月15日(信访接待日)接待群众来访,全年接待206批、265人次,做到登记接访100%,向上级反馈100%,向信访人答复意见书100%。开展扫黑除恶专项斗争行动,走访4307户,排查矛盾纠纷206件,成功调处158件,办结扫黑件5件。在册社区矫正对象59人,办理入矫46人,办理解矫19人,走访社区矫正对象286人次;社区戒毒(康复)人员5人;开展普法、禁毒宣传活动20余次,张贴禁毒海报240余份,发放劳动保障、禁毒宣传等各类法制资料3000余份,拉设宣传横幅40余条,发放宣传小礼品(无纺布袋子和指甲钳)3000余份,增加主题公园1个、禁毒宣传栏3个。受理"8890"事项3205项。网格员上报事件17329条、办结15488条,重点人员走访6683人次,重点场所走访1822家次;邀请市委政法委、市人力社保局等单位参与专职网格员专题培训54次。

【组织建设】 2021年,白云街道完善"党建+网格"制度,打造中山社区"党建引领 善治中山"品牌。引进专业社工团队激活社区资源,提升社区自治水平,在中山社区西门小区试行党员、红领青年、少先队员"三级楼道长"制,构建"党建带团建、党建带队建"志愿服务网,健全楼道治理体系。开展党员干部违法违纪专项治理行动,免职、整转帮教等组织处理15人次,运用第一种形态处置14人次、党纪立案处理25人次。深化"后陈经验",制定《白云街道村级组织分类议事决策制度》,畅通街道、社区、小区三级事务管理体系,规范村级组织各项权力运行。

【东阳市白云电商学院成立】 2021年9月14日,由白云街道、市商务局、市职教中心学校以及市电子商务协会共建共管共享的东阳市白云电商学院成立。学院聘请东阳中国木雕城首席执行官马飞、义乌市工商学院经济管理学院院长王晓明等高校教授、行业专家、知名企业负责人担任专业指导委员会专家;组建以省级技术能手、金华市级技术标兵、金华市级教坛新秀、东阳市级电商专业学科带头人、东阳市级电子商务高级技师引领的师资队伍;聘请国内行业技术骨干、专家学者担任客座教授。学院内设1个云机房、2个理论教室、1个企业项目实操教室,建筑面积约1600平方米。学院与白云街道辖区内9个电商园区、500余家中大型电商企业开展合作,可提供实习岗位1200余个,实现年培训量3000人次以上,每年可为东阳市电子商务行业输出专业人才300人以上。

【东阳市"暖心地图"发布】 2021年6月24日,东阳市在银泰城举办快递

2021年6月24日,东阳市"暖心地图"正式发布　　(白云街道提供)

物流业党建“六大行动”启动暨“暖心地图”发布仪式。各相关职能部门、镇乡(街道)分管领导、快递企业和外卖小哥代表共计70余人参加活动。活动宣布东阳市快递物流业综合党委成立,向快递行业、外卖行业、现代物流行业三个行业党委和东阳市小蜜蜂法律服务中心授牌,向反诈宣传队、治安巡逻队授旗。

【义东大桥建成通车】 2021年7月18日,横跨东阳江、连接东阳市白云街道和义乌市廿三里街道的义东大桥正式通车。义东大桥改建自何宅大桥,总投资2500万元,白云街道和廿三里街道各出资50%,由廿三里街道负责建设;义东大桥总长235米,宽25米,双向四车道,两侧各有一条非机动车道。项目于2020年10月动工,2021年7月完工。

【基础设施建设】 2021年,白云街道拆除陶村小区城中村,完成安置区规划编制;出让原八方建筑有限公司、广宏建设集团有限公司2处地块;推进7家电镀印染企业地块“退二进三”进程,签约6家企业。完成上进小区市政配套工程,完成笠里小区市政配套及弱电工程的90%;完成金星小区市政配套工程的30%;完成望江路排水工程和望江路风貌提升工程;完成紫荆箱涵工程,完成好乐多地块拆迁、土方开挖、厂房搬迁、建设、配套、挡墙工程;完成华东木材市场搬迁、厂房建设;完成7个老旧小区改造项目;完成人才公寓至城南西路道路工程;启动江滨公园一期(望江体育公园)工程(二标)、杨大“最美小区”建设项目、珊瑚里市政配套工程、同力北侧土石方工程等项目。

【交通建设】 2021年,白云街道抓住“城市品质提升”的契机,打造内畅外联的交通体系,打通辖区南环路、西一路、东针路3条“断头路”;推进37省道连接线工程、中环路道路工程、四号路道路工程、甑山路西延道路工程、紫荆三期立体停车场前期工作,推进东义同城化进程,启动珊瑚里至观音堂道路工程、昆溪大桥建设工程的前期工作。

(黄阳阳)

江北街道

【概况】 2021年,江北街道区域面积89平方千米,辖10个社区,3个行政村,77个小区。办事处驻江北街道翠竹路1号。辖区总户数28679户,总人口67328人,其中男性33528人,女性33800人。出生562人。江北街道域内常住外来人口63532人,其中少数民族223人。完成税收15.65亿元,比上年增长66.48%。

【工业】 2021年,江北街道62家规模以上工业企业总产值33.48亿元,比上年增长21.43%。培育“小升规”企业18家。市级规模以下样本企业12家,主营业务收入11.66亿元,比上年增长66.50%;国家规模以下样本企业9家,主营业务收入14.83亿元,比上年增长30.01%。引进内资5.98亿元。招引1亿元以上项目5个,其中10亿元以上项目1个。成功引进并签约东阳祥昇医药科技有限公司和亮贝美医疗科技集团有限公司项目。8家企业获批国家高新技术企业,17家企业获批省级科技型中小企业。完成低效用地清理整治17.6公顷。浙江孚诺医药股份有限公司是东阳市唯一一家被省经济和信息化厅评为浙江省亩均效益领跑者的公司。

【农业】 2021年,江北街道启动全域土地综合整治工作,完成14个小区、200余公顷土地流转工作。华店、东山楼、甘溪、三角塘沿41公顷高标准农田建设项目完成灌溉与排水、田间道路的竣工验收。江北街道有10户种田大户,基本实现机械化。其中,桑梓头村何旭跃有拖拉机2台、插秧机2台、收割烘干机1台,实现机耕、机插、机械收获烘干的机械化;溁塘村张长彩有大疆T30、T20无人机各1台,实现无人机植保。推进“非粮化”整改工作,清表地块24.74公顷,完成79.02%,恢复种植24.27公顷,完成78.17%。启动盘溪共享田园建设项目,完成项目初步设计。

【重点工程建设】 2021年,江北街道完成351国道江滨北街东延、画水北路等项目,完成涉及21个小区106.67公顷土地征收工作。基本完成金店工业区区块拆迁和土地平整工作。完成金甬铁路江北段900户农房拆除工作,完成铁路及其他重点项目农户约1300户的安置工作。保障在江北街道域内的正威集团项目、筑工科技项目等东阳市重点工程无障碍施工。

【村镇建设】 2021年,江北街道完成30个小区16.26万平方米违建拆除和验收工作,拆除江滨北街、艺海北路、广福路三条城区主干道的违章建筑4888宗、30.06万平方米。启动东丰小区、王峰小区、渔晚小区、亭塘小区和下卢小区5个共同富裕小区创建工作,其中东丰小区进场施工。基本完成上卢小城镇环境综合整治。6个小区获评东阳市级“十佳文明小区”,4个小区获评东阳市级“文明进步小区”。

【文教卫生】 2021年,江北街道下辖初中2所,小学6所,幼儿园18所,3个教学点,其中教育部门办幼儿园8所。初中在校学生1933人;小学在校学生5634人;幼儿园在园幼儿5300人。中学在编教师132人,其中高级教师31人;小学在编教师263人,其中高级教师13人。幼儿园教职工665人,其中专任教师454人。江北小学获评2021年浙江省节水宣传教育基地、金华市艺术特色学校;第五幼教中心幼儿园获评全国青少年校园足球特色学校(幼儿园),下范小学获评金华市清廉学校、金华市智慧校园。

江北街道成立江北教育发展基金会,筹集教育基金1亿元,全年发放奖金277.94万元。市外国语小学江北校区启用;江北实验幼儿园望江园区、山口园区建成投入使用;江北三小开工建设;江北三中启动前期规划工作。

江北街道下辖卫生服务中心即

2021年12月15日,江北街道在广厦大学开展新冠病毒核酸检测应急演练
(胡扬辉/摄)

原江北卫生院,有上卢、亭塘等5个服务站,编内工作人员70人。江北卫生服务中心全年门诊133162人次,业务收入1369.4万元,比上年增长9.4%。完成规范化建档居民个人健康档案61167份、家庭医生签约19574人、慢性病签约9382人、重点人员签约19043人。完成一类疫苗接种20578剂次、二类疫苗接种12096剂次、老年人免费流感疫苗接种5360剂次。完成65周岁以上居民健康体检7931人。江北卫生中心增加救护车、生物安全柜、中频治疗仪、医用冷柜等设备,提高江北卫生中心防病治病能力。落实全面疫苗接种,新冠疫苗接种251303剂次,其中第一针127607剂次、第二针114743剂次、第三针8953剂次。对辖区企业、学校、养老机构、个体诊所、冷链工作人员和环卫工作人员进行核酸采样。采样13456人次。

【社会保障】 2021年,江北街道对1044户持证残疾人进行调查,发放593名残疾人护理补贴共124700元。发放20名残疾人机动轮椅车车主燃油补助每人260元。对存量在册280户、447人救助对象进行入户复核,增加低保对象8户、11人,注销不符合条件低保对象26户、42人;增加低保边缘对象1户、1人,注销不符合条件低保边缘对象6户、18人;增加临时救助34户、83人,发放救助金95290元,其中街道发放救助金28790元。市慈善总会救助江北困难群众14户、34人,救助金额20000元,江北慈善分会救助困难群众8户,救助金额19000元。江北慈善分会有存款710万元。8家居家养老照料中心正常运行。投资89.27万元,在东丰小区建设街道级示范性居家养老中心,年末投入使用。

开展5000余名失地农民的失地保险转职工养老保险确认工作,保障失地农民的知情权和利益。开展街道城乡居民基本医疗保险和大病保险缴纳工作,完成56079人的电子医保凭证激活任务。实现常住人口参保率95%以上。全年办理"4050"困难群体助保人员补贴6人。组织江北街道企业用工招聘会,进驻企业600余家,提供就业岗位1万余个。

【社会管理】 2021年,江北街道健全安全网格化管理,签订1576份"安全生产责任书",检查企业1518家,发现安全隐患2605处。开展矛盾纠纷调处工作,受理矛盾纠纷730起,化解719起,涉及金额2035.06万元。开展社区58名矫正对象的管控工作,除1人赌博被治安拘留,其余无再次犯罪。安装监控探头178个,人脸识别设备65个,智能门禁430余户,烟感器498个。

【组织建设】 2021年,江北街道成立江北街道党校,并推进党校规范化建设,组织村、社区干部集中授课11次、线上培训2次。开展大学生"村官"履职集体宣誓擂台赛,结合"开门办一件事"、大学生"村官"履职"回头看"等活动进行晒比拼。对下辖100个支部开展基层党建督查,以查促改,整改问题180余个。组织全体党员签订"九不三远离"承诺书。推进基层党建工作,维护录入街道125个党组织信息、3900余名党员个人信息、党籍信息,实现一键查询。严格严肃执纪问责,告诫谈话22人次、党纪处理31人、干部歇职5人。

【基础设施建设】 2021年,江北街道启动湖莲东街等9条"断头路"的建设工作,截至年末,湖莲东街、革成路竣工,周店溪以东道路、小微园周边新建道路、友谊路、江滨北街西延、中山北路北延、人民北路北延开工建设。完成甘溪路(歌山路—八华路地段)道路建设。基本完成广福东街(迎宾大道—六石段)长约3.85千米的道路建设,完成"乡愁记忆"风景线绿化工作,南北两侧各约20米宽绿

2021年4月27日,"平安东阳·反诈人民战争"主题宣传活动启动仪式在江北街道反诈公园举行
(吴　倩/摄)

化，内含1.5米宽步道和非机动车道。

2021年，江北街道启动反诈主题园建设，建立反诈队伍83支，签订反诈承诺书8万余份，完成“金钟罩”注册9万余人，成功劝阻13476人次。全年发案444起，发案数比上年下降2.2%。4月27日，在江北街道反诈公园举行“平安东阳·反诈人民战争”主题宣传活动启动仪式。

完成43个小区（村）、251个企业的“污水零直排区”建设；完成辖区内215个垃圾分类“两定四分”岗亭建设，创建3个省级高标准生活垃圾分类示范小区和1条垃圾分类示范街。甘溪行政村、临江社区、凤凰社区获评市级“三强六无五美”示范村；王峰小区、下宅口小区、东溪小区、下徐施小区、甘东小区、东丰小区获评市级“十佳文明小区”。

成功创建两个金华市“体育+”特色村（居），实现城市社区“10分钟健身圈”；成功创建金华市“基层党建+安全生产标准化”建设示范乡镇（街道）。

（许庆首）

六石街道

【概况】 2021年，六石街道行政区域面积65平方千米，辖1个社区（7个小区）、22个行政村（62个自然村），街道办事处驻湖心塘综合楼。辖区总户数18042户，总人口40615人。出生人口262人。10月15日，在陕西省举行的全国第十一届残运会暨第八届特奥会赛艇PR1级女子1000米单人双桨决赛中，六石街道枫树下村下石塘自然村王丽丽获金牌。六石街道获评金华市“水美乡镇”。

【工业】 2021年，六石街道（经济开发区核心区块）有规模以上工业企业74家，实现工业总产值59.69亿元，比上年增长18.39%；产值亿元以上企业13家；完成固定资产投资18.99亿元，比上年增长20.5%，其中工业投资6.95亿元；零售业销售额1.72亿元，比上年增长21.99%；批发业销售额12.57亿元，比上年下降27.21%；培育“小升规”企业12家，限额以下升限额以上商贸服务业5家；完成税收7.49亿元，比上年增长24.48%；实现外贸出口额15.23亿元，比上年增长11.3%；6家东阳市级样本企业营业收入1465万元，比上年增长19.26%；7家国家级样本企业营业收入4566万元，比上年增长47.02%。

【农业】 2021年，六石街道完成粮食播种面积405.13公顷，粮食复种面积709.07公顷，粮食复种指数175%。有早稻高产示范畈1个，单晚稻新品种展示畈1个，稻虾共养基地1个、6.67公顷。开展政策性农业保险工作，辖区种粮大户27户，参保率100%。开展惠农政策和粮食病虫害防治宣传，举办种粮大户培训4期。

【新农村建设】 2021年，六石街道拆除3466户居民的各类危旧房，拆除面积227834平方米。实施农村饮用水“一户一表”安装工程。推行农村生活垃圾分类，张麻车等12个村（小区）成功创建市垃圾分类“最好村”。垃圾分类“两定四分”模式实行镇区全覆盖。完成18个村文化礼堂建设，成功创建1个街道级新时代文明实践所和2个金华市级示范型新时代文明实践站，开展新时代文明实践志愿服务活动千余次。

六石街道投资8000万元，完成小城镇环境综合整治工程58项，获评小城镇环境综合整治省级样板街道；投资7000余万元，完成美丽城镇建设项目35个，获评2021年度新时代美丽城镇省级样板街道；投资1800万元，完成广福路与211省道连接线工程；完成16条乡村公路大中修，实现“白改黑”全覆盖，创建金华市“四好农村路”示范乡镇。

【重点工程建设】 2021年，六石街道开展园区开发工作，完成涉及木雕小镇、红木交易中心、金甬铁路等项目建设征地196公顷。推进“万亩千亿”新产业平台建设，完成后金村、殿口村270户农户房屋拆迁工作，拆除面积8.75万平方米。推进六石拆迁安置区建设，完成土地征收、政策处理、坟墓搬迁、施工图纸深化设计、临时设施建设，启动主体建设。开展金甬铁路东阳段政策处理工作，东阳市内首桩在北后周村开工；完成北后周特大桥连续梁合龙。5月，市政府出资建设的石马坑抗日将士纪念广场竣工。

【文教卫生】 2021年，六石街道下辖初中1所，在校学生1117人；小学3所，在校学生2713人；教育部门办幼儿园1所，在园幼儿789人。六石街道中心小学获评浙江省艺术教育实验区实验学校，六石街道中心小学张帷玮获评金华市教坛新秀、金华市最美教师提名奖。

六石街道社区卫生服务中心启动家庭医生签约工作，全年签约15197人，签约率37.3%。高血压、糖尿病患者签约5485人，签约率89.4%。举办健康知识讲座，实施老年人健康管理，参加健康体检并纳入健康管理4924人，管理率73.02%。开展65周岁以上老年人免费流感疫

2021年5月，市政府出资建设的六石石马坑抗日将士纪念广场竣工

（六石街道提供）

2021年6月24日，“红色六石 星火之路”六石街道红色旅游精品线启动仪式举行 （六石街道提供）

苗的接种工作，为辖区的老年人接种流感疫苗4360针次，接种率64.6%。通过“东阳市发热病人追踪系统”追踪发热病人3358余人次。完成新冠疫苗接种93400针次，其中第一针47476针次、第二针43629针次、第三针2295针次。开展血防春季查螺工作，查螺面积264054平方千米，查到钉螺面积26305平方米，开展灭螺和生态环境问题整改工作。

【组织建设】 2021年，六石街道有党员1940人，开展党员干部守纪立规专项整治行动，处理违法违纪党员11人，其中党纪处分6人，运用第一种形态处置5人。定期对661名乡贤信息进行更新。29个村（小区）按要求落实“12345”制度（一套学习教育机制、两张议事决策清单、三级网格体系、四个农村党员干部管理办法、“五议两公开”民主议事决策机制），每月党建检查列入必查项。履行入党政审、联审，推选积极分子31人，吸收预备党员13人，预备党员转正6人。6月24日，六石街道举办红色旅游精品线启动仪式和党建联盟成立仪式，庆祝中国共产党成立100周年。

【社会管理】 2021年，六石街道开展“四个平台”建设，完善运行机制。推动全科网格建设，推行网格员每日巡查制度，检查各类企业2000余次，要求整改隐患1450余处。成立“老娘舅”“帮帮姐”矛盾调解队伍，开展矛盾纠纷、社会不安定因素排查调处，开展调解2392次。开展反诈、反邪教、禁毒、普法等各项宣传工作。常态化开展疫情防控工作，健全网格化管理机制，核查重点地区人员数据3.5万人次。

【社会保障】 2021年，六石街道开展低收入农户动态管理工作，落实困难儿童生活保障工作，加大对农村特困户救助力度，低保在册人员228人，在册户数187户，发放低保金64.3万元；在册低保边缘对象34户、45人；动态变更完善低保、低保边缘对象信息共120条；低保退出25人，增加15人；低保边缘对象退出25人，增加7人；特困人员6人，发放供养费5.05万元。扩大医保、社保、失地保覆盖面，实现应保尽保。

【产业植入】 2021年，六石街道打造“一核三带六点”产业发展格局，即白溪江共享田园一个核心，木雕文化带、“世”字形风光带、红色文化带，北后周、吴良等六个产业发展示范点。举办各类特色活动，探索研学体验游模式，吸引团队2200余个。1月1日，“耕耘梦里·共享田园”六石田园旅游节开幕。打造红树林等7个影视外景拍摄基地，接待剧组1200余个，创收4500余万元。

（张媛媛）

城东街道

【概况】 2021年，城东街道行政区域面积61平方千米，辖李宅、塘西、罗屏3个驻村分中心，下辖1个社区、18个行政村。办事处驻吴宁街道工人路90号。辖区总户数17933户，总人口42237人。出生人口261人。获评东阳市级以上先进集体荣誉13项、东阳市级以上先进个人荣誉27人次，城东街道获评金华市铁路轨道项目“攻坚争先”立功竞赛活动成绩突出集体、金华市高标准农田建设先进集体、金华市无违建乡镇等，城东街道司法所获评2021年度金华市级

2021年1月1日，市农业农村局、市文广旅体局、六石街道办事处联合举办的“耕耘梦里·共享田园”六石田园旅游节开幕 （六石街道提供）

“枫桥式司法所”，单良村获评全国民主法治示范村。

【工业】 2021年，城东街道实现工业总产值13.08亿元，比上年增长41.08%；批发业商品销售额2.57亿元，比上年增长56.7%；完成税收2.7亿元，比上年增长31.43%。指导7家企业开展技术改造与旧厂房改造提升，重点企业在库培育8家，培育“小升规”企业7家。增加国家高新技术企业1家、省级科技型中小企业4家。完成低效企业改造提升21家，搬迁入园6家，关停淘汰落后企业9家。成功招引建筑业企业5家，完成建筑业税收8105.63万元。

【农业】 2021年，城东街道耕地面积1186.5公顷。粮食总产量1331吨、油料243.4吨、棉花13.3吨、甘蔗1818.1吨、中草药材611.2吨、蔬菜24621.8吨、瓜果1061.7吨；种植花卉苗木16.8公顷；果园面积135.4公顷，水果产量2392吨；茶园总面积19.93公顷，茶叶总产量3.8吨，完成3.33公顷珍贵树种的种植。完成安山、李一、红新等村9.72公顷土地流转。

【重点工程建设】 2021年，城东街道城内有市民中心建设项目（西河）、第二污水处理厂二期项目、科技孵化园项目（塘西）等省、市级重点工程和建设项目17个。4月，爱奇艺项目用地交付5.67公顷，完成“三通一平”。9月，腾讯项目完成征地13公顷。10月，完成杭温高铁主线征迁任务。年内金义东轨道交通建设项目、垃圾综合利用项目、市民中心项目分别完成主体建设的95%、85%、70%。

【新农村建设】 2021年，寀卢共享田园建设高标准推进，成为新晋网红打卡点，国庆期间日均吸引游客5000余人。东阳江共享田园规划面积566.67公顷，增补为政府投资项目。城东街道完成13个自然村318.67公顷土地流转，田园“六乱”整治率97%以上。美丽城镇建设项目争创省级样板，投资5080万元，安排建设项目64个，完成48个，在建16个，于7月通过省级验收考核。实施“飞地抱团”发展模式，东安村入股李宅菜场项目。截至年末，村集体经济总收入100万元、经营收入50万元以上的村占比超89%，总收入、经营性收入分别比上年增长51%和62%。

【文教卫生】 2021年，城东街道举办各类文体活动30余次。1月，举办元旦文艺会演。4月，城东街道首届樱花节开幕。6月，到南市街道开展文化走亲活动。7月，举办庆祝中国共产党成立100周年文艺晚会。年内，推进东屏村文化礼堂建设项目，实现街道文化礼堂全覆盖。加强新时代文明实践站所建设，每周组织开展志愿服务活动。

城东街道有初中2所，26个班，在校学生1265人，教师82人；小学8所，86个班，在校学生3580人，教师171人；适龄儿童入学率和小学升初中升学率均为100%。卫生服务中心保障医疗用房2130平方米，辖3个社区卫生服务站及14家村卫生室，打造20分钟医疗服务圈。

【社会保障】 2021年，城东街道有低收入农户267户，其中低保对象210户（比上年减少85户、103人），发放低保金176528元；低保边缘对象33户、66人（比上年减少8户、12人）；特困人员30人（比上年减少5人），发放保障金46910元；困境儿童28人（比上年减少2人）。发放福利资金270610元。有居家养老照料中心18家，正常运行的有12家，照料服务老年人300余人，其中东联村为90余名老年人提供餐饮服务。推进单良、寀卢、东联、和堂4个村创建市级星级居家养老照料中心。临时救助生活困难家庭41户、110人，救助金额67540元。

【组织建设】 2021年，城东街道开展“解难题优作风百日大会战”。全面摸排问题，梳理出影响社会稳定和谐的问题24个，按轻重缓急归类，制订“一案一策”；针对涉及越级访、集体访的7个重点问题，在落实稳控措施的同时，加快调查处置，逐个给出结论，完成案件结案。开展“城东崛起、奋斗有我”大讨论，推行“片办工作例会”制度，实施村社换届“回头看”，开展“红黄旗”竞赛。落实党风廉政建设两个责任，党纪立案14人，结案13件，追回村集体资金3.327万元，运用第一种形态处置43人。

【新时代“寀卢经验”学习推广】 2021年，城东街道学习推广新时代“寀卢经验”。寀卢村农业经营方式由分散向集成转变，123.33公顷土地实现统一流转，由种植大户规模化生产。统一打造农产品品牌——“寀卢严选”，农产品的种子、耕种、收割、产量等所有数据均纳入数字化管理，提供线上线下销售服务，保障农产品品质，实现附加值提升。“寀卢严选”涵

2021年7月，东阳市“寀卢经验”绿色发展主题馆　　（城东街道提供）

盖43类473种商品及服务项目,为农民增收280万元以上。开展"共享田园"建设,把村居、田园、河湖作为整体统一规划,将田园道路进行系统改造,建成黑色沥青的生产道路、彩色沥青的骑行慢跑道,在路旁种上萱草,推动美丽乡村从村内延伸至村外。形成工业发展"反哺之道",入驻寀卢村的96家企业上缴国家利税3000余万元,村集体通过物业收入增收200余万元。村集体经济收入500万元,人均收入超10万元。与邻近的单良、徐田等7个村成立八村共富联盟,共同实施农村综合改革集成建设项目。与浙江瑞象教育科技有限公司实施农文旅合作项目,与东阳市供销总社、三江农业开发有限公司实施现代果蔬基地项目,把"共享田园"打造成"共富项目"。

【社会管理】 2021年,城东街道推进便民服务工作,代办便民事项16625项。优化村、街两级"老娘舅"队伍建设。受理来信来访133件,答复处理133件。开展农户走访,排查问题54件,解决50件。签订平安建设责任书59份,机关干部责任书77份,禁毒工作责任书60份,反诈责任书18800余份。开展普法活动20余次,悬挂横幅1000余条,发放宣传资料2万余份。创建金华市级民主法治村覆盖率100%,有金华市级"后陈式"法治村12个,国家级民主法治示范村1个。开展合法性审查152件,出具法律意见书152份,实现村规民约全覆盖。

(贾 玉)

南市街道

【概况】 2021年,南市街道行政区域面积81平方千米,辖大联、槐堂、南溪三个驻村分中心,25个行政村,81个自然村。办事处驻吴宁街道朝龙路8号。辖区总户数19880户,总人口44474人。外来人口16217人。出生人口315人。

【农业】 2021年,南市街道常用耕地面积1467.46公顷,其中水田面积1176.09公顷。农业以种植粮食作物和经济作物为主,有家庭农场44家,农民专业合作社10家,有南枣、蜜枣、草莓、西瓜、柑橘等特色农产品。粮食作物以水稻为主,有种粮大户20户。主要经济作物播种面积614.4公顷。青枣种植面积约700公顷,以南溪片区为主,多数加工成蜜枣和南枣。南枣加工户7家,蜜枣加工户约50家,以家庭作坊式加工,未形成规模化生产。上朱蔬菜基地正常运营,面积6.67公顷。

【工业】 2021年,南市街道规模以上工业企业实现工业产值19.74亿元,比上年增长28.28%;固定资产投资5.31亿元,比上年下降13.76%;完成税收2.06亿元,比上年增长38.49%。完成工业项目投资1.45亿元,政府性项目投资2.24亿元,房地产项目投资1.15亿元。

【红木家具产业】 2021年,南市街道有红木家具制造企业186家,工业总产值8.1亿元。推进红木"南市精品"品牌建设,国祥红木家具有限公司、浙江省东阳市华厦家具有限公司获"浙江制造品字标"认证;东阳市恒达木业有限公司入选国家木雕及红木制品质量监督检验检测中心(浙江)中试基地、浙江高级定制专业委员会会员单位,"今至"客厅系列产品获第35届深圳国际家具展"金汐奖"最佳古典产品金奖。

1月,开展家具行业环保整治提升工作,召开家具行业环保整治提升工作推进会,讲解家具行业环保整治再提升政策,督促企业在规定时间节点完成源头替代(油改水)或设备提升。有喷漆企业126家,其中5家取消油漆工艺;计划"油改水"企业79家,完成31家(规模以下企业27家);计划设备提升企业42家,完成14家(规模以下企业10家)。

【东阳红木创业园项目建设】 2021年,南市街道推动特色产业园区建设,完成东阳红木创业园项目配套设施完善、企业入驻等后续工作,规范园区产业、环保、能耗、投资强度等管理,加快"智慧大脑"运行建设、水性环保油漆推广使用,促进红木产业转型升级。东阳市木雕家具产业园建设项目完成格林磁材3.67公顷司拍收储,年中完成腾空。10月21日,南市街道与东阳市产业发展集团有限公司签订东阳市木雕家具产业园建设项目投资协议书及工业用地全生命周期管理履约协议;10月30日,完成土地摘牌。

【低效工业用地清理整治】 2021年,南市街道成立低效工业用地清理整治工作组,制订低效工业用地清理整治工作计划,通过盘活土地存量,提高土地节约集约利用水平。2019—2021年累计完成低效用地整治23.30公顷。其中,2019年任务数10公顷,完成整治8.38公顷;2020年任务数13.33公顷,完成整治11.26公顷;2021年任务数13.97公顷,完成整治3.66公顷。

【美丽乡村建设】 2021年,南市街道全面提升美丽乡村建设和基层治理水平,推进美丽城镇创建。11月,南市街道美丽城镇项目通过浙江省、金华市美丽城镇办验收,入选2021年度浙江省新时代美丽城镇建设基本达标名单。完成前新屋村黄文玉烈士纪念馆建设,前新屋村获评市"十佳村"。西雅、五一两个村获评市级"三强六无五美"示范村,紫溪、官清、岘峰、安儒、梨枫、后塘和贾宅7个村获评市级"三强六无五美"达标村,高潮、五一、后塘3个村被省乡村振兴领导小组办公室评为浙江省善治示范村。建成750米的罗溪绿道,完成干砌挡土墙、休闲步道建设;建成5500平方米的高塘停车场;完成垃圾分类"两定四分"试点村黄泥坑村、新塘沿村点位建设,开展试点工作;完成高塘等33个自然村"污水零直排区"创建工程和辖区内所有企业、事业单位、六小行业的"污水零直排"整改工作。

【重点工程建设】 2021年,南市街道持续推进各项重点工程项目。配合杭温高铁(东阳段)建设,协助中铁三局完成洗马塘村3.47公顷弃土场地的租用;完成东阳市乐声电子有限公司建筑面积6063.3平方米的厂房征收协议签订,部分厂房腾空拆除;完成廿里牌村0.8公顷便道租用,协调处理高铁新城建设项目矛盾纠纷。配合义东高速公路东阳南市至南马段建设,完成全线22个村土地征用,涉及土地面积62.35公顷,和1353户农户签订征地协议;完成地面附属物登记调查及补偿款发放;16户农户征迁补偿款发放到位;与2个厂房的征迁户主代表签订意向协议书。配合315省道(三门至婺城公路的东阳南市至画水段)建设,完成石盆村匝道连接线招标,施工进度完成40%;发放安儒村连接线征地和地面附着物补偿款。配合金义东市域轨道交通工程建设,完成19标施工爆破涉及农户房屋评估、试爆、无障碍爆破施工。配合稠岭线拓宽工程建设,完成稠岭线岭下街村5户被征迁房屋签约及补偿款发放。配合高铁新城建设,完成五一科创谷、通达塑胶、海派亚太、乐之翼等项目的全部征地任务,共涉及7个自然村7个地块,总计22.31公顷,其中高铁新城五一科创谷项目储备待报批土地17.87公顷。

【村镇建设】 2021年,南市街道编制、调整5个地块的控制性详细规划,调整村庄规划16次。配合39省道、金义东轨道交通和义东高速等项目建设,安置或落实5个村、34户拆迁户安置规划修编和审核。全年审定农户危旧房151户302间,占地面积10869平方米。放样定桩136户,办理建设工程规划许可证196户。完成2018年参加农房集聚农户827户的农房集聚区安置凭证发放,开展对用作生产经营的农村自建房和人员聚集使用的农村公共房屋排查,共计13310户,完成对于重点排查的生产经营农村自建房和农村公共房屋的鉴定工作,共计2034户。排摸存量违建51宗、面积12.38万平方米,拆除37宗、面积5.19万平方米,超额72.95%完成市任务;完成2个村的旧住宅综合整治,面积4.2万平方米。完成不动产登记400余户。完成土地卫片整改91宗、16.29公顷。完成2户C级和1户D级困难家庭危房整改。全域土地整治生态修复贾宅村、西坞村、后塘村和高城村高标准农田13.51公顷,标段一(西坞、五一、贾宅等村)完成工程量的80%,标段二(南溪、安儒等村)完成工程量的50%,其余村年内开工整治。

【文教卫生】 2021年,南市街道有初中3所,教育部门办小学4所(9月,飘萍小学并入大联小学),民办小学1所,幼儿园6所。有教师397人,其中中学教师137人,小学教师168人,幼儿园教师92人。初中生1818人,小学学生3082人,在园幼儿1347人。

南市街道卫生服务中心为辖区居民开展免费全面体检和妇科检查,健全个人档案,其中幼儿园幼儿体检1673人次,入托儿童体检425人次,妇女"两癌"筛查1858人次,妇女病普查3804人,居民健康体检7753人,中小学生体检4882人,建立档案41312份。总收入1469.05万元,比上年增长23.41%,门诊急诊人数109533人次,比上年增长6.76%。建有省级"三优"(优生、优育、优教)指导中心,按五星级标准设立儿童保健和预防接种门诊,按省级标准建设中医馆。引入HIS系统(医院信息管理系统),替换原公共系统,启用线上体检系统,完成药房扫码付药,自助缴费、自助测血压等的信息化升级。开设2个方舱接种点,1个新冠肺炎核酸采样点。

【志愿服务】 2021年,南市街道以"共绘南市红"品牌为特色,以"红木红枣红色故事,筑红色梦想"志愿服务为基本形式,开展新时代文明实践站(所)工作。按照有场地、有机构、有队伍、有制度、有标识、有菜单、有经费、有活动"八个有"标准,整合社会组织服务中心、义工协会、成人技术学校、妇女微家、青年之家、工会之家等群团项目,统筹党员志愿、便民服务、学雷锋志愿服务站、综治调解、消防安全等公益活动。完善志愿服务"线上+线下"管理制度,建立志愿服务队员库,健全志愿者注册登记,注册839人。梳理项目清单,制订活动计划,加强日常管理,使用"志愿汇"进行服务时长记录,志愿服务时长14505小时。

【社会保障】 2021年,南市街道有备案在册社会组织251个,开展活动452场次。11月,在槐堂村下槐综合楼建成示范型居家养老服务中心,建筑面积约1100平方米。槐堂下槐、石盆两个村的居家养老照料中心成功创建三星级居家养老照料中心。南市街道有低保对象330户、450人;低保边缘对象75户、137人;"五保"户8人。增加低保对象16户、19人;增加低保边缘对象4户、6人;注销低保对象22户。临时性救助困难群众47人,救助金65000元;慈善救助困难群众8人,救助金16000元。上报贾宅、南溪、大联、后塘和官清5个村的水库移民工程,五项工程均按照要求完成建设。调研、实地排摸申报25户生活困难老年人家庭适老化改造。开展殡葬领域突出问题专项整治26次。上朱、岘峰、山联、廿里牌、南峰、贾宅、安儒、沧江、石盆、紫溪、南溪和西坞12个村完成一星级公墓申报和创建。

【社会管理】 2021年,南市街道开展"大走访、大排查、大化解、大提升"专项活动,完善维稳机制,压实各级信访责任,省级信访积案9起,化解8起,未化解1起;初信初访29件,化解23件,未化解6件。完成矛调调解中心建设。规范网格员队伍建设,划分网格79个,有网格员81人。大联广场建立反邪教警示教育基地。大联村入选金华市流动人口数字化改革管理试点,全村有流动人口6145人,比上年增长22.9%。大联社区联勤警务站推进流动人口数字化改革,使用流动人口智能采集管控系统,利用人脸识别、车牌识别和智能门禁门锁等智能前端感知数据工具,结合大联村原有镇区重要公共区域视频监控全覆盖,加强流动人口管理。在出租房门口张贴专房二维码，与目标房间相关联，流动人口实现“码上”自主申报。

【组织建设】 2021年，南市街道有党支部63个，党员2415人。25个行政村有党总支3个、支部35个，农村党员2133人；“两新”党支部18个，“两新”党员116人；机关党支部6个，党员56人；其他党支部4个(整转帮扶、党群服务中心、企业联合、企业分流党支部)，党员110人。街道党工委利用短信、微信推送党风廉政建设提醒9次，运用第一种形态处置57人次。市纪委交办及本级受理信访11件，办结11件，“百日攻坚”信访5件，办结5件。党纪案件办结22件，其中3件为自办案件。向安儒村发送监察建议书1份。街道纪工委牵头对25个村进行财务清理，重点清查集体用工、项目建设、债权债务等内容，对扶贫领域进行全面清查，未发现重大问题。加强“三资”代理会计和村报账员管理，按照财务制度调整清退不符合条件报账员20余人。25个村基础数据收集录入浙江省农村集体经济数字化管理系统，为智慧管理村级事务提供依据，获评金华市农村集体经济数字化管理系统推广成绩突出集体。老年协会账目并入各村集体账目工作全部完成。

(卢依柳)

横店镇

【概况】 2021年，横店镇行政区域总面积121平方千米。下辖10个社区(95个小区)、17个行政村。辖区总户数38334户，总人口94503人，出生人口748人。有外来人口13.6万人。镇政府驻横店镇华夏大道355号。横店镇镇域综合实力列全省第三位、全国第十九位，获评浙江省小城市培育试点考核优秀单位，《政企合力 产城融合 横店努力建设共同富裕示范乡镇》入选全省高质量发展建设共同富裕示范区典型案例。

横店镇成立中共横店镇委员会党校，全年开展10次集中培训，培训约3000人次。完成申报拼创先锋1人，申报“两优一先”党组织8个。完成中共横店镇第十六次党员代表大会代表选举工作，全镇136个选举单位选举产生173名代表。

2021年4月，横店影视文化产业展示馆投入使用　(横店镇提供)

【工业】 2021年，横店镇实现规模以上工业企业产值284.59亿元，比上年增长32.03%；完成固定资产投资53.31亿元，比上年增长36.31%。横店镇有工业企业职工5.8万人，职工人均年收入8万元。推动项目高质量发展，完成横店集团东磁股份有限公司电池片七厂建设并试生产，浙江普洛家园药业有限公司CDMO项目完成1.2亿元设备招标，浙江微度医疗器械有限公司新项目进入调试设备阶段。在统固投项目98个，其中亿元以上项目52个，涵盖基础设施建设、工业技改、环保、教育、房地产等多个类别。

【横店影视文化产业】 2021年，横店镇影视文化产业营业收入211亿元，旅游收入超200亿元。增加入区企业(工作室)116家，其中工作室69家。接待剧组398个、游客976.68万人次。开展影视剧备案审查和版权登记工作，备案1194部、版权登记44部。4月，横店影视文化产业展示馆投入使用。11月，横店影视文化产业集聚区入选第一批国家级夜间文化和旅游消费集聚区。

【美丽乡村建设】 2021年，横店镇启动美丽乡村三年行动计划，指导村(小区)开展项目建设，有创建村35个，申报项目155个。9个村(小区)获评市“十佳村”，总数居全市第一。完成总面积72.67公顷的盛树头共享田园建设。细化湖头陆、三号线沿

2021年9月11日，横店镇举办2011“陌上寻影·共享田园”开园暨荷花节开幕仪式

(市文广旅体局提供)

线、杨树塘下3处共享田园建设方案。推进水利工程建设和防汛防台工作，完成南江黄大户大桥至柽溪江汇合口段综合治理工程（横店段）、农房集聚区建设项目（二期）和南江北干渠（岩前村—香园里村）改线工程。开展南江流域雨污管网清淤工程，完成南江、绕溪等12条溪河综合整治，完成全镇112个村（小区）农村生活污水处理设施提升、60个村（小区）“污水零直排区”创建。横店镇被金华市污水办授予“五水共治”集体三等功。开展松材线虫病防治、枯死松树清理和后续监管，清理枯死松树3285吨。9月11日，横店镇举办“陌上寻影·共享田园”开园暨荷花节开幕仪式。

【城镇建设】 2021年，横店镇启动横店通用机场改扩建项目，完成上石头、龙井山和连塘下3个村的房屋征收工作，签约568户，签约率99%；完成签约户屋基安置，开展房屋腾空和拆除工作。推进美丽城镇一期项目建设，完成城市形象线、时空寻梦线、西环路等12个项目建设，完成年度投资1.1亿元；启动美丽城镇二期项目建设，完成影视大道隧洞复线、十里街南延道路美丽乡村风情线等10个项目前期建设，美丽乡村风情线项目完成市政工程施工。

【文教卫生】 2021年，横店四中、横店文荣实验学校、中心幼儿园梦上海园区完成建设并投入使用，增加学位695个。横店高中南侧道路完成方案设计及项目施工。横店镇开展教育“双减”工作，联合行政执法、市场监管、公安、消防、卫生监督等执法部门，开展校外培训机构排查摸底、全面巡查、突击检查，消除培训乱象，规范办学行为。

【疫情防控工作】 2021年，横店镇加强新冠疫情防控工作，开展境内数据排查13万人次，境外数据排摸350人。开设横店新冠疫苗接种方舱医院，构建人群免疫屏障。对成年人、3~13周岁儿童逐批开展疫苗接种，动员“加强针”注射。完成疫苗接种398807人次，完成全程接种人数189164人，完成“加强针”接种17571人。对冷链经营单位、流动冷链车等，开展相关检查。完善大规模核酸检测预案与应急演练方案，开展演练应对疫情突发。发挥三级网格群作用，推进横店镇防疫工作，构筑全面免疫屏障。

【社会保障工作】 2021年，横店镇纳入低保救助对象327户、420人，供养特困“五保”户11户；临时救助32人，救助金额43300元。完成残疾人基本生活状况入户调查、动态更新，全镇有持证残疾人1976人；72名重度残疾人在横店残疾人之家（浙江大爱文具有限公司）得到照顾；支持残疾人创业，举行理发技术培训、消防安全知识培训和急救应用知识培训，有71名残疾人参加；发放残疾人两项补贴325.35万元，1656名困难残疾人受益。开展慈善救助活动，发放慈善救助款26.33万元，214人受益。

【社会治理】 2021年，横店镇开展庆祝中国共产党成立100周年维稳安保工作；开展反邪教宣传活动；开展反诈人民战争活动；开展“无骗村（社区）、无骗单位”创建；完善禁毒机制，推进禁毒重点整治工作和扫黑除恶专项斗争。结合数字化改革，全镇划分3018个“党建+”网格，以“多维地图+多维网格”为基础，加强基层社会治理能力。横店镇矛盾调解中心接待来访群众6156批、11279人。综合窗口受理矛盾纠纷1139起，调处成功962起。劳动窗口劳资纠纷案件调解成功639起，涉及1213人，金额2563.08万元；劳务案件调解389起，涉及1676人，金额1870.56万元。横店派出所入选全省“枫桥式公安派出所”重点培育单位，完成省级“枫桥式司法所”和金华市级“枫桥式交警中队”创建。

【公共服务】 2021年，东阳市行政服务中心横店分中心现场办理事项263362件，占市行政服务中心办事大厅现场办理事项的48.77%。开展“互联网+政务服务”工作，利用政务大数据，简化行政审批和公共服务事项办事程序。推广“网上办、掌上办”，实现率95.95%。与东阳市行政服务中心、义乌市行政服务中心实现信息数据共享互通，311项事项实现“东义同城”通办。推出提前上岗、延时服务、代办服务、上门服务、预约服务以及设置共青团志愿服务岗等便民举措，提升企业和群众满意度。

【“智慧横店”建设】 2021年，横店镇启动“智慧横店”系统项目一期、二期建设。“智慧横店”一期完成横店镇政府指挥中心大屏和工位、横店公安分局指挥中心大屏和工位、前端200个相机和横店镇下属各村进出口人脸卡口建设及汇聚推送给市智慧城市平台。“智慧横店”二期建设包括城市“神经元”网络、感知汇聚系统、共性支撑平台、社会组织管理、安全生产管理、重点车辆管理、应急管理、生态环境管理、智慧治水、环卫车辆管理、智慧旅游、智慧停车、智慧民生、指挥中心升级改造、驾驶舱及服务门户等内容。2021年，“智慧横店”入选金华市第一批数字化改革“10+10+X”重点多跨场景。

【重点项目建设】 2021年，横店镇政府与横店集团完成横店城市综合体项目签约，启动横店城市综合体（影视主题）项目，进行项目前期协调。项目位于横店镇万盛街以西、华夏大道以北、环城北路以南，净用地面积15.64万平方米。开展计算机博物馆项目建设，项目位于镇南区块，占地面积6.67公顷，建筑面积约6万平方米，项目目标是建设世界一流的计算机专题博物馆。市政府完成计算机博物馆筹建领导小组和工作专班的组建，筹建项目办公室实行集中办公。

【政企合力共建共同富裕先行示范镇】 2021年9月23日，市委、市政府制发《关于支持横店政企合力共建共同富裕先行示范镇的若干意见》（以下简称《意见》），支持横店打造综合实力强劲、城镇建设美丽、社会治理平安、群众生活幸福“中国样板”，建成共同富裕先行示范镇。《意见》提出“实施产业高端化行动，高质效打造经济强镇”“实施城乡区域一体化行动，高标准建设宜居城市”“实施基层治理现代化行动，高水平打造平安横店”“实施公共服务普惠化行动，高品质打造幸福家园”4大行动要求，落实加快工业企业转型升级，推进文旅产业深度融合，补齐现代服务业短板，加强规划设计引领，推进全域风貌综合提升，完善城市基础设施配套，全面加强城市管理，助推构建人才高地，夯实“党建+”网格基础，加快“智慧横店”建设，建立安全生产联动机制，建设高质量教育体系，提升综合养老服务水平，完善卫生健康服务体系，强化住房保障供给，开展共富乡村建设，推动民营企业向“共富企业”转型升级等17个方面政策措施，推进横店共同富裕先行示范镇建设。

（徐筱璐）

南马镇

【概况】 2021年，南马镇行政区域面积107平方千米，设花园、镇中、镇西、防军4个工作片，辖30个行政村，97个自然村。镇政府驻南马镇泉府村定安路59号。辖区总户数26364户，总人口63357人。出生人口468人。全镇税收收入5.03亿元。

南马镇获评全省法治化综合改革试点乡镇（街道）、法治建设示范乡镇（街道）；南马交警中队获评浙江省首批“枫桥式交警中队”，获东阳市交通安全综合治理大会战成绩突出单位集体三等功；南马镇获评东阳市乡村振兴工作先进集体、经济建设工作先进集体、平安创建先进集体、“五大会战”先进集体等。

【工业】 2021年，南马镇有54家规模以上工业企业，实现工业产值92.6亿元，比上年增长64.42%；限额以上批发业完成产值22.3亿元，比上年增长12.91%；限额以上住宿餐饮业完成产值5391万元，比上年增长30.47%。完成固定资产投资9.48亿元，比上年增长18.5%。完成工业企业亩均效益评价，清理低效工业用地20余公顷；完成含喷漆工艺企业环保提升275家，签约亿元以上项目4个，其中10亿元以上项目1个。增加3家规模以上企业、9家国家高新技术企业和13家省级科技型中小企业。4月19日，浙江花园新能源股份有限公司与浙江大学共同成立联合研发中心，开展技术合作。

【农业】 2021年，南马镇申报规模种粮户34户，承包土地面积582.87公顷，申报一次性种粮补贴39.91公顷，涉及农户322户。申报化肥减量增效示范区1处，面积约140公顷，完成配方肥订购40吨，农药减量完成0.94吨。验收高标准农田40.67公顷；开展高标准农田建设229.93公顷；完成西山脚、丹瑞塘耕地垦造；开展上安恬垦造耕地项目；完成建设用地复垦3.4公顷，推进夏厝村、陈塘村、周塘村等建设用地复垦工作。完成农产品质量安全检测700批次。完成国土绿化9公顷；创建西张、西山脚、后山、溪东和新塘头5个森林村庄。

【乡村振兴】 2021年，南马镇花园村获村域小城市培育试点第一年考核良好，浙江省“千万工程”展示馆落户花园村，花园村文化礼堂获“浙江省五星级文化礼堂”称号。前山头村成功创建市级“十佳村”。实现辖区30个行政村文化礼堂全覆盖。瑶仪村完成“两定四分”垃圾分类试点村建设。

5月7日，“乡村振兴”省级标准化战略重大试点项目启动会在南马镇花园村召开。6月5—6日，第二十一届全国“村长”论坛在南马镇花园村举行。6月5日，第六届中国·花园红木文化节在花园村举办。9月19—21日，第三届世界东阳人发展大会在花园村召开。10月16—17日，以“乡村振兴与系统工程”为主题的2021全国农业系统工程学术年会在花园村举行。11月，以花园村为实施主体的浙江省标准化战略重大试点项目——乡村振兴标准化试点的标准体系发布。

根据省农业农村厅安排，浙江省“千万工程”展示馆落户花园村，展示馆分上下两层，总建筑面积约6000平方米。展示馆分两期建设，一期为博物馆一层，占地面积约3890平方米，是全面总结浙江省“千万工程”建设经验、展现浙江美丽乡村建设成果和未来方向的多维实体空间载体，是美丽乡村“全国学浙江”的实践培训基地。

【村镇建设】 2021年，南马镇完成农房集聚区项目655套选房、交房工作。4月，南马镇入选省级美丽城镇建设样板镇创建名单，投资9000余万元启动美丽城镇建设，完成农房集聚区周边道路改造提升工程、道路亮化工程、观山公园等44项设计方案；观山公园、居家养老中心、污水管网工程等38项工程开工；长山路、机械园区一期道路修复工程等21项工程完工。完成农村住房安全排查录入和鉴定及复查工作，完成13户危房户腾空防控工作。启动上宅、上安恬、葛府、湖滨、大厦、东一、南湖等村村庄规划修编；完成沙城头、下安恬等村村庄规划局部调整。

【基础设施建设】 2021年，南马镇开展交通安全隐患排查整治，整治隐患点237处，安装减速带1700余米、隔离软桩3000余个、超速触发仪3个、语音提示器12个，协同交通执法中队修复路面破损60余处，施画道路标线2000平方米，更换人行横道信号灯11处，于镇区10余处增设非机动车位。在西区污水处理厂二期项目运营基础上，实施一期改扩建项目，污水日处理能力达4万吨；完成污水管网建设25.3千米，涉及片区生产、生活污水100%实现纳厂处理，辖区220个村、企、站所等单位全部完成雨污分流及相关设施改造。完成南马镇中心幼儿园各园区建设。

【浙江花园教育集团成立】 2021年6月22日，浙江花园教育集团挂牌成立，花园教育集团下设幼儿园、小学部、初中部、高中部以及花园教育产业投资管理公司5个单位。花园外国语学校为花园教育集团核心单位，与其他成员单位实行紧密型一体化运营；推进各成员单位师资队伍建设，实现管理互助、师资共育、教研互动、质量共进、文化共建、特色发展，在学校文化、课程设置、管理制度、教育评价、教学研究、体艺活动、开放办学等方面实现一体化统筹，提升教育教学管理运营能力，形成“校校有特色，品牌有影响”的教育集团。

【社会保障】 2021年，南马镇城乡居民基本医疗保险参保37633人，参保率99.97%，大病保险参保32913人，参保率86.06%。农村最低生活保障对象385户、504人，纳入低保边缘对象94人；临时救助11人，救助金额16500元。持证残疾人1485人，其中享受护理补贴对象819人，发放补贴金额182675元，享受生活补贴对象309人，发放补贴金额83430元；其中纳入低保268人，纳入低保边缘对象41人。有居家养老照料中心29家，有敬老院2家，南马镇中心敬老院有“五保”对象12人，花园敬老院有“五保”对象13人。完成南马镇中心敬老院改扩建。

【文教卫生】 2021年，南马镇有幼儿园12所，班级100个，在园幼儿3194人，教师224人；小学5所，班级132个，在校学生5951人，教师303人；初中2所，班级51个，在校学生2337人，教师158人；高中1所，班级30个，在校学生1350人，教师117人。花园外国语学校有高中10个班、初中22个班、小学36个班、幼儿14个班，在校学生2350人，教职工430人。

南马镇有二级乙等医院（花园田氏医院）1家。有卫生服务中心1个、社区卫生服务站6个、专业卫生人员104人，其中执业（助理）医师52人、注册护士31人。花园田氏医院设22个科室，有专业卫生人员265人，其中注册医生92人，注册护士112人。3月8日，花园田氏医院护理部获全国“巾帼文明岗”称号。南马镇有综合文化站1个，镇级新时代文明实践所1个，村级示范型新时代文明实践站2个，普通型新时代文明实践站28个；村级文化中心30个，文明村9个，体育小康村2个。

2021年6月25日，南马镇举行“红心向党 礼赞百年”庆祝中国共产党成立100周年红歌赛 （南马镇提供）

【组织建设】 2021年，南马镇成立中共南马镇委员会党校，组织12次村干部集中培训。举办青年微型党课大赛、“红色歌曲”大合唱等庆祝中国共产党成立100周年系列活动176场；开展“千村蹲点千企破难、我为群众办实事”和村社换届“回头看”活动。开展“清廉南马”建设，制定《南马镇村级组织分类议事决策制度》《村级重大事项预审报备制度（试行）》两项制度，编印《南马镇村级基层治理制度汇编》《南马镇镇干部工作手册》，约谈违规村干部15人，发现问题23个，处置干部3人。

【社会管理】 2021年，南马镇开展“大走访、大排查、大化解、大提升”专项行动，走访25399户，排查问题59件，办结化解50件，约谈1032人次。调解矛盾纠纷492件，涉案金额1911万元。实施全民防诈防骗工程，注册“金钟罩”预警系统人数101735人，签订防诈承诺书4.72万份，签订防诈责任书1360份，发放宣传折页3.9万余份、四类高发诈骗案件宣传小册子5320份、《常见诈骗案例》手册2.5万册，悬挂口号式横幅、案例式横幅等862条，张贴海报标语3060份，组织各类宣讲培训310场，受众3.28万人次，全镇劝阻诈骗2462起，挽回损失300余万元。镇级矛盾调解中心接访100批、133人次；市、镇领导集中接访145批、246人次。开展网格化建设，专职网格员向四个平台上报事件31747件，报告三级事件4542件，线索4455件，排查矛盾纠纷92件，排查安全隐患81处。推进综合行政执法改革试点，承接市相关部门17个领域、530项执法事项改革工作，以南马镇政府作为执法主体做出242件处罚决定，收缴罚款62.8万元。南马镇辖区内有国家级民主法制村1个、省级2个、金华市级27个。

【邵钦祥共同富裕基金会成立】 2021年9月20日，2021第三届世界东阳人发展大会主旨大会在南马镇花园村会展中心举行，邵钦祥共同富裕基金会在主旨大会上宣布成立，该基金会由花园领头人邵钦祥牵头出资1亿元，带动花园村民、花园集团员工、花园乡贤及外来人员共同出资，用于提升教育事业、优化医疗服务、关爱养老和弱势群体、补助困难群众子女读书和生活、奖励优秀学生和优秀教师等，以进一步推动高质量发展建设共同富裕。

【南马镇交警中队获评浙江省首批“枫桥式交警中队”】 2021年，南马镇交警中队围绕以“党建引领、民意主导、科技支撑、主动勤务、协同共治”为核心的“枫桥式”交通管理勤务模式，打造“平安南马·匠心警队”品牌，获评省首批“枫桥式交警中队”。南马镇交警中队整合资源，建立文明大劝导机制，镇干部、镇属部门、烈焰救援队、南翔志愿者服务队、网格员等每周参与路口文明劝导、事故调解、交通宣传、现场急救等工作,打造共建共管格局,推进数字警务室标准化创建,接入交通、治安、技防村监控等560余个监控探头,完善数字化动态监管基础。

【花园村共同富裕经验探索】 2021年7月7日,浙江卫视播出电视理论节目"中国共产党为什么能"第十四季《人民就是江山》第四集《万众一心》,花园村作为共同富裕的典范被节目介绍报道。7月15日,由人民日报社、新华社、中央广播电视总台、光明日报社、经济日报社、中国日报社、中新社等中央媒体记者到花园村集中采访,记录花园村推动农村现代化建设、实现高质量共同富裕的探索经验,并推出系列报道。花园村红木富民产业以及共同富裕成就,成为浙江农村率先实现共同富裕的一大亮点。

【花园村乡村振兴改革建设】 2021年,南马镇花园村按照市委提出的"高质量建设共同富裕先行村、示范村、样板村"的目标要求,实施"高质量发展"战略,工业企业技术创新和成果产出能力增强,商贸、旅游、文化、教育、卫生等各项事业繁荣。成功举办第二十一届全国"村长"论坛和2021第三届世界东阳人发展大会。全村有个体、私营工商户3190家。年内完成重大工程项目建设投资19.02亿元,实现营业收入642亿元,村民人均年收入15.6万元。

花园村全面深化和巩固浙江省唯一的乡村振兴综合改革试点成果,发布以花园村为实施主体的浙江省标准化战略重大试点项目——乡村振兴标准化试点的标准体系,通过花园村农村综合改革集成示范区建设项目验收。推进全国唯一的"村域小城市"培育试点建设,完成建设项目28个,完善优化基础设施和公共服务。推进花园数字化改革进程,健全完善数字化基础设施,开发完成"智慧花园"项目多场景应用,"浙里花园"APP正式上线并入驻"浙里办"平台。

(周　鑫)

巍山镇

【概况】 巍山镇行政区域面积178平方千米,设胡村、象岗、中心、古光、怀鲁、罗山6个工作片,辖2个社区、28个行政村(金鑫行政村合并到巍屏社区)、119个自然村。镇政府驻巍山社区工人南路1号。辖区总户数29176户,总人口69869人。出生人口387人。完成税收5.35亿元。有各类金融机构8家。有邮政网点5个,营业收入1885万元;电信服务网点8个,营业收入1325万元。狮山小区、八字墙自然村、北枫树下自然村获评市级"十佳村"。

【农业】 2021年,巍山镇常用耕地面积2441.9公顷,其中水田1937.1公顷。有效灌溉面积2295.13公顷。农业总产值53646万元,其中粮食作物产值7489万元。种植水稻、麦、玉米、豆类、油菜、花生等近20个种类作物。粮食总产量21128吨,其中水稻16280吨、玉米1038吨、豆类695吨、其他3115吨。经济作物产量:油料1013.6吨、棉花21.9吨、甘蔗2699吨、中草药材461吨、蔬菜及食用菌12575.7吨、瓜果类6708.6吨;茶叶159吨,园林水果2525吨(桃、葡萄、杨梅、麦李、梨、枣等),食用坚果143.6吨(香榧、板栗),笋干8.0吨。启动光里湖村共享田园建设项目,总面积107.2公顷,总投资3亿元,年内完成总工程量80%。清溪村流转土地73.62公顷,流转期限5年,通过市级验收。

巍山镇生猪出栏8309头、牛出栏67头、羊出栏998只;家禽83518只。持续建设东阳华统年出栏15万头生猪生态养殖场项目,主体结构进度完成98%。

【林业】 2021年,巍山镇有森林面积7866.6公顷,其中生态公益林2033.8公顷;镇区园林绿地面积6公顷,林木绿化覆盖率11%,人均绿地8.6平方米。完成国土万亩绿化造林33.33公顷任务。造林面积10公顷,封山育林面积8公顷,低产林改造面积5.1公顷,零星种植树木1.2万株;生产木材60立方米,毛竹1.0万根,杂竹20吨。楼下畈行政村成功创建金华市森林村庄,胡村、上沧塘、北枫树下、大爽4个自然村成功创建东阳市森林村庄。

【工业】 2021年,巍山镇有43家规模以上企业,实现工业产值28.15亿元,比上年增长44%;销售产值27.61亿元,比上年增长41.69%;规模以上工业增加值5.41亿元,比上年增长21.8%;完成固定资产投资10.43亿元,比上年增长12.7%,其中工业投资5.29亿元,比上年增长88.1%。引进内资6.19亿元;外贸出口总额13.25亿元,比上年增长88.8%。限额以上批发、零售、住宿、餐饮企业完成营业额1.01亿元。

完成建筑劳务企业注册登记7家,其中5家完成资质和安全许可证的办理。完成建筑业税收2.96亿元;纳税超千万元的有浙江中垚建设有限公司、东阳巍山万洋众创城科技有限公司、浙江省东阳市中骏建筑劳务有限公司、浙江宸越建设有限公司、东阳市匠心建筑劳务有限公司、东阳市众人建筑劳务有限公司6家建筑劳务企业。

【重点建设项目】 2021年,巍山镇推进重点工业项目进展。6月,东阳市旺盛塑胶有限公司项目正式投产,实现产值36055万元,纳税1380.8万元。8月,浙江巍华化工有限公司年分装390万立方米电子级高纯气体项目投产,实现产值2000余万元。9月,UHPC超高性能混凝土制品项目和陶瓷膜材料生产项目试产运行。

巍山镇盘活土地资源,增加收储低效工业用地5宗34.7公顷。4月1日,制定《关于加快巍山镇经济高质量发展若干扶持政策的意见》,改进和落实招商引资、产业转型等政策举措。高大自然村42户完成整村征迁;莘北自然村和东张自然村完成征地14.8公顷。巍山、怀鲁工业安置区内金盾缝配厂、含逸饰品厂完成厂房征收、搬迁;与安置区内2.2公顷闲置土地拥有方签署土地收购协议;分别与莘美家庭农场和鑫杰苗木场签订苗木补偿合同。万洋众创城南北区55幢厂房主体建设基本完工，34家企业通过市级评审。5月27日，金华市产业转型攻坚专班第三次工作例会暨全市深化低效用地再开发工作推进会在巍山镇设置观摩点。9月30日，巍山镇6个重点工业项目集中开工仪式在浙江藏美食品有限公司项目工地现场举行。

【组织建设】 2021年，中共巍山镇委有下属党总支及支部139个，党员3930人。收到党员关爱基金捐款2.58万元，慰问困难党员73人、离任干部21人。培训入党积极分子80人，发展预备党员20人，按期转正18人。

10月，中共巍山镇第十七届党代会换届选举产生新一届党代表107人，其中有中共东阳市十六届党代表17人。12月，巍山镇第十九届人民代表大会换届选举产生新一届人大代表96人，其中有东阳市十六届人大代表25人。

开展全镇党员干部违纪违法专项治理行动，落实“九个一律”（对村社党员干部考核处置的九条措施），并通报党员违纪违法情况。全年党员诫勉谈话10人，提醒约谈40人，党员立案40件，结案32件。受党内警告处分18人、党内严重警告处分7人、撤销党内职务4人、开除党籍3人。

【重点工程建设】 2021年，巍山镇农房集聚区一期工程项目完成绿化、电梯安装等配套设施建设，完成交房680户。巍山镇农房集聚区二期工程项目位于长安路以西，金源大道以南，金钩村以东。农房集聚区二期工程项目完成基坑施工及地下室基础施工，其中1~4号楼完成主体结顶；5号楼完成13层楼板施工；6号楼完成3层楼板的施工。完成选房295户，缴纳房款约2000万元。茶场村芦塘自然村安置房竣工验收。巍山镇六怀工业功能区商品房项目完成地下基坑施工90%，项目计划总投资10700万元。市消防救援大队下设巍山镇工人路消防站竣工验收，总投资900万元。八字墙村北枫树下自然村

2021年9月30日，东阳市巍山镇六个重点工业项目集中开工仪式在浙江藏美食品有限公司项目工地现场举行 （巍山镇提供）

完成总投资100万元道路建设工程；大山村大爽自然村完成总投资102.6万元村内道路建设工程；巍屏社区新屋小区完成总投资230万元便民服务中心建设工程。

【村镇建设】 2021年，巍山镇完成放样定桩72个村、142户，其中胡村片12户、象岗片20户、中心片40户、古光片30户、怀鲁片25户、罗山片15户；拨付第四、五批25个村的节地补助资金143余万元，拨付5个村的拆后重建示范村创建补助资金297余万元，拨付2021年度“三老”困难人员危房修缮补助资金5万元。

巍山镇拆除违法建筑31858平方米，完成率106.19%；消除存量违建6宗计700平方米。完成上新宅村至上甲村2.4千米、尚武宅村至金满堂村1.8千米、下卜宅村至上沧塘村再至王坑村1.9千米、施家田村至桓松村1.5千米、上卜宅村至王坑村1.8千米、罗店村至22省道0.2千米道路“白改黑”建设工程，总投资998万元。完成怀万线至下林口村0.6千米、尚誉村内0.8千米道路硬化工程。完成金甬铁路巍山段钢筋混凝土桩建设工程。基本完成巍山镇第二公墓一期建设工程，并通过2021年全省公益性节地生态安葬示范点创建验收。完成书厦村地质灾害点的治理并通过市级验收。

【文教卫生】 2021年，巍山镇有幼儿园7所（教育部门办5所、民办2所），教育部门办教学点1个，班级58个（教育部门办33个，民办25个），教职工205人（其中专任教师114人），在园幼儿1791人。小学3所、90个班，在校学生3703人，应届毕业生558人，专任教师186人（其中大学本科学历155人，专科学历31人）。初中2所、42个班，在校学生1899人，应届毕业生592人，专任教师132人（其中大学本科学历128人，专科学历4人），九年制义务教育覆盖率100%。高中2所（巍山高级中学，利民高级中学），班级63个（其中利民高级中学21个班），在校学生2946人（其中利民高级中学1058人），教职工244人（其中利民高级中学90人），其中专任教师214人。巍山第一小学教育集团巍山校区4名教师获评市中小学教坛新秀。巍山高级中学高考一线上线率97.13%。巍山镇中考获北乡区域联盟最高分。巍山教育发展基金理事会暨第三届颁奖典礼在巍山第一小学教育集团巍山校区举行，发放教育基金423万元。

巍山镇设镇文化站、广播电视站各1个。数字电视用户14156户，双向互动电视用户2220户，广电云宽带用户2831户，为农户上门提供数字电视整体转换各种服务32000余次。山头村创建浙江省五星级农村文化礼

堂。甲丘村、溪西小区各建成多功能运动场1个。

巍山镇有医疗卫生机构31家，其中市属医院1家、中心卫生院1家、社区卫生服务站9家、村卫生室15家、个体诊所5家。有专业卫生人员466人，其中执业医师188人、执业助理医师20人、注册护士205人。平均每千人拥有卫生技术人员6.7人，平均每千人拥有执业医师2.98人，平均每千人拥有注册护士2.93人。东阳市人民医院巍山分院康复治疗中心高压氧治疗人数2.3万人。

【新冠肺炎疫情防控】 2021年，巍山镇排摸企业453家，对其中有进口物品的36家企业进行场所病毒消杀和人员及货物核酸检测防控，消杀面积9160平方米，核酸检测12人次、货物3批次。建成新冠肺炎疫苗接种方舱服务平台，开展新冠肺炎疫苗接种。至12月20日，接种新冠肺炎疫苗第一针56630剂次、第二针50921剂次、第三针1097剂次、加强针2850剂次，合计111498剂次(含12~17周岁接种第一针5438剂次、第二针5081剂次，3~11周岁接种第一针4233剂次)。

【环境整治】 2021年，巍山镇对63家存在“散乱污”问题的企业开展环境整治，其中升级改造38家、搬迁入园6家、兼并重组6家、关停淘汰13家；白坦以及周边原24家镀膜企业合并到5个厂房规范、工艺流程规范、排污设施完善的集中镀膜点；家具行业环保整治再提升，完成“油改水”1家、设备提升9家。持续推进“五水共治”工作，完成污染源整治8宗，巡河总次数镇级684次、村级1248次，次数列全市第一位。27个自然村完成“污水零直排区”建设工程。

【社会保障】 2021年，巍山镇参加城乡居民医疗保险66376人，参保率95%，医疗报销金额2991万元；参加城乡居民养老保险和农村居民养老保险40085人，参保率80%。有优抚对象135人。有农村低保人员741人，发放低保金492万元；城镇低保人员4人，特困人员22人，集中供养“五保”对象14人；临时救助16人，救助金额2.3万元；低保边缘对象149人。

巍山镇开展低收入农户增收行动，行政村集体经济收入均达到10万元以上，年均收入低于1万元家庭全面清零。镇级示范型居家养老中心完成配套设施建设，28家居家养老中心正常运行。象岗村、东莘桥村入选水库移民项目建设村，开展项目预算、图纸设计、招投标等各项工作。山头金小区获评老年电大省级示范教学点。王宅等8个村获评浙江省老年体育现代化村。

【综合治理】 2021年，巍山镇党委、政府与行政村、社区、规模以上企业签订年度平安建设和社会治安综合治理目标管理、生产、消防安全、信访、禁毒工作及禁燃责任书450份，与联村(企)干部签订平安建设和综合治理、信访工作、安全生产目标管理等各项责任书280份。

巍山镇调整完善全科网格及网格员队伍建设，全镇划分118个网格，专职网格员配备率100%，组织网格员专职培训95次，通过“平安浙江”信息系统平台上报事件6427件，通过基层治理平台报送事件信息35343条，报送市级媒体信息65篇。

30个行政村、社区矛盾调解站，司法所完成各类矛盾纠纷调解574起，其中重大疑难矛盾纠纷8起，调解经济金额490.7万元，调处率100%。受理信访1080件，化解1071件，未化解9件，化解率99.1%。受理劳动争议案件144件，涉案人员447人，涉案金额398.0万元。全年收到国家级重复信访2件，化解1件；收到省级重复信访2件，化解2件。省级积案14件，化解9件。

巍山镇将反诈骗工作纳入十大民生实事，以“无诈”创建为抓手，确保村社、企业、学校、医院等单位“无诈”创建全覆盖。曙光村以党员、广播、农户全覆盖形式开展“无诈”示范村创建，相关做法获市反诈联席办肯定，相关经验在全市推广。

巍山镇开展反诈、反邪教、禁毒等普法宣传，开展宣传活动20余场，包括流动课堂、禁毒“六进”(进学校、进家庭、进企业、进场所、进社区、进文化礼堂)、企业普法宣传等，设置横幅10余条、发放宣传资料2000余份。解除社区戒毒人员2人，截至年末，有在戒人员1人、前科人员53人、异地管控人员35人。司法所社区矫正人员解矫31人，有矫正人员33人。定期组织矫正人员集中学习。

巍山镇经发办、安监所会同派出所、消防队、市场监管局等综合执法部门对化工企业、工贸企业、餐饮住宿、超市、交通隐患点进行多次检查，排查安全隐患432项，现场整改358项，限期整改74项。

(楼伏初)

2021年10月8日，巍山镇曙光村“百名党员联系千户农户”反诈劝阻工作方案讨论会议在村文化礼堂召开

(巍山镇提供)

歌山镇

【概况】 2021年，歌山镇行政区域面积64平方千米，辖21个行政村，75个自然村。镇政府驻楼西宅1号。辖区总户数17538户，总人口41351人。出生人口216人。歌山镇获评浙江省“五水共治”（河长制）工作考核优秀乡镇、浙江省美丽乡村示范镇、浙江省新时代美丽城镇建设基本达标乡镇、浙江省AAA级景区镇、金华市拥军优属模范单位、金华市示范性“四好”代表联络站、金华市2021年优秀样板创建乡镇行动方案、东阳市镇乡（街道）工作目标责任制考核优秀单位等。歌山镇大里村、凤山村获评2021年“三强六无五美”示范村，中共东阳市歌山镇委员会、西宅村总支部委员会获评2021年抗击新冠肺炎疫情先进集体。

【工业】 2021年，歌山镇39家规模以上工业企业实现工业产值24.34亿元，比上年增长13.72%；固定资产投资4.09亿元，比上年增长12.7%；税收收入5.6亿元，比上年增长28.48%。规模以下样本企业主营业务收入1840万元，比上年增长27.2%。关停淘汰企业12家，立项7个市级以上技改项目，投资6.9亿元。申报国家高新技术企业3家，省科技型中小企业7家。招引二级资质建筑公司1家，完成建筑业营改增招引企业税收2亿元。

【农业】 2021年，歌山镇有规模化水产养殖基地3个，规范化生猪养殖场2家，较大规模的禽类养殖场5家。有粮食生产功能区23个、815公顷，种粮大户30户，农民专业合作社19家，联合社1家，其中省级示范社1家，东阳市级示范社3家，各类农产品销售额1395万元；有家庭农场46家，其中省级示范农场4家、东阳市级示范农场2家，年经营总收入2473.5万元。完成乾兴村4.58公顷土地的规范化流转验收。成功申报陈大坞村和岩头下村2个市级垃圾分类最好村，举办垃圾分类督察员培训会，推进5个金华市垃圾分类优秀村创建工作。

【村镇建设】 2021年，歌山镇排查整改乱堆乱放、环境卫生、“牛皮癣”等问题652处；开展犬类管理整治工作，收容流浪犬75只；整治露天焚烧73起。办理农房规划许可证205份，定桩放样210户。通过美丽城镇省级样板创建验收，获评金华市优秀方案。

【首个村级自筹“立改套”集聚安置房工程】 2021年6月，歌山镇首个村级自筹“立改套”集聚安置房工程开工建设，建设1栋7层和1栋12层的村级集聚房，可以安置126户农户。

【文教卫生】 2021年，歌山镇在各村文化礼堂举办庆祝100周年文艺演出14场、大型文艺晚会1场、较大文化活动17场，演职人员1100余人，观众2万余人。文化站常年开放，周末小剧场演出24场。获“不忘初心跟党走 高歌唱响新时代”东阳市企业退休人员红歌合唱比赛金奖、“永远跟党走”东阳市2021年镇乡（街道）文艺会演铜奖，获评2021年度市文化工作先进镇乡。辖区内有初中1所、小学3所、中心幼儿园1所，辖区下属幼儿园3所、教学点3个，共有教职工288人，学生3700余人。歌山镇卫生院为乙等乡镇卫生院，辖10个社区卫生服务站，有职工60人，其中卫技人员54人。老年人免费体检5137人，接种流感疫苗4400人，妇女病检查3441人，“两癌”筛查1743人。办理生育登记288人，办理独生子女证35人。

【社会保障】 2021年，歌山镇有低保对象343人，低保边缘对象56人，特困人员7人，集中供养7人，临时救助7户，每月发放低保金186935元，全年共计2243220元。完成王村光村、凤山俞黄村、上蒋泉头村3个水库移民项目。

【组织建设】 2021年，歌山镇发展党员23人，有党员2572人，组织34名入党积极分子参加线上培训和考试，组织23名入党发展对象参加为期2天的培训。举办中国共产党成立100周年庆祝活动，开设“两新大党课”课程，培育企业党建联盟。

【旅游产业】 2021年，歌山镇成功创建省AAA级景区镇，创建俞黄村、王村光村2个省AAA级景区村庄，前岩村1个省A级景区村庄。组织美村游、采摘游、观赏游等活动，吸引游客近万人次。

（包丝雨）

千祥镇

【概况】 2021年，千祥镇行政区域面积104平方千米，辖33个行政村，88个自然村。镇政府驻千祥南路127号。辖区总户数19816户，总人口44809人。出生人口245人。工业、建筑业企业357家，其中箱包企业174家。举办“薪火传递”红色接力跑、“绿野寻踪”重走红色线路系列活动，成立“祥韵之声”党史宣讲团。组织镇、村干部到南马镇花园村开展“千祥谋发展 奋进我争先”主题实践活动。运用执纪监督第一种形态处理7人，党纪处分28人。推进农村党员干部整治立规创优，形成村务运行全规范，打造一个运转高效的治理模式；信访化解全流程，打造一套行之有效的规范流程；权力监督全覆盖，打造一支守纪立规的干部队伍；制度执行全保障，打造一批权责清晰的工作机制的“四全四个一”“千祥做法”，获省纪委及金华市委领导批示肯定。

【工业】 2021年，千祥镇实现规模以上工业企业产值3.65亿元，比上年下降14%；实现税收总额1.94亿元，比上年增长44.8%；建筑业税收14698万元，完成率196%，其中增值税13480万元，完成率245%。建筑业招商和营改增工作全市综合排名第一。完成固定资产投资1.36亿元，比上年增长39%；工业投资7061万元。强化“小升规”企业培育，列入“小升规”培育库企业6家。限额以上批发零售企业由0家增至3家，东阳农商银行千南丰收驿站、金村服务站、岭脚村服务站被省商务厅评为农村电商示范服务站（点）。

【农业】 2021年，千祥镇33个行政村经营性收入均达到10万元以上，粮食总产量稳定在2500吨以上;姜山头土鸡蛋年销售额600万元,姜山头青创农场成功获评2021年浙江省示范性青创农场。千祥镇中药材元胡获“中国元胡出浙江,浙江元胡产东阳,东阳元胡在千祥”评价,元胡种植面积超466.67公顷。

【重点工程建设】 2021年,千祥镇推动集聚平台建设,九峰箱包产业园一期工程投资3亿元,完成主体工程量的90%,二期工程11.4公顷启动开发建设;亚太地区竹工艺大师黄学敏的两家竹产业制品公司计划落地九峰箱包产业园;投资1.1亿元的千祥镇中心小学投入使用;投资6000万元的千祥镇污水处理厂建设项目进展顺利;投资4500万元的柽溪江中小河流综合整治项目进场施工;投资1500余万元的后马老年公寓投入使用。

【村镇建设】 2021年,千祥镇投资5300万元推进美丽城镇建设,其项目开工率91.67%,竣工率80.56%,其中镇区“断头路”(府前路)通车。开展美丽乡村建设,4个村获评市级“十佳村”,全镇无“十差村”,综合成绩排名全市前列。开展胡山村共享田园建设,用地66公顷、投资预算1800万元,完成土地流转和“六乱”整治工作,规划设计基本定稿。加大污水治理力度,完成旧污水处理厂的改造升级,实现劣V类水体动态清零,完成1596户的“污水零直排区”建设改造,压实镇村两级河长日常巡河责任,加强污水达标排放监管,开展河道保洁长效管理,定期开展护水行动,水环境质量持续向好。针对重点区域、重点企业采取一系列强化减排和管控措施,加强秸秆禁烧管控,镇域空气质量获得改善,第一季度在生态环境改善大会战的中心镇型中排名第一。推进村庄景区化,提升垃圾分类水平,胡山村垃圾分类“两定四分”项目完成规划设计,千祥镇新的垃圾中转站进场施工。

【文教卫生】 2021年,千祥镇建成农村文化礼堂3个,上级下拨补助经费46万元。建成示范型新时代文明实践站2个、一般型新时代文明实践站31个,开展“爱的港湾 幸福九九”助老项目活动、“争当河小青 共护‘母亲河’”活动、“公筷公勺”活动、“抗击疫情 你我同行”活动等各类新时代文明实践活动60余次。柽溪应急救援队在全市森林消防比武大赛获第五名。开展辖区内“好人”“最美人物”等道德典型评选、宣传活动,评出“东阳好人”候选人2人。有群众文体团队68支,东阳市级文物保护单位3处,文物保护点18处。有幼儿园4所(其中教育部门办幼儿园1所、民办幼儿园3所),有幼儿教学点4个、小学2所、初中2所。九年义务教育覆盖率100%。有各级各类医疗卫生机构21家,其中镇中心卫生院1家,有病床35张。

【社会保障】 2021年,千祥镇办理低保对象24户、低保边缘对象9户,全面排查、消除人均年收入低于1万元家庭户。发放临时救助金9500元,救助7人次,完成26户困难老人家庭适老化改造。加大困境儿童关爱帮扶力度,将1名低保家庭儿童纳入救助保障范围。建成千祥镇居家养老服务中心、千祥镇残疾人之家,全镇有享受高龄津贴者1708人,重度残疾人护理补贴者597人,困难残疾人生活补贴者219人。开展老年优待证办理服务工作,制作绿卡416张、红卡480张。完成水库移民项目4个,涉及金额173万元。

【社会管理】 2021年,千祥镇提升镇域治理水平,推动镇干部下沉一线,实现金华市级民主法治村全覆盖。推行村级组织分类议事决策和村级重大事项预审报备制,成立自然村议事决策机构,完善群众参与民主决策的管理机制。全镇33个行政村修订完善体现社会主义核心价值观的《村规民约》,组建成立村级矛盾调处委员会,建设全科网格3.0版本,配齐配强网格队伍。加大安全生产检查频率,镇安监所联合第三方机构定期开展安全教育培训,培训1650人次,未发生重大安全生产事故。

【基础设施建设】 2021年,千祥镇路网建设扩面延伸,完成画南下线“白改黑”项目,建设“四好农村路”1条、联网公路2条,完成琴千线、双徐线等10个路段约9.2千米道路的“白改黑”大中修工程。完成事故隐患路口9处、千祥小学新校区正门及后门2处橡胶减速带、示警柱安装工程。推进水利设施建设,南江流域柽溪江南马镇防军、千祥镇综合治理工程(千祥镇段)进场施工。

(赵光大)

湖溪镇

【概况】 2021年,湖溪镇辖区总面积98平方千米。设镇东、镇西、镇北3个工作片,辖28个行政村。镇政府驻镇西村炉庄自然村通新路10号。辖区总户数17435户,总人口41339人。出生人口232人。

【工业】 2021年,湖溪镇规模以上工业企业实现工业产值14.97亿元,比上年增长42.57%。企业223家,企业从业人员4011人。建筑业企业47家,建筑业总产值20.5亿元,建筑业税收回归1.62亿元。外贸出口总额3.48亿元,比上年增长27.7%。固定资产投资2.24亿元,比上年下降6.67%。引进内资0.16亿元。增加规模以上企业5家。加大企业技改力度,成功申报国家高新技术企业3家、省级科技型企业5家、省级高新技术企业研发中心1家、金华市级高新技术企业研发中心4家。

【农业】 2021年,湖溪镇有耕地面积1466.67公顷,其中水果14.27公顷,年产216吨;中草药材146.87公顷,年产266.6吨;蔬菜54.67公顷,年产1393.8吨;油料面积110.93公顷、花卉苗木213.67公顷。有农业企业5家、家庭农场37个,有实际经营活动的农民专业合作社9个、成员14人。

【乡村旅游】 2021年,湖溪镇推进以八里湾区块、象田区块、南江沿线为核心的乡村旅游。在全市范围内率先完成75个自然村美丽乡村创建,

2021年10月1日，东阳市秋季乡村休闲旅游节暨东阳市庆祝中国农民丰收节系列活动在湖溪镇象田村举行　（市文广旅体局提供）

建成八面来风、东雕园影视外景基地、金华市级劳动研学基地等产业项目，连续承办春季、秋季乡村旅游节，接待剧组超100个、游客超30万人次，实现八里湾国家AAA级旅游景区、湖溪镇省AAAA级旅游景区镇、上田村省AAA级旅游景区村庄三连创。完善八里湾共享田园基础设施建设，配套提升两个大型停车场，打造观光电瓶车、共享自行车、观光小火车等交通游览系统，融合湖溪生态元素，完善旅游标识系统。争取象田共享田园项目落地，完成象田区块项目初步规划设计。10月1日，东阳市湖溪秋季乡村休闲旅游节暨东阳市庆祝中国农民丰收节系列活动在湖溪镇象田村举行。

【基础设施建设】 2021年，湖溪镇中心小学扩建项目、中心幼儿园迁建项目建设完成并投入使用。湖溪镇中心小学改扩建工程二期启动建设。湖溪镇美丽城镇、“两江两镇”等建设项目共投入资金4500余万元，完成支项目10余个。江滨北路西延连接至八里湾上田自然村，增加长度1500米。完成桥南公路桥建设并投入使用。东阳市湖溪镇第二污水处理厂启动建设，完成工程进度70%以上。7204转播台迁建工程完成地面清表和迁移前期工作。镇区“污水零直排区”建设通过验收。杭温高铁湖溪镇段完成主线交付、便道及弃渣场土地租用。高铁建设红线内房屋征迁合同签订工作基本完成。

【文教卫生】 2021年，湖溪镇有幼儿园3所，在园幼儿683人，专任教师48人；小学2所，在校学生1527人，专任教师90人；初中1所，在校学生925人，专任教师68人。九年制义务教育覆盖率100%。高中1所，在校学生598人，专任教师67人。成人文化技术学校1所。教育事业支出5983.06万元。学校重大工程1项——湖溪中心小学改扩建工程二期，该工程一期完成建设。

湖溪镇有医疗卫生机构13家，其中镇中心卫生院1所、村卫生室(公立)6家；每千人拥有医疗床位0.8张；专业卫生人员70人。

【社会保障】 2021年，湖溪镇有农村低保对象258户、329人，城镇低保对象5户、7人，“五保”户17户、19人。发放低保金190.18万元，发放特困供养金27.31万元。享受护理补贴残疾人533人，发放补贴金147.5万元。享受生活补贴残疾人203人，发放补贴金64.68万元。有敬老院2所，居家养老中心正常运行25家，其中星级以上居家养老中心6家。

【社会管理】 2021年，湖溪镇学习“枫桥”经验，强化镇村矛盾调解中心功能，村民矛盾纠纷不出村、镇。建立定时接访、主动下访，分析研判的信访工作机制，领导联系包案制度，化解14宗疑难复杂陈年信访难题。建成信息化、电子化的镇综治中心，用高科技、智能化助力社会治理。重视网格员队伍素质提升，培训40批次、74名网格员。加强安全生产网格化管理，每季度分管领导带队检查，每月驻村驻企干部领队检查，无重大安全事故发生，无信访群体性事件。镇司法所与“老娘舅”调解矛盾纠纷27件。受理上访14件，接访化解4件。

【组织建设】 2021年，湖溪镇选举产生中共东阳市第十六次代表大会党代表11人，中共湖溪镇第十八次代表大会党代表89人。郭宅一村等4个行政村创建清廉村居示范村，村级监察联络站规范化建设全覆盖。约谈提醒督促镇村干部16人，村干部歇职1人，党员干部诫勉6人，党纪立案查处16人。

（吴健锋）

画水镇

【概况】 2021年，画水镇行政区域面积117平方千米，下辖18个行政村，74个自然村，镇政府驻黄田畈村旭光自然村画宁路20号。辖区总户数23349户，总人口55064人。出生人口328人。完成税收收入1.76亿元，比上年增长20.42%。

【工业】 2021年，画水镇29家规模以上工业企业实现工业产值14.46亿元，比上年增长68.85%；规模以上工业增加值比上年增长61.6%；完成固定资产投资3.26亿元，工业性投入0.87亿元。建筑业招引企业税收5080.2万元，比上年增长1.67%，完成全年任务的92.37%；建筑业税收总收入7692.15万元，比上年增长25.51%，超额39.86%完成全年任务，其中增值税6940.85万元，比上年增长29.56%，完成全年任务的1.98倍。

【农业】 2021年，画水镇常用耕地面积1866.7公顷，其中水田面积1750公顷。农林牧渔业总产值2.1亿元。完成粮食复种面积1466.7公顷，粮食总产量19600吨。水稻机械化插秧面积533.3公顷。主要经济作物蔬菜的播种面积210公顷，总产量约5500吨。实施垦造耕地项目12.32公顷，高标准基本农田建设61公顷，“旱改水”耕地质量提升4.8公顷。

【重点工程建设】 2021年，生态廊道画水段工程完工，南江画水段沿岸治理项目完成98%，画水污水处理厂二期项目完成70%，画水之芯建设项目完成75%，培育“小升规”企业8家。推进低效用地清理，盘活低效工业用地12宗，总面积18.43公顷，推进杨梅园产业园政策处理，完成产业园一期以及园区中路涉及8个村共45.53公顷土地征用，28家企业签订收储意向书，园区控规方案通过论证并公示，推进公墓搬迁工作。

【村镇建设】 2021年，画水镇拆除违章建筑100宗，拆除建筑面积157462平方米，占地面积143375平方米；完成旧住宅区改造面积98430平方米，完成全年任务数的100%；完成旧厂区改造3宗、74746平方米，超额6.8%完成全年任务。完成治违除患促安全专项整治42宗、33297平方米。创建市级“十佳村”3个，通过“十佳村”达标验收19个，美丽城镇建设通过金华市验收，国家卫生乡镇创建通过省级验收。

【文教卫生】 2021年，画水镇设综合文化站1个、文化休闲广场28个、村级文化活动室18个，创建文化示范村1个，有文化礼堂18个。有图书室19个，设立东阳图书馆画水分馆。全镇有各类藏书6.58万册。洪塘村入选浙江省历史文化重点村落。有国家级文物保护单位1处，市级文物保护单位12处，市级文物保护点43处。画水镇有各类群众文体队伍50余支，获东阳市“十佳优秀民间艺术节目”称号3个。举办、参与市镇各种主题文化活动12次、村级公共文化服务中心活动15场次，开展各类文化业务培训6次。在全省范围内推介黄田畈农民秀“三十六行”▲。

画水镇有幼儿园5所，其中中心幼儿园1所(4个园区)、民办幼儿园4所，专任教师125人，在园幼儿2043人；小学4所，教职工202人，在校生3308人；初中2所，教职工100人，在校生1315人。九年制义务教育覆盖率100%。成立教育基金并举办第一届教育基金颁奖典礼，表彰师生200余人。

画水镇有中心卫生院1所，卫生服务站4个，医护人员103人。推进医共体建设，市级医院专家下沉290余人次，实施责任医生签约服务，享受服务居民18139人。计划生育特殊家庭双岗联系人及家庭医生签约服务落实率100%，基本医疗保险户籍参保率99%。

▲“三十六行”：踩街类群众性文娱活动。始于清末民初，每逢农历闰月年都要组织表演。扮演者身穿古朴的老式服装，肩扛犁耙耕耖或拉或背或挑各种老式工具，模仿不同行业角色，边走边表演。

【社会保障】 2021年，画水镇有低保对象533人，低保边缘对象65人，特困人员22人。开展民政救济帮扶工作，开展各类救助100余次，发放救助补助金11万余元，完成年度低保复核工作。有村级社会组织196家，组织各类活动120余次，服务群众1300余人。15家居家养老中心正常运行，解决全镇350名老人就餐住宿问题。重视殡葬领域改革工作，开展骨灰跟踪管理工作。开展2个水库移民项目。推进疫苗免费接种，全年接种103420针次；完成适老化改造项目28个，建成示范型儿童之家1个。

【社会管理】 2021年，画水镇开展清廉村居建设，制订执行农村基层治理十项制度。做好信访稳定工作，初信初访36件，化解30件，信访积案国家级1件、省级7件、进京访5件全部化解，重复信访、信访积案化解率均达100%。镇干部开展集中坐岗接访28次，接访群众225批次、354人次，现场解决问题90批134人，镇村干部参与接访5523人次。探索数字赋能，启用“智慧城镇”平台4个应用场景，发挥“党建+微网格”作用，推进燃气、消防、企业、道路安全等重点领域风险隐患排查整治，开展重点领域安全大检查3457家次，发现隐患2871处，隐患整改率99%。

【组织建设】 2021年，画水镇开展庆祝中国共产党成立100周年系列活动，举办2场“千人大党课”党史学习教育宣讲，开展“学党史解难题”专题活动，为企业、群众解决问题200余个；每月开展年轻干部培养“犇跑行动”集中活动。设立村级流动党校，推动村级流动党校、公民警校联合办学，制定《画水镇党员干部违法违纪处置的“五条意见”》，推进党员干部整治行动，处理违纪违规党员30人。

【基础设施建设】 2021年，画水镇完成15个村饮用水提标达标“一户一表”建设改造。对入镇口、公路沿线、田园白化开展集中整治。启动华阳—许宅—南岸古道修建工作，完成黄田畈共享田园项目设计及工程预算编制。

【驻村干部组团式专职化管理】 2021年，画水镇获批成为东阳市驻村干部组团式专职化管理试点镇乡。7月8日，画水镇正式启动驻村干部组团式专职化管理改革试点工作。取消驻村干部管理分中心(工作片)，设立驻村干部管理中心，下设4个驻村工作组，实行组长负责制，各设组长1名。对驻村干部兼任组内条线工作及驻村工作分别进行强度赋分，作为年底奖金绩效考评系数，督查激励提高驻村干部工作积极性。驻村干部实行“5810”工作法(驻村干部每周5天、每天8小时在村驻岗，群众有事10分钟到场)，做到主要办公地点在村、主要工作精力在村、主要工作任务在村；履行“36352”工作职责(3项须参加的会议，6个须审签的事项，3类须走访的对象，5方面须破解的问题，2方面须发挥的作用)，设置驻村干部AB岗(A岗干部因有事无法及时到岗，由B岗干部顶替完成工作）；实行“1+2”考核（在综合考核基础上，对信访工作和重点工作实行单项考核）。综合考核主要把上级督查通报、条线检查抽查、工作成绩排名作为主要依据；建立信访工作专项考核办法，完善日常信访调解机制，深化周三坐岗日，加大信访工作奖惩力度；重点工作考核由镇党委每月确定1~2项重点工作内容，参照综合考评的加倍或多倍情形进行加扣分；考核情况作为职级晋升、岗位聘任、提拔使用、年度绩效奖金发放、年终评优评先的重要依据。驻村干部组团式专职化管理相关经验做法获市主要领导批示，向全市推广。

（朱梦婷）

虎鹿镇

【概况】 2021年，虎鹿镇行政区域面积97平方千米，辖18个行政村，下设溪东、溪西、溪口、白溪4个驻村工作组。镇政府驻厦程里村。辖区内总户数12704户，总人口30072人。出生人口141人。完成税收9376万元，比上年增长0.8%。虎鹿镇获评2021年度浙江省美丽乡村示范乡镇，厦程里村获评浙江省AAA级景区村庄、浙江省美丽乡村特色精品村、第二批浙江省高质量就业村，蔡宅村获评浙江省文明村，合力村获评2020年度浙江省“善治村”。蔡宅村集体经济收入150万元，比上年增加约50万元，农村居民人均可支配收入3.7万元，比上年增长8%，受益农村人口数约3700人。

2021年10月20—22日，省古树名木保护现场会在虎鹿镇召开。

【工业】 2021年，虎鹿镇规模以上工业企业实现工业产值1.02亿元；外贸出口总额1.95亿元，比上年增长21%；固定资产投资5349万元，其中工业投资额1435万元；增加“小升规”企业1家（东阳市经纬达机械制造厂）。限额以上批发业销售额13221万元，比上年增长18.72%；规模以下样本企业营业收入870.2万元，比上年增长29.4%；引进内资2081万元；建筑业招引劳务公司5家。完成建筑业税收总收入6586.56万元，比上年增长11.2%；增值税5863.51万元，比上年增长13.54%。缝配城350家商户实现销售收入21亿元。增加省级科技型中小企业1家（浙江省东阳市小康建材有限公司）。推进低效工业用地清理，实现交地3宗、1.01公顷。

【农业】 2021年，虎鹿镇茶叶总产量126吨；蔬菜播种面积416.67公顷，总产量10163吨。完成规模种粮大户水稻、小麦规模种植面积137.53公顷，完成粮食功能区非粮化面积调查，完成耕地地力保护面积999.33公顷，完成散户种粮补贴申报面积94.87公顷；规模种粮户农业政策保险投保15户，耕地投保77.53公顷，规模养殖户投保2户；推广复合肥408吨，有机肥850吨，发放施肥建议卡600份。创建东阳市级森林村庄3个，增加绿化面积10公顷，清理枯死松树1681株，清理面积712公顷。完成“一户一表”改造农户932户，东方红水库大坝至骆店段综合治理工程（虎鹿镇段）、大湾山塘综合整治工程、夏岩溪河道整治工程通过竣工验收。完成山塘水库安全鉴定10座。

【新农村建设】 2021年，虎鹿镇12个自然村申报秀美村创建，共计投入2000万元，其中夏岩村获评市“十佳村”；申报生态型乡镇建设补助项目1个，投资35万元。启动12个村雨污分流项目招标，完成第二污水处理厂虎鹿段污水总管政策处理并开工实施，完成9个村创建“污水零直排区”阶段性工作，3个村进入实施阶段。垃圾分类行政村合格率、自然村覆盖率100%，资源化处理站点污水处理设备改造升级完成。西垣村获评省垃圾分类处理村，溪口、合力、孙宅、白峰、葛宅5个村获评省垃圾分类巩固提升村，厦程里村获评金华市垃圾分类优秀村，潦溪村完成东阳市“无废乡村”建设，大潦村、东溪村获评东阳市垃圾分类“最好村”。拆除违法建筑100宗、10736平方米。甬金铁路沿线完成集聚安置及农房审批3个村81户。完成缝配产业园一期4.67公顷土地征用及报批工作。申请“一事一议”项目3个（西垣村、夏岩村、虎峰锦溪村）。

8月6日，全市村级集体经济巩固提升现场会在虎鹿镇召开。

【文化旅游】 2021年，虎鹿镇推动各项文旅产业发展，融合葛巾制作、竹编、锡艺等传统技艺项目，组织1万余人开展研学活动。举办春季美丽乡村游暨东山梨花节、第七届蔡宅端午文化旅游节活动，吸引游客2万余人次；推进“名胜游”，申报创建省A级景区村庄，坑门里村获评省AA级

2021年6月11日，虎鹿镇第七届蔡宅端午文化旅游节开幕

（市文广旅体局提供）

景区村庄，大潦村获评省A级景区村庄，溪口村获评东阳市优秀乡村旅游产品奖。葛宅村、蔡宅村获东阳市公共服务场所大提升奖补专项资金。探索“农业+互联网”直播经济，联合中国移动东阳分公司开展西垣香榧直播抢购活动，销售3万余元。6月11日，虎鹿镇第七届蔡宅端午文化旅游节开幕。

【文教卫生】 2021年，虎鹿镇设文化站、广播电视站各1个；村级文化活动中心18个；初中1所，教职员工43人，在校学生532人。小学1所，教师58人，在校学生859人；幼儿园2所，教职工55人，在园幼儿418人。镇卫生院1所，全年门诊接诊9.43万人次，比上年增长8.56%。网上办理生育登记59人次。举办各类文体活动30余场。举办“带着家训去参军”等活动，组建13支镇级新时代文明实践志愿服务队伍，以及每村6支以上的村级新时代文明实践志愿服务队伍。

【社会保障】 2021年，虎鹿镇开展城乡居民医疗保险投保组织工作，参保人数17974人，参保率99.61%，大病参保人数16682人；调解劳资工伤纠纷36起，异地退休认证82人；推进“无欠薪”活动，调查企业55家；职工社保参保346人，职工医保参保268人，城乡养老保险退休待遇核准756人，企业退休死亡慰问5人。全镇有低保对象204户、377人，低保边缘对象37户、90人，特困家庭7户，困境儿童29户、29人。对城乡低保对象进行复查，注销病故对象和生活条件好转不再享有保障金56户、72人，增加低保对象、低保边缘对象18户、41人。困难老年人家庭适老化改造23户。创建“儿童之家”示范型1家、基础型9家。残疾人无障碍设施进家庭12户，完成残疾人幸福安居工程5户。

【社会管理】 2021年，虎鹿镇便民服务中心设10个服务窗口，涉及服务项目180余项，受理即办件7116件，代办件1136件，办结率100%；受理咨询3328人次，服务满意率100%。实施“周三信访接待日”制度，设立“周三信访纠纷流动调解室”，完成信访调处479件，回复率和办结率100%。厦程里村建立由18名“老娘舅”组成的警民联调工作中心。三星村共享法庭挂牌。开展能源双控、交通、安全生产督查工作，持续对辖区内企业、文保点、“两房一店”等开展督查，实现生产安全事故零发生。

【组织建设】 2021年，虎鹿镇开展打造蔡宅红色村庄、提升缝配城党建联盟中心、打造白溪江沿线党建示范带等工作。实行村党支部书记“晒拼创”制度、村级后备干部“333”培养计划和镇级“东白学堂”培育计划，开展村干部、村后备干部、镇年轻干部三支队伍建设。完成“两代表”换届选举，选出镇党代表69人、市党代表10人、镇人大代表62人、市人大代表11人。开展一体化沉浸式党史学习教育，编印《红色虎鹿》，利用镇党校平台授课60余次；举办微型党课、知识竞赛、文艺晚会、红歌会、接力跑等活动20余场；整合东白山革命根据地、“浙东临委机关驻地”等红色旅游线路10余条。

【基础设施建设】 2021年，虎鹿镇蔡宅村共享田园完成招标文件联审，开展进场清表施工。美丽城镇施工图完成100%，开工100%，竣工80%。持续开展环保督察及“无废村”创建工作，整治“低散乱”企业26家。完成厦程里村、西坞村古村落开发，葛宅村完成省级美丽宜居示范村建设项目的85%，蔡宅村红色美丽村庄项目完成80%，溪口玻璃栈道建设完成60%，虎峰寺通电通路、厦程里镇级居家养老中心完工，527国道拓宽工程白峰岭隧道开工，镇幼儿园开园。

【蔡宅村红色美丽村庄项目】 虎鹿镇蔡宅村是东阳市红色美丽村庄示范典型，东阳市首个中国传统村落，浙江首批历史文化村落保护利用重点村。2021年，蔡宅村设计打造蔡希陶故居、陈望道和蔡慕晖爱情结晶地、蔡宅村童学馆等13个红色打卡点，规划红色研学基地、红色记忆馆等4条红色旅游专线。

【应对台风“烟花”】 2021年7月，受台风“烟花”影响，虎鹿镇出现持续强降雨天气，东方红水库水位持续高位运行，泄洪量180立方米/秒，超历史最高纪录和白溪江堤坝设计标准。虎鹿镇用时3小时完成400余人转移，投入人力1500余人，抢堵缺口10余处，无人员伤亡。

（沈萱萱）

东阳江镇

【概况】 2021年，东阳江镇行政区域面积140平方千米，辖镇中、镇西、八达3个工作片，27个行政村，镇政府驻东阳江镇茜畴村。辖区户数8384户，总人口21827人。出生人口120人。建筑业招商引进企业纳税总额5271.17万元，比上年增长16.12%；建筑业营改增税收5737.44万元，比上年增长39.45%；其中增值税5115.56万元，比上年增长47.45%。

东阳江镇获评省级文明镇、省级农村文化礼堂建设示范镇(东阳市唯一一个)、金华市法治建设示范乡镇。黄铺村获评省级垃圾分类示范村、省级民主法治村；新东村、双合村、召塘里村获评浙江省“善治村”；天山村获评省级气候康养村、省AAA级景区村庄。

【工业】 2021年，东阳江镇完成固定资产投资5008万元，比上年增长15.5%；引进内资1574万元。注册成立工业企业11家、劳务公司11家、设备租赁公司2家、房产销售公司1家。企业总数66家。

【农业】 2021年，东阳江镇有13个粮食功能区，总面积421.47公顷，市级农业龙头企业4家。加强农业基地建设，培育库区以香榧、茶叶、桑葚果蔬种植为主的农业基地，库区外以蜜桃、布朗李、蓝莓种植为主的水果采摘基地。

【旅游业】 2021年，东阳江镇发展文化旅游产业，创建省AAA级旅游景区村庄1个(天山村)。东阳江镇人民政府、天山村、浙江隐耀旅游开

2021年11月19日，天山共享田园与"芳草地"品牌合作运营签约暨隐耀山一期推广启动仪式在东阳江镇天山村举行　（东阳江镇提供）

发有限公司三方签约进行天山山水项目二期建设。浙江省"银宿级"民宿——云海客栈有精品民宿房间8个，年收益超百万元，接待游客约10万人。7月16日，东阳江镇乡村休闲旅游节之岭下鲜桃采摘节开幕。11月19日，东阳江镇天山共享田园与"芳草地"品牌合作运营签约暨隐耀山一期推广启动仪式在天山村举行。天山村打造国家AAA级旅游景区，规划设计19个景点，完成共享田园项目方案设计，总投资2500余万元。有农家乐30余家，床位200余张。

【村镇建设】 2021年，东阳江镇美丽城镇建设通过省、金华市两级验收，镇级居家养老中心投入使用，365便民服务中心项目主体完成。八达水厂主体和管道建设基本完成，准备试通水，单村供水设施建设进度加快。完成东尚线等9个路段道路"白改黑"，完成11处农村公路水毁修复。农贸市场改造工程建设完成并投入使用，镇级居家养老中心装修阶段。生态建设力度加大，开展横锦水库水资源生态保护专项行动，组建生态环境保护行动专班和11支环保志愿队伍，出动312人次，抓获25名非法垂钓人员，行政处罚16例。空气质量评价结果保持全市前列。开展"五水共治"和生活垃圾分类工作，黄铺村获评垃圾分类省级高标准示范村。

【组织建设】 2021年，东阳江镇开展各类党史宣讲200余场，组织红色教育活动15场，为群众办实事1153件。完成党代表换届选举，选举期间未发生信访举报，选出75名镇级党代表和8名市级党代表。完成镇人大代表换届选举，选出62名镇人大代表。召开镇党代会和镇人代会。召开镇党代会和镇人代会。对全镇27个村进行考核排名，交办16个方面132条"问题清单"，建设清廉村居示范村3个。

【文教卫生】 2021年，东阳江镇有幼儿园1所，小学2所，初中1所，民办12年一贯制学校1所；有镇卫生院1所，社区卫生服务站3个。东阳江镇中心小学体艺楼、东阳江镇中宿舍楼完工并投入使用，完成八达中、小学撤并，"千树"教育等3个教育基金持续开展奖教助学活动。建成和乐方舱临时接种点投入使用，开展大型义诊活动，组建家庭医生专家团，建立规范化健康电子档案，3000余人接受免费体检。开展"文化走亲""送戏下乡"等文化活动15场次，建设农村文化礼堂5个，实现新时代文明实践站行政村全覆盖。

【社会治理】 2021年，东阳江镇通过按下"组织+""宣防+""机制+"反诈快捷键，打造系统治理、防范联动、反诈止损3个阵地，辖区内全年零电信诈骗案，相关做法获省公安厅推广，获中央级媒体报道3次、省级媒体报道6次。11月，八达服务驿站建成并常态化运行。年内，开展信访矛盾和历史遗留问题攻坚，化解信访积案、初信初访，基本做到矛盾纠纷不出镇。全镇接种新冠疫苗第一针9213剂次、第二针8836剂次、第三针4375剂次。

【社会保障】 2021年，东阳江镇享受农村低保对象233户、341人，人均每月救助金额621元；"五保"户24户、26人，发放特困供养金380784元。临时救助44人，救助金额64400元；助学6人，救助金额16000元。完成适老化改造17户，建成"儿童之家"16家。

（单统彤）

马宅镇

【概况】 2021年，马宅镇行政区域面积120平方千米，分设中心、青联、徐山3个工作片，下辖17个行政村、68个自然村。镇政府驻马宅村。辖区总户数10334户，总人口25194人。出生人口134人。南江水库位于该镇境内。

【农业】 2021年，马宅镇推广高效经济作物，稳定以姓何村为主的元胡基地建设。发展特色效益农业项目，重点培育塘里村蓝莓和雅坑村草莓2个种植项目。申报散户种粮补贴，申报面积共130.84公顷，其中小麦0.78公顷、水稻130.06公顷；申报种粮大户种粮补贴，申报面积共33公顷，其中小麦1公顷、水稻22公顷、大豆10公顷。完成133.33公顷高标准农田建设预算编制审核、项目招标等工作。

【工业】 2021年，马宅镇实现规模以上工业企业工业产值6.03亿元，比上年增长12.23%；完成固定资产投资9128万元，比上年增长42.36%；限额以上住宿餐饮业营收7295万元，比上年增长8.9%；完成税收13372万元。引进内资6968万元。完成亿元以上招商引资项目签约1个（龙景国医养生谷项目）。建筑业总税

2021年8月27日,义东高速公路东阳(南市至南马)段、351国道安文至马宅后山隧道、歌山大桥集中开工仪式举行　　(包康轩/摄)

收6610万元,比上年增长8.76%;增值税5989万元,比上年增长14.03%。招引建筑业企业6家,"双证"(资质证书和安全生产许可证书)落地2家。开展能源"双控"(控制能源消费总量和能源消费强度)、"减煤"(煤炭消费减量)工作,全镇工业用电未超日均指标。

【重点工程建设】 2021年,351国道安文至马宅后山隧道开工。完成七秩塘村征地工作,进场实现无障碍施工。龙景国医养生谷项目完成土地及地上附属物收储,进入拍卖出让程序,完成摘牌。杭温高铁(马宅段)主线内全面动工,完成坞坤安置区块政策处理工作,完成临时便道施工引起的山体滑坡和马宅段渣土处置相关事项,实现全线无障碍施工。

【生态环境建设】 2021年,马宅镇完成垃圾分类"两定四分"试点村大伦坞村建设和马宅村投放点建设。对中铁三局集团有限公司桥隧工程分公司的大园岭隧道在建工地开展扬尘防控及建筑垃圾处置专项检查,落实施工工地等扬尘治理要求。发现并扑灭露天秸秆焚烧117起,查处34起。完成国土绿化16.4公顷,超额23%完成目标任务。开展喷漆工艺等木雕红木家具企业环保整治提升行动,完成环保设备提升4家,签订协议5家。

【美丽乡村建设】 2021年,马宅镇16个自然村通过"秀美村"创建市级验收,白岩坞村坞坤自然村获评市"十佳村"。开展农村人居环境大提升行动,打好"三好四化"、垃圾分类等组合拳,大伦坞、黄英、石鹿、胡前山4个自然村获评市农村人居环境月度"最好村"。秀水田园风景线和雅致古村风景线完成现场勘测、设计方案评审,开展道路沿线"六乱"整治。保障粮食安全,完成103宗土地卫片图斑27.53公顷的"非粮化"整改,并完成种植;完成土地卫片整治30余处,"三改一拆"拆除违章建筑1万余平方米。

【文教卫生】 2021年,杨岩村文化礼堂获评省五星级农村文化礼堂。开展"一月一主题"党史学习教育和"我为群众办实事、我为企业解难题、我为基层减负担"专题实践活动;以东磐革命烈士教育基地为载体,开展"六个一"中国共产党成立100周年系列庆祝活动。利用全年重要时间节点和重大节日假期开展创文宣传,提高在网络上"讲文明树新风"公益广告宣传力度。组织全体镇干部参与"文明交通""文明规劝""学雷锋"等志愿服务活动,宣传《志愿服务条例》,引导镇干部主动参与志愿服务,推进志愿服务活动常态化、制度化,开展志愿服务活动556次。马宅镇新时代文明实践志愿服务队到马宅镇敬老院、"残疾人之家"、下金堂村"老年人之家"等地,开展"迎中秋庆国庆"系列活动,进行慰问演出,给老人理发,送上月饼。常态化开展疫情防控工作,完善核酸检测演练应急预案;推动疫苗接种工作,疫苗第一针接种率达计划接种人数111%,第二针接种率达计划接种人数106%,第三针接种率达计划接种人数105%。

【社会保障】 2021年,马宅镇完成水库移民项目建设3个,惠及水库移民845人;聚焦共同富裕,打造高质量教育体系,镇中心小学与杭州市胜利小学开展三轮次"结对共建"活动,创新性引进科技小发明、非物质文化遗产、地方课程等进校园活动,落实"双减"工作。

【社会管理】 2021年,马宅镇信访四色预警色为蓝色,列全市第一位。初信初访化解率列全市第三位,重复信访化解率100%,信访积案化解率100%,成功化解涉及23人群体信访。"金钟罩"反诈小程序注册率93%,列全市第三位。"三资"(农村集体经济中的资金、资产、资源)基础数据归集工作列全市第一位。开展燃气安全大检查行动,出动256人次,检查4657户。开展安全生产风险普查、"两房一店"(出租房、村社老旧民房、沿街店面)检查等行动,排查生产经营单位、沿街店面450家次,整改隐患141处。实现生产安全、火灾亡人事故零发生。组织抗击台风"烟花"、"灿都"工作。

【组织建设】 2021年,马宅镇完成镇党委换届选举工作,开展"清廉村居建设攻坚年"活动,加快杨岩村等5个清廉村居创建。推进镇、村两级"晒拼创"活动,制订并完善绩效考核办法。落实"12345"村级组织基本制度,推动村级组织规范化、常态化、制度化,各村共完成年度创业承诺事项67项。完成驻村干部组团式专职化管理改革。干部选拔建立以事选人、人岗相适、能上能下的选人用人机制,加强驻村力量。建设下陈村、屠梁村、雅坑村3个"五星三强"创建村,以党建工作提升带动各村乡村振兴建设，基本完成各项创建任务。完成市、镇两级“两代表一委员”换届选举。建设高素质党员干部队伍，每月村社干部集中培训，推动干部能力提升。开展党员干部守纪立规专项整治活动，停职村干部2人；“四种形态”处罚11人，党内警告2人，党内严重警告2人，开除党籍2人。

【基础设施建设】 2021年，马宅镇下瑶村的省级“一事一议”财政奖补助推美丽乡村建设项目——户外运动与研学项目工程进度超50%。16个自然村“污水零直排”项目完工；马宅镇至千祥镇、湖溪镇方向污水总管配套工程完成主管铺设放样工作并进场施工。杨岩村地质滑坡灾害治理工程开展抗滑桩施工作业；南徐线至山坞段崩塌、七秩塘村滑坡治理完成施工。133.33公顷高标准农田建设完成预算编制审核、项目招标等工作。完成896户农村饮用水“一户一表”安装改造工程。

【美丽城镇建设】 2021年，马宅镇美丽城镇31个创建项目开工率97%，竣工率45%，顺利通过金华市美丽城镇验收。省AAA级景区镇创建工作基本完成。开展国家卫生镇创建工作，全年清理生活垃圾1400吨，清理杂物860处，整治乱堆乱放1080处、乱贴乱画110处，通过国家卫生镇创建省级暗访考核。

（施　昕）

佐村镇

【概况】 2021年，佐村镇行政区域面积149平方千米，下设佐村、罗峰、宅口、上村、西营5个分中心，辖25个行政村、220个自然村。镇政府驻佐村村。辖区总户数10181户，总人口24880人。出生人口132人。财政预算收入8698.69万元。农村集体经济总收入3558.67万元；农村常住居民人均可支配收入28762元；有工业企业10家，其中规模以上工业企业4家。获评浙江省美丽乡村示范乡镇，成功创建省级美丽城镇达标镇。

【农业】 2021年，佐村镇常用耕地面积1483公顷，其中耕地流转面积620公顷，耕地灌溉面积863公顷。发展茶叶、毛竹、香榧、油茶、高山蔬菜等产业。开展休闲观光农业建设。全镇有茶园800公顷、毛竹533.33公顷、香榧466.67公顷、高山蔬菜16.67公顷、树莓106.67公顷、蓝莓13.33公顷，培育1家省级香榧园——梦的香榧园，创立“龙盘玉叶”“木禾”等茶叶品牌，依托茶产业，开发茶香米花糖、茶酒、茶叶粉干等茶叶衍生产品。完成高标准农田改造217.26公顷、“旱改水”5.33公顷。

【工业】 2021年，佐村镇实现工业总产值2.5亿元，其中4家规模以上工业企业实现产值2.4亿元；固定资产投资2831万元，引进内资2100万元，浙商回归资金2100万元。完成建筑类企业注册登记21家，4家建筑劳务公司取得资质及安全许可证，完成建筑业税收1.07亿元，比上年增长4.81%，其中招引建筑企业税收6386.27万元。

【村镇建设】 2021年，佐村镇推进“美丽乡村”建设，投资800万元，实施78个项目。创建“三强六无五美”示范村2个、达标村7个。16个自然村开展“十佳村”创建工作，黄庄和下里坑2个自然村成功获评市“十佳村”。完成斯光、塘丘2个自然村产业特色精品村的创建工作。完成总投资约2100万元的新怀万线回归自然风景线工程。完成4个森林村庄镇级验收。获评东阳市级垃圾分类“最好村”5个（宝山村、后姆村、黄庄村、岱溪村、石井坑村）。厦城水厂建设主体工程基本完工，完成“一户一表”入户6704户。农村安全饮用水普及率100%。辖区内道路11.76千米完成大中修。完成公共场所服务大提升项目，对佐村镇综合文化站文化场馆、佐村村农贸市场旁公厕、塘丘村体育游乐场所等便民场所进行改造提升。

【文教卫生】 2021年，佐村镇创建俞家、上林口2个文化礼堂，完成全镇25个新时代文明实践站和1个新时代文明实践所的整改提升工作。全镇24个文化礼堂，开展活动500余次。镇级成人技校设佐村、宅口、上村、珊门4个教学点。佐村中心幼儿园设宅口教学点，有专任教师7人，在园幼儿81人；有小学2所，在校学生212人，专任教师25人；初中1所，在校学生225人，专任教师19人，九年义务教育覆盖率100%。设广播电视站1个。有各级医疗卫生机构11家，其中镇中心卫生院1家、社区卫生服务站8家、村级卫生室2家。有专业卫技人员41人，其中执业医师和执行助理医师26人、注册护士9人、药师3人、检验师3人。开展第十轮农民健康体检，60周岁以上体检3724人，学生体检436人。

【社会保障】 2021年，佐村镇增加低保对象37人、特困户2人；注销低保

2021年6月25日，2021东阳市“薪火传递”红色接力活动佐村镇分会场

（佐村镇提供）

对象31人、低保边缘对象16人、特困户1人,对48名困难群众提供临时性救助58430元。新型农村合作医疗参保人数16498人。创建星级农村居家养老中心2家。25个行政村全部完成“消薄”任务,经营性收入10万元以上,其中15个村完成集体经营性收入超15万元,5个村集体经营性收入超20万元。

【社会管理】 2021年,佐村镇划分70个网格,配备70名专职网格员,采集信息23885条,镇职能部门事件流转办理3868件,村级流转办理19774件,处理综治事项3024件,处理环境卫生事项6660件,排除安全隐患2004件,提供民生服务事项3528件。开展基层矛盾纠纷和风险隐患排查化解行动,完善镇村两级“老娘舅”队伍建设,配备2名镇级“老娘舅”和16名村级“老娘舅”,完成1个镇级、25个村级矛盾调解中心建设。开展“扫黑除恶”“反诈骗”“七五普法”专题宣传,发放宣传资料3万余份。整合综治、信访、司法、调解、禁毒、民政、交通、退伍军人服务等社会服务组织,建设市级二类示范型镇级综治中心1个,村级示范型综治中心25个、标准型5个、简易型20个。完善佐村镇综合信息指挥室工作流程职责制度,整合“平安浙江”信息系统平台、“12345”政务服务平台和“8890”便民服务平台等,推进信息化工作,办理流转事项203件。

开展智慧反诈工作,各村开展反诈骗宣传活动1000余次。“金钟罩”反诈小程序注册17300人次;开展“两书”签订工作,签订承诺书9278份,签订责任书1817份;建立三级网格,1873名党员干部、村民代表各联系5户;分发反诈宣传小喇叭23个,开展反诈宣传,提升群众知晓率。开展“网格+防疫”工作,运用“指挥中心+网格化+信息化”体系,巡查2176次,上报处理疫情诉求326件。

开展平安阵地建设,建成佐村镇反邪教主题公园1个,佐村镇法治文化广场1个,佐村镇反诈主题公园1个,法治长廊1个,禁毒、反邪教宣传长廊1个,关爱工作室26个,创建金华市级民主法治村20个。全镇70个自然村主要出入口安装1200个视频监控,接入镇综合指挥室,实行动态信息共享。建设基层法律服务站点25个,为25个行政村聘请法律顾问。年内法律顾问参与人民调解28次,为村民免费提供法律援助4件。

【组织建设】 2021年,佐村镇有党员1331人,其中农村党员1197人;党组织39个,其中行政村党支部25个。修订镇村干部考核办法,制定《2021年度佐村镇机关干部岗位责任制考核办法》《村干部绩效报酬考核办法的通知》等文件。完善年轻干部“三个一”培养计划,开展“九峰论剑、亮剑、铸剑”系列行动。完成党代表、人大代表的换届选举工作。开展党史学习教育,组建“前后浪”宣讲团,举办宣讲活动170余场,覆盖人数5000余人。举办党史知识竞赛、“五团大战”党史成果展示、重走长征路、“忆初心,学党史”茶乡绿道健康行、红色接力跑等特色活动。开展“大走访、大排查、大化解、大提升”行动,结合反诈、平安建设、疫情防控等工作,开展大调研,联村干部带队“晨走+夜访”走村入户,受理、解决民生实事项目80余件、关键小事需求220余件、矛盾问题160余件。

【乡村旅游】 2021年3月27日,佐村镇第二届云端新茶发布会在宅口村举行。发布会上开展茶叶采摘、手工炒茶比赛、镇干部直播带货等活动,成交金额近万元。4月11日,第六届挖笋节暨“奔跑吧佐村”之里高岗春天越野跑系列活动在新立村、里高岗村开幕,以“笋趣佐村,乐跑田园”为主题,吸引游客参加挖笋大赛、趣味野炊、寻宝大赛、里高岗春天越野跑等活动。活动中开设笋王拍卖环节,拍卖获得的钱款用于捐助村里的困难户。

(余　雯)

三单乡

【概况】 2021年,三单乡行政区域面积89平方千米,设三单、青溪、玉溪3个工作片,辖14个行政村,26个自然村。乡政府驻三单村底吉1号。辖区总户数4377户,总人口11374人,出生人口58人。完成税收2966万元,固定资产投资5052万元,引进内资1020万元。无规模以上企业。三单乡有亿元以上重大建设项目3个。14个行政村年经营性收入均达到10万元以上,年人均收入1万元以下农户全面消除。全乡地形以山地为主,绿化覆盖率90%以上,气温比东阳城区低3摄氏度~5摄氏度。

三单乡与横店镇签订结对帮扶战略协议书,获帮扶专项资金200万元,高山蔬菜专业合作社与横店影视城农副产品批发有限公司签订蔬菜采购合同,有5家蔬菜专业合作社与好乐多超市签订紧密型农超合作基地协议。对全乡217户低收入农户建立集中兜底动态管理台账,走访关怀2700余人次。华孙村获评市“十佳村”。楼基村、联合村、象马村3个村庄获评垃圾分类市级“最好村”。完成《三单乡志》编纂工作。

【金华地区首个“共享法庭”在三单乡设立】 (参见“法治”类目下法院分目之【“共享法庭”建设】条目)

【省级来料加工行业首次集体协商会议】 于2021年4月22日在三单乡召开。会议对劳动报酬定价,福利待遇落实,工资发放时间,职工建档,工作时间、休息、休假制度,劳动安全与卫生6个议题进行协商,并达成共识。金华市总工会领导对会议提出需要进一步完善《集体劳动合同》具体内容,将员工共享的理念融合进实践;重视劳动安全,请专业人员按照标准规范化建设;发挥集体协商作用,落实协商提出的3点建议。

【农业】 2021年,三单乡茶园种植1092.33公顷,花生种植75.46公顷,高山西瓜种植30.87公顷,高山蔬菜种植344.93公顷,炒制茶叶268吨,炒制香榧120吨,炒制小京生花生100吨,采摘高山蔬菜282.13公顷。有各类家庭农场64家、农业专业合作社23家、农业企业12家,形成“浙江榧哥”“三单小京生”“海明白茶”等农产品品牌。推进农业新技术、新品种推广，办理农机购置补贴82户次，收缴政策性农业保险保费4309.2元。全乡变型拖拉机报废11台，完成率100%。实施动物防疫1084头次。

【林栖三十六院项目】 2021年，三单乡林栖三十六院项目规划建设范围40公顷，计划总投资约3亿元，以打造具有东阳地方文化特色、利用“互联网+”运营的传统村落社群为目标，集聚36行非遗手艺、36名手工匠人，打造36个传统院落，完成投资5000余万元，计划签约百间老房子，修缮强调“修旧如旧，保有原来旧物，融入主题院落元素”。项目完成全域概念性初步设计和核心区控制性详细规划初步设计以及所在区域土地流转、“六乱”整治、蚊子坞老旧房屋修缮等，建成美学院、蓝书坊、竹筒饭基地和塘里研学基地，带动村民就业120余人。项目一期于国庆节期间试营业，接待上海、杭州及本地游客3000余人，蓝染工坊和镶嵌花丝工坊合计接单10单，合同金额67.8万元，抖音直播自开播以来，销售额月均51万元。

【飞尔静心园项目】 2021年，三单乡飞尔静心园项目总投资1.5亿元，是集康养、休闲、娱乐、住宿于一体的乡村休闲旅游项目，完成投资2296万元。完成餐厅、宾馆等四幢主体工程建设，建筑面积8000平方米，规划标准客房51间，可住宿100人，日餐饮接待能力600人。种植猕猴桃、冬枣、日本甜柿、水蜜桃、樱花等5.33余公顷，建成小型水库一座。

【星空小镇项目】 2021年，三单乡星空小镇项目总投资3.6亿元，是国家1000个特色小镇项目之一、国家首个台地天文主题乐园，第一期完成投资6400余万元，初步打造以“日出东阳、月上西楼”为设计理念的天文科技馆、天象馆、天文观测台，以东阳古建筑为特色的老四合院接待中心、乌石茶室、星空无边际泳池、特色观星房、树顶书屋、高山农业园等项目。

2021年6月10日，横店镇与三单乡对口协作签约仪式举行

（徐　艳/摄）

【村镇建设】 2021年，三单乡推进美丽村镇建设，完善基础设施建设，总投资2950万元，完成农特产品展示中心工程建设，完成沿溪路立面提升、圣门潭老区路面改造、清溪两岸亮化等27个美丽城镇项目建设，完工率75%。推进“十佳村”创建，开展以拆旱厕、拆私搭乱建为主要内容的“六乱整治”行动，实施项目24个，完成投资425万余元，累计整治乱堆乱放240处，拆除乱搭乱建67处，提升绿化约6300平方米。加快下西楼村省“一事一议”助推美丽乡村建设项目，完工率40%。完成三单村垃圾分类“两定四分”试点村建设。

【三单乡金航村产业特色精品村项目】 2021年，三单乡推进金航产业特色精品村项目建设。项目建设包括寺岭脚立面、廊桥、村内节点、水系改造，游客接待中心、寺岭脚公厕、美丽庭院建设和路灯安装等内容。

【清溪生态廊道建设】 2021年，三单乡实现清溪生态廊道全线贯通，廊道总长12千米，连通3个“十美村”、1个产业特色精品村、1个中国传统古村落和集镇区，形成一条具有山区特色的生态山水田园风光带，项目包括骑行道、绿道、栈道建设等内容。投入资金360万元，将清溪沿线农村生活污水16个终端尾水通过管网连接到最下游下西楼村，建设880平方米的大型湿地和320平方米的生态塘处理，污水经过污水池处理后，通过水泵抽到茶山水田用。

【文教卫生】 2021年，三单乡卫生院门急诊17921人次，总收入206万余元，急诊病人平均费用94.25元，医疗增加值13.69万元。建档10714人，完善居民电子健康档案10370人，开放8866人。家庭医生有效签约3745人。成人新冠疫苗第一针接种4048剂次，第二针接种3752剂次，第三针接种54剂次；18岁以下接种438剂次。核查计生奖特扶人员15人，走访计生困难家庭158户。

【社会保障】 2021年，三单乡完成示范型居家养老服务中心建设，2家居家养老服务中心建成并投入使用，实现全乡14个行政村全覆盖。完成三星级食安办创建。完成通信信号弱区、盲区调查，开展3个村站点建设。全面开展低保对象复核，增加22户、43人，注销22户、39人，低保边缘对象增加5户、7人，注销7户、10人。发放临时救助资金198430元。办理老年证190张。完成困难残疾人家庭无障碍设施改造7户、安居工程5户。落实残疾人医疗保险优惠政策，残疾人医保参保率100%。

【社会管理】 2021年，三单乡完成“智安小区”建设2个。调解处理各类矛盾纠纷62件、“8890”信访件19件，无越级访和存量信访件。解决群众诉求、纠纷事项60件。三单乡“民转刑”命案、亡人火灾事故、道路交通死亡事故零发生。完成重点行业领域专项整治问题排查68次。优化升级“最多跑一次”便民服务中心，办理民生事项235件，解决民生问题60余件。4月27日，三单乡举行平安东阳建设·全民反诈主题月宣传活动启动仪式，150余人参加。

2021年4月27日，三单乡举行平安东阳建设·全民反诈主题月宣传活动启动仪式（徐　军/摄）

【组织建设】 2021年，三单乡有党员526人，其中农村党员479人；党组织17个，其中行政村党支部14个。开展党史学习教育，组织党史宣讲30次，参观爱国主义教育基地16次。举办“面向党旗宣誓 擎举党旗奔跑”“薪火传递”红色接力活动等庆祝中国共产党成立100周年活动，乡、村两级干部150余人参加。完善村级后备干部信息库，培养吸收入党积极分子7人，发展党员14人。完成搭钩村和下西楼村清廉村居示范点建设，落实党员积分制管理，实施党员联系农户制度。实施“四个一批”培育计划，完善全乡41名红领青年项目领办机制。完成乡级领导班子换届和市、乡两级人大代表换届选举。

【基础设施建设】 2021年，三单乡完成双虹桥改造工程，消除安全隐患。完成6条共7.7千米农村公路大中修和全乡农村公路破损路面修复工程，常态化开展全乡74.7千米农村公路日常养护工作。开展交通安全联合执法，规范村民文明出行行为。完成怀万线二期宅口畈村连接线工程防洪评估、设计预算、招标等工作，并开工建设。实施农民饮水工程，完成“智慧+”无人化水厂建设并试运行，完成4个自然村单村供水站项目，启动4个村“一户一表”改造工程。完成华孙村“污水零直排区”创建。常态化开展乡、村两级巡河，强化27个污水终端处理设施长效运维管理，5条干流交接断面地表水水质常年保持在Ⅱ类水标准。

（徐　艳）

人物简介

【卢阳春】 男，汉族，1968年9月出生，1995年9月加入中国共产党，任城东街道寀卢村党委书记、村委会主任。曾获"浙江省抗击新冠肺炎疫情先进个人"等称号，所在村曾获"全国先进基层党组织""国家森林乡村""省级美丽宜居村"等称号。2021年6月28日，中共中央授予卢阳春"全国优秀党务工作者"称号。

寀卢村是东阳市第一个建立农村党委的村，是全国先进基层党组织。近年来，寀卢村积极探索"党建+社会治理"创新模式，坚持与时俱进，进一步深化新时代"寀卢经验"，谋定"提升村居环境、实现共同富裕"的工作思路，推广党建引领"六法"、技术赋能"两招"、共创共富"三变"等行之有效的具体做法，建设共享田园，发展集体经济，促进乡风文明，推进基层治理。卢阳春牵头开发"寀卢数字云平台"，创新村级重大事项"五议两公开"，以党建引领为中心，以社区治理为重点，探索高质量发展，致力于把寀卢村打造成乡村振兴和共同富裕的示范村。

（东　鉴）

荣　誉

【市内晋升高级专业技术职称人员名单】 2021年，市内晋升高级专业技术职称人员561人。

教授（9人）

刘　春　浙江广厦建设职业技术大学
田钊平　浙江广厦建设职业技术大学
李　俊　浙江广厦建设职业技术大学
贾勇星　浙江广厦建设职业技术大学
郑育新　浙江广厦建设职业技术大学
费加明　浙江广厦建设职业技术大学
沈水法　浙江广厦建设职业技术大学
陈子侠　浙江广厦建设职业技术大学
赵冬梅　浙江广厦建设职业技术大学

副教授（30人）

胡　丹　浙江广厦建设职业技术大学
马　明　浙江广厦建设职业技术大学
矫海龙　浙江广厦建设职业技术大学
韩永军　浙江广厦建设职业技术大学
余　俊　浙江广厦建设职业技术大学
郎晓斌　浙江广厦建设职业技术大学
赵冬梅　浙江广厦建设职业技术大学
刘井玉　浙江广厦建设职业技术大学
左翠玲　浙江广厦建设职业技术大学
张　月　浙江横店影视职业学院
沈大春　浙江横店影视职业学院
丁玲玲　浙江横店影视职业学院
宋美娜　浙江横店影视职业学院
吴燕芝　浙江横店影视职业学院
张汉波　浙江横店影视职业学院
吕振燕　浙江横店影视职业学院
蒋姗莎　浙江广厦建设职业技术大学
唐冰松　浙江广厦建设职业技术大学
吕　君　浙江广厦建设职业技术大学
谢锐兵　浙江广厦建设职业技术大学
王婵娟　浙江广厦建设职业技术大学
单庞君　浙江广厦建设职业技术大学
张新军　浙江广厦建设职业技术大学
孙爱芹　浙江广厦建设职业技术大学
唐晔芝　浙江广厦建设职业技术大学
姚碧玲　浙江广厦建设职业技术大学
周　勇　浙江广厦建设职业技术大学
许　申　浙江广厦建设职业技术大学
杜旺旺　浙江广厦建设职业技术大学
吴窈窈　浙江广厦建设职业技术大学

研究员（1人）

魏则能　浙江广厦建设职业技术大学

副研究员（3人）

吴　君　浙江横店影视职业学院
包江胜　浙江广厦建设职业技术大学
李迎君　浙江广厦建设职业技术大学

高级教师（134人）

楼旭珍　东阳市实验小学
李春明　东阳市南市街道南溪小学
蒋　泉　东阳市白云中心小学
王秋珍　东阳市吴宁第一初级中学
杜瑶珍　浙江省东阳市第三高级中学
郭一峰　浙江省东阳市第三高级中学
黄航飞　浙江省东阳市第三高级中学
吴　冰　浙江省东阳市第三高级中学
曹丹霞　浙江省东阳市巍山高级中学
郭继伟　浙江省东阳市巍山高级中学
胡思君　浙江省东阳市巍山高级中学
蒋丽梅　浙江省东阳市巍山高级中学
厉晶晶　浙江省东阳中学
卢碧云　浙江省东阳中学
郑木炎　浙江省东阳中学
杜　勇　浙江省东阳中学
张水明　浙江省东阳中学
余红娟　浙江省东阳中学
陆琳琳　浙江省东阳市第二高级中学
郭杨文　浙江省东阳市第二高级中学
单瑶琴　浙江省东阳市第二高级中学
蔡红英　浙江省东阳市第二高级中学
刘丽燕　浙江省东阳市第二高级中学
张　莉　浙江省东阳市第二高级中学
卢君成　浙江省东阳市湖溪高级中学
蔡玲燕　浙江省东阳市湖溪高级中学

崔广军 浙江省东阳市湖溪高级中学
何淑群 浙江省东阳市湖溪高级中学
杜　淼 浙江师范大学附属东阳花园外国语学校
陆姣甜 东阳市吴宁第二小学
吴红花 东阳市吴宁第二小学
金　英 东阳市吴宁第四小学
卢敏雅 东阳市千祥镇三联小学
詹国英 东阳市吴宁第二初级中学
金志成 东阳市吴宁第二初级中学
楼淑萍 东阳市江北中心小学
钟文兰 东阳市第二实验小学
赵灿灿 东阳市横店镇中心小学
杨　青 东阳市六石街道中心小学
周玲英 东阳市外国语小学
程振挺 东阳市虎鹿镇初级中学
金丽丹 东阳市吴宁第一小学
马洪军 东阳市吴宁第一小学
叶巧英 东阳市横店镇中心小学
王　蔚 东阳市横店镇中心小学
进　花 东阳市横店镇第一初级中学
徐媛姬 东阳市中天国际小学
蔡海龙 东阳市城东街道塘西小学
何顺芳 东阳市横店镇第一初级中学
应芳芳 东阳市横店中心幼儿园
蒋晓军 东阳市横店镇第一初级中学
舒阳高 东阳市横店镇第一初级中学
张晓悦 东阳市教育局教研室
厉瑞康 东阳市南马镇初级中学
马肖肖 东阳市南马镇初级中学
吴晓阳 东阳市横店镇第一初级中学
陈灵甫 东阳市南市街道槐堂初级中学
陆　贞 东阳市画水镇第三小学
楼丹丽 东阳市六石街道中心小学
金毅群 东阳市横店镇第一初级中学
陈景超 东阳市巍山镇怀鲁小学
李　英 东阳市江北初级中学
韦云晓 东阳市江北初级中学
孙丽丹 东阳市巍山镇中心小学
孙　瑛 东阳市江北初级中学
黄军阳 东阳市吴宁第三初级中学
吴剑芬 东阳市歌山镇中心小学
郭瑞年 东阳市横店镇第一初级中学
赵　玲 东阳市吴宁第五小学
洪　瑛 东阳市江北中心小学
斯丽香 东阳市虎鹿镇初级中学
吴玉华 东阳市第二实验小学
金晓瑛 东阳市横店镇第二小学
韦雅玲 东阳市六石街道中心小学
王晓萍 东阳市吴宁第二初级中学
胡瑶华 东阳市南市街道南溪初级中学
张敬伟 东阳市江北中心小学
陆云芳 东阳市画水镇陆宅小学
张阿萍 东阳市横店镇第二小学
叶双茜 东阳市横店镇第二小学
王锦兰 东阳市画水镇画溪小学
梁一虹 东阳市南马镇初级中学
张红娟 东阳市横店镇第三初级中学
吕　梅 东阳市横店镇第二小学
许剑锋 东阳市横店镇官桥小学
杜善飞 东阳市横店镇第二初级中学
赵　剑 东阳市巍山镇第二小学
张　晓 东阳市横店镇南上湖小学
陈晓凌 东阳市城东街道李宅初级中学
葛丽萍 东阳市横店镇第三小学
叶丽红 东阳市城东街道斯村小学
郭璟安 东阳市城东街道斯村小学
包　罡 东阳市城东街道塘西初级中学
徐美云 东阳市南市街道大联小学
蔡欣荣 浙江省东阳市外国语学校
张扬珍 东阳市吴宁第二初级中学
郭晓颖 东阳市画水镇中心小学
孙　军 东阳市中天高级中学
徐利平 东阳市吴宁镇初级中学
王美芳 东阳市六石街道中心小学
朱航线 东阳市吴宁第二初级中学
赵　晓 东阳市千祥镇中心小学
王叶阳 东阳市城东街道单良小学
沈婷婷 东阳市吴宁镇初级中学
程飞央 东阳市巍山镇中心小学
陆　婷 东阳市第二实验小学
付照阳 东阳市教育局教研室
郭晓燕 东阳市南马镇中心小学
蔡萍娅 东阳市巍山镇中心小学
黄　芳 东阳市歌山镇西宅小学
郭　亮 东阳市江北初级中学
吕菊青 东阳市歌山镇第一初级中学
陈彩英 东阳市实验小学
陈丽君 东阳市横店中心幼儿园
申屠兰芳 东阳市歌山镇第一初级中学
卢姣燕 东阳市南市街道大联小学
王飞燕 东阳市白云中心小学
王军康 东阳市东阳江镇初级中学
张惠敏 东阳市吴宁镇初级中学
吕　艳 东阳市湖溪镇中心小学
黄灵光 东阳市白云中心小学
王　洁 东阳市吴宁镇初级中学
陈正强 东阳市千祥镇初级中学
蔡帅波 东阳市横店镇第二初级中学
温艳娇 东阳市歌山实验小学
黄旭萍 浙江省东阳市外国语学校
郭芳珍 东阳市白云中心小学
吕　梅 浙江省东阳市外国语学校
吴　彬 东阳市实验幼儿园
杜秀阳 东阳市白云初级中学
张叶萍 浙江省东阳市外国语学校
赵子怡 浙江省东阳市外国语学校
蒋凌霞 东阳市特殊教育学校
何锋华 东阳市横店镇第三小学

高级讲师(12人)

骆雪根 浙江省东阳市第二职业技术学校
叶靖春 浙江省东阳市第二职业技术学校
施晓军 浙江省东阳市第二职业技术学校
毛明霞 浙江省东阳市第二职业技术学校
许军亮 浙江省东阳市第二职业技术学校
吴宏芳 浙江省东阳市技术学校
叶　梁 浙江省东阳市技术学校
何玲玲 浙江省东阳市技术学校
胡建根 浙江省东阳市技术学校
郑　波 浙江省东阳市技术学校
马跃燕 浙江省东阳市技术学校
何静霞 东阳市花园职业技术学校

主任医师(27人)

王军伟 东阳市人民医院(浙中肿瘤专科医院、浙江省东阳市急救中心)
李文臣 东阳市人民医院(浙中肿瘤专科医院、浙江省东阳市急救中心)
许航燕 东阳市人民医院(浙中肿瘤专科医院、浙江省东阳市急救中心)
周方伦 东阳市人民医院(浙中肿瘤专科医院、浙江省东阳市急救中心)
金春霞 东阳市人民医院(浙中肿瘤专科医院、浙江省东阳市急救中心)
陈军民 东阳市人民医院(浙中肿瘤专科医院、浙江省东阳

市急救中心）
吴小峰　东阳市六石街道社区卫生服务中心(东阳市医共体人民医院工作中心六石分院）
徐小东　东阳市人民医院（浙中肿瘤专科医院、浙江省东阳市急救中心）
徐巧阳　东阳市人民医院（浙中肿瘤专科医院、浙江省东阳市急救中心）
陈锦萍　东阳市妇幼保健院
郁凌飞　东阳市妇幼保健院
何福民　南市街道社区卫生服务中心
杜锦丽　东阳市妇幼保健院
孙军花　东阳市妇幼保健院
陈伟纲　东阳市妇幼保健院
陈一平　东阳市中医院
郭君仙　东阳市中医院
楼军飞　东阳市中医院
蔡文权　东阳市城东街道社区卫生服务中心
潘贤民　东阳市马宅镇卫生院(东阳市医共体横店医院工作中心马宅分院）
张跃正　东阳花园田氏医院
陈英强　横店文荣医院
贾闪闪　横店文荣医院
黄旭军　横店文荣医院
吴恒刚　横店文荣医院
聂　根　横店文荣医院
张颜丽　东阳市红十字会医院

副主任医师(72人)

陈建芳　东阳市人民医院（浙中肿瘤专科医院、浙江省东阳市急救中心）
王　力　东阳市人民医院（浙中肿瘤专科医院、浙江省东阳市急救中心）
张巧巧　东阳市人民医院（浙中肿瘤专科医院、浙江省东阳市急救中心）
王　欣　东阳市人民医院（浙中肿瘤专科医院、浙江省东阳市急救中心）
胡永霞　东阳市人民医院（浙中肿瘤专科医院、浙江省东阳市急救中心）
陈　勇　东阳市人民医院（浙中肿瘤专科医院、浙江省东阳市急救中心）
王娟娟　东阳市人民医院（浙中肿瘤专科医院、浙江省东阳市急救中心）
韦　娟　东阳市人民医院（浙中肿瘤专科医院、浙江省东阳市急救中心）
王　艳　东阳市人民医院（浙中肿瘤专科医院、浙江省东阳市急救中心）
吴月丹　东阳市人民医院（浙中肿瘤专科医院、浙江省东阳市急救中心）
徐　祎　东阳市人民医院（浙中肿瘤专科医院、浙江省东阳市急救中心）
郑欢欢　东阳市人民医院(浙中肿瘤专科医院、浙江省东阳市急救中心）
蒋炫东　东阳市人民医院（浙中肿瘤专科医院、浙江省东阳市急救中心）
蔡苗苗　东阳市人民医院（浙中肿瘤专科医院、浙江省东阳市急救中心）
汤　晟　东阳市人民医院（浙中肿瘤专科医院、浙江省东阳市急救中心）
任香英　东阳市人民医院（浙中肿瘤专科医院、浙江省东阳市急救中心）
陈　俊　东阳市人民医院（浙中肿瘤专科医院、浙江省东阳市急救中心）
吕力挺　东阳市人民医院（浙中肿瘤专科医院、浙江省东阳市急救中心）
杜　章　东阳市人民医院（浙中肿瘤专科医院、浙江省东阳市急救中心）
邵　峰　东阳市人民医院（浙中肿瘤专科医院、浙江省东阳市急救中心）
童耿民　东阳市人民医院（浙中肿瘤专科医院、浙江省东阳市急救中心）
李燕华　东阳市人民医院（浙中肿瘤专科医院、浙江省东阳市急救中心）
葛雪鹰　东阳市人民医院（浙中肿瘤专科医院、浙江省东阳市急救中心）
周杭帅　东阳市人民医院（浙中肿瘤专科医院、浙江省东阳市急救中心）
程　芸　东阳市人民医院（浙中肿瘤专科医院、浙江省东阳市急救中心）
俞青苗　东阳市人民医院（浙中肿瘤专科医院、浙江省东阳市急救中心）
楼凤英　东阳市三单乡卫生院(东阳市医共体人民医院工作中心三单分院）
吕　桑　东阳市六石街道社区卫生服务中心(东阳市医共体人民医院工作中心六石分院）
金湘英　东阳市六石街道社区卫生服务中心(东阳市医共体人民医院工作中心六石分院）
徐剑芬　东阳市虎鹿镇卫生院(东阳市医共体人民医院工作中心虎鹿分院）
陈丽丽　东阳市六石街道社区卫生服务中心(东阳市医共体人民医院工作中心六石分院）
陈美娟　东阳市南马镇中心卫生院(东阳市医共体人民医院工作中心南马分院）
李建宏　东阳市人民医院（浙中肿瘤专科医院、浙江省东阳市急救中心）
吴江锋　东阳市人民医院（浙中肿瘤专科医院、浙江省东阳市急救中心）
李云鹏　东阳市人民医院（浙中肿瘤专科医院、浙江省东阳市急救中心）
胡晓姗　东阳市人民医院（浙中肿瘤专科医院、浙江省东阳市急救中心）
徐高亮　东阳市人民医院（浙中肿瘤专科医院、浙江省东阳市急救中心）
张送阳　东阳市妇幼保健院
应豪杰　歌山镇卫生院
穆　艳　东阳市妇幼保健院
李　霞　东阳市妇幼保健院
金英红　东阳市妇幼保健院
张响英　东阳市妇幼保健院
顾晶华　东阳市中医院

马江波　东阳市中医院
陈新华　东阳市中医院
许　彤　东阳市中医院
金赛飞　东阳市中医院
杜晶晶　东阳市中医院
韦黎明　东阳市城东街道社区卫生服务中心
王乐庭　东阳市千祥镇中心卫生院
蔡杰杰　东阳市江北街道社区卫生服务中心
张少虹　横店文荣医院
许国军　东阳市横店医院
许　鑫　横店文荣医院
蒋　艳　横店文荣医院
卢华斌　东阳花园田氏医院
杜　娟　东阳市第七人民医院
戴新斌　横店文荣医院
张皎娇　横店文荣医院
叶　挺　横店文荣医院
胡深陆　东阳市红十字会医院
杨　阳　横店文荣医院
张梅美　横店文荣医院
陈东海　横店文荣医院
包美红　东阳市马宅镇卫生院(东阳市医共体横店医院工作中心马宅分院)
胡霞萍　东阳市马宅镇卫生院(东阳市医共体横店医院工作中心马宅分院)
陈晶晶　东阳市第七人民医院
吴振华　浙江省东阳市疾病预防控制中心
吴群安　东阳市第七人民医院
张　君　东阳市东阳江镇卫生院(东阳市医共体横店医院工作中心东阳江分院)
许翠萍　东阳市红十字会医院

主任中医师(3人)

徐　杰　东阳市人民医院(浙中肿瘤专科医院、浙江省东阳市急救中心)
任萍萍　东阳市中医院
吴如飞　东阳市中医院

副主任中医师(7人)

张炳炳　东阳市佐村镇中心卫生院(东阳市医共体人民医院工作中心佐村分院)
陆森伟　东阳市人民医院(浙中肿瘤专科医院、浙江省东阳市急救中心)
朱琳琳　东阳市人民医院(浙中肿瘤专科医院、浙江省东阳市急救中心)
邵烈培　东阳花园田氏医院
徐江琳　横店文荣医院
吴仁政　东阳花园田氏医院
徐宝平　东阳花园田氏医院

主任技师(1人)

黄　芬　东阳市人民医院(浙中肿瘤专科医院、浙江省东阳市急救中心)

副主任技师(10人)

王　玺　东阳市虎鹿镇卫生院(东阳市医共体人民医院工作中心虎鹿分院)
王超群　东阳市人民医院(浙中肿瘤专科医院、浙江省东阳市急救中心)
马宵宵　东阳市人民医院(浙中肿瘤专科医院、浙江省东阳市急救中心)
方　超　东阳市人民医院(浙中肿瘤专科医院、浙江省东阳市急救中心)
张　娅　东阳市人民医院(浙中肿瘤专科医院、浙江省东阳市急救中心)
孙鸟英　东阳市人民医院(浙中肿瘤专科医院、浙江省东阳市急救中心)
包华安　东阳市妇幼保健院
许俏梅　东阳市中医院
张　燕　横店文荣医院
严君美　东阳市佐村镇事业综合服务中心

主任护师(3人)

程向琴　东阳市人民医院(浙中肿瘤专科医院、浙江省东阳市急救中心)
方向华　东阳市人民医院(浙中肿瘤专科医院、浙江省东阳市急救中心)
何亦红　东阳市人民医院(浙中肿瘤专科医院、浙江省东阳市急救中心)

副主任护师(25人)

葛婉贞　东阳市南马镇中心卫生院(东阳市医共体人民医院工作中心南马分院)
楼绮茵　东阳市人民医院(浙中肿瘤专科医院、浙江省东阳市急救中心)
周　楠　东阳市人民医院(浙中肿瘤专科医院、浙江省东阳市急救中心)
汪苗苗　东阳市人民医院(浙中肿瘤专科医院、浙江省东阳市急救中心)
陈　娟　东阳市人民医院(浙中肿瘤专科医院、浙江省东阳市急救中心)
贾艳华　东阳市人民医院(浙中肿瘤专科医院、浙江省东阳市急救中心)
郭燕飞　东阳市人民医院(浙中肿瘤专科医院、浙江省东阳市急救中心)
赵　菁　东阳市人民医院(浙中肿瘤专科医院、浙江省东阳市急救中心)
贾兴华　东阳市人民医院(浙中肿瘤专科医院、浙江省东阳市急救中心)
孔玲玲　东阳市人民医院(浙中肿瘤专科医院、浙江省东阳市急救中心)
孙晓俊　东阳市妇幼保健院
吕康康　东阳市妇幼保健院
李巧燕　东阳市妇幼保健院
徐霞琳　东阳市中医院
蒋园芳　东阳市中医院
张　婧　东阳市中医院
蔡向英　东阳市中医院
陈进燕　东阳市中医院
王楚楚　横店文荣医院
周巧旦　东阳花园田氏医院
卢美霞　横店文荣医院
陈小红　东阳花园田氏医院
李兰芳　东阳花园田氏医院
楼杨燕　横店文荣医院
张巧平　横店文荣医院

主任中药师(1人)

郭亚群　东阳市中医院

副主任中药师(1人)

李靖珺　东阳市中医院

副主任药师(2人)

楼　蓉　东阳市人民医院(浙中肿瘤专科医院、浙江省东阳市急救中心)
陆国晓　东阳市红十字会医院

高级实验师(1人)

朱军军　浙江广厦建设职业技术大学

正高级工程师(5人)

程勇俊　浙江省东阳第三建筑工程有限公司
任潮刚　歌山建设集团有限公司
何相如　中天建设集团有限公司
吴立军　浙江新东阳建设集团有限公司
张雄耀　浙江金立建设有限公司

高级工程师(169人)

邹志兵　浙江广厦建设职业技术大学
王珊珊　浙江广厦建设职业技术大学
张春梅　浙江广厦建设职业技术大学
王丽君　浙江广厦建设职业技术大学
楼慧峰　东阳市测绘与地理信息中心
邵学健　东阳市规划建筑设计院有限公司
吕国钧　浙江东阳建工集团有限公司
潘中平　东阳市城市建设投资集团有限公司
金红林　浙江东阳建工集团有限公司
徐纪德　中天建设集团有限公司
纪学灵　中天建设集团有限公司
雷海刚　中天建设集团有限公司
沈文前　中天建设集团有限公司
李筱斌　中天建设集团有限公司
马媛媛　浙江新东阳建设集团有限公司
王　丽　中天建设集团有限公司
于保国　浙江东横建筑工程有限公司
官泽章　中天建设集团有限公司
王　俊　中天建设集团有限公司
赵安华　中天建设集团有限公司
金锦超　浙江新东阳建设集团有限公司
毛卓奇　中天建设集团有限公司
周艳光　中天建设集团有限公司
吴定峰　海天建设集团有限公司
厉昊军　中天建设集团有限公司
刘雪红　中天建设集团有限公司
蒋锦洋　广宏建设集团有限公司
刘亚飞　中天建设集团有限公司
虞敷洪　海天建设集团有限公司
彭正华　中天建设集团有限公司
卢美玲　东阳市文物建筑修缮有限公司
章佰红　中天建设集团有限公司
吴德雷　中天建设集团有限公司
曾华杰　中天建设集团有限公司
牛玉新　浙江省东阳第三建筑工程有限公司
郭　瑞　中天建设集团有限公司
张自涛　歌山建设集团有限公司
陈军鹏　中天建设集团有限公司
刘虹娟　广宏建设集团有限公司
苏　毅　歌山建设集团有限公司
楼强华　天祥建设集团股份有限公司
华国飞　中天建设集团有限公司
洪　杰　浙江同凯建设有限公司
冷敌龙　浙江中垚建设有限公司
卢汝佳　浙江中垚建设有限公司
李天图　中天建设集团有限公司
沈益伟　浙江东驰钢结构有限公司
盛永杰　中天建设集团有限公司
郭　健　中天建设集团有限公司
胡仕尧　浙江森威建设管理有限公司
陈珍珍　中天建设集团有限公司
郝文忠　中天建设集团有限公司
马蒙华　浙江森威建设管理有限公司
李　杰　中天建设集团有限公司
王荣将　中天建设集团有限公司
倪　磊　中天建设集团有限公司
吴明辉　中天建设集团有限公司
胡凯勇　中天建设集团有限公司
管志祥　中天建设集团有限公司
陈　诚　中天建设集团有限公司
陈　莉　中天建设集团有限公司
张洲锋　中天建设集团有限公司
张金柱　中天建设集团有限公司
白　猛　中天建设集团有限公司
张宝玉　中天建设集团有限公司
杨　芹　中天建设集团有限公司
曾祥炘　中天建设集团有限公司
吴宏图　中天建设集团有限公司
吉登松　中天建设集团有限公司
陈香锋　中天建设集团有限公司
俞希秧　中天建设集团有限公司
吴　倩　中天建设集团有限公司
金明亮　中天建设集团有限公司
任　强　中天建设集团有限公司
张丽丽　中天建设集团有限公司
赵　鸣　中天建设集团有限公司
赵琅珀　中天建设集团有限公司
徐璐瑶　中天建设集团有限公司
王银萍　中天建设集团有限公司
楼黎斌　中天建设集团有限公司
金宙进　中天建设集团有限公司
张孝孝　中天建设集团有限公司
厉　辉　中天建设集团有限公司
刘光飞　中天建设集团有限公司
葛忠强　中天建设集团有限公司
孙建明　中天建设集团有限公司
袁　建　中天建设集团有限公司
徐发进　中天建设集团有限公司
朱向东　中天建设集团有限公司
楼驰俊　中天建设集团有限公司
李扬基　中天建设集团有限公司
朱建文　中天建设集团有限公司
杨海彪　中天建设集团有限公司
杨　勇　中天建设集团有限公司
何　泓　中天建设集团有限公司
章丽娜　中天建设集团有限公司
戚丹丹　中天建设集团有限公司
刘　陈　中天建设集团有限公司
周春燕　中天建设集团有限公司
陈莲雅　中天建设集团有限公司
曹建红　中天建设集团有限公司
赵　琼　中天建设集团有限公司
胡俊帅　中天建设集团有限公司
斯　明　中天建设集团有限公司
楼晓东　中天建设集团有限公司
涂正生　中天建设集团有限公司
李淑娟　中天建设集团有限公司
徐小为　中天建设集团有限公司
周德胜　海天建设集团有限公司
郭　哲　海天建设集团有限公司
孟　青　海天建设集团有限公司
梅求智　歌山建设集团有限公司
柴新宇　歌山建设集团有限公司
于　宁　歌山建设集团有限公司
陆旭峰　中天建设集团有限公司
兰　琼　中天建设集团有限公司
龚　飞　海天建设集团有限公司
洪荣国　浙江东阳和邦建设有限公司
何清勇　浙江新东阳建设集团有限公司
顾向平　东阳市供排水安装工程有限公司
蒋红姣　浙江新东阳建设集团有限公司
葛国安　中天建设集团有限公司
郭振亮　中天建设集团有限公司
金玉良　中天建设集团有限公司
叶侃侃　海天建设集团有限公司
卢跃英　海天建设集团有限公司
卢红霞　天祥建设集团股份有限公司
翟存强　浙江省东阳市南方建筑工程有限公司
楼　晓　歌山建设集团有限公司

顾萍萍　歌山建设集团有限公司
陈伟苹　浙江省东阳市江南建设有限公司
唐　纯　海天建设集团有限公司
余红梅　天祥建设集团股份有限公司
申鼎明　浙江金立建设有限公司
陈锦贤　海天建设集团有限公司
赵　剑　浙江东阳广业建设有限公司
张朝良　浙江小九天建设集团有限公司
楼天牛　海天建设集团有限公司
金志扬　天祥建设集团股份有限公司
沈　垚　浙江省东阳第三建筑工程有限公司
陈航云　浙江省东阳第三建筑工程有限公司
张小宝　浙江省东阳市江南建设有限公司
王烈钢　浙江省东阳第三建筑工程有限公司
何庆刚　浙江省东阳第三建筑工程有限公司
边伟清　浙江东阳建工集团有限公司
朱立锦　浙江中驰环境建设有限公司
叶先涛　横店集团浙江得邦公共照明有限公司
杜　辉　广厦东阳古建园林工程有限公司
朱玉芳　浙江中驰环境建设有限公司
徐　斌　浙江中驰环境建设有限公司
叶从发　普洛药业股份有限公司
王丽丽　浙江普洛家园药业有限公司
任党培　浙江普洛得邦制药有限公司
刘翔宇　浙江普洛得邦制药有限公司
张方明　浙江普洛康裕制药有限公司
彭　欢　浙江普洛得邦制药有限公司
阳学文　浙江普洛得邦制药有限公司
庄程翰　浙江普洛家园药业有限公司
胡明阳　浙江普洛家园药业有限公司
杨彩霞　普洛药业股份有限公司
王　磊　浙江普洛家园药业有限公司
徐宏烈　浙江埃森化学有限公司
谢秀榜　浙江普洛康裕制药有限公司
许永兴　浙江普洛生物科技有限公司
厉　强　横店集团得邦照明股份有限公司
聂李迅　横店集团得邦照明股份有限公司
徐国栋　横店集团得邦照明股份有限公司
陈永飞　浙江联宜电机有限公司
许加阳　浙江石金玄武岩纤维股份有限公司

正高级经济师(1人)

祝方猛　普洛药业股份有限公司

高级经济师(20人)

厉一俊　浙江省东阳市东磁诚基电子有限公司
王素平　横店集团东磁股份有限公司
闻　力　东阳市广丰建材有限公司
赵方卷　广宏建设集团有限公司
洪淑芳　东阳市文化旅游体育发展服务中心
李忠信　浙江中信红木家具有限公司
陈俊秀　浙江思科制冷股份有限公司
汤　晶　浙江小九天建设集团有限公司
薛　峰　浙江全方音响科技有限公司
单红琳　浙江横店影视职业学院
杜刚伟　浙江澳亚织造股份有限公司
赵栋梁　浙江英洛华磁业有限公司
王会忠　浙江石金玄武岩纤维股份有限公司
楼淑珍　浙江石金玄武岩纤维股份有限公司
胡晔晶　浙江横店城市公共服务有限公司
徐黎平　浙江横店热电有限公司
马剑胜　浙江好乐多商贸有限公司
吴楚楚　东阳市城东街道事业综合服务中心
姜　兵　中天建设集团有限公司
阳建平　东阳市易源环保科技有限公司

正高级会计师(1人)

何媚媚　横店集团东磁股份有限公司

高级会计师(23人)

蒋福香　浙江麦控医疗科技有限公司
何君君　浙江东磁户田磁业有限公司
金红桥　东阳市富坤农副产品集散中心有限公司
卢向阳　东阳市星凯商业运营管理有限公司
王家兵　中天建设集团有限公司
金丹花　中天建设集团有限公司
方建武　横店集团东磁股份有限公司
郭萍频　浙江横店热电有限公司
马珍燕　东阳市粮食收储有限公司
厉　甜　歌山建设集团有限公司
黄仙妹　横店影视股份有限公司
何　梅　浙江师范大学附属东阳花园外国语学校
王　强　浙江横店普洛进出口有限公司
吴巧珍　浙江东横建筑工程有限公司
楼琦琦　横店影视股份有限公司
翁晓燕　浙江普洛生物科技有限公司
金剑锋　英洛华科技股份有限公司
严夏婷　浙江孚诺医药股份有限公司
王碧霄　浙江省东阳市公路建设工程有限公司
许红霞　浙江花园建设集团有限公司
张继标　浙江横店得邦进出口有限公司
张平平　东阳市燃气有限公司
蒋兰兰　花园集团有限公司

（司松松　东鉴整理）

2021年度东阳市纳税超千万元企业一览表

表46

序号	纳税人名称	法人代表
一、纳税十强企业		
1	中天建设集团有限公司	庄　严
2	横店集团东磁股份有限公司	何时金
3	普洛药业股份有限公司	祝方猛

续表46

序号	纳税人名称	法人代表
4	浙江东阳农村商业银行股份有限公司	方益洪
5	海天建设集团有限公司	应培新
6	东阳市蓝天白云置业有限公司	李　君
7	东阳正午阳光影视有限公司	侯鸿亮
8	英洛华科技股份有限公司	梅　锐
9	歌山建设集团有限公司	何向全
10	横店集团房地产开发有限公司	徐飞宇
二、纳税超亿元企业		
1	东阳市中梁泰和置业有限公司	王望京
2	浙江中垚建设有限公司	虞长中
3	横店集团得邦照明股份有限公司	倪　强
三、纳税超5000万元企业		
1	国网浙江省电力有限公司东阳市供电公司	蒋红亮
2	浙江花园生物高科股份有限公司	邵徐君
3	金华市烟草公司东阳分公司	王世平
4	广宏建设集团有限公司	叶新荣
5	浙江新东阳建设集团有限公司	卢大根
6	浙江中元磁业股份有限公司	任元月
7	东阳市明都房地产开发有限公司	姚卫民
8	浙江东阳市爱薪建筑劳务有限公司	厉豪杰
9	东阳雅筑房地产开发有限公司	吴　华
10	东阳巍山万洋众创城科技有限公司	梅　伟
11	浙江省东阳第三建筑工程有限公司	胡迅华
12	浙江花园建设集团有限公司	张有明
13	天祥建设集团股份有限公司	胡刚锋
14	金华锦海置业有限公司	张　健
15	浙江同力服装有限公司	龚松林
16	杭州千芝雅卫生用品有限公司东阳分公司	马飞跃

续表46

序号	纳税人名称	法人代表
17	东阳嘉弘房地产开发有限公司	华学严
18	浙江东阳柠萌影视传媒有限公司	苏　晓
19	浙江孚诺医药股份有限公司	傅龙云
20	东阳市金色港湾房地产有限公司	王　风
21	东阳市明晟房地产开发有限公司	吴海潮
22	浙江省东阳市新兴房地产开发有限公司	李德尧
23	东阳市交通投资建设集团有限公司	李　亮
24	浙江野风药业股份有限公司	周卫国
25	东阳步阳置业有限公司	朱伟荣
26	浙江赛邦建筑劳务有限公司	葛红军
四、纳税超1000万元企业		
1	浙江花园药业有限公司	邵徐君
2	浙江海森药业股份有限公司	王式跃
3	杭州缤楚企业管理有限公司	楼佳俊
4	浙江顺风交通集团有限公司	李可壬
5	东阳市金球房产开发有限公司	厉　晨
6	浙江东阳中奥置业有限公司	任玉玲
7	东阳勤华房地产开发有限公司	李隆喜
8	浙江利星汽车有限公司	Dr.Conrad,Till Henrik
9	浙江东阳美拉传媒有限公司	王忠磊
10	东阳真爱置业发展有限公司	刘忠庆
11	中国农业银行股份有限公司东阳市支行	虞浩然
12	浙江娱丸影视文化有限公司	马金萍
13	金华坤泽置业有限公司	童　枫
14	东阳欢娱影视文化有限公司	马金萍
15	冀发集团有限公司	王　骥
16	东阳华夏视听影视文化有限公司	蒲树林
17	浙江中科磁业股份有限公司	吴中平
18	东阳市宏福置业有限公司	陈晓峰

续表46

序号	纳税人名称	法人代表
19	中国工商银行股份有限公司东阳支行	虞锦林
20	浙江思科制冷股份有限公司	陈俊健
21	东阳市产业发展集团有限公司	周晓沸
22	新丽传媒集团有限公司	曹华益
23	东阳颐居产城房地产开发有限公司	李进彬
24	浙商证券股份有限公司东阳环城北路证券营业部	俞刚平
25	浙江东阳浩瀚影视娱乐有限公司	刘　韬
26	东阳市丰收建筑劳务有限公司	韦　丰
27	浙江省东阳市江南建设有限公司	张正天
28	浙江微度医疗器械有限公司	吴　兴
29	东阳坤宇置业有限公司	王建国
30	浙江新光建材装饰城开发有限公司	虞云新
31	浙江东横建筑工程有限公司	杜一心
32	浙江中腾置业有限公司	李大彬
33	浙江弘安建设有限公司	王晓辉
34	浙江东阳昌昇建筑劳务有限公司	傅俊晖
35	中国银行股份有限公司东阳支行	罗亚捷
36	东阳市华能新型建材有限公司	徐兵锋
37	东阳蓝创置业有限公司	刘忠庆
38	东阳市工智建筑劳务有限公司	金娇娇
39	浙江新纳材料科技股份有限公司	任立荣
40	东阳市资源开发集团有限公司	何震强
41	浙江金立建设有限公司	赵　狄
42	东阳市胡杨林建筑劳务有限公司	孙友民
43	东阳横店华开见宇影视工作室	华晨宇
44	东阳金智盛置业有限公司	朱　红
45	横店影视股份有限公司	徐天福
46	东阳驰宸房地产开发有限公司	刘　亮
47	浙江诸永高速公路有限公司东阳分公司	施福勇

续表46

序号	纳税人名称	法人代表
48	东阳浙荣远嘉置业有限公司	葛跃平
49	浙江东阳富民村镇银行股份有限公司	陈建锋
50	浙江金华甬金高速公路有限公司东阳分公司	申屠峰
51	中国建设银行股份有限公司东阳支行	陈航军
52	浙江东阳市辉腾建筑劳务有限公司	吴　洋
53	东阳市晨辉建筑劳务有限公司	张燕楠
54	东阳市华驰建筑劳务有限公司	卢新建
55	浙江北生药业汉生制药有限公司	斯卫东
56	东阳市天元房地产开发有限公司	应向军
57	广厦建设集团有限责任公司	杜忠潭
58	浙江鹏飞建设有限公司	张　鹏
59	杜班建设有限公司	王忠孝
60	浙江华厦建设集团有限公司	金超锋
61	东阳鸿信房地产开发有限公司	吴　华
62	东阳市宝利丰汽车销售服务有限公司	林尚涛
63	新丽传媒集团有限公司浙江东阳分公司	曹华益
64	中信证券股份有限公司东阳吴宁西路证券营业部	王　菁
65	东阳乐亿建筑劳务有限公司	单南平
66	东阳市新天地房地产开发有限公司	黄孝富
67	南华基金管理有限公司	朱　坚
68	东阳市中汽置业有限公司	吕　航
69	东阳市中江房地产开发有限公司	施小可
70	浙江新亚实业有限公司	金常青
71	东阳筑达建筑劳务有限公司	苏孝存
72	浙江利成投资咨询有限公司	韦金炎
73	新丽电视文化投资有限公司	曹　强
74	东阳市横店禹山运动休闲有限公司	钱　斌
75	东阳中匠建筑劳务有限公司	王剑锋
76	东阳绿地黉门置业有限公司	马光磊

续表46

序号	纳税人名称	法人代表
77	东阳市众诚建筑劳务有限公司	马黎明
78	浙江花园新型建材有限公司	马进平
79	东阳万固置业有限公司	金建军
80	浙江东阳市创弘建筑劳务有限公司	蒋航波
81	浙江东阳鲁邦建设有限公司	葛红军
82	浙江筑工科技有限公司	杜德韩
83	浙江鼎和建设有限公司	任丽雅
84	东阳市凤凰通宝小额贷款股份有限公司	韦　斌
85	东阳市天泓置业有限公司	李大彬
86	东阳市燃气有限公司	胡江彬
87	东阳市城市建设投资集团有限公司	金　敏
88	东阳市新工匠建筑劳务有限公司	胡宝华
89	东阳市元业建设有限公司	赵菁华
90	东阳市光明电力建设有限公司	沈哲民
91	东阳市野风房地产开发有限公司	俞　红
92	浙江凯文控股集团有限公司	卢楷文
93	浙江省东阳市医药药材有限公司	韦晓声
94	浙江巍华化工有限公司	吴顺华
95	浙江歌山汇隆工程管理有限公司	单国良
96	东阳市信泰建筑劳务有限公司	陈忠兴
97	浙江省东阳市中骏建筑劳务有限公司	邓　杰
98	东阳市国置房地产开发有限责任公司	朱一帆
99	浙江宏信建设有限公司	杜忠平
100	东阳锐禄建筑劳务有限公司	施应龙
101	东阳市正量建筑劳务有限公司	楼敏强
102	浙江东阳中国木雕城有限公司	陈　义
103	浙江建众投资咨询有限公司	楼永良
104	浙江事圣建设有限公司	方希跃
105	东阳市云海建筑劳务有限公司	滕海剑

续表46

序号	纳税人名称	法人代表
106	东阳市乔信建筑劳务有限公司	金国镇
107	利越集团有限公司	葛岸丽
108	东阳市志源建筑劳务有限公司	金　莎
109	东阳市东恒建筑劳务有限公司	蒋燕卿
110	浙江金象科技有限公司	王建中
111	浙江左科环境建设有限公司	吴文思
112	东阳欢瑞世纪艺人经纪有限公司	赵枳程
113	东阳市花园红木家具开发有限公司	严　旭
114	东阳市金投控股集团有限公司	任明强
115	东阳市齐力置业有限公司	张朝阳
116	浙江宸越建设有限公司	金伟明
117	东阳市水务投资集团有限公司	蒋红翔
118	东阳市家源建筑劳务有限公司	许东东
119	东阳市文�建筑劳务有限公司	吴振翔
120	浙江交工集团股份有限公司	邵文年
121	东阳市华阳建材有限公司	杜秀峰
122	浙江东阳市创辉建筑劳务有限责任公司	戴玉婷
123	浙江东阳创富建筑劳务有限公司	万朝阳
124	东阳市万华恒建筑劳务有限公司	贾凯航
125	东阳市匠心建筑劳务有限公司	何洪良
126	东阳市鹏翔建材有限公司	程向阳
127	东阳市时刚建筑劳务有限公司	卢亚栋
128	东阳市旺盛塑胶有限公司	蒋晓民
129	东阳赛特斯信息科技有限公司	逯利军
130	浙江广厦东金投资有限公司	王　强
131	东阳市天驰建筑劳务有限公司	杜向波
132	东阳市博雅置业有限公司	徐列航
133	浙江东峰制冷配件有限公司	陈尚进
134	金华银行股份有限公司东阳支行	董钱军

续表46

序号	纳税人名称	法人代表
135	浙江横店影视剧组服务有限公司	黄雷光
136	浙江照盛建设工程有限公司	丘吉威
137	东阳市横店影视城酒店管理有限公司	王成梅
138	东阳市毅龙制衣有限公司	汤光强
139	东阳市捷濠建筑劳务有限公司	吴国心
140	浙江小九天建设集团有限公司	汤上庆
141	浙江唯扬建设有限公司	马阳升
142	东阳瀚海建筑劳务有限公司	沈红岗
143	浙江绿宇制冷配件有限公司	葛富民
144	浙江大喜农业开发有限公司	张大宗
145	浙江同凯建设有限公司	张忠忠
146	中信银行股份有限公司金华东阳支行	张　舒
147	浙江康峰化工有限公司	吴永良
148	东阳市顶峰磁材有限公司	施跃军
149	浙江省东阳市南方建筑工程有限公司	何品群
150	浙江中艺建设有限公司	吕仙龙
151	东阳市横店巨樟中石化加油有限公司	马忠余
152	东阳市奥隆机械设备有限公司	朱派君
153	浙江富新太阳能有限公司	胡子龙
154	东阳市易源环保科技有限公司	吕航驰
155	东阳市横店自来水有限公司	何永强
156	浙江伟成塑胶有限公司	丁伟民
157	花园集团有限公司	邵钦祥
158	浙江横店进出口有限公司	韦玉桥
159	浙江开心麻花文旅发展有限公司	王　亮
160	东阳市九合建筑劳务有限公司	张　耘
161	东阳市明德建筑劳务有限公司	厉兰新
162	东阳横店张艺兴影视工作室	张艺兴
163	东阳留白影视文化有限公司	徐　康

续表46

序号	纳税人名称	法人代表
164	东阳市津东建筑劳务有限公司	李跃军
165	金华华英成秀建设有限公司	卢丹倩
166	浙商银行股份有限公司金华东阳支行	何胜斌
167	浙江南磁实业股份有限公司	金德月
168	浙江东阳木雕集团有限公司	杜志正
169	东阳市长庚置业有限公司	吕剑剑
170	兴业银行股份有限公司金华东阳支行	傅文娟
171	东阳智创建筑劳务有限公司	楼洪军
172	浙江东阳建工集团有限公司	何颂伟
173	浙江中驰环境建设有限公司	陈云芳
174	浙江喔刷信息技术有限公司	金向华
175	浙江东阳市万鸿建筑劳务有限公司	吴　刚
176	浙江远疆置业投资有限公司	葛通华
177	东阳市达斐工贸有限公司	胡予昊
178	东阳爱奇艺影视文化有限公司	王晓晖
179	浙江景霖建设有限公司	蒋佳佳
180	东阳市古柏泰里建筑劳务有限公司	金峰峰
181	浙江石金玄武岩纤维股份有限公司	王会忠
182	蒙晟建设有限公司	吴立国
183	东阳市众人建筑劳务有限公司	朱康伟
184	浙江稠州商业银行股份有限公司东阳支行	葛博引
185	浙江东阳市弘峰建筑劳务有限公司	许玲玲
186	东阳市美臣废旧金属回收有限公司	金光宇
187	东阳绿地苍泱置业有限公司	马光磊
188	东阳市金牛小额贷款有限公司	李海峰
189	东阳源威供应链有限公司	王文生
190	浙江新嘉建设劳务有限公司	俞朝新

（王　群）

2021年度东阳市获党委、政府表彰的先进集体

表47

序号	获表彰单位	荣誉名称	表彰单位/表彰文号	表彰时间
一、国家级				
1	横店集团	全国脱贫攻坚先进集体	中共中央 国务院	2021年2月
二、省级				
1	东阳市	2020年健康浙江建设考核优秀单位	中共浙江省委 浙江省人民政府	2021年
2	东阳市	2020年度“一星平安金鼎”	中共浙江省委 浙江省人民政府	2021年3月
3	东阳市	2020年度森林浙江建设目标责任制考核优秀单位	浙江省人民政府办公厅	2021年3月
4	东阳市	第二批浙江省全域旅游示范县	浙政发〔2021〕32号	2021年11月
5	农业农村局	农产品质量安全卫士集体	浙江省人民政府	2021年1月
6	财政局	生猪增产保供成绩突出集体	浙江省人民政府	2021年1月
7	民政局	全省扶贫开发和消除集体经济薄弱村工作成绩突出集体	中共浙江省委 浙江省人民政府	2021年1月
8	东阳市绿化委员会办公室	“森林浙江”建设工作突出贡献集体	中共浙江省委 浙江省人民政府	2021年1月
9	税务局横店税务分局	浙江省文明单位	中共浙江省委 浙江省人民政府	2021年1月
10	自然资源和规划局	实施全域土地综合整治与生态修复工程较好的市、县（市、区）	浙政办发〔2021〕24号	2021年5月
11	市委改革办	2020年度改革创新工作中成绩突出集体	中共浙江省委 浙江省人民政府	2021年5月
12	东阳市人民医院	首届浙江省“十佳医院”	中共浙江省委 浙江省人民政府	2021年8月
13	金华市生态环境局东阳分局	浙江省打赢蓝天保卫战成绩突出集体	浙江省人民政府办公厅	2021年10月
14	农业农村局	粮食增产保供成绩突出集体	浙江省人民政府办公厅	2021年11月
15	国资办	全省“五水共治”工作先进集体	中共浙江省委 浙江省人民政府	2021年12月
16	林业局	全省松材线虫病防治工作和全面禁止非法交易、滥食野生动物工作突出贡献集体	浙江省人民政府	2021年12月
17	卫生健康局	2018—2020年健康浙江建设先进集体	中共浙江省委 浙江省人民政府	2021年12月
三、金华市级				
1	东阳市	商务工作先进单位、外贸工作先进单位、商贸流通工作先进单位	金华市人民政府	2021年2月

续表47

序号	获表彰单位	荣誉名称	表彰单位/表彰文号	表彰时间
2	东阳市	2020年度实施乡村振兴战略考核优秀县	中共金华市委 金华市人民政府	2021年3月
3	东阳市	2020年度美丽金华建设工作考核优秀	中共金华市委 金华市人民政府	2021年6月
4	东阳市	2020年度粮食安全责任制考核优秀单位	金华市人民政府	2021年8月
5	市人民政府	工业经济综合目标责任制考核先进单位	金政发〔2021〕11号	2021年2月
6	市政府办公室	政务信息工作优秀单位一等奖	中共金华市委办公室 金华市人民政府办公室	2021年4月
7	市委组织部	“党建+社会治理”工作中作出突出贡献集体	金委发〔2021〕12号	2021年4月
8	市委政法委			
9	东阳市人民法院			
10	信访局			
11	公安局			
12	司法局			
13	人力资源和社会保障局			
14	吴宁街道			
15	横店镇			
16	南马镇			
17	公安局治安管理中心一大队	2020年度金华市成绩突出公安集体	金委发〔2021〕13号	2021年4月
18	公安局交警大队城区一中队			
19	公安局白云派出所			
20	东阳市实验小学	金华市模范集体	金委发〔2021〕15号	2021年4月
21	湖溪镇镇西村			
22	市委改革办	2020年度金华市金义都市区建设工作先进集体	金委发〔2021〕20号	2021年6月
23	科技局			
24	自然资源和规划局			
25	市场监管局			
26	医疗保障局			
27	铁路项目指导服务中心			

续表47

序号	获表彰单位	荣誉名称	表彰单位/表彰文号	表彰时间
28	审计局	金华市先进基层党组织	金委发〔2021〕21号	2021年6月
29	自然资源和规划局	金华市生态文明建设成绩突出集体	金委发〔2021〕31号	2021年11月
30	审计局			
31	市委组织部	金华市“五水共治”“大禹鼎”金鼎有功集体三等功	金华市人民政府	2021年11月
32	市委政法委			
33	东阳市人民法院			
34	信访局			
35	公安局			
36	司法局			
37	人力资源和社会保障局			
38	吴宁街道			
39	横店镇			
40	南马镇			
41	住房和城乡建设局	“五水共治”“大禹鼎”金鼎有功集体嘉奖	金华市人民政府	2021年11月
42	水务局			
43	纪委、监委	金华市生态文明建设成绩突出集体	金委发〔2021〕31号	2021年11月
44	市委组织部			
45	发改局			
46	财政局			
47	自然资源和规划局			
48	金华市生态环境局东阳分局			
49	审计局			
50	东阳市人民检察院			
51	经信局	民营经济强市建设先进集体	金委发〔2021〕33号	2021年12月
52	住建局			
53	横店影视文化产业集聚区管委会			

2021年度东阳市获党委、政府表彰的先进个人

表48

序号	姓名	工作单位	荣誉称号	表彰单位/表彰文号	表彰时间
一、国家级					
1	卢阳春	城东街道寀卢村	全国优秀党务工作者	中共中央	2021年6月
二、省级					
1	钟柏青	财政局	全省扶贫开发和消除集体经济薄弱村工作成绩突出个人	中共浙江省委 浙江省人民政府	2021年1月
2	金国祥	林业局	“森林浙江”建设工作突出贡献个人	中共浙江省委 浙江省人民政府	2021年1月
3	楼文星	林业局			
4	金　敏	巍山镇政府	生猪增户保供成绩突出个人	浙江省人民政府	2021年1月
5	郭　珊	市政府办公室	2020年度政务信息工作考核优秀个人	浙政办发函〔2021〕46号	2021年3月
6	滕恩良	巍山镇政府	农村饮用水达标提标行动工作成绩突出个人	浙江省人民政府办公厅	2021年4月
7	李　佳	市委改革办	2020年度改革创新工作中成绩突出个人	中共浙江省委 浙江省人民政府	2021年5月
8	张雪芳	东阳市市劳动人事争议仲裁院	省优秀共产党员	浙委发〔2021〕18号	2021年6月
9	胡文翠	林业局	浙江省农业科技先进工作者	中共浙江省委 浙江省人民政府	2021年7月
10	裘　娅	水务局	浙江省“十三五”实行最严格水资源管理制度成绩突出个人	浙江省人民政府办公厅	2021年11月
11	王东辉	林业局	全省松材线虫病防治工作和全面禁止非法交易、滥食野生动物工作突出贡献个人	浙江省人民政府	2021年12月
12	包水平	东阳市野生动植物保护管理站			
三、金华市级					
1	黄海威	纪委(监委机关)	“党建+社会治理”工作中作出突出贡献个人	金委发〔2021〕12号	2021年4月
2	贾新民	市委办公室			
3	包跃华	市政府办公室			
4	朱新康	市委政法委			
5	黄江凯	市委政法委			
6	王　捷	公安局			
7	方　楠	司法局			
8	施奕明	人力资源和社会保障局			

续表48

序号	姓名	工作单位	荣誉称号	表彰单位/表彰文号	表彰时间
9	傅坚坚	应急管理局	“党建+社会治理”工作中作出突出贡献个人	金委发〔2021〕12号	2021年4月
10	金英燕	市场监管局			
11	傅前云	综合行政执法局			
12	赵美弟	白云街道党工委			
13	吴　倩	江北街道办事处			
14	应鸿铁	六石街道党工委			
15	陈新良	城东街道纪工委			
16	吴凯军	南市街道党工委			
17	胡永亮	巍山镇党委			
18	赵凯斌	歌山镇党委			
19	郭君正	千祥镇党委			
20	陈　勋	湖溪镇党委			
21	虞毓涵	画水镇司法所			
22	金　斌	虎鹿镇党委			
23	杨松强	东阳江镇党委			
24	金光泓	马宅镇党委			
25	郑瑞峻	佐村镇司法所			
26	金武标	三单乡党委			
27	韦杭青	公安局情指联勤中心	金华市成绩突出人民警察	金委发〔2021〕13号	2021年4月
28	楼方杰	公安局警务保障处一室			
29	杜　亮	公安局反诈大队			
30	傅晓敏	公安局交警大队横店中队			
31	杜官祥	公安局横店分局			
32	沈　楠	公安局吴宁派出所刑侦中队			
33	马步新	公安局巍山派出所			

续表48

序号	姓名	工作单位	荣誉称号	表彰单位/表彰文号	表彰时间
34	徐天福	横店影视股份有限公司	金华市劳动模范	金委发〔2021〕15号	2021年4月
35	王　玮	中国电信股份有限公司东阳分公司			
36	何桂仙	东阳市东政电机有限公司			
37	钱国平	浙江花园生物高科股份有限公司			
38	葛会红	红十字救援队			
39	虞向红	国网东阳供电公司			
40	吴晓峰	浙江联宜电机有限公司			
41	周正强	东阳江镇新东村			
42	单涨跃	三单乡搭钩村			
43	卜茶芳	巍山镇上卜宅村程店自然村			
44	沈群英	东阳市实验幼儿园			
45	毛丰华	吴宁街道总工会			
46	郭兰中	妇幼保健院			
47	葛敏辉	吴宁第五小学			
48	单晗忭	税务局税政二股			
49	方妹妹	三单乡人民政府			
50	吴　凯	市委办公室	2020年度金华市金义都市区建设工作先进个人	金委发〔2021〕20号	2021年6月
51	陆津津	市委改革办			
52	杜俊平	发改局			
53	包　晶	民政局养老服务中心			
54	李雅芸	人力资源和社会保障局			
55	赵　峰	交通运输局			
56	王宇辉	农业农村数字信息中心			
57	戴厚明	商务局			

续表48

序号	姓名	工作单位	荣誉称号	表彰单位/表彰文号	表彰时间
58	楼永华	大数据发展中心	2020年度金华市金义都市区建设工作先进个人	金委发〔2021〕20号	2021年6月
59	洪志浩	东阳市铁路项目指导服务中心			
60	陈欣欣	横店影视文化产业发展服务中心			
61	王赛峰	江北街道办事处			
62	王　攀	东阳市人民检察院	金华市优秀共产党员	中共金华市委	2021年6月
63	陆津津	市委改革办	2020年度金华市金义都市区建设工作先进个人	金委发〔2021〕20号	2021年6月
64	韦海燕	市场监督管理局	金华市优秀党务工作者	金委发〔2021〕21号	2021年6月
65	杜时杭	东阳市义务工作者协会	金华市优秀党务工作者	金委发〔2021〕21号	2021年6月
66	华伟跃	政协	金华市“五水共治”“大禹鼎”金鼎个人二等功	金政发〔2021〕28号	2021年11月
67	吴启晓	吴宁街道办事处	金华市“五水共治”“大禹鼎”金鼎个人三等功	金政发〔2021〕28号	2021年11月
68	张涌泉	南马镇政府			
69	马瑜靖	东阳市治水办督查组			
70	刑昱强	歌山镇政府	金华市“五水共治”“大禹鼎”金鼎个人嘉奖	金政发〔2021〕28号	2021年11月
71	马小瑛	综合行政执法局			
72	周华华	税务局	2020年度金华市民营经济强市建设先进个人	金委发〔2021〕33号	2021年12月
73	严剑丹	发改局	民营经济强市建设先进个人	金委发〔2021〕33号	2021年12月
74	卢　宏	经信局			
75	陈洪升	财政局			
76	张丹丽	自然资源和规划局			
77	葛晓阳	商务局			
78	王向民	市场监管局			
79	周华华	税务局			
80	陆正阳	横店镇政府			
81	黄旭亮	南马镇政府			
82	施瓒瓒	歌山镇政府			

2021年度东阳市获条线表彰的先进集体

表49

序号	获表彰单位	荣誉名称	表彰单位/表彰文号	表彰时间
一、国家级				
1	东阳市	国家节水型社会建设达标县	水利部	2021年
2	东阳市	2021年(第一批)电子商务进农村综合示范县	商务部	2021年7月
3	民政局	2020年全国民政系统抗击新冠肺炎疫情先进集体	民政部	2021年
4	综合行政执法局	“强基础、转作风、树形象”专项行动表现突出单位	建督函〔2021〕9号	2021年1月
5	花园田氏医院护理部	2021年度巾帼文明岗	妇字〔2021〕9号	2021年3月
6	金华市生态环境局东阳分局	2020年生态环境保护执法大练兵表现突出集体	环执法函〔2021〕38号	2021年4月
7	农业农村局	全国农业综合行政执法示范单位	农业农村部	2021年5月
8	税务局	全国节约型机关	国管节能〔2021〕327号	2021年8月
9	税务局第一税务所(办税服务厅)	全国青年文明号	中青联发〔2021〕6号	2021年8月
10	数字档案馆	国家级数字档案馆 国家档案馆	档审字〔2021〕26号	2021年8月
11	东阳市人民检察院	2021年度全国检察宣传先进单位	检报发〔2021〕9号	2021年9月
12	文广旅体局	全国群众体育工作先进单位	体群字〔2021〕210号	2021年9月
13	民进东阳市基层委员会	《民主》杂志发行先进集体	民进中央宣传部	2021年12月
二、省级				
1	东阳市	全省高质量发展建设共同富裕示范区首批试点	浙共富办〔2021〕3号	2021年
2	东阳市	第二批浙江省“放心粮油示范县”	省粮食和物资储备局 省市场监管局 省财政厅	2021年1月
3	东阳市	2020年度全省财政管理绩效考评优秀单位	浙财办〔2021〕3号	2021年2月
4	东阳市	“四好农村路”省级示范县	浙交〔2021〕46号	2021年5月
5	东阳市	2020年度全省跨行政区域河流交接断面水质保护管理考核优秀	浙环发〔2021〕11号	2021年8月
6	东阳市	第一批累计三年获健康浙江建设考核优秀	健康浙江办〔2021〕5号	2021年8月
7	东阳市	2018—2020年浙江省市场环境建设成绩突出集体	浙微组发〔2021〕3号	2021年9月
8	东阳市	2021年度省级香榧产业示范县	浙林改〔2021〕72号	2021年12月

续表49

序号	获表彰单位	荣誉名称	表彰单位/表彰文号	表彰时间
9	东阳市	浙江省数字经济系统建设综合考核评价各县(市、区)第一名	省数字经济系统建设专区	2021年12月
10	东阳市	2021年省农业“机器换人”高质量发展先行县(市、区)	省农业农村厅	2021年12月
11	市政府	2018—2020年浙江省市场环境建设成绩突出集体	浙微组发〔2021〕3号	2021年8月
12	虎鹿镇蔡宅村	浙江省文明村	中共浙江省委 浙江省人民政府	2021年1月
13	虎鹿镇厦程里村	浙江省AAA级景区村庄	浙江省文化和旅游厅	2021年1月
14	虎鹿镇厦程里村	浙江省美丽乡村特色精品村	浙江省“千村示范、万村整治”工作协调小组	2021年1月
15	虎鹿镇葛宅村	2020年度浙江省卫生村复审确认名单	省爱卫办	2021年1月
16	虎鹿镇燕山村			
17	虎鹿镇溪口村			
18	医疗保障局	2020年浙江省医疗保障系统先进单位	浙医保发〔2021〕4号	2021年1月
19	红木家具行业协会	2021年度全省品牌社会组织	浙江省民政厅	2021年1月
20	供销合作总社	2020年度综合业绩考评优秀单位	浙供合发〔2021〕3号	2021年1月
21	人武部	2020年度全面建设先进人武部	浙江省军区	2021年1月
22	江北街道人武部	2020年度先进基层武装部	浙江省军区	2021年1月
23	东阳市民兵应急连	2020年度先进民兵应急连	浙江省军区	2021年1月
24	东阳市消费者权益保护委员会	2020年度全省消保委系统信息工作先进集体	浙消保委〔2021〕2号	2021年1月
25	市场监督管理局吴宁分局	2020年度全省“放心消费在浙江”成绩突出集体	浙市监消〔2021〕1号	2021年1月
26	教育局	2020年度浙江省教育工作业绩考核优胜奖	浙江省教育厅	2021年1月
27	民政局	2020年度全省民政事业统计工作优秀等次	浙江省民政厅	2021年2月
28	南马镇花园村	全省社会组织党群服务中心示范点	浙社综委〔2021〕8号	2021年2月
29	歌山镇	全省“五水共治”(河长制)工作考核优秀乡镇(街道)	浙治水办发〔2021〕5号	2021年3月
30	虎鹿镇合力村	2020年度“浙江省善治村”	浙江省乡村振兴领导小组办公室 浙乡振组办〔2021〕1号	2021年4月
31	东阳市人民检察院	全省检察机关扫黑除恶专项斗争先进集体	浙检发政字〔2021〕27号	2021年5月
32	中石化东阳石油支公司	浙江石油基层党支部建设示范点	石化股份浙党〔2021〕41号	2021年6月

续表49

序号	获表彰单位	荣誉名称	表彰单位/表彰文号	表彰时间
33	虎鹿镇厦程里村	第二批浙江省高质量就业社区(村)	浙江省人力资源和社会保障厅	2021年7月
34	虎鹿公益服务队	2021年志愿汇“99公益日优秀组织”	浙江省志汇公益发展中心	2021年9月
35	林业局	浙江省林业规划财务工作突出贡献集体	浙林规〔2021〕58号	2021年9月
36	湖溪镇象田村	浙江省生态文化建设突出贡献集体	浙林办〔2021〕69号	2021年11月
37	江北小学	浙江省优秀大队	共青团浙江省委 浙江省教育厅 浙江省少工委	2021年11月
38	南马镇交警中队	枫桥式交警中队	浙江省公安厅	2021年11月
39	虎鹿镇人民政府	2021年度浙江省美丽乡村示范乡镇	浙江省“千村示范、万村整治”工作协调小组办公室 浙村整建办〔2021〕12号	2021年12月
40	江北街道人武部	浙江省退役军人服务保障体系先进集体	中共浙江省委退役军人事务工作领导小组 浙委退役军人组(2021)1号	2021年12月
41	综合行政执法局市政公用事业中心	浙江省市政行业协会城市照明先进单位	浙城照明〔2021〕009号	2021年12月
42	综合行政执法局六石中队	2021年度枫桥式综合行政执法中队	浙综法发〔2021〕5号	2021年12月
43	综合行政执法局	省综合执法指导办示范工作成绩突出集体	浙综法发〔2021〕6号	2021年12月
44	烟草专卖局吴宁专卖管理所	浙江省卷烟打假打私工作成绩突出集体	浙烟专联〔2021〕102号	2021年12月
45	自然资源和规划局	2021年度浙江省规划科学技术进步奖	浙自然资厅函〔2021〕1115号	2021年12月
46	浙江九洲红家具股份有限公司	2021年度省级林业重点龙头企业	浙林改〔2021〕71号	2021年12月
47	南市街道梨枫村梨坑	2021年度浙江森林氧吧	浙林改〔2021〕72号	2021年12月
48	林业局	2021年度“省绿化模范单位”	浙绿委〔2021〕3号	2021年12月
49	虎鹿镇晨薇家庭农场	2021年省级示范性家庭林场	浙林改〔2021〕76号	2021年12月
50	歌山镇	新时代美丽城镇建设基本达标乡镇	浙城乡环治〔2021〕3号	2021年12月
51	横店镇	全省老干部工作先进集体	浙人社发〔2021〕68号	2021年12月

2021年度东阳市获条线表彰的先进个人

表50

序号	姓名	工作单位	荣誉称号	表彰单位/表彰文号	表彰时间
一、国家级					
1	胡文翠	林业局	第一批“最美林草科技推广员”	国家林业和草原局办公室（办科字〔2021〕8号）	2021年1月
2	徐　莹	医疗保障局	全国医疗保障系统抗击新冠肺炎疫情先进个人	国家医疗保障局 医保发〔2021〕11号	2021年1月
3	傅为民	市场监督管理局	全国食品安全工作先进个人	食安委〔2021〕1号	2021年2月
4	毛丰华	吴宁街道	全国先进工会工作者	全国总工会	2021年3月
5	金剑虹	东阳市生态环境保护综合行政执法队	2020年生态环境保护执法大练兵表现优异个人	环执法函〔2021〕38号	2021年4月
6	周晓泉	公安局	全国公安机关信访工作成绩突出个人	公督审〔2021〕1022号	2021年5月
7	黄文龙	公安局刑事侦查中心	全国公安机关“我为群众办实事”成绩突出个人	公政治〔2021〕233号	2021年6月
8	吴爱晶	东阳市人民检察院	全国检察宣传先进个人	检察日报社	2021年11月
9	倪春霄	东阳市人民检察院	全国维护妇女儿童权益先进个人	妇字〔2021〕43号	2021年12月
10	毛丰华	吴宁街道	全国平安英雄——平安之星	全国总工会	2021年12月
二、省级					
1	葛海阳	综合行政执法局	2020年度浙江省生活垃圾分类工作成绩突出个人	浙江省生活垃圾分类工作领导小组办公室	2021年1月
2	许正明	住房和城乡建设局	2020年度全省美丽城镇建设成绩突出个人	浙江省城乡环境整治工作领导小组	2021年1月
3	贾巧丽	供销合作总社	2020年省供销社信息工作先进单位和个人	浙供合发〔2021〕6号	2021年1月
4	韦向亮	市场监督管理局	2020年度全省消保委系统信息工作先进个人	浙消保委〔2021〕2号	2021年1月
5	胡玉兰	市场监督管理局	2020年度浙江省“放心消费在浙江”成绩突出个人	浙市监消〔2021〕1号	2021年1月
6	杜　亮	公安局刑事侦查中心反诈大队	最美警察、最美浙江人·最美浙警、2020年度最具影响力的最美警察	浙江省委宣传部 浙江省公安厅	2021年1月
7	陈　梁	公安局治安管理中心二大队	浙江省最美辅警	浙江省委宣传部 浙江省公安厅	2021年1月
8	吴军红	公安局	浙江省最美警嫂	浙江省委宣传部 浙江省公安厅	2021年1月

续表50

序号	姓名	工作单位	荣誉称号	表彰单位/表彰文号	表彰时间
9	郑　勇	市场监督管理局	2020年度全省市场监管系统执法办案能手	浙市监〔2021〕4号	2021年1月
10	杜晓斌	综合行政执法局	全省“最美综合行政执法人”荣誉	浙江省综合行政执法指导办公室	2021年1月
11	赵　靓	市场监督管理局	2020年度浙江省小微企业和个体工商户“两直”工作个人三等功	浙市监基〔2021〕1号	2021年1月
12	许君元	公安局法制指导中心一大队	全省政法系统执法办案成绩突出个人	浙政法发〔2021〕2号	2021年1月
13	葛海阳	综合行政执法局	浙江省生活垃圾分类工作成绩突出个人	浙分类办〔2021〕1号	2021年1月
14	王　攀	东阳市人民检察院	全省检察机关法律监督成绩突出个人	浙检发政字〔2021〕8号	2021年2月
15	方立东	市场监督管理局	2020年度浙江省市场监督管理局新闻宣传工作先进个人	浙市监〔2021〕10号	2021年3月
16	陆雍蓉	金华日报社东阳分社	2020年度浙江省“五水共治”(河长制)信息工作优秀个人	浙治水办发〔2021〕4号	2021年3月
17	黄志勤	黄志勤木雕工作室	浙江工匠	浙人社函〔2021〕36号	2021年4月
18	孙祝兵	浙江联宜电机有限公司			
19	叶晓芳	浙江省东阳木雕古建园林公司			
20	杜玉林	横店集团东磁股份有限公司			
21	虞正阳	横店集团东磁股份有限公司			
22	郭　瑜	市委宣传部	浙江省实施妇女儿童发展规划成绩突出个人	浙政妇儿工委〔2021〕2号	2021年5月
23	孙俊杰	公安局	一等功	浙公发〔2021〕4号	2021年5月
24	单晗忭	税务局	全省税务系统“十佳共产党员”	浙税党委发〔2021〕38号	2021年6月
25	陈燕萍	烟草专卖局	优秀党务工作者	浙江省烟草专卖局 中国烟草总公司浙江省公司	2021年6月
26	朱姗依	东阳市人民检察院	第一届全省检察机关控告申诉检察业务竞赛标兵	浙检发政字〔2021〕34号	2021年7月
27	吴禄海家庭	吴宁街道	2021年度第二季度浙江“最美家庭”	浙江省妇女联合会	2021年7月

续表50

序号	姓名	工作单位	荣誉称号	表彰单位/表彰文号	表彰时间
28	韦雅婷	市场监督管理局	2018—2020年浙江省市场环境建设成绩突出个人	浙微组发〔2021〕3号	2021年9月
29	李　园	综合行政执法局	2021年度浙江省城市市容环境卫生工作成绩突出个人	浙江省住房和城乡建设厅	2021年10月
30	王　超	江北街道王户口村	2021年度浙江省绿色家庭暨节能降碳家庭名单	浙妇〔2021〕22号	2021年10月
31	李翃勋	国网东阳供电公司	红船精神优秀五老宣讲员	浙关工委〔2021〕7号	2021年11月
32	孙　博	巍山镇中心小学	“青少年英才——红船好少年”	浙关工委办联〔2021〕3号	2021年11月
33	吕锋波	公安局刑事侦查中心一大队	车辆检测“一件事”集成改革工作成绩突出个人	浙江省公安厅	2021年12月
34	华国阳	公安局交警大队	车辆检测“一件事”集成改革工作成绩突出个人	浙江省公安厅	2021年12月
35	朱　鑫	综合行政执法局	浙江省市政行业协会城市照明先进个人	浙城照明〔2021〕009号	2021年12月
36	周华华	税务局	全省税务系统先进工作者	浙税发〔2021〕76号	2021年12月
37	厉国强	公安局	二等功	浙公令〔2021〕12号	2021年12月
38	徐　莹	医疗保障局	全省先进老干部工作者	浙人社发〔2021〕68号	2021年12月

（东　鉴）

2021年东阳市组织机构及其负责人

中共东阳市委员会

书　记　傅显明(　—2021.11)
　　　　楼琅坚(2021.11—　)
副书记　楼琅坚(　—2021.11)
　　　　黄胜可(2021.11—　)
　　　　胡勇春(　—2021.11)
　　　　潘国东(2021.11—　)
常　委　傅显明(　—2021.11)
　　　　楼琅坚
　　　　黄胜可(2021.11—　)
　　　　胡勇春(　—2021.11)
　　　　潘国东(2021.11—　)
　　　　曹一勤(女)(　—2021.01)
　　　　吴婉珍(女)(2021.01—2021.11)
　　　　盛　锋(2021.05—　)
　　　　柳尊科
　　　　赵跃亮(　—2021.12)
　　　　叶文卫(　—2021.11)
　　　　卢旭萍(女)(2021.11—　)
　　　　陈　洪
　　　　陈小华(　—2021.11)
　　　　何浩亮
　　　　郭锦明
　　　　张伟钢(2021.12—　)
　　　　陈国荣(2021.11—　)
　　　　甘庆富(2021.11—　)

中共东阳市纪律检查委员会

书　记　叶文卫(　—2021.11)
　　　　甘庆富(2021.11—　)
副书记　王松明(2021.12—　)
　　　　孙俊杰

东阳市监察委员会

主　任　叶文卫(　—2021.11)
代主任　甘庆富(2021.11—　)
副主任　俞益钟(　—2021.01)
　　　　胡利群(　—2021.01)
　　　　孙俊杰(2021.01—　)
副主任人选　王松明(2021.11—　)

市委工作(派出)机构及直属单位

办公室
主　任　胡利群
组织部
部　长　柳尊科
常务副部长　张伟钢
直属机关工作委员会
书　记　柳尊科
新经济与新社会组织工作委员会
书　记　葛　剑(女)
老干部局
局　长　张伟钢
公务员局
局　长　王　晖
宣传部
部　长　陈小华(　—2021.12)
　　　　卢旭萍(女)(2021.12—　)
常务副部长　胡易安(女)
市政府新闻办公室
主　任　胡易安(女)
新闻出版局
局　长　胡易安(女)
互联网信息办公室
主　任　陆康乐
精神文明建设委员会办公室
主　任　郭　瑜(女)
精神文明建设指导中心
主　任　马华兴
统战部
部　长　赵跃亮
常务副部长　郭　炜
民族宗教事务局
局　长　周　云
政府侨务办公室
主　任　周　云
归国华侨联合会
主　席　吕晓燕(女)
政法委员会
书　记　胡勇春(　—2021.12)
　　　　潘国东(2021.12—　)
常务副书记　吴正明(　—2021.12)
　　　　　　吕兴东(2021.12—　)
社会治安综合治理中心
主　任　朱新康
市委全面深化改革委员会办公室
主　任　陈　洪(　—2021.12)
　　　　潘国东(2021.12—　)
常务副主任　陆津津
机构编制委员会办公室
主　任　徐海青
台湾工作办公室
主　任　张鑫阳
巡察工作领导小组办公室
主　任　王　灿(女)(　—2021.09)
　　　　王　刚(2021.12—　)
信访局
局　长　费　航(　—2021.09)
　　　　许希明(2021.09—　)
党　校
校　长　柳尊科
常务副校长　徐文学

党史研究室
主　任　张忠鸣

东阳市人民代表大会常务委员会

主　任　朱志杰
党组书记　朱志杰
副主任　陈　军
　　　　虞乐生(女)
　　　　蒋银生(—2021.01)
　　　　徐立刚
　　　　楼美姣(女)
　　　　许克宁
　　　　俞益钟(2021.01—)
办公室
主　任　胡旭升
研究室
主　任　韦飞红(女)
法制和监察司法工作委员会
主　任　徐向阳
财政经济工作委员会
主　任　陆彩霞(女)(—2021.01)
　　　　葛德中(2021.01—)
科教文卫工作委员会
主　任　张　宇
城乡建设与环境资源保护工作委员会
主　任　潘锡林
代表与选举任免工作委员会
主　任　吴荣斌
农业农村工作委员会
主　任　邵文京
社会建设工作委员会
主　任　单俨彬

东阳市人民政府

市　长　楼琅坚(—2021.11)
代市长　黄胜可(2021.11—)
副市长　陈　洪
　　　　黄阳明
　　　　陈德良(—2021.12)
　　　　楼国民
　　　　徐　健(2021.12—)
　　　　范　锐(2021.10—)
　　　　吕良勇(—2021.12)
　　　　龚杭娟(女)

市政府工作(派出)机构及直属单位

办公室
主　任　李敢峰
机关事务保障服务中心
主　任　赵丽娅(女)
大数据发展中心
主　任　邵章善
发展和改革局
局　长　葛一军(—2021.01)
　　　　韦朝阳(2021.03—)
经济和信息化局
局　长　胡易安(女)(—2021.01)
　　　　陈其宪(2021.01—)
教育局
局　长　顾在响
科学技术局
局　长　徐生银(—2021.01)
　　　　陈南征(2021.01—)
公安局
局　长　陈德良(—2021.12)
　　　　徐　健(2021.12—)
政　委　郭利群
常务副局长　厉国强
民政局
局　长　郭立成
司法局
局　长　陈建强
财政局
局　长　徐育阳
财政金融服务中心
主　任　吴永强(2021.01—)
人力资源和社会保障局
局　长　黄正明
社会保障中心
主　任　李雅芸(女)
自然资源和规划局
局　长　楼尚潭
林业局
局　长　金国祥(—2021.01)
　　　　申屠顺达(2021.01—)
住房和城乡建设局
局　长　葛德中(—2021.01)
　　　　韦　健(2021.01—)
建筑业发展服务中心
主　任　葛德中(—2021.01)
　　　　韦　健(2021.01—)
交通运输局
局　长　赵　锋
交通运输综合行政执法队
队　长　赵　锋
交通运输管理中心
主　任　董　磊
水务局
局　长　滕恩良(—2021.01)
　　　　马　刚(2021.01—)
农业农村局
局　长　李爱忠
农业综合行政执法队
队　长　李爱忠
商务局
局　长　朱王件
投资促进中心
主　任　朱王件(—2021.10)
　　　　马江丰(2021.10—)
文化和广电旅游体育局
局　长　马景斌
文化市场综合行政执法队
队　长　马景斌
卫生健康局
局　长　楼杰华
退役军人事务局
局　长　单玲琳(女)(—2021.01)
　　　　虞富强(2021.01—)
应急管理局
局　长　史南京
审计局
局　长　韦朝阳(—2021.03)
　　　　吴　滨(2021.03—)
国有资产监督管理办公室
主　任　马宗强(—2021.01)
　　　　韦向东(2021.01—)
市场监督管理局
局　长　傅为民
家具研究院
院　长　傅为民
市场监管综合行政执法队
队　长　傅为民
统计局
局　长　郭　炜(—2021.01)
　　　　蒋国威(2021.01—)
党组书记　斯亚军
医疗保障局
局　长　楼红霞(女)
党组书记　胡小骏
综合行政执法局
局　长　叶文明
市政公用事业中心
主　任　周晓东
金华市生态环境局东阳分局
局　长　吴　滨(—2021.05)
　　　　黄海威(2021.05—)
生态环境保护综合行政执法队
队　长　吴　滨(—2021.05)
　　　　黄海威(2021.05—)

供销合作总社
主　任　马伟大
融媒体中心
主　任　马红斌
总编辑　史　莹(女)
行政服务中心
党委书记　陈　洪
主　任　吴盛龙
东阳东白山省级旅游度假区管委会
主　任　空　缺
浙江省东阳经济开发区
党工委书记　黄文明
管委会主任　黄文明
铁路项目指导服务中心
主　任　洪志浩

省、金华市驻东阳市(共管)工作机构

东阳玉米研究所
所　长　空　缺
副所长(主持行政工作)　吕桂华
书　记　何英军
国税局
局　长　陈　勇
气象局
局　长　金　培
金华海关东阳办事处
主　任　蒋立新(　—2021.08)
　　　　林杰雄(2021.08—　)
国网东阳供电公司
总经理　叶国庆(　—2021.12)
　　　　蒋红亮(2021.12—　)
党委书记　徐爱良(　—2021.06)
　　　　　周露芳(2021.06—　)
中国电信东阳分公司
总经理　黄益刚
东阳邮政管理局
局　长　程亚军
中国邮政东阳分公司
总经理　王　军(　—2021.11)
　　　　郭宏亮(2021.11—　)
烟草专卖局
局　长　王世平

东阳市人民法院

院　长　贺利平

东阳市人民检察院

检察长　胡宇翔(　—2021.11)
代检察长　郑晓鸣(2021.11—　)

横店影视文化产业集聚区

党工委书记　傅显明(　—2021.11)
　　　　　　楼琅坚(2021.11—　)
党工委副书记
　　楼琅坚(　—2021.11)
　　黄胜可(2021.11—　)
　　曹一勤(女)(　—2021.01)
　　吴婉珍(女)(2021.01—2021.11)
党工委委员　朱少平
　　　　　　陈　洪
　　　　　　陈小华(　—2021.11)
　　　　　　郭锦明
　　　　　　黄阳明(　—2021.11)
　　　　　　吕良勇(　—2021.11)
　　　　　　赵小仙(女)
　　　　　　徐天福
　　　　　　陈远京
管委会主任　傅显明(　—2021.12)
　　　　　　楼琅坚(2021.12—　)
管委会常务副主任
　　曹一勤(女)(　—2021.02)
　　吴婉珍(女)(2021.02—2021.12)
管委会副主任　楼琅坚(　—2021.12)
　　　　　　　黄胜可(2021.12—　)
　　　　　　　朱少平
　　　　　　　陈小华(　—2021.12)
　　　　　　　郭锦明
　　　　　　　黄阳明(　—2021.12)
　　　　　　　冯　涧
　　　　　　　徐天福
管委会专职副主任
　　陈远京(2021.01—　)
横店影视文化产业集聚区影视文化管理办公室
主　任　王开开(2021.01—　)
横店影视文化产业发展服务中心
主　任　陈皖东

中国人民政治协商会议东阳市委员会

主　席　斯建民
主席候选人　方宪文(2021.11—　)
党组书记　斯建民(　—2021.11)
　　　　　方宪文(2021.11—　)
副主席　华伟跃
　　　　金德良
　　　　张望峰
　　　　赵晓珍(女)
　　　　楼红霞(女)
　　　　冯　涧
副主席候选人
　　　　陈　琳(女)(2021.11—　)
秘书处
秘书长　沈银福
办公室
主　任　张　艳(女)
提案和委员工作委员会
主　任　空缺
经济委员会
主　任　徐卫东
农业和农村委员会
主　任　赵云跃
社会和法制委员会
主　任　吕晓燕(　—2021.01)
　　　　徐生银(2021.01—　)
教科卫体和文化文史委员会
主　任　胡　心
城建环境资源委员会
主　任　葛一军(2021.01—　)

东阳市人民武装部

部　长　何浩亮
政　委　孙　杰

群众团体

总工会
主　席　华伟跃
常务副主席　吴高强
共青团东阳市委员会
副书记(主持工作)
　　　　何快快(　—2021.12)
书　记　何快快(2021.12—　)
妇女联合会
主　席　何芳萍(女)
工商业联合会
主　席　楼永良
常务副主席　张巧玲(女)
科学技术协会
党组书记　程国伟
主　席　徐巧英(女)
残疾人联合会
理事长　贾新民
文学艺术界联合会
主　席　厉建党
红十字会
会　长　龚杭娟(2021.03—　)
常务副会长候选人
　　　　陆彩霞(女)(　—2021.03)
常务副会长
　　　　陆彩霞(女)(2021.03—　)

镇乡（街道）党政组织

吴宁街道
党工委书记　王松明（　—2021.12）
　　吴启晓（2021.12—　）
人大工委主任　赵镇洋（　—2021.10）
　　郭门明（2021.10—　）
办事处主任　吴启晓（　—2021.12）
　　刘战辉（2021.12—　）

白云街道
党工委书记　马宗强（　—2021.12）
　　郭旭军（女）（2021.12—　）
人大工委主任　张梁俊（2021.10—　）
办事处主任　赵　炜

江北街道
党工委书记　王赛锋
人大工委主任　卜如阳（2021.09—　）
办事处主任　王赛锋（　—2021.10）
　　谢雪峰（2021.09—　）

六石街道
党工委书记　葛伟英（女）（　—2021.09）
　　厉炼锦（2021.09—　）
人大工委主任　包日进（　—2021.10）
　　张国阳（2021.10—　）
办事处主任　厉炼锦（　—2021.09）
　　包日进（2021.09—　）

城东街道
党工委书记　郭金刚（　—2021.09）
　　许旭锋（2021.09—　）
人大工委主任　徐晓乐
办事处主任　赵　健

南市街道
党工委书记　胡洪仁（　—2021.09）
　　王　灿（女）（2021.09—　）
人大工委主任　杜运才（　—2021.10）
　　陈朝霞（女）（2021.10—　）
办事处主任　王开开（　—2021.01）
　　吴凯军（2021.09—　）

横店镇
党委书记　郭锦明（　—2021.12）
　　陈国荣（2021.12—　）
人大主席　许希明（　—2021.09）
　　吕一兵（2021.12—　）
人大主席候选人
　　吕一兵（2021.09—2021.12）
镇　长　陈　颖

南马镇
党委书记　施晓强（　—2021.12）
　　胡洪仁（2021.12—　）
人大主席　周向忠
镇　长　郭孝杰（　—2021.09）
　　金莉莉（女）（2021.12—　）
镇长候选人
　　金莉莉（女）（2021.09—2021.12）

巍山镇
党委书记　滕恩良（　—2021.12）
　　马宗强（2021.12—　）
人大主席　包闪闪（　—2021.09）
　　周　健（2021.12—　）
人大主席候选人
　　周　健（2021.09—2021.12）
镇　长　许永健（　—2021.09）
　　包闪闪（2021.12—　）
镇长候选人
　　包闪闪（2021.09—2021.12）

歌山镇
党委书记　唐献力（　—2021.09）
　　许俊峰（2021.09—　）
人大主席　韦钱军（　—2021.09）
　　陈正燕（2021.12—　）
人大主席候选人
　　陈正燕（2021.09—2021.12）
镇　长　许俊峰（　—2021.09）
　　朱静超（2021.12—　）
镇长候选人
　　朱静超（2021.09—2021.12）

千祥镇
党委书记　吕惠勇（　—2021.09）
　　陈杭生（2021.09—　）
人大主席　马江丰（　—2021.09）
　　周仕德（2021.12—　）
人大主席候选人
　　周仕德（2021.09—2021.12）
镇　长　陈杭生（　—2021.09）
　　郭晟梅（女）（2021.12—　）
镇长候选人
　　郭晟梅（女）（2021.09—2021.12）

湖溪镇
党委书记　赵军刚（　—2021.09）
　　唐有新（2021.09—　）
人大主席　方军平
镇　长　王　征

画水镇
党委书记　单玲琳（女）（　—2021.12）
　　应定国（2021.12—　）
人大主席　杜培根
镇　长　周正跃（　—2021.09）
　　刘煜之（2021.12—　）
镇长候选人
　　刘煜之（2021.09—2021.12）

虎鹿镇
党委书记　单凯权（　—2021.09）
　　包振波（2021.09—　）
人大主席
　　方颖潇（女）（　—2021.09）
　　张永炜（2021.12—　）
人大主席候选人
　　张永炜（2021.09—2021.12）
镇　长　包振波（　—2021.09）
　　方颖潇（女）（2021.12—　）
镇长候选人
　　方颖潇（2021.09—2021.12）

东阳江镇
党委书记　杨松强（　—2021.09）
　　郭孝杰（2021.09—　）
人大主席　张希忠
镇长候选人　杜亮亮

马宅镇
党委书记　应定国（　—2021.09）
　　吕　凯（2021.09—　）
人大主席　吕一兵（　—2021.09）
　　朱向前（2021.12—　）
人大主席候选人
　　朱向前（2021.09—2021.12）
镇　长　吕　凯（　—2021.09）
　　韦钱军（2021.12—　）
镇长候选人
　　韦钱军（2021.09—2021.12）

佐村镇
党委书记　陈江炜（　—2021.09）
　　费　航（2021.09—　）
人大主席　郭晟梅（女）（　—2021.09）
　　何炉忠（2021.12—　）
人大主席候选人
　　何炉忠（2021.09—2021.12）
镇　长　许杨贤

三单乡
党委书记　郭旭军（女）（　—2021.09）
　　杜建强（2021.09—　）
人大主席　张　凯（　—2021.09）
　　钟剑新（2021.12—　）
人大主席候选人
　　钟剑新（2021.09—2021.12）
乡　长　杜建强（　—2021.09）
　　朱骏义（2021.12—　）
乡长候选人
　　朱骏义（2021.09—2021.12）

说明：党政领导干部职务的任职时间按照《党政领导干部选拔任用工作条例》有关规定计算

（王　伟　卢亚权）

重要文件目录

2021年中共东阳市委文件目录一览表

表51

发文字号	文件标题	发文日期
东委发〔2021〕1号	关于坚持农业农村优先发展全面推进乡村振兴的若干意见	3月26日
东委发〔2021〕2号	关于制定东阳市国民经济和社会发展第十四个五年规划和二〇三五年远景目标的建议	1月22日
东委发〔2021〕3号	关于加快推进“万亩千亿”新产业平台建设的实施意见	1月29日
东委发〔2021〕4号	关于开展“基层党建+安全生产标准化”工作的实施意见	2月3日
东委发〔2021〕5号	关于进一步加强基层武装工作的实施意见	1月21日
东委发〔2021〕6号	关于2020年度镇乡街道和机关部门单位目标责任制考核结果、落实党风廉政建设两个责任考核结果、党政正职考核结果、镇乡街道党(工)委书记履行基层党建工作责任制考核结果的通报	3月1日
东委发〔2021〕7号	关于印发《进一步推进国有企业整合重组和深化改革方案》的通知	3月12日
东委发〔2021〕8号	关于印发“2021年度东阳市重点建设项目、重大前期项目、全市政府投资项目、国有企业投资项目”的通知	3月12日
东委发〔2021〕9号	关于表扬在2020年度东阳市乡村振兴、经济建设和平安创建工作中作出突出贡献集体和个人的通报	3月12日
东委发〔2021〕10号	关于巩固深化“不忘初心、牢记使命”主题教育成果的实施意见	3月15日
东委发〔2021〕11号	关于印发《东阳市“绿水青山就是金山银山”实践创新基地建设实施方案》的通知	3月15日
东委发〔2021〕12号	关于庆祝中国共产党成立100周年系列活动的通知	3月15日
东委发〔2021〕13号	关于印发《东阳市政法队伍教育整顿实施方案》的通知	3月23日
东委发〔2021〕14号	关于印发《东阳市新时代公民道德建设实施方案》的通知	3月26日
东委发〔2021〕15号	关于印发《金华市委对东阳市委2020年度党风廉政建设责任制落实情况检查反馈意见的整改工作方案》的通知	4月8日
东委发〔2021〕16号	印发《关于开展党史学习教育的实施工作方案》的通知	4月8日
东委发〔2021〕17号	关于印发《中共东阳市委常委会2021年工作要点》的通知	4月20日
东委发〔2021〕18号	关于高质量推动科技创新和高水平建设科创高地的若干意见	6月2日
东委发〔2021〕19号	关于学习推广新时代“寀卢经验”加快乡村振兴的通知	6月16日
东委发〔2021〕20号	关于表彰东阳市优秀共产党员优秀党务工作者和先进基层党组织的决定	7月1日
东委发〔2021〕21号	印发《关于东阳市人才公寓建设和管理的实施意见》的通知	7月2日
东委发〔2021〕23号	关于印发《深化生态文明示范创建 高水平建设新时代美丽东阳规划纲要(2020—2035)》的通知	7月13日

续表51

发文字号	文件标题	发文日期
东委发〔2021〕24号	关于高质量做好乡镇领导班子换届工作的通知	7月20日
东委发〔2021〕25号	2021年度镇乡街道、机关部门工作目标责任制考核意见	7月28日
东委发〔2021〕26号	关于印发《东阳高质量发展建设共同富裕先行市行动方案(2021—2025)》的通知	8月24日
东委发〔2021〕27号	关于印发《东阳市创建全国文明城市三年行动方案(2021—2023年)》的通知	8月24日
东委发〔2021〕28号	关于成立中共东阳市国资系统委员会、中共横店影视文化产业集聚区委员会的通知	8月26日
东委发〔2021〕29号	关于给予应黎斌等102名同志记三等功的决定	8月31日
东委发〔2021〕30号	关于印发《东阳市贯彻落实第二轮中央生态环境保护督察报告反馈问题整改方案》的通知	9月22日
东委发〔2021〕31号	关于转发《中共东阳市人大常委会党组关于做好全市市镇(乡)两级人民代表大会换届选举工作的意见》的通知	10月20日
东委发〔2021〕32号	关于支持横店政企合力共建共同富裕先行示范镇的若干意见	11月17日
东委发〔2021〕33号	关于中国共产党东阳市第十六次代表大会选举工作的通知	11月26日
东委发〔2021〕34号	中共东阳市委关于东阳市打造新时代文化名城的实施意见	11月24日
东委发〔2021〕35号	关于印发《东阳市开发区(园区)整合提升实施方案》	11月26日
东委发〔2021〕37号	转发《中共东阳市委宣传部 东阳市司法局关于在全市开展法治宣传教育的第八个五年规划(2021—2025年)》的通知	12月15日
东委办发〔2021〕1号	关于公开选聘国有企业领导人员的通知	2月22日
东委办发〔2021〕2号	关于印发《东阳市开展“四攻坚四争先”行动实施方案》的通知	3月12日
东委办发〔2021〕3号	关于印发《东阳市农村乱占耕地建房问题专项整治三年行动方案》的通知	3月15日
东委办发〔2021〕4号	关于印发东阳市效能革命争先行动三大专项治理行动方案的通知	3月15日
东委办发〔2021〕5号	关于印发《东阳市机关事业单位编外聘用人员管理办法》的通知	3月25日
东委办发〔2021〕6号	关于印发《2021年全市宣传思想文化工作要点》的通知	3月26日
东委办发〔2021〕7号	印发《关于落实中央巡视反馈问题整改工作方案》的通知	4月8日
东委办发〔2021〕8号	关于印发《东阳市城市规划建设管理体制改革实施方案》的通知	4月6日
东委办发〔2021〕9号	关于印发《关于坚决打赢遏制较大生产安全事故攻坚战的实施意见》的通知	4月9日
东委办发〔2021〕10号	关于调整“一肩挑”后村干部基本报酬办法的通知	4月30日
东委办发〔2021〕11号	关于印发《中共东阳市委党建工作领导小组2021年工作要点》的通知	5月6日
东委办发〔2021〕12号	关于加快建立网络综合治理体系的实施意见	5月12日
东委办发〔2021〕13号	印发《关于全面加强网络舆情安全工作的实施意见》的通知	5月17日

续表51

发文字号	文件标题	发文日期
东委办发〔2021〕14号	关于印发《东阳市2021年人才科技攻坚行动计划》《东阳市工业转型攻坚2021年行动计划》《东阳市2021年金义都市区共建行动方案》《东阳市2021招大引强攻坚活动实施方案》《东阳市2021年度重大改革争先行动方案》的通知	5月28日
东委办发〔2021〕15号	关于印发《2021年攻坚争先大比拼活动实施方案》的通知	5月28日
东委办发〔2021〕16号	印发《关于开展"建设清廉村居 强化基层治理"工作的实施方案》的通知	6月7日
东委办发〔2021〕17号	关于印发《东阳市推进东义同城化工作实施方案》的通知	6月16日
东委办发〔2021〕18号	关于印发《2021年法治东阳建设重点工作清单》的通知	6月21日
东委办发〔2021〕19号	关于庆祝中国共产党成立100周年 组织开展"永远跟党走"群众性主题教育活动的通知	6月24日
东委办发〔2021〕20号	关于印发《东阳市纪委市监委派驻机构调整方案》的通知	7月11日
东委办发〔2021〕21号	关于印发《东阳市党政领导干部防范和惩治统计造假弄虚作假责任制规定(试行)》的通知	7月20日
东委办发〔2021〕22号	关于印发《东阳市村级集体经济巩固提升三年行动计划实施方案》的通知	7月28日
东委办发〔2021〕23号	关于成立央地共建中国新红木示范区工作专班的通知	8月13日
东委办发〔2021〕24号	关于建立"7+2问题清单"整改工作机制的通知	8月13日
东委办发〔2021〕25号	关于落实市委宣传部归口领导和代管市宣传文化单位有关要求的通知	8月27日
东委办发〔2021〕26号	关于印发《东阳市林长制实施方案》的通知	10月29日
东委办发〔2021〕27号	关于开展"解难题优作风百日大会战"的通知	9月22日
东委办发〔2021〕28号	关于印发《东阳市市属国有企业负责人经营业绩考核与薪酬核定办法(试行)》的通知	9月26日
东委办发〔2021〕29号	关于印发《东阳市市属国有企业重大事项决策及报告制度(试行)》的通知	9月26日
东委办发〔2021〕30号	关于印发《东阳市集团公司负责人薪酬管理实施方案》的通知	9月28日
东委办发〔2021〕31号	关于印发《东阳市减轻义务教育阶段学生作业负担和校外培训负担实施方案》的通知	10月14日
东委办发〔2021〕33号	关于纵深推进根治欠薪工作的实施意见	11月10日
东委办发〔2021〕36号	关于印发《市委市政府重点工作任务闭环督查机制》的通知	12月10日
东委办发〔2021〕38号	印发《关于推进镇乡街道驻村干部组团式专职化管理的实施意见》的通知	12月17日
东委办发〔2021〕39号	关于印发《东阳市党委(党组)意识形态工作责任制实施细则》的通知	12月19日
东委办发〔2021〕40号	印发《关于当前我市意识形态领域形势的通报》的通知	12月19日
东委办发〔2021〕41号	关于召开中国共产党东阳市第十六次代表大会的通知	12月23日
东委办发〔2021〕42号	关于印发《东阳市信访工作"6+1"专项行动实施方案》《东阳市"信访积案清零"百日攻坚行动实施方案》的通知	12月23日

(郭厚良)

2021年东阳市人民政府文件目录一览表

表52

发文字号	文件标题	发文日期
东政发〔2021〕1号	关于申屠顺达等任免职务的通知	2021年1月8日
东政发〔2021〕2号	关于义东高速公路东阳(江北至南市)段工程项目房屋征收的决定	2021年1月8日
东政发〔2021〕3号	关于促进电子商务高质量发展的若干意见	2021年1月8日
东政发〔2021〕4号	关于林业总场区块零星企业地块房屋征收的决定	2021年1月14日
东政发〔2021〕5号	关于进一步促进建筑业持续健康发展的若干意见	2021年1月14日
东政发〔2021〕6号	关于进一步加强流动人口、出租房屋服务管理工作的通知	2021年1月26日
东政发〔2021〕7号	关于东阳市第六届人文社会科学优秀成果奖评选结果的通报	2021年2月8日
东政发〔2021〕8号	关于命名2020年度东阳市“纳税十强企业”“纳税超五千万元企业”“纳税超千万元企业”“纳税超五百万元企业”的通报	2021年2月28日
东政发〔2021〕9号	关于东阳横店通用航空机场改扩建项目建设横店镇区块房屋征收的决定	2021年3月7日
东政发〔2021〕10号	关于南马镇人民政府相对集中行使行政处罚权公告	2021年3月12日
东政发〔2021〕11号	关于印发《东阳市ETC小客车差异化收费实施方案》的通知	2021年3月12日
东政发〔2021〕12号	关于公布2020年度东阳市市长质量奖评审结果的通知	2021年3月19日
东政发〔2021〕13号	关于六石街道樟村行政村后金自然村房屋征收的决定	2021年3月27日
东政发〔2021〕14号	关于巍山镇仙学塘行政村高大自然村房屋征收的决定	2021年3月31日
东政发〔2021〕15号	关于2020年度全市工业经济和科技工作考核评价结果的通报	2021年3月31日
东政发〔2021〕16号	关于高质量推动科技创新高水平建设科创高地的政策意见	2021年4月15日
东政发〔2021〕17号	关于推进制造业高质量发展加快工业强市建设的若干政策意见	2021年4月15日
东政发〔2021〕18号	关于2020年度东阳市商务工作优秀企业的通报	2021年4月15日
东政发〔2021〕19号	关于命名2020年度“建企航母”等先进单位的决定	2021年4月15日
东政发〔2021〕20号	关于印发《东阳市政府科技创新奖评审管理办法》的通知	2021年4月15日
东政发〔2021〕21号	关于公布2020年度东阳市中小企业市长科技创新奖的通报	2021年4月15日
东政发〔2021〕22号	关于公布2020年度东阳市建筑业发展功臣等先进个人的通报	2021年4月19日
东政发〔2021〕25号	关于公布《东阳市重要水域名录》的通知	2021年5月6日
东政发〔2021〕26号	关于2020年度工业强市建设突出贡献单位的通报	2021年5月10日
东政发〔2021〕27号	关于印发《东阳市征收集体土地地上附着物和青苗补偿标准》的通知	2021年5月13日
东政发〔2021〕28号	关于提议卢继权等任职的通知	2021年5月15日

续表52

发文字号	文件标题	发文日期
东政发〔2021〕29号	关于提议任明强等任职的通知	2021年5月19日
东政发〔2021〕30号	关于印发《东阳市国民经济和社会发展第十四个五年规划和二〇三五年远景目标纲要》的通知	2021年5月23日
东政发〔2021〕31号	关于东阳横店通用航空机场改扩建项目建设南马镇区块房屋征收的决定	2021年5月23日
东政发〔2021〕32号	关于印发《全市文物安全提升专项行动方案》的通知	2021年5月27日
东政发〔2021〕33号	关于印发《东阳市既有住宅加装电梯工作实施意见》的通知	2021年6月7日
东政发〔2021〕34号	关于义东高速公路东阳(南市至南马)段工程项目房屋征收的决定	2021年6月7日
东政发〔2021〕35号	关于给予何泽冲、杜江峰记个人三等功的决定	2021年6月7日
东政发〔2021〕36号	关于印发《关于开展新时代"美丽城市小区"创建试点活动 加快城市品质提升的实施方案(试行)》的通知	2021年6月7日
东政发〔2021〕37号	关于进一步加强镇乡(街道)财政管理的意见	2021年6月24日
东政发〔2021〕38号	关于印发《东阳市危险化学品事故应急预案(2021年修订)》《东阳市防汛防台抗旱应急预案(2021年修订)》的通知	2021年6月24日
东政发〔2021〕39号	关于下达"十四五"期间年森林采伐限额的通知	2021年7月6日
东政发〔2021〕40号	关于东阳市实验幼儿园扩建项目房屋征收的决定	2021年7月9日
东政发〔2021〕41号	关于印发《东阳市城镇燃气突发事故应急预案(2021年修订)》的通知	2021年7月13日
东政发〔2021〕42号	关于林业总场区块企业房屋征收的决定	2021年7月13日
东政发〔2021〕43号	关于印发《东阳市突发环境事件应急预案(2021年修订)》《东阳市集中式地表水饮用水水源地突发环境事件应急预案(2021年修订)》的通知	2021年8月3日
东政发〔2021〕44号	关于六石街道樟村行政村殿口自然村房屋征收的决定	2021年8月31日
东政发〔2021〕45号	关于印发《东阳市文旅投资集团有限公司组建方案》《东阳市产业发展集团有限公司组建方案》的通知	2021年8月31日
东政发〔2021〕46号	关于印发《东阳市特色文化展示馆扶持奖励办法(试行)》的通知	2021年9月26日
东政发〔2021〕47号	关于提议蒋旭峰任职的通知	2021年10月11日
东政发〔2021〕48号	关于印发《东阳市人民政府质量奖评审管理办法》的通知	2021年11月5日
东政发〔2021〕49号	关于印发《东阳市军人随军家属就业安置工作实施细则》的通知	2021年11月15日
东政发〔2021〕50号	关于印发《东阳市山塘划界方案》的通知	2021年11月23日
东政发〔2021〕51号	关于印发《东阳市农村公路管理养护办法》的通知	2021年12月24日
东政发〔2021〕52号	关于新增综合行政执法事项的通告	2021年12月24日

(王　群)

统计资料

2021年东阳市地理位置、人口和自然资源情况一览表

表53

指标名称	2021年
一、地理位置	
东经	120°04′17″~120°44′03″
北纬	28°58′08″~29°29′55″
南北跨度	58.7千米
东西跨度	64.5千米
二、人口	
年末户籍人口	85.11万人
年末常住人口	108.8万人
人口密度(按户籍人口计算)	487人/平方千米
人口密度(按常住人口计算)	623人/平方千米
三、土地	
土地总面积	1746.81平方千米
四、气候	
年平均气温	19.4摄氏度
年极端最高气温	38.3摄氏度
年极端最低气温	-6.1摄氏度
年降水量	1565.0毫米
年降水日数	169天
年日照时数	1582.4时
灰霾日数	13天
无霜期	365天
五、水文水利	
东阳江年径流量	9.499亿立方米
水资源总量	17.4059亿立方米
六、森林	
森林面积	108625.4公顷
森林覆盖率	62.19%
森林蓄积量	6175823立方米
七、矿产资源	
萤石保有储量	99.61万吨
钾长石储量	768万吨

东阳市经济社会主要指标(2019—2021年)统计表

表54

指标名称	计量单位	2019年	2020年	2021年
一、综合				
常住人口	万人	106.56	108.97	108.77
户籍人口	万人	85.06	85.15	85.11
地区生产总值	亿元	639.96	638.16	730.84
第一产业	亿元	17.54	18.75	18.75
第二产业	亿元	283.29	272.85	328.73
第三产业	亿元	339.14	346.55	383.35
人均生产总值(按常住人口计算)	元	60781	59218	67120
二、财政、金融、保险				
财政总收入	亿元	118.44	123.73	142.41
一般公共财政预算收入	亿元	69.90	72.65	83.38
税收收入	亿元	62.40	66.10	76.41
一般公共财政预算支出	亿元	98.97	99.67	110.77
年末金融机构各项存款余额(人民币)	亿元	1358.47	1502.10	1664.91
住户存款	亿元	795.38	909.83	999.41
年末金融机构各项贷款余额(人民币)	亿元	937.51	1135.30	1374.23
保费收入	亿元	31.80	32.60	32.24
赔款、给付	亿元	10.37	9.93	10.96
三、农业				
粮食作物播种面积	公顷	16559	16504	16705
粮食总产量	吨	94115	95635	97335
水产品产量	吨	10473	10863	11247
四、工业				
规模以上工业企业单位数	家	492	511	567
规模以上工业总产值	亿元	490.82	480.31	650.06
规模以上工业企业主营业务收入	亿元	490.22	581.11	776.45
规模以上工业企业利润总额	亿元	32.71	31.56	42.63

续表54

指标名称	计量单位	2019年	2020年	2021年
五、建筑业、投资、房地产				
建筑业企业单位数	家	213	221	240
建筑业企业总产值	亿元	1728.09	1671.88	1755.49
固定资产投资额	亿元	175.44	174.92	209.33
工业投资	亿元	34.99	32.47	51.27
服务业投资	亿元	62.40	141.88	156.83
房地产开发投资额	亿元	78.02	67.02	73.64
商品房销售面积	万平方米	113.07	109.17	108.27
住宅	万平方米	105.40	104.13	96.35
六、交通、邮电、电力				
境内公路总里程	千米	2460	2470	2481
民用汽车拥有量	辆	300260	324294	339910
年末公交车路数	路	83	44	44
年末实有公共汽(电)车营运车辆数	辆	348	434	488
年末实有出租汽车运营车数	辆	476	476	476
邮政业务收入	亿元	3.14	2.91	13.07
电信业务收入	亿元	10.62	9.98	11.95
全社会用电量	万千瓦时	540509	549742	647102
工业用电	万千瓦时	347197	349284	413254
城乡居民生活用电量	万千瓦时	95269	101885	109076
七、内外贸易、旅游				
社会消费品零售总额	亿元	302.17	283.52	325.50
货物出口额(海关数)	亿元	197.78	257.89	288.05
货物进口额(海关数)	亿元	18.50	18.53	29.53
当年实际使用外资额	万美元	13	20	4001
星级饭店客房总数	间	1961	1830	1985
国内游客	万人次	2953.65	2534.52	1068
国内旅游收入	亿元	274.73	240.79	180.89

续表54

指标名称	计量单位	2019年	2020年	2021年
八、教育、科技、文化、卫生				
普通高等学校数	所	2	2	2
中等职业教育学校数	所	5	5	5
普通中学学校数	所	49	48	51
普通小学学校数	所	85	77	74
普通高等学校学生数	人	16855	17622	19549
中等职业教育学校在校学生数	人	6862	7341	8037
普通中学在校学生数	人	47118	46897	47645
普通小学在校学生数	人	71001	72073	76778
全年专利申请受理量	项	4628	3039	—
专利授权数	项	2679	4111	4119
发明	项	428	776	459
公共图书馆图书藏量	千册	519	559	603
剧场、影剧院数	个	8	10	11
体育场馆数	个	144	144	144
医疗卫生机构数	个	535	553	591
医院数	个	14	14	13
医疗卫生机构床位数	张	5123	5215	4889
医疗卫生技术人员数	人	7292	7416	7498
执业(助理)医师数	人	2878	3072	3223
九、人民生活				
全体居民人均可支配收入	元	46634	48837	54431
全体居民人均消费支出	元	33271	33573	39409
城镇居民人均可支配收入	元	56245	58189	64338
城镇居民人均消费支出	元	40398	40394	46705
农村居民人均可支配收入	元	31727	33686	37717
农村常住居民人均消费支出	元	22218	22522	27099

续表54

指标名称	计量单位	2019年	2020年	2021年
十、社会保障				
各种社会福利收养性单位数	个	27	27	26
各种社会福利收养性单位床位数	张	7265	7763	6845
城镇职工基本养老保险参保人数	人	350623	368621	412901
城乡居民基本养老保险参保人数	人	314987	216156	213257
城镇职工基本医疗保险参保人数	人	227469	235311	250801
城乡居民基本医疗保险参保人数	人	627330	616499	605724
失业保险参保人数	人	131712	162009	170562
城镇居民最低生活保障人数	人	203	178	163
农村居民最低生活保障人数	人	7228	6945	6616
十一、资源与环境				
森林面积	公顷	108603	108635	108625
工业废水排放量	万吨	985	824	773
工业二氧化硫排放量	吨	701	615	441
工业氮氧化物排放量	吨	612	588	477
工业烟(粉)尘排放量	吨	550	76	58
污水处理厂集中处理率	%	96.1	96.2	96.7
城区空气质量优良以上天数	天	338	362	361

说明：医疗卫生机构数为全社会口径

东阳市农林牧渔业总产值(2019—2021年)统计表

表55 单位:万元

指标名称	2019年	2020年	2021年
农林牧渔业总产值	271138	276431	282027
一、农业产值	200695	200382	208116
其中:副产品产值	1481	1491	—
1.粮食作物	28952	31781	23895
2.油 类	2448	2301	2372
3.棉 花	88	90	82
4.生 麻	—	—	—
5.甘 蔗	2297	2299	2404
6.烟 草	54	54	49
7.中草药材	20996	20958	38842
8.蔬 菜	84677	82475	74531
9.食用菌	55	39	52
10.花卉园艺	10191	9978	8679
11.茶、桑、水果、坚果	48306	48333	48970
12.其他农作物	2631	2074	438
二、林业产值	12251	12544	12761
1.人造林木生长	4481	4489	4140
2.林产品	961	1009	906
3.竹木采运	3156	3182	7715
4.采集野生植物	3653	3864	—
三、牧业产值	32591	35812	29875
1.牲 畜	17781	25214	18396
2.家禽饲养	2020	1947	8032
3.活的畜禽产品	5760	4718	5656
4.捕猎野兽野禽	265	265	—
5.其他动物饲养	6765	3668	3448
四、渔业产值	12398	13478	16250
五、农林牧渔服务业	13203	14215	15025

东阳市规模以上工业企业主要经济指标(2016—2021年)一览表

表56

指标名称	2016年	2017年	2018年	2019年	2020年	2021年
企业单位数(个)	529	523	460	492	511	567
亏损企业(家)	68	86	84	79	91	97
工业总产值(当年价格)(万元)	5497643	5307058	4623096	4908201	4803118	6500595
新产品产值(万元)	1862443	1651437	1659472	1721438	1864647	2603006
资产总计(万元)	5007614	5051608	4838107	5433606	5893474	7129191
应收账款(万元)	788647	758900	784650	879364	930458	1215854
存货(万元)	617581	581451	581014	591048	645425	897504
产成品(万元)	263334	260990	272862	267294	274405	349421
流动资产合计(万元)	2794309	2983856	2881468	3300267	3613952	4378337
本年折旧(万元)	137354	138863	143599	168623	157269	181012
负债合计(万元)	2753087	2746109	2573058	2978179	3440620	4381728
主营业务收入(万元)	4985547	4992447	4519566	4902199	5811099	7480706
主营业务成本(万元)	4199440	4228442	3722985	4951905	5109206	6625664
主营业务税金及附加(万元)	27181	29217	27198	28075	23166	25937
管理费用(万元)	317891	316729	331750	234093	228237	277185
财务费用(万元)	72158	67843	48851	46844	48285	55614
利息支出(万元)	77147	67614	56952	60793	53587	67738
利润总额(万元)	283988	257779	306326	327061	315569	426316
亏损企业亏损总额(万元)	24359	25030	18870	28615	40085	29582
利税总额(万元)	459023	407758	456448	476206	441415	573841
本年应付职工薪酬(万元)	398816	396786	417515	482989	515520	645853
本年应交增值税(万元)	146454	120372	122602	121070	102680	121587
全部从业人员年平均人数(人)	82758	78789	74739	70770	72174	79054
银行贷款余额(万元)	1095584	1066011	906140	943477	1264846	1642929

说明:从2019年起,“主营业务成本”改为“营业成本”,“主营业务税金及附加”改为“税金及附加”,“利息支出”改为“利息费用”

东阳市财政收入(2018—2021年)统计表

表57　　单位:万元

指标名称	2018年	2019年	2020年	2021年
财政总收入	1124080	1184441	1237260	1424123
一、一般公共预算收入	657548	699007	726456	833823
(一)税收收入	577266	623984	660993	764079
其中:增值税(50%部分)	89443	80985	65412	306198
改征增值税(50%部分)	150090	174467	161136	—
企业所得税(40%部分)	97583	90283	103345	132513
个人所得税(40%部分)	53292	62770	85886	56399
资源税	637	2286	2499	1078
城市维护建设税	35403	35247	34351	40552
房产税	19865	14752	26921	18551
印花税	11692	14291	11421	13202
城镇土地使用税	14317	8356	18287	8998
土地增值税	53725	73503	60780	96566
车船税	8506	8550	9015	9427
耕地占用税	13566	10661	15730	3127
契税	28454	46852	64876	76898
环境保护税	410	488	491	337
其他税收收入	—	493	843	233
(二)非税收入	80282	75023	65463	69744
其中:专项收入	33835	38948	33261	37718
行政事业性收费收入	19518	13078	9592	17915
罚没收入	26320	22630	21339	10460
国有资本经营收入	-2000	-2000	-2000	-2000
国有资源(资产)有偿使用收入	2509	2177	3171	5451
政府住房基金收入	100	190	100	200
二、中央收入合计	466532	485434	510804	590300
上划增值税、消费税	89846	81387	65821	306931
上划“两项”所得税	226313	229580	283847	283369
上划改征增值税	150090	174467	161136	—
上划营业税	283	—	—	—

东阳市地方财政支出（2018—2021年）统计表

表58 单位：万元

指标名称	2018年	2019年	2020年	2021年
一般公共预算支出	925198	989680	996709	1107660
一、一般公共服务支出	66268	143948	83065	97174
二、国防支出	397	420	391	429
三、公共安全支出	52690	59756	61948	69244
四、教育支出	175131	199298	215717	245786
五、科学技术支出	33537	36863	25855	30335
六、文化旅游体育与传媒支出	9532	11941	24543	28330
七、社会保障和就业支出	111852	118939	150612	158936
八、卫生健康支出	89573	89903	103414	115881
九、节能环保支出	14008	16729	21017	34440
十、城乡社区支出	162914	169694	34270	46013
十一、农林水支出	59251	51470	81205	81400
十二、交通运输支出	21344	20840	39323	42888
十三、资源勘探工业信息等支出	14717	5713	58136	49609
十四、商业服务业等支出	52800	2048	11493	18351
十五、金融支出	5445	311	6192	4910
十六、援助其他地区支出	1513	1634	1789	1760
十七、自然资源海洋气象等支出	7228	5972	10024	12292
十八、住房保障支出	22625	23241	32772	29164
十九、粮油物资储备支出	408	339	1560	185
二十、灾害防治及应急管理支出		3753	4970	8472
二十一、债务付息支出	23816	26778	28217	31957
二十二、债务发行费用支出	133	54	166	104
二十三、其他支出	16	36	30	—

东阳市旅游业基本情况(2017—2021年)一览表

表59

指标名称	计量单位	2017年	2018年	2019年	2020	2021年
国内外旅游者人次	万人次	2226	2565	2954	2535	1068
国内旅游接待人次	万人次	2222	2565	2953	2534	1068
国际旅游者人次合计	人次	44628	4163	5456	380	230
外国人	人次	19290	1571	2086	149	85
港、澳、台同胞	人次	25338	2592	3370	231	145
国际旅游者人天数	人天	114755	5055	6516	901	3954
外国人	人天	49957	3067	3601	536	3626
港、澳、台同胞	人天	64798	1988	2915	365	328
旅游总收入	亿元	192.68	230.87	274.73	241.00	181
旅游创汇收入合计	万美元	2336	103	133	15	71
国内旅游收入	亿元	191.11	230.81	274.64	241.00	181
星级饭店个数	个	12	12	10	8	8
星级饭店客房总数	间	2508	2450	1961	1830	1985
星级饭店床位数	张	4434	4468	3600	3363	3551
旅行社个数	个	15	16	18	17	19
名胜风景区个数	个	2	2	2	2	2

说明:2012年开始为省级以上名胜风景区

东阳市城市建设事业基本情况（2018—2021年）一览表

表60

指标名称	计量单位	2018年	2019年	2020年	2021年
城市面积					
建成区面积	平方千米	43.31	44.33	44.79	46.16
城市建设用地面积	平方千米	43.26	44.32	44.79	45.05
其中：居住用地面积	平方千米	12.78	12.9	13.31	14.5
公共设施用地面积	平方千米	1.42	1.37	1.55	3.01
工业用地面积	平方千米	0.7	13.35	0.78	8.38
城市人口	万人	83.97	83.99	84.00	85.11
基础设施					
城市维护建设资金支出	万元	—	—	—	—
年末实有城市道路面积	万平方米	876	904	907	938
年末铺装道路长度	千米	441.92	449.02	451.91	458.95
排水管道长度	千米	957.55	1018.19	1022.85	1049.49
供水					
供水综合生产能力(包括自备水源)	万立方米/日	22.5	22.65	35.15	35
供水总量	万吨	5226.76	5014.27	4968.50	5513.3
售水总量	万吨	3977.75	4257.61	4304.71	4738.95
其中：居民生活用水量	万吨	2286.52	2390.24	2171.00	2749.27
用水人口	万人	38.69	43.34	43.91	47.83
用水普及率	%	100	100	100	100
生产用水量	万吨	1108.38	1191.13	963	1166.95
供水管道长度	千米	1581.42	1614.98	1806.63	1838.69
供气					
液化石油气供气总量	吨	17641.19	18937.77	18635.94	19340.6
其中：家庭用量	吨	14960	16665.24	16772	532.23

续表60

指标名称	计量单位	2018 年	2019 年	2020 年	2021 年
用液化气人口	万人	41.47	42.51	43.91	30.3
公共交通					
年末实有公共汽(电)车营运车辆数	辆	324	348	434	496
全年公共汽(电)车客运总量	万人次	1966.00	2077.40	1362.00	1744.15
年末实有出租汽车数	辆	456	476	476	471
绿地					
绿地面积	公顷	1553	1595	1620	1746.66
绿化覆盖面积	公顷	1746	1802	1830	1973.72
园林绿地面积	公顷	—	—	—	—
其中:公园绿地面积	公顷	560	577	585	616.71
人均公园绿地面积	平方米	13.28	13.3	13.32	12.89
全年生活垃圾清运量	万吨	20.37	21.7	21.9	17.7
生活垃圾无害化处理率	%	100.0	100.0	100.0	100
污水集中处理率	%	96.0	96.1	96.2	96.73
垃圾处理站数	个	30	30	30	37

东阳市环境保护基本情况（2019—2021年）一览表

表61

指标名称	计量单位	2019年	2020年	2021年
水环境				
废水排放总量	万吨	5188.19	846.62	773.86
工业废水排放量	吨	984.57	823.57	7732953.45
直接排入环境	吨	115.12	72.76	551311.85
排入污水处理厂	吨	869.45	750.81	7181641.6
工业废水处理量	吨	1121.67	1012.79	10136929.18
工业用水总量	吨	1842.87	1246.73	16476324.2
污水处理厂数	座	12	14	14
污水处理厂集中处理率	%	96.1	—	—
大气环境				
工业废气治理设施	套	583	341	300
工业废气排放量	万立方米	789485	909943	1187653.78
工业二氧化硫产生量	吨	1974	6214	5288.09
工业二氧化硫排放量	吨	701	615	440.58
工业氮氧化物产生量	吨	1462	891	784.33
工业氮氧化物排放量	吨	612	588	476.95
工业烟(粉)尘去除量	吨	26137	32267	20423.08
工业烟(粉)尘排放量	吨	550	76	57.61
固体废物				
工业重金属产生量	吨	0.00	0.00	0
工业重金属排放量	吨	0.00	0.00	0
工业固体废物综合利用处置率	%	99.1	1.0	1
其中：一般工业固体废物综合利用率	%	99.0	1.0	0.99
声环境				
环境噪声达标区个数	个	1	—	—
环境噪声达标区总面积	平方千米	68.37	—	—
生态环境				
城区空气质量优良以上天数	天	338	361	361

（市统计局提供）

索 引

Indexes

索引说明:

一、本索引分数字索引、主题词索引、表格索引三部分。

二、数字索引按首位数字大小顺序排列;主题词索引按汉语拼音顺序排列,同音字按声调排列,同音同调字按下一字的音序排列;表格索引按表格顺序排列。

三、索引词条后的阿拉伯数字表示内容所在的页码。

四、本年鉴的"特载""专文""大事记""附录"未作索引。

数字索引

主题词索引

A

D

E

F

G

H

J

K

L

M

N

O

P

Q

R

S

T

W

X

Y

Z

表格索引